부동산명도철거집행실무

손흥수

韓國司法行政學會

부동산명도철거집행실무

손흥수

韓國司法行政學會

머 리 말

채권자들의 자력구제를 금지하는 대신 국가에 의한 강제집행제도를 두었으므로, 판결은 신속하게, 그리고 경제적으로 집행되어야 한다. 판결의 집행이 담보되지 않으면 사법제도의 존립 자체가 위협을 받게 된다.

그런데 최근의 예로서 노량진수산시장, 서촌궁중족발 건물명도 강제집행 사건에서 보듯이 확정판결을 얻기까지도 어려운데 이미 확정된 판결을 집행하는데도 또 많은 시간과 비용이 소요되는 경우가 적지 않음이 현실이다. 전 국민이 지켜보고 있음에도 노량진수산시장은 10차례의 집행시도 끝에 1년여를 끌어 집행이 완료되었다. 2019. 7. 2. 국무회의에서 대통령이 우리공화당의 서울 광화문 광장 천막 철거에 경찰이 소극적으로 나선 데 대해 법과 원칙을 강조하며 문제를 제기하였을 정도로 판결의 집행이나 행정대집행 실행에 문제가 많다. 이는 '민사불개입의 원칙'에 뿌리를 둔 것인데, 아무튼 건물명도, 철거 집행과정이 원만하지 않은 것은 정치과잉의 우리사회의 한 단면이기도 하지만, 강제집행에 대한 법제도와 인식의 한계를 드러내는 것이기도 하다.

부동산인도(명도)·철거 강제집행 과정의 충돌문제를 핵 이슈로 사회문제화 한 것은 다름 아닌 2009. 1. 20.에 벌어진 용산참사였다. 그 후 정치권을 중심으로 한 입법개선 노력의 결과 2013. 6. 7. 경비업법이 개정되었고, 2015. 5. 18. 행정대집행법이 개정되었다. 국회는 그 입법개선책의 일환으로 부동산인도·철거집행과정에서의 충돌완화를 위한 민사집행법 등의 개정을 지속적으로 법원에 요구하여 오고 있다. 저자는 그 노력의 일환으로 법원행정처가 발주한 부동산인도·철거 강제집행의 개선방안에 관한 연구 용역을 법무법인 바른 명의로 수주하여 2017. 12. 연구보고서로 법원행정처에 보고를 한 적이 있다.

이 책의 출발점은 위 연구보고서이다. 당시 한 출판사로부터 위 연구보고서의 출판을 제의받기도 하였는데, 위 연구보고서를 그대로 외부에서 출간하는 것은 정부예산으로 행하여진 연구용역의 성격 등에 비추어 적절하지 않다는 이유로 실행되지 못하였다. 더 근원적으로는 당시는 정해진 시한 내에 연구보고서를 제출해야 하는 관계로 법원행정처가 원하는 부분에 대한 답을 찾는데 주력할 수밖에 없는 한계가 있었다. 3-4

개월여를 거의 쉬지를 못하고 매달려 연구보고서를 제출한 후 3년여 동안 시간적인 여유를 가지고 변호사업무를 수행하는 과정에 짬짬히 그 동안 수집한 관련 자료들을 정리·분석하고, 부동산인도(명도)·철거집행 실무상의 여러 쟁점들을 함께 정리한 것이 이 책이다. 저자가 서울중앙지방법원 집행단독 판사시절에 처리하였던 관련 사건들과 전임자들로부터 물려받은 것들도 중간 중간에 포함되어 있고, 민사집행법학회에서 논의된 내용들도 일부 반영되어 있다.

책은 크게 두 편으로 나누어져 있다. 제1편은 부동산인도(명도)·철거집행실무를 다루고 있고, 제2편은 제도개선론이다. 제1편 부동산인도(명도)·철거집행실무 부분은 당장의 실무상의 필요를 염두에 둔 것으로 부동산인도(명도)·철거집행 실무상 무엇이 문제가 되고 그 문제를 어떻게 해결하면 되는지에 관한 자료들을 정리하고 저자의 개인적인 견해를 중간 중간 밝힌 것이다. 강제집행의 목적물이 아닌 동산의 처리, 부동산인도집행과 집행에 관한 이의, 부동산인도집행 실무상의 쟁점, 건물철거집행 실무상의 쟁점, 부동산인도·철거 집행 저항행위의 유형과 실무상의 대응 부분이 특히 노력을 기울인 부분으로 실무상 바로 유용하게 이용할 수 있을 것이다. 제1장 총론, 제2장 부동산인도(명도)·철거 청구사건의 유형, 제3장 집행실시에 관한 일반적인 절차, 제4장 부동산인도(명도) 집행, 제5장 건물철거집행, 제6장 부동산점유이전금지, 철거단행 가처분 집행, 제7장 부동산인도·철거 집행 저항행위의 유형과 실무상의 대응, 제8장 부동산인도·철거 집행 방해 행위와 형사책임 및 [부록] 관련 자료의 순으로 구성되어 있다. 관련 자료는 건물명도, 철거집행 실무와 관련된 대법원 행정예규와 집행관연합회의 업무처리기준(안)들이다. 제2편 제도개선론 부분은 현행 부동산인도(명도)·철거집행절차 개선을 위한 제도(법령)상, 실무상의 개선방안에 관한 저자의 의견을 개진한 것으로, 직접적으로는 현행 법령과 실무의 개선을 염두에 둔 것이지만, 현재 실무의 맹점과 한계가 무엇인지 분명하게 이해하는 데에도 크게 보탬이 될 것이다. 발주처의 입장을 고려하지 않아도 되는 상황이라 연구보고 당시와 달리 목적외 동산 처리절차에 관하여는 의견을 바꾸었고, 기존의 의견도 일부 수정하거나 보충하였다. 제1장 경제·사회적 배경, 제2장 강제집행에 있어서의 문제점, 제3장 각국의 관련 법제도 및 실무, 제4장 부동산인도, 철거 집행절차 개선방안, 제5장 결론 및 제언의 순으로 구성되어 있다.

책의 말미의 참고문헌에서 확인할 수 있듯이 이 문제에 관하여 단행본으로서 본격적으로 다룬 책이 국내에 아직 없는 것으로 보이고, 일본에는 비슷한 책으로 부동산명도소송에 관한 것이 있으나 부동산명도·철거집행실무에 관하여 다룬 책은 찾지 못하였다. 실무상의 쟁점에 관하여는 국내 실무사례를 정리한 집행관연찬집 2018, 법원공무

원교육원(2019)을 비롯한 집행관연찬집과 일본 실무사례를 정리한 執行官事務に関する協議要録(第4版), 最高裁判所 事務総局(2012)을 많이 참고하였다. 이런 류의 책으로서는 사실상 처음이라 책의 구성이나 내용상 한계가 있을 것이나, 부족하더라도 전혀 없는 것보다는 훨씬 나을 것이라는 생각에 출판에까지 이른 것이다.

이 책이 나오기까지도 주변의 여러 사람들로부터 많은 도움을 받았다. 책 중간에 이름을 밝힌 사람들도 일부 있지만, 그렇지 못한 사람들이 더 많다. 저자는 그런 여러 사람들의 다양한 생각이나 의견들을 중간에서 정리한 사람에 불과한 것인지도 모르겠다.

마지막으로 이 책을 출판을 흔쾌히 승낙하여 주신 한국사법행정학회 이종균 회장님과 이형한 부장님을 비롯한 관계자 여러분께 깊이 감사드린다.

2020. 6. 29.

대치동 법무법인 바른 사무실에서 손흥수

범 례

Ⅰ. 이 책은 1편 8개의 장, 2편 5개의 장으로 구성하였다.

Ⅱ. 집필 항목 구분은 다음과 같다.

Ⅰ.
1.
가.
1)
가)
(1)
(가)
①
㉮

Ⅲ. 주번호는 각 장별로 새롭게 시작하였다.

Ⅳ. 법령의 표기방법

1. 법령을 인용할 때 원칙적으로 약어를 사용하지 않았다. 부득이 약어를 사용해야 할 때는 최초 표기시 원법령명을 표기하고 괄호안에 약어를 병기하여 사용하였다.

2. 1.의 방법으로 약어를 표기할 경우에도 새로운 장이 시작되면 1.의 방법을 반복하여 표기한다.

3. 본문속에 법령을 표기할 때에는 본문의 법령인용은 원문 그대로 사용하며 제○조 제○항 제○호 등으로 기재한다. (괄호의 안의 경우에는 법령을 약어로 사용하였다. 민사집행규칙-> 민집규)

※ 예) ① 본문의 경우
　　민사집행규칙 제852조 제1항
　② ( )안의 경우
　　(민집규 제852조 제1항)

V. 판례인용 및 출처의 약어표기

1. 판례의 표기는 다음과 같다.

▶ 대법원∨1996.∨4.∨26.∨선고∨96다1078∨판결

▶ 대법원∨1992.∨5.∨26.∨선고∨92다84∨판결,∨대법원 1993.∨10.∨26.∨선고∨93다6409∨판결,∨대법원 1996.∨6.∨14.∨선고∨96다46374∨판결

▶ 대법원∨1996.∨11.∨16.자∨95마252∨결정

▶ 대법원∨1995.∨11.∨16.∨선고∨94다56852,∨56853∨전원합의체∨판결

▶ 의정부지방법원∨2004.∨12.∨6.∨선고∨2004구합539∨판결

▶ 부산지방법원∨동부지원∨2000.∨1.∨18.∨선고∨2000가합10574∨판결

▶ 헌법재판소∨1994.∨7.∨29.∨선고∨92헌바49,∨52∨결정

2. 외국 출전 및 판결은 그 나라의 표준적인 표시방법에 따라 표시할 수 있다. 다만, 일본 판결의 경우에는 번역하지 않고 그대로 표기하며, 선고일은 평성, 소화 등 연호를 기재하고, ( )안에 서기연도는 필요에 따라 부기하였다.

▶ 일본 대심원 대정 9년 12월 20일 판결

☞ 日大判 大正 9(1920). 12. 20.

▶ 일본 최고재판소 소화 34년 6월 19일 판결

☞ 日最判 昭和 34(1959). 6. 19.

3. 판례 출처는 검색이 가능한 판례의 경우는 출처를 밝히지 않는다. 하지만 그 외의 경우는 출처를 밝히기 위한 약어는 다음과 같다.

▶ 법원공보 1988년 4월 15일 제822호 623면 → 공1988, 623.

▶ 법원공보 1993년 7월 15일 제948호 1697면 → 공1993하, 1697.

☞ 법원공보가 상, 하로 분리된 1993년부터는 상, 하를 구분하여 표시한다.

▶ 판례공보 1996년 2월 1일 제3호 461면 → 공1996상, 461.

▶ 대법원판례집 제43권 2집 민사편 230면 → 집43-2, 230.

☞ 다만, 대법원판례집 제31권 6집까지는 편별로 면수가 독립되어 있으므로 '집31-6, 민149'와 같이 편별 표시를 한다.

▶ 대법원판결요지집 민사·상사편 Ⅰ-2집 680-2면 65번 판결 → 요민Ⅰ-2, 680-2.(65)

☞ 형사·군사편은 '요형', 특별편은 '요특'으로 표시한다.

▶ 각급법원(제1, 2심) 판결공보 2005년 2월 10일 제18호 215면 → 각공18, 215.

▶ 고등법원판례집 1970년 형사·특별편 20면 → 고집1970, 형특20.

▶ 하급심판결집 1984년 제2권 229면 → 하집1984-2, 229.

▶ 헌법재판소판례집 제3권 569면 → 헌집3, 569.

▶ 헌법재판소공보 제3호 255면 → 헌공3, 255.

▶ 사법논집 제25집 311면 → 사법논집(25), 311.

▶ 사법연구자료 제21집 153면 → 사법연구(21), 153.

▶ 재판자료 제61집 364면 → 재판자료(61), 364.

▶ 대법원판례해설 1995 하반기(통권 제24호) 151면 → 판례해설(24), 151.

Ⅳ. 기타 인용 표기

1. 판결, 문헌 인용시 약어를 일부 사용하였다.

2. 참고문헌의 표기는 다음과 같이 한다.

▶ 이시윤, 신민사집행법(제6보정판), 박영사(2014), 232.

3. 저자가 2명 이상인 경우 '/ '를 사용하여 2명의 이름을 모두 밝히되, 3명 이상인 경우에는 '○○○ 외 2인' 등으로 표기한다.

4. 논문이나 단행본, 월간지, 기타 논문집의 인용은 다음과 같이 한다.

▶ 문정일, "공유물분할을 위한 경매에서의 법정매각조건", 대법원판례해설(81), 법원도서관(2010), 424.

▶ 조용현, "유치권에 의한 경매에서 인수주의와 소멸주의", 자유와 책임 그리고 동행 : 안대희 대법관 재임기념, 사법발전재단(2012), 239-291.

▶ 이우재, "공동근저당권의 이시배당방법과 그 법리의 조세채권에의 확장", 민사재판의 제문제(16), 한국사법행정학회(2007), 211-244.

5. 외국문헌

▶ 高橋宏志, "法人格否認と執行力の擴張", 別冊ジュリスト 民事執行·保全 判例百選(第2版), 有斐閣(2012), 23-24.

▶ 中野貞一郎, 民事執行法(增補新訂六版), 靑林書院(2010), 386-387.

Ⅶ. 한문표기방법

본문의 표기는 한글을 기본으로 하되 한자의 표기가 필요한 경우 ( ) 안에 병기한다.

[참고문헌]

1. 국내서

가. 단행본

제4판 주석 형법[각칙(1)], [각칙(5)], 한국사법행정학회(2006)

제4판 주석 민사집행법(Ⅰ), (Ⅵ), 한국사법행정학회(2018)

김홍엽, 민사집행법(제4판), 박영사(2017)

남기정, 실무강제집행법(9), 육법사(1989)

문성진, 집행관 실무제요, 유로(2017)

박두환, 민사집행법, 법률서원(2003)

법무법인 바른, 부동산인도·철거 강제집행의 개선방안에 관한 연구, 법원행정처(2017)

윤경/손흥수, 부동산경매(1), (2), 한국사법행정학회(2017)

이시윤, 신민사집행법(제6보정판), 박영사(2014)

이재상, 형법각론(제9판), 박영사(2014)

이재상, 형사소송법(제9판), 박영사(2014)

전병서, 민사집행법, 유스티아(2016)

조상문, 집행관업무실무사례, 수원지방법원 안산집행관사무소(2011)

한영희, 동산집행실무, 인천지방법원 집행관사무소(1998)

경매업무편람 2012, 의정부지방법원(2012)

기타집행재판실무편람(타기사건), 기타집행재판실무편람 편집위원회(2007)

민사집행법 해설, 법원행정처(2002)

민사집행규칙 해설, 법원행정처(2002)

민사집행(집행관실무), 법원공무원교육원(2017)

법원실무제요 민사집행[Ⅰ], [Ⅲ], 법원행정처(2014)

집행관감독지침, 법원행정처(2009)

집행관감독실무편람, 법원행정처(2018)

집행관실무안내서(일본국자료), 서울중앙지방법원 집행관사무소(2008)

집행관실무편람, 법원행정처(2004)

집행관업무자료집, 전국법원집행관연합회(2008)
집행관업무자료집, 전국법원집행관연합회(2010)
집행관업무자료집(Ⅳ), 전국법원집행관연합회(2015)
집행관업무자료집(Ⅴ), 전국법원집행관연합회(2017)
집행관연찬집, 법원공무원교육원(2007)
집행관연찬집, 법원공무원교육원(2006)
집행관연찬집, 법원공무원교육원(2014)
집행관연찬집 : 제29기 집행관연찬과정, 법원공무원교육원(2015)
집행관연찬집 : 제30기 집행관연찬과정, 법원공무원교육원(2016)
집행관연찬집 : 제31기 집행관연찬과정, 법원공무원교육원(2016)
집행관연찬집 2018, 법원공무원교육원(2019)
집행관집행실무(동산), 법원공무원교육원(2001)
2017 용산참사백서 - 용산참사, 기억과 성찰, 서울특별시(2017)
사법연감 2014, 법원행정처(2014)
사법연감 2016, 법원행정처(2016)
사법연감 2019, 법원행정처(2019)

나. 논문

강대성, "집행계약에 관한 연구", 부산대학교 법학박사학위논문(1989)
김경욱, "독일 민사소송법상의 가혹한 강제집행의 제한에 대한 소고", 이십일세기 민사소송법의 전망 : 하촌정동윤선생 화갑기념, 법문사(1999)
김종호, "현행 집행관자격 부여 제도의 적정성에 관한 고찰", 중앙법학 15권 3호, 중앙법학회(2013)
손흥수, "민사집행법 10년, 그 회고와 전망 - 총론·부동산집행", 사법 25호, 사법발전재단(2013)
손흥수, "집행관 제도의 문제점과 해결방안", 인권과 정의 통권 475호, 대한변호사협회(2018)
신형석/이기세, "개정 경비업법의 규제수단 강화와 그 정책적 함의", 아주법학 제7권 제3호, 아주대학교 법학연구소(2013)
이시윤, "민사집행에 있어서의 주요과제와 ISD", 민사집행법연구 8권, 한국사법행정

학회(2012)
조규범, "강제철거에서의 주거권 보호를 위한 입법적 개선방향", 국회입법조사처(2009)
조규범, "강제철거에서의 주거권 보호를 위한 입법론적 소고", 미국법연구 20권 2호, 해암사(2009).
조규범, "강제철거에서의 주거권 보호를 위한 입법방향", 국회도서관보 14권 9호, 국회도서관(2009)
최석오, "경비업법상 직무범위의 문제점과 개선방안", 법학연구 48권, 한국법학회(2012)
최정일, "독일과 한국에서의 비례원칙에 의한 행정작용의 통제", 공법연구 37집 4호, 한국공법학회(2009)

다. 기타

"'박원순 쇼'로 전락한 서울시 강제철거 예방 대책", NewDaily 2016. 9. 29.자 기사
"'불법 강제철거 없도록 하겠다' … 서울시 강제철거 방지 대책 발표", 노컷뉴스 2016. 9. 29.자 기사
"서울시, 정비사업 강제철거 예방 종합대착 마련", GUKJENEWS 2017. 1. 6.자 기사
"용산참사 백서, 반성과 성찰의 출발점", 주간경향 1212호(2017. 1. 24.)

2. 일본서

가. 단행본

東京地方裁判所 民事執行センター實務研究會, 民事執行の實務(第3版) 不動産執行編(上), (下), 金融財政事情研究會(2012)
大阪地裁執行實務研究會 編, 不動産明渡引渡事件の實務, 新日本法規(2010)
道垣內弘人, 新しい 擔保·執行制度[補訂版], 有斐閣(2004)
民事執行保全處分研究會, 執行妨害對策の實務, 金融財政事情研究會(1997)
法務省, 民事執行手續に關する研究會報告書, 金融財政事情研究會(2016)
石川明, ドイツ强制執行法と基本法, 信山社(2003)

田中康久, 新民事執行法の解説(增補改正版), 金融財政(1983)

ジュリスト增刊 民事執行セミナー, 有斐閣(1981)

條解 民事執行規則(第3版), 法曹會(2005)

注釋 民事執行法(1), (7), きんざい(1995)

注解 民事執行法(1), (5), (7), 第一法規(1986)

中野貞一郎, 民事執行法(增補新訂六版), 青林書院(2010)

中田淳一, 訴と判決の法理, 有斐閣(1972)

執行官實務研究會 編, 執行官實務の手引[第2版], 民事法研究會(2016)

執行官事務に關する協議要錄(第4版), 最高裁判所 事務總局(2012)

執行官提要(第5版), 最高裁判所 事務總局(2009)

最高裁判所 事務總局 監修, 條解 民事執行規則(第3版), 司法協會(2008)

浦野雄幸 編, 基本法コンメンタール民事執行法(第6版), 日本評論社(2009)

山本和彦 外 編, 新基本法コンメンタール 民事執行法, 日本評論社(2014)

나. 논문

古島正彦, "執行官の執行現場等における問題點", 判例タイムズ No. 1069, 判例タイムズ社(2001)

古島正彦, "執行官事務の實情等に關して", 金融法務事情 No. 1628, 金融財政事情研究所(2001)

古島正彦, "現況調査事務の實情等に關して", 金融法務事情 No. 1628, 金融財政事情研究所(2001)

古賀政治, "執行妨害の實情と執行法の改正", 判例タイムズ 52卷 26號, 判例タイムズ社(2001)

古賀政治, "豫告登記と執行妨害", 金融法務事情 No. 1625, 金融財政事情研究所(2001)

今井和男, "最近の執行妨害をめぐって", 新民事執行實務 No.6, 民事法研究會(2009)

內田義厚, "改正擔保·執行法施行10年の平價と課題", 新民事執行實務 No. 13, 民事法研究會(2016)

堂島法律事務所, 不動産明渡.引渡事件處理マニュアル, 新日本法規出版(2017)

大迫惠美子, "適正な執行の實現に向けた檢討", 現代消費者法 31号, 民事法研究會

(2016)
渡辺秀男, “執行の現場から 執行官は鐵砲の彈”, 民事執行實務 32, 日本執行官連盟(2002)
綾部弘, “執行官の官廳等への援助請求に關して”, 新民事執行實務 No.4, 民事法研究會(2006)
綾部弘, “强制執行停止と引渡し期限”, 新民事執行實務 No. 9, 民事法研究會(2011)
笠井正俊, “强制執行の實効性確保をめぐって”, 先物取引被害研究 40, 先物取引被害全國研究會(2013)
木村圭二郎/清水聖子, “占有利用型執行妨害に關する法改正の視點について”, 判例タイムズ 52巻 26號, 判例タイムズ社 (2001)
富樫貞夫, “確定判決に基づく强制執行と權利の濫用”, 法學 28(2), 東北大學法學會(1964)
山木戸克己, “確定判決に基づく强制執行と權利の濫用”, 民商法雜誌 48(2), 有斐閣(1963)
上原敏夫, “改正擔保·執行法の解說”, 新民事執行實務 No. 2, 民事法研究會(2005)
森田浩美, “執行官事務の實情と改革の方向性”, 金融法務事情 No. 1628, 金融財政事情研究所(2001)
山崎博, “札幌地區における執行妨害案件の紹介”, 金融法務事情 No. 1495, 金融財政事情研究所(1997)
西川佳代, “關係調整の場としての民事執行 : 執行官の役割を中心に”, 民事訴訟雜紙 51, 法律文化社(2005)
西村宏一, “强制執行に關する問題点とその改善の方向(座談會)”, 判例タイムズ 16, 判例タイムズ社(1965)
石橋俊一, “建物收去明渡しの催告による當事者恒定效について”, 新民事執行實務 No. 6, 民事法研究會(2008)
石川明, “確定判決に基づく强制執行と權利の濫用”, 法學研究 36(9), 慶応義塾大學法學研究會(1963)
石川明, “苛酷執行について〔ドイツ民訴法765條aを中心に〕”, 法曹時報 24(9), 法曹會(1972)
石川明, “苛酷執行について”, ドイツ强制執行法研究, 成文堂(1977)

Wieczorec/Schütze/Thümmel, Zivilprozessordnung und Nebengesetze : Grosskommentar, Bd. 5, §§916~1048 ZPO, §§1~202 GVG; §§1~30 EGGVG, 3. Aufl., W. de Gruyter, 1994

4. 프랑스

A. Leborgne, Voies d'exécution et procédures de distribution, 1re éd., Dalloz, 2009

N. Fricero, Droit des voies d'éxecution, Gualino éditeur, 2008.

5. 미국

http://www.dca.ca.gov/publications/landlordbook/evictions.shtml

http://nycourts.gov/courts/nyc/housing/eviction.shtml#reservice

목 차

제1편 부동산인도(명도) · 철거집행실무

제1장 총론

제2장 부동산 인도(명도), 철거 청구 사건의 유형

제3장 집행실시에 관한 일반적인 절차

제4장 부동산인도(명도) 집행

제5장 건물철거 집행

제6장 부동산점유이전금지, 철거단행 가처분의 집행

제7장 부동산인도·철거 집행 저항행위의 유형과 실무상의 대응

제8장 부동산인도·철거 집행 방해 행위와 형사책임

제2편 제도개선론

제1장 경제·사회적 배경

제2장 부동산인도, 철거 강제집행에 있어서의 문제점

제3장 각국의 관련 법제도 및 실무

제4장 강제집행에 있어서의 갈등조정, 충돌완화 및 집행당사자들의 권리보호를 위한 개선방안

제5장 결론 및 제언

■ 찾아보기

제1편 부동산인도(명도)·철거집행실무

제1장 총론

제2장 부동산 인도(명도), 철거 청구 사건의 유형

제3장 집행실시에 관한 일반적인 절차

제4장 부동산인도(명도) 집행

제5장 건물철거 집행

제6장 부동산점유이전금지, 철거단행 가처분의 집행

제7장 부동산 인도·철거 집행 저항행위의 유형과 실무상의 대응

제8장 부동산 인도·철거 집행 방해 행위와 형사책임

제1장 총론

제1장 총론

부동산인도, 철거집행 사무는 집행관이 담당한다(민집 제2조). 집행관의 부동산인도, 철거 등 사무도 민사집행 업무 중 일부여서 민사집행에 관한 일반적인 법리가 그대로 적용되므로, 강제집행의 요건, 강제집행개시의 요건 등이 그대로 적용된다. 따라서 부동산인도, 철거집행 사무를 담당하는 집행관의 지위와 직무, 집행관의 사무처리 상의 의무 등에 관하여 먼저 살펴본 다음, 강제집행의 요건, 강제집행개시·종료·정지·제한·취소, 강제집행 실시에 관한 불복방법 및 집행비용의 예납 등 민사집행에 관한 일반적인 사항에 관하여 집행관을 염두에 두고 개괄적으로 본다.

Ⅰ. 민사집행의 주체

1. 집행기관

가. 의의

집행기관은 강제집행의 실시를 직무로 하는 국가기관이다. 강제집행 절차는 신속을 요하므로, 공정·신중하게 권리관계를 판정하는 재판기관으로 하여금 그 절차를 담당하게 하는 것이 부적당하기 때문에 법은 집행기관을 별도로 두고 있다.

나. 집행기관의 종류

민사집행법은 집행기관을 집행관, 집행법원, 수소법원의 세 가지로 나누어 놓았다. 실력행사를 수반하는 사실적 행동을 요하고, 비교적 간이한 절차를 취하는 집행은 집행관의 직무관할에 속한다. 관념적인 재판으로써 족한 채권에 대한 집행 또는 신중한 절차를 요하는 부동산에 대한 집행은 집행법원의 직무관할에 속한다. 집행할 청구권과 집행방법 사이에 상당한 재량판단을 요하는 행위는 수소법원의 직무관할에 속한다.

다. 집행관

1) 개설

집행관은 법률이 정하는 바에 따라 재판의 집행, 서류의 송달, 그 밖에 법령에 따른 사무에 종사하는 독립적인 단독제의 사법기관이다(법원조직법 제55조 제2항, 집행관법 제2조). 집행관은 국가로부터 봉급을 받지는 아니하나, 실질적 의미에서 국가공무원으로 그 직무상 불법행위로 타인에게 손해를 끼친 경우에는 국가가 배상책임을 지게 된다.[1)]

집행관은 법정의 자격 있는 사람 중에서 지방법원장이 임명한다(법원조직법 제55조 제1항, 집행관법 제3조). 지방법원장은 집행관이 없거나 집행관이 직무를 수행할 수 없는 때에는 법원서기관, 법원사무관, 등기사무관, 법원주사, 등기주사, 법원주사보 또는 등기주사보로 하여금 집행관의 직무를 대행하게 할 수 있다(집행관법 제11조, 제16조). 집행관은 소속 지방법원장으로부터 사법행정상의 감독을 받는다(집행관법 제7조).

2) 집행관의 관할

가) 토지관할

집행관은 특별한 규정이 없는 한 임명받은 지방법원 본원 또는 지원의 관할구역 외에서 그 직무를 행할 수 없다(집행관규칙 제4조 제1항).

나) 직무관할

집행관은 강제집행의 원칙적인 집행기관이다(제2조). 그러나 여기에는 널리 예외가 인정되고, 실제로 그 직무는 사실행위를 수반하는 집행처분에 한한다. 직무관할에 위반된 집행관의 집행행위는 무효이다.

(1) 독립한 집행행위

(가) 유체동산에 대한 금전집행(민집 제189조 이하)

(나) 동산의 인도집행(민집 제257조)

(다) 부동산, 선박의 인도집행(민집 제258조)

(라) 유체동산에 대한 가압류의 집행(민집 제296조)

(마) 인도단행가처분 등 일정한 내용의 가처분의 집행(민집 제301조, 제296조, 제305조)

(바) 담보권의 실행 등을 위한 유체동산의 경매(민집 제272조, 제274조 제1항)

(사) 대체집행(민집 제260조)

(2) 집행법원이 행하는 집행절차에 부수된 행위

(가) 지시증권상의 채권의 압류를 위한 증권의 점유(민집 제233조)

(나) 채권 압류를 위한 채권증서의 취득(민집 제234조 제2항)

---

1) 대법원 1966. 7. 26. 선고 66다854 판결, 대법원 1968. 5. 7. 선고 68다326 판결.

(다) 유체동산에 관한 청구권에 대한 집행을 위한 목적물의 수령과 현금화(민집 제243조)

(라) 채권 그 밖의 재산권에 대한 매각명령의 집행(민집 제241조 제1항, 제251조 제1항)

(마) 부동산의 강제경매, 강제관리, 임의경매를 위한 목적물의 현황 조사(민집 제85조, 제163조, 제268조)

(바) 부동산·선박의 강제경매·임의경매를 위한 경매 또는 입찰의 실시(민집 제108조, 제112조, 제115조, 제163조, 제268조)

(사) 부동산 강제관리를 위한 관리인의 부동산 점유시의 참여(민집 제166조 제2항)

(아) 매각부동산 인도명령의 집행(민집 제136조 제6항)

3) 집행관의 집행실시상의 지위

가) 채권자와의 관계

집행관과 채권자의 관계는 사법상의 위임·도급·고용 등의 계약관계에 불과하므로 집행관은 채권자의 대리인이라고 보는 사법관계설(위탁관계설)이 있으나, 집행관과 채권자의 관계는 집행법원과 채무자의 관계와 같이 국가기관과 개인의 소송법상의 관계로 보는 공법관계설(공무관계설)이 통설이다. 다만, 집행관이 채권자의 임의대리인으로 행동하는 경우도 있다[예, 채권자가 대물변제의 수령, 화해, 기한의 유예, 반대의무의 이행(제공) 등을 위한 권한을 수여한 경우].

나) 채무자와의 관계

집행관은 채무자, 제3자에 대하여는 국가기관으로서 집행에 필요한 강제력을 행사할 권한을 가지며, 공법적으로 이를 행사할 직책을 가진다.

다) 집행법원에 대한 관계

집행관은 집행법원의 하급기관으로서 일정한 경우에 집행법원의 수권·지시·감독을 받는다(예, 민집 제8조, 제16조, 제196조, 제214조).

라) 집행관의 손해배상책임

집행관이 직무상 불법행위로 타인에게 손해를 끼친 경우에는 그 선임, 감독자인 국가가 배상책임을 지게 되고, 집행관의 위법행위가 고의 또는 중대한 과실에 기인한 것일 때에는 집행관 개인도 배상책임(국가와 함께 부진정연대채무를 부담)을 면치 못하며, 이 때 국가가 먼저 손해를 배상하면 국가는 집행관에 대하여 구상할 수 있다.[2)]

---

2) 대법원 1996. 2. 15. 선고 95다38677 전원합의체 판결.

나. 집행법원

1) 의의

집행법원은 법에서 규정한 집행행위에 관한 법원의 처분이나 그 행위에 관한 법원의 협력사항을 관할하는 법원이다(민집 제3조 제1항). 집행법원은 원칙적으로 집행절차를 실시할 곳이나 실시한 곳을 관할하는 지방법원이며(민집 제3조 제1항), 단독판사가 담당한다(법원조직법 제7조 제4항).[3] 다만, 부동산·채권에 대한 가압류·가처분의 집행은 특히 신속을 요하기 때문에 가압류·가처분 명령을 한 법원이 집행법원이 된다(민집 제293조 제2항, 제296조 제2항, 제301조).

2) 관할

가) 토지관할

법률에 특별히 집행법원이 지정되어 있지 아니하면[4] 집행절차를 실시할 곳이나 실시한 곳을 관할하는 지방법원이 전속관할권을 가진다(민집 제3조 제1항, 제21조).

나) 직무관할[5]

(1) 집행행위에 관한 처분 : 집행법원이 직접 집행행위를 담당하여 실시하는 경우이다.

(가) 부동산, 선박, 자동차·건설기계·소형선박 및 항공기에 대한 금전집행(민집 제78조 이하, 제172조 이하)

(나) 채권과 그 밖의 재산권에 대한 금전집행(민집 제223조 이하)

(다) 동산에 대한 집행에서의 배당절차(민집 제252조 이하)

(라) 물건의 인도를 목적으로 하는 집행에서 제3자가 목적물을 점유하고 있는 경우의 집행(민집 제259조)

(마) 채권과 그 밖의 재산권, 부동산, 선박, 자동차·건설기계·소형선박 및 항공기에 대한 가압류·가처분의 집행(민집 제293조 제2항, 제296조 제2항, 제301조)

---

3) 2005. 7. 1.부터는 법원조직법(법률 제7402호) 제54조에 의하여 신설된 제도로 사법보좌관이 집행법원의 업무 중 상당 부분을 처리하고 있다.

4) 특별히 지정되어 있는 경우 : 민사집행법 제79조 제2항(부동산에 대한 집행), 제173조(선박에 대한 집행), 제224조(채권과 그 밖의 재산권에 대한 집행), 제293조 제2항(부동산가압류집행), 제296조 제2항(채권가압류집행), 민사집행규칙 제109조, 제130조(자동차·건설기계·소형선박에 대한 집행) 등.

5) 이 또한 전속관할이다(민집 제21조).

(2) 집행행위에 관한 협력 : 집행관이 할 집행행위를 보조하거나 시정, 간섭하는 경우이다.

(가) 국군에 대한 원조청구(민집 제5조 제3항)
(나) 공휴일·야간집행의 허가(민집 제8조)
(다) 공공기관에 대한 원조청구(민집 제20조)
(라) 압류금지물건을 정하는 재판(민집 제196조)
(마) 유체동산의 특별한 현금화명령(민집 제214조 제1항)
(바) 부동산인도청구에 관한 집행에서 집행의 목적물이 아닌 동산의 처분을 허가(민집 제258조 제6항)
(사) 집행에 관한 이의신청에 대한 재판(민집 제16조)
(아) 급박한 경우 집행의 정지 또는 속행에 관한 잠정처분(민집 제46조 제4항, 제48조 제3항)
(자) 집행에 관한 특별대리인의 선임(민집 제52조 제2항)

다. 수소법원

1) 의의

수소법원은 집행에 따라 실현될 청구권의 존부를 확정하고 집형권원을 형성하는 소송절차를 관할하는 법원이다. 제1심 수소법원이 집행기관 또는 집행공조기관이 되는 경우가 있다.

2) 직무관할

집행기관으로서 행하는 것으로는 대체집행(민집 제260조), 간접강제(민집 제261조)가 있고, 집행공조기관으로서 행하는 것으로는 외국에서의 강제집행 촉탁(민집 제55조)이 있다.

2. 집행당사자

가. 의의

강제집행절차에서 대립하는 두 당사자를 채권자(또는 집행채권자), 채무자(또는 집행채무자)라 한다.

나. 집행당사자의 확정

누가 집행의 채권자 또는 채무자로 되는가 하는 것은 집행문이 누구를 위하여 또는 누구에 대하여 부여되어 있는가에 따라 정해진다(민집 제39조 제1항). 즉, 집행당사자는 집행문의 부여로 확정된다. 다만, 집행문의 부여 없이도 집행력이 있는 집행권원(가압류, 가처분결정)의 경우에는 그 집행권원에 표시된 당사자가 집행당사자가 된다.

다. 집행당사자의 적격과 변동

1) 집행당사자의 적격

가) 적격자의 의의

어느 특정한 집행절차에서 누가 정당한 집행당사자인가 즉, 누가 집행적격자 또는 피집행적격자인가 하는 문제이다. 다시 말하면 누구를 위하여 또는 누구에 대하여 집행문을 부여하여야 하는가의 문제이다. 집행당사자적격이 없는 자에 대한 강제집행은 실체법상 효력이 없다.[6)]

나) 집행당사자적격의 범위

원칙적으로 집행당사자적격의 범위는 집행권원의 집행력이 미치는 주관적 범위에 따라 결정된다.

판결의 경우 집행력이 미치는 범위는 기판력의 주관적 범위와 일치하므로, 집행당사자는 당해 판결의 원고, 피고가 된다. 기판력이 미치는 제3자도 집행당사자적격이 있다. 그러나 보조참가인에 대하여는 집행력이 미치지 않는다(민집 제25조 제1항).[7)] 변론종결(변론 없이 한 판결의 경우에는 판결선고) 후의 승계인(민소 제218조 제1항 전단)은 포괄승계(상속, 법인의 합병 등)인지 특정승계인지를 묻지 않고, 승계원인이 매매, 증여와 같은 임의양도에 따른 것인지, 경매, 전부명령과 같이 국가의

---

6) 대법원 2002. 11. 13. 선고 2002다41602 판결(상속을 포기하여 집행채무자 적격을 상실한 사람에 대하여 승계집행문을 받고, 그를 집행채무자로 하여 채권압류 및 전부명령을 받은 사안).

7) 승계집행문은 판결에 표시된 채무자의 포괄승계인이나, 그 판결에 기한 채무를 특정하여 승계한 자에 대한 집행을 위하여 부여하는 것이므로, 그 기초가 되는 채무가 판결에 표시된 채무자 이외의 자가 실질적으로 부담하여야 하는 채무라거나 그 채무가 발생하는 기초적인 권리관계가 판결에 표시된 채무자 이외의 자에게 승계되었다고 하더라도, 판결에 표시된 채무자 이외의 자가 판결에 표시된 채무자의 포괄승계인이거나 그 판결상의 채무 자체를 특정하여 승계하지 아니한 한, 판결에 표시된 채무자 이외의 그 자에 대하여 새로이 그 채무의 이행을 소구하는 것은 별론으로 하고, 판결에 표시된 채무자에 대한 판결의 기판력 및 집행력의 범위를 그 채무자 이외의 자에게 확장하여 승계집행문을 부여할 수는 없다(대법원 2002. 10. 11. 선고 2002다43851 판결).

강제집행에 따른 것인지를 가리지 않으며, 또 승계인이 원·피고의 어느 쪽인지, 악의인지, 선의인지를 묻지 않는다. 당사자 또는 승계인을 위하여 청구 목적물을 소지한 사람(민소 제218조 제1항)의 경우 청구 목적물은 유체물 인도청구소송에서의 유체물을 말하고, 소지한 시기가 변론종결(변론 없이 한 판결의 경우에는 판결선고) 전인지, 후인지는 묻지 않는다. 소지인은 수치인, 창고업자, 운송인과 같이 오로지 본인을 위하여 소지하고 있는 경우에 한하고, 임차인이나 질권자와 같이 완전히 본인을 위한 점유자가 아니고 자기를 위한 점유자도 되는 경우는 포함되지 않는다. 또한, 당사자 본인의 소지기관(법인의 대표자)의 소지, 점유보조자(동거가족, 피용자 등)의 소지는 당사자가 소지한 것과 같으므로 여기에 해당하지 않는다.[8] 제3자를 위하여 당사자가 된 자가 받은 판결에서의 제3자(민소 제218조 제3항) 예컨대, 선정당사자(민소 제53조), 파산관재인(채무자회생법 제359조), 선장(상법 제894조 제2항), 대표소송을 수행하는 주주(상법 제403조)가 자기의 이름으로 소송의 당사자가 되어 받은 판결의 집행력은 선정자, 파산자, 구조료의 채무자와 회사에 미친다. 독립당사자참가(민사소송법 제79조) 또는 소송인수(민사소송법 제82조)에 따라 소송을 탈퇴한 당사자(민사소송법 제80조 단서, 제82조 제3항)에게도 판결의 효력이 미친다.

인낙조서, 화해조서, 조정조서, 확정된 지급명령, 소액사건에서 확정된 이행권고결정, 확정된 화해권고결정의 집행력이 미치는 범위도 판결의 경우와 동일하다.

집행증서의 집행력이 미치는 범위는 증서상의 채권자·채무자, 증서 작성 후의 포괄·특정승계인(민집 제57조, 제31조)이다.

2) 집행당사자적격의 변동

가) 집행문을 받기 전에 바뀐 경우

집행권원이 성립한 후 집행문을 받기 전에 집행당사자의 적격에 변동이 있으면 새로운 적격을 취득한 자를 위하여 또는 그자에 대하여 승계집행문을 받아야 한다.[9]

---

8) 회사의 직원으로서 건물부분에 대한 점유보조자에 불과할 뿐 독립한 점유주체가 아닌 사람은 회사를 상대로 한 인도소송의 확정판결에 따른 집행력이 미치는 것은 별론으로 하고, 소유물반환청구의 성질을 가지는 퇴거청구의 독립한 상대방이 될 수는 없다(대법원 2001. 4. 27. 선고 2001다13983 판결).

9) 집행권원상의 청구권이 양도되어 대항요건을 갖춘 경우 집행당사자적격이 양수인으로 변경되고, 양수인이 승계집행문을 부여받음에 따라 집행채권자는 양수인으로 확정되는 것이므로, 승계집행문의 부여로 인하여 양도인에 대한 기존 집행권원의 집행력은 소멸된다(대법원 2008. 2. 1. 선고 2005다23889 판결).

나) 집행문을 받은 후에 바뀐 경우

새로운 적격자를 위하여 또는 그자에 대하여 승계집행문을 받아야 함이 원칙이다(민집규 제23조).[10] 다만, 집행개시 후 채무자가 죽거나(민집 제52조 제1항) 법인, 비법인사단·재단이 합병 등으로 소멸한 경우와 같이 채무자의 지위에 포괄승계가 있는 경우 또는 신탁재산에 대한 집행개시 후 채무자인 수탁자가 바뀐 경우(신탁법 제53조 제3항)나 선박을 압류한 뒤에 선장이 바뀐 경우(민집 제179조 제2항)에는 승계집행문이 없이도 그 채무자에 속하는 책임재산에 대하여 집행을 계속할 수 있다.

Ⅱ. 집행관의 지위와 직무 등

1. 집행관의 지위

집행관은 법률이 정하는 바에 의하여 재판의 집행, 서류의 송달 기타 법령에 의한 사무에 종사하는 독립적·단독제의 사법기관이다(법원조직법 제55조 제2항, 집행관법 제2조). 집행관은 자기의 판단과 책임 하에 독립적으로 국가의 권한을 행사하는 기관이며 법원 또는 법관의 단순한 보조기관이 아니다.

기관인 집행관을 구성하는 자연인인 집행관은 실질적 의미에 있어서 국가공무원이다. 따라서 집행관은 영리업무의 겸직금지 및 기타의 겸직제한에 관한 국가공무원법 제64조 및 법원공무원규칙 제88조의 각 적용을 받는다.[11]

강제집행의 실시를 직무로 하는 국가의 기관인 집행기관에는 집행관 외에도 집행법원 및 수소법원 등이 있으나 민사집행절차는 간이·신속함을 요하므로 오랜 시일에 걸쳐서 권리관계의 종국적 확정을 하는 수소법원으로 하여금 그 절차를 취급하게

---

10) 강제집행절차에 있어서는 권리관계의 공권적인 확정 및 그 신속·확실한 실현을 도모하기 위하여 절차의 명확·안정을 중시하여야 하므로, 집행권원을 가진 채권자의 지위를 승계한 자라고 하더라도 기존 집행권원에 기하여 강제집행을 신청하려면 제31조 제1항(제57조의 규정에 따라 준용되는 경우를 포함한다)에 의하여 승계집행문을 부여받아야 하고, 집행권원에 의한 강제집행이 개시된 후 신청채권자의 지위를 승계한 경우라도 승계인이 자기를 위하여 강제집행 속행을 신청하기 위하여는 규칙 제23조가 정한 바와 같이 승계집행문이 붙은 집행권원의 정본을 제출하여야 하며 그 경우 법원사무관 등 또는 집행관은 그 취지를 채무자에게 통지하도록 하고 있다. 따라서 채권자가 집행권원에 기하여 압류 및 추심명령을 받은 후 그 집행권원상의 채권을 양도하였다고 하더라도 그 채권의 양수인이 기존 집행권원에 대하여 승계집행문을 부여받지 않았다면, 집행채권자의 지위에서 압류채권을 추심할 수 있는 권능이 있다고 볼 수 없다(대법원 2008. 8. 11. 선고 2008다32310 판결).

11) 집행관의 신분(행정예규 제270호).

하는 것은 부적당하기 때문에 민사집행법은 독립의 원칙적인 집행기관으로서 집행관과 집행법원(민집 제3조 제1항)을 두고 예외적으로 수소법원(민집 제260조, 제261조, 제55조)을 집행기관으로 하는 경우 등을 정하고 있다.

2. 집행관의 임명과 감독 및 집행관사무소의 설치

집행관은 10년 이상 법원주사보·등기주사보·검찰주사보 또는 마약수사주사보 이상의 직급으로 근무하였던 사람 중에서 지방법원장이 임명하며 그 지방법원에 소속된다(법원조직법 제55조 제1항, 집행관법 제2조, 제3조).[12] 집행관의 정년은 61세이고, 임기는 4년으로 하되 연임할 수 없다(집행관법 제4조 제2항, 제3항). 집행관은 소속 지방법원장에 의하여 사법행정상의 감독을 받으며(집행관법 제7조 제1항), 지방법원 지원의 관할구역 안에 있는 집행관에 대하여는 지원장이 지방법원장의 명을 받아 감독한다(집행관법 제7조 제2항). 그러나 기관으로서의 집행관은 자기의 판단과 책임하에 권한을 행사한다.

집행관은 소속 지방법원 관할구역에서 지방법원장 또는 지원장이 지정한 곳에 사무소를 설치하여야 한다(집행관법 제8조 제1항).

3. 출장소의 설치와 집행관 직무의 대행

지방법원의 지원 소재지에 집행관이 없는 경우에는 지방법원장은 그 관할구역의 집행관에게 지원 소재지에 출장소를 설치하도록 명하거나 지방법원 및 지원의 법원서기관·법원사무관·등기사무관·법원주사·등기주사·법원주사보 또는 등기주사보(이하 '법원서기관 등'이라 한다)로 하여금 집행관의 직무를 대행하게 할 수 있다(집행관법 제11조 제1항). 지방법원장은 지방법원 및 지원의 법원서기관 등으로 하여금 집행관의 직무를 대행하게 하는 경우에는 대행할 사람을 미리 지정하여야 한다(집행관법 제11조 제2항). 집행관이 질병, 제척 등 정당한 이유로 그 직무를 수행할 수 없을 때에 지방법원장 또는 지원장은 그 직무의 집행을 다른 집행관이나 대행자로 지정되어 있는 법원서기관 등에게 명하여야 한다(집행관법 제16조 제3항).

집행관의 직무를 행하는 법원서기관 등은 집행관의 직무에 관한 한 독립된 기관으로서의 지위를 누리며 상사의 지휘에 따라야 하는 것은 아니다. 법원서기관 등이 집행관의 직무를 대행하는 경우에도 당사자는 집행관이 직무를 행하는 경우와 동일한 수수료(집행관수수료규칙 제2조 내지 제19조)와 비용(집행관수수료규칙 제20조)를 지

12) 집행관 임명에 관한 예규(행정예규 제597호).

급하여야 한다. 그러나 이들은 국가로부터 봉급을 받는 법원직원이므로 수수료는 모두 국고수입으로 한다(집행관법 제19조 제3항). 그리고 집행관수수료규칙 제20조의 비용 중 서기료는 국고수입으로 하나, 그 밖의 비용은 실비로서 세입세출외 현금출납의 대상으로 되어 집행관직무대행자는 이를 예납금으로부터 수시로 지출하여 직무집행에 충당할 수 있다. 집행관직무대행자가 직무집행상 여행을 하는 경우에는 '법원공무원 여비 규칙'에 의하여 여비, 숙박료 등을 지급받되, 그 액이 집행관수수료규칙 제22조의 기준에 미달할 때에는 이 기준에 의하여야 할 것이다.

집행관수수료규칙 제25조의 예납 없이 직무를 집행하는 때(소송구조를 받는 경우)에는 모든 비용을 국가의 일반 세출예산에서 대납하여야 하는데, 이 비용에 상당하는 상환금은 국고의 수입으로 된다.

4. 집행관의 제척

집행관은 ① 자기 또는 배우자 및 자기 또는 배우자의 4촌 이내의 혈족이나 인척이 당사자 또는 피해자이거나 당사자 또는 피해자와 공동권리자·공동의무자 또는 상환의무자인 관계가 있는 경우, ② 자기 또는 배우자 및 자기 또는 배우자의 4촌 이내의 혈족이나 인척이 당사자, 피해자 또는 그 배우자의 친족인 경우(인척에 있어서는 혼인이 해소된 경우에도 또한 같다), ③ 자기가 동일한 사건에 관하여 증인 또는 감정인이 되어 신문을 받았을 경우 또는 법률상 대리인이 될 권리가 있거나 있었을 경우에는 그 직무의 집행으로부터 제척되므로(집행관법 제13조) 그 사건을 취급할 수 없다.

집행관의 경우 기피, 회피의 제도는 없다.[13)]

제척원인이 있는 집행관이 한 압류 기타의 집행행위는 당연무효는 아니고 관계인의 집행이의신청에 의하여 취소될 수 있음에 불과하다.[14)]

5. 집행관에 대한 수수료 및 비용

집행관은 국가로부터 봉급을 받지 않고 사인의 위임 또는 국가기관(법원, 검찰청)의 명령에 의하여 취급한 사건에 관하여 법정의 수수료를 받을 뿐이다(집행관법 제19조 제1항). 다만 법원 또는 검찰청의 명령에 의하여 서류와 물품의 송달, 영장의 집행 등의 사무를 처리하는 경우에는 대납금 외에 수수료를 받지 못한다(집행관법 제

---

13) 법원실무제요 민사집행[Ⅰ], 법원행정처(2014), 25면; 집행관실무편람, 법원행정처(2004), 5.
14) 법원실무제요 민사집행[Ⅰ], 법원행정처(2014), 25면; 집행관실무편람, 법원행정처(2004), 5.

20조). 집행관은 소정의 수수료를 초과하여 징수하거나 특별한 보수를 받지 못하며, 법원사무관 등이 집행관의 직무를 행한 경우의 수수료는 국고수입으로 한다(집행관법 제19조 제2항, 제3항). 집행관의 수수료는 집행관수수료규칙에 정하여져 있다.

집행관은 서기료, 통신료, 공고료, 감정인 및 참여인의 일당, 여비, 감정료, 물건의 운반·보관·감수 및 보존비용, 집행관의 여비 및 숙박료 등 법정의 제반비용을 지급받는다(집행관수수료규칙 제20조). 집행관의 직무집행을 위하여 국내여행을 할 때에는 법원공무원여비규칙 중 5급공무원과 동액의 여비를 지급받는다(집행관수수료규칙 제22조).

집행관이 동일채권자의 위임에 의하여 같은 날 동일하거나 근접한 곳에서 2건 이상의 압류 등 집행행위를 한 경우의 여비는 1건분 만을 받아야 하고, 채권자를 달리하는 2건 이상의 압류 등 집행행위를 같은 날 같은 특별시, 광역시, 시, 군내에서 실시한 경우 그 장소가 근접하지 않은 때에는 사건마다 각각 여비를 받을 수 있으나 그 장소가 동일하거나 근접한 때에는 1건 분만의 여비를 받아야 하고 이때 각 사건 당사자가 안분하여 그 여비를 부담한다.[15]

집행관은 모든 사무를 담당함에 있어서 수수료 기타 비용의 개산액을 위임자에게 예납시킬 수 있고 예납하지 않은 때는 위임에 응하지 않을 수 있다(집행관수수료규칙 제25조). 예납의 제도는 집행관의 편의를 위한 것이므로 집행관이 예납을 받지 않고 사무를 실시하여도 그로 인하여 발생하는 불이익을 집행관이 감수하는 한에 있어서는 무방하다.

집행관은 예납이 없으면 위임에 응하지 않을 수 있으나, 강제집행신청인이 소송구조를 받는 자인 때에는 예납 없어도 위임에 응하여야 한다(집행관수수료규칙 제25조 제1항). 이 경우에 위임자는 소송구조를 받는 사실을 증명하는 서면(예컨대 소송구조 결정의 정본이나 등본 또는 법원사무관 등의 증명서)을 제출하여야 한다.

6. 집행관의 관할

가. 토지관할

집행관의 토지관할은 그 소속 지방법원장 또는 지원장이 지정하여 설치한 집행관사무소 지역의 본원 또는 지원 관할구역이다(집행관규칙 제4조 제1항). 그러나 집행개시 후 법원의 관할구역이 변경된 경우에는 종전 법원소속 집행관이 집행을 속행

15) 집행관의 수수료 및 비용 산정기준(행정예규 제494호).

한다(집행관규칙 제4조 제1항 단서). 이 경우의 감독법원은 그 집행관이 소속한 지방법원이다. 또 집행관은 동시에 집행할 수 개의 물건이 동일 지방법원의 본원과 지원 또는 지원과 지원의 관할구역에 산재해 있는 경우에는 소속 지방법원장의 허가를 얻어 집행할 수 있다(집행관규칙 제4조 제2항). 토지관할 위반의 직무집행행위에 관하여도 집행관이 추상적으로는 직무관할을 가지는 이상, 관할을 위반한 집행관의 집행행위가 위법하여 집행에 관한 이의신청(민집 제16조 제1항)을 할 수 있는 것은 별론, 당연무효가 되는 것은 아니다.[16]

나. 집행에 관한 직무관할

집행관은 강제집행의 원칙적인 집행기관으로 되어 있으나(민집 제2조), 여기에는 널리 예외가 인정되어 실제상 그 직무는 주로 사실행위를 수반하는 집행처분에 한한다. 직무관할에 위반한 집행관의 집행행위는 무효이다. 집행관의 직무관할의 구체적인 예는 다음과 같다.

집행관이 아닌 사람은 집행관의 고유한 직무를 유효하게 수행할 수 없다.

1) 독립의 집행행위

① 유체동산에 대한 압류집행(민집 제189조)
② 유체동산에 대한 가압류집행(민집 제296조)
③ 동산인도청구의 집행(민집 제257조)
④ 부동산·선박 등의 인도 청구의 집행(민집 제258조)
⑤ 담보권 실행 등을 위한 동산의 경매(민집 제272조, 제274조)
⑥ 인도단행가처분 등 일정한 내용의 가처분의 집행(민집 제301조, 제296조, 제305조)
⑦ 대체집행(민집 제260조 제1항)

2) 집행법원이 행하는 집행절차에 부수된 행위

① 지시증권상의 채권의 압류에 있어서 증권의 점유(민집 제233조)
② 채권압류에 있어서 채권증서의 취득(민집 제234조 제2항)
③ 유체동산에 관한 청구권에 대한 집행에 있어서 목적물의 수령 및 현금화(민집 제243조 제1항, 제3항)

---

16) 박두환, 민사집행법, 법률서원(2003), 33; 법원실무제요 민사집행[Ⅰ], 법원행정처(2014), 28; 제4판 주석 민사집행법(Ⅰ), 한국사법행정학회(2018), 101.

④ 그 밖의 재산권에 대한 집행에 있어서 그 재산권의 매각 등의 방법에 의한 현금화(민집 제251조 제1항)
⑤ 부동산의 강제경매, 강제관리, 담보권 실행 등을 위한 경매에 있어서 목적물의 현황 조사(민집 제85조, 제163조, 제268조, 제274조)
⑥ 부동산, 선박, 자동차 등의 강제경매·담보권 실행 등을 위한 경매에 있어서 매각의 실시(민집 제107조, 제112조, 제172조, 제187조, 제268조, 제269조, 제270조, 제274조)
⑦ 부동산 강제관리에 있어서 관리인의 부동산 점유시의 원조(민집 제166조 제2항)
⑧ 매각된 부동산의 인도명령의 집행(민집 제136조 제6항, 제268조, 제274조)

7. 집행관의 직무집행과 국가배상

기관인 집행관을 구성하는 자연인인 집행관은 실질적 의미에 있어서 국가공무원이다(국가배상법 제2조 제1항).[17] 따라서 집행관은 영리업무의 겸직금지와 그 밖의 겸직제한에 관한 국가공무원법 제64조, 법원공무원규칙 제88조의 적용을 받으며,[18] 집행관이 그 직무를 수행함에 있어 주의의무를 위배함으로써 손해를 가한 경우 국가는 그 피해자에게 국가배상법 제2조에 의하여 손해를 배상할 의무가 있다.[19] 판례는 집행관으로서 당연히 알아야 할 관계 법규를 알지 못하고 필요한 지식을 갖추지 못하거나 조사를 게을리하여 법규의 해석을 그르치는 등으로 인하여 타인에게 손해를 가하였다면 불법행위가 성립한다고 한다.[20]

Ⅲ. 집행관 사무처리 상의 의무 등

1. 집행관 직무의 성질

집행관은 법률이 정하는 바에 의하여 재판의 집행, 서류의 송달 기타 법령에 의한 사무에 종사한다(법원조직법 제55조, 집행관법 제2조).

집행관이 가장 중요한 사무인 '재판의 집행'은 원칙적으로 민사사건의 재판의 집

---

17) 집행관실무편람, 법원행정처(2004), 3.
18) 집행관의 신분(행정예규 제270호).
19) 대법원 1966. 7. 26. 선고 66다854 판결, 대법원 1968. 5. 7. 선고 68다326 판결.
20) 대법원 2003. 9. 26. 선고 2001다52773 판결.

행에 한정된다. 재판의 연장으로서의 성격이 강하고, 당사자의 이해관계가 직접 현장에서 충돌하는 문제에 관한 것이어서 그것이 성공적으로 이루어지는지 여부는 재판의 권위에도 크게 영향을 미친다.

집행관의 사무는 일부 부수적인 것을 제외하고 법원 청사 밖에서 이루어지며, 단순히 관념적인 처분과 서류상의 조치를 하는 것뿐만 아니라 목적으로 하는 일정한 사실상태를 실현하기 위하여 법률적 효과를 수반하는 사실적 처분을 실시한다.

집행관은 독립한 독임제의 집행기관이며, 집행사건의 처리에 관하여 원칙적으로 집행법원의 직접적인 지휘를 받지 않은 채 자신의 판단과 책임하에 권한을 행사한다. 잘못된 사무처리를 하는 경우에는 단순한 사무처리로서 불복신청이나 집행에 관한 이의의 대상이 되는데서 그치지 않고 국가배상의 문제로 발전하는 경우가 있을 수 있다.

2. 사무처리 상의 의무

집행관은 사무처리에 있어 법령상 아래와 같은 의무들을 부담한다.

① 집행관은 그 직무에 관한 명령 또는 위임을 정당한 이유 없이 거절할 수 없으며(집행관법 제14조), 명령 또는 위임을 한 자의 승낙이 있는 경우가 아닌 한 사건의 처리를 다른 집행관에게 위임하지 못한다(집행관규칙 제16조).

② 집행관은 특별한 사정이 없는 한 명령 또는 위임을 받은 순서에 따라 사건을 처리하여야 한다(집행관규칙 제14조).

③ 집행관은 사건이 긴급을 요하는 경우에는 집무시간외라 하더라도 명령 또는 위임에 의한 사건을 처리하여야 한다(집행관규칙 제13조).

④ 집행관은 임의변제나 그 밖의 이행을 받은 때에는 영수증서를 작성하고 교부하여야 하며 채무자가 그 의무를 완전히 이행한 때에는 집행력 있는 정본을 채무자에게 교부하여야 한다(민집 제42조 제1항).

⑤ 집행관이 그 직무를 집행할 때에는 지방법원장이 발급한 신분증을 지녀야 하며(집행관법 제17조 제1항), 집행관은 직무집행에 있어서 관계인의 요구가 있으면 언제든지 신분증을 제시하여야 한다(집행관규칙 제15조).

⑥ 집행관은 그 직무상 보관하는 금전 기타 귀중품은 금고 또는 자물쇠 장치가 되어 있는 견고한 용기에 넣어서 보관하여야 한다(집행관규칙 제18조).

⑦ 집행관은 법이 정하는 장부를 갖추어야 하며(집행관법 제9조), 집행기록 그 밖에 집행관이 직무상 작성하는 서류를 보존하여야 한다(집행관규칙 제28조).

⑧ 집행관은 당사자 그 밖의 이해관계인이 청구하는 경우 집행기록 그 밖의 집행관이 직무상 작성한 서류를 열람하게 하거나 그 등본이나 초본 또는 집행관이 취급한 사무에 관한 증명서를 교부하여야 한다(집행관규칙 제32조 제1항, 제2항).

⑨ 집행관은 민사집행 그 밖의 사무를 실시하는 경우 조서 그 밖의 서류를 작성하여야 한다(민집 제10조 제1항). 대체집행의 결정에 기초한 집행(민집 제260조 제1항), 저항배제를 위한 참여(민집 제166조 제2항), 매각부동산에 대한 인도명령의 집행(민집 제136조), 그 밖에 집행관이 직무집행을 함에 있어 강제력을 행사할 수 있는 사무는 모두 집행행위에 해당하므로 조서를 작성하여야 한다.[21)]

3. 형식주의

집행관을 비롯한 집행기관은 강제집행의 요건인 집행권원, 집행문 그리고 채무자에 대한 송달 등 강제집행 요건이나 그 개시요건 등 형식적 사항을 심사할 수 있을 뿐이지, 집행권원의 적법성이나 정당성을 심사할 수 없다. 현행법체계가 판결기관과 집행기관을 엄격하게 구분하여 놓은 결과이다(실체·절차이분론, 수소법원·집행법원이분론). 따라서 유체동산 집행을 하는 집행관은 채무자가 점유하고 있는지만 확인하면 되고, 사법보좌관은 채무자의 등기부상 소유명의를 확인하는 것으로 충분하다. 목적물의 소유권 관계에 대한 실질적인 심사권이 없다. 채권집행에 있어서도 제3채무자의 채무자에 대한 채무관계에 대하여도 그 존재여부에 대하여 판단할 권한은 없고 단지 채권자의 주장자체로 이유가 없는 경우가 아닌지 형식적인 심사에 그친다. 이 말은 가령 법인의 대표자 자격을 법인등기사항증명서가 아닌 법인인감증명서로 대체하여 증명할 수 없다는 것과 같이 형식적 서류를 엄격히 따진다는 것을 의미하는 것이 아니라, 집행기관은 형식적 요건만 갖추면 진행한다는 것으로, 집행기관은 실체적인 사유를 조사할 권한도 없고 조사하지도 않는다는 의미이다. 실체적인 문제에 관하여 법은 청구이의의 소, 제3자이의의 소 등 집행절차 밖에 별도의 구제절차를 마련해 두고 있다. 절차의 신속, 경제를 위한 것이다. 이 점에서 등기관에게 등기의 원인관계에 관하여 실질적 심사권이 없는 것과 같다.[22)]

---

21) 법원실무제요 민사집행[Ⅰ], 법원행정처(2014), 40.
22) 이시윤, 신민사집행법(제6보정판), 박영사(2014), 47.

4. 적정·신속한 집행 확보

가. 집행관의 직무집행 확보방안

1) 저항의 배제

집행관은 직무집행을 하기 위하여 필요한 경우에는 그 저항을 배제하기 위하여 위력을 사용할 수 있다(민집 제5조 제1항, 제2항). 민사집행에 관한 집행관의 사무 중 사실행위를 중심으로 하여 집행관이 집행 목적물에 대하여 채무자의 지배영역에 직접 개입하여 그 의사에 반하여도 집행할 수 있도록 하는 권한을 부여하는 이상 그 직무집행에 있어 채무자 등의 적극·소극의 저항을 받는 것이 정형적으로 예상되므로, 그 저항을 배제하기 위하여 집행관의 위력의 행사 등을 인정할 필요가 있다.

민사집행법은 강제집행과 보전처분의 집행을 위하여 집행관으로 하여금 잠근 문과 기구를 여는 등 필요한 처분 및 그 밖의 강제권한을 행사하는 것이 가능한 경우를 개별적으로 규정하고 있다. 미등기건물에 대한 강제집행을 위한 현황조사(민집 제82조 제2항), 부동산경매에서의 일반적인 현황조사(민집 제85조 제2항), 부동산인도 강제집행(민집 제258조 제1항) 등의 경우에는 집행관의 집행 목적물에 대하여 채무자의 지배영역에 직접 개입하여 집행할 권한을 부여하고 있음이 명백하므로 당연히 민사집행법 제5조 제1항 적용대상이라고 해석된다.[23] 그러나 민사집행법 제5조 제2항의 적용대상이 위 조항들에 한정되는 것은 아니고, 부동산강제경매에 있어서 매각을 위한 보전처분으로서 집행관보관명령 등의 집행(민집규 제44조, 민집 제83조 제3항), 매수인 또는 압류채권자를 위한 보전처분으로서의 집행관 보관명령의 집행(민집 제136조 제2항) 등과 같이 집행관의 직무권한의 근거규정의 해석에 의하여 그 직무권한이 강제력의 행사를 허용하고 있다고 해석되는 경우에도 당해 사무 역시 민사집행법 제5조 제1항, 제2항의 적용대상에 포함된다 할 것이다.[24]

민사집행법 제5조 제1항은 널리 '집행을 하기 위하여 필요한 경우에는'이라고 규정하고 있지만, 직무집행을 개시한 때부터 직무집행을 종료한 때까지에 한정하는 것은 아니고, 그 개시 직전 및 직후에 근접한 시점을 포함한다.[25] 다만 민사집행법 제5조 제1항, 제2항의 적용대상은 집행관의 직무권한이 강제력의 행사를 허용하는 경

23) 執行官實務研究會 編, 執行官實務の手引[第2版], 民事法研究會(2016), 19.
24) 執行官實務研究會 編, 執行官實務の手引[第2版], 民事法研究會(2016), 20.
25) 執行官實務研究會 編, 執行官實務の手引[第2版], 民事法研究會(2016), 20.

우에 한정된다.[26] 따라서 동산인도청구권 압류명령 집행에 있어서 제3채무자에 대하여 목적물의 인도를 구하는 때에는 당해 직무의 집행이 채무자 등의 임의의 행동을 기대하는 것에 그칠 뿐 강제적인 목적의 실현을 예정하고 있지 않은 경우이므로 위력의 행사 등을 인정하는 것은 법이 달성하려는 목적을 넘어서는 것이어서 허용되지 않는다.

민사집행법 제5조 제1항, 제2항에 의하여 위력을 사용하는 것이 가능한 것은 적법하게 직무를 집행하는 경우에 한정된다.[27] 당연무효의 직무집행이나 위법한 직무집행을 하면서 민사집행법 제5조 제1항에 따라 집행관이 처분을 한 경우 그 처분은 위법하다.

송달은 민사집행과는 별개의 사무이며 그것이 민사집행법 제5조를 준용한다는 근거규정도 없으므로, 집행관은 송달을 실시하는 과정에 저항을 받더라도 민사집행법 제5조 제1항, 제2항의 권한을 행사할 수 없다.[28]

2) 저항의 태양

저항이란 집행관의 직무집행에 대하여 실력으로서 방해하는 것을 말하는 것으로 원칙적으로 집행관의 직무집행을 방해할 의사에 기할 것을 요한다. 유형력의 행사에 의한 적극적인 저항뿐만 아니라 소극적인 저항을 포함하며, 집행관에 대한 폭행·협박 행위, 바리케이트의 설치, 대문을 열쇠로 잠가 출입을 막는 행위, 연좌농성 등은 모두 저항에 해당한다. 채무자 등이 병중이라고 하는 경우 의사의 진단 등에 의하여 꾀병인지 여부를 판단한다. 의사의 진단을 거부하는 경우 의사의 외관상의 소견, 인근 거주자들로부터의 사정청취나 집행관의 현장에서의 관찰 등에 의하여 꾀병이라고 인정되는 경우 소극적 저항에 해당한다.

직무집행에 대한 저항행위는 집행관 자신에 대한 것뿐만 아니라 보조자나 참여자에 대한 것도 포함되며, 채무자뿐만 아니라 제3자의 방해행위도 저항에 해당한다.[29]

채무자가 야반도주하여 주거가 잠겨 있는 채 행방불명되어 장기간 연락이 닿지 않는 경우, 집행관이 직무집행에 착수하기 전부터 위와 같은 상태에 있었다고 하더라도 채무자의 위와 같은 행위는 객관적으로 집행관의 직무집행을 방해하는 행위로서

26) 執行官實務研究會 編, 執行官實務の手引[第2版], 民事法研究會(2016), 20.
27) 執行官實務研究會 編, 執行官實務の手引[第2版], 民事法研究會(2016), 20.
28) 執行官實務研究會 編, 執行官實務の手引[第2版], 民事法研究會(2016), 20.
29) 법원실무제요 민사집행[Ⅰ], 법원행정처(2014), 35.

민사집행법 제5조 제1항이 말하는 '직무집행을 위하여 필요한 경우'에 해당하므로, 강제로 잠근 문을 여는 등 필요한 조치를 할 수 있다. 법이 잠근 문을 열기 위하여 필요한 처분을 하는 것이 가능하다는 취지로 규정하고 있는 경우, 문을 잠그는 행위가 저항에 해당하는지 아닌지 여부와 상관없이 잠근 문을 여는데 필요한 처분을 하는 것이 가능함은 당연하다. 법에 위와 같은 특별한 규정이 없는 경우에 여기에서 말하는 민사집행법 제5조 제1항의 '직무집행을 위하여 필요한 경우'에 해당하는지가 문제된다.

3) 위력(실력)의 행사

집행관은 저항의 배제를 위하여 위력을 행사할 수 있는바(민집 제5조 제1항, 제2항), 여기서 위력의 행사란 자신의 완력 등 물리력을 행사하는 것을 말한다. 이를 위하여 보조자를 사용하는 것도 가능하다고 해석된다.[30] 설치된 바리케이트를 철거하는 것, 잠근 문을 강제로 열기 위하여 필요한 처분을 하는 것 등의 대물적 행위뿐만 아니라 저항하는 사람의 신체에 접촉하여 끌어내는 등의 대인적인 행위도 실력의 행사에 포함된다. 그러나 집행관이 행사하는 위력은 저항의 태양이나 정도에 비례하여 그것을 배제하는데 필요최소한의 것이어야 하므로,[31] 보조자를 사용하여 실력을 행사하는 때에는 보조자에게 지나침이 없도록 충분한 지휘감독을 하여야 한다.

4) 경찰, 국군에 대한 원조요청

집행관은 직무집행에 있어서 저항을 받은 경우 그 저항을 배제하기 위하여 위력을 사용하는 이외에 필요한 때에는 경찰이나 국군에 원조를 요청할 수 있다(민집 제5조 제2항). 집행관이 경찰에 대한 원조요청을 할 필요가 있다고 판단되는 때에는 사전에 그 집행에 관한 직무의 수행장소를 관할하는 경찰서장에게 경찰원조요청서(전산양식 A3101)에 의하여 집행시 경찰의 원조가 필요한 사유를 통지하면서 원조를 요청

---

30) 執行官實務硏究會 編, 執行官實務の手引[第2版], 民事法硏究會(2016), 21.

31) 執行官實務硏究會 編, 執行官實務の手引[第2版], 民事法硏究會(2016), 21. 비례의 원칙은 법치국가 원리에서 당연히 파생되는 헌법상의 기본원리로서, 모든 국가작용에 적용된다. 수사상의 강제처분은 법률상 특별규정이 있는 경우에만 할 수 있고, 필요한 최소한도의 범위에서만 할 수 있다(형사소송법 제199조 제1항 단서). 행정목적을 달성하기 위한 수단은 목적달성에 유효·적절하고, 가능한 한 최소침해를 가져오는 것이어야 하며, 아울러 그 수단의 도입에 따른 침해가 의도하는 공익을 능가하여서는 안 된다(대법원 1997. 9. 26. 선고 96누10096 판결 등). 특히 처분상대방의 의무위반을 이유로 한 제재처분의 경우 의무위반의 내용과 제재처분의 양정(量定) 사이에 엄밀하게는 아니더라도 대략적으로라도 비례 관계가 인정되어야 하며, 의무 위반의 내용에 비하여 제재처분이 과중하여 사회통념상 현저하게 타당성을 잃은 경우에는 재량권 일탈·남용에 해당하여 위법하다고 보아야 한다(대법원 2019. 9. 9. 선고 2018두48298 판결 등).

할 수 있다. 다만 관할 경찰서장에게 사유를 통지하면서 경찰의 원조를 요청할 수 있는 시간적 여유가 없을 정도로 긴급을 요하는 때에는 집행장소에서 가장 가까운 곳에 있는 파출소 등의 경찰관에게 구두로 직접 원조를 요청할 수 있으며, 집행관이 해상에서 집행에 관한 직무를 수행함에 있어 경찰에 대한 원조요청을 할 필요가 있다고 판단되는 때에는 가장 가까운 곳에 있는 해양경찰서장에게 위와 같은 통지 및 원조요청을 할 수 있다.

나. 증인의 참여

집행관은 집행하는 데 저항을 받거나 채무자의 주거에서 집행을 실시하려는데 채무자나 사리를 분별할 지능이 있는 그 친족·고용인을 만나지 못한 때에는 성년 두 사람이나 특별시·광역시의 구 또는 동 직원, 시·읍·면 직원(도농복합형태의 시의 경우 동지역에서는 시 직원, 읍·면지역에서는 읍·면 직원) 또는 경찰공무원 중 한 사람을 증인으로 참여하게 하여야 하며(민집 제6조), 위에서 규정된 공무원들은 집행관으로부터 집행실시의 증인으로 참여하도록 요구받은 경우 정당한 이유 없이 그 요구를 거절하여서는 안 된다(민집규 제5조).

여기서 말하는 저항이란 실력으로 집행을 방해하는 것은 물론 집행을 거부하는 것도 포함되나, 단순히 말로 이의를 제기한 데 그친 경우에는 저항이라 볼 수 없을 것이다.[32] 경찰의 원조 요청(민집 제5조 제2항)에 따라 원조를 하는 경찰관은 집행관 측의 입장에 있는 것이므로 그 경찰관 이외의 증인이 필요하다. 채무자가 법인인 경우의 주소, 즉 사무소나 영업소는 이 규정의 적용을 받지 않으므로 저항이 없는 한 대표자가 없어도 집행할 수 있다. 고용인이란 반드시 채무자와 동거하고 있는 사람임을 필요로 하지 않으나, 주거에서 집행하는 경우이므로 가사에 관한 고용인임을 요하고, 채무자가 별도로 사업장을 가지고 경영하는 사업의 종업원은 이에 해당하지 않는다 할 것이다. 집행에 있어 저항이 예상되는 경우에는 미리 증인을 동행하여도 무방하다. 이러한 증인의 참여가 없는 집행행위는 채무자 또는 이해관계인의 집행에 관한 이의신청에 의하여 취소될 수 있으나 당연무효가 되는 것은 아니다. 또한, 채무자의 집행이의권 포기에 의하여 그 하자가 치유되며, 채무자가 집행관을 만났음에도 불구하고 고의로 집행의 참여를 거부할 때도 집행이의권의 포기로 보아 집행의 착수 또는 속행을 할 수 있다.

---

32) 법원실무제요 민사집행[Ⅰ], 법원행정처(2014), 37.

다. 야간·휴일의 집행

집행관 또는 집행법원의 명령에 따라 민사집행에 관한 사무를 처리하는 사람(감정인, 강제관리인, 선박보관자 등)은 공휴일과 야간에는 법원의 허가가 있어야 집행행위를 할 수 있다(민집 제8조 제1항). 출입에 관하여 거주자로부터 승낙을 받았더라도 마찬가지이다.[33] 주간 또는 평일에 착수한 집행행위의 속행으로 야간이나 휴일에 이른 때에도 허가가 있어야 한다.[34] 야간이란 일몰 후부터 일출 전까지이다. 여기서 말하는 집행행위는 압류, 수색과 같은 실력행사 행위를 말하고, 집행력 있는 정본이나 집행문의 송달, 그 밖의 집행에 관한 명령의 송달이나 진술을 구하는 최고 등(민집 제39조, 제227조 제2항, 제229조 제4항, 제237조 제2항, 제240조 제2항, 제251조 제2항 등)은 포함되지 않는다.

휴일이나 야간은 일반시민들이 휴식을 취하는 시간인 점을 감안하여 주거의 평온을 보호하기 위하여 집행행위에 관하여 집행법원의 허가를 받도록 제한을 한 것이다.[35]

집행법원의 허가기준은 집행관이 평일 주간에 직무를 집행하는 것이 적당하지 않은지, 휴일 또는 야간에 직무를 집행할 필요성이 있는지 여부이다.[36]

집행관은 휴일 또는 야간의 집행에 관하여 허가를 받은 경우 민사집행을 실시할 때에 허가명령을 내보여야 한다(민집 제8조 제2항).

Ⅳ. 강제집행의 요건

집행관이 부동산인도, 철거 등 사무를 처리하는 것도 집행기관의 일원으로서 지위에서 수행하는 것이어서(민집 제2조), 민사집행에 관한 일반적인 법리가 그대로 적용된다. 따라서 강제집행의 요건, 강제집행개시·종료·정지·제한·취소, 강제집행 실시에 관한 불복방법 및 집행비용의 예납 등의 규정이 그대로 적용되므로 차례로 본다.

33) 執行官實務硏究會 編, 執行官實務の手引[第2版], 民事法硏究會(2016), 24.
34) 제4판 주석 민사집행법[Ⅰ], 한국사법행정학회(2018), 130; 법원실무제요 민사집행[Ⅰ], 법원행정처(2014), 32.
35) 제4판 주석 민사집행법[Ⅰ], 한국사법행정학회(2018), 129.
36) 執行官實務硏究會 編, 執行官實務の手引[第2版], 民事法硏究會(2016), 24.

1. 집행권원

가. 의의

집행권원(구 민사소송법은 '채무명의'라고 하였다)은 사법상의 일정한 이행청구권의 존재와 범위를 표시함과 동시에 강제집행으로 그 청구권을 실현할 수 있는 집행력을 인정한 공정의 증서를 말한다. 집행권원은 강제집행을 하는 데에 없어서는 안 될 기초이다.

나. 집행권원의 내용

집행권원에 따라(집행문이 부여된 경우에는 이와 결합하여) 집행당사자와 집행의 내용·범위가 결정된다.

집행권원은 집행당사자적격을 가진 자의 범위를 정하며, 그러한 자 중 특정인을 위하여 또는 그자에 대하여 집행문이 부여됨으로써 집행당사자가 확정된다.

집행권원은 급부의무를 내용으로 하여야 하고, 그 급부의 내용은 가능·특정·적법하며 강제이행을 할 수 있어야 한다.[37)]

집행권원은 이행청구권의 범위의 최대한도를 정한다. 실체상으로는 집행권원에 표시된 액수 이상의 채권이 있다 하더라도 집행권원에 표시된 채권을 넘는 부분은 집행할 수 없다. 예컨대, 집행증서 정본상에 차용금채권의 원금 및 그에 대한 변제기까지의 이자에 대한 약정만이 있고, 변제기 다음날부터 다 갚을 때까지의 지연손해금채권에 대하여는 아무런 기재가 없으면 그 지연손해금채권에 대하여는 강제집행을 청구할 수 없다.[38)]

예비적 이행의무(대상판결)는 본래의 의무가 집행불능일 때에만 집행이 가능하다. 이 경우 본래 의무의 집행불능은 집행기관이 인식한 현저한 사실이기 때문에 예비적 의무의 집행을 위하여 다시 집행문을 받을 필요는 없다. 선택적 이행의무는 선택절차를 거친 뒤에만 집행이 가능하다. 선택절차를 거친 것은 집행문부여의 요건이다(민집 제30조 제2항의 조건 성취에 해당한다). 선택의 방법은 민법 제381조에 따른다. 기한부 또는 조건부 이행의무에 있어 확정기한의 도래는 집행개시의 요건이고(민집 제40조), 불확정기한의 도래와 정지조건의 성취는 집행문부여의 요건이다(민집 제30조 제2항). 해제조건의 성취는 청구권의 소멸사유이므로 상대방(채무자)이 주장·

---

37) 따라서 부부동거의무와 같이 급부의 성질이 강제이행에 적합하지 아니한 경우나 급부의 내용 자체가 부적법하거나 사회질서에 반하는 때에는 집행할 수 없다. 그러나 급부 내용 자체가 부적법한 것이 아니면 그 원인이 불법이라 하여도 집행은 가능하다. 집행기관은 급부원인의 당부를 판단할 수 없기 때문이다.

38) 대법원 1994. 5. 13.자 94마542, 543 결정.

증명책임을 진다. 상환적 이행의무(동시이행의무)에 있어 반대의무에 관하여는 집행력이 생기지 않으며, 반대의무의 이행(제공)은 집행개시의 요건이다.

집행권원에 제한이 명시되어 있지 않은 한 채무자의 전 재산이 집행의 대상이 된다.

다. 집행권원의 경합

예컨대 집행증서를 얻은 뒤 판결을 받은 경우에 새로운 집행권원만이 유효하다는 설도 있으나 모두 유효하다는 것이 현재의 실무례이다.[39] 집행기관은 두 개 이상의 집행권원이 존재하는 것을 알 수 없기 때문이다.

라. 집행권원의 소멸

가집행선고 있는 판결이 가집행선고 또는 본안판결을 바꾸는 판결의 선고로 효력을 잃게 된 경우 또는 확정판결이 재심으로 취소된 경우 집행권원이 효력을 잃는다.

집행권원의 원본이 멸실된 때에는 새로 소송을 제기하거나 그 밖의 방법으로 새로운 집행권원을 취득하여야 한다. 단순히 집행력 있는 정본을 잃어버린 경우와는 구별하여야 한다. 후자의 경우에는 다시 교부받으면 된다(민집 제35조 제1항).

마. 각종의 집행권원

1) 집행권원의 종류

가) 민사집행법과 민사소송법에 규정된 집행권원

(1) 판결

① 확정된 종국판결(제24조), ② 가집행선고 있는 종국판결(제24조), ③ 외국법원의 확정판결 또는 이와 동일한 효력이 인정되는 재판에 대한 집행판결(제26조)[40]

---

39) 법원실무제요 민사집행[Ⅰ], 법원행정처(2014), 178.

40) 제26조 제1항에 정하여진 집행판결의 제도는 재판권이 있는 외국의 법원에서 행하여진 판결에서 확인된 당사자의 권리를 우리나라에서 강제적으로 실현하고자 하는 경우에 다시 소를 제기하는 등 이중의 절차를 강요할 필요 없이 그 외국의 판결을 기초로 하되 단지 우리나라에서 그 판결의 강제실현이 허용되는지 여부만을 심사하여 이를 승인하는 집행판결을 얻도록 함으로써 당사자의 원활한 권리실현의 요구를 국가의 독점적·배타적 강제집행권 행사와 조화시켜 그 사이에 적절한 균형을 도모하려는 취지에서 나온 것이다. 이러한 제도적 취지에 비추어 보면, 위 규정에서 정하는 '외국법원의 판결'이라고 함은 재판권을 가지는 외국의 사법기관이 그 권한에 기하여 사법상의 법률관계에 관하여 대립적 당사자에 대한 상호간의 심문이 보장된 절차에서 종국적으로 한 재판으로서 구체적 급부의 이행 등 그 강제적 실현에 적합한 내용을 가지는 것을 의미하고, 그 재판의 명칭이나 형식 등이 어떠한지는 문제되지 아니한다(대법원 2010. 4. 29. 선고 2009다68910 판결).

(2) 판결 외의 집행권원

① 소송상 화해조서와 제소전 화해조서(민집 제56조), ② 인낙조서(민집 제56조), ③ 항고로만 불복을 신청할 수 있는 재판(민집 제56조), ④ 확정된 지급명령(민집 제56조), ⑤ 가압류·가처분명령(민집 제291조, 제301조), ⑥ 일정한 금액의 지급·대체물 또는 유가증권의 일정한 수량 급여에 관한 집행증서(민집 제56조), ⑦ 과태료의 재판에 대한 검사의 집행명령(민집 제60조), ⑧ 확정된 화해권고결정(민소 제231조)

나) 민사집행법과 민사소송법 외의 법률에 규정된 집행권원

① 확정된 이행권고결정(소액사건심판법 제5조의7 제1항), ② 중재판정에 대한 집행판결(중재법 제37조), ③ 회생절차 또는 파산선고시의 법인의 이사 등에 대한 출자이행청구권 또는 그 책임에 기한 손해배상청구권의 조사확정의 재판(채무자회생법 제117조, 제354조), ④ 회생채권자표 및 회생담보권자표(채무자회생법 제168조), ⑤ 파산채권자표(채무자회생법 제460조), ⑥ 개인회생채권자표(채무자회생법 제603조 제3항), ⑦ 조정조서(민사조정법 제29조), ⑧ 확정된 조정을 갈음하는 결정(민사조정법 제30조, 제32조, 제34조), ⑨ 가사소송법에 의한 심판(가사소송법 제41조), 조정 또는 확정된 조정을 갈음하는 결정(가사소송법 제59조 제2항), ⑩ 당사자가 예납하지 아니한 비용의 수봉결정, 소송상의 구조와 구조의 취소에 따른 비용 추심의 결정(민사소송비용법 제12조), ⑪ 비송사건절차법에 따른 과태료 재판에 대한 검사의 집행명령(비송사건절차법 제249조), ⑫ 비송사건절차의 비용의 재판(비송사건절차법 제29조), ⑬ 벌금, 과료, 몰수, 추징, 과태료, 소송비용, 비용배상 또는 가납의 재판에 대한 검사의 집행명령(형사소송법 제477조), ⑭ 특허권, 실용신안권, 디자인권, 상표권의 심판에 관한 비용 또는 이들 법률에 따른 보상금액과 대가에 대하여 확정된 결정(특허법 제166조, 실용신안법 제33조, 디자인보호법 제61조, 상표법 제77조의29), ⑮ 확정된 배상명령 또는 가집행선고 있는 배상명령이 적힌 유죄판결(소송촉진 등에 관한 특례법 제34조 제1항), ⑯ 형사소송절차에서 피고인과 피해자 사이에 민사상 다툼에 관하여 이루어진 합의가 기재된 공판조서(형사소송법 제36조 제5항), ⑰ 언론중재위원회의 중재화해조서와 중재조서(언론중재 및 피해구제 등에 관한 법률 제23조, 제25조 제1항), ⑱ 중앙토지수용위원회의 보상금에 관한 재결(공익사업을 위한 토지 등의 취득 및 보상에 관한 법률 제86조 제1항), ⑲ 지방법원장의 소속 법무사에 대한 과태료의 결정(법무사법 제48조 제3항), ⑳ 건물·토지·특정동산의 인도 등에 관한

집행증서(공증인법 제56조의3 제1항, 제3항)[41]

2) 확정된 종국판결

가) 종국판결

종국판결은 각 심급에서 소송의 전부 또는 일부를 종결시키는 판결로, 전부판결, 일부판결, 추가판결(민소 제198조, 제200조, 제212조 제1항)을 말한다. 종국판결이 아닌 중간판결은 집행권원이 되지 않는다. 이행판결만이 집행권원이 된다. 이행판결 중 강제실현이 허용되지 않거나 불가능한 것(예컨대, 부부동거의무나 소설을 쓸 의무를 명한 판결 등)은 집행권원이 될 수 없다.

나) 판결의 확정

상소로 취소될 수 없는 상태, 즉 형식적 확정력이 생긴 상태를 말한다. 이에 따라 기판력과 집행력도 생기게 된다.

상소가 허용되지 않는 판결은 그 판결 선고시에 확정된다. 당사자 사이에 상소하지 아니하기로 합의한 경우에도 같다. 상소가 허용되는 판결은 당사자의 상소기간(민소 제396조, 제425조)이 지난 경우, 상소기간이 지난 뒤에 상소를 취하하거나 상소가 부적법하다고 하여 각하된 경우에는 상소기간이 끝난 때에 확정된다(민소 제498조). 상소기간이 지나기 전이라도 상소할 수 있는 당사자가 전부 상소권을 포기한 경우에는 그 포기시에 확정된다(민소 제394조, 제425조). 상소기간 내에 적법한 상소가 제기되면 판결의 확정은 차단되나, 상소심에서 상소기각의 판결이 선고[42]되고 그 판결이 확정되면 그때에 원판결도 확정된다. 상소가 판결의 일부에 대하여만 제기된 경우에도 원칙적으로 판결의 전부에 대하여 이심의 효력이 생기므로 판결 전부에 대하여 확정이 차단된다. 예컨대, 제1심에서 원고가 일부패소를 하고 그 패소부분에 대하여만 항소를 하거나, 본소와 반소가 하나의 판결로 된 경우 본소부분에 대하여만 항소를 하였다 하더라도 피고는 항소심 변론이 종결될 때까지 부대항소를 제기할 수 있으므로 원고의 일부승소부분이나 반소재판부분은 독립하여 확정되지 아니한다. 그러나 통상의 공동소송에서 일부의 공동소송인만이 상소한 경우에는 다른 공동소송인

41) 종전에는 금전지급 또는 유가증권 등의 일정한 수량 급여를 목적으로 하는 청구에 대하여만 집행증서를 작성할 수 있었고 특정물의 인도에 대하여는 집행증서를 작성할 수 없었는데, 2013. 5. 28. 개정되어 2013. 11. 29. 시행된 공증인법에 건물·토지·특정동산의 인도 또는 반환을 목적으로 하는 청구에 대하여 집행증서를 작성할 수 있다고 규정한 제56조의3이 신설되었다.

42) 다만, 대법원의 심리불속행 또는 상고이유서 부제출에 따른 상고기각판결에서는 '송달'이다(상고심절차에 관한 특례법 제5조 제2항).

에 대한 판결은 확정된다. 판결의 확정은 확정증명서(민소 제499조)로 증명된다. 판결확정증명서는 집행의 요건은 아니나 확정되어야 효력이 있는 재판에 대한 집행문부여 신청(민집규 제19조 제2항) 또는 확정판결에 터 잡은 등기신청이나 가족관계정정신청의 경우에 제출할 경우가 있다.

확정판결이 상소의 추후보완(민소 제173조), 재심으로 취소되면 판결로서의 효력을 잃게 되어 집행권원이 될 수 없다.[43)]

3) 가집행선고 있는 종국판결

가집행선고로 종국판결은 확정을 기다리지 않고 즉시 집행력이 생기지만, 이러한 가집행선고의 효력은 확정적인 것이 아니고 상소심에서 그 가집행의 선고 또는 본안판결을 바꾸는 판결이 선고되면 그 바뀌는 한도에서 당연히(확정되거나 가집행선고의 필요 없이) 효력을 잃는다(민소 제215조 제1항). 그러나 상소심판결로 가집행선고가 효력을 잃기 전에 이미 집행절차가 끝난 경우에는 집행처분을 취소할 여지가 없으므로 이미 이루어진 집행처분의 효력에는 영향이 없고 매수인이 확정적으로 소유권을 취득한다.[44)] 한편, 가집행선고 있는 제1심 판결을 취소한 항소심판결이 상고심에서 파기되면 가집행선고의 효력이 다시 살아나므로,[45)] 집행권원인 가집행선고 있는 제1심 판결로 집행을 다시 계속할 수 있다. 담보의 제공을 조건으로 가집행선고를 한 경우에 담보의 제공은 집행문 부여의 조건이 아니고 집행개시의 요건이다. 따라서 담보를 제공하기 전이라도 집행문을 내어 줄 수 있다(민집 제30조 제2항, 제40조 제2항).

4) 집행판결(민집 제26조, 중재법 제37조)

집행판결은 외국법원의 확정판결 또는 이와 동일한 효력이 인정되는 재판이나 중재판정에 관하여 이를 근거로 강제집행을 할 수 있음을 선언하는 판결이다. 집행판결은 가집행선고가 있거나 확정되어야만 집행권원이 된다.

---

43) 다만, 확정된 종국판결에 기하여 경매절차가 진행된 경우 그 뒤 그 확정판결이 재심소송에서 취소되었다고 하더라도 그 경매절차를 미리 정지시키거나 취소시키지 못한 채 경매절차가 계속 진행된 이상 경락대금을 완납한 경락인은 경매 목적물의 소유권을 적법히 취득한다(대법원 1996. 12. 20. 선고 96다42628 판결).

44) 가집행선고 있는 판결에 기한 강제집행도 확정판결에 기한 경우와 같이 만족집행이므로 상소심의 판결에 의하여 가집행선고의 효력이 소멸되거나 집행채권의 존재가 부정된다 하더라도 그에 앞서 이미 완료된 집행절차나 이에 기한 매수인의 소유권취득의 효력에는 아무런 영향을 미치지 아니한다(대법원 1993. 4. 23. 선고 93다3165 판결).

45) 대법원 1993. 3. 29.자 93마246, 247 결정.

5) 항고로만 불복을 신청할 수 있는 재판

판결 이외의 재판인 결정, 명령으로서 법률에 따라 항고(즉시항고, 통상항고를 포함하고, 특별항고는 제외된다)로써 불복신청이 허용되는 것을 말한다. 추상적으로 항고가 허용되는 재판이면, 예컨대 상고심의 재판이나 불변기간 도과 또는 항고권 포기 등으로 현실적으로 항고의 길이 없다 하여도 여기에 포함된다. 이러한 재판은 고지하면(민소 제221조 제1항) 즉시 좁은 의미의 집행력이 생겨 집행권원이 된다(민집 제56조 제1호).

제3자의 소송비용 상환결정(민소 제107조), 소송비용의 액수와 부담을 정하는 결정(민소 제114조), 피구조자에 대한 유예소송비용 납입명령(민소 제131조), 증인 또는 감정인에 대하여 소송비용의 부담을 명하는 결정(민소 제311조, 제318조, 제326조, 제333조), 대체집행에서 채무자에게 비용의 지급을 명하는 결정(민집 제260조), 간접강제에서 금전배상을 명하는 결정(민집 제261조), 소송비용액 확정결정(민소 제110조, 제113조)[46]과 부동산경매절차에서의 부동산인도명령이 여기에 해당한다(민집 제136조 제1항).

보통항고를 할 수 있는 재판은 고지로 즉시 집행력이 발생하고, 항고가 있어도 집행정지의 효력이 없으므로, 항고를 제기한 채무자는 민사소송법 제448조의 집행정지결정을 받아 그 재판정본을 집행기관에 제출하여야만 집행의 개시, 속행을 막을 수 있다(민집 제49조). 반면 즉시항고할 수 있는 재판도 고지로 즉시 집행력이 발생하나, 즉시항고에는 원칙적으로 집행정지의 효력이 있으므로(민소 제447조), 즉시항고기간이 지난 뒤에 집행문이 부여되는 것이 보통이다. 다만, 강제집행절차에 관한 재판에 대한 즉시항고에는 집행정지의 효력이 없다(민집 제15조 제6항). 한편 즉시항고에 집행정지의 효력이 있는 경우라도 즉시항고의 제기 전에 집행문이 부여되어 집행이 개시된 때에는 즉시항고의 제기로 당연히 집행이 정지되는 것은 아니고, 채무자는 민사소송법 제448조의 재판정본을 집행기관에 제출하여 집행을 정지시킬 수 있을 뿐이다.

---

46) 소송비용액확정 결정이 독립한 집행권원이 되는지에 관하여, 대법원 1995. 4. 18.자 94마2190 결정은 원재판의 소송비용부담 부분이 집행권원이고, 소송비용액확정 결정은 이를 보충하는 부수적 재판에 불과하다고 판시한 바 있으나, 대법원 재판예규 866-5호는 소송비용액확정 결정이 독립하여 단독으로 집행권원이 되는 것으로 규정하고 있고, 실무도 이에 따르고 있다.

6) 확정된 지급명령

확정된 지급명령은 집행권원이 된다(민집 제56조 제3호). 확정된 지급명령에 기한 강제집행은 집행문을 부여받을 필요 없이 지급명령 정본에 의하여 행한다(민집 제58조 제1항 본문).

7) 가압류결정, 가처분결정

민사집행법 제291조 이하 및 제301조의 규정에 따라 집행권원이 된다. 집행문의 부여를 요하지 않고 즉시 집행할 수 있지만, 재판이 있은 뒤에 채권자나 채무자의 승계가 이루어진 경우에는 승계집행문의 부여가 필요하다(민집 저292조 제1항, 제301조).

8) 집행증서

가) 의의

공증인·법무법인·법무법인(유한) 또는 법무조합[47]이 일정한 금액의 지급이나 대체물 또는 유가증권의 일정한 수량의 급부를 목적으로 하는 청구나, 건물이나 토지 또는 일정한 특정동산의 인도 또는 반환을 목적으로 하는 청구에 관하여 작성한 공정증서로서 채무자가 강제집행을 승낙한 취지가 적혀 있는 증서와, 공증인·법무법인·법무법인(유한) 또는 법무조합이 어음, 수표에 부착하여 강제집형을 인낙한 취지를 적어 작성한 증서(민집 제56조 제4호, 공증인법 제1조의2 제1호, 제11조, 제15조의2, 제56조의2, 제56조의3, 제56조의4)는 집행권원이 되는데, 이를 집행증서라 한다.

나) 집행증서의 요건

(1) 공증인·법무법인·법무법인(유한) 또는 법무조합이 법정절차에 따라 작성한 공정증서일 것[48]

(2) 일정한 금액의 지급이나 대체물 또는 유가증권의 일정한 수량의 급부를 목적으로 하는 특정의 청구를 표시하거나(민집 제56조 제4호), 건물이나 토지

47) 구 변호사법(2005. 1. 27. 법률 제7357호로 개정되기 전의 것) 제63조에 의하면, 공증인가 합동법률사무소도 공증에 관한 업무를 할 수 있도록 규정하고 있었으나, 변호사법이 2005. 1. 27. 법률 제7357호로 개정되면서 공증인가 합동법률사무소 제도가 폐지되었다. 다만, 위 법률 개정 당시 종전의 규정에 의하여 인가를 받은 합동법률사무소는 공증인의 직무에 속하는 업무를 계속 수행할 수 있다(위 개정법률 부칙 제6조).

48) 공증인·법무법인·법무법인(유한) 또는 법무조합이 스스로 작성한 것이어야 하므로 사인이 작성한 사서증서를 단순히 인증한 데 불과한 것은 집행증서가 될 수 없다.

또는 일정한 특정동산[49]의 인도 또는 반환을 목적으로 하는 청구를 표시할 것(공증인법 제56조의3 제1항).[50]

급부가 무조건이어야만 하는 것은 아니며, 조건부, 기한부, 상환급부도 가능하다.

(3) 강제집행을 승낙하는 취지(집행수락문언)가 적혀 있을 것

집행수락의 의사표시는 공증인·법무법인·법무법인(유한) 또는 법무조합에 대한 소송행위이므로 표현대리가 성립할 여지가 없다.[51] 공증인법은 건물·토지·특정 동산의 인도 등에 관한 집행증서의 작성을 촉탁할 때에는 어느 한 당사자가 다른 당사자를 대리하거나 어느 한 대리인이 당사자 쌍방을 대리하지 못하도록 규정하고 있다(민집 제56조의3 제2항). 일정한 금액의 지급·대체물 또는 유가증권의 일정한 수량 급여에 관한 집행증서의 경우에는 이러한 명문의 규정이 없어 쌍방대리의 금지에 관한 민법 제124조의 적용에 관하여도 견해가 대립하고 있으나, 가령 집행약관을 포함한 계약조항이 이미 당사자 사이에 결정되어 있고 집행증서 작성의 대리인이 단지 위 계약조항을 집행증서로 작성하기 위한 대리인이고 새로이 계약조항을 결정하는 것이 아니라면 이러한 대리관계는 쌍방대리금지의 원칙에 저촉되지 않는다 할 것이다.[52]

다) 효력

(1) 집행력

집행증서는 위 요건을 갖추면 집행권원이 되어 집행력이 있다. 그러나 기판력은 없으므로 증서에 적힌 청구가 당초부터 불성립, 무효인 경우에도 청구에 관한 이의의 소를 제기할 수 있고(민집 제59조 제3항), 채권자는 집행증서 있는 청구권에 관하여도 확인 또는 이행의 소를 제기할 수 있다.

---

49) 공증인법 시행령 제37조의2는 같은 법 제56조의3 제1항에 의하여 집행증서 대상이 될 수 있는 특정동산의 범위에 관하여, 1. 「선박법」에 따라 등록된 선박, 2. 「건설기계관리법」에 따라 등록된 건설기계, 3. 「자동차관리법」에 따라 등록된 자동차, 4. 「항공법」에 따라 등록된 항공기, 5. 「공장 및 광업재단 저당법」에 따라 공장재단이나 광업재단으로 등기된 기업재산, 6. 그 밖에 다른 법령에 따라 등기되거나 등록된 동산을 규정하고 있다.

50) 다만, 임차건물의 인도 또는 반환에 관한 공정증서는 임대인과 임차인 사이의 임대차 관계 종료를 원인으로 임차건물을 인도 또는 반환하기 전 6개월 이내에 작성되는 경우로서 그 증서에 임차인에 대한 금원 지급에 대하여도 강제집행을 승낙하는 취지의 합의내용이 포함되어 있는 경우에만 작성할 수 있다(공증인법 제56조의3 제1항 단서).

51) 대법원 1983. 2. 8. 선고 81다카621 판결, 대법원 1984. 6. 26. 선고 82다카1758 판결(은행융자를 신청하기 위하여 인감을 교부받아 공증촉탁에 사용한 경우), 대법원 1994. 2. 22. 선고 93다42047 판결.

52) 대법원 1975. 5. 13. 선고 72다1183 전원합의체 판결.

(2) 집행증서의 요건에 흠이 있는 경우

집행증서의 요건 중 하나라도 빠진 경우에는 그러한 증서는 집행력이 없고 그런 의미에서 무효이다. 이러한 증서에 대하여는 집행문을 내어 줄 수 없는 것이나, 만일 집행문을 내어 준 경우에는 집행문 부여에 대한 이의신청으로 다툴 수 있다(민집 제34조, 제59조 제2항).[53] 집행수락문언이 적혀 있으나 그것이 미성년자 또는 무권대리인이 한 것으로서 추인이 없는 경우에는 그 집행증서는 집행권원으로서 효력이 없고 무효이다.[54] 이 경우 그 무효를 주장하는 방법에 관하여 판례는 청구에 관한 이의의 소 또는 집행문부여에 대한 이의신청으로 다툴 수 있되, 다만 그에 기초한 강제집행이 전체적으로 끝난(예컨대, 채권압류 및 전부명령이 확정된) 뒤에는 청구이의로 다툴 소의 이익이 없다는 입장이다.[55] 무효인 집행증서에 터 잡아 내려진 채권압류 및 전부명령은 채무자에 대한 관계에서 효력이 없다.[56] 부동산경매의 경우에도 집행권원이 무효인 경우에는 매수인이 대금을 납부하더라도 소유권을 취득할 수 없다. 공정증서가 집행권원으로서 집행력을 가질 수 있도록 하는 집행인낙의 표시는 공증인에 대한 소송행위이므로, 무권대리인의 촉탁에 의하여 공정증서가 작성된 경우 그 공정증서는 집행권원으로서의 효력이 없으므로,[57] 그러한 무효인 집행증서에 기한 경매절차에서 부동산을 매수한 자는 소유권을 취득할 수 없고, 따라서 나아가 무효인 집행증서에 터 잡아 경매가 진행되어 매수인 앞으로 소유권이전등기를 마친 경우에도 원소유자는 집행증서의 무효를 주장하여 매수인에 대하여 그 소유권이전등기의 말소를 청구할 수 있다.[58] [59]

---

53) 대법원 1999. 6. 23.자 99그20 결정.

54) 대법원 1991. 4. 26. 선고 90다20473 판결, 대법원 2006. 3. 24. 선고 2006다2803 판결. 위 각 판결은 또한 집행수락의 의사표시는 소송행위이므로 대리권 흠결이 있는 공정증서 중 집행수락에 대한 추인의 의사표시 또한 당해 공정증서를 작성한 공증인에 대하여 그 의사표시를 공증하는 방식으로 하여야 하고, 그러한 방식에 의하지 아니한 추인행위에 의하여 채무자가 실체법상의 채무를 부담하게 됨은 별론으로 하고 무효의 집행권원이 유효하게 되는 것은 아니라고 판시하였다.

55) 대법원 1989. 12. 12. 선고 87다카3125 판결, 대법원 1997. 4. 25. 선고 96다52489 판결.

56) 대법원 1989. 12. 12. 선고 87다카3125 판결, 대법원 2016. 12. 29. 선고 2016다22837 판결.

57) 대법원 2001. 2. 23. 선고 2000다45303, 45310 판결.

58) 대법원 1991. 4. 26. 선고 90다20473 판결, 대법원 2000. 2. 11. 선고 99다31193 판결. 강제경매에는 공신적 효과가 있으나, 이는 집행력 있는 정본이 일단 '유효하게 성립된 경우'를 전제로 하므로, 위 판례가 '강제경매의 공신적 효과'와 모순되는 것은 아니다.

59) 한편, 무효인 집행증서에 기한 강제경매에서 채무자가 매수인에 대하여 그 집행증서가 유효하다는 신뢰를 부여한 경우에는 무효인 집행증서에 기하여 이루어진 강제경매가 무효라고 주장하는 것은 금반언 및 신의칙에 위반된다(대법원 1992. 7. 28. 선고 92다7726 판결, 대법원 2000. 2. 11. 선고 99다31193 판결).

(3) 실체관계와 불일치하거나 법률행위에 무효·취소사유가 있는 경우

집행증서에 적힌 내용이 객관적 사실과 일치하지 않거나 증서에 적힌 청구권의 성립원인인 법률행위에 무효·취소사유가 있는 경우라도 그 집행증서는 일단 유효한 것으로 취급된다.[60] 다만, 청구이의의 소로써 그 집행력의 배제를 구할 수 있다.

2. 집행문

가. 의의

집행권원에 집행력이 현존하는 사실과 집행력이 미치는 주관적, 객관적 범위를 공증하기 위하여 집행문 부여기관이 집행권원의 정본의 끝에 덧붙여 적는 공증문언을 말한다. 집행문이 붙은 집행권원의 정본을 집행력 있는 정본(집행정본)이라 한다. 집행문이 없는 상태에서 행해진 강제집행은 절대무효로 이에 기한 소유권이전등기는 원인무효로 말소의 대상이 된다.[61]

집행문 제도를 둔 목적은 집행기관으로 하여금 집행권원에 집행력이 있는지 여부와 그 범위를 쉽게 판단하게 하여 신속한 집행을 꾀하려는 데 있다. 집행문은 집행권원 형성기관과 집행기관을 연결하는 가교의 역할을 하는 것이다. 즉, 집행문 제도는 재판기관이 집행문을 부여함에 의하여 집행기관인 집행관은 집행권원의 실질적인 내용을 조사함이 없이 간이·신속하게 집행에 착수하도록 하기 위한 것이다. 역으로 집행관으로서는 집행문이 부여되어 있는 한 강제집행을 실시하여야 한다. 역의 입장에서 보면 채무자가 강제집행을 정지하거나 취소를 구하려면 법원이 발령한 강제집행 정지서류 등을 집행관에게 제출하는 것 이외에는 다른 방법이 없다는 말이 된다(민집 제49조, 제50조).

나. 집행문의 요부

집행권원에는 원칙적으로 집행문이 필요하다. 가집행선고 있는 종국판결, 집행판결, 집행증서와 같이 집행권원 자체에 집행할 수 있다는 취지가 적혀 있는 경우라도 집행문이 필요하다. 집행문을 필요로 하지 않는 집행권원이라도 집행에 조건이 붙여진 경우, 당사자의 승계가 이루어진 경우에는 집행문이 필요하다.[62]

---

60) 대법원 1989. 9. 12. 선고 88다카34117 판결.
61) 대법원 1978. 6. 27. 선고 78다446 판결.
62) 대법원 1993. 7. 13. 선고 92다33251 판결.

다만, ① 가압류·가처분명령(민집 제292조, 제301조), ② 집행법원이 집행절차의 일환으로 한 재판의 집행인 채권 압류명령에 따른 채권증서의 인도집행(민집 제234조 제2항), 강제관리 개시결정에 따른 부동산의 점유집행(민집 제166조 제2항), ③ 벌금 등의 형사재판에 대한 검사의 집행명령(형사소송법 제477조), ④ 과태료의 재판에 대한 검사의 집행명령(민집 제60조, 비송사건절차법 제249조), ⑤ 의사의 진술을 명하는 판결(예, 소유권이전등기를 명하는 판결, 민집 제263조), ⑥ 확정된 지급명령(민집 제58조 제1항), ⑦ 소액사건의 확정된 이행권고결정(소액사건심판법 제5조의8 제1항),[63] ⑧ 확정된 배상명령 또는 가집행선고 있는 배상명령이 적힌 유죄판결(소송촉진 등에 관한 특례법 제34조 제1항) 등의 경우에는 집행문이 필요 없다.

다. 집행문 부여기관

판결의 경우 제1심 법원의 법원사무관 등이 부여하되, 소송기록이 상급심에 있는 경우에는 상급법원의 법원사무관 등(민집 제28조 제2항)[64]이 부여한다.

항고로만 불복을 신청할 수 있는 재판, 소송상 화해조서·인낙조서, 승계집행문이 필요한 가압류·가처분명령 또는 제소전 화해조서, 조정조서, 회생채권자표 및 회생담보권자표, 파산채권자표, 개인회생채권자표 등의 경우 당해 기록을 보관하거나 당해 절차를 행한 법원의 법원사무관 등이 부여한다.

집행증서의 경우 그 증서를 보존하는 공증인, 법무법인, 법무법인(유한) 또는 법무조합(민집 제59조 제1항, 공증인법 제1조의2 제1호, 제11조, 제15조의2, 제56조의2, 제56조의3, 제56조의4)이 부여한다.

라. 집행문 부여절차

1) 부여신청

서면 또는 말로 신청한다(민집 제28조 제3항). 신청권자는 집행채권자 적격이 있는 사람이다. 신청인은 조사사항을 증명할 필요가 있는 경우에는 조건이행증명서, 승계사실을 증명하는 가족관계증명서 등을 제출하여야 한다.

---

63) 확정된 화해권고결정은 재판상 화해와 동일한 효력이 있는데(민사소송법 제231조), 지급명령이나 이행권고결정과 같이 별도의 규정이 없으므로 집행문이 필요하다.

64) 재판예규 제1438호(2013. 6. 4. 개정) 제11조 등에 의하면 사건담당부서(진행 중인 사건기록의 보관책임을 맡은 부서)나 보존담당부서(완결된 사건기록을 보존 또는 폐기하는 책임을 맡은 부서)의 법원사무관등이 발급한다고 규정하고 있다.

2) 부여시의 조사사항

가) 일반적인 조사사항

집행권원이 유효하게 존재하고,[65] 집행력이 현존하는지(판결의 확정 여부, 가집행선고의 유무, 가집행선고의 취소·무효 등)와 집행권원의 내용이 집행에 적합한지를 조사한다.

나) 특별한 경우의 조사사항

집행권원의 집행이 조건에 걸려 있는 경우 그 조건이 성취되었는지를 조사하여야 한다(민집 제30조 제2항). 정지조건, 불확정기한, 선이행의무[66]는 조건에 해당한다. 승계집행문을 내어 줄 경우(집행권원에 표시된 당사자 이외의 자를 위하여 또는 그자에 대하여 내어 줄 경우) 해당자들의 집행당사자적격을 조사하여야 한다(민집 제31조). 승계집행문을 내어 줄 경우로는 당사자에게 승계가 있는 경우,[67] 당사자 또는 승계인을 위하여 청구의 목적물을 소지하는 자가 있는 경우, 타인을 위하여 원고 또는 피고가 된 자에 대한 집행권원의 효력이 그 타인에게 미치는 경우(민소 제218조 제1항, 제3항, 민집 제25조)가 있다. 집행문을 다시 또는 여러 통 내어 줄 경우(민집 제35조)에는 그 필요성의 유무를 조사하여야 한다(민집 제38조). 위 세 가지 경우에 민사집행법 제28조 제2항에 규정된 법원사무관 등이 집행문 부여기관인 때에는 법원사무관 등이 단독으로 내어 줄 수 없고 재판장 또는 사법보좌관의 명령[68]이 있어야만 내어 준다(민집 제32조 제1항, 제35조 제1항, 사법보좌관규칙 제2조 제1항 제4호). 재판장 또는 사법보좌관은 명령 전에 서면이나 말로 채무자를 심문할 수 있고(민집 제32조 제2항, 제35조 제2항), 채권자는 조사사항을 증명할 각종 증명서를 제출하여야 한다.

---

65) 집행력이 발생하지 않는 당연 무효의 판결에 대하여는 집행문을 부여할 수 없다(대법원 2012. 4. 13. 선고 2011다93087 판결).

66) 동시이행 관계에 있는 반대의무의 이행(제공)은 집행개시의 요건이고(민집 제41조 제1항), 선이행 관계에 있는 반대의무의 이행은 조건에 해당하므로 집행문 부여의 요건이 된다.

67) 채무자의 채무를 소멸시켜 당사자인 채무자의 지위를 승계하는 이른바 면책적 채무인수는 제31조 제1항에서 말하는 승계인에 해당한다고 볼 수 있지만, 중첩적 채무인수는 당사자의 채무는 그대로 존속하며 이와 별개의 채무를 부담하는 것에 불과하므로 소극적으로 해석하여야 한다(대법원 2010. 1. 14.자 2009그196 결정, 대법원 2016. 5. 27. 선고 2015다21967 판결).

68) 이러한 재판장 또는 사법보좌관의 명령은 독립된 재판이 아니라 내부적 지시에 불과하다. 따라서 재판장 또는 사법보좌관의 명령의 부당, 불법은 집행문부여에 대한 이의로써 다툴 것이고 재판장 또는 사법보좌관의 명령에 대한 항고는 부적법하다(대법원 1967. 10. 13.자 67마530 결정 참조).

한편 건물이나 토지 또는 일정한 특정동산의 인도 등에 관한 집행증서에 대한 집행문은 그 증서를 보존하는 공증인이 그 공증인의 사무소가 있는 곳을 관할하는 지방법원 단독판사의 허가를 받아 부여한다(공증인법 제56조의3 제4항, 민집규 제22조). 이 경우 지방법원 단독판사는 허가 여부를 결정하기 위하여 필요하면 당사자 본인이나 그 대리인을 심문할 수 있다(공증인법 제56조의3 제4항).

마. 집행문 부여의 방식

집행문은 집행권원의 끝에 덧붙여 적는다(민집 제29조 제1항).[69] 집행판결의 집행문은 집행판결의 끝에 적는다. 집행문에는 법원사무관 등이 기명날인한다(민집 제29조 제2항). 재판장 또는 사법보좌관의 명령이 있어야 내어 줄 수 있는 집행문에는 재판장 또는 사법보좌관의 명령에 따라 내어 준다는 취지를 적어야 한다(민집 제32조 제3항). 집행권원에 기초한 청구권의 일부에 대하여 집행문을 내어 주는 때에는 강제집행을 할 수 있는 범위를 집행문에 적어야 한다(민집규 제20조 제1항). 이러한 기재가 없으면 전액에 대하여 집행문이 부여된 것으로 보아야 할 것이다.

법원사무관 등이 집행력 있는 정본을 내어 주는 경우에는 판결원본, 상소심판결정본, 그 밖의 집행권원의 원본에 '피고에 대한 강제집행을 실시하기 위하여 원고에게 내어 준다'는 취지와 그 날짜를 적어야 한다(민집 제36조).

[집행문 기재례]

위 정본은 피고 허무일에 대한 강제집행을 실시하기 위하여 원고 모용자에게 내어 준다. 20××. ××. ××. 인천지방법원 법원사무관 서기실 (인)

69) 집행권원이 전자문서화된 경우에는 전산발급의 방법으로 집행문을 부여하고, 그렇지 않은 경우에는 재판서정본의 끝에 덧붙여 적는 방법으로 집행문을 부여하되, 재판사무시스템을 이용하여 작성·부여할 수도 있다(재판예규 제1438호 제11조).

[승계집행문 기재례]

위 정본은 재판장의 명에 따라 피고 허무일의 승계인 허무이(××××××-×××××××)에 대한 강제집행을 실시하기 위하여 원고 모용자에게 내어 준다.

20××. ××. ××.
인천지방법원
법원사무관 서기실 (인)

Ⅴ. 강제집행 개시의 전제조건(강제집행개시 요건)

집행관은 집행채권자가 신청한 강제집행신청서에 대하여 강제집행의 요건을 심사한 후 강제집행요건이 구비되어 있는 경우 신청을 수리한다. 그러나 수리 후 집행관이 강제집행을 실시함에 있어서는 강제집행개시의 요건이 구비되었는지를 추가로 심사하여야 하므로, 집행장애사유가 존재하지 않는지도 확인하여야 한다. 강제집행개시 요건이 갖추어지지 않은 경우 집행관은 강제집행을 개시할 수 없다.

1. 강제집행개시의 요건

집행관이 강제집행을 개시하고 속행하기 위해서는 법률상 다음의 요건이 갖추어져야 한다.[70)]

가. 집행권원의 송달

집행할 집행권원은 집행 전 또는 늦어도 집행개시와 동시에 채무자에게 송달하여야 한다(민집 제39조 제1항). 집행권원의 존재와 내용을 미리 알려 채무자로 하여금 방어방법을 강구할 기회를 주기 위한 데에 그 목적이 있으므로, 판결이나 지급명령과 같이 법원사무관 등이 미리 직권으로 송달한 것이라면(민소 제210조, 제469조 제1항) 다시 송달할 필요가 없다. 화해조서나 인낙조서 정본도 같다(민소규 제56조). 집행과 동시에 송달하는 예로는 집행을 행하는 집행관으로 하여금 집행증서를 지참시켜 채무자에게 송달케 하는 경우를 생각할 수 있다. 송달하여야 하는 것은 집행권원 그 자체이며 집행정본(집행권원+집행문)이 아니다.

판결정본은 법원사무관 등이 직권으로 송달하므로(민소 제210조), 집행채권자는

70) 자세한 것은 법원실무제요 민사집행[Ⅰ], 법원행정처(2014), 237 이하 참조.

집행문 부여신청시 동시에 송달증명서를 함께 신청하여 법원사무관 등으로부터 송달증명서를 받아 두었다가 강제집행 신청시 집행관에게 제출한다. 판결은 송달 전 상소권 포기 등에 의하여 확정될 수 있으므로, 확정증명서 제출만으로 위의 요건이 갖추어졌다고 할 수 없다.[71] 집행증서의 경우도 사전에 송달이 되었다면 공증인으로부터 송달증명서를 교부받아 강제집행 신청시 집행관에게 제출한다.

다만 가압류·가처분명령의 집행(292조 제3항, 제301조) 등의 경우에는 송달이 필요 없다.

집행권원을 송달하지 않고 한 집행행위의 효력에 관하여 판례는 부동산강제경매[72]와 전부명령[73]의 경우에 절대무효설을 취하고 있다.

나. 조건성취 집행문, 승계집행문 및 그 증명서 등본의 송달

집행문은 원칙적으로는 채무자에게 송달할 필요가 없으나, 집행이 채권자의 담보제공 이외의 조건에 달린 경우 또는 승계집행문을 내어 주는 경우에는 집행권원 외에, 이에 덧붙여 적은 집행문을 집행개시 전 또는 집행개시와 동시에 채무자 또는 그 승계인에게 송달하여야 한다(민집 제39조 제2항). 이러한 경우에는 집행문이 집행권원의 내용을 보충하는 역할을 하기 때문에 채무자에게 방어의 기회를 주기 위함이다.

채권자가 증명서로써 조건의 이행사실 또는 승계사실을 증명한 경우에는 그 증명서의 등본도 아울러 채무자에게 송달하여야 한다(민집 제30조 제2항, 제31조 제1항, 제39조 제3항). 채무자에게 방어의 기회를 주기 위함이다.

집행문을 송달하지 않고 한 집행행위의 효력에 관하여 집행권원의 송달의 경우와 같이 견해가 나뉜다.[74]

---

71) 執行官實務研究會 編, 執行官實務の手引[第2版], 民事法研究會(2016), 46.

72) 대법원 1973. 6. 12. 선고 71다1252 판결. 강제집행의 집행권원인 지급명령이 허위주소로 송달된 사안에서 이러한 강제경매는 집행채무자에게 대한 관계에서는 효력이 생기지 아니하고, 경락인은 집행채무자에게 대하여 그 소유권을 취득하였다고 주장하지 못한다고 판시하였다.

73) 대법원 1987. 5. 12. 선고 86다카2070 판결. 채권압류 및 전부명령의 집행권원인 가집행선고가 있는 판결정본이 채무자의 허위주소로 송달된 사안이다.

74) 대법원 1980. 5. 27. 선고 80다438 판결은 집행채무자의 승계인에 대하여 집행문을 부여한 뜻을 부기한 화해조서정본을 승계인에게 송달한 증명 없이 위 화해조서정본에 따른 강제집행에 의하여 집행채권자 명의로 경료된 소유권이전등기는 위법적인 것이라 하더라도 이로써 곧 위 소유권이전등기가 무효라고는 할 수 없다고 판시하여, 승계집행문의 송달증명 없이 이루어진 화해조서 정본에 기초한 강제집행의 결과로서 경료된 소유권이전등기에 관하여 그 유효성을 인정하고 있다.

다. 확정기한의 도래 또는 담보의 제공

채무의 이행이 확정기한의 도래에 달린 때에는 그 시일이 지난 뒤에 집행을 개시할 수 있다(민집 제40조 제1항).[75] 확정기한과는 달리 불확정기한의 도래는 집행개시의 요건이 아니고 조건의 성취와 마찬가지로 집행문 부여의 요건이다. 집행이 채권자의 담보제공에 달린 때(예컨대, 담보제공을 조건으로 가집행을 선고한 경우)에는 채권자는 담보를 제공한 증명서류(공탁증명서 그 밖에 법원의 담보제공증명서)를 제출하여야 하고, 또 그 등본을 집행개시 전 또는 집행개시와 동시에 채무자에게 송달하여야 한다(민집 제40조 제2항). 채무자에게 이의 등 불복할 기회를 주기 위한 것이다.

라. 반대급부 또는 다른 급부의 불이행

반대의무의 이행과 동시에 집행할 수 있다는 것을 내용으로 하는 집행권원에 의한 강제집행은 채권자가 반대의무의 이행 또는 이행의 제공을 하였다는 것을 증명하여야만 개시할 수 있다(민집 제41조 제1항). 동시이행을 내용으로 하는 집행권원에 기한 강제집행이 여기에 해당한다. 다른 의무의 집행이 불가능한 때에 그에 갈음하여 집행할 수 있다는 것을 내용으로 하는 집행권원에 의한 강제집행은 채권자가 그 집행이 불가능하다는 것을 증명하여야만 개시할 수 있다(민집 제41조 제2항).

2. 소극적 요건(집행장애사유)

강제집행개시의 요건은 아니지만, 강제집행 개시 혹은 속행을 막는 집행장애 사유가 있음을 주의하여야 한다. 집행장애 사유로는 ① 채무자에 대한 회생절차의 개시(채무자회생법 제58조 제1항 제2호, 제44조 제1항 제2호), ② 채무자에 대한 파산선고(채무자회생법 제424조), ③ 채무자에 대한 개인회생절차의 개시(채무자회생법 제600조 제1항 제2호, 제3호) 등이 있다.[76]

Ⅵ. 집행의 정지와 취소

강제집행을 담당하는 집행관에게 민사집행법 제49조 제2호, 제4호의 서류가 제출된 경우 집행관은 강제집행을 정지하여야 하고, 민사집행법 제49조 제1호, 제3호,

75) 확정기한의 경우 이행기 전의 집행은 위법하나 그 집행행위가 재판으로 취소되기 전에 그 기한이 도래하면 흠이 치유된다(대법원 2002. 1. 25. 선고 2000다26388 판결).
76) 자세한 것은 법원실무제요 민사집행[Ⅰ], 법원행정처(2014), 248 이하 참조.

제5호, 제6호의 서류가 제출된 경우에는 집행처분을 취소하여야 한다(민집 제50조 제1항).

1. 강제집행의 정지와 제한

가. 의의

집행의 정지는 집행기관이 법률상 특정의 집행권원에 기초한 전체로서의 강제집행의 개시·속행 또는 이미 개시된 개개의 집행절차를 계속할 수 없는 상태를 말한다. 강제집행절차가 집행기관이나 당사자의 태도(예컨대, 연기신청)에 따라 사실상 중단상태에 있는 경우는 여기서 말하는 정지가 아니다. 집행정지를 다른 데에서는 집행의 중지라고도 한다(채무자회생법 제58조 제2항, 제600조 제1항, 제2항 등). 집행정지가 한 개의 집행권원에 기초한 전체로서의 집행 또는 개개의 집행절차의 전부에 미치지 아니하고 집행채권의 일부나 집행목적물의 일부 또는 어느 집행행위에 대하여만 집행이 정지되는 경우를 집행의 제한이라 하는데, 제한대상이 아닌 집행은 계속하여도 된다.

집행정지제도는 청구권의 실체관계가 변동되거나 집행권원 또는 집행문의 효력에 변동 가능성이 있는 경우, 외관상의 명의 또는 점유가 실체상의 권리와 불일치하는 경우 등에 위와 같은 변동과 불일치 등을 강제집행에 반영시키기 위한 준비로서 일정한 조건하에 강제집행을 일단 정지하게 함으로써 채무자 또는 제3자의 권리침해를 방지하려는 데 그 목적이 있다.

나. 집행정지의 원인

집행의 정지(또는 제한)는 다음과 같은 사유가 있는 때에만 가능하며, 그 밖에 통상의 가처분의 방법으로는 불가능하다.[77]

1) 법정서류의 제출(민집 제49조)

가) 집행할 판결 또는 그 가집행을 취소하는 취지나, 강제집행을 허가하지 아니하거나 그 정지를 명하는 취지 또는 집행처분의 취소를 명한 취지를 적은 집행력 있는 재판의 정본(민집 제49조 제1호)

---

77) 대법원 1969. 3. 5.자 68그7 결정, 대법원 1986. 5. 30.자 86그76 결정, 대법원 2004. 8. 17.자 2004카기93 결정.

(1) 집행할 판결을 취소하는 재판

가집행선고 있는 판결을 취소하는 항소심판결,[78] 확정판결을 취소하는 재심판결, 화해조서를 취소하는 준재심판결 등을 말한다.

(2) 가집행을 취소하는 재판

본안판결 전에 가집행선고만을 취소하는 판결(민소 제215조)을 말한다.

(3) 강제집행을 허가하지 아니하는 재판

집행문 부여에 대한 이의신청을 인용한 결정(민집 제34조), 집행에 관한 이의신청 또는 즉시항고를 인용한 결정(민집 제16조, 제15조), 청구이의의 소, 집행문 부여에 대한 이의의 소, 제3자이의의 소를 인용한 확정된 종국판결(민집 제44조, 제45조, 제48조) 등을 말한다.

(4) 강제집행의 정지를 명하는 재판

집행의 일시적 불허를 선언하는 재판, 예컨대 변제기한의 일시적 유예를 이유로 하여 청구이의의 소를 인용한 판결 등을 말한다. 불복신청이 있는 경우 그 판단시까지 강제집행의 일시정지를 명하는 민사집행법 제49조 제2호의 재판과 구별하여야 한다.

(5) 집행처분의 취소를 명한 재판

잠정처분 또는 집행정지재판 중 이미 실시한 집행처분의 취소를 명한 결정 또는 판결(민소 제500조 제1항, 제501조, 민집 제46조 제2항, 제47조 제1항, 제48조 제3항 등)을 말한다.

(6) 집행력 있는 재판의 정본의 의의

넓은 의미의 집행력이 있는 재판의 정본을 말하며, 집행문이 부여될 것을 요하지 않는다.[79]

나) 강제집행의 일시정지를 명한 취지를 적은 재판의 정본(민집 제49조 제2호)

항고에 대한 결정이 있을 때까지의 집행의 일시정지명령(민소 제448조), 재심·상소추후보완신청·상소제기에 따른 집행의 일시정지명령(민소 제500조 제1항, 제501조), 집행문 부여에 대한 이의신청·집행에 관한 이의신청·즉시항고·청구에 관한 이의의 소·집행문 부여에 대한 이의의 소·제3자이의의 소·압류금지 물건을 정하는 재판에 부수하는 잠정처분으로서 집행의 일시정지를 명한 명령(민집 제34조 제2항, 제16조

---

78) 대법원 2000. 7. 19.자 2000카기90 결정.

79) 민사집행법, 사법연수원(2018), 62.

제2항, 제15조 제6항, 제46조 제2항, 제47조 제1항, 제48조 제3항, 제196조 제3항) 등이 여기에 해당한다.

다) 집행을 면하기 위하여 담보를 제공한 증명서류(민집 제49조 제3호)

가집행면제선고가 있는 가집행선고 판결(민소 제213조 제2항, 제3항)에서의 담보제공증명서(민집 제19조 제2항) 등이 이에 해당한다.

라) 집행할 판결이 있은 뒤에 채권자가 변제를 받았거나, 의무이행을 미루도록 승낙한 취지를 적은 증서(민집 제49조 제4호)

판결에서는 그 선고가 있은 뒤에, 그 밖의 집행권원에서는 그것이 성립한 뒤에, 실체상의 청구권에 관하여 채권자가 변제받았다거나 의무이행의 유예를 승낙한 취지를 적은 증서(예컨대, 영수증, 변제증서, 대물변제증서, 변제연기증서, 채무면제, 채권포기 또는 상계의 의사표시를 적은 서면)가 여기에 해당한다. 그러나 변제공탁서는 여기에 해당하지 않는다. 이러한 증서는 공정증서나 공증인이 인증한 증서임을 요하지 아니하고, 집행기관이 진정한 것이라고 인정할 수 있을 정도의 것이면 된다. 집행기관은 그 진실성을 확인하기 위하여 이해관계인을 심문할 수 있다. 채무자가 변제 그 밖에 위와 같은 사실이 존재하는데도 불구하고 이를 증명할 증서가 없거나 아니면 바로 제출할 수 없는 사정이 있는 경우에는 채무자가 그 존재를 이유로 하여 청구이의의 소를 제기하고 집행정지의 잠정처분(민집 제49조 제2호 서류)을 받아 이를 제출하여 정지를 받을 수밖에 없다. 한편, 변제를 받았다는 취지를 적은 증서의 제출에 따른 강제집행의 정지기간은 2월로 하고(민집 제51조 제1항),[80] 의무이행을 미루도록 승낙하였다는 취지를 적은 증서의 제출에 따른 강제집행의 정지는 2회에 한하며 통산하여 6월을 넘길 수 없다(민집 제51조 제2항). 통산하여 6월이란 당해 경매절차에서 통산하여 6월이란 뜻이고 그 기간이 연속함을 요하지 않는다.

마) 집행할 판결, 그 밖의 재판이 소의 취하 등의 사유로 효력을 잃었다는 것을 증명하는 조서등본 또는 법원사무관 등이 작성한 증서(민집 제49조 제5호)

예컨대, 가집행선고 있는 판결에 터 잡아 강제집행을 개시한 뒤에 그 판결에 대한 상소심의 본안심리 중 소가 취하되거나 청구의 포기가 행하여진 경우이다. 이때 그 사실을 적은 조서의 등본 등이 집행정지서류가 되는 것이다.

---

80) 민사집행법 제49조 제4호의 서류(변제증서)가 제출되더라도 같은 법 제51조에 의하여 2월의 집행정지의 효과가 있음에 그칠 뿐, 그 이상으로 경매절차의 진행이나 효력을 저지 또는 부정하는 사유가 될 수 없다.

바) 강제집행을 하지 아니한다거나 강제집행의 신청이나 위임을 취하한다는 취지를 적은 화해조서의 정본 또는 공정증서의 정본(민집 제49조 제6호)

강제집행을 하지 않겠다는 부집행의 합의나 강제집행의 신청이나 위임을 취하하기로 하는 합의가 화해조서 또는 공정증서에 적힌 경우를 말한다. 조정조서도 화해조서에 준하여 취급하여야 할 것이나, 공증인 등이 사문서를 인증한 것은 이에 포함되지 않는다고 해석된다.

2) 법정사실의 발생

집행기관이 집행을 당연무효로 만드는 집행요건의 흠 또는 집행장애사유(예컨대, 집행정본의 무효, 채무자의 파산선고, 회생절차의 개시 등)가 있는 것을 발견한 때에는 직권으로 집행을 정지한다.

다. 집행정지의 절차와 방법

법정서류의 제출에 따른 정지는 민사집행법 제49조에 정한 서류를 집행기관에 제출하여 정지를 구한 경우에 비로소 이루어지는 것이고, 정지명령 또는 정지의 효과가 수반되는 재판의 성립이나 그 확정과 동시에 당연히 정지되는 것은 아니다.[81] 다만 이와 같은 방법으로 집행을 정지하기 위해서는 정지서류를 집행기관에 제출하기만 하면 되는 것이므로 별도로 집행정지신청을 할 이익이 없고, 따라서 그러한 신청은 부적법하다.[82]

집행을 당연무효로 할 집행요건의 흠이나 집행장애사유가 있는 것을 발견한 때에는 집행기관은 직권으로 집행을 정지하여야 한다.

집행정지는 실제로 강제집행을 실시하고 있는 집행기관이 사실상 집행을 정지하는 행동으로 나타나는데, 집행관이 집행기관인 경우에는 압류나 경매절차를 사실상 실행하지 않음으로써, 집행법원이 집행기관인 경우에는 정지를 선언하는 재판, 채권자의 집행신청의 각하 또는 집행완결을 막는 조치를 하거나 절차를 속행하지 않음으로써 정지한다.

81) 대법원 1966. 8. 12.자 65마1059 결정.
82) 대법원 2000. 7. 19.자 2000카기90 결정, 대법원 2006. 4. 14.자 2006카기62 결정 참조. 집행실무에서는 집행법원의 집행정지조치를 촉구하는 의미에서 신청서도 함께 제출하는 것이 보통이나, 집행관은 그 신청에 대하여 따로 답을 할 필요가 없다.

라. 집행정지의 효력

1) 내용

가) 집행의 개시, 속행의 금지

집행이 정지되면 집행기관은 새로운 집행을 개시할 수 없고, 개시된 집행을 계속할 수 없지만, 이미 행하여진 집행처분은 특히 취소되는 경우(민집 제50조)를 제외하고는 그 효력이 그대로 존속한다. 집행정지 중이라 하더라도 모든 집행처분이 허용되지 않는 것은 아니고 집행정지의 취지에 반하지 않는 집행처분은 이를 할 수 있다.

나) 집행정지 중에 한 집행처분의 효력

정지사유가 있음에도 불구하고 집행기관이 집행을 계속하는 경우에는 이해관계인은 집행에 관한 이의신청으로 그 시정을 구할 수 있다. 그러나 정지, 취소됨이 없이 집행절차가 끝나면 이제는 그 효력을 부인할 수 없다.[83]

2) 범위

집행정지의 효력이 미치는 범위는 정지사유에 따라 다르다.

청구이의의 소의 원고승소 확정판결(민집 제44조) 또는 위 소의 제기에 따른 집행정지명령(민집 제46조)은 당해 집행권원에 기초한 전체로서의 집행이 정지된다(집행개시의 전후 불문).

집행에 관한 이의신청의 인용결정(민집 제16조), 제3자이의의 소의 원고승소 확정판결(민집 제48조) 및 위 소의 제기에 따른 집행정지명령(민집 제46조)은 개개의 구체적 집행절차가 정지된다(원칙적으로 집행개시 후에 정지).

마. 정지된 집행의 속행

채권자는 집행정지 사유가 소멸한 것을 증명하여 집행의 개시 또는 속행을 신청할 수 있다. 예컨대, 상소심의 판결 선고 시까지 집행을 정지한다는 결정에 따라 집행이 정지되어 있는 경우에 채권자가 상소심의 판결이 선고되었다는 것을 증명한 때에는 절차를 속행하여야 한다. 이와 같은 경우에 집행기관이 우연히 상소심 판결이

---

83) 매각허가결정이 된 후 매각대금이 납부되기 이전에 제49조 제2호의 강제집행정지서류가 제출되었음에도 집행법원이 대금납부기일을 지정하고 이에 따라 매수인이 매각대금을 완납하여 집행절차가 완결된 경우, 집행행위에 의하여 발생된 법률효과를 부인할 수 없고, 이해관계인은 집행법원의 이러한 위법한 처분에 관하여 집행에 관한 이의나 즉시항고에 의하여 그 시정을 구할 수 없으며, 집행처분의 취소신청도 할 수 없다(대법원 1992. 9. 14. 선고 92다28020 판결, 대법원 1995. 2. 16.자 94마1871 결정).

선고되었음을 알게 되었더라도 채권자로부터 증명이 없는 한 절차를 속행할 수 없다. 그러나 예컨대 변제증서의 제출에 따른 집행정지의 경우에는 2월을 지난 때, 의무이행 유예증서의 제출에 따른 집행정지의 경우에는 그 유예기간이 지나거나 통산하여 6월의 집행정지기간(민집 제51조)이 지난 때에는 채권자의 신청이 있는지 여부에 불구하고 집행을 속행하여야 한다. 이러한 속행을 막기 위해서는 청구이의의 소를 제기하고 잠정처분을 받아 제출하여야 한다. 집행기관이 부당하게 집행의 속행을 거부한 때에는 채권자는 집행에 관한 이의신청으로써 다툴 수 있다. 한편, 민사집행법 제49조 제1호, 제3호, 제5호, 제6호의 서류가 제출된 경우에는 이미 실시한 집행처분도 취소되므로 그 후 이들 서류에 관계된 재판이 취소되거나 소취하 등의 사유로 효력이 없게 된 것이 증명되더라도 이미 끝난 집행절차를 재개하여 속행할 수 없으니 다시 집행을 신청하는 수밖에 없다. 그러나 그 밖의 경우에는 이미 실시된 집행처분은 일시적으로 유지되고 있으므로 단순히 종전의 집행절차를 속행하면 된다.

2. 집행의 취소

가. 의의

집행의 취소는 집행절차 진행 중에 이미 실시한 집행처분의 전부 또는 일부의 효력을 잃게 하는 집행기관의 행위를 말한다. 집행이 개시되기 전에는 집행의 취소가 있을 수 없고, 또 집행절차가 완전히 끝난 뒤에는 실시한 집행처분을 취소할 여지가 없다.

나. 집행취소의 사유

1) 집행취소서류의 제출(민집 제50조 제1항)

민사집행법 제49조 제1호, 제3호, 제5호, 제6호에 정한 법정서류를 제출한 경우이다.[84]

2) 그 밖의 경우

그 밖의 개별적 취소사유로는, 집행비용을 미리 내지 아니한 경우(민집 제18조 제2항), 부동산의 멸실 등(민집 제96조), 남을 가망이 없을 경우(민집 제102조 제2항, 제188조 제3항, 민집규 제140조 제2항), 부동산의 수익으로 전부 변제를 받은

---

84) 한편, 민사집행법 제49조 제2호, 제4호의 서류가 제출된 경우에는 집행이 정지될 뿐 이미 실시한 집행처분은 그 효력이 유지된다(민집 제50조 제1항).

경우(민집 제171조), 선박에 대한 압류 당시의 관할위반(민집 제180조), 보증의 제공(민집 제181조 제1항) 등이 있다. 집행기관이 집행개시요건의 흠결(예컨대, 집행력 있는 집행권원이 없는 경우) 등 당해 강제집행을 무효로 할 사유를 발견한 때에는 직권으로 강제집행절차를 취소하여야 한다.

3) 집행신청의 취하

채권자는 신청한 강제집행을 그 종결 전에 취하할 수 있으며,[85] 강제집행절차는 채권자의 취하에 따라 당연히 끝나므로 법원이 집행기관인 경우에도 별도로 집행절차의 취소결정을 할 필요가 없다. 곧바로 집행포기 또는 집행해제신청을 하는 경우도, 추심명령의 경우 추심권의 포기에 관한 민사집행법 제240조 제2항의 특칙을 적용하는 외에는 집행신청의 취하와 같이 취급한다.

다. 집행취소의 방법

집행의 취소는 집행당사자 또는 제3자의 신청에 따라 하는 것이 원칙이나, 집행기관 자체에 취소사유가 명백한 때에는 직권으로 취소하여야 한다. 취소신청은 집행취소서류를 집행기관에 제출함으로써 한다. 집행기관이 집행취소서류를 제출받고도 집행을 계속하면 집행에 관한 이의신청을 할 수 있다.[86]

집행의 취소는 그 집행처분을 한 집행기관이 한다. 소송기관인 법원에 대하여 한 집행취소신청은 부적법하다.[87]

집행의 취소는 집행처분의 존재를 없애는 방법으로 한다. 즉, 집행관이 집행기관인 경우에는 채무자 등에게 압류취소의 취지를 통지하고, 압류물을 채무자에게 돌려주며, 또 압류의 표식인 봉인을 제거하는 등의 사실행위(민집규 제142조)가 필요하고, 집행법원이 집행기관인 경우에는 집행행위인 재판(예컨대, 경매개시결정, 채권압류명령)을 취소하는 결정을 하여야 한다.[88]

라. 집행취소의 통지

집행법원이 집행을 취소하는 결정을 한 경우에는 일반적인 방법에 따라 고지된다. 집행관이 민사집행절차를 취소한 때에는 채권자에게 그 이유를 통지하여야 한다

---

85) 부동산경매에 있어 매수신고가 있은 뒤에 경매신청을 취하하는 경우에는 최고가매수신고인 또는 매수인과 차순위매수신고인의 동의를 받아야 한다(민집 제93조 제2항).
86) 대법원 1986. 3. 26.자 85그130 결정.
87) 대법원 1957. 6. 13.자 4290민재항29 결정.
88) 대법원 1994. 2. 7.자 93마1837 결정.

(민집규 제17조).

마. 집행취소의 효과

집행행위의 효과가 소멸한다. 이미 완결된 집행행위의 효과는 소급하여 소멸하지 않고 그대로 유효하다. 해당 집행절차 또는 집행처분은 종료하므로 집행정지의 경우처럼 다시 집행의 속행을 구할 수는 없다.

바. 집행취소에 대한 불복

집행처분을 취소하는 재판은 원칙적으로 확정되어야 효력이 발생하고 이에 대한 즉시항고가 허용되나(민집 제17조 제1항, 제2항), 제49조 제1호, 제3호, 제5호, 제6호의 집행취소서류의 제출에 따라 취소하는 경우에는 재판이 고지되면 곧바로 효력이 발생하고 즉시항고도 허용되지 않는다(민집 제50조 제2항).[89] 그러나 집행에 관한 이의신청의 방법으로 불복할 수 있다(민집 제16조 제1항).[90] [91] 집행관의 집행취소에 대하여도 집행에 관한 이의신청이 가능하다.

Ⅶ. 집행의 개시 및 종료

1. 집행의 개시

집행권원의 내용을 실현하기 위하여 권한 있는 집행기관이 최초로 채무자에 대하여 강제적 행동을 취한 때에 집행이 개시되었다고 본다. 구체적으로는 집행관이 집행기관인 경우에는 유체동산압류를 위하여 수색을 시작한 때, 특정한 동산, 대체물의 인도집행 또는 부동산의 인도집행을 위하여 채무자의 점유를 푼 때나 집행의 목적이 아닌 가구 그 밖의 동산을 반출한 때에 집행이 개시된다. 그러나 채무자의 주거에 이르러 임의이행을 촉구한 것은 집행개시에 해당하지 않는다. 집행법원·수소법원이 집

---

89) 다만, 구 민사소송법은 임의경매를 취소하는 결정에 대하여는 즉시항고를 허용하였으나(제726조 제3항), 민사집행법은 임의경매와 강제경매 어느 경우에도 그 취소결정에 대한 즉시항고를 허용하지 않고 있다(제266조 제3항).

90) 민사집행법 제50조 제1항, 제2항에 의하면 집행취소서류의 제출에 의한 집행처분을 취소하는 재판은 즉시항고가 허용되지 아니하므로 이에 대하여 불복하려면 집행에 관한 이의로써 다투어야 한다(대법원 2011. 11. 10.자 2011마1482 결정).

91) 법원은 제출한 서면의 제목이 '즉시항고장'이고 그 끝 부분에 항고법원명이 기재되어 있더라도, 이를 집행에 관한 이의로 보아 처리해 주어야 한다(대법원 1994. 5. 9.자 94그4 결정, 대법원 2000. 3. 17.자 99마3754 결정).

행기관인 경우에는 최초의 집행행위인 재판(채권압류명령·경매개시결정·강제관리개시결정·대체집행·간접강제에 관한 결정 등)이 내려진 때(재판서인 결정문 원본이 법원사무관 등에게 교부된 때)에 개시된다.

집행개시의 요건을 갖추어야 할 시점 또는 집행에 관한 이의신청(민집 제16조)의 제기가 가능한 시점 등을 결정하는 기준이 된다.

2. 집행의 종료

가. 집행종료의 의미

집행권원에 표시된 청구권과 집행비용의 만족을 얻은 때, 또는 만족이 종국적, 전면적으로 불능으로 된 때에 전체로서의 집행이 종료된다. 따라서 한 개의 청구권에 관한 집행방법으로서 여러 종류의 집행절차가 병용될 수 있는 경우에 그 중 하나의 집행이 종료되어 청구권의 일부에 관하여 만족을 얻었다 하더라도 전체 집행은 종료되지 않는다.

나. 집행의 종료시점

청구이의의 소, 집행문 부여에 대한 이의신청이나 이의의 소, 집행에 관한 이의신청을 제기할 수 있는 시한을 결정하는 기준이 된다.[92]

일정한 재산에 대한 일정한 집행방법에 따라 개시된 개개의 집행절차는 ① 그 절차의 최후단계의 행위가 끝났을 때, ② 집행신청이 취하된 때, ③ 집행절차가 취소된 때에 종료하는바, 구체적으로는, ① 유체동산, 부동산에 대한 금전집행에서는 압류금전 또는 매각대금을 채권자에게 교부 또는 배당한 때, ② 채권에 대한 금전집행에서는 추심의 신고(민집 제236조 제1항)를 한 때나 배당절차가 끝난 때(민집 제252조 제2호 참조),[93] 전부명령이 확정된 때(민집 제229조 제7항, 제231조), ③ 유체물 인도청구권에 대한 금전집행에서는 집행관이 목적물을 인도받아 현금화하여 매각대금을 채권자에게 교부, 배당한 때, ④ 동산, 부동산의 인도집행에서는 목적물을 채권자에게 인도하여 점유케 한 때(민집 제257조, 제258조 제1항), ⑤ 대체집행에서는 채권자가 이행의 결과를 향유하게 된 때, ⑥ 간접강제에서는 채권자가 이행을 받거나 손해배상을 받은 때에 각 종료한다.

---

92) 대법원 2012. 3. 15. 선고 2011다73021 판결.

93) 추심명령이 발령되었다 하더라도 그 이후 배당절차가 남아 있는 한 아직 강제집행이 종료되었다고 할 수 없다(대법원 2003. 2. 14. 선고 2002다64810 판결).

Ⅷ. 집행에 관한 이의

채권자, 채무자 그 밖의 이해관계인은 집행관이 한 집행처분이나 그 지체 등에 대하여 집행법원에 집행에 관한 이의를 신청할 수 있다(민집 제16조 제1항, 제3항). 집행에 관한 이의신청에 관하여는 신청기간에 관하여 특별한 제한이 없으므로, 집행 개시 후 종료 시까지 사이에 언제라도 신청할 수 있다.[94] 집행에 관한 이의사유로는 채권자와의 관계에서는 집행관이 이유 없이 집행을 지연한다거나 집행을 정지하거나 취소하거나 신청을 각하하는 것 등이다.[95] 채무자와의 관계에서는 집행개시의 요건이 갖추어지지 않았음에도 집행을 개시하거나 집행정지서류가 제출되었음에도 집행을 계속하는 것 등이 그 사유에 해당한다. 그 밖의 이해관계인과의 관계에서는 대상건물을 이해관계인의 점유하에 있음이 외관상 명백함에도 그 승낙 없이 부동산인도 집행을 개시하려는 것이 그 이유가 된다.

집행에 관한 이의의 신청을 받은 집행법원은 이의신청에 대한 재판에 앞서 채무자에게 담보를 제공하게 하거나 제공하게 하지 아니하고 집행을 일시정지하도록 명하거나, 채권자에게 담보를 제공하게 하고 그 집행을 계속하도록 명하는 등 잠정처분을 할 수 있다(민집 제16조 제2항). 이 결정에 대하여는 불복할 수 없다.[96] 이 결정정본이 집행당사자로부터 집행관에게 제출되면 집행관은 그 결정내용에 따라 집행절차의 전부 또는 일부를 정지하거나 집행절차를 속행하게 된다.

집행절차를 취소하는 결정, 집행절차를 취소한 집행관의 처분에 대한 이의신청을 기각·각하하는 결정 또는 집행관에게 집행절차의 취소를 명하는 결정에 대하여는 즉시항고를 할 수 있다(민집 제17조 제1항). 이들 결정은 확정되어야 효력을 가지므로(민집 제17조 제2항), 즉시항고가 제기되더라도 당연히 집행절차를 정지하는 효력이 생기는 것은 아니다.

사법보좌관규칙 제3조 제2호는 사법보좌관이 집행에 관한 이의신청의 대상이 되는 처분을 하였을 경우 이해관계인이 민사집행법 제16조 제1항에 따라 이의신청을 하고, 이에 대한 재판은 집행단독 판사가 담당하도록 규정하고 있으므로, 해당처분을

94) 법원실무제요 민사집행[Ⅰ], 법원행정처(2014), 92. 대법원 1979. 10. 29.자 79마150 결정, 대법원 1996. 7. 16.자 95마1505 결정.
95) 대법원 2014. 6. 3.자 2013그336 결정.
96) 법원실무제요 민사집행[Ⅰ], 법원행정처(2014), 95.

판사가 한 경우와 절차상 원칙적으로 동일하다.

Ⅸ. 집행비용의 예납 및 부담

1. 예납

가. 총설

집행비용은 종국적으로는 채무자(소유자)가 부담하게 되지만(민집 제53조 제1항, 제275조), 집행절차 내에서 회수할 수 없는 경우도 있기 때문에 신청인으로 하여금 일정한 소요경비를 미리 내게 한 후 배당 등의 절차 단계에서 이를 정산하도록 하고 있다.

채권자가 예납하여야 할 비용을 미리 내지 아니하면, 집행관은 위임에 응하지 아니하거나 사무를 행하지 않을 수 있고(집행관수수료규칙 제25조) 집행법원은 결정으로 신청을 각하하거나 집행절차를 취소할 수 있다(민집 제18조 제2항). 다만 집행채권자가 소송구조를 받은 때(민소 제129조, 집행관수수료규칙 제25조 제1항) 또는 대체집행에 있어서 채권자의 신청에 의하여 법원이 미리 채무자에게 집행비용을 지급할 것을 명한 때(민집 제260조 제2항)에는 예납을 할 필요가 없다.

나. 집행관이 집행기관인 경우

1) 개설

집행관은 집행관수수료규칙 제25조에 의하여 수수료 기타 비용의 개산액을 예납시킬 수 있다. 예납제도는 집행관의 편의를 위한 것이므로 집행관이 불이익을 감수하고 예납 없이 집행을 실시할 수도 있다.

2) 예납하여야 할 비용 및 예납액

예납하여야 할 비용은 위임한 집행사건에 관하여 집행관이 지급 받을 수수료(집행관수수료규칙 제3조) 및 그 집행사건을 수행함에 소요되는 비용(집행관수수료규칙 제20조)이다.

집행관은 채권자가 예납하여야 할 수수료 및 비용의 개산액을 집행관수수료규칙에 따라 결정한다. 그 개산액은 그 집행사건이 통상 절차에 따라 진행될 것을 예상하여 그 사건 종료까지에 통상적으로 필요한 수수료 및 비용액을 산출한다. 예컨대 동산에 대한 강제집행에 있어서는 압류수수료, 경매수수료, 압류통지비용, 공고비용, 평가비용, 집행관의 여비 등으로 개산액을 산출할 것이다.

사무를 개시한 후 예납금이 부족한 때에는 집행관은 추가예납을 시킬 수 있다(집행관수수료규칙 제25조). 그러나 집행절차 중 생기는 특별한 비용, 예컨대 압류물 보존을 위한 특별처분에 필요한 비용 등은 집행위임시의 예납액에 포함되는 것이 아니고 그 필요시에 예납시키면 된다(민집 제198조 제2항).

3) 예납의무자

예납의무자는 민사집행(강제집행, 담보권의 실행 등을 위한 동산경매) 및 가압류·가처분의 집행을 신청한 자이다. 벌금, 과료, 추징금 등 재산형이나 과태료의 집행에 있어서도 수수료, 비용의 개산액을 납부시킬 수 있다.

4) 예납절차, 예납의 효과, 예납금의 출급

가) 집행관은 강제집행신청 또는 담보권의 실행 등을 위한 동산경매신청이 있으면 당해 사건의 집행에 있어서 지급받아야 할 수수료 및 비용의 개산액을 산정하여 신청인에 대하여 위 개산액을 상당한 기간 내에 예납할 것을 고지한다. 집행관이 정보처리시스템에 의한 집행관 사무처리 규칙에 따라 집행사무를 처리하는 경우, 집행관은 수수료 기타 비용 등 예납금을 납부하고자 하는 자에게 납부서를 교부하여 예납금 납부당사자가 대표집행관이 지정하는 금융기관(이하 '취급점'이라 한다)에 직접 납부하게 한다. 다만, 집행현장에서 예납금이 부족함을 알게 되고 납부당사자가 현장에서 납부를 원하는 경우에는 집행관이 이를 수령한 후 납부자를 대리하여 납부서를 작성하고 취급점에 납부할 수 있다. 집행관이 예납금등 사용내역 기타 정보처리시스템에 의하여 처리·기록한 사항은 장부, 집행사건기록 등에 별도로 기재하지 않을 수 있다. 다만, 집행기록 등본을 작성하는 경우 등 필요한 경우에는 이를 출력하여 기록에 첨부한다.[97]

나) 집행 도중에 예납금이 부족하게 되면 다시 그 부족분을 추가로 예납시킬 수 있다. 추납하지 아니하는 때에는 집행관은 사무를 행하지 않을 수 있고(집행관수수료규칙 제25조 제2항) 이미 행한 집행을 취소할 수도 있다.

그러나 유체동산에 대한 금전집행의 경우 이미 압류를 실시한 후에 있어서 경매가 신속히 실시되고 매각대금으로부터 즉시 수수료와 비용을 확실하게 지급받을 수

---

97) 정보처리시스템에 의한 집행관 사무처리지침[행정예규 제507호] 1.의 바항 및 2.의 나항.

있다고 예측되는 때에는 추가예납명령에 응하지 않는다는 이유만으로써 이미 행한 압류를 해제하는 것은 부당하다. 동산집행사건에 있어서는, 집행관은 원칙적으로 위임받을 때에 그 사건의 집행 완료시까지의 전체 수수료 등의 액을 계산하여 신청인으로 하여금 이를 전부 예납하게 하여야 하고,[98] 다만 "집행관 집행미제 사건등 처리지침(행정예규 제496호)" 1. 가.의 특약사항에 대하여 승낙한 신청인이 일부 예납의 의사표시를 할 경우에는 그 수수료 등의 일부만을 예납하게 할 수 있으며,[99] 이 경우 수수료 등의 일부만을 예납한 신청인이 압류 후 1개월이 경과하여도 나머지 수수료 등을 추가예납하지 않을 경우에는 집행관은 위 "집행관 집행미제사건 등 처리지침"에 의하여 지체 없이 신청인에게 추가예납을 촉구하는 통지를 하는 등의 절차를 취하여야 한다.[100]

"집행관 집행미제사건 등 처리지침(행정예규 제496호)"에 의하면 이 경우 채권자가 예납통지와 예납재통지를 받고도 수수료 기타 비용의 계산액을 예납하지 아니할 때에는 강제집행 위임을 취하한 것으로 보아 집행관은 지체 없이 집행권원을 채권자에게 반송하고 기록은 보존절차를 취하여야 한다.

다) 집행관의 예납금 관리, 정산 및 잔액환급의 절차는 "정보처리시스템에 의한 집행관 사무처리지침(행정예규 제507조)"에 정한 절차에 의한다.

사무가 종료한 때에는 집행관은 지체없이 예납금의 정산을 하여 예납금에 잔액이 있으면 신청인에게 잔액을 반환하여야 하고, 예납자의 청구가 있는 때에는 정산의 내용을 명시한 서면을 교부하여야 한다(집행관수수료규칙 제25조의2).

라) 예납금등의 출급사유가 발생하면 집행관은 출급사항을 전산시스템에 등록하고 그 출급사항을 대표집행관이 승인하여 취급점으로 전송한다. 출급을 승인한 경우 대표집행관은 출급청구자에게 출급지시서를 교부하여 이를 취급점에 제출하게 한다. 다만, 계좌입금신청이 있는 경우에는 그러하지 않다.[101]

98) 동산집행사건에 있어서 집행관 수수료 기타 비용의 예납범위 등에 관한 지침[행정예규 제297호] 제2조 본문.

99) 동산집행사건에 있어서 집행관 수수료 기타 비용의 예납범위 등에 관한 지침[행정예규 제297호] 제2조 단서.

100) 동산집행사건에 있어서 집행관 수수료 기타 비용의 예납범위 등에 관한 지침[행정예규 제297호] 제4조.

101) 정보처리시스템에 의한 집행관 사무처리지침[행정예규 제507호] 2의 라.항.

2. 예납의 유예

가. 예납의 유예를 받는 자

소송구조를 받은 자(민소 제128조)가 민사집행신청을 하는 경우에는 집행비용예납의 유예를 받고(민소 제129조 제1항 제1호) 국고에서 지급한다. 판결절차와 별도로 집행절차에 있어서만 구조신청을 할 수도 있다(소송절차에서의 구조 없이 집행단계에서만 이루어지는 구조를 소송구조와 대비하여 "집행구조"라고 한다). 구조의 결정은 장래를 향하여 발생하는 것이 원칙이나 신청시로 소급시킬 수도 있다. 이 경우에는 신청인이 이미 예납하였으면 이를 반환하여야 할 것이다.

나. 예납유예를 받을 비용의 범위

피구조자는 민사집행에 필요한 재판비용, 변호사 및 집행관의 보수와 대납금의 지급이 유예된다(민소 제129조 제1항 본문). 다만 법원이 상당한 이유가 있어서 이중 일부에 대한 소송구조를 한 경우에는 그 일부에 대하여만 예납이 유예된다(민소 제129조 제1항 단서).

법원이 집행기관인 경우에는 인지, 송달료, 집행관의 수수료, 여비, 감정인의 여비, 보수 등의 예납이 유예된다. 집행준비를 위한 재판비용 예컨대 집행문부여신청서 첩용인지, 송달증명신청서 첩용인지, 승계집행문 송달비용 등에도 구조의 효력이 미친다.

집행관이 집행기관인 경우에는 수수료와 그 직무집행에 필요한 비용의 계산액에 관하여 예납이 유예된다.

그러나 당사자비용 예컨대 서류의 서기료, 제출비용, 등기부등본 교부수수료 등은 구조의 대상이 되지 아니한다.

다. 예납유예의 취소

집행절차 진행 중에 피구조자가 비용을 납입할 자금능력이 있음이 판명되거나 그 자금능력이 있게 된 때에는 집행법원은 직권 또는 이해관계인의 신청에 의하여 언제든지 구조를 취소하고 예납을 유예한 비용의 납입을 명할 수 있다(민소 제131조의 준용). 유예비용납입(수봉)결정은 집행력 있는 집행권원과 동일한 효력이 있으므로(민소비용법 제12조) 구체적으로 비용액을 결정하여야 한다.

라. 유예비용의 추심

예납이 유예된 비용은 당연히 집행비용이 되어 채무자가 부담하므로 별도로 비용의 지급을 명하는 재판을 할 필요 없이 강제집행과 동시에 추심할 수 있다(민집 제53조 제1항).

집행관이 동산 또는 부동산 등의 인도 또는 명도집행을 한 경우의 수수료 및 비용에 관하여는 기본이 되는 강제집행절차 내에서는 추심할 수 없으므로 집행관은 비용액의 확정결정신청을 하여 이 결정을 집행권원으로 하여 강제집행을 할 수 있다(민소 제132조의 준용).

집행법원이 유예비용을 추심한 때에는 수입편입절차를 취하여야 한다.

3. 집행비용의 부담

강제집행에 필요한 비용은 종국적으로 채무자가 부담하고 그 집행에 의하여 우선적으로 변상을 받는다(민집 제53조 제1항). 즉 강제집행의 실시 및 준비를 위한 모든 비용은 채권자가 우선 지출하여야 하나 그 중 강제집행에 필요한 부분은 집행비용이 되어 비용부담 재판 필요 없이 채무자가 부담하는 것이다. 집행에 불필요한 비용은 채권자의 부담으로 한다. 예컨대 집행신청을 함에 있어서 채권자의 부주의로 채무자의 주소를 오인하여 집행관이 불필요한 여비를 지출한 경우 그 여비는 채권자가 부담한다.

채권자가 집행준비를 위하여 지출한 비용은 강제집행을 개시하지 않으면 집행비용으로서 고려될 여지가 없다. 집행이 개시된 다음에 지출한 비용이라 하더라도 집행신청이 취하되거나 집행절차가 취소되는 등 집행 본래의 목적인 청구권의 실현을 보지 못하고 종료된 경우에는 그 비용은 채권자가 부담한다. 채권자가 집행신청의 일부를 취하하거나 집행절차의 일부가 취소된 경우 등에 있어서 그 일부의 집행에 소요된 비용도 채권자가 부담하며 집행비용이 되지 않는다.

집행당사자 이외의 제3자가 집행비용을 부담하는 경우도 있다. 예컨대 부동산경매절차에서 전의 매수인이 재매각기일의 3일 이전까지 대금, 그 지급기한이 지난 뒤부터 지급일까지의 대금에 대한 대법원규칙이 정하는 이율에 따른 지연이자와 절차비용을 지급하여 재매각절차를 취소하는 경우가 있다(민집 제138조 제3항).

제2장 부동산 인도(명도), 철거 청구 사건의 유형

제2장 부동산 인도(명도), 철거 청구 사건의 유형

부동산인도(명도)나 건물철거를 위한 집행권원으로는 부동산인도나 명도를 명한 본안 판결이나 그 같은 내용의 제소전화해조서나 공정증서, 동일한 내용의 간이한 집행권원으로 경매절차의 매수인을 위한 부동산인도명령이 있다. 건물철거를 위한 집행권원으로는 토지 무단점유자에 대한 단순한 철거판결에서부터 권원 없는 건물 소유자 이외에 제3의 점유자가 있는 경우 그 제3자에 대한 퇴거와 인도를 명하는 것과 동시에 건물소유자에 대하여 철거와 인도를 명하는 판결 등이 있다. 이 경우에는 본안소송 제기에 앞서 점유이전금지가처분에 추가하여 건물 소유자가 다른 제3자에게 건물을 처분하는 것을 막기 위한 처분금지가처분을 별도로 받아야 두어야 하는 점에 유의하여야 한다. 아주 드물지만 건물명도단행 혹은 철거단행을 명하는 가처분 결정도 있을 수 있다.

청구권원은 소유권이나 계약상의 청구권이 각각의 상황에 맞추어 주장이 된다. 피고 입장에서 정당한 점유권원이 있다는 항변의 권원은 상대적으로 다양하다.

Ⅰ. 부동산인도(명도) 청구소송

1. 청구취지

부동산인도, 명도를 구하는 경우 "피고는 원고에게 별지 목록 기재 토지(또는 건물)을 인도하라"가 청구취지가 된다.

부동산명도나 인도는 모두 부동산의 점유자의 점유를 풀어 권리자에게 점유를 취득시키는 것을 말한다(민집 제258조 제1항). 인도가 단순한 직접점유의 이전을 의미하는 것에 반하여 명도는 거주자의 퇴거, 물품의 철거를 수반한 직접지배의 이전을 의미하는 것으로 이해되고 있지만, 집행실무상 양자 간에 실질적인 차이가 없기 때문에 구별의 실익은 없다.

2. 소송물

가. 소송물 일반

민사소송에서는 원고가 청구하는 사항에 관하여만 판결하는 것이 가능하기 때문에(민소 제203조), 실무상 심판의 대상(소송물)은 실체법상의 청구권마다 다르다고 이해되고 있다(구 소송물이론). 실체법상 부동산에 관하여 권리자가 점유자의 점유를 풀고 자신에게 점유를 이전하는 것을 구하는 것이 가능한 경우로는, 소유권에 기한 청구와 계약상의 권리에 기한 청구가 있다. 어느 권리를 행사할 것인지는 기본적으로 원고의 의사에 달려있다.

나. 소유권에 기한 청구

소유권은 물건을 사용, 수익, 처분하는 권리(민법 제211조)이기 때문에 제3자가 물건을 점유하고 있는 경우 그에 대한 원활한 지배가 침해받게 된다. 이 경우 소유자는 점유자에 대하여 소유권에 기하여 소유물반환청구권을 행사하는 것이 가능한데(민법 제213조), 그 구체적인 급부형태가 건물인도청구가 된다. 이 경우 소송물은 '소유권에 기한 반환청구권으로서의 건물인도청구권'이라고 말할 수 있다.

소유권에 기한 반환청구권이 소송물로서 선택되는 경우는, 원고가 토지나 건물에 대한 소유권을 가지고 있는 경우로서 당해 토지나 건물의 점유자가 점유권원을 가지고 있지 않은 경우(불법점유의 경우)와 원고와 피고 사이에 계약관계가 존재하지만 그 내용에 관하여 다툼이 있는 경우 등이다.

다. 계약상의 권리에 기한 청구

계약에 기하여 부동산 인도를 구하는 권리가 발생하는 경우는 다양하지만, 매매계약 등 재산권이전계약의 효과로서 그 인도를 구하는 소송(소송물은 '매매계약에 기한 토지인도청구권'이 된다)과 이 같은 계약상 의무의 이행으로서 부동산 인도가 완료된 후에 계약이 해제된 경우의 원상회복(민법 제548조)으로서 부동산의 인도를 구하는 소송(소송물은 '매매계약의 해제에 기한 원상회복청구권으로서 토지인도청구권'이 된다) 등이 있을 수 있지만, 실무상 가장 많은 경우는 임대차계약의 종료를 이유로 목적물의 반환을 구하는 것으로서, 부동산 특히 건물의 명도를 청구하는 소송이다. 임대차계약이 종료하면 계약상의 의무로서 임차목적물을 반환하여야 하는데,[1] 채무불이행에 의한 해제, 합의해약, 기간만료 등 종료원인 여하를 불문하고 계약종료의 효과로서 반환의무가 발생하는 것으로서 소송물은 '임대차계약의 종료에 기한 목적물반환청구권으로서 건물인도청구권'이라고 말할 수 있다.

---

1) 곽윤직, 채권각론(제6판), 박영사(2005), 220.

3. 공격방어방법의 개요

가. 소유권

소유권에 기한 반환청구권으로서 부동산인도청구권이 발생하는 요건사실은 ① 원고가 부동산을 소유하고 있을 것, ② 피고가 당해 부동산을 점유하고 있을 것이다(피고가 점유권원 없이 점유하고 있다고 하는 것은 청구원인이 아니라 점유권원이 있다는 것이 항변사항이다).

이 중에서 ① 원고의 소유요건과의 관계에서 피고로부터 원고 이외의 제3자가 원고와의 매매 또는 시효취득에 의하여 소유권을 취득하여 원고가 소유자가 아니라는 주장(소유권 상실의 항변), 원고가 소유권을 취득하기 전의 전 소유자로부터 당해 부동산을 인도받았고 원고가 소유권을 취득하기 전에 대항요건을 갖추었으므로(주임법 제3조 제4항), 원고에 대하여 대항할 수 있다는 항변이 제기되는 것을 상정하여 볼 수 있다.

다음 ② 피고의 점유요건과 관련하여서는 이론적으로 점유권원이 있다는 주장(점유권원의 항변. 구체적으로는 임대차계약을 체결하고 그에 기하여 인도를 받았다는 등)을 생각하여 볼 수 있고, 이에 대하여는 점유권원이 소멸하였다는 주장(점유권원 소멸의 재항변. 구체적으로는 임대차계약의 종료 등)을 생각하여 볼 수 있다. 다만 이런 경우에는 소유권에 기한 반환청구권이 아니라 통상 임대차계약 종료에 기한 인도청구권을 소송물로서 선택하는 것이 일반적이다.

나. 임대차계약의 종료

임대차계약의 종료에 기하여 목적물반환청구권으로서 부동산인도청구권이 발생하기 위한 요건사실은 ① 부동산에 대하여 임대차계약을 체결한 사실, ② 이 계약에 따라 부동산을 인도한 사실(임대차계약의 목적물의 반환을 구하기 위해서는 원고가 피고에게 계약에 기한 의무의 이행으로써 그 목적물을 인도한 것이 전제가 되어야 한다), ③ 임대차계약이 종료한 사실이다.

소유권에 기한 청구의 경우 원고가 부동산을 소유하고, 피고가 부동산을 점유하고 있는 것이 요건사실로서 필요하지만, 임대차계약 종료에 기한 청구의 경우 당사자간에 임대차계약이 체결되었고, 그에 기하여 부동산이 인도된 것이면 충분하고, 원고인 임대인이 당해 부동산을 소유할 필요는 없으며, 피고인 임차인이 당해 부동산을 점유할 필요도 없다. 즉, 임차인이 무단으로 임차권을 제3자에게 양도하는 등으로 이미 부동산의 점유를 상실하였다고 하더라도, 계약종료 시에 목적물인 부동산을 반환하여야 할 계약상의 의무를 면할 수 없으므로, 임대인으로서는 현재 점유하고 있지 않은 임차인을 피고로 하여 인도소송을 제기하는 것이 가능하다(다만 점유하고 있지 않은 임차인을 상대로 하여 인도를 명하는 판결을 받더라도, 당해 임차인에 대하여 부동산인도의 강제집행이 가능하지 않기 때문에 현실적으로 점유를 하고 있는 임차권 양수인이나 전차인을 상대로 하는 별도의 집행권원이 필요하다).

4. 주문

가. 토지인도의 경우

1) 목적물이 하나인 경우

피고는 원고에게 서울 강남구 삼성동 756-18 대 500㎡를 인도하라.

2) 목적물이 여럿인 경우

피고는 원고에게 별지 목록 기재 각 토지를 인도하라.

[별지 목록]

1. 서울 서초구 서초동 1700-2 대 354㎡
2. 서울 서초구 서초동 1700-3 잡종지 421㎡
3. 서울 서초구 서초동 333-3 도로 250㎡ 끝.

3) 토지, 건물의 일부만이 목적물인 경우

가) 피고가 한 사람인 경우

피고는 원고에게 서울 강남구 삼성동 756-18 대 500㎡ 중 별지 도면 표시 1, 3, 7, 8, 10, 13, 18, 1의 각 점을 차례로(또는 순차로) 연결한 선내 부분 186㎡를 인도하라.

나) 피고가 복수인 경우

1. 원고에게, 별지 목록 기재 건물 중,

가. 피고 甲은 별지 도면 표시 1, 2, 3, 4, 1의 각 점을 차례로 연결한 선내 ⓐ부분 방 30㎡를,

나. 피고 乙은 같은 도면 표시 5, 6, 7, 8, 5의 각 점을 순차로 연결한 선내 ⓑ부분 창고 20㎡를 각 인도하라.

나. 건물인도 또는 철거의 경우

1) 일반적인 경우

피고는 원고에게 서울 서초구 서초동 1500-2(명달로22길 24) 지상 철근콘크리트조 슬래브지붕 3층 근린생활시설 1층 150㎡, 2층 120㎡, 3층 100㎡, 옥탑 10.6㎡를 인도(철거)하라.

2) 등기기록상 표시와 현황이 다를 경우

피고는 원고에게 서울 강남구 삼성동 37-18(봉은사로 408) 지상 벽돌조 기와지붕 단층 주택 90㎡[등기기록상 표시 : 같은 동 37-18(봉은사로(408) 지상 시멘트벽돌조 기와지붕 단층 주택 80㎡)]를 인도하라.

5. 집행방법

부동산 인도의 강제집행은 집행관이 점유자의 목적물에 대한 점유를 배제하고, 소유자나 임대인에게 그 점유를 취득시키는 직접강제의 방법에 의한다(민집 제258조 제1항).

6. 부동산인도명령

본안소송으로서 부동산인도청구와 달리 간이하게 부동산인도를 명하는 집행권원을 취득할 수 있는 절차가 민사집행법 제136조 제1항에 따른 부동산인도명령절차이다. 실무상 부동산경매절차상 매수인이 인도에 관한 집행권원이 본안 인도소송이 아니라 거의 모두가 부동산인도명령 절차에 의하여 취득된다고 해도 과언이 아니다. 다만 민사집행법 제136조 제1항의 인도명령절차는 경매절차의 매수인 보호를 위한 일종의 특칙이어서 일정한 제약이 있다. 우선 대금일 전부 납부한 매수인에게만 인정되는 절차법상의 권리이므로 그 특정매수인이 이를 대신하여 행사하거나 채권자대위권에 기하여 할 수 없다.[2] 또한 매수대금을 낸 뒤 6개월 이내에 신청하여야만 이용이 가능하기 때문에 6개월을 경과하면 본안으로 인도소송을 제기하는 수밖에 없다. 청구권원상으로는 상대방에 따라 소유권에 기한 청구와 계약상의 권리에 기한 청구가 복

2) 경락대금을 완납한 경락인이 인도명령을 받을 수 있음은 경락인에게 부여된 집행법상의 권리로서 경락인이 목적 부동산을 제3자에게 양도하였다고 하여 당연히 그 집행법상의 권리가 소멸되는 것으로 볼 수 없으므로(대법원 1970. 9. 30.자 70마539 결정), 경락인이 소유권이전 등기 후 인도명령에 기하여 집행위임을 하였더라도 그 위임은 부적법하지 않다[집행관업무자료집(Ⅵ), 전국법원집행관협합회(2015), 289].

합되어 있다고 이해할 수 있다.

인도명령절차에서 주로 문제되는 것은 점유자가 매수인에 대하여 대항할 수 있는 권원에 의하여 점유하고 있는지 여부이다. 통상 대항력을 갖춘 임차인에 해당하는지, 유치권이 유효하게 성립하였는지가 실무상 주로 문제된다. 채무자나 소유자는 매도인의 지위에 있는 셈이기 때문에 인도명령 신청이 예외 없이 발령된다.

간이하게 집행권원을 취득시키는 제도이기 때문에 집행절차는 본안 인도소송의 집행권원에 기한 집행과 전혀 다를 것이 없다.

[주문례]

피신청인은 신청인에게 별지 목록 기재 부동산을 인도하라.

Ⅱ. 건물철거, 토지인도 청구소송

1. 청구취지

건물철거, 토지인도를 구하는 소송의 청구취지는 "피고는 원고에게 건물을 철거하고, 토지를 인도하라"가 된다. 건물과 토지를 특정하기 위해서 별지 목록을 사용하는 것이 일반적이다.

2. 소송물

가. 소유권에 기한 청구

토지상에 타인의 건물이 존재하는 경우 이에 의하여 토지에 대한 원활한 지배에 방해를 받게 되므로, 토지소유자는 건물 소유자에 대하여 소유권에 기한 방해제거청구권(민법 제214조 전단)과 소유물반환청구권(민법 제213조)으로서 당해 건물을 철거하고 토지를 인도할 것을 청구할 권리를 가진다. 이 경우 소송물에 관하여는 논란이 있지만, 실무상 이 경우의 소송물은 '토지소유권에 기한 반환청구권으로서 토지인도청구권'이며, 건물의 철거를 명하는 부분은 건물이 토지와는 별개의 부동산으로 취급되는 것 때문에, 집행방법을 명시하기 위한 것이라고 이해되고 있다.[3]

소유권에 기한 반환청구권이 소송물로 채택되는 경우는, 원고가 토지를 소유하고 있는 경우로서 당해 토지상에 건물을 소유하고 있는 사람이 아무런 점유권원을 가지고

---

3) 大阪地裁執行實務研究會 編, 不動産明渡·引渡事件の實務, 新日本法規(2010), 19.

있지 않은 경우(불법점유의 경우)와 원고와 건물을 소유하면서 토지를 점유하고 있는 사람 사이에 계약관계가 존재하지만 그 내용에 관하여 다툼이 있는 경우 등이다.

나. 계약상의 권리에 기한 청구

임대차계약이 종료한 경우 임차인은 임대차계약에 기한 의무로서 임대차계약의 종료에 의하여 목적물을 반환할 의무 즉 원상(계약에 기한 인도 당시의 상태)으로 회복한 다음 인도할 의무를 부담하며(민법 제654조, 제615조 전단), 원상으로 회복하지 않은 채 인도하였을 경우에는 반환의무를 제대로 이행하였다고 할 수 없다. 이처럼 토지 임차인은 임대차계약에 기하여 인도를 받은 다음, 토지상에 건물을 축조하여 그 건물이 현존하는 경우 그 건물을 철거하여 토지를 반환할 의무를 부담하며, 이런 의미에서 건물철거의무는 목적물반환의무의 일부를 구성하는 것이라고 이해되고 있다. 따라서 이 경우의 소송물은 '임대차계약종료에 기한 목적물반환청구권으로서 건물철거토지인도청구권'이 된다. 목적물반환청구권은 계약종료의 효과로서 생기는 것이기 때문에 계약종료 원인에 따라 소송물이 달라지는 것은 아니라고 이해되고 있다.

3. 공격방어방법의 개요

가. 소유권

소유권에 기하여 건물철거, 토지인도를 구하는 소송의 청구원인(토지소유권에 기한 반환청구권으로서의 토지인도청구권이 발생하기 위한 요건)은 ① 원고가 토지를 소유하고 있을 것, ② 피고가 토지를 점유하고 있을 것이다. ②의 점유에 관하여는 건물철거의 주문을 구하는 것과의 관계에서 토지상에 건물이 존재하고, 피고가 그것을 소유하고 있다는 것을 입증하여야 한다.

이들 요건과 관련한 공격방어방법은, 기본적으로 소유권에 기한 부동산인도청구의 경우와 다르지 않다. ②의 피고의 점유요건 중 피고가 건물을 소유하고 있을 것의 요건에 관하여는, 피고로부터 건물을 제3자에게 이미 매각하여 소유권을 상실하였다고 하는 주장이 제기될 수 있는데, 판례는 건물철거는 그 소유권의 종국적 처분에 해당하는 사실행위이므로 원칙으로는 그 소유자(등기명의자)에게만 그 철거처분권이 있다고 할 것이나, 그 건물을 매수하여 점유하고 있는 자는 등기부상 아직 소유자로서의 등기명의가 없다 하더라도 그 권리의 범위 내에서 그 점유 중인 건물에 대하여 법률상 또는 사실상 처분을 할 수 있는 지위에 있고 그 건물이 건립되어 있어 불법으로 점유를 당하고 있는 토지소유자는 위와 같은 지위에 있는 건물점유자에게 그 철거를 구할 수 있다고 한다.[4] 같은 이유에서 타인의 토지 위에 건립된 건물이 미등기이고 그 건물로 인하여 그 토지의 소유권이 침해되는 경우 그 건물을 철거할 의무는 그 건물을 법률상, 사실상 처분할 수 있는 지위에 있는 사람이다.[5]

나. 임대차계약의 종료

임대차계약 종료에 기한 목적물반환청구권으로서 건물철거토지인도청구권이 발생하기 위한 요건사실은 ① 부동산에 관하여 임대차계약을 체결한 사실, ② 그 계약에 기하여 부동산을 인도한 사실, ③ 임대차계약이 종료한 사실, ④ ②의 인도 후 ③의 계약종료 시까지 사이에 토지상에 건물이 축조되어 ③의 계약종료 시에 그 건물이 토지에 존재하고 있는 사실이다. 이 경우 건물의 철거는 계약상의 의무의 이행으로서 행하는 것이기 때문에 당해 건물이 토지 임차인 등의 소유에 속하는지 여부는 문제되지 않는다.

① 내지 ③의 요건사실에 관하여 언급할 것은 위의 부동산인도청구소송과 동일하다. ④에 관하여는 ②의 인도 전에 건물이 축조되어 있었다면 그 상태 그대로 반환하면 반환의무를 다하는 것이다. ③의 계약종료 후에 건물이 건축된 경우 임차인이 철거의무를 부담하는 것은 변함이 없지만, 이 경우에는 토지소유자의 소유권에 기한 반환청구권을 소송물로 하여 건물철거, 토지인도를 구하여야 할 것이기 때문에 이 같은 요건사실이 필요하게 된다.

토지 임대차계약이 기간만료에 의하여 갱신 없이 종료된 경우 임차인인 피고에 의하여 건물매수청구권(민법 제643조)이 행사되는 경우가 있으며, 이 권리가 행사된 경우 임대인과 임차인 사이에 매매계약이 성립하는 것과 동일한 효과가 생기기 때문에 임대인에 의한 건물철거, 토지인도청구는 받아들여지지 않게 된다.

4. 주문

가. 일반적인 경우

피고는 원고에게 서울 강남구 삼성동 37-17(봉은사로 407) 대 300㎡ 지상 벽돌조 기와지붕 단층 주택 90㎡를 철거하고 위 대지를 인도하라.

---

4) 대법원 1986. 12. 23. 선고 86다카1751 판결.

5) 대법원 1991. 6. 11. 선고 91다11278 판결, 대법원 1989. 2. 14. 선고 87다카3073 판결, 대법원 1988. 9. 27. 선고 88다카4017 판결, 대법원 1988. 5. 10. 선고 87다카1737 판결.

나. 건물공유자 중 일부만을 상대로 한 철거청구의 경우

원고에게, 피고 甲은 1/4 지분에 관하여, 피고 乙은 1/5지분에 관하여, 피고 丙, 丁은 각 1/8 지분에 관하여, 각 별지 목록 (2) 기재 건물을 철거하고, 각 같은 목록 (1) 기재 대지를 인도하라.

5. 집행방법

건물의 철거는 대체집행(민집 제260조, 민법 제389조 제2항 후단)에 의하고, 토지의 인도는 집행관이 점유자의 점유를 강제적으로 해제하여 소유자나 임대인에게 토지의 점유를 취득시키는 직접강제(민집 제258조 제1항)에 의하여 실현된다.

6. 건물철거, 토지인도 소송과 보전처분

가. 토지 및 건물에 대한 점유이전금지가처분과 별도로 건물에 대한 처분금지가처분 필요

토지소유자인 토지임대인이 그 토지 위에 건물을 소유하고 있는 토지임차인을 피고로 건물철거 토지인도 청구소송을 제기하여 승소판결을 얻을 경우, 임대인은 그 확정판결을 집행권원으로 하여 임차인을 상대로 건물철거 토지인도의 강제집행을 하게 되는데, 임차인이 건물을 제3자에게 양도한 경우 그 양도가 위 소송의 사실심 변론종결 후에 이루어진 때에는 임차인에 대한 판결의 효력은 제3자인 당해 건물 양수인에게도 미치기 때문에(민소 제218조 제1항) 임대인은 건물 양수인에 대하여 승계집행문(민집 제31조 제1항)을 부여받아 건물철거 토지인도를 집행하는 것이 가능하다. 그러나 건물 양수가 사실심 변론종결 전에 이루어진 경우 위 판결의 효력이 건물 양수인에게 미치지 않는다. 임대인이 소송계속 중 건물 양도사실을 알면 소송인수신청으로 건물양수인을 위 소송절차에 끌어들이면 건물양수인에게 판결의 효력을 미치게 할 수 있지만(민소 제82조), 임대인이 양도행위를 파악하는 것이 쉽지만은 않다. 이 때문에 피고를 항정하기 위한 목적에서 임차인을 상대로 한 건물처분금지가처분이 필요하게 된다. 그러나 위 처분금지가처분은 처분금지의 등기에 의하여 건물소유자를 항정하는 효력을 가지고 있을 뿐 건물의 점유에 관하여 당사자를 항정하는 효력은 없다. 더욱이 건물을 건물 소유자가 아닌 제3자가 점유하고 있는 경우에는 그 제3자를 건물로부터 퇴거시키지 않은 한 건물철거 토지인도의 집행권원만 가지고는 건물철거 집행이 불가능하고, 제3자를 건물로부터 퇴거시키기 위한 별도의 집행권원이 필요하게 된다. 따라서 임차인이 건물의 점유를 제3자에게 이전한 경우 임대인은 그 제3자에 대하여 새로 건물퇴거 토지인도청구소송을 제기하지 않으면 안 된다. 위와 같이 먼 길을 우회하는 것을 막기 위하여 임차인이 건물의 점유를 제3자에게 이전할 우려가 있는 경우 임대인은 임차인에 대하여 건물의 처분금지가처분 이외에 건물의 점유이전금지가처분을 함께 받아야 한다. 이는 임차인이 아니라 제3자가 이미 임차지상의 건물을 점유하고 있는 경우에도 마찬가지이다.[6]

즉, 타인의 토지위에 건립된 건물로 인하여 그 토지의 소유권이 침해되는 경우 그 건물을 철거할 의무가 있는 사람은 그 건물의 소유권자나 그 건물이 미등기건물일 때에는 이를 매수하여 법률상 사실상 처분할 수 있는 사람이며, 점유이전금지가처분은 그 목적물의 점유이전을 금지하는 것이고, 그럼에도 불구하고 점유가 이전되었을 때에는 가처분채무자는 가처분채권자에 대한 관계에 있어서 여전히 그 점유자의 지위에 있는 것일 뿐 목적물의 처분을 금지 또는 제한하는 것은 아니어서, 건물철거청구권 보전을 위해서는 건물과 토지에 대한 점유이전금지가처분만으로는 부족하고 건물에 대한 처분금지가처분이 추가로 필요하다.[7] 따라서 피고가 철거대상 건물을 소외인에게 매도하고 퇴거하였다면 피고에 대한 점유이전금지가처분에도 불구하고 그것을 매수하여 점유하고 있는 소외인이 이에 대하여 법률상, 사실상 처분할 수 있는 자이고 피고는 이를 처분할 수 있는 지위에 있지 않으므로 대상건물을 철거할 의무가 없다. 결국 토지 및 건물 각각에 대한 점유이전금지가처분에다가 건물에 대한 처분금지가처분이 추가로 필요한 것이다.

나. 건물에 처분금지가처분 등기 후의 건물 처분행위의 효력과 그 범위

건물철거, 토지인도를 구하는 소송을 제기하기 전에 그 집행을 보전하기 위해서 토지 및 건물에 대한 점유이전금지가처분과 동시에 건물에 대한 처분금지가처분이 별도로 필요하다고 함은 위에서 언급한 바와 같은바, 이 처분금지가처분에는 다음과 같은 효력이 있다.

즉, 처분금지가처분이 등기되면 채무자와 제3자에 대하여 구속력을 가진다고 하는 것은 그 등기 후에 채무자가 가처분의 내용을 위배하여 제3자에게 목적부동산에 관하여 양도, 담보권설정 등의 처분행위를 한 경우에 채권자가 그 처분행위의 효력을 부정할 수 있는 것, 즉 무효로 할 수 있다는 것을 의미한다. 그러나 처분금지가처분

---

6) 大阪地裁執行實務研究會 編, 不動産明渡·引渡事件の實務, 新日本法規(2010), 303-304.
7) 대법원 1987. 11. 24. 선고 87다카257, 258 판결.

이 등기되었으나 그 가처분 당시의 가처분채무자 명의의 등기가 원인무효인 관계로 확정판결로 말소되어 전 소유자의 소유명의로 복귀되는 경우는 금지되는 처분행위에 해당한다고 볼 수 없다.[8)]

가처분채권자가 가처분 위반행위의 효력을 부정할 수 있는 시기는 본안소송에서 승소확정판결을 받거나 이와 동일시할 수 있는 사정이 발생한 때(예를 들면, 화해, 조정, 청구의 인낙 등에 의하여 가처분채권자의 권리의 존재가 확정된 때)이며, 단순히 가처분채권자의 지위만으로는 가처분채무자로부터 목적부동산의 소유권이전등기를 이전받은 제3자에 대하여 말소등기를 청구하는 등 위법한 처분행위의 효력을 부인할 수 없다.[9)] 따라서 가처분채권자의 권리가 본안에서 확정될 때까지는 가처분등기 후의 처분행위라도 등기가 허용됨은 물론이고,[10)] 그 제3취득자는 비록 목적부동산에 관하여 처분금지가처분등기가 되어 있더라도 그 부동산이 임대된 경우에는 임차인에게 차임의 지급을 청구할 수 있으며, 가처분채무자에게 취득한 목적부동산의 인도를 구할 수 있고, 가처분채무자를 상대방으로 하는 타인의 강제집행에 대하여 제3자이의의 소를 제기할 수 있으며, 제3취득자의 채권자도 제3취득자를 채무자로 하여 목적부동산에 대하여 강제집행이나 보전처분을 할 수 있다.

1) 주관적 범위

처분금지가처분에 위반한 처분행위는 가처분채권자에 대한 관계에서는 물론이고 그 밖의 모든 사람에 대한 관계에서도 항상 절대적으로 무효라는 견해(절대적 효력설)도 있으나, 판례와 통설은 위 가처분위반의 처분행위는 가처분채무자와 그 상대방 및 제3자 사이에서는 완전히 유효하고 단지 가처분채권자에게만 대항할 수 없음에 그친다는 견해(상대적 효력설)를 취하고 있다.[11)]

2) 객관적 범위

가처분에 의한 처분금지의 효력은 가처분채권자의 권리를 침해하는 한도에서만 생기는 것이므로 가처분채권자는 피보전권리의 한도에서 가처분위반의 효력을 부정할 수 있다. 예를 들면, 저당권 또는 임차권설정등기청구권을 피보전권리로 한 처분금지가처분 후에 행하여진 소유권이전행위는 전면적으로 무효가 아니라 저당권, 임차권의

8) 대법원 1996. 8. 20. 선고 94다58988 판결.
9) 대법원 1992. 2. 14. 선고 91다12349 판결, 대법원 1996. 3. 22. 선고 95다53768 판결.
10) 대법원 1999. 7. 9. 선고 98다13754 판결.
11) 대법원 1968. 9. 30. 선고 68다1117 판결, 대법원 2000. 10. 6. 선고 2000다32147 판결 등 다수.

존재를 인정한 채로 제3취득자에게 소유권이 넘어가는 것이다. 또한, 건물철거, 토지인도청구권보전을 위한 건물에 대한 처분금지가처분 후에 건물의 소유권이전등기를 한 제3취득자는 건물의 소유권을 취득하지만, 건물철거와 토지인도청구권의 실현을 감수하여야 한다.

임차권자의 임차권설정등기청구권을 피보전권리로 한 처분금지가처분 등기가 마쳐진 후 근저당권이 설정되자 임차권자가 가처분채권자로서 그 근저당권 설정등기의 말소를 구한 사안에서, 판례는 임차권은 목적물의 사용, 수익을 내용으로 하는 권리로서 근저당권의 존속이 임차권의 실현에 장애가 되지 않고, 가처분등기 후 설정된 근저당권이 실행되더라도 임차권자는 선행된 가처분등기와 임차권설정등기청구를 인용한 본안판결에 기하여 임차권을 제3자에게 대항할 수 있으므로, 임차권자는 가처분 후 마쳐진 근저당권 설정등기의 말소를 구할 수 없다고 하였다.[12)]

7. 인도, 철거, 수거 등 단행가처분

가. 개요

실무상 인도단행가처분은 본안의 소 제기 없이 가처분만을 신청하기도 하나 본안 제기와 동시에 가처분을 신청하는 경우도 상당수에 이른다. 그러나 인도단행가처분이 집행되면 가처분채권자는 사실상 본안소송에 의하여 실현하려는 목적을 달성하는 반면, 가처분채무자는 본안소송에서 다투어 볼 기회조차 없이 부동산에 대한 현재의 이용상태를 박탈당하여 생활이나 영업에 막대한 지장을 받을 우려가 있으므로 실무상 이를 인용하는 예는 그리 많지 않고, 이미 인도 강제집행이 마쳐진 건물에 채무자가 침입하여 점유를 하거나 불법적인 점유침탈이 이루어진 직후인 경우 등에 한하여 예외적으로 허용된다. 또한, 철거, 수거 등 단행가처분의 경우에도 집행되면 원상회복이 불가능하거나 현저히 곤란하므로 실무상 이를 인용하는 예도 많지 않다.

나. 주문

인도단행가처분의 주문 형태는 크게 나누어 집행관보관방식과 본안판결주문방식이 있는데, 최근에는 대부분 후자의 방식을 사용하고 있다.

집행관보관방식은 채무자의 점유를 풀고 집행관의 점유로 이전할 것을 명하는 것인데 채권자에게 사용을 허용하는 경우와 허용하지 아니하는 경우가 있다. 그 중

---

12) 대법원 1968. 4. 16.자 84마7 결정.

인도단행가처분의 본래의 목적을 달성할 수 있는 것은 채권자의 사용을 허용하는 경우이다.

본안판결주문방식은 본안판결의 주문과 같이 인도를 명하는 것이다. 이 방식을 취하는 경우에도 유예기간을 허용하는 때에는 그 기한을 부여하기도 하고, 보전상태가 잠정적임을 표시하기 위하여 '임시로 인도하라'는 표현을 쓰기도 하나, 실무상 기간 부여 없이, 또 '임시로'라는 표현을 쓰지 않는 경우가 많다. '임시로'라는 표현은 이를 쓰든 안 쓰든 그 집행방법이나 효력에는 차이가 없다.

한편 건물의 철거 또는 물건의 수거 등을 명할 경우에는 대체집행을 위하여 가처분명령 중에 미리 건물의 철거, 물건의 수거 등을 위한 수권결정을 하는 경우가 많다.

다. 집행

1) 개요

인도를 명하는 가처분은 부동산 인도청구권의 강제집행방법에 의한다. 철거를 명하는 가처분은 그에 대한 대체집행의 수권이 가처분명령에 포함되어 있으면 따로 수권을 받을 필요가 없으나 대체집행의 수권이 없으면 대체집행의 신청을 하여 집행하여야 한다. 집행관 보관방식·채권자 사용형도 채무자의 점유를 현실로 해제하고 인도받아야 하므로 인도청구권의 강제집행방법과 같이 집행한다.

2) 가처분의 집행과 본안소송의 관계

단행가처분의 집행에 의하여 피보전권리가 실현된 것과 마찬가지의 상태가 사실상 달성되었다 하더라도 그것은 어디까지나 임시적인 것에 지나지 않고, 가처분이 집행됨으로써 그 목적물이 채권자에게 인도되었다 하더라도 본안소송에서는 그와 같은 잠정적인 상태를 고려함이 없이 그 목적물의 점유는 채무자에게 있는 것으로 보고 재판하여야 한다.[13]

3) 가처분의 집행정지 등

부동산인도나 건물철거 등 이행소송을 본안으로 하는 단행가처분에 대하여 이의신청이 있는 경우에, 이의신청으로 주장한 사유가 법률상 정당한 이유가 있다고 인정되고 주장사실에 대한 소명이 있으며 그 집행에 의하여 회복할 수 없는 손해가 생길 위험이 있다는 사정에 대한 소명이 있는 때에는, 법원은 당사자의 신청에 따라 담보

13) 대법원 1996. 12. 23. 선고 95다25770 판결, 대법원 2007. 10. 25. 선고 2007다29515 판결.

를 제공하게 하거나 담보를 제공하게 하지 아니하고 가처분의 집행을 정지하도록 명할 수 있고, 담보를 제공하게 하고 집행한 처분을 취소하도록 명할 수 있다(민집 제309조). 민사집행법 제288조 제1항 또는 제307조에 따른 가처분취소신청이 있는 경우에도 마찬가지이다(민집 제310조).

4) 가처분의 취소와 원상회복

단행가처분의 집행이 완료된 뒤라고 하더라도 가처분집행에 의하여 인도된 물건의 반환이 가능한 경우가 있고 위법한 가처분결정에 기한 부당한 결과는 간단하고도 신속하게 원상으로 복귀시킬 필요가 있기 때문에 이 가처분에 있어서도 가처분취소재판을 할 수 있음은 물론, 가처분을 취소하는 재판에서 채무자의 신청에 따라 채권자에 대하여 가처분에 기초하여 인도받은 물건의 반환을 명하는 원상회복재판을 할 수 있다(민집 제308조).

Ⅲ. 건물퇴거, 토지인도 청구소송

1. 청구취지, 소송물

건물소유자에 대하여는 토지소유권에 기한 반환청구권에 의하여 건물철거와 토지의 인도를 구하는 것이 가능하다. 이 경우 청구취지와 소송물 및 공격방어방법의 구조는 위 해당부분을 참조하면 된다. 이 경우 건물 안에 건물소유자가 거주하고 있다면 건물철거집행 시에 건물소유자에 대하여 퇴거집행을 하는 것이 가능하다고 해석되며, 그 일환으로 건물소유자의 가족과 동거인 등 건물소유자로부터 독립하여 점유를 하고 있지 않은 사람들에 대하여도 동시에 퇴거집행을 하는 것이 가능하다고 해석된다.

그러나 철거를 명하는 건물 안에 임차인과 같이 건물소유자로부터 독립한 점유자가 있는 경우 건물소유자만에 대한 판결 등의 집행권원으로는 이들을 건물로부터 퇴거시킬 수 없으므로, 이들을 상대방으로 하는 판결 등을 받아야만 한다.

이 경우 토지소유자는 건물을 소유하고 있지 않으므로 어떠한 청구권에 기하여 건물을 점유하고 있는 임차인 등에 대하여 퇴거를 구할 것인가가 문제되는데, 일반적으로는 건물을 점유하고 있는 사람에 대하여도 토지소유권에 기하여 물권적청구권을 행사하는 것이 가능하다고 해석된다(민법 제214조 전단). 즉, 건물은 토지와는 별개의 부동산이기는 하지만, 건물이 그 부지로부터 떨어져 존재하는 것이 불가능한 이상, 건물임차인은 건물의 점유를 통하여 그 부지를 점유하고 있다고 할 수 있어,[14] 건물임차인이 건물점유에 의하여 토지소유자의 토지에 대한 지배가 침해받고 있는 것이 되기 때문에 철거를 구하는 건물에 건물소유자 이외에 독립한 점유자가 존재하는 경우, 당해 점유자에 대하여 토지소유권에 기한 방해배제청구권(민법 제214조 전단)을 행사하는 것은 가능하다 할 것이다. 이를 이해하려면 건물을 소유자 아닌 사람이 점유하는 경우 건물 소유자와 별개로 건물 점유자도 그 대지를 점유하는 것으로 볼 것인가에 관한 점유설과 비점유설의 이론상 대립을 이해할 필요가 있는바(이러한 법리적 문제는 건물을 대지와 독립한 부동산으로 취급하는 우리나라와 일본을 제외하고는 거의 논의되지 않는다고 한다),[15] 점유설은 건물의 점유·사용은 필연적으로 그 대지부분의 이용을 수반한다는 점에서 건물의 점유자가 대지를 점유하는 것은 당연하고, 건물 점유자와 건물 소유자 사이의 관계를 직접점유와 간접점유 혹은 공동점유로 보는 반면, 비점유설은 건물 점유자의 대지에 대한 지배를 별개 독립의 점유로 파악하지 않고 건물 점유의 내용의 일부를 이루거나 건물 점유의 반사적 효과에 불과한 것으로 이해한다.[16] 점유설에 의하면 건물 소유자 이외에 건물 점유자에 대하여 토지 인도를 명하는 주문이 가능하고, 비점유설에 의하면 그러한 주문이 불가능하다. 1960년대의 판례(대법원 1965. 9. 28. 선고 65다1571 판결, 1968. 4. 16. 선고 67다2778 판결) 중에는 토지 소유자가 건물 점유자에 대하여도 대지의 인도를 청구할 권리가 있다고 판시함으로써 점유설의 입장을 취한 듯한 판결이 간혹 발견되기도 하고, 이와 반대로 비점유설을 전제로 한 것으로 해석되는 판결(대법원 1976. 3. 9. 선고 75다1950 판결)도 보이나, 대법원 2003. 11. 13. 선고 2002다57935 판결에서 "미등기건물을 양수하여 건물에 관한 사실상의 처분권을 보유하게 됨으로써 그 양수인이 건물부지 역시 아울러 점유하고 있다고 볼 수 있는 등의 다른 특별한 사정이 없는 한 건물의 소유명의자가 아닌 자로서는 실제로 그 건물을 점유하고 있다고 하더라도 그 건물의 부지를 점유하는 자로는 볼 수 없다."고 판시함으로써 비점유설의 입장에 있음을 분명히 하였다. 대법원 2008. 7. 10. 선고 2006다39157 판결, 대법원 2009. 9. 10. 선고 2009다28462 판결도 같은 취지이다. 실무도 기본적으로 비점유

---

14) 대법원 2012. 5. 10. 선고 2012다4633 판결, 대법원 1994. 12. 9. 선고 94다27809 판결.

15) 양창수, 민법연구 5, 박영사(1999), 387 참조.

16) 점유설과 비점유설에 관한 학설과 판례 및 점유설을 취할 경우 생기는 여러 가지 실무상 난점에 관하여는 박태호, "토지점유자 이외의 자가 소유하고 있는 건물의 점우자의 대지점유와 관련한 법률관계", 재판과 판례 5집, 대구판례연구회(1996) 참조.

설에 따라 건물 점유자에 대하여는 판결에서 대지인도 주문을 내지 않고 있다.

결국 이상의 이해를 전제로 한다면, 위의 점유자에 대하여 제기하는 소송의 청구취지는 "피고는 원고에게 별지 목록 기재 건물에서 퇴거하라"가 될 것이다. 건물퇴거란 건물 내에 있는 물건을 빼내고, 점유자의 점유를 해제하여 건물로부터 점유자를 퇴거시키는 것을 말하는바, 건물퇴거가 집행방법의 명시로서 기재되고 있는 것에 지나지 않는다는 점은 건물철거, 토지인도의 경우 건물철거와 동일하다.

2. 공격방어방법의 개요

소유권에 기하여 건물퇴거를 구하는 소송의 청구원인 사실(토지소유권에 기한 반환청구권으로서의 건물퇴거청구권이 발생하기 위한 요건사실)은 토지소유권에 기하여 토지명도를 구하는 경우와 동일하게, ① 원고가 토지를 소유하고 있는 사실, ② 피고가 토지를 점유하고 있는 사실이 기본적이지만, ②의 점유에 관하여는 피고에게 건물퇴거를 구하는 것과 관련하여 토지상에 건물이 존재하고 피고가 그것을 점유하고 있는 것을 주장, 입증할 필요가 있다.

피고로부터 건물을 존속시키기 위하여 건물소유자의 점유권원이 항변으로 주장되는 것을 상정할 수 있지만, 이 쟁점을 둘러싼 주장의 요지는 건물소유자에 대한 건물철거, 토지인도청구소송에서의 주장과 동일하다.

건물임차인으로부터 건물소유자와의 임대차계약 관계가 주장될 가능성도 있지만, 이 주장은 건물소유자가 토지점유에 관하여 정당한 점유권원이 있다고 인정되지 않는 한, 의미 없는 주장에 지나지 않는다.

3. 집행방법

건물퇴거에 관하여는 직접강제에 의하여 집행관이 건물점유자의 점유를 해제하는 방법에 의하여 강제집행을 한다(민집 제258조 제1항).

제3장 집행실시에 관한 일반적인 절차

제3장 집행실시에 관한 일반적인 절차[1)]

[도표] 민사집행절차 개요도

집행채권자의 강제집행 신청을 위한 사전준비
(준비서류: 집행권원, 송달증명원, 확정증명원, 자격증명 등)

↓

관할법원 집행관에게 강제집행의 신청 :
신청서 기재사항 확인(민집 제4조, 민집규 제131조)

↓

강제집행 수수료 등 비용의 예납 : 관할 집행관의 수수료 등의 계산 후 비용 예납(집행관법 제19조, 집행관수수료규칙 제4조)

↓

집행관과 협의 사항 : 집행방법, 참여인, 열쇠기술자, 노무자 등의 필요 여부, 집행기일 지정 등

↓

강제집행의 착수·완료 : 집행조서의 작성(민집 제10조, 민집규 제6조)

↓

집행권원의 부기 환부

↓

강제집행 수수료 등 비용의 정산 : 집행사무 완료 후 비용의 정산 확인 반환(집행관법 제19조)

↓

강제집행 사건기록의 보존과 폐기

1) 법원실무제요 민사집행[Ⅰ], 법원행정처(2014), 29-45; 집행관 실무편람, 법원행정처(2004), 62-81; 문성진, 집행관 실무제요, 유로(2017), 12-38 참조.

[양식 제3-1호]

강 제 집 행 신 청 서

○○지방법원 ○○지원 집행관사무소 집행관 귀하

채권자	성 명		주민등록번호 (사업자등록번호)		전화번호	
					우편번호	□□□－□□□
	주 소					
	대리인	성명 ( )	전화번호			
채무자	성 명		주민등록번호 (사업자등록번호)		전화번호	
					우편번호	□□□－□□□
	주 소					

집행목적물 소재지	□ 채무자의 주소지와 같음 □ 채무자의 주소지와 다른 경우 소재지 :
집 행 권 원	
집행의 목적물 및 집행 방 법	□ 동산가압류 □ 동산가처분 □ 부동산점유이전금지가처분 □ 건물명도 □ 철거 □부동산인도 □ 자동차인도 □ 금전압류 □ 기타 ( )
청 구 금 액	원(내역은 뒷면과 같음)

위 집행권원에 기한 집행을 하여 주시기 바랍니다.

※ 첨부서류

1. 집행권원 1통 20 . . .
2. 송달증명서 1통 채권자 (인)
3. 위임장 1통 대리인 (인)

※ 특약사항

1. 본인이 수령할 예납금잔액을 본인의 비용부담하에 오른쪽에 표시한 예금계좌에 입금하여 주실 것을 신청합니다.

   채권자 (인)

예금계좌	
개설은행	
예 금 주	
계좌번호	

2. 집행관이 계산한 수수료 기타 비용의 예납통지 또는 강제집행 속행의사 유무 확인 촉구를 2회 이상 받고도 채권자가 상당한 기간 내에 그 예납 또는 속행의 의사표시를 하지 아니한 때에는 본건 강제집행 위임을 취하한 것으로 보고 완결처분해도 이의 없음.

   채권자 (인)

* 굵은 선으로 표시된 부분은 반드시 기재하여야 합니다(금전채권의 경우 청구금액 포함).

Ⅰ. 강제집행의 신청

1. 신청의 방식

강제집행은 채권자의 신청에 따라 개시된다. 집행신청은 관할 집행기관에 서면으로(민집 제4조) 일정한 집행절차 또는 집행행위를 구하는 취지를 진술함으로써 한다. 집행신청을 함에 있어서는 집행력 있는 정본을 관할법원 집행관 또는 집행관 합동사무소에 제출함으로써 한다(민집 제43조, 제81조 제1항, 제163조, 제172조).

가. 강제집행신청서

인도집행도 강제집행의 일종이므로, 채권자의 집행위임은 서면으로 하여야 한다(민집 제4조). 구두에 의한 신청을 허용하지 않는 것은 집행당사자, 대리인, 집행의 목적물 및 집행방법 등을 명확하게 하기 위함이다. 강제집행신청서에는 집행당사자인 채권자, 채무자 및 대리인의 표시, 집행권원의 표시, 강제집행의 목적물 및 강제집행의 방법, 금전의 지급을 명하는 집행권원에 기재된 청구권 중 일부의 집행을 구하는 경우에는 그 취지와 범위 등을 기재하고, 집행력 있는 집행권원 정본을 첨부하여야 한다. 신청서 양식에 관하여 법에 구체적으로 정하고 있는 것이 없기 때문에 법규정이 정하는 요건을 충족하기만 하면 문제될 것이 없지만, 행정예규 제1113호의 부록 제3호 별지3-1호(강제집행신청서)로 양식이 정하여져 있다. 집행의 편의를 위하여 집행목적물의 소재지 약도(별지3-1-2호)를 첨부하도록 하고 있다. 신청서에는 집행력 있는 정본(민집 제42조 제1항)과 집행개시의 요건을 충족하였음을 증명하는 서면(민집 제39조, 제40조, 제41조)를 첨부하고, 신청시에는 집행관수수료규칙 제12조에 따른 수수료와 제20조 제5호(기술자 및 노무자의 수당), 제8호(물건의 운반·보관·감수 및 보존비용), 제11호(물건의 현황을 기록하기 위하여 촬영하는 사진의 비용), 제12호(집행관의 여비 및 숙박료)에 따른 비용을 제25조의 규정에 따라 예납하여야 한다.

나. 집행당사자

강제집행 신청이 가능한 사람은 집행력 있는 집행권원에 표시된 채권자이며, 강제집행을 받을 사람은 그 집행권원에 표시되어 있는 채무자이다(민집 제25조, 제28조 제1항, 제29조, 제31조 제1항). 여기의 채권자와 채무자를 통칭하여 집행당사자라고 부른다. 집행당사자는 강제집행신청서에 자연인의 경우에는 성명, 주민등록번호,

주소로 특정하고, 법인의 경우에는 법인의 명칭과 본점 주소지로 특정한다.

집행당사자의 표시는 강제집행신청서에 기재된 표시와 집행권원 및 집행문에 기재된 표시가 일치하는 것을 원칙으로 한다.[2)]

다. 대리인

집행채권자의 대리인이 강제집행을 신청하는 경우 혹은 집행채권자에게 법정대리인이 있는 경우에는 그 대리인의 성명과 주소도 기재할 필요가 있다. 집행관이 실시하는 강제집행절차에서는 원칙적으로 대리인의 자격에 제한이 없으므로 변호사 이외의 사람도 위임장을 제출하고 대리인이 될 수 있다.[3)]

라. 집행목적물 소재지

채무자의 주소지와 같은 경우에는 해당란에 표시를 하고, 다른 경우에는 소재지를 구체적으로 기재한다. 금전집행인 동산집행의 경우에는 동산이 소재하는 장소를 기재하면 충분하다. 비금전집행인 인도집행이나 명도집행의 경우에는 강제집행의 대상이 되는 부동산(민집 제258조 제1항)을 특정하여 기재한다.

마. 집행권원

집행권원의 표시는 민사집행법 제24조, 제56조 등에 기재된 집행권원을 법원과 사건번호 등을 가지고 특정하여 기재한다. 가령 '서울중앙지방법원 2020. 1. 5. 선고 2019가단0000 건물인도 판결', '공증인가 법무법인 ○○ 작성 2019년 제0000호 집행증서' 등으로 기재한다.

바. 집행의 목적물 및 집행의 방법

집행관에 대하여 어떠한 집행을 구하는지를 기재한다. 가령 부동산점유이전금지가처분, 건물명도, 부동산인도란에 각각 표시하고, 예시에 없는 경우에는 기타 란에 표시하고 괄호에 기재를 한다.

사. 일부집행의 경우

금전 지급을 명하는 집행권원에 기재된 청구권 중 일부만을 집행하는 경우에는 그 취지와 범위를 기재하여야 한다.

---

2) 條解 民事執行規則(第3版), 法曹會(2005), 87.
3) 집행관실무편람, 법원행정처(2004), 15; 執行官提要(第5版), 最高裁判所 事務總局(2009), 37.

아. 첨부서류

1) 집행권원과 집행문

집행권원과 집행문을 통하여 원고, 피고와 집행채권자, 집행채무자가 일치하는지를 확인하고, 집행권원상의 주문과 집행의 목적물이 동일한지 확인한다.

집행권원에 명백한 오기 등이 있는 경우 정정할 필요가 있다. 집행당사자는 판결에 명백한 오기를 발견한 경우 판결문을 작성한 법원에 경정을 신청할 수 있다(민소 제211조). 판결경정에 의하여 해결되지 않으면 별수 없이 새로운 소송을 제기할 수밖에 없다. 집행문의 기재에 명백한 오기가 있는 경우 집행당사자는 집행문을 부여한 법원사무관 등에게 경정을 구하여야 한다. 이와 관련하여 본래 조건성취의 집행문 방식으로 부여하여야 할 것을 단순집행문 방식으로 부여한 경우에는 반드시 결정할 필요가 없다는 견해가 있다.[4)]

2) 자격증명서

집행당사자가 법인인 경우에는 등기사항전부증명서를 첨부하여야 한다.

3) 대리위임장

집행관에 의한 집행절차에 있어서는 임의대리인의 자격에 제한이 없으므로 누구나 대리인이 될 수 있다. 복잡한 법률문제가 있는 것도 아니고 단순하고 정형적인 업무처리이기 때문이다.[5)]

강제집행신청을 대리인으로 하여금 하게하는 경우 신청서에 대리권에 관한 서면(위임장)을 첨부하여야 한다. 다만 소송대리인은 법률상 당연히 소송사건에 관한 강제집행절차에 관하여도 대리권이 있기 때문에(민소 제90조 제1항) 판결 등의 집행권원에 소송대리인으로 기재되어 있는 경우에는 대리권을 증명하는 서면을 첨부할 필요는 없다. 그러나 소송대리인의 대리권에 특별위임사항인 강제집행 신청 취하에 관한 권한과 복대리인 선임 권한까지 당연히 포함되어 있다고 말할 수 없어 실무상으로는 신청시 위임장을 별도로 제출받는 것이 일반적이다.[6)]

4) 집행권원 등의 송달증명서

강제집행은 집행권원이 미리 혹은 동시에 채무자에게 송달되지 않으면 개시할 수

---

4) 執行官實務硏究會 編, 執行官實務の手引[第2版], 民事法硏究會(2016), 44.
5) 이시윤, 신민사집행법(제6보정판), 박영사(2014), 85.
6) 執行官提要(第5版), 最高裁判所 事務總局(2009), 78.

없으므로(민집 제39조 제1항), 강제집행을 신청할 때에는 이미 집행권원이 송달된 경우에는 송달증명서가 필요하다. 민사집행법 제30조 제2항의 조건성취집행문 또는 제31조 제1항의 승계집행문이 부여된 경우에는 그 집행문과 채권자가 제출한 증명서가 송달되는 것도 강제집행개시의 요건이므로, 그 송달증명서도 필요하다(민집 제39조 제2항).

2. 신청의 요건

집행신청이 허용되기 위해서는 그 집행기관이 관할권을 가질 것, 집행당사자의 능력이나 대리권에 흠결이 없을 것, 집행력 있는 정본이 존재할 것 등이 필요하다. 구 민사소송법 제489조는 집행장소를 관할하는 지방법원의 소재지에 주거 또는 사무소가 없는 경우 채권자는 그 소재지에 가주소를 선정하여 법원에 신고하여야 한다고 규정하고 있었으나 민사집행법에서는 삭제되었다. 그 대신 민사집행법 제14조 제2항 규정에 따라 ① 집행에 관하여 법원에 신청이나 신고를 한 사람 또는 법원으로부터 서류를 송달받은 사람이 송달받을 장소를 바꾼 때에는 그 취지를 법원에 바로 신고하여야 하며 ② 제1항의 신고를 하지 아니한 사람에 대한 송달은 달리 송달할 장소를 알 수 없는 경우에는 법원에 신고된 장소 또는 종전에 송달을 받던 장소에 대법원규칙이 정하는 방법으로 발송할 수 있다. ③ 제2항의 규정에 따라 서류를 발송한 경우에는 발송한 때에 송달된 것으로 본다(민집 제14조 제2항, 민집규 제9조).

Ⅱ. 집행위임

집행의 위임은 강제집행개시의 전제요건이다. 채권자는 강제집행 신청을 그 관내 소속 집행관에게 집행력 있는 정본을 교부하고 강제집행을 위임할 수 있다. 이 강제집행 위임은 민법상의 위임과는 다르며 집행의 개시를 구하는 신청이다(민집 제42조).[7] 다만 집행위임이 있더라도 집행을 개시하기 위해서는 일정한 요건을 필요로 한다(민집 제39조, 제40조, 제41조).

1. 집행위임의 방식

채권자의 집행위임은 서면으로 하여야 한다. 실무상 집행의 편의를 위하여 집행 목적물의 소재지 약도를 첨부하도록 하고 있다. 신청서에는 집행력 있는 정본(민집 제42조 제1항)과 집행개시의 요건을 충족하였음을 증명하는 서면(민집 제39조, 제40

7) 민사집행법, 사법연수원(2018), 14.

조, 제41조)을 첨부하여야 하고 연대채권 또는 불가분채권의 경우에 각 채권자는 채권 전부에 관하여 집행위임을 할 수 있으나 가분채권인 경우에는 자기의 채권액에 관하여서만 집행위임을 할 수 있다.

연대채무 또는 불가분채무의 경우에 채권자는 각 채무자에 대하여 채권 전부의 집행위임을 할 수 있으나, 가분채권의 경우에는 각 채무자에 대하여 그 부담부분에 한하여 집행위임을 할 수 있다. 조합채권과 같은 합유채권의 경우에는 채권자 전원이 공동으로 집행위임을 하여야 한다. 신청 시에는 집행관수수료규칙 제25조 제1항에 따라 비용을 예납 하여야 한다.

한편 집행관이 집행사건을 수임할 경우 위임인을 확인하기 위하여 "집행관이 집행사건을 수임할 경우의 위임인의 확인 등[행정예규 제495호]"에 의한 조처를 하여야 한다. 즉 위조된 집행권원에 의한 집행이 이루어져 집행사무가 근원적으로 뒤엎어지는 것을 사전에 예방하기 위하여, ① 위임인으로 하여금 주민등록증을 제시하게 하여 채권자 본인 또는 권한 있는 대리인 인가의 여부를 확인하고 직무부 등 채권자 또는 경매신청인 등의 성명 기재란에 주민등록번호를 병기하여야 하고, ② 변호사가 채권자의 대리인으로서 그 사무원을 통하여 집행사건을 위임하는 경우에는 집행관은 그 사무원임을 증명하는 신분증과 주민등록증을 제시하게 하여 이를 확인하고 각종 장부에 기재할 위임인의 성명란에는 변호사의 성명 다음에 사무원의 성명 및 주민등록번호와 사무원증번호를 병기하여야 한다. 압류직무부 등의 비고란에 위임인(변호사 사무원이 집행위임한 경우는 그 사무원)의 인장을 압날할 수 있다.

2. 위임자의 능력

위임자는 소송능력자임을 필요로 하며 대리인에 의한 위임에는 유효한 대리권의 수여가 필요하고 그 권한은 위임장으로 증명하여야 한다.

3. 집행위임의 거절

집행관은 그 직무에 관한 명령 또는 위임을 정당한 이유 없이 거절할 수 없다(집행관법 제14조). 법으로 집행위임이 있으면 위임의 요건을 조사하여 형식적 요건이 구비되어있는 한 정당한 사유(관할권의 부존재, 제척원인의 존재, 비용의 미납 등) 없이 위임을 거절할 수는 없으나, 흠결이 있는 때에는 그 보완을 요구하고 보완이 없으면 위임을 거절할 수 있다. 집행관이 집행을 위임받기를 거부하거나 집행행위를 지체하는 경우 또는 집행관이 계산한 수수료에 대하여 다툼이 있는 경우에는 법원에 이의를 신청할 수 있다(민집 제16조 제3항).

4. 집행위임의 취하

집행의 시행은 채권자의 의사에 의존하는 것이므로 채권자는 집행종료 전이면 언제든지 집행위임을 취하할 수 있다. 그러나 집행관은 정당한 사유 없이는 수임 후에 직무수행을 그만둘 수 없다.

5. 집행위임의 효과

위임을 받은 집행관은 사건의 처리를 다른 집행관에게 위임하지 못한다. 다만 명령 또는 위임을 한 사람의 승낙이 있는 경우에는 그렇지 않다(집행관규칙 제16조). 위임을 받은 집행관은 집행기관으로서 독립하여 자기의 책임과 판단으로 법규에 따라 그 권한을 행사하여야 하며 채권자의 지시를 따를 필요는 없다.

채권자로부터 적법한 위임을 받았고 집행력 있는 정본을 가지고 있으면 채무자와 제3자에 대하여 강제집행을 하고 민사집행법 제42조에 규정된 행위를 할 수 있는 권한을 가지며, 채권자는 그에 대하여 위임의 흠이나 제한을 주장하지 못한다(민집 제43조 제1항). 집행관은 집행력 있는 정본을 가지고 있다가 관계인이 요청할 때에는 그 자격을 증명하기 위하여 이를 내보여야 한다(민집 제43조 제2항).

6. 특별위임

집행관이 채권자로부터 특별한 위임을 받은 때에는 민사집행법 제42조에 규정되어 있지 아니한 행위, 특히 화해, 변제의 연기, 대물변제의 수령 등 일정한 사법상의 권한을 행사할 수 있다. 이것은 집행의 원활화와 신속, 정확한 실시를 가능케 하는 것이므로 허용하여도 무방하기 때문이다. 이러한 범위에 있어서 집행관은 개인으로서 채권자의 임의대리인이 될 것이다.[8)]

Ⅲ. 집행관의 직무집행

1. 직무의 집행

집행관은 독립한 기관으로서 자기의 판단과 책임 아래 그 권한을 행사하는 것이 원칙이다. 다만 집행법원은 법령에 의하거나 재판에 의하여 집행관에게 처리하도록

8) 법원실무제요 민사집행[Ⅰ], 법원행정처(2014), 29.

한 사무 예컨대 부동산에 대한 강제경매에서 현황조사(민집 제85조), 매각부동산의 관리인으로 선임된 경우의 관리방법(민집 제136조 제2항) 등에 관하여는 필요한 지시를 할 수 있다.

집행관은 민사집행의 신청을 받은 때에는 바로 민사집행을 개시할 일시(부득이한 사정이 없으면 신청을 받은 날부터 1주 안의 날)를 정하여 신청인에게 통지하여야 한다. 다만 신청인이 통지가 필요 없다는 취지의 신고를 한 때에는 그렇지 않다(민집규 제3조).

집행관이 그 직무를 집행할 때에는 지방법원장이 발급한 신분증을 지녀야 하고 직무집행에 있어서 관계인의 요구가 있으면 언제든지 신분증을 제시하여야 하며(집행관법 제17조 제1항, 집행관규칙 제15조), 해당 청구에 대하여 집행할 수 있는 권한과 자격이 있음을 수임시에 채권자로부터 교부받은 집행력 있는 정본으로 증명하여야 한다(민집 제43조 제1항).

2. 집행관의 집행일시의 지정 등

집행관은 정당한 이유 없이 그 직무에 관한 명령이나 위임을 거절할 수 없는바, 민사집행의 신청(위임)을 받은 때에는 바로 민사집행을 개시할 일시를 정하여 신청인에게 통지하여야 한다. 민사집행의 신청인 또는 그 대리인은 채무자가 거절하지 않는 이상 집행관이 채무자에 대하여 집행처분을 하는 자리에 참여할 수 있으므로 그 집행일시를 통지할 필요가 있다. 다만 신청인이 통지가 필요 없다는 취지의 신고를 한때에는 그렇지 않다(민집규 제3조 제1항). 여기서 당사자의 신청위임이란 민법상의 위임과 달리 집행을 개시하는 신청을 의미하는 것으로서 서면으로 하여야 한다. 집행관이 민사집행을 개시하는 날은 부득이한 사정이 없으면 신청을 받은 날부터 1주일 안의 날로 정하도록 규정하고 있다(민집규 제3조 제2항). 실무도 특별한 사정이 없는한 이에 따르고 있다.

Ⅳ. 집행현장에서의 절차

집행관이 그 직무를 집행할 때에는 지방법원장이 발급한 신분증을 지녀야 한다(집행관법 제17조 제1항). 또한, 집행력 있는 정본을 가지고 있어야 하고 또한 집행관은 집행력 있는 정본을 가지고 있다가 관계인이 요청할 때에는 그 자격을 증명하기 위하여 이를 내보여야 한다(민집 제43조 제2항). 집행관 외의 사람으로서 법원의 명령에 따라 민사집행에 관한 직무를 행하는 사람(예를 들어, 민집 제97조의 감정인 등)도 그 신분 또는 자격을 증명하는 문서를 지니고 있다가 관계인이 신청할 때에는 이를 내보여야 한다(민집 제7조 제1항).

따로 규정은 없지만, 집행관은 집행현장에 임하여 집행 전에 임의이행을 촉구할 것이며 집행개시를 하였다 하여 임의이행을 거절할 수 없다.[9] 집행관은 인도 집행 등의 제1회 기일에는 집행현장에서 채무자에게 임의이행을 촉구하며 제2회 기일을 지정하고, 그 기일까지 임의이행이 없는 경우에 비로소 인도 집행 등으로 나아가는 것이 통상적인 실무이다.[10]

Ⅴ. 공휴일·야간의 집행

공휴일과 야간에는 법원의 허가가 있어야 집행행위를 할 수 있으며 이 허가명령은 민사집행을 할 때에 내보여야 한다(민집 제8조 제1항, 제2항). 주간 또는 평일에 착수한 집행행위의 속행으로 야간이나 휴일에 이른 때에도 이 허가가 있어야 한다.[11] 야간이란 일몰 후부터 일출 전까지이다. 여기서 말하는 집행행위는 압류, 수색과 같은 실력행사 행위를 말하고, 집행력 있는 정본이나 집행문의 송달, 그 밖의 집행에 관한 명령의 송달이나 진술을 구하는 최고 등(민집 제39조, 제227조 제2항, 제229조 제4항, 제237조 제2항, 제240조 제2항, 제251조 제2항 등)은 이에 포함되지 아니한다.

1. 허가신청

신청은 채권자는 물론 집행관도 할 수 있다. 채권자가 신청하는 경우에는 1,000원의 인지를 첨부하여야 한다.

2. 재판

집행법원은 변론 없이 재판할 수 있으며(민집 제3조 제2항), 필요한 때에는 이해관계인, 그 밖의 참고인을 심문할 수 있다(민집규 제2조). 법원은 자유로운 판단 하에 결정의 형식으로 허가 여부의 재판을 한다. 허가결정은 “위 당사자 간의 ○○

---

9) 법원실무제요 민사집행[Ⅰ], 법원행정처(2014), 32; 집행관 실무편람, 법원행정처(2004), 68.
10) 문성진, 집행관 실무제요, 유로(2017), 18.
11) 제4판 주석 민사집행법(Ⅰ), 한국사법행정학회(2018), 130; 법원실무제요 민사집행[Ⅰ], 법원행정처(2014), 32; 집행관 실무편람, 법원행정처(2004), 68.

지방법원 20○○가합○○ 건물명도 사건의 집행력 있는 판결정본을 근거로 한 집행은 야간(또는 휴일)에 이를 할 것을 허가한다."라는 형식이 된다. 허가 여부의 결정은 신청인에게 송달하면 충분하고 채무자에게 송달할 필요는 없으나, 허가가 있는 때에는 허가결정을 집행 시에 채무자에게 제시하여야 하므로(민집 제8조 제2항) 허가결정의 정본을 집행관에게 교부한다. 허가 여부의 재판에 대하여는 집행에 관한 이의신청(민집 제16조 제1항)을 할 수 있다.[12] 다만 강제집행 종료 후에는 이의신청의 이익이 없으므로, 실무상, 집행이의 신청이 가능한 경우는 강제집행 착수 전에 미리 허가의 재판을 고지한 경우나 강제집행이 장시간 계속되는 경우 등에 한정될 것이다.[13]

이에 대하여 집행법원이 허가를 하지 않을 경우 집행관이 불복신청을 할 수는 없다. 민사집행법 제8조의 허가는 집행법원의 집행관 등에 대한 감독권 행사의 성격을 가지는 것으로서 집행관에 대하여 불복신청을 허용하는 것은 상당하지 않기 때문이다.[14]

3. 허가 없이 공휴일 또는 야간에 한 집행행위

집행관이 집행법원의 허가 없이 공휴일 또는 야간에 집행행위를 한 경우에는 채무자는 집행에 관한 이의신청(민집 제16조 제1항)을 할 수 있다.

12) 법원실무제요 민사집행[Ⅰ], 법원행정처(2014), 23; 집행관 실무편람, 법원행정처(2004), 69.
13) 注釋 民事執行法(1), きんざい(1995), 218; 山本和彦 外 編, 新基本法コンメンタール 民事執行法, 日本評論社(2014), 25.
14) 山本和彦 外 編, 新基本法コンメンタール 民事執行法, 日本評論社(2014), 25.

[서식] 야간집행허가신청서

야간집행허가신청

수입인지
1,000원

채권자 (이름) (주민등록번호 –)
(주소)
(연락처)

채무자 (성명)
(주소)

채권자는 채무자에 대하여 집행력있는 정본에 의하여 주간에 집행을 하려 하였으나 채무자는 주간에는 폐문부재하여 그 집행을 하지 못하였으므로 야간에 집행을 할 수 있도록 허가하여 주시기 바랍니다.

첨부서류 : 1. 동산압류 불능조서 사본 1부.
2. 집행력있는 정본 사본 1부.

20 . . .

위 채권자 (날인 또는 서명)

○○○○법원 ○○집행계

◇ 유의사항 ◇

연락처란에는 언제든지 연락 가능한 전화번호나 휴대전화번호(팩스번호, 이메일 주소등도 포함)를 기재하기 바랍니다.

Ⅵ. 채무자, 집행목적물의 조사

집행관은 집행함에 있어 집행을 받는 채무자가 집행권원에 표시된 사람에 해당하는가, 그의 소유재산인가, 그가 점유하고 있는 것인가 등을 조사하여야 한다. 다만 그 개연성을 인정할 수 있는 외관과 징표에 의하여서만 판단할 수 있을 뿐이며 실질적 조사권은 없다.[15)]

Ⅶ. 압수·수색 및 강제개문 등

1. 개설

집행관이 민사집행을 실시하는 과정에 채무자 등이 집행목적물을 숨기는 경우가 있고, 적극·소극의 각종 저항을 받을 염려도 있다. 그런데 집행관이 집행을 원활하게 실시하기 위해서는 집행목적물이 존재하고 있는지 확인할 수 있어야 하고, 또한 집행관의 집행행위에 대한 저항이 없어야 한다. 그렇다고 채무자의 권리를 지나치게 경시하면 안 되므로 집행관은 민사집행법 제5조에 따라 강제력을 적절하게 행사하여야 한다. 집행관이 민사집행법 제5조의 권한을 무분별하게 남용할 경우 채무자 및 이해관계인은 집행에 관한 이의신청을 할 수 있고(민집 제16조), 반대로 강제력의 행사가 요구됨에도 이를 행사하지 않는 경우에는 채권자가 집행에 관한 이의신청을 할 수 있다(민집 제16조).

2. 수색과 강제개문

가. 수색

집행관은 집행하기 위하여 필요한 경우에는 채무자의 주거, 창고 그 밖의 장소를 수색하고, 잠근 문과 기구를 여는 등 적절한 조치를 할 수 있다(민집 제5조 제1항). 이러한 수색 등의 권한은 집행력 있는 정본에 채무자로 표시된 사람과 독립한 점유를 갖지 못하고 채무자를 위하여만 집행의 목적물을 소지하는 사람 예컨대, 가정부나 점원 등에 대하여만 행사할 수 있는 점에서 저항 배제의 권한이 강제집행을 방

---

15) 법원실무제요 민사집행[Ⅰ], 법원행정처(2014), 23, 34; 집행관 실무편람, 법원행정처(2004), 70.

해하는 모든 사람에게 미치는 것과 다르다. 집행관은 채무자의 주거에 들어가기 위하여 그것이 채무자의 주거인가를 제반 사정에 의하여 판단할 권한이 있고, 또 직무상의 재량에 의하여 일단 채무자의 주거라고 판단한 경우에는 채무자 이외의 사람이 채무자의 주거가 아니라고 주장한 때라도 그것을 확인하기 위하여 그 주거에 들어가 채무자의 소유물건이 있는지 여부를 조사할 수 있다.[16)]

채무자가 다른 사람과 공동생활을 하고 있는 경우에 다른 공동생활자는 집행관의 출입을 거부하지 못한다.[17)] 주거, 창고 외에 영업소, 차고, 자가용승용차, 정원, 헛간 등도 수색의 대상이 되며 금고, 장농 등도 수색할 수 있다.

만약 창고, 금고 또는 상자 등의 문이 잠겨 있는 때에는 우선 채무자에게 이를 열도록 할 것이고 이에 불응한 때에는 집행관 스스로 또는 제3자에게 명하여 실력으로 열어서 수색할 수 있다. 이때 자물쇠를 파손하지 않고서는 이를 열 수 없는 경우에는 필요한 한도에서 파손이 있더라도 불가피하다. 그러나 이러한 경우라도 채무자에게 가장 손해가 적은 방법을 선택하여야 할 것이다. 채무자 등의 신체를 어느 정도로 수색할 수 있는지에 관하여는 논란의 여지가 있는데, 채무자나 그 가족 등이 신체나 의복 등에 채무자 소유의 현금이나 귀금속 등을 감추고 있는 것이 분명하다고 인정될 때에는 호주머니, 옷소매 등을 검사하여도 무방할 것이다.[18)]

나. 강제개문

집행관은 집행목적물을 수색하기 위하여 잠긴 문이나 금고 등을 강제로 열 수 있다. 다만 집행관은 강제로 열기 전에 먼저 채무자에게 스스로 열도록 촉구하고 채무자가 이에 응하지 않을 경우에 비로소 집행관 스스로 또는 제3자에게 명하여 열게 하여야 한다. 이때 자물쇠를 파손하지 않고서 열 수 없는 경우에는 필요한 범위 내에서 파손할 수 있다. 다만 이러한 경우에도 채무자에게 손해가 가장 적게 생기도록 적당한 방법을 선택하여야 함은 물론이다.

---

16) 법원실무제요 민사집행[Ⅰ], 법원행정처(2014), 33-34; 집행관 실무편람, 법원행정처(2004), 70.

17) 제4판 주석 민사집행법(Ⅰ), 한국사법행정학회(2018), 121.

18) 법원실무제요 민사집행[Ⅰ], 법원행정처(2014), 34; 집행관 실무편람, 법원행정처(2004), 70-71; 제4판 주석 민사집행법(Ⅰ), 한국사법행정학회(2018), 121.

Ⅷ. 저항의 배제

1. 개설

집행관은 집행을 방해할 정도의 저항을 받을 때에는 경찰이나 국군의 원조를 요청할 수 있다(민집 제5조 제2항). 집행관은 집행하는 데 저항을 받거나 채무자의 주거에서 집행을 실시하려는데 채무자나 사리를 분별할 지능이 있는 그 친족·고용인을 만나지 못한 때에는 성년 두 사람이나 특별시·광역시의 구 또는 동 직원, 시·읍·면 직원(도농복합형태의 시의 경우 동지역에서는 시 직원, 읍·면지역에서는 읍·면 직원) 또는 경찰공무원 중 한 사람을 증인으로 참여하게 하여야 한다(민집 제6조). 집행관이 방해나 저항을 받음으로써 강제집행이 실현되지 않는다면 국가의 법질서가 유지될 수 없다. 집행관은 국가의 사법권의 작용인 집행권을 행사하여 사권의 강제적 실현을 도모하는 사람이므로, 채무자는 다소의 희생을 수인할 의무가 있으며 그 집행에 대하여 저항할 수 없고, 채무자가 저항하는 경우 공권력을 동원하여 이를 배제하도록 한 것이다. 집행관의 집행행위를 방해하기 위하여 폭행이나 협박을 가하면 공무집행방해죄가 성립한다(형법 제136조).

2. 저항배제의 한계 및 범위

민사집행법 제5조에서 말하는 저항이란 집행관의 직무집행에 대한 방해 행위를 말한다. 따라서 방해자에게 방해의 대상인 행위가 집행관의 직무집행인 것의 인식이 필요하다. 집행함에 있어 집행을 방해하는 저항을 받으면 집행관은 경찰 또는 국군의 원조를 요청할 수 있다.

저항은 적극적 저항뿐만 아니라 소극적 저항 또는 언어에 의한 저항, 예를 들어 협박도 포함한다. 그러나 가령 채무자 또는 그의 가족이 와병 중이어서 퇴거로 인하여 현저히 병세가 악화될 우려가 있는 등 사정이 있는 경우에는 집행에 대하여 저항한다고 볼 수 없을 것이므로, 집행관은 위력행사를 피해야 한다.[19] 이와 같은 경우에

19) 채무자 등의 질병의 유무가 불분명한 경우 약봉지 등을 확인하는 것에서 더 나아가 의사의 진단서 등의 제출을 요구할 수도 있다(민집 제5조 제1항). 질병을 가장한 것으로 의심이 되어 채무자 등에게 진단서 제출을 요구하였음에도 부당하게 거부할 때에는 상황을 보아 질병을 가장한 저항으로 간주하여 이후의 절차를 밟더라도 무방하다 할 것이다[법원실무제요 민사집행[Ⅰ], 법원행정처(2014), 35].

는 병의 정도를 확인할 필요가 있으며, 경우에 따라서는 의사의 진단서 등의 제출을 요구할 수도 있다. 이때 채무자 등이 진단서의 제출을 거부할 때에는 질병을 가장한 저항으로 보아 이후의 절차를 취하더라도 무방하다 할 것이다.

저항은 구체적인 집행행위에 대한 것에 한하며, 일단 집행행위를 완전히 종료하여 그 효력이나 상태가 계속 중에 채무자 또는 제3자가 그 집행의 효과를 배제하려고 실력을 행사하는 등의 경우는 포함되지 않는다.[20] 예컨대 집행행위 종료 후 압류물건의 양도, 반출 등은 여기서 말하는 저항에 포함되지 않으므로, 이러한 물건을 원상으로 돌려놓기 위하여 곧바로 경찰이나 국군에 대한 원조요청 등을 할 수 없다. 이를 위해서는 새로운 집행권원에 기한 수권이 필요하며 그에 기하여 다시 집행하려고 하는데 채무자의 저항을 받는다면 그 때 비로소 경찰이나 국군의 원조를 요청할 수 있는 것이다. 민사집행법 제5조 제1항이 '집행을 하기 위하여 필요한 경우'라고 규정하고 있고, 채무자에 대한 침익적인 처분에 관한 규정이어서 엄격하게 해석하여야 하기 때문이다.

그러나 반드시 집행 중인 경우에만 한하는 것이 아니라 집행개시 직전 또는 종료 직후 이에 근접한 시점도 포함되는 것으로 보는 것이 타당하다.[21] 따라서 건물인도의 강제집행에 있어서 집행관이 이를 실시하기 위하여 목적 건물에 들어가거나 들어가려고 한 때에는 비록 현실로 인도 집행의 내용을 이루는 사실행위, 예를 들어 동산의 반출, 채무자의 배제 등에 착수하지 않았다 하더라도 이에 포함되며, 또 집행관이 채무자의 목적 건물에 대한 점유를 풀고 채권자에게 그 점유를 넘겨준 직후에 채무자가 다시 목적 건물에 들어가 그 점유를 침탈하려고 실력을 행사하는 경우에도 그 저항을 배제할 수 있다.[22]

채무자의 저항은 물론 제3자의 저항도 포함되며 저항이 집행관 자신에 대하여 가하여진 것인가 집행보조자에게 가하여진 것인가를 묻지 않는다.[23] 그러나 집행관 스스로 어느 정도의 위력을 사용하여 그 저항을 간단히 배제할 수 있는 경우라면 경찰 또는 국군의 원조를 요청할 필요는 없을 것이다. 집행행위의 종료 후에 압류 등의 효과를 배제하려고 하는 경우, 예를 들어 압류물의 양도, 반출 등은 여기서 말하는 저항이 아니다.[24]

---

20) 법원실무제요 민사집행[Ⅰ], 법원행정처(2014), 34; 집행관 실무편람, 법원행정처(2004), 71.
21) 법원실무제요 민사집행[Ⅰ], 법원행정처(2014), 34; 집행관 실무편람, 법원행정처(2004), 71.
22) 법원실무제요 민사집행[Ⅰ], 법원행정처(2014), 34; 집행관 실무편람, 법원행정처(2004), 71.
23) 법원실무제요 민사집행[Ⅰ], 법원행정처(2014), 35; 집행관 실무편람, 법원행정처(2004), 71.
24) 법원실무제요 민사집행[Ⅰ], 법원행정처(2014), 35; 집행관 실무편람, 법원행정처(2004), 72.

저항을 배제하는 행위는 바리케이트의 철거 등 대물적인 행위뿐만 아니라 저항하는 사람을 직접 밀어내는 등의 대인적인 행위도 허용된다.[25] 집행관 외의 사람으로서 법원의 명령에 따라 민사집행에 관한 직무를 행하는 사람은 그 직무를 집행하는데 저항을 받으면 집행관에게 원조를 요구할 수 있고(민집 제7조 제2항), 그 원조요구를 받은 집행관은 민사집행법 제5조(강제력 사용, 경찰 또는 국군의 원조 요청), 제6조(증인 참여)에 규정된 권한을 행사할 수 있다(민집 제7조 제3항).

집행관 외의 사람으로서 법원의 명령에 따라 민사집행에 관한 직무를 행하는 사람이란 감정인(민집 제97조), 강제관리의 관리인(민집 제166조), 선박의 감수, 보존인(민집 제178조) 등을 말한다. 다만 강제관리의 관리인에 대하여는 민사집행법 제166조 제2항에 관리인이 관리와 수익을 위하여 부동산을 점유함에 있어서 저항을 받으면 집행관에게 원조를 요구할 수 있다는 별도의 규정을 두고 있고, 민사집행법 제97조 제3항은 부동산평가 감정인이 집행관의 원조를 요구하는 때에는 법원의 허가를 받도록 제한하고 있다.

위 감정인, 관리인 등에 임명된 사람이 집행관인 때에는 민사집행법 제7조 제2항의 적용이 없음은 규정 자체에 비추어 명백하다. 집행관이 집행법원의 명령에 따라 민사집행에 관한 직무를 행하는 경우 이는 집행관법 제2조에 의하여 집행관의 직무가 되므로, 그 직무를 집행하는데 저항을 받으면 다른 집행관의 원조를 구할 필요가 없이 스스로 위력을 행사하거나 경찰 등에게 원조를 요청할 수 있다.[26]

3. 경찰에 대한 원조요청

집행관이 경찰에 대한 원조요청을 할 필요가 있다고 판단되는 때에는 사전에 그 집행에 관한 직무의 수행장소를 관할하는 경찰서장에게 경찰원조요청서(전산양식 A3101)에 의하여 원조를 요청할 수 있다. 다만 사전에 경찰의 원조를 요청할 수 있는 시간적 여유가 없을 정도로 긴급을 요하는 경우에는 집행장소에서 가장 가까운 곳에 있는 파출소 등의 경찰관에게 구두로 직접 원조를 요청할 수 있다.[27] 집행관이 해상에서 집행에 관한 직무를 수행함에 있어 경찰 원조요청을 할 필요가 있다고 판단되는 때에는 가장 가까운 곳에 있는 해양경찰서장에게 위와 같은 통지 및 원조요청을 할 수 있다.

---

25) 법원실무제요 민사집행[Ⅰ], 법원행정처(2014), 36; 집행관 실무편람, 법원행정처(2004), 72.
26) 법원실무제요 민사집행[Ⅰ], 법원행정처(2014), 36-37; 집행관 실무편람, 법원행정처(2004), 73.
27) 법원실무제요 민사집행[Ⅰ], 법원행정처(2014), 35; 집행관 실무편람, 법원행정처(2004), 72.

집행관은 채무자 또는 제3자의 저항을 배제하기 위하여 경찰의 원조를 요청하여 집행 시에 그 원조를 받은 때에는 당해 집행에 관한 직무의 수행에 관하여 작성한 집행조서에 저항배제를 위한 경찰원조사실을 기재하여야 하고, 다만 부동산 현황조사 등과 같이 집행조서를 작성하지 않는 경우에는 위 사실을 명백히 기재하고 기명날인을 한 서면을 작성하여 집행기록에 가철하여야 한다. 집행관의 원조요청에 기하여 출동한 경찰관은 집행관을 보조하는 입장에 있어 민사집행법 제6조에서 정한 집행참여자 적격이 없기 때문에 집행조서 작성 시에 집행참여자로 기재하여서는 안 된다.[28]

4. 국군에 대한 원조요청

국군의 원조가 필요하다고 인정한 때에 집행관이 직접 요청할 수는 없고 집행법원에 신청하여 집행법원의 판단에 따라 국군의 원조를 요청하게 된다(민집 제5조 제3항).

집행법원이 국군의 원조가 불필요하다고 판단하여 집행관의 신청을 기각하는 경우에는 이에 대하여 집행관은 불복할 수 없고 집행채권자가 집행에 관한 이의신청을 할 수 있다(민집 제16조).[29]

집행법원이 국군의 원조를 요청하는 경우에는 서면으로 하여야 하고, 그 국군원조요청서에는 ① 사건의 표시, ② 채권자 채무자와 그 대리인의 표시, ③ 원조를 요청한 집행관의 표시, ④ 집행할 일시와 장소, ⑤ 원조가 필요한 사유와 원조의 내용을 적어야 하며(민사집행규칙 제4조 제1항), 국군원조요청서는 법원장 또는 지원장과 법원행정처장을 거쳐 국방부장관에게 보내야 한다(민집규 제4조 제2항).

28) 민사집행법 제5조 제2항에 의한 집행관의 경찰에 대한 원조요청시 업무처리요령(재민 99-1).
29) 민사집행규칙해설, 법원행정처(2002), 11.

[서식] 경찰원조요청서(전산양식 A3101)

○ ○ 지 방 법 원

경 찰 원 조 요 청 서

수　　신　　○ ○ 경찰서장 귀 하

사　　건　　20 .　.　.

신 청 인(채권자)

피신청인(채무자)

본인이 위 사건에 관하여 귀서의 관할 내에서 다음 기재와 같은 집행에 관한 직무를 수행함에 있어 채무자 등의 저항이 예상되어 민사집행법 제5조 제2항의 규정에 의하여 경찰의 원조를 요청하오니, 협조하여 주시기 바랍니다.

다　　　음

집행의 일시

집행의 장소·목적물

예상되는 채무자 등의 저항 정도·내용

20 .　.　.

○ ○ 지방법원 집행관　○ ○ ○㉟

집행관 사무소 소재지		전　화		전　송	

민집 5②

Ⅸ. 증인의 참여

집행관은 집행하는데 저항을 받거나 채무자의 주거에서 집행하려는데 채무자나 사리를 분별할 지능이 있는 그 친족·고용인을 만나지 못한 때에는 성년 두 사람이나 특별시·광역시의 구 또는 동 직원, 시·읍·면 직원(도농복합형태의 시의 경우 동지역에서는 시 직원, 읍·면 지역에서는 읍·면 직원) 또는 경찰공무원 중 한 사람을 증인으로 참여하게 하여야 한다(민집 제6조). 위에서 규정된 공무원들은 집행관으로부터 집행실시의 증인으로 참여하도록 요구받은 경우 정당한 이유 없이 그 요구를 거절하여서는 아니 된다(민집규 제5조).

여기서 말하는 저항이란 실력으로 집행을 방해하는 것은 물론 집행을 거부하는 것도 포함된다 할 것이나, 단순히 말로 이의를 제기한 데 그친 경우에는 저항이라 볼 수 없을 것이다.[30] 경찰의 원조 요청(민집 제5조 제2항)에 따라 원조를 하는 경찰관은 집행관 측의 입장에 있는 것이므로 그 경찰관 이외의 증인이 필요하다.

채무자가 법인인 경우의 주소, 즉 사무소나 영업소는 이 규정의 적용을 받지 아니하므로 저항이 없는 한 대표자가 없어도 집행할 수 있다.[31] 고용인이란 반드시 채무자와 동거하고 있는 사람임을 필요로 하지 않으나, 주거에서 집행하는 경우이므로 가사에 관한 고용인임을 필요로 하고, 채무자가 별도로 사업장을 가지고 경영하는 사업의 종업원은 이에 해당하지 않는다 할 것이다. 집행에 있어 저항이 예상되는 경우에는 미리 증인을 동행하여도 무방하다.[32]

이러한 증인의 참여가 없는 집행행위는 채무자 또는 이해관계인의 집행에 관한 이의신청으로 취소될 수 있으나 당연히 무효가 되는 것은 아니다.[33] 또한, 채무자의 집행 이의권 포기로 그 하자가 치유되며, 채무자가 집행관을 만났음에도 고의로 집행의 참여를 거부할 때도 집행이의권의 포기로 보아 집행에 착수하거나 속행할 수 있다.

---

30) 법원실무제요 민사집행[Ⅰ], 법원행정처(2014), 37; 집행관 실무편람, 법원행정처(2004), 73.
31) 법원실무제요 민사집행[Ⅰ], 법원행정처(2014), 37; 집행관 실무편람, 법원행정처(2004), 74.
32) 법원실무제요 민사집행[Ⅰ], 법원행정처(2014), 37; 집행관 실무편람, 법원행정처(2004), 74.
33) 법원실무제요 민사집행[Ⅰ], 법원행정처(2014), 37; 집행관 실무편람, 법원행정처(2004), 74.

X. 집행관에 의한 영수증의 작성·교부

채권자가 집행관에게 집행력 있는 정본을 교부하고 강제집행을 위임한 때에는 집행관은 특별한 권한을 받지 못하였더라도 지급이나 그 밖의 이행을 받고 그에 대한 영수증서를 작성하고 교부 할 수 있다. 집행관은 채무자가 그 의무를 완전히 이행한 때에는 집행력 있는 정본을 채무자에게 교부 하여야 한다(민집 제42조 제1항).

만약 여러 통의 집행 정본이 교부된 때에는 그 모두를 교부하여야 한다. 채권자가 집행관에게 집행력 있는 정본을 교부하고 강제집행을 위임한 때에는 집행관은 특별한 권한을 받지 못하였더라도 지급이나 그 밖의 이행을 받고 그에 대한 영수증서를 작성하고 교부함이 실무이다.[34] 집행관은 채무자가 그 의무를 완전히 이행한 때에는 집행력 있는 정본을 채무자에게 교부하여야 한다.

1. 의무를 일부 이행한 경우

이 경우에 집행관은 집행력 있는 정본에 그 사유를 덧붙여 적고 영수증서를 작성하여 채무자에게 교부 하여야 한다(민집 제42조 제2항). 이중의 이행청구나 이중의 집행을 받을 위험을 제거하기 위함이다.

2. 제3자가 변제한 경우

민법 제469조의 제한에 해당하지 않는 한 제3자도 변제 할 수 있으므로, 이 경우 집행관이 제3자의 변제를 받은 때에는 그 제3자에게 영수증서를 교부하여야 하고, 일부 이행의 경우 집행력 있는 정본에 그 사유를 덧붙여 적어야 함은 채무자가 변제한 경우와 같다. 그러나 그 의무를 완전히 이행한 경우에 집행정본을 누구에게 교부할 것인가에 관하여는 채무자에게 교부할 것이라는 견해와 변제자에게 교부할 것이라는 견해가 있다.[35]

3. 공동채무자가 변제한 경우

분할채무자 중의 1인이 자기 부담부분 전부를 갚았더라도 그 집행 정본은 다른 채무자에 대한 집행에 필요하므로 이를 반환할 수 없고 그 변제의 취지를 집행 정본에 덧붙여 적고 영수증서를 작성하여 교부한다. 그리고 전원의 채무가 변제되었다 하

---

34) 문성진, 집행관 실무제요, 유로(2017), 28.
35) 법원실무제요 민사집행[Ⅰ], 법원행정처(2014), 35.

더라도 전원을 위한 대리인이 선임되어 있지 않은 한, 집행력 있는 정본을 채무자 중 1인에게 교부할 것이 아니라 채무가 전부 이행되었다는 뜻을 집행력 있는 정본에 덧붙여 적은 다음 집행관의 기록에 첨부하여 두는 것이 무난한 처리 방법이 될 것이다.[36)]

불가분채무자 또는 연대채무자 중의 1인이 채무 전부를 변제한 때에는 그에게 집행력 있는 정본과 영수증서를 교부한다. 그 중 1인이 일부만을 변제한 때에는 그 취지를 집행력 있는 정본에 덧붙여 적고 영수증서를 작성하여 교부한다. 각 채무자가 각각 1부씩을 차례로 변제한 결과 완제가 된 때에는 최후의 변제자에게 집행력 있는 정본을 교부할 것이다.

4. 채무자가 직접 채권자에게 변제한 경우

집행관은 영수증서를 작성하여 교부하거나 집행력 있는 정본을 교부하거나 집행력 있는 정본에 그 사유를 덧붙여 적을 의무는 없으나, 채권자가 동의하면 집행력 있는 정본을 채무자에게 교부하여도 무방하다.

5. 어음·수표의 경우

어음·수표는 상환증권이므로 그 채권의 집행에 있어서 집행관은 그 어음·수표를 채무자에게 제시하여야 한다. 변제가 있는 때에 집행관은 어음·수표에 영수를 증명하는 기재를 하여 집행력 있는 정본과 함께 채무자에게 교부하여야 한다. 다만 어음·수표의 제시와 상환에 의한 변제는 채무자의 이익을 위한 것이므로 채무자가 그 이익을 포기하고 임의변제를 하는 경우에 집행관은 그 제시 없이도 변제를 받을 수 있다.

6. 채무자의 영수증 청구권

채무자가 집행관으로부터 영수증서의 교부를 받을 수 있다고 하여 채권자에 대하여 영수증청구권(민법 제474조)을 행사할 수 없는 것은 아니다(민집 제42조 제3항 참조). 또 채무를 완전히 이행한 때에 채무자는 집행관으로부터 집행력 있는 정본을 교부 받은 것과 관계없이 채권자에 대하여 채권증서의 반환을 청구할 수 있다 할 것이다(민법 제475조).

---

36) 법원실무제요 민사집행[Ⅰ], 법원행정처(2014), 38-39; 집행관 실무편람, 법원행정처(2004), 75.

XI. 집행조서의 작성

1. 집행조서의 작성의무

집행관은 민사집행을 한 때에는 집행조서를 작성하여야 한다(민집 제10조 제1항). 조서에 의하여 집행행위의 내용을 기록에 남겨 집행관의 집행절차의 적법성을 명백히 하고 직무집행의 공정성을 담보하기 위함이다.[37] 민사집행법 제10조 제2항에서는 주로 형식적인 기재사항을 규정하면서 실질적인 기재사항에 대해서는 같은 법 제10조 제2항 제2호에서 "집행의 목적물과 그 중요한 사정의 개요"라고 추상적으로 규정한 다음, 민사집행규칙 제6조가 이를 구체적으로 규정하고 있다.

조서를 작성하여야 할 집행행위는 직접적인 강제행위뿐 아니라 그에 부수된 행위도 포함한다. 집행의 취소(압류해제 등) 같이 강제력의 행사를 그만두는 행위도 현실적으로 집행현장에서 취소를 위한 사실적 행위를 한 이상 조서를 작성할 집행행위에 속한다.[38]

압류를 한 때에는 압류조서를, 매각기일을 진행한 때에는 매각기일조서를 작성하여야 하며(민집 제116조), 가압류·가처분의 집행에 관하여서도 조서를 작성하여야 한다. 대체집행의 결정에 기초한 집행(민집 제260조 제1항), 저항배제를 위한 참여(민집 제166조 제2항), 매각부동산에 대한 인도명령의 집행(민집 제136조 제6항), 그 밖에 집행관이 직무집행을 함에 있어 강제력을 행사할 수 있는 사무는 모두 집행행위에 해당하므로 조서를 작성하여야 한다.

그러나 정형적인 사무가 아닌 행위, 예를 들어 부동산현황조사, 부동산 강제관리인의 사무 등에 관하여는 조서의 작성을 요구하지 아니한다. 집행조서의 작성은 집행행위의 유효요건은 아니며, 그 기재에 흠결이 있다 하더라도 집행행위의 효력에 아무런 영향을 주지 아니한다.[39] 집행조서의 증명력에 관하여, 학설상으로는 집행조서는 변론조서와는 달라서 집행방식에 관한 규정의 준수에 관하여 유일한 증거방법이 아니므로, 증인이나 그 밖의 증거에 의한 반대증명이 가능하다는 설과 집행조서의 경우에도 조서 이외의 증거에 의한 증명이 허용되지 아니한다는 설로 나뉘어 있으나,[40] 판

---

37) 제4판 주석 민사집행법(Ⅰ), 한국사법행정학회(2018), 135.
38) 注解 民事執行法(1), 第一法規(1986), 360.
39) 법원실무제요 민사집행[Ⅰ], 법원행정처(2014), 40; 집행관 실무편람, 법원행정처(2004), 77.
40) 법원실무제요 민사집행[Ⅰ], 법원행정처(2014), 40.

례는 부동산경매절차에서의 절차가 적법하게 행하여졌느냐의 여부는 매각기일조서의 기재만이 유일한 증명자료가 된다는 입장이다.[41)]

집행조서는 집행 당일 현장에서 작성하고, 집행행위마다 작성한다. 그러나 부득이한 사정이 있는 경우에는 집행관사무소나 그 밖의 장소에서 작성할 수 있다.[42)]

집행조서는 집행기록의 일부로서 가철 되어 3년간 보존되며(집행관규칙 제28조 제1항 제5호 가목), 이해관계인은 집행관에게 신청하여 이를 열람하고 등본·초본을 교부받을 수 있다(민집 제9조, 집행관규칙 제32조 제1항).

2. 집행조서의 기재사항(민집 제10조 제2항)

가. 집행한 날짜와 장소

나. 집행의 목적물과 그 중요한 사정의 개요

집행의 목적물은 집행의 대상이 된 물건을 특정할 수 있도록 적어야 한다. 유체동산 압류조서에 집행의 목적물을 적는 때에는 압류물의 종류·재질, 그 밖에 압류물을 특정하는 데 필요한 사항과 수량 및 평가액(토지에서 분리하기 전의 과실에 대하여는 그 과실의 수확시기·예상수확량과 예상평가액)을 적어야 한다(민집규 제134조 제2항). 중요한 사정이란 집행관이 현실적으로 행한 집행행위의 구체적 내용 가운데 중요한 사정을 말한다. 민사집행규칙 제6조 제1항은 그러한 것으로서 ① 집행에 착수한 일시와 종료한 일시, ② 실시한 집행의 내용(유체동산 호가경매조서에 적을 "실시한 집행의 내용"에 관하여는 민집규 제150조 제1항 참조), ③ 집행에 착수한 후 정지한 때에는 그 사유, ④ 집행에 저항을 받은 때에는 그 취지와 이에 대하여 한 조치, ⑤ 집행의 목적을 달성할 수 없었던 때에는 그 사유, ⑥ 집행을 속행한 때에는 그 사유 등을 들고 있다(민집규 제6조 제1항).

위 ①항의 "일시"는 현실로 집행을 한 시간을 적어야 하며 집행에 착수한 이상 당일 집행행위가 종료되지 아니하여 정지 또는 속행한 경우나 집행불능으로 종료된 경우에도 조서를 작성해야 하며 이 경우 각기 그 종료 일시를 적으면 된다. ②항은 집행관이 현실적으로 실시한 집행행위를 구체적으로 적는다. 어느 정도 상세하게 적느냐는 집행관의 판단에 따르지만, 법률적으로 의의가 있는 중요한 사항을 빠뜨려서

41) 대법원 1994. 8. 22.자 94마1121 결정.
42) 제4판 주석 민사집행법(Ⅰ), 한국사법행정학회(2018), 136.

는 안 된다. ③항에서 집행의 정지는 민사집행법 제49조에 규정된 문서의 제출에 의한 정지뿐만 아니라 집행 도중에 임의변제를 받는다거나, 동산인도절차에서 채권자나 그 대리인이 도중에 퇴거하는 등의 사유로 집행을 중지한 경우도 포함된다. ④항은 저항을 한 사람과 저항의 태양, 상황을 적고 집행관 또는 그 보조자가 강제력을 사용한 경우에는 그에 관한 내용을 적어야 하고 경찰이나 국군에 원조를 요청한 경우에는 그 취지를 적어야 한다. ⑤항은 집행목적물의 부존재, 채무자 소재불명, 매각불능, 무잉여 등 사정을 구체적으로 적어야 한다. 다만 집행의 착수 전이면 집행조서를 작성할 의무는 없지만, 중지조서 또는 불능조서를 작성하는 것이 실무례이다. 집행 도중에 일몰이 되어 야간이 된 경우, 집행할 물량이 방대하여 하루에 마치지 못하고 다음날로 속행한 경우 등은 위 ⑥항에 해당한다.[43)]

공휴일·야간집행의 허가재판(민집 제8조 제1항), 압류금지 물건을 정하는 재판(민집 제196조 제1항), 특별한 현금화 방법의 재판(민집 제214조 제1항) 등의 집행행위에 관하여 집행법원의 재판이 있는 때에는 그 요지를 기재하는 것이 좋고, 임의변제를 받은 경우 그 내용을 기재하는 것도 이에 속한다. 한편, 유체동산 압류조서에는 민사집행법 제10조 제2항, 제3항과 민사집행규칙 제6조에 규정된 사항을 적는 외에 채무자가 자기 소유가 아니라는 진술을 한 압류물에 관하여는 그 취지를 적어야 한다(민집규 제134조 제1항).

다. 집행참여자의 표시

채권자 또는 그 대리인, 채무자 또는 사리를 분별할 지능이 있는 친족이나 고용인, 그리고 이들이 없었던 때에는 참여증인(민집 제6조), 매수인 또는 최고가매수신고인 등 집행관계인으로서 집행에 참여한 사람을 표시하여야 한다. 집행관이 보조자로서 사용한 사람과 원조를 한 경찰관 등은 여기의 집행참여자에 해당되지 아니한다.[44)]

라. 집행참여자의 서명날인

집행참여자의 서명날인은 서명무인으로 갈음할 수 있다(민집규 제6조 제2항).

마. 집행참여자에게 조서를 읽어 주거나 보여주고, 그가 이를 승인하고 서명날인 또는 서명 무인한 사실

43) 문성진, 집행관 실무제요, 유로(2017), 31-32.
44) 법원실무제요 민사집행[Ⅰ], 법원행정처(2014), 41; 집행관 실무편람, 법원행정처(2004), 78.

바. 집행관의 기명날인 또는 서명

사. 기타

민사집행법 제10조의 기재사항은 아니지만, 사건을 특정하기 위하여 실무상 당사자의 이름과 사건번호를 기재함이 통례이며, 집행의 기본이 된 집행권원도 이를 기재하는 것이 좋다.

3. 집행참여자의 서명날인을 받지 못한 경우의 조치

집행참여자로부터 위와 같은 서명날인 또는 서명무인을 받지 못하거나 승인을 받지 못한 때에는 그 이유를 기재하여야 한다(민집 제10조 제3항). 특히 채무자는 집행조서에 기재한 사항의 승인과 서명날인을 정당한 이유 없이 거부하는 예가 많다. 집행참여자가 서명날인을 거부하는 경우는 물론, 집행 도중 또는 서명날인을 받으려고 할 무렵 현장을 떠나버린 경우 등에도 그러한 사유를 기재하여야 한다. 집행현장에서 조서를 작성할 수 없어 열람 등을 못한 때에는 그 취지를 기재하여야 한다.[45)]

4. 집행을 실시하지 못한 경우의 조치

집행관은 지정한 일시에 집행을 실시하지 않은 경우에는 그 취지와 실시하지 않은 이유를 기록상 명백하게 하여야 한다.[46)]

XII. 최고와 통지

1. 집행관이 최고 또는 통지하여야 할 경우

집행관은 집행에 있어서 이해관계인에게 최고나 통지를 하여야 할 경우가 많이 있다. 최고는 이해관계인에 대하여 일정한 행위를 하도록 촉구하는 것으로, ① 기일입찰 또는 호가경매의 방법에 따른 매각기일에 법원이 정한 매각방법에 따라 매수가격을 신고하도록 최고하는 것(민집 제112조, 제115조 제4항), ② 매각기일에 차순위매수신고를 최고하는 것(민집 제115조 제1항), ③ 매수가격신고가 없는 때의 재차 매수가격신고의 최고(민집 제115조 제4항), ④ 미완성의 어음 등을 압류한 경우에 채무

45) 법원실무제요 민사집행[Ⅰ], 법원행정처(2014), 42; 집행관 실무편람, 법원행정처(2004), 79.
46) 執行官實務硏究會 編, 執行官實務の手引[第2版], 民事法硏究會(2016), 55.

자에게 어음 등에 적을 사항을 보충하도록 최고하는 것(민집 제212조 제2항) 등이 있다.

통지는 일정한 사항을 이해관계인에게 알리는 것으로, ① 동산압류 시의 채무자에 대한 통지(민집 제189조 제3항), ② 배당요구의 채권자에 등에 대한 통지(민집 제219조), ③ 채권매각결정의 경우 제3채무자에 대한 통지(민집 제241조 제5항) 등이 있다.

2. 집행행위에 속한 최고, 그 밖의 통지 및 조서작성

민사집행절차에서 최고와 통지는 특별한 규정이 없으면 상당하다고 인정되는 방법으로 할 수 있다(민집규 제8조 제1항). 상당하다고 인정되는 방법으로는 송달의 방법으로 하는 경우는 물론이고, 전화, 팩스, 구두에 의한 전달 등의 방법에 따라도 상관이 없다.[47] 다만 민사집행법 제11조가 적용되는 경우 예컨대 집행관의 차순위매수신고 최고나 입찰의 최고는 그 규정에 따라 말로하고 조서에 기록하여야 할 것이다. 집행행위에 말로 최고나 통지를 할 수 없는 경우에는 민사소송법 제181조, 제182조 및 제187조의 규정을 준용하여 그 조서의 등본을 송달한다. 이 경우 송달증서를 작성하지 않은 때에는 조서에 송달한 사유를 적어야 한다.

집행하는 곳과 법원의 관할구역 안에서 민사집행법 제11조 제2항의 송달을 할 수 없는 경우에는 최고나 통지를 받을 사람에게 대법원규칙이 정하는 방법으로 조서의 등본을 발송하고 그 사유를 조서에 적어야 한다(민집 제11조 제3항). 다만 특별한 정함이 있는 경우에는 이에 따라야 하고, 위 규정이 적용되지 않음은 당연하다. 예를 들어, 압류채권을 매각한 경우 집행관은 채무자를 대신하여 제3채무자에게 서면으로 양도의 통지를 하여야 하고(민집 제241조 제5항), 말로 최고나 통지를 할 수 없는 경우에는 민사소송법 제181조, 제182조 및 제187조의 규정을 준용하여 그 조서의 등본을 송달하면 된다(민집 제11조 제2항).[48] 송달방법은 교부송달, 보충송달, 유치송달의 방법이 원칙일 것이지만, 이러한 방법으로 송달할 수 없는 때에는 등기우편으로 발송할 수 있다(민소 제187조, 민소규 제51조).

위의 어느 경우에나 송달증서를 작성하지 않은 때에는 조서에 그 사유를 기재하

---

47) 민사집행규칙 해설, 법원행정처(2002), 31.

48) 군사용의 청사 또는 선박에 속하여 있는 사람에 대한 송달(민소 제181조), 교도소·구치소 또는 경찰관서의 유치장에 체포·구속 또는 유치된 사람에 대한 송달(민소 제182조) 같은 경우에는 집행관이 말로 최고나 통지를 할 수 없으므로 조서의 등본을 그 청사 또는 선박의 장이나 교도소 등의 장에게 송달하면 된다.

여야 한다. 또한, 집행하는 곳과 법원의 관할구역 안에서 위 송달을 할 수 없는 경우(집행관 소속의 지방법원 본원 또는 지원의 관할구역 안에서 송달할 수 없는 경우)에는 최고나 통지를 받을 사람에게 등기우편으로 조서의 등본을 발송하고 그 사유를 조서에 적어야 한다(민집 제11조 제3항, 민집규 제9조).

그러나 채무자가 외국에 있거나 있는 곳이 분명하지 않은 때에는 집행행위에 속한 송달이나 통지할 필요가 없다(민집 제12조). 집행행위에 속한 송달이나 통지는 집행행위의 효력에 거의 영향을 미치지 않으므로, 그것을 하지 않음으로써 받게 되는 채무자의 불이익을 무시하고 집행의 신속을 기하여 채권자의 이익을 도모하는 것이 바람직하다고 본 것이다. 다만, 강제집행개시의 요건에 해당하는 집행권원·집행문의 송달(민집 제39조)이나 집행행위에 해당하는 재판(예를 들어 강제경매개시결정, 채권압류 및 전부명령)을 알리는 방법으로 하는 송달은 여기서 말하는 집행행위에 속한 송달에 포함되지 아니하므로 일반의 규정에 따라서 반드시 송달하여야 한다. 이 경우 외국송달에 관한 특례를 정한 민사집행법 제13조의 규정이 적용된다. 만일 경매개시결정이 채무자에게 송달되지 않으면 유효하게 경매절차를 속행할 수 없다.[49] 최고나 통지를 받을 사람이 무능력자인 경우에는 법정대리인에게 최고나 통지를 하여야 한다(민소 제179조 준용).

한편 집행행위에 속하지 않는 최고와 통지는 특별한 규정이 없으면 상당하다고 인정되는 방법으로 할 수 있고(민집규 제8조 제1항), 이 경우 집행관은 그 취지와 최고 또는 통지의 방법을 기록에 표시하여야 한다(민집규 제8조 제2항).

또 최고를 받을 사람이 외국에 있거나 있는 곳이 분명하지 않은 때에는 최고할 사항을 공고하면 되고, 이 경우 최고는 공고를 한 날부터 1주일이 지나면 효력이 생긴다(민집규 제8조 제3항). 그리고 민사집행법에 규정된 통지를 제외한 민사집행규칙에 규정된 통지의 경우(민집규 제3조 제1항, 제17조, 제23조 제2항, 제127조 제2항, 제137조 제2항, 제142조 제1항, 제2항, 제146조 제2항, 제155조 제2항, 제165조 제3항, 제187조, 제193조) 통지를 받을 사람이 외국에 있거나 있는 곳이 분명하지 않은 때에는 통지하지 않아도 되고, 이 경우 집행관은 그 사유를 기록에 표시하여야 한다(민집규 제8조 제4항).

당사자, 그 밖의 관계인에 대한 통지(다만 법 제102조 제1항에 규정된 통지를 제외한다)는 법원사무관 등 또는 집행관으로 하여금 그 이름으로 하게 할 수 있다.

---

49) 대법원 1997. 6. 10.자 97마814 결정.

3. 집행사건 종료 등의 통지

가. 집행절차 취소 통지

집행관은 민사집행절차를 취소할 때에는 집행신청인(채권자)에게 그 취소의 이유를 통지하여야 한다(민집규 제17조). 상대방(채무자)에 대하여는 동산의 압류집행을 취소하는 때에는 채무자 그 밖에 압류된 동산을 수취할 권리가 있는 사람에게 압류취소를 통지하고(민집규 제142조 제1항, 제2항), 부동산인도 집행이 종료된 때에는 그 취지를 채무자에게 통지하여야 한다(민집규 제187조).

나. 집행의 정지

강제집행 정지(민집 제49조 제2호, 제4호)를 명하는 재판의 정본이나 등본이 채무자에 의하여 집행관에게 제출되어 강제집행이 정지된 때에는 집행관은 강제집행이 정지되었다는 취지를 집행채권자에게 통지할 필요가 있다.[50)]

다. 신청의 취하

강제집행 신청이 취하된 경우 집행관은 이미 행하여진 절차를 취소하여야 하므로, 위 가.항의 절차를 밟아야 한다.

XIII. 집행기록의 열람, 등본의 부여

집행관은 집행조서, 집행위임장, 집행권원 송달보고서 또는 민사집행법 제42조에 의하여 교부하지 아니한 서류 등 집행에 관한 서류를 함께 편철하여 집행기록으로 보존하며, 이해관계 있는 사람이 신청하면 이 집행기록을 볼 수 있도록 허가하고 기록에 있는 서류의 등본을 교부하여야 한다(민집 제9조). 집행관 규칙 제32조는, 당사자나 이해관계를 소명한 제3자는 집행기록 기타 집행관이 직무상 작성하는 서류의 열람이나 등본·초본의 교부 또는 집행관이 취급한 사무에 관한 증명서의 교부를 청구할 수 있고, 등·초본 또는 증명서에는 그 취지와 작성연월일을 기재하고 집행관이 기명날인하여야 한다고 규정하고 있다.

집행관은 서류의 보관 또는 직무상의 필요에 따라 기록을 볼 수 있는 일시와 장소 등을 제한할 수 있다. 열람교부 청구인은 집행관수수료규칙 제20조, 제23조에 의

50) 條解 民事執行規則(第3版), 法曹會(2005), 64.

한 서기료나 수수료를 지급하여야 한다. 이해관계인이라 함은 채권자, 채무자나 그들의 승계인, 민사집행법 제48조(제3자이의의 소)의 제3자, 배당요구채권자, 매수인 등을 말한다. 만약 집행관이 그 열람을 허가하지 않거나 등본(집행관 규칙 제32조에서 정한 초본 또는 증명서 포함)의 교부를 거부한 때에는 민사집행법 제16조 제1항에 의하여 집행에 관한 이의신청을 할 수 있다.[51)]

XIV. 집행관의 집행실시에 대한 불복신청

1. 집행에 관한 이의

집행관의 집행처분, 그밖에 집행관이 지킬 집행절차에 대하여 불복이 있거나(민집 제16조 제1항), 집행관이 집행을 위임받기를 거부하거나 집행행위를 지체하는 경우 또는 집행관이 계산한 수수료에 대하여 다툼이 있는 경우(민집 제16조 제3항)에 당사자 또는 이해관계인은 집행법원에 집행에 관한 이의신청을 할 수 있다. 다만, 집행관이 독립한 집행기관으로서가 아니라 집행법원 또는 수소법원의 보조기관으로서 행동한 경우(예를 들어, 부동산매각기일의 실시, 경매부동산의 현황조사 등)에는 그 처분에 대하여 직접 위 이의신청을 할 수 없다는 것이 통설이다. 따라서 집행관의 집행실시 과정에 절차적으로 위법한 점이 있는 경우에는 민사집행법 제16조 제1항에 따라, 집행관이 집행위임을 거부하거나 집행행위를 지체하는 경우 또는 집행관이 계산한 수수료에 관하여 이의가 있는 때에는 법 제16조 제3항에 따라 집행에 관한 이의신청으로 다툴 수 있다.

가령 대법원 2014. 6. 3.자 2013그336 결정은 집행관이 미등기건물에 대한 철거 시 철거대상 미등기건물이 현재 건축주 명의인이 채무자와 다르다는 이유만으로 철거대상 미등기건물이 채무자에게 속하지 않는다고 판단하여 철거하지 않은 경우, 채권자가 집행에 관한 이의신청으로 구제받을 수 있다고 판시하고 있다.

2. 국가배상책임

집행관은 독립 단독의 사법기관으로서 국가배상법 제2조 제1항의 국가공무원에 해당하므로, 국가는 집행관이 고의 또는 과실로 법령에 위반하여 타인에게 손해를 입

---

51) 법원실무제요 민사집행[Ⅰ], 법원행정처(2014), 44; 집행관 실무편람, 법원행정처(2004), 81.

힌 경우 그 손해를 배상할 책임이 있다.[52] 이 경우 국가는 집행관에게 고의 또는 중대한 과실이 있으면 집행관에게 구상할 수 있다(같은 법 제2조 제2항).

52) 대법원 2003. 9. 26. 선고 2001다52773 판결(집행관이 독립·단독의 사법기관으로서 스스로 법령을 해석하고 집행할 권한이 있고, 특히 유체동산집행은 개시부터 종료까지 집행관의 고유권한으로서 무잉여인지 여부도 스스로 판단하는 것이라고 하더라도, 집행관은 유체동산집행에 관한 법률전문가로서 집행의 근거로 삼는 법령에 대한 해석이 복잡, 미묘하여 의낙 어렵고, 이에 대한 학설, 판례조차 귀일되어 있지 않는 등의 특별한 사정이 있는 경우가 아니라면, 유체동산집행에 관한 관계 법규나 필요한 지식을 충분히 갖출 것이 요구되는 한편, 압류하려는 물건이 환가가능성이 있는지 여부는 통상적인 거래관행과 사례를 기초로 합리적으로 판단하여야 할 것이며, 만일 집행관으로서 당연히 알아야 할 관계 법규를 알지 못하거나 필요한 지식을 갖추지 못하였고 또한 조사를 게을리 하여 법규의 해석을 그르쳤고 이로 인하여 타인에게 손해를 가하였다면 불법행위가 성립한다).

제4장 부동산인도(명도) 집행

제4장 부동산인도(명도) 집행[1)]

[도표] 부동산 등 인도(명도)집행 절차도[2)]

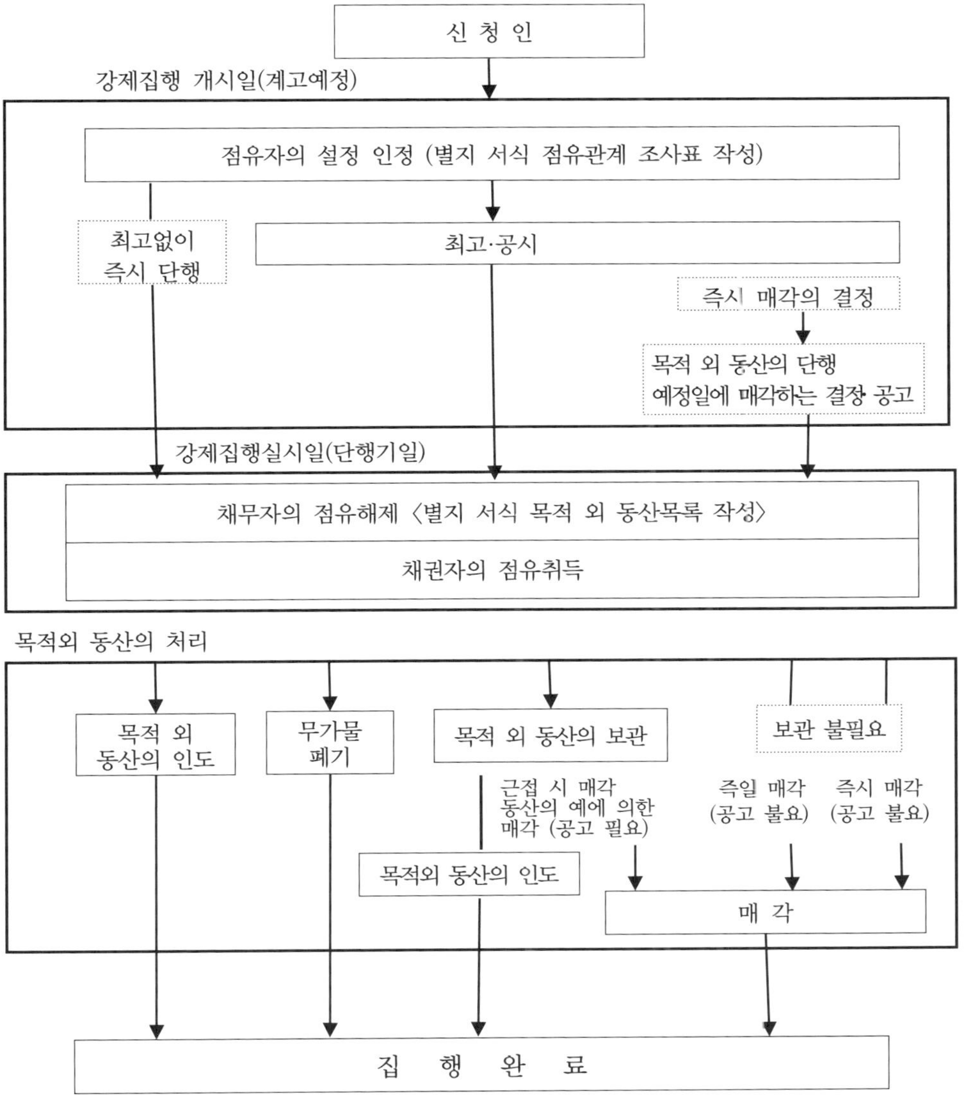

1) 제4판 주석 민사집행법(Ⅵ), 한국사법행정학회(2018), 20-45; 법원실무제요 민사집행[Ⅲ], 법원행정처(2014), 555-565; 집행관 실무편람, 법원행정처(2004), 264-275 참조.
2) 왼쪽과 오른쪽의 점선부분은 담보, 집행제도 개선 후 목적 외 동산에 대한 즉시매각 등이 가능해진 일본을 염두에 둔 설명이다.

[양식] 점유관계 등 조사표

물건 번호	채무자	조사결과		
		물건의 상황	점유범위	점유자
1		□ 거 택 □ 사무소 □	□ 전부 □	□ 좌기 채무자 □
2		□ 거택 □ 사무소 □	□ 전부 □	□ 좌기 채무자 □

(참고사항)

□ 우편번호표시, □ 문패의 표시

□ 채무자에게 보낸 우편물(□)의 존재

□ 채무자에게 보낸 공공 요금 관계 서류(□전기, □가스, □수도)의 존재

□ 채무자(□ 방재실자, □회사대표자, □회사종업원)의 진술요지

□ 채권자(대리)의 진술 □ 집행권원의 존재

□ 일건 기록의 자료

현장의 상황 등을 종합 고려하고 상기와 같이 인정했다.

20 . . .

서울 ○ ○ 지방법원 집행관

○ ○ ○

[양식] 목적외 동산목록

목적외 동산목록(유류품)			
번 호	품 명 (수 량)	평 가 액	비 고
	( )		
	( )		
	( )		
	( )		
	( )		
	( )		
	( )		
	( )		

Ⅰ. 개설

민사집행법 제258조는 부동산 또는 사람이 거주하는 선박의 인도나 명도를 목적으로 하는 청구에 관한 집행권원의 실현을 목적으로 하는 집행에 관하여 규정하고 있는바, 이는 일정한 장소나 공간의 지배를 채권자에게 돌려주는 것을 목적으로 하는 청구(Raumungsanspruch)의 집행이다.[3)]

민사집행법 제258조(부동산 등의 인도청구 집행)와 제257조(동산인도청구의 집행)는 목적물의 인도 집행이라는 면에서는 같으나, 근본적인 차이점은 집행방법에 있어서 민사집행법 제257조가 목적물을 채무자로부터 빼앗아 채권자에게 인도하는 방법에 따라 행하여지나, 같은 법 제258조는 단지 목적물을 채무자로부터 빼앗는 것이 아니라 채무자의 점유를 빼앗아 채권자에게 인도하는 방법에 따라 행하는 것으로 규정하고 있는 점이다. 구체적으로 다시 설명하자면 제257조가 집행기관인 집행관이 일시적으로나마 목적물의 점유를 취득하는 것을 예정하고 있음에 반하여, 제258조는 집행관이 일시적으로라도 점유를 취득하는 일이 없다는 점이다. 제258조 제2항에서 채권자 등이 출석하지 않으면 집행을 할 수 없는 것으로 규정하고 있지만, 제257조에서는 그러한 제한을 두고 있지 아니한 점에서 그 차이점이 드러난다. 이들 차이점은 결국 집행목적물의 성상(性狀)의 차이에 의한 것으로 집행기관에 점유시키는 것이 부적당하거나 불가능한 목적물(그 대표적인 것이 부동산이다)에 대하여는 점유를 빼앗는 것만을 집행기관의 역할로 함이 타당하기 때문이다.[4)]

Ⅱ. 집행의 목적물

1. 부동산 등

여기서 말하는 부동산이란 고유의 의미의 부동산, 즉 토지와 그 정착물(건물, 독립된 소유권의 객체가 되는 입목)만을 가리킨다(민법 제99조 제1항). 반면 법률상 부동산으로 보는 권리나 부동산이나 토지에 관한 규정이 준용되는 권리, 즉 공장재단·광업재단·광업권·어업권 등은 여기에서 말하는 부동산이 아니다.

집행목적물인 부동산이 미등기인 경우에도 집행방법은 등기된 부동산과 다르지

---

3) 注解 民事執行法(5), 第一法規(1986), 51.
4) 注解 民事執行法(7), 第一法規(1986), 207-208.

않다. 1개의 부동산 일부도 물리적으로 다른 부분과 구별할 수 있고 독립된 효용을 가지는 것인 한 인도 집행의 목적물이 될 수 있다.

한편 집행목적물의 범위는 집행권원에 표시되어 있지 않더라도 당해 건축물의 증축 부분 또는 부속 부분으로 목적건물에 부가되어 일체로 된 때, 혹은 주물과 밀접한 관계가 있는 부합물 또는 종물로 인정되는 때에는 주물과 함께 채권자에게 인도되어야 하므로, 집행권원에 표시된 당해 건물과 함께 집행의 대상이 된다. 빌딩의 명도 집행의 경우 그 옥상에 있는 정원의 수목, 흙, 잔디밭 등이 건물의 구성 부분 또는 종물인 때는 건물과 함께 채권자에게 인도해야 하지만, 그 이외 경우에는 이를 제거 반출하여야 건물을 명도한 것이 된다.

한편 인도 목적 토지 위의 수목, 벼, 보리 등이 생육하고 있는 경우에는 목적물인 토지상의 수목 등을 누가 점유 관리하는가를 조사하여 채무자가 이를 점유관리 하고 있다고 인정이 되면 위 수목 등을 목적물이 토지의 부합물로서 현 상태 그대로 채권자에게 인도하여도 지장이 없다.[5] 이 조사 및 판단은 목적물의 외관 및 채무자 등에 대한 질문으로 행하는 정도면 충분하다.

종물이 아닌 동산의 경우에 당해 건물의 종물이라고 할 수 없는 동산으로 채무자가 수취하지 않는 것에 대하여는 집행관은 이를 제거하여 채무자나 그 대리인 혹은 동거친족, 종업원으로 상당한 분별력이 있는 자에게 인도하여야 한다.

2. 선박 등

선박은 처음부터 그 크기를 불문하고 동산이지만, 그 대소, 등기의 여부를 불문하고 민사집행법 제258조의 집행목적물이다. 따라서 20톤 미만의 선박도 포함되고, 단주 등도 포함된다.[6]

3. 부동산과 선박을 제외한 다른 물건

부동산과 선박을 제외한 다른 물건은 기차, 항공기, 캠핑카, 트레일러하우스 등 아무리 부피가 크고, 또 그 안에 사람이 현존하고 있더라도 민사집행법 제257조의 집행방법에 의하여야 한다. 민사집행법 제258조의 목적물에 관하여는 인도가 집행방법인 이상, 등기·등록의 유무나 그 명의인, 나아가 소유권의 귀속 등의 실체법상의

5) 문성진, 집행관 실무제요, 유로(2017), 591.
6) 법원실무제요 민사집행[Ⅲ], 법원행정처(2014), 555; 제4판 주석 민사집행법(Ⅵ), 한국사법행정학회(2018), 23; 注解 民事執行法(5), 第一法規(1985), 52.

문제는 일체 관계없다.[7]

Ⅲ. 인도·명도의 의의

여기서 인도란 동산의 경우와 마찬가지로 부동산에 대한 직접적 지배를 채무자로부터 이전시키는 협의의 인도와 인도의 한 형태인 명도를 포함하는 개념이다. 여기서 명도란 특히 채무자가 살림을 가지고 거주하거나 물건을 놓아두면서 점유하는 때에 그로 하여금 이들 물건까지 가지고 나가게 하여 채권자에게 완전한 지배를 이전시키는 것을 말한다.[8]

퇴거는 건물점유자의 점유를 풀고 점유자를 퇴출하고 점유자가 점유하는 동산을 건물 밖으로 반출하는 것으로 건물의 현실적 지배의 이전을 요구하지 아니한다. 쉽게 구별하자면, '퇴거'는 채무자의 점유를 해제시킨 것까지로 족하고, '명도'와 같이 해제된 점유를 채권자에게 이전시키는 것까지 요하지 않는다. 따라서 집행관이 퇴거집행을 하는 경우, 채무자가 점유하는 집행목적 외의 동산을 반출하였다면 집행은 종료되는 것이고, 이후 목적부동산을 채권자가 관리·지배하도록 하는 것까지 집행관이 고려할 사항이 아니다. 바로 이 점이 '퇴거'와 '명도'의 차이점이다. 민사집행법 제258조 제1항은 구 민사소송법 제690조 제1항에서 '명도'를 '인도'와 나란히 규정하고 있던 것을 단순히 '인도'라고 표현을 수정하였다. '인도'는 '명도'를 포함하는 개념임에도 일본식 법률용어인 '명도'를 '인도'와 나란히 규정하는 것은 적절하지 않다는 이유에서이다.[9] 다만 부동산의 인도는 동산인도와 달리 공간적 점유의 이전이라는 그 본질이 달라지는 것은 아니므로, '명도'라는 개념에 대한 숙지는 여전히 필요하다. 명도는 채권자에 대하여 직접의 현실지배를 이전하는 것이기 때문에 집행관이 채무자의 점유를 해제하고 출입구에 못을 박아 봉인하고 공시서를 붙인 것만으로는 부족하다.

실무상 사람이 거주하는 건물의 철거청구를 인용하는 판결에서 그 거주하는 자에게 그 건물로부터의 퇴거도 아울러 명하는 경우가 많은데, 이러한 퇴거도 위에서 말하는 명도의 한 사례에 해당한다고 할 수 있으나, 퇴거는 구태여 점유를 채권자의 직접점유로 옮기는 것까지 요구하지는 않는다.

점유자가 철거의무자일 때에는 건물철거의무에 퇴거의무도 포함되어 있다고 할

---

7) 注釋 民事執行法(7), 金融財政事情研究會(1989), 209.
8) 민사집행법 해설, 법원행정처(2002), 233.
9) 민사집행법 해설, 법원행정처(2003), 232-233.

수 있으므로 별도로 퇴거를 명하는 집행권원이 필요하지 않다.[10] 이러한 넓은 의미의 인도청구권은 채권적 청구권뿐만 아니라 물권적 청구권도 포함하고, 점유의 이전은 직접점유의 이전만을 의미한다는 것 등은 동산의 경우와 같다. 또, 채권자 자신에게 직접 점유이전을 청구하는 경우뿐만 아니라 제3자에게 점유이전을 청구하는 경우도 직접강제의 방법에 따라 집행한다.[11]

Ⅳ. 집행절차

1. 집행기관

부동산 등 인도의 집행기관은 목적물이 있는 곳을 관할하는 지방법원이나 지원에 소속된 집행관(민집 제258조 제1항)이다. 그 관할은 지방법원 본원 또는 지원별로 정해진다(집행관규칙 제4조). 구체적인 집행은 채권자의 집행관에 대한 위임이 있어야 개시된다. 또한, 집행관은 소속 지방법원이나 지원 관할구역의 내외에 걸치는 부동산 등에 대한 인도의 강제집행을 하는 때에는 소속 지방법원이나 지원의 관할구역 밖에서도 직무를 행할 수 있다(집행관규칙 제4조 제2항).

부동산 등에 대한 금전채권 집행의 집행기관은 법원이지만, 부동산 등에 대한 인도청구권의 집행은 채무자가 점유하는 물건에 대하여 그 사실상의 지배를 빼앗아 채권자의 사실상의 지배에 두는 것을 목적으로 하는 것이어서, 실력의 행사가 필요하기 때문에 집행관을 집행기관으로 하고 있다.[12]

인도집행의 목적물인 부동산이 여러 지방법원이나 지원의 관할구역 내외에 걸쳐 있는 경우 집행관은 그 부동산에 대한 인도집행을 위하여 소속 지방법원이나 지원의 관할구역 밖에서도 직무를 행할 수 있는지 문제 된다. 집행관규칙 제4조 제2항은 동시에 집행할 수개의 물건이 본원과 지원에 걸쳐 소재하는 경우에 적용되는 것이므로 1개의 부동산이 여러 관할구역에 걸쳐 있는 경우에는 적용할 수 없고, 동산인도집행에 관하여는 민사집행규칙 제186조 제3항이 같은 규칙 제133조를 준용하고 있으므로, 여러 관할구역에 산재하여 있는 동산에 대한 인도집행을 위하여 집행관은 직무집행 관할구역 밖에서도 직무를 수행할 수 있으나 부동산인도집행에 관

10) 법원실무제요 민사집행[Ⅲ], 법원행정처(2014), 556; 집행관 실무편람, 법원행정처(2004), 265.
11) 제4판 주석 민사집행법(Ⅵ), 한국사법행정학회(2018), 24; 법원실무제요 민사집행[Ⅲ], 법원행정처(2014), 556.
12) 제4판 주석 민사집행법(Ⅵ), 한국사법행정학회(2018), 24.

하여는 위와 같은 준용규정이 없다는 이유로 이를 부정하는 견해가 있는 모양이다.[13] 그러나 이를 긍정하는 것이 맞다.[14] 부동산에 대한 강제집행에 관하여 민사집행법 제79조 제2항이 "부동산이 여러 지방법원의 관할구역에 있는 때에는 각 지방법원에 관할권이 있다. 이 경우 법원이 필요하다고 인정한 때에는 사건을 다른 관할 지방법원으로 이송할 수 있다"고 규정하고 있는바, 이 규정을 부동산 등의 인도청구권 집행에 준용하는 규정이 없기는 하지만, 이를 유추적용 하여 위와같은 경우 목적부동산이 걸쳐 있는 각 지방법원 또는 지원 소속의 집행관 모두에게 관할권이 있고, 필요하다고 인정되는 경우 사건을 위임받은 집행관이 관할권이 있는 다른 법원 소속의 집행관에게 사건을 이송할 수 있다고 해석하는 것이 타당하기 때문이다.[15]

2. 집행의 신청

(1) 인도집행도 강제집행의 일종이므로, 채권자의 집행위임은 서면으로 하여야 한다(민집 4). 신청서 양식은 행정예규 제1113호의 부록 제3호 별지3-1호(강제집행신청서)로 정하여져 있고, 집행의 편의를 위하여 집행목적물의 소재지 약도(별지3-1-2호)를 첨부하도록 하고 있다. 신청서에는 집행력 있는 정본(민집 제42조 제1항)과 집행개시의 요건을 충족하였음을 증명하는 서면(민집 제39조, 제40조, 제41조)을 첨부하고, 신청시에는 집행관수수료규칙 제12조에 따른 수수료와 제20조 제5호(기술자 및 노무자의 수당), 제8호(물건의 운반·보관·감수 및 보존비용), 제11호(물건의 현황을 기록하기 위하여 촬영하는 사진의 비용), 제12호(집행관의 여비 및 숙박료)에 따른 비용을 제25조의 규정에 따라 예납하여야 한다.

(2) 부동산 등의 인도집행에 있어 집행관이 지급받을 수 있는 수수료는 기본 15,000원이다. 다만 집무시간이 2시간을 초과할 때에는 그 초과하는 1시간마다 1,500원을 가산할 수 있고(초과하는 시간이 1시간 미만이더라도 1시간으로 산정한다), 집행목적물의 부존재로 인하여 집행이 불능된 경우에는 앞서 정한 수수료의 반액을 지급받을 수 있다(집행관수수료규칙 제12조). 위와 같은 수수료는 인도할 부동산 또는 선박의 개수별로 받되, 동일한 부동산에 점유를 풀어야 할 채무자(여기서의 '채무자'는 집행권원에 표시된 채무자를 의미하며, 그 채무자와 주거를 같이하는 점유

13) 집행관감독 실무편람, 법원행정처(2018), 239 참조.
14) 법원실무제요 민사집행[Ⅲ], 법원행정처(2014), 556.
15) 집행관감독 실무편람, 법원행정처(2018), 239도 같은 입장이다.

보조자 등은 포함되지 않는다)가 수인인 경우 채무자별로 받는다.[16] 위 '집무시간'을 산정함에 있어서는 '임의이행을 촉구하거나 직무행위에 대하여 설명하는데 소요되는 시간',[17] '조서작성을 위한 시간 및 집무집행에 필요한 공작물을 만드는데 소요되는 시간'등은 모두 포함된다.[18] 반액의 수수료(7,500원)는 집행목적물의 전부가 부존재하여 해당 집행사건을 집행불능으로 종결시키는 경우에만 지급 받을 수 있다.[19]

---

16) 집행관의 수수료 및 비용 산정기준[행정예규 제787호] 제13조 제1항, 제2항.

17) 이와 관련하여 집무시간에 따른 수수료의 가산에 있어 집무시간은 원칙적으로 집행관이 집행에 착수하여 종료할 때까지의 시간을 의미하되, 그 집행행위와 시간적으로 근접하게 이루어진 부수적인 행위를 위한 시간을 포함하는 것이므로, 인도집행의 집행착수에 포함되지 않은 예고집행의 경우 집행행위로 보고 이에 대한 수수료를 따로 받아서는 안 된다는 것이 실무의 입장이다[집행관감독 실무편람, 법원행정처(2018), 240면]. 그러나 동시이행의 조건을 아직 충족하지 못한 경우 등은 별론으로 하고 강제집행개시의 요건을 이미 갖춘 상태에서 채무자의 임의이행을 권유하는 예고집행의 경우에는 이미 강제집행에 착수하였다고 할 수 있으므로, 이에 대한 수수료를 따로 지급받는 것이 타당하다.

18) 집행관의 수수료 및 비용 산정기준[행정예규 제787호] 제3조 제5항.

19) 집행관의 수수료 및 비용 산정기준[행정예규 제787호] 제13조 제3항.

[양식 제3-1호]

<table>
<tr><td colspan="8">강 제 집 행 신 청 서
○○지방법원 ○○지원 집행관사무소 집행관 귀하</td></tr>
<tr><td rowspan="4">채
권
자</td><td rowspan="2">성 명</td><td rowspan="2"></td><td rowspan="2">주민등록번호
(사업자등록번호)</td><td rowspan="2"></td><td>전화번호</td><td colspan="2"></td></tr>
<tr><td>우편번호</td><td colspan="2">□ □ □ - □ □ □</td></tr>
<tr><td>주 소</td><td colspan="6"></td></tr>
<tr><td>대리인</td><td colspan="2">성명 ( )</td><td>전화번호</td><td colspan="3"></td></tr>
<tr><td rowspan="3">채
무
자</td><td rowspan="2">성 명</td><td rowspan="2"></td><td rowspan="2">주민등록번호
(사업자등록번호)</td><td rowspan="2"></td><td>전화번호</td><td colspan="2"></td></tr>
<tr><td>우편번호</td><td colspan="2">□ □ □ - □ □ □</td></tr>
<tr><td>주 소</td><td colspan="6"></td></tr>
<tr><td colspan="2">집행목적물 소재지</td><td colspan="6">□ 채무자의 주소지와 같음
□ 채무자의 주소지와 다른 경우
소재지 :</td></tr>
<tr><td colspan="2">집 행 권 원</td><td colspan="6"></td></tr>
<tr><td colspan="2">집행의 목적물 및
집 행 방 법</td><td colspan="6">□ 동산가압류 □ 동산가처분 □ 부동산점유이전금지가처분
□ 건물명도 □ 철거 □부동산인도 □ 자동차인도
□ 금전압류 □ 기타 ( )</td></tr>
<tr><td colspan="2">청 구 금 액</td><td colspan="6">원(내역은 뒷면과 같음)</td></tr>
<tr><td colspan="8">위 집행권원에 기한 집행을 하여 주시기 바랍니다.
※ 첨부서류
1. 집행권원 1통 20 . . .
2. 송달증명서 1통 채권자 (인)
3. 위임장 1통 대리인 (인)</td></tr>
<tr><td colspan="8">※ 특약사항
1. 본인이 수령할 예납금잔액을 본인의 비용부담하에 오른쪽에 표시한 예금계좌에 입금하여 주실 것을 신청합니다.
채권자 (인)

예금계좌 — 개설은행: / 예 금 주: / 계좌번호:

2. 집행관이 계산한 수수료 기타 비용의 예납통지 또는 강제집행 속행의사 유무 확인 촉구를 2회 이상 받고도 채권자가 상당한 기간 내에 그 예납 또는 속행의 의사표시를 하지 아니한 때에는 본건 강제집행 위임을 취하한 것으로 보고 완결처분해도 이의 없음.
채권자 (인)</td></tr>
</table>

* 굵은 선으로 표시된 부분은 반드시 기재하여야 합니다.(금전채권의 경우 청구금액 포함)

[양식 제3-1-2호]

청구금액계산서	
내 용	금 액
합 계	원
집행목적물 소재지 약도	

3 - 1 (뒷 면)

3. 집행계획의 수립[20)]

단순한 사건의 경우에는 굳이 필요가 없지만, 노량진수산시장 인도집행사건과 같이 집단적으로 저항하거나 격렬한 충돌이 예상되는 경우에는 물건반출 등을 위하여 일반적으로 필요한 노무자 이외에 채무자 측의 집행현장 난입을 막기 위하여 집행현장 주변을 경비할 인력을 포함하여 등록외의 집행관 업무보조자가 다수 필요하게 마련이다. 이 경우 사전에 감독법원에 등록외 노무자 사용승인신청 등 절차를 밟아야 하며, 집행관으로서도 사전에 구체적으로 어떻게 집행을 실시하고, 마칠지 여부 등에 대하여 집행계획을 수립할 필요가 있다.

현장답사를 통하여 집행현장 상황을 확인하고, 필요한 집행보조 인력의 규모 등을 가늠하여 구체적인 집행계획을 수립한다. 사회적 이목을 집중시키는 사건들의 경우 채무자 측의 격렬한 저항이 있기 마련이고, 집행장소 진입도 쉽지 않아 등록외 노무자를 다수 사용하는 경우가 많은데 이런 경우에는 사전에 감독법원에 등록외 노무자 사용승인 신청을 하여야 한다. 감독법원으로부터 등록외 노무자 사용승인을 받으면 등록외 노무자 등에게 사전교육을 실시하여 집행관 통제 하에 둔다. 강제집행이 일몰 후에 종료될 경우에 대비하여 필요한 경우 채권자로 하여금 야간집행 승인을 받도록 해야 할 경우도 있다. 민사집행법 제5조 제2항에 따라 관할경찰서에 원조요청서를 발송하고, 사전에 담당 경찰관과 긴밀히 연락하여 필요한 인원의 경찰관을 현장에 출동하도록 요청한다. 채무자의 투신이나 화재, 집행과정에서의 사고에 대비하여 관할소방서에 현조를 구하여 에어매트를 설치하는 등의 조치가 필요할 수도 있다.

사회적 이목을 끄는 사건들의 경우 감독법원에 집행관 업무 보조자 사용승인 신청을 통하여 사전보고를 하고, 강제집행 직전이나 종료 직후 강제집행 상황을 구두나 서면으로 보고하는 것이 일반적이다.

4. 집행방법

가. 직접강제

집행관은 직접 실력으로 부동산 등에 대한 채무자의 점유를 배제하고 채권자에게 그 점유를 취득하게 하는 직접강제의 방법에 따라 집행하여야 한다. 간접강제의 방법이 허용되지 않는 것은 동산인도청구권의 경우와 마찬가지이다. 다만 부동산 등

20) 2018 집행관실무사례집, 전국법원집행관연합회(2018), 41-47 참조.

의 인도집행에 있어서는 집행관이 채무자의 점유를 해제시킴과 동시에 채권자에게 그 점유를 이전하여야 하므로, 채권자나 그 대리인이 집행장소에 출석할 것이 요구된다. 또한 집행관이 부동산 등의 인도를 명한 집행권원에 따라 집행행위를 함에 있어 그 집행대상이 되는 범위와 관련하여 인적범위의 문제와 물적범위의 문제가 있는바, 이에 관하여는 이하 항을 달리하여 따로 설명한다.

나. 강제력의 사용

채무자가 집행에 저항하는 경우에는 필요한 한도 내에서 강제력을 행사해서라도 집행을 수행하여야 하고, 필요한 때에는 경찰 또는 국군의 원조를 요청할 수 있다(민집 제5조 제2항).

집행관은 집행하는데 저항을 받거나 채무자의 주거에서 집행하려는데 채무자나 사리를 분별할 지능이 있는 그 친족 ·고용인을 만나지 못한 때에는 성년 두 사람이나 특별시·광역시의 구 또는 동 직원, 시·읍·면 직원(도농복합형태의 시의 경우 동지역에서는 시 직원, 읍·면 지역에서는 읍·면 직원) 또는 경찰공무원 중 한 사람을 증인으로 참여하게 하여야 한다(민집 제6조).

다만 채무자나 그 가족이 와병 중이어서 강제집행이 그 병세를 악화시킨다는 등의 특별한 사정이 있는 때에는 한때 강제집행을 보류함이 상당하다. 이 경우에 채무자의 질병의 유무 정도가 명백하지 않은 때는 집행관은 의사에게 병세를 진찰하게 할 수 있고,[21] 그 비용은 집행비용으로서 채무자에게 부담시킬 수 있다.

또한, 부동산의 인도집행에 있어서는 채권자가 바로 단행하도록 요구하는 경우는 별도로 하고, 제1회의 기일에는 채무자에 대하여 인도를 최고하는 것에 그치고, 당사자의 사정을 고려하여 인도의 유예기간을 주는 취지로 다음 기일을 정하는 방법도 허용된다.[22] 부동산 등의 인도집행은 채무자에게 가하는 타격이 심대하고, 채무자 측 임의이행을 기대할 수 있다면, 집행비용이나 그 밖의 면에서 전체적으로 오히려 채권자에게 경제적으로 이득이 되는 경우도 많기 때문이다. 이것이 오히려 일반적인 실무례이다.[23]

21) 注釋 民事執行法(1), きんざい(1995), 196; 山本和彦 外 編, 新基本法コンメンタール 民事執行法, 日本評論社(2014), 22.
22) 법원실무제요 민사집행[Ⅲ], 법원행정처(2014), 557; 집행관 실무편람, 법원행정처(2004), 267.
23) 문성진, 집행관 실무제요, 유로(2017), 594.

다. 채권자 또는 그 대리인의 출석

집행관이 집행하기 위해서는 채권자나 그 대리인이 인도받기 위하여 출석하여야 한다(민집 제258조 제2항). 부동산은 그에 대한 채무자의 점유를 일시 배제하더라도 동산과 같이 운반하여 보관할 수도 없고, 채권자나 그 대리인이 출석하여 점유를 취득하지 않으면 집행관의 점유를 거치지 않는 한 채권자에게 점유를 취득시킬 방법이 없고, 이를 집행관에게 잠시라도 점유하도록 하는 것은 집행의 방법으로 부적절하기 때문이다.[24] 따라서 채권자나 그 대리인이 출석하지 않았음에도 집행관이 채무자로부터 그 점유를 완전히 빼앗아 집행관 자신이 점유하거나 제3자로 하여금 점유하게 하는 것은 하자가 있는 집행이다.[25]

채권자가 채권자대위권을 근거로 하여 인도소송을 제기한 경우와 같이 집행권원이 채권자 이외의 제3자에게 인도를 명하는 것인 경우에는 그 제3자나 그의 대리인이 출석한 경우에 한하여 집행할 수 있으나, 제3자가 출석하지 않기 때문에 채권자에게 인도한 때에는 채권자가 제3자를 대리하여 인도받은 것으로 보고, 이로써 인도집행은 종료된 것으로 보아야 한다. 그러나 채권자가 사전에 집행관에게 대리인 선임을 위임한 경우에는 굳이 채권자나 그 대리인의 출석이 필요하지 않다. 그리고 퇴거의 집행에는 채권자에게 점유를 이전할 필요가 없으므로, 채권자나 그 대리인의 출석이 필요하지 않다.

5. 집행대상의 인적범위 문제

가. 의의

건물 인도 또는 명도의 강제집행은 집행관이 채무자의 목적건물에 대한 점유를 해제하여 채권자에게 그 점유를 취득시키는 방법에 의하여야 하므로(민집 제258조 제1항), 건물인도(명도) 집행을 하는 경우 두 가지의 요건이 필요하다. 그 하나는 집행권원에 기재된 목적건물과 집행대상인 건물이 동일한지 여부이고, 다른 하나는 집행권원의 집행문에 기재된 채무자와 집행의 대상인 건물의 점유자가 일치하는지 여부

---

24) '인도청구권의 집행'이란 궁극적으로 점유의 이전을 실현시켜 주는 것인데, 동산의 점유와 같이 사실적이고 물리적인 지배를 이를 직접적으로 빼앗을 때 곧바로 새로운 점유가 개시되므로 집행관의 중간점유를 인정하지 않고서는 집행방법이 없게 된다. 그러나 부동산의 점유는 관념적인 지배이므로 집행관이 채권자로 하여금 목적부동산을 공간적으로 점령하고 자신의 지배하에 둘 수 있도록 하는 방법으로 집행할 수 있을 뿐 집행관의 중간점유를 인정하여야 할 실익이 없다.

25) 대법원 1962. 2. 8. 선고 4293민상677 판결.

이다.[26] 이들 요건이 구비된 경우 집행에 착수하는 것이 가능하므로, 집행관은 채무자가 점유하고 있는 한도 내에서 이를 배제하고 채권자에게 그 점유를 이전할 수 있다.

민사집행법에 민사집행법 제258조 제1항의 '점유'에 관한 정의규정은 없지만, 건물인도(명도) 집행에 있어 점유란 목적물에 대한 직접적인 지배를 말하는 것으로 간접점유를 포함하지 않는 것이라고 해석된다.[27] 집행관은 사회통념에 비추어 채무자가 목적건물을 직접적으로 지배하고 있는지 아닌지를 조사, 판단하여 점유인정 여부를 가리게 될 것인데, 구체적으로는 목적건물의 사업자등록자 명의, 표찰·간판 등의 표시, 채무자 등의 주민등록사항, 우편물의 주소, 전기·가스·전화 등의 가입명의인, 인근 주민들에 대한 수소문 결과 등의 조사를 통하여 종합적으로 판단할 수밖에 없다.

집행의 대상자는 집행권원에 표시되어 있는 채무자 본인이다. 따라서 목적물을 제3자가 점유하고 있는 경우에는 그 제3자가 집행권원의 집행력이 미치는 채무자의 승계인이라면 승계집행문을 부여받아 인도집행을 할 수 있지만, 그렇지 않은 경우라면 인도집행을 할 수 없고, 민사집행법 제259조에 의하여 채무자의 제3자에 대한 인도청구권을 압류하는 방법에 의하거나 제3자에 대하여 새로운 집행권원을 얻어 집행하여야 한다.

건물철거의 집행권원에 기하여 건물철거의 전제로서 건물에 거주하는 채무자를 퇴거시킬 수 있고, 채무자에 대하여 건물철거 외에 별도로 퇴거를 명하는 집행권원을 필요로 하는 것은 아니다. 또한 건물철거 및 토지인도의 판결이 확정된 후 채무자가 철거하여야 할 건물에 대하여 건물매수 청구의 의사표시를 하면 건물철거는 허용될 수 없지만, 그 집행권원에 기하여 채무자에 대하여 건물로부터 퇴거는 강제할 수 있다고 한다.[28]

한편 부동산에 대한 점유는 점유자가 해당 부동산에 자신 소유의 동산을 놓아두고 이를 관리 및 사용하는 방식으로 하므로, 집행관은 인도집행의 목적물인 부동산을 특정하기 위해서는 집행권원상의 채무자가 목적물을 위와 같은 방식으로 점유하고 있는지를 확정하여야 하는데, 이것이 바로 인도집행에 있어 집행대상의 인적범위의 문제가 된다. 즉, 동산에 대한 강제경매나 동산인도집행에서는 집행의 목적물을 특정하기 위하여 채무자의 점유인정이 필요한 반면, 부동산 등의 인도집행에 있어서는 부동

26) 大阪地裁執行實務研究會 編, 不動産明渡·引渡事件の實務, 新日本法規(2010), 384-385.
27) 大阪地裁執行實務研究會 編, 不動産明渡·引渡事件の實務, 新日本法規(2010), 385.
28) 제4판 주석 민사집행법(Ⅵ), 한국사법행정학회(2018), 25.

산에 대한 채무자의 점유를 인정하기 위하여 집행목적인 부동산을 집행권원상의 채무자가 점유하고 있는 것이 맞는지에 관한 점유인정이 필요하므로, 결국 여기서의 채무자의 점유인정도 동산에 대한 강제집행에서 압류목적물을 선정하는 경우와 같은 논리가 적용된다.

나. 대상 건물에 채무자가 거주하는지 여부에 대한 판단 기준[29)]

1) 채무자 거주에 대한 판단자료들

① 주민등록표 등·초본에 의하여 그 곳이 거주지로 주민등록이 되어 있을 것

② 채무자가 그 곳에서 생활하고 있음을 나타내는 자료들

㉮ 그 건물 내에서 발견되는 채무자의 주민등록증, 운전면허증, 건강보험증, 보험증권, 예금통장, 채무자 명의의 각종 우편물(편지, 전기요금청구서, 전화요금청구서, 신용카드대금청구서 등), 각종 공과금영수증(건강보험료납부서, 아파트관리비납부서, 종합부동산세영수증, 재산세영수증, 자동차세영수증 등), 약봉지, 명패, 기념패, 사진(성명이 기재된 결혼사진, 가족사진, 기념사진, 앨범, 단독사진 등), 신발이나 양복의 이름표, 세탁물에 붙은 꼬리표 등으로 확인

㉯ 채무자의 전화번호로 발신하여 그 건물 내의 전화에서 수신되는지 확인

㉰ 건물에 붙은 문패, 간판, 상호로 확인

③ 대상 건물 주변 사람들의 진술 청취

㉮ 주소지 내 거주자(건물주, 임차인) 등에게 문의하여 확인

㉯ 인근 주민들에게 문의하여 확인

㉰ 아파트 등 공공주택은 관리사무소나 경비원을 통하여 확인

④ 그 밖의 자료들

㉮ 채권자의 진술 : 채권자가 그곳에서 최근에 채무자를 만났었는지 확인

㉯ 그곳에서 발견되는 자녀들의 교과서나 노트상에 나타난 성명을 비교하여 판단

㉰ 그 밖에 그곳에서 발견되는 거주자의 소지품을 가지고 합리적으로 판단

2) 채무자가 거주함에 관한 판단

① 위 (가)의 ①항에 의하여 주민등록이 되어 있음이 확인되고, (가)의 ②항 또는 ③항 중 하나 이상을 통하여 거주가 확인되었을 경우에는 일응 채무자가

---

29) 집행관감독 실무편람, 법원행정처(2018), 92-97 참조.

당해 건물에 거주한다고 판단하여도 좋다.

② 채권자가 채무자의 주민등록표등(초)본은 제출하지 않는 경우, 가능한 한 먼저 제출하게 하여 채무자의 주소지를 소명하도록 하여야 한다.

③ 주민등록을 하지 않은 상태로 거주하는 경우, 채무자의 거주를 인정하기 위하여는 위 (가)의 ②항 또는 ③항 중 각 하나 이상을 통하여 거주가 확인되었을 경우에만 채무자의 거주를 인정함이 타당하다.

④ 이상과 같은 방법을 통하여 채무자가 거주함에 대한 확인없이 채권자의 단순한 진술에 의하여만 당해 건물에 채무자가 거주하는 것으로 단정하여서는 안 된다.

3) 채무자 거주 및 점유 여부가 불명확한 경우

위의 각 항목에 따르는 판단에 의하여도 채무자의 거주 및 점유 여부가 불명확한 경우에는 집행불능으로 처리하고, 채권자에게 집행에 관한 이의를 할 수 있음을 적정한 방법으로 고지하는 것이 타당하다.

다. 부동산 등에 채무자 등이 부재한 경우

부동산 등 명도에 임하여 채무자의 주택에 전원부재인 경우에는 집행관은 채권자의 진술, 표지판, 우편함의 우편물, 가스, 전기, 수도의 표시, 기타 인근 탐문조사(아파트 경비원 등) 등으로 집행권원 표시의 채무자가 점유하는 주택인지, 아닌지를 조사하여 그것이 채무자의 점유라고 판단이 될 때는, 채무자 주택이 전원 다른 곳으로 전출하여 부재라고 하더라도 집행에 착수하여야 한다.

이때 성년 두 사람이나 특별시·광역시의 구 또는 동 직원, 시·읍·면 직원(도농복합형태의 시의 경우 동지역에서는 시 직원, 읍·면 지역에서는 읍·면 직원) 또는 경찰공무원 중 한 사람을 증인으로 참여하게 하여야(민집 제6조) 집행이 가능하다. 채무자가 대상 주택에서 전원 다른 곳으로 전출하여 부재이더라도 명도집행 신청채권자에게 점유를 취득시켜 주어야 한다.

라. 목적부동산 점유자의 가족, 동거자 등 점유보조자에 대한 집행[30)]

1) 개설

집행의 대상으로 되어있는 주택에 채무자 이외의 자가 거주하고 있는 경우가 있지만, 집행권원의 효력은 원칙적으로 집행권원에 표시된 당사자 이외의 자에게는 미

30) 문성진, 집행관 실무제요, 유로(2017), 595-598 참조.

치지 않기 때문에 당연히는 채무자에 대한 주택 인도의 집행권원을 근거로 한 당해 주택에서 채무자 이외의 자를 퇴거시킬 수는 없다.

그러나 제3자의 당해 주택에서의 거주의 형태, 채무자와의 관계 등에 따라서는 그 제3자에 대하여 집행권원이 필요하다고 볼 수는 없고 점유보조자로 보아 당해 주택에서 퇴거시킬 수 있다. 이 제3자에 해당하는 점유보조자는, 채무자의 동거가족으로 채무자와 당해 주택에서 생활을 함께하는 자라든지 채무자의 피용자 기타 동거자(거주하는 점원, 공장직원, 가정교사 등)로서 부수하여 거주하고 있는 자 이른바 점유보조자에 불과하므로, 채무자와 함께 퇴거를 시킬 수 있다.

이처럼 동거의 가족 등에 대하여는 집행권원이 없어도 퇴거시킬 수 있다고 하는 이유는 실체법상 집행채무자만이 목적주택을 점유할 권한을 가짐에 불과하고, 가족 등이 사실상 주택을 지배하고 있더라도, 그것은 단지 집행채무자의 점유보조자로 하는 것이고 이들에게 독립된 점유가 인정되지 않기 때문이다.

2) 당해 가족이 점유자인지 점유보조자인지의 인정기준

당해 가족이 점유자인지 점유보조자인지 여부의 인정은 실제로는 반드시 쉽지만은 않다. 가끔 채무자와 통정하여 집행방해를 위하여 점유권원을 주장하는 예도 있다. 점유의 인정에 있어서는 집행관은 통상의 경우와 마찬가지로 결국 사회통념에 비추어 판단하여야 하나, 그 판단에 있어서는 당해 주택의 명패, 우편물 등에 의하여 현실의 거주자를 파악하여 확인하고, 그자가 사용하는 방, 실내의 이용 상황, 신분관계, 나이, 생활형태 등, 동산류의 비치상황, 임대차의 여부, 주민등록표, 외국인등록증명서 등을 신중하게 조사하고, 인근 거주자에게 탐문하는 등의 방식으로 종합적으로 판단하여 결정해야 한다.

3) 같은 생계를 영위하는 부부 및 그 자녀 부부

함께 생계를 영위하는 부부와 그 자녀가 일정한 주택에 동거하는 경우에는 목적인 주택의 사실상 지배에 관하여 중요한 대외적 역할을 부담하고 있다고 객관적으로 인정되는가 아닌가에 따라서 점유자를 정하는 것이 타당할 것이고, 이것이 인정되면 점유자, 인정되지 않으면 점유보조자로 보아야 할 것이다.

통상 부부와 그 자녀가 일정한 주택에 동거하는 경우, 생계의 중심은 남편이고 아버지인 경우가 대다수이지만, 처가 생계의 중심으로서 주택의 임차 명의인으로 되어있는 경우는 그 임차주택의 점유자는 처이고, 남편과 자녀는 점유보조자라고 할 수 있다.

부부와 동거하고 있는 자식 부부의 경우는 동거 자식 부부의 생활상태, 직업, 수입의 상황 등을 살펴 판단하여야 한다. 부모와 생계를 명확하게 구별하고 있는 등의 상황이 엿보이지 않는 때는 통상은 자식 부부는 점유보조자로 보아야 한다. 또한, 독신의 자녀가 급료 일부를 제공하고 가옥 일부를 사용하고 있는 경우도 통상 자녀는 점유보조자로 본다.

① 채무자인 처와 동거하는 남편이 장기간 무직으로, 오로지 처의 당해 건물에서의 영업수익에 의존하여 생활하고 있다든가 ② 동거하는 남편이 따로 소액의 수입을 얻고는 있지만, 처의 당해 건물에서의 영업상의 수익에 의하여 공동생활비 대부분이 조달되고 있는 경우, 남편은 종속적인 입장에 있다고 해석되므로, 처가 건물의 점유자라 할 것이어서 처에 대한 집행권원이 없으면 명도집행을 할 수 없다.[31]

4) 독립된 권원 없이 점유하고 있는 사람의 경우 점유

집행방해를 위하여 불법으로 목적물을 점거하고 있음이 명백한 사람도 이를 일종 채무자의 점유보조자로 보아 채무자의 집행권원으로 강제집행을 할 수 있다.[32] 한편 집행권원에 표시된 채무자(주 점유자)가 임의로 퇴거하고 종전부터 채무자와 동거하고 있던 점유보조자가 당해 주택을 점유하고 있는 경우, 채무자에 대한 집행권원의 집행력은 위 점유보조자에게도 미치므로, 미리 점유보조자에 대한 승계집행문을 얻지 않아도 종전의 집행권원으로 집행할 수 있다.

5) 독립된 권원에 의한 사람의 경우 점유

채무자의 임차인 등과 같이 독립된 권원에 의하여 점유하고 있는 사람들에 대하여는 별도로 집행권원이 있어야 집행을 할 수 있다. 그러나 이들이 강제집행에 이의를 제기하지 않고 집행이 종료된 때에는 집행의 효력에 영향을 미치지 않는다.[33] 만일 집행관이 임차인 등의 항의를 무시하고 인도 집행을 강행한다면 이는 임차인 등에 대한 관계에서 불법행위가 된다.[34] 따라서 집행권원에 표시된 채무자 이외의 사람이 목적물인 건물에 외관상 집행권원에 표시된 사람과 관계없이 거주하고 있는 것으로 보이는 경우에는 이 거주자를 집행권원에 표시된 사람의 점유보조자로 인정하는 데는

31) 문성진, 집행관 실무제요, 유로(2017), 596.

32) 제4판 주석 민사집행법(Ⅵ), 한국사법행정학회(2018), 29. 서울중앙지방법원 2012. 6. 8.자 2012타기1952 결정, 서울중앙지방법원 2010. 8. 18.자 2010타기2793 결정, 서울중앙지방법원 2010. 8. 31.자 2010타기3080 결정 참조.

33) 법원실무제요 민사집행[Ⅲ], 법원행정처(2014), 558.

34) 대법원 1985. 5. 28. 선고 84다카1924 판결.

신중하여야 한다.[35)]

6) 호텔이나 여관 등의 접객업소에서 임시로 머무르고 있는 사람들의 점유

호텔이나 여관 등의 접객업소를 경영하는 사람을 채무자로 하는 건물 인도 집행에서는 그 건물에 손님으로서 임시로 머무르고 있는 사람들에 대하여는 별도의 집행권원이 없이도 함께 집행할 수 있으나, 하숙인은 독립된 점유를 하는 것으로 보아야 하므로 그러하지 아니하다.[36)] 고시원(고시텔, 원룸텔, 미니텔 등)의 원룸 거주자들의 경우도 단순한 점유보조자라고 보기 어려우므로, 채무자인 고시원운영자가 영업을 위하여 사용하는 부분(사무실 등) 및 공실 상태의 원룸에 대하여만 강제집행이 가능하다 할 것이다.[37)]

7) 채무자가 법인인 경우 점유

채무자가 법인인 경우에는 그 기관인 대표자 또는 종업원의 행위를 통하여 건물을 점유하게 되는데 대표자로서 건물을 소지하는 때에는 그 건물의 직접 점유자는 법인이므로, 채무자 개인에 대한 건물인도의 집행권원을 근거로 하여 인도 집행을 하기 위해서 현장에 갔으나, 그 건물의 일부가 채무자가 대표자인 회사가 점유하고 있는 것으로 판명된 경우에는, 그 회사가 이른바 1인 회사라고 보이는 때에도 회사가 점유하는 부분에 인도집행 할 수는 없다.[38)]

바. 점유보조자의 집행 수인의무

채무자에 대한 집행권원에 의하여 건물명도의 강제집행이 개시되어 그 속행 중에 채무자가 임의로 퇴거하고 그 가족이 건물에 계속하여 거주하고 있는 경우 승계집행문을 부여받을 필요 없이 집행관은 채무자의 가족들에 대하여 인도집행을 하는 것이 가능하다. 채무자의 가족들이나 고용인들이 남아 있는 경우에도 특별한 사정이 없는 한 채무자에 대한 집행신청에 기하여 이들을 퇴거시키는 것이 가능하다는 것이다.[39)]

그 이유는 다음과 같다. ① 채무자와 동거하는 가족들은 목적건물을 독립하여 점유하고 있는 것이 아니어서 채무자에 대한 집행권원으로 동거가족 등에 대하여 집

---

35) 제4판 주석 민사집행법(Ⅵ), 한국사법행정학회(2018), 30.
36) 법원실무제요 민사집행[Ⅲ], 법원행정처(2014), 558.
37) 집행관연찬집2018, 법원공무원교육원(2019), 68.
38) 법원실무제요 민사집행[Ⅲ], 법원행정처(2014), 558. 서울중앙지방법원 2012. 2. 29.자 2012타기652 결정도 참조.
39) 大阪地裁執行實務硏究會 編, 不動産明渡·引渡事件の實務, 新日本法規(2010), 386-387.

행하는 것이 가능하고, ② 채무자 및 그 가족 등에 대하여 적법하게 건물명도의 집행이 개시된 때에는 동거가족 등은 채무자와 동일한 집행 수인의무를 부담하는 광의의 집행채무자의 위치에 선다고 할 수 있으며, ③ 채무자가 목적건물로부터 임의로 퇴거하고 그 가족들만이 목적건물을 점유하고 있는 상태가 되더라도 건물명도의 수인의무를 새로이 승계하는 것이 아니고, ④ 채무자의 가족들에 대한 승계집행문이 필요 없다고 하는 것이 집행의 확실, 신속성의 요청에 부합하기 때문이다.[40)]

채무자만이 임의로 퇴거하였다고 하더라도 사회통념상 채무자가 점유로부터 완전히 이탈하였다고 보여 지지 않는 한 채무자의 가족들은 그 점유보조자로서 집행수인의무를 부담하므로, 채무자를 집행채무자로 하는 건물명도 강제집행을 받게 되는 것이다. 이에 반하여 채무자가 처와 이혼하여 그 동산들을 모두 가지고 이사하는 등으로 채무자가 목적건물의 점유로부터 완전히 이탈한 경우에는 채무자의 가족들이 독립한 점유자로서 평가될 수 있으므로, 채무자를 집행채무자로 한 강제집행의 속행은 문제가 되게 된다.

사. 공동점유자에 대한 집행

건물 전부를 甲과 乙이 공동점유하고 있는 경우에는 그 중 갑에 대한 집행권원을 근거로 하여 갑에 대해 퇴거집행을 할 수 있는 것은 문제가 없다. 이 경우에는 집행관은 갑과 을의 공동점유를 해제하는 것은 가능하므로 채권자로서는 갑을 퇴거시키면 목적을 달성하는 경우라면, 집행관으로서는 갑에게 퇴거의 경고를 하여 갑이 이에 응하면 집행은 완료된다. 그 결과 집행 후에는 채권자와 다른 공동점유자의 공동점유가 된다. 점유자인 채무자 2인에 대한 집행권원으로 인도집행을 하였는데, 집행 당시에는 그 중 1인만이 점유하고 있는 경우에도 집행하는 데에는 아무런 문제가 없다.[41)] 부동산인도의 집행을 함에 있어 채무자의 참석은 전제 요건이 아니기 때문이다.

한편 갑을 퇴거시키고, 채권자와 을이 공동점유하지 않으면 목적을 달성할 수 없는 경우라면, 집행관이 갑에 대한 퇴거집행을 위하여 목적건물 내에 출입함에는 을의 동의가 필요하게 되고 을의 동의가 없는 이상 갑에 대한 퇴거 집행은 결국 불능으로 된다. 또한, 갑의 공동점유를 채권자에게 취득하게 함에는 을의 등의가 없으면 허용되지 않기 때문에, 을이 갑에 대한 퇴거 집행에 동의하더라도, 채권자와의 공동점

40) 大阪地裁執行實務研究會 編, 不動産明渡·引渡事件の實務, 新日本法規(2010), 386-387.
41) 집행관감독 실무편람, 법원행정처(2018), 245.

유에 관하여 동의하지 않는 한 갑의 퇴거가 이루어지는 것만으로 을과의 공동점유는 불가능하다.

6. 집행대상의 물적범위 문제

가. 의의

인도집행의 목적물의 범위는 원칙적으로 집행권원에 적혀 있는 물건에 한정된다. 집행대상의 물적범위와 관련하여서는 부합물이나 종물에 대한 집행 가능 여부, 건물의 일부에 대한 집행, 건물·수목 등이 소재한 토지의 인도집행 가능 여부 등이 문제된다.

나. 부합물, 종물에 대한 집행

목적물인 건물에 집행권원에 적혀 있지 않은 증축부분이나 부속부분이 있는 경우 이들 부분이 목적건물에 부합하여 있거나 건물과 밀접한 관계에 있는 종물로 인정되는 경우에 한하여 인도집행이 가능하고(이는 집행권원이 성립한 후에 증개축이 이루어진 경우도 마찬가지이다),[42] 그 밖의 경우에는 집행불능이 될 수밖에 없다. 따라서 집행관은 증축부분이나 부속부분이 목적물에 부합되었거나 종물로 인정되지 않는 경우, 인도집행의 목적물이 집행권원의 표시와 일치하지 않음을 이유로 당해 사건을 집행불능으로 처리할 수밖에 없으므로, 채권자로 하여금 집행권원에 대하여 경정결정을 받아오거나 별도의 집행권원을 취득하여 다시 집행신청을 하게 하여야 한다.

건물의 증축부분이 기존 건물에 부합되었는지 여부는 증축부분이 기존 건물에 부착된 물리적 구조뿐만 아니라, 그 용도와 기능면에서 기존 건물과 독립한 경제적 효용을 가지고 거래상 별개의 소유권의 객체가 될 수 있는지 여부 및 증축하여 이를 소유하는 자의 의사 등을 종합하여 판단하여야 한다.[43]

부동산의 종물 중 동산인 것은 그대로 놓아 둔 채 목적 부동산과 함께 채권자에게 인도하는 것이 원칙이나, 채무자가 설치한 것으로서 채무자의 점유가 인정되고, 용이하게 철거가 가능한 것은 채권자가 이의하지 않는 한 반출하여 채무자 등에게 인도하거나 보관하여야 할 것이다. 부동산의 종물 중 부동산인 것으로는 별동으로 되어 있으나 주된 건물의 경제적 효용을 보조하기 위하여 계속적으로 이바지하는 화장실,

---

42) 大阪地裁執行實務硏究會 編, 不動産明渡·引渡事件の實務, 新日本法規(2010), 431.
43) 대법원 1981. 12. 8. 선고 80다2821 판결, 대법원 1996. 6. 14. 선고 94다53006 판결.

목욕탕, 창고, 정화조 등이 있다. 종물인 가건물도 주된 건물과 함께 그대로 채권자에게 인도하는 것이 원칙이지만, 채무자가 독립된 권원에 의하여 축조한 것으로서 용이하게 철거가 가능하며, 채무자의 수취청구에 대해 채권자가 이의하지 않는다면 집행목적 외의 동산처럼 취급하고 해체하여 채무자에게 인도하여야 할 것이다.[44] 그러나 실무상 그 철거비용까지 집행비용으로 채권자에게 예납시킬 수 없을 것이므로,[45] 채무자가 스스로 해체하거나 별도의 비용을 제공하지 않는 이상 목적부동산과 함께 채권자에게 그대로 인도하여야 할 것이다.[46]

다. 건물의 일부에 대한 집행

1) 건물의 일부가 다른 부분과 구분할 수 있고 독립하여 사용할 수 있는 경우[47]

민사집행법상 이를 금지하는 규정이 없는 이상, 사회통념상 건물 일부의 집행부분이 다른 부분과 분리하여 사용할 수 있는 경우 1개의 목적부동산 일부분에 대한 인도 또는 명도의 강제집행은 가능하다.[48] 이 경우 집행은 인도 드는 명도하여야 할 목적부동산이 물리적 구조상 다른 부분과 구별을 할 수 있고 나아가 그것 자체가 독립하여 사용 가능한 경우(분리하여 집행하여도 생활이나 영업에 지장이 없는 경우)이어야 한다. 다른 부분과 구별할 수 있고 독립된 효용을 가진 여러 개의 부분으로 되어 있는 경우에는 개개의 부분별로 채무자의 점유를 빼앗아 차례대로 채권자에게 그 점유를 이전하여야 하는 것이 원칙이다. 따라서 이러한 경우에는 갑에 대한 집행권원으로 갑에 대한 인도집행을 하고자하여도 을의 동의가 없으면 사실상 그 집행은 불능이 된다.[49] 이러한 경우 채권자로서는 을에 대하여 자신과의 공동점유를 수인하도록 하는 간접강제에 관한 집행권원(물론 동거의무를 간접강제 하는 것은 사회상규에 반하는 것일 수 있다)을 별도로 얻거나 갑과 을 모두를 채무자로 하는 새로운 집행권원을 얻어야 한다. 구분 가능한 소정의 요건을 충족한 등기가 있으면 독립한 부동산이기 때문에 이에 대응한 집행권원이 작성되기 마련인데 여기서 말하는 것은 구분등기

44) 제4판 주석 민사집행법(Ⅵ), 한국사법행정학회(2018), 26.
45) 가건물 철거에 소요되는 비용이 집행목적을 달성하기 위한 공익비용으로 볼 수 없기 때문이다.
46) 집행관감독 실무편람, 법원행정처(2018), 247.
47) 목적부동산이 이미 구분등기가 되어 있는 경우 각각이 독립한 부동산이기 때문에 이에 대응하는 부동산의 표시가 집행권원상 있을 것이어서 문제가 되지 않는다. 여기서 말하는 것은 구분등기가 없으나 물리적으로 구별되어 있으며, 독립하여 사용이 가능한 경우를 말한다.
48) 大阪高決 34(1959). 5. 21. (判タ 92, 60). 大阪地裁執行實務研究會 編, 不動産明渡·引渡事件の實務, 新日本法規(2010), 393-396.
49) 집행관감독 실무편람, 법원행정처(2018), 246.

가 없는 것이다. 강제집행 도중에 집행정지명령이 있는 때에는 채권자에게 아직 점유를 인도하지 않은 부분에만 집행을 정지하게 된다. 즉 집행을 마친 부분의 집행정지나 집행취소는 구할 수 없다. 채권자에게 이전된 부분에 대한 집행은 종료된 것이고, 당해 집행권원은 그 일부에 대하여는 효력이 상실된다. 그러므로 일부의 집행이 종료한 후 다시 채무자가 그 일부를 점유하게 되면 그 점유는 새로운 점유이며, 따라서 채권자로서는 이미 가지고 있는 집행권원으로 재도의 인도집행을 구할 수 없게 된다.

부동산의 인도 또는 명도는 채무자로서는 생활의 기반을 상실하는 중대한 타격을 가져오는 것이기 때문에 집행실무상, 일거에 모든 명도집행을 하는 것은 사실상 곤란한 때도 있고, 무리하게 강행하면 커다란 분쟁을 발생하기 쉬우므로, 경우에 따라서는 일부분씩의 명도에 그치고 후에는 가능한 한 채무자 임의의 이행을 기대하는 것도 실무상 가능한 방법이다.[50)]

위의 경우 채무자의 점유를 해제한 부분을 그때마다 채권자에게 그 점유를 취득시키는 방법은 그 부분에 관한 집행은 종료한 것이라고 해석해야 하므로, 채무자가 그 후에 그 부분에 침입하여 점거하게 되면 원래 집행권원으로 재도의 명도집행은 불가능하기 때문에, 새로운 집행권원이 필요하게 된다.[51)] 집행을 다음날까지 속행하여야 하는 때에는 집행을 마친 부분은 반드시 채권자에게 그 점유를 인도하여야 하고 집행관이 그 보관의 책임을 지는 사태는 피하여야 한다.[52)]

건물의 일부에 대한 집행이 가능한 경우 채권자에게 집행관이 인도하는 건물의 일부를 수령할 의무가 있는지가 문제 된다. 이를 긍정하는 경우에는 그 일부의 점유가 채권자에게 이전하면 그 부분에 대한 집행은 종료되고, 당해 집행권원은 그 효력을 그 일부분에 대하여는 상실하게 되기 때문에 일부의 집행이 종료한 후 다시 채무자가 그 일부를 점유한다면 그 점유는 새로운 점유가 되어 채권자로서는 이미 가지고 있는 집행권원으로 재집행을 하는 것이 불가능하여 새로운 집행권원을 취득할 필요가 생기게 되고, 건물의 일부만의 점유를 이전받는 것이 현실적으로 곤란한 경우가 많은 등 채권자에게 불이익을 초래하는 경우가 많기 때문이다. 따라서 집행관이 건물의 일부 집행을 함에 있어서는 이러한 채권자의 불이익의 가능성을 염두에 두고 채권자의 의사를 확인하여 두는 것이 바람직하나, 이론상으로는 일부 집행이 목적물의 성상에 비추어 허용되는 이상 채권자에게 수령의무가 있다고 보아야 할 것이

50) 문성진, 집행관 실무제요, 유로(2017), 599.
51) 이 경우에는 인도단행 가처분을 고려해 볼 필요가 있다.
52) 법원실무제요 민사집행[Ⅲ], 법원행정처(2014), 559; 집행관 실무편람, 법원행정처(2004), 269.

다.[53)]

2) 건물의 일부를 다른 부분과 분리하거나 독립하여 사용할 수 없는 경우

목적부동산이 물리적 구조상 다른 부분과 구별을 할 수 없는 경우에는 1개의 불가분의 건물에 대한 채무자의 점유를 빼앗아 가는 과정에 불과하므로 마지막으로 전부를 모아서 채권자에게 인도하게 된다. 집행을 다음날까지 속행하여야 하는 때에는 채무자의 목적물에 대한 점유를 배제하는데 착수한 것에 불과하고, 집행관이 목적물의 입구를 잠그거나 봉인하는 등의 조처를 하는 것은 허용되지 않는 것에 유의하여야 한다.[54)]

문제는 목적건물이 그 구조상 및 효용상 불가분인 상황에서 그 명도집행에 상당한 시간이 소요되는 경우로, 예컨대 초대형 호텔이라든가, 빌딩의 명도에 관하여는 대량의 집행목적 외 동산이 존재하여 집행완료 시까지 수일이 필요로 하는 경우가 있다. 이와 같은 경우 집행관은 건물의 층마다 또는 방실마다와 같이 건물 일부가 독립된 효용은 없지만, 물리적으로 다른 부분과 구별 가능한 것에 대하여 채무자의 점유를 해제하여 당해 집행기일을 종료하고 집행을 계속 상태로 해 두는 방법으로 처리한다. 이 경우 점유를 해제한 부분에 관해서만 시정(施錠)이나 봉인(封印) 등을 하여 두는 방법을 취하고 공시서를 부착해 두는 것도 가능하다. 이처럼 해두면 가령 채무자가 다시 그 점유를 탈취하는 때가 있더라도 집행은 아직 종료되지 않은 것이므로, 집행관은 저항배제의 일환으로써 점유를 빼앗고 동일한 집행권원으로 집행을 최후까지 완수할 수 있다. 이처럼 집행을 속행한 때에는 채무자가 다음날의 집행개시까지 이미 반출된 물건 등을 목적건물 내의 원래 장소로 반입하더라도 1개의 불가분물에 대한 집행으로서 아직 집행은 종료되지 않았으므로, 반입한 물건을 다시 반출하더라도 관계없다.[55)]

53) 제4판 주석 민사집행법(Ⅵ), 한국사법행정학회(2018), 31; 注釋 民事執行法(7), きんざい(1995), 218-219.

54) 법원실무제요 민사집행[Ⅲ], 법원행정처(2014), 559.

55) 제4판 주석 민사집행법(Ⅵ), 한국사법행정학회(2018), 32; 注釋 民事執行法(7), きんざい(1995), 220.

라. 건물·수목 등이 있는 토지의 인도 집행의 가부

1) 목적물인 토지 위에 건물이 있는 경우

단순히 토지의 인도를 명하는 집행권원에 기초하여 집행하는 경우에 목적물인 토지 위에 건물이 있는 때에는 건물은 토지와 별개의 부동산이므로 그 건물을 철거하지 않는 한 그 부지인 토지 부분의 점유를 빼앗을 수 없고, 그 한도에서 집행은 불능이 된다. 집행관은 직접 건물을 철거할 수 없으며, 이 경우에는 건물철거청구에 관한 별도의 집행권원을 얻어 대체집행에 의하여야 한다. 토지인도의 집행권원 성립 후에 건축된 건물의 경우에도 마찬가지이다.[56]

2) 인도집행의 목적물인 토지상에 수목이 식재되어 있는 경우

판례 중에는 토지의 인도를 명한 집행권원의 효력은 그 지상에 건립된 건물이나 수목의 인도에까지 미치는 것이 아니고, 또한 위와 같은 건물이나 수목을 그대로 둔 채 토지에 대한 점유만을 풀어 채권자에게 인도할 수는 없으므로, 집행관으로서는 지상에 건물이 건축되어 있거나 수목이 식재된 토지에 대하여 그 지상물의 인도나 수거, 철거를 명하는 집행권원이 따로 없는 이상, 토지를 인도하라는 집행권원만으로는 그 인도집행을 할 수 없다고 한 것들이 있으나,[57] 수목에 관하여 명인방법을 갖추거나 입목에 관한 법률에 의한 등기를 마치는 등 수목이나 정원석이 대지와 별도의 거래대상이 되었음을 인정할 만한 아무런 자료가 없다면, 대지 위에 식재된 수목이나 정원석은 대지의 구성부분으로서 대지의 일부로 간주되어 대지와 함께 매수인에게 경락되었다고 보는 것이 타당하다.[58]

토지상에 수목이 식재되어 있는 경우 그 소유권의 귀속에 관하여는 민법 제256조(부동산에의 부합), 제260조(첨부의 효과), 제261조(첨부로 인한 구상권)에 의하여 그 권리관계에 관하여 실체법상 문제가 있으나, 명도집행에 있어서는 그 점유관계만이 문제되는 것으로서, 집행관은 목적물인 토지와 수목을 누가 점유 관리하고 있는지를 조사, 판단하여 채무자가 이를 점유 관리하고 있다고 인정할 수 있는 한 수목을

---

56) 大阪地裁執行實務硏究會 編, 不動産明渡·引渡事件の實務, 新日本法規(2010), 436.

57) 대법원 1986. 11. 18.자 86마902 결정(인도목적 대지인 '전 669평' 위에 20년생 배나무 170여 그루가 식재되어 있었던 사안), 대법원 1980. 12. 26.자 80마528 결정(채무자 소유의 감귤나무 1,110그루가 인도목적 대지의 거의 전부에 걸쳐서 규칙적으로 식재되어 있었던 사안).

58) 대법원 1998. 10. 28.자 98마1817 결정, 서울중앙지방법원 2010. 4. 23.자 2010타기1387 결정, 서울중앙지방법원 2010. 5. 25.자 2010타기1768 결정.

목적물인 토지의 부합물로 취급하여[59] 현상 그대로 토지와 함께 채권자에게 인도하면 되고(이는 인도의 집행이 점유관계만을 문제로 하기 때문이나, 이와 같은 인도집행이 이루어진다고 하여 실체법상 권리관계에 영향을 미치는 것은 아니므로, 토지소유자와 수목을 생육·관리한 사람 사이의 실체법상의 권리관계는 집행 후의 문제로 남게 된다), 토지상의 수목이 제3자가 점유관리하고 있다고 인정되는 경우에는 그 제3자가 권한에 기하여 식재한 것인지 여부에 관계없이 제3자가 점유하는 것인 이상 그 범위에서 인도집행은 불능으로 되며, 위 조사·판단은 목적물의 외관(수목에 대하여 명인방법이 실시되고 있는지 등) 및 채무자 등에 대한 구두의 질문에 의하여 행하는 정도로 족하다 할 것이다.[60]

3) 건물의 철거와 토지인도를 명하는 판결에 기한 토지인도만의 집행

나아가 건물의 철거와 토지인도를 명하는 판결의 집행에서 건물철거를 동시에 집행하지 않고 토지인도만을 집행할 때에는 그 건물의 용도에 따라 현상유지에 일반적으로 필요하다고 인정되는 범위 내의 토지는 제외하여야 하고 그 부분에 관한 인도집행은 그 건물철거 시에 하여야 한다.[61]

4) 제거한 수목에 대한 조치

수목의 제거와 토지의 인도집행을 함에 있어 집행관은 제거한 수목을 채무자에게 인도하여야 하고(민집 제258조 제3항), 인도할 수 없어 보관하게 되는 때에는 고사를 방지하기 위하여 적당한 조치를 취할 직무상의 의무가 있다.

7. 채무자에 대한 임의인도의 최고(인도예고)

가. 임의인도의 최고(인도예고)의 허부

부동산의 인도집행에서는 채권자가 바로 단행하도록 요구하는 등 즉시 단행하여

---

59) 특별한 사정이 없는 한 수목은 목적 토지의 부합물에 해당하는 경우가 대부분일 것이다[大阪地裁執行實務硏究會 編, 不動産明渡·引渡事件の實務, 新日本法規(2010), 438].

60) 제4판 주석 민사집행법(Ⅵ), 한국사법행정학회(2018), 33의 주52 참조. 이러한 견해에 의하더라도 토지상의 수목을 제3자가 점유관리하고 있다고 인정되는 경우에는 그 제3자가 권한에 기하여 식재한 것인지 여부에 관계없이 제3자가 점유하는 것인 이상 그 범위에서 토지의 인도집행은 불능이 된다. 다만 집행관은 위의 조사 및 판단을 함에 있어 목적물 등의 외관(수목에 대하여 명인방법이 실시되고 있는지 등) 및 채무자 등에 대한 구두의 질문에 의하여 행하는 정도로 충분하다고 한다[이재성, 토지인도의 강제집행과 지상수목의 수거, 평석집(Ⅵ), 385 이하; 이재성, 토지인도의 강제집행과 지상수목의 처리, 평석집(Ⅹ), 187 이하].

61) 대법원 1977. 6. 30.자 77마59 결정.

야 할 특별한 사정이 있는 경위를 제외하고, 제1회 기일에는 채무자에 대하여 인도를 최고하는 것에 그치고, 당사자의 사정을 고려하여 인도의 유예기간을 주는 취지에서 다음 기일을 정하여 제2회 기일에 단행하는 방법도 허용된다고 해석되어 오고 있다.[62] 현재의 집행실무도 대체로 이에 의하고 있다. 그러나 우리나라의 경우 일본과 달리 이러한 집행방법에 대한 명문의 규정이 없다.[63] 그럼에도 불구하고 아래와 같은 이유에서 실무상 위와 같은 인도예고가 필요하고 또 유용하다고 받아들여지고 있다.

첫 번째, 최초의 기일부터 바로 집행에 필요한 노무자나 기술자, 트럭 등 운반설비 등을 준비하여 집행현장에 나가도 목적부동산의 점유자가 채무자와 다른 경우, 채무자가 이미 목적부동산에서 임의로 퇴거한 경우, 준비한 노무자의 수나 운반설비가 집행목적 외의 동산을 반출하는데 부족한 경우 등이 있을 수 있어 이와 같은 사항을 미리 확인하여 두는 것이 집행의 신속성과 비용절감의 취지에 부합한다.

둘째, 최초의 기일에 집행관이 채무자에게 집행의 취지와 내용, 집행결과에 따른 후속조치 등을 설명하면 채무자가 임의로 이행하는 경우가 많아 채권자에게 있어서도 추심이 거의 불가능한 다액의 집행비용을 지출하는 것을 피할 수 있다는 장점이 있다. 실체로 부동산인도 집행사건의 경우 채권자가 강제집행에 착수하려는 모습을 보이면 채무자가 새로운 이주 장소를 구하기 시작하고, 이에 다소간의 시간이 필요할 뿐이어서 집행사건이 접수된 이후에도 채무자의 임의이행으로 사건이 종결되는 경우가 상당히 많다.[64]

또한, 국회의 현안보고도 "명도소송을 통한 강제퇴거에 있어서는 계고장 발부 등 사전에 강제퇴거의 집행날짜를 고지할 의무가 부여되어 있지 않기 때문에 집행관에 의한 갑작스러운 강제퇴거 집행시 거주민과 집행관 또는 경찰 사이의 물리적 충돌이 발생할 가능성이 상존한다"고 지적하고 있고, 국가인권위원회의 「강제철거시 거주민 인권개선 권고」에도 강제철거시 준수되어야 할 기본원칙 ②항으로 "퇴거를 당

62) 법원실무제요 민사집행[Ⅲ], 법원행정처(2014), 557.

63) 일본 민사집행법 제168조의2(명도의 최고)는 집행관은 채무자가 인도할 목적부동산을 점유하는 것으로 확인되면, 1개월의 인도유예기간을 주고 명도를 최고할 수 있도록 하고, 그 최고를 하는 때에는 당해 부동산의 소재지에 공시서, 그 밖의 표시로 채무자는 당해 부동산의 점유를 이전하는 것이 금지되었다는 취지를 공시하도록 규정하고 있다. 또한 이러한 최고에는 '점유이전금지효' 뿐만 아니라 '당사자항정효'까지 인정하여 최고 후 점유가 제3자에게 이전된 경우에도 승계집행문 부여 등의 절차를 취할 필요 없이 바로 집행할 수 있도록 하고 있다.

64) 전국적으로 집행관사무소에 접수된 부동산인도집행사건 중에서 실제 인도의 단행으로 나아가 강제집행이 실현되는 비율은 전제 사건의 20~30%정도로 파악되고 있다.

하는 이들에 대한 충분한 협상기회와 적절한 보상 제공 및 퇴거 예정시기에 대한 적절한 사전고시 시행"을 들고 있다. 이는 집행관의 부동산인도나 철거 집행에 있어서도 사전예고 제도가 필요함에 대하여 사회적 공감대가 어느 정도 형성되어 있음을 의미한다.

그러나 아직까지는 집행관의 부동산인도집행에 있어 인도예고의 절차에 관하여는 법적인 근거가 없는 상황이므로, 이를 행함에 있어서는 몇 가지 주의하여야 할 것들이 있다.

먼저, 인도예고의 절차는 필요 최소한의 정도로 실시하여야 한다. 즉, 원칙상 1회를 넘어서 예고하여서는 안 되고, 인도유예기간도 상당하다고 인정되는 범위 내에서만 허용하여야 한다(실무상 1개월 정도).[65] 이는 집행의 예고가 오히려 채무자가 제3자에게 점유를 이전시키는 빌미를 제공하는 것이 될 수 있어 일본과 같이 인도최고에 점유이전금지효나 당사자항정효와 같은 법률적 효과가 부여되지 않는 우리나라의 경우 채권자에게는 상당한 피해가 발생할 수 있기 때문이다.

다음으로, 인도예고는 현행법상 집행관에게 명시적으로 인정된 집행행위가 아니고, 집행에 착수한 단계라고 할 수도 없으므로 강제력을 사용할 수 없고, 이를 위하여 채무자의 의사에 반하는 처분을 할 수 없다. 따라서 채무자가 집행장소의 내부를 보여줄 수 없다고 하면서 집행관의 출입을 거부하는 경우에는 인도단행시 반출할 집행목적 외의 동산의 규모를 확인하여야 한다는 명목으로 집행장소의 내부를 확인할 수 없어 이를 지키지 않는 경우 집행관에 대하여 주거침입죄가 성립될 수 있다는 점을 염두에 두어야 한다.

65) 채무자가 부동산임대차계약서 등을 제시하면서 이사 날짜가 잡혔다고 소명하는 경우나 부동산중개인과 접촉하여 새로운 이주 장소를 알아보고 있다는 점 등을 소명하는 경우를 제외하고는 1개월 정도의 유예기간이 상당하다. 그러나 구체적인 실무상으로는 채무자가 자신의 경제적인 사정을 들어 선처를 호소하는 경우도 적지 않을 것이므로, 탄력적으로 운영할 수 있다 할 것이지만, 그렇다고 하더라도 인도예고를 명목으로 집행장소에 여러 차례 방문하는 것은 집행관의 여비 등 불필요한 집행비용을 증가시킬 수 있으므로 적당항 방법은 아니며, 채무자를 설득하기 위해서라면 미리 전화번호를 확보하여 인도유예기간 중에도 유선으로 임의이행 가능성을 지속적으로 확인하고, 집행결과 채무자가 받게 되는 고충을 들어 설득하는 것이 바람직하다. 실제의 사례에서도 이러한 방법이 효과를 거둔 경우가 많다(집행관감독 실무편람, 250의 주378).

[부동산인도집행시 예고의 기준][66)]

사전예고를 실시하라는 취지의 명문의 규정은 없으나 실무상 대부분 당사자의 타협과 채무자의 임의인도를 바라는 취지에서 예고를 실시하는 것을 원칙으로 하고 있습니다.
그 기간 등과 관련된 사항은 아래와 같습니다.

가. 예고기간은 주거용 건물 : 2주 이내, 상가나 사무실 등의 경우 : 1주 이내

나. 주의사항

- 유예기간을 지나치게 길게 부여하여서는 안됨
- 2회 이상에 걸쳐 예고하지 말아야 함
- 인도단행가처분, 채권자가 상당한 이유를 들어 예고를 생략하여 줄 것을 요청하고 그 이유가 타당한 경우에는 예고 없이 집행가능

나. 임의인도의 최고(인도예고)와 강제집행의 개시, 종료

실무상 실시되고 있는 임의인도의 최고(인도예고)는 집행의 개시(집행의 착수) 행위가 아니라 집행관이 점유자(채무자)에 대하여 '언제까지 퇴거해 달라'고 고지하는 사실상의 행위로서 강제집행개시 전의 준비행위적인 성격을 가지는 경우가 많다. 따라서 그 시점에는 아직 집행절차에 들어가지 않았다 할 것이므로, 강제집행의 개시(집행의 착수) 이전의 문제이므로 개시가 되지 않은 이상 강제집행 종료의 여지도 없다고 할 수 있다.

즉, 부동산인도(명도)의 강제집행에서 집행의 개시(집행의 착수)가 있었다고 할 수 있는 시기는 임의인도의 최고(인도예고) 시가 아니라 "명도집행을 위하여 건물 안의 가구 등을 반출하거나 채무자를 퇴거시키는 행위를 개시한 때" 비로소 집행에 착수한 것이라고 보는 것이 타당하다.[67)] 다만, 집행관이 강제개문 등의 조치를 실시한 경우에는 집행개시 이후 강제처분이 가능하다는 취지의 민사집행법 제5조 제1항과의 관계상 이미 집행에 착수한 것이라고 보아야 한다.

---

66) 집행관업무자료집(V), 전국법원집행관연합회(2017), 359. 다만 서울중앙지방법원 집행관사무소의 경우 예고기간을 1주만 주고 있다고 한다(집행관실무사례집, 전국법원집행관연합회(2018), 154).

67) 執行官事務に関する協議要録(第3版), 最高裁判所 事務總局(1997), 436.

[채무자 등을 만나 집행예고를 한 경우][68]

서울중앙지방법원

부동산인도고지조서

사　　건　　*2020본001 (담당 1부)*
채 권 자　　*홍길동*
채 무 자　　*변학도*
집 행 권 원　　*서울중앙지방법원 2019가단000호*
집행목적물　　*위 집행권원 주문에 표기된 부동산의 기재와 같다.*
집 행 일 시　　*2020. 4. 10. 09:59*
집 행 장 소　　*서울특별시 성동구 성수동 1가 100-10 3층 제301호*

1. 위 집행권원에 의한 채권자의 위임에 의하여 집행장소에서 채무자 *모 ○○○* 을(를) 만나 집행권원을 제시하고 아래 기재한 날까지 자진하여 위 집행목적물을 인도할 것을 고지하였다.

   인도 집행유예기간 마지막 날 : *2020. 4. 17.*

2. 이 절차는 같은 날 10:05에 종료하였다.

이 조서는 현장에서 작성하여 집행참여자에게 읽어(보여) 주었다.

2020. 4. 10.

집 행 관 : *김 집 행* (서 명)

채 권 자 : 불참
채 무 자 : *변학도의 모 ○○○* (서 명)

68) 집행관실무사례집, 전국법원집행관연합회(2018), 155.

[채무자가 없는 상태에서 강제개문을 하고 집행예고를 한 경우][69]

서울중앙지방법원

부동산인도불능조서

사 건	*2020본001 (담당 1부)*
채 권 자	*홍길동*
채 무 자	*변학도*
집 행 권 원	*서울중앙지방법원 2019가단000호*
집행목적물	위 집행권원 주문에 표기된 부동산의 기재와 같다.
집 행 일 시	*2020. 4. 10. 09:59*
집 행 장 소	*서울특별시 성동구 성수동 1가 100-10 3층 제301호*

1. 위 집행권원에 의한 부동산인도는 아래의 사유로 실시하지 못하였다.

－ 집행불능사유 －

집행장소가 폐문상태로 참여자 2인을 입회시키고 열쇠공으로 하여금 강제개문하게 한 뒤 입실하여 현장답사를 하고 집행취지 예고문을 집행장소 내에 놓아두었다.

자진인도 집행유예기간 마지막 날 : *2020. 4. 17.*

2. 이 절차는 같은 날 10:05에 종료하였다.

이 조서는 현장에서 작성하였다.

2020. 4. 10.

집 행 관 : *김 집 행* (서 명)

채 권 자 : 불참
채 무 자 : 불참
참여자성명 : *성춘향* (서 명) 주민등록번호 : *730101-1234567*
주소 : *서울특별시 성동구 성수동 100*
참여자성명 : *이몽룡* (서 명) 주민등록번호 : *710101-1234567*
주소 : *서울특별시 성동구 성수동 200*

69) 집행관실무사례집, 전국법원집행관연합회(2018), 155. 그 밖의 다른 조서작성례는 집행관실무사례집, 전국법원집행관연합회(2018), 155 이하를 참조할 것.

[동시이행 조건부 집행권원에 기한 조건 이행 전 집행예고의 경우][70]

서울중앙지방법원

부동산인도고지조서

사 건	*2020본001 (담당 1부)*
채 권 자	*홍길동*
채 무 자	*변학도*
집 행 권 원	*서울중앙지방법원 2019가단000호*
집행목적물	*위 집행권원 주문에 표기된 부동산의 기재와 같다.*
집 행 일 시	*2020. 4. 10. 09:59*
집 행 장 소	*서울특별시 성동구 성수동 1가 100-10 3층 제301호*

1. 집행권원에 의한 채권자의 위임에 의하여 집행장소에서 채무자 *변학도* 을(를) 만나 집행권원을 제시하고 동시이행조건이 충족되면 이후 예고 없이 강제로 집행이 된다는 부동산인도 예고를 하고 기간이 특정되지 아니한 집행예고서를 전달하였다.

2. 이 절차는 같은 날 10:05에 종료하였다.

이 조서는 현장에서 작성하여 집행참여자에게 읽어(보여) 주었다.

2020. 4. 10.

집 행 관 : *김 집 행* (서 명)

채 권 자 : *홍길동* (서 명)
채 무 자 : *변학도* (서 명)

70) 집행관실무사례집, 전국법원집행관연합회(2018), 159.

8. 집행관의 강제력(유형력) 행사와 그 한계[71)]

가. 개설

부동산 등에 대한 인도청구권의 집행은 채무자가 점유하는 물건에 대하여 그 사실상의 지배를 빼앗아 채권자의 사실상의 지배에 두는 것을 목적으로 하는 강제집행 절차이고, 그 집행방법도 직접강제에 의한다. 따라서 이러한 집행을 실현하는 데 있어 어느 정도의 물리력을 수반한 실력의 행사는 불가피한 것이고, 바로 이러한 이유에서 집행법원이 아닌 집행관을 집행기관으로 하고 있는 것이다. 만약 실력의 행사가 전제되지 않는다면 부동산 등에 대한 인도청구권의 공권적 실현은 불가능하다고 하여도 과언이 아니다. 그럼에도 불구하고 우리 민사집행의 현실은 집행관의 직무집행을 가능하게 하는 공권적인 실현지원 장치가 사실상 작동하지 않고 있고, 채무자의 저항행위에 대한 대처방안에 대하여도 일반적인 모호한 규정만을 두고 있을 뿐이어서 집행관의 강제력(유형력)의 행사가능 여부와 그 한계는 오로지 구체적인 사건을 담당하는 집행관의 몫으로 남겨진 상황이다.

나. 채무자의 저항행위의 배제

1) 저항행위 배제에 관한 민사집행법의 규정

민사집행법 규정상 집행관은 채무자가 저항하는 경우 필요한 한도 내에서 강제력을 사용하여서라도 집행을 실행하여야 하고, 그 과정에 필요한 경우에는 경찰이나 국군의 원조를 요청할 수도 있고(민집 제5조), 집행관은 집행하는 데 저항을 받거나 채무자의 주거에서 집행을 실시하려는데 채무자나 사리를 분별할 지능이 있는 그 친족·고용인을 만나지 못한 때에는 성년 두 사람이나 특별시·광역시의 구 또는 동 직원, 시·읍·면 직원(도농복합형태의 시의 경우 동지역에서는 시 직원, 읍·면지역에서는 읍·면 직원) 또는 경찰공무원 중 한 사람을 증인으로 참여하게 하여야 한다(민집 제6조)고 규정하고 있다.

그러나 엄밀히 보면, 민사집행법 제5조는 집행관이 강제조치로서 '수색'과 '강제개문' 정도만을 예시하고 있을 뿐, 집행관이 채무자의 저항을 받은 경우 직접 취할 수 있는 구체적인 행위에 대하여는 명확히 규정하고 있지 않으며, 단지 경찰이나 국

71) 제4판 주석 민사집행법(Ⅰ), 한국사법행정학회(2018), 120-124; 집행관감독 실무편람, 법원행정처(2018), 251-255 참조.

군의 원조를 요청할 수 있음에 그치고 있다. 이로 인하여 집행관이 채무자의 저항을 배제하기 위하여 취할 수 있는 대물적 또는 대인적인 유형력의 행사에 대하여 학설상으로만 그 인정 여부와 범위가 논의되어 오고 있을 뿐 실무적으로는 구체적인 절차를 마련하지 못하고 있는 실정이다. 더욱이 원조요청에 따라 집행현장에 참여하는 경찰관이 민사불개입 원칙을 내세워 현실적으로 형사사건화 되기 전까지는 소극적인 관망으로 일관하는 것이 현실이므로, 경찰관에 대한 원조요청이 채무자의 집행저항행위에 대한 궁극적인 대처방법으로서 일정한 한계가 있다는 문제가 있다.

2) 저항의 의미

여기서 '저항'이란 집행관의 직무집행에 대한 방해를 말하며, 원칙적으로 행위자에게 집행관의 직무집행을 방해할 의사(고의)가 있을 것을 요한다. 적극적인 저항뿐만 아니라, 소극적인 것도 포함한다. 집행관에 대한 폭행, 폭언을 통한 협박, 바리케이트 등 장애물의 설치, 대문을 개폐가 불가능할 정도로 폐쇄하는 것, 퇴거의 명에 불응하며 바닥에 드러눕거나 내부의 기물을 붙잡고 버티는 행위, 자살하겠다며 협박하거나 방화를 하겠다고 위협하는 행위, 맹견을 풀어 놓는 행위, 용역직원을 동원하여 집단적인 저항을 시도하는 행위 등이 모두 이에 해당한다. 채무자 등이 거짓으로 병이 걸렸다거나 임신을 하였다고 주장하는 것도 소극적인 저항행위에 해당한다.

집행관이 집행에 착수하기 직전의 방해행위와 집행관이 집행을 완료한 직후 집행의 효용을 침해하는 행위도 저항에 해당한다. 즉, 건물명도의 집행을 위하여 집행현장에 임한 집행관에게 협박이나 폭력 등 위에서 예를 든 행위를 하는 경우 또는 채무자의 가재도구를 반출하고 있는 도중은 물론 모두 반출한 직후 채무자가 이를 다시 건물 안으로 반입하는 경우 등은 모두 저항에 포함된다. 집행에 대한 방해행위는 집행관 자신에 대하여 행해진 것인지, 보조자 또는 입회인에 대하여 가해진 것인지 상관없이 저항으로 본다. 채무자뿐만 아니라 제3자가 한 방해행위도 저항에 포함된다.

3) 사용가능한 강제조치의 범위와 한계

채무자의 퇴거를 강제하는 조치는 강제적인 수단이므로 집행목적 달성에 필요한 최소한의 범위 내에서만 허용된다. 신의성실의 원칙, 조리 등에 비추어 지나침이 없도록 신중하여야 한다. 따라서 채무자나 그 가족이 와병 중이어서 퇴거를 강제하는 것이 병세를 현저히 악화시키는 경우에는 일시 집행을 보류함이 타당하고, 증세로 보아 퇴거가 가능하다고 판단하여 집행을 실행하는 경우라도 환자에 대한 적당한 조치를 취함이 상당하다. 질병의 유무와 정도가 명백하지 아니한 때에는 집행관은 의사에게 병세를 진찰하게 할 수 있으며, 그 비용은 집행비용으로서 채무자에게 부담시킬 수 있다. 채무자가 의사의 진찰을 거부하거나 처방전, 약제봉투 등에 의하여 질병에 대한 소명을 하지 못하는 등 외관상 꾀병이라고 인정되는 때에는 소극적인 저항행위로 보아, 119나 구급차를 이용하여 병원으로 후송한 후 집행을 속행할 수 있다. 특히 노인성 중증질환을 알고 있거나 장애가 있는 경우 요양급여를 받고 있는지 여부를 통하여 이를 확인할 수 있으므로, 관할 주민센터의 사회복지사를 통하여 확인하는 것도 고려할 수 있는 방안이다.

4) 그 밖의 저항행위에 대한 유형별 대응방안

강제개문은 명문의 규정에 의하여 인정되는 행위이므로(민집 제5조 제1항), 열쇠기술자를 집행보조자로 대동하여 실행하는데 아무런 제약이 없다. 다만 강제개문은 채무자의 소극적인 저항행위에 대한 집행관의 집행처분이므로, 그 실행여부는 집행관이 직권으로 판단하여야 하며, 채권자의 의사를 고려하되 그에 기속됨이 있어서는 안 된다. 채권자의 의사에 따라 강제개문 여부를 결정하는 것은 올바른 직무수행이라고 할 수 없다.

칼이나 흉기를 휘두르며 위협하는 경우, 저항의 강도가 약하여 집행관이 직접 제압할 수 있다고 판단되는 경우 채무자가 다치지 않도록 적당한 방법으로 제압하는 것은 가능하다. 다만 이와 같은 경우에도 채무자가 추후 과잉대응을 문제삼을 수 있으므로 캠코더 등을 이용하여 제압하는 장면을 동영상으로 촬영하는 것이 바람직하다. 이러한 조치를 취함에는 신중을 기하여야 하고, 일정 수준 이상 과격한 행동을 하는 경우에는 집행을 연기하고 경찰관의 원조를 요청하여야 한다. 이 경우에도 칼을 휘두르는 장면을 동영상으로 확보하여 경찰 원조요청의 참고자료로 활동하는 것도 적절한 방법이다.

자살하겠다며 협박하거나 방화하겠다고 위협하는 경우, 마찬가지로 저항의 강도가 약하여 집행관이 충분히 설득할 수 있다고 판단하는 때에는 설득을 시도하되, 다만 채무자의 돌발적인 행동에 따라 치명적인 결과를 낳을 수 있으므로, 되도록 경찰관의 원조를 요청하는 것이 바람직하다. 만약의 사태를 대비하여 소방관의 원조도 함께 요청하는 것이 좋을 것이다. 민사집행법 제20조는 공공기관에 원조요청을 할 수 있는 주체로 집행법원만을 들고 있으나, 현재에도 집행관이 관할 소방서에 정식의 공문으로 원조요청을 하면, 대체로 소방관이 원조를 위하여 집행현장에 참여하고 있다.

맹견을 풀어 놓는 경우, 개 도축업자를 집행보조자로 선임하여 대동하는 방안을 고려할 수 있고, 실무상 주로 사용하는 방안이다. 집행관이 직접 장비를 착용하고 제압하는 방법은 피하는 것이 바람직하다. 이러한 방법을 사용할 수 없는 경우에는 마찬가지로 경찰관이나 소방관의 원조를 요청하도록 한다.

바리케이트 등의 장애물을 설치하고 용역직원을 동원하는 등 집단적이고 격렬한 저항을 시도하는 경우, 용산참사 이후 사회적 관심사가 된 사안으로 국회에서도 입법적으로 개선책을 마련하려고 부단히 노력하고 있는 부분이다. 실제 집행관들이 담당하는 사건들 중 이러한 사건은 희소하지만, 실제 사건을 담당하는 집행관들의 입장에서는 상당히 과중한 업무 부담이 되는 경우이다. 이와 관련하여서는 정치적인 이유 등 여러 가지 요인이 복잡하게 얽혀 있으나, 여기서는 현행법상 집행관이 적법한 직무집행을 위하여 지켜야 할 사항만을 간추려 설명한다. ㉮ 집행관은 집행목적 외의 동산을 반출하기 위한 목적으로 집행보조자로 사용하는 일반노무자나 건물 및 장애물 철거를 위해 집행보조자로 사용하는 철거기술자들에게 채무자의 저항배제를 위한 것이라도 대인적인 유형력 행사는 필요한 최소한도(가령 적극적인 집행을 방해하는 경우 이를 배제시키는 정도의 행위를 말한다) 내에서 행사하여야 함을 주지시켜야 하고, 그 과정에 물리적인 충돌이 발생하지 않도록 관리, 감독하여야 한다. ㉯ 집행관은 채무자의 저항배제를 위한 대인적인 유형력 행사가 필요할 것으로 예상되는 사건에 대하여는 원칙적으로 경찰 원조요청을 통하여 해결하여야 하며, 경찰의 적극적인 대응을 기대하기 어려워 부득이 하게 경비업법 상의 경비원을 집행보조자로 사용하는 경우에는 관할 지방경찰청장으로부터 허가를 받은 업체임을 소명하는 자료를 첨부하여 사전에 감독 법원장의 승인을 받아야 한다(경비업법 제4조, 제28조 제2항 제4호).[72] ㉰ 집행관은 집행착수 전 또는 집행과정에서 노무자등에게 집행의 개요, 작업요령, 집행방해시의 대처방법, 작업 중의 언동 등에 대한 충분한 지도와 감독을 실시하여야 하고, 집행업무 수행 중 노무자등의 제1항의 지시사항을 위반한 경우 즉시 작업현장에서 퇴거를 명하는 등 적절한 조치를 취하여야 하며, 집행착수 전 노무자 등으로부터 신분증을 제출받고 소정의 양식에 의한 상의(조끼)를 착용하도록 하여야 하며, 착용한 상의(조끼) 번호를 사용노무자등 관리부에 기재하여야 한다.[73] ㉱ 20명 이상의 경비원을 사용하는 경우 반드시 경비업자와 도급계약을 체결하여야 하고(경비업법 제7조의2 제2항, 제28조 제2항 제5호), 배치하기 48시간 전까지 관할 경찰서장에게 배치허가를 신청하여 배치허가를 받은 후 사용하여야 한다(경비업법 제2조, 제4조 제1항, 제15조의2 제2항, 제18조, 제28조 제2항 제8호).

---

72) 노무자 등을 보조자로 사용하는 집행사건에 있어서 노무자 등의 관리지침[행정예규 제1112호] 제3조 제2항.

73) 노무자 등을 보조자로 사용하는 집행사건에 있어서 노무자 등의 관리지침[행정예규 제1112호] 제7조.

9. 강제집행의 목적물이 아닌 동산의 처리

가. 채무자 등에게 인도

강제집행의 목적인 부동산이나 선박의 종물인 동산은 집행권원에 그 내역이 기재되어 있지 않더라도 부동산 등과 함께 강제집행의 대상이 되므로 집행관은 이 또한 채권자에게 그 점유를 이전하여야 한다. 그러나 그 외의 동산에는 집행권원의 효력이 미치지 않으므로 이는 집행관이 제거하여 채무자에게 인도하여야 하고(민집 제258조 제3항), 집행 당시 채무자가 없는 때에는 같이 주거하는 사리를 분별할 지능이 있는 친족 또는 채무자의 대리인이나 고용인에게 인도하여야 한다(민집 제258조 제4항).

그 해당 동산이 채무자의 소유가 아닌 제3자의 소유이더라도 마찬가지이고, 이러한 동산의 인도는 채권자를 위한 집행행위가 아니므로, 그 소유자인 제3자는 제3자 이의의 소를 제기할 수 없다.[74] 채무자가 그 수취를 청구한 때에는 이를 채무자에게 인도하여야 한다. 만일 제3자가 동산에 관한 자기의 권리를 소명하고 채무자가 이의를 제기하지 않을 때에는 집행관은 그 제3자에게 인도하여야 하지만, 채무자가 이의를 제기할 때에는 집행관으로서는 실체적 권리관계를 심사할 수 없으므로, 제3자의 권리주장에도 채무자에게 인도하여야 한다.[75] 이 경우 제3자로서는 채무자에 대하여 매각이 되지 않도록 수취를 촉구할 수밖에 없고,[76] 집행에 관한 이의(민집 제16조)를 제기할 수도 없다. 집행관은 수취를 청구하는 채무자나 제3자에 대하여 보관비용에 관한 유치권을 행사할 수 있다. 이러한 동산의 보관은 부동산 인도·명도의 강제집행에서 파생되는 부수처분에 불과하므로, 채권자가 부동산을 점유함으로써 강제집행이 종료된 뒤에는 그 부수처분의 위법을 이유로 강제집행의 취소나 정지를 구할 수 없다. 즉, 건물명도 등 강제집행은 당해 건물에 대하여 채무자의 점유를 빼앗아 채권자에게 그 점유를 취득시켜 절차가 종료되는 것으로서, 당해 건물 내에 있는 집행목적 외 동

---

74) 법원실무제요 민사집행[Ⅲ], 법원행정처(2014), 561; 注解 民事執行法(5), 第一法規(1986), 55.

75) 법원실무제요 민사집행[Ⅲ], 법원행정처(2014), 561; 제4판 주석 민사집행법(Ⅵ), 한국사법행정학회(2018), 34; 문성진, 집행관 실무제요, 유로(2017), 602. 이러한 동산에 대하여 제3자가 공정증서, 판결, 화해조서 등 인도를 받을 집행권원을 구비했더라도 채무자의 동의가 없는 한 제3자에게 인도를 하여서는 안 된다. 리스물건인 경우에도 마찬가지로 채무자에게 인도하게 된다. 또한, 화해조항 중에 명도해야 할 건물 내의 동산에 대하여 그 소유권은 채권자에게 이전한다는 취지의 화해조항이 있는 경우에는 채권자로부터 인도명령의 신청이 있는 경우에 한하여, 채권자에게 인도해야 하고 그 신청이 없는 이상 화해조항에 그와 같은 기재가 있더라도 채무자에게 집행 목적 외 동산을 인도하여야 한다(문성진, 집행관 실무제요, 유로(2017), 602의 주375).

76) 집행관업무자료집(Ⅳ), 전국법원집행관연합회(2015), 339.

산의 처리는 종료된 명도집행에서 파생된 부수처분에 불과한 것으로 채권자를 위한 집행행위가 아니므로, 비록 채권자가 명도집행 당시 그곳에 남아 있던 동산이 집행채무자의 소유가 아닌 제3자의 소유임을 알면서도 집행관에게 명도집행의 위임을 하여 집행하였더라도, 이러한 사유만으로 그 명도집행이 위법하다고 할 수 없다.[77]

한편 집행관이 이러한 동산을 반출하는 도중 파손이 된 경우 그 파손이 통상의 주의를 기울이더라도 불가피할 정도인 때에는 집행관은 이에 대한 책임을 지지 아니하며 그 채무자는 그 파손이 가벼운 경우 손해배상을 청구할 수 없다.[78] 집행관이 제거해야 할 동산은 그 소재가 현장에서 쉽게 발견되는 것으로 충분하고, 제거해야 할 동산이 은밀한 장소에 있어 집행관이 상당한 주의의무를 다하더라도 발견할 수 없는 것은 후일 발견한 때에 인도하면 충분한 것이고 이 때문에 점우해제가 완료되지 않았다고 할 수는 없다.[79] 그 동산에 압류, 가압류 또는 가처분의 집행이 되어 있을 때에는 집행관은 압류 등의 집행을 한 집행관에게 그 취지와 그 동산에 대하여 취한 조치를 통지하여야 한다(민집규 제188조). 이는 통지를 받은 집행관이 보관방법의 변경(예컨대 채무자 보관을 직접점유로 변경) 등 적당한 대응조치를 취할 수 있도록 하기 위한 것인데, 압류 등을 한 집행관이 인도청구의 집행을 한 집행관과 다른 법원에 소속하는 경우 등에 특히 의미가 있다.[80]

나. 집행목적물이 아닌 동산의 보관 방법

1) 보관하여야 하는 경우

이러한 동산을 인도받을 채무자나 그 대리인 등이 ① 부재 또는 불출석으로 강제개문을 하고 명도집행을 하는 경우, ② 채무자 등이 집행목적물 아닌 동산의 수령을 거부하며 집행현장에서 퇴장하여 그 동산을 인도받지 아니하는 경우, ③ 채무자가 명도현장에 출석한 경우에도 인도받은 동산을 외부로 이전할 경제적인 능력이 없거나 능력이 있어도 다른 장소로 목적물 아닌 동산을 이전하지 않을 것이 충분히 예상되는 경우에 이를 보관하여야 할 것이다. 채무자 등이 그 수령을 거부할 때에도 마찬가지로 집행관이 보관하여야 하는 것으로 해석된다.[81] 이 보관은 채권자에게 당해 목적

77) 대법원 1996. 12. 20. 선고 95다19843 판결.
78) 東京地判 昭和 50(1975). 4. 21. (判時 802号 96項)
79) 大阪高決 昭和 35(1959). 12. 1. (下民集 10卷 12號 2555項)
80) 제4판 주석 민사집행법(Ⅵ), 한국사법행정학회(2018), 35.
81) 법원실무제요 민사집행[Ⅲ], 법원행정처(2014), 561.

물의 점유를 취득시킴으로써 종료한 강제집행으로부터 파생한 사무적인 부수처분으로서 단기간에 종료하는 것을 예정한 임치적인 처치이다.[82)]

그 보관비용은 집행비용에 포함된다. 따라서 채권자는 별도로 집행법원의 비용확정결정(민집규 제24조 제1항)을 받아 채무자로부터 이를 추심할 수 있다.[83)]

2) 보관방법

가) 집행관이 직접 보관하는 경우

집행관은 동산을 스스로 보관하는 것이 원칙이다(민집 제258조 제5항. 현금이나 수표, 귀중품은 집행관이 직접 보관하는 것이 실무이다[84)]). 다만, 채권자나 제3자를 보관인으로 선임하여 보관하게 할 수도 있다. 민사집행법 제258조 제5항이 "집행관은 그 동산을 채무자의 비용으로 보관하여야 한다"고 규정하고 있는데, 집행관에게는 직접 집행비용을 추심할 권한이 없고, 이를 추심할 수 있는 채권자가 일단 집행비용을 선부담할 수밖에 없으므로, 그 비용부담의 규모를 채권자 스스로 결정할 수 있도록 한다는 취지로 해석한다.

나) 채권자를 보관인으로 지정하는 경우

채권자의 승낙을 받아 채권자에게 보관시킬 경우에는 동산을 채권자에게 보관시킨다는 의사표시를 하고, 그 건물에 동산을 남긴 상태에서 그대로 인도집행을 마칠 수 있다(실무상 보관각서를 받는다). 물론 채권자가 사전에 자신이 관리하는 제3의 장소를 보관장소로 지정한 경우나 제3자가 관리하는 장소를 보관장소로 지정한 경우(즉, 채권자가 제3자를 보관인으로 지정하는 경우)에는 그곳까지 운반하여 보관하여야 할 것이다. 다만 이 경우에는 보관 중 사고를 방지하기 위하여 적당한 방법으로 그 물건이 인도집행의 목적 외 동산이라는 취지와 보관개시의 일시 및 집행관의 이름을 표시하여 두어야 할 것이다(민집규 제136조 제1항 유추).[85)] 이때의 운반비용도 집행비용에 포함된다.

다) 제3자를 보관인으로 지정하여야 하는 경우

집행관이 직접 보관하거나 채권자를 보관인으로 지정하여 보관할 수 없는 경우에는 제3자를 보관인으로 지정하여야 한다.

---

82) 제4판 주석 민사집행법(Ⅵ), 한국사법행정학회(2018), 35.
83) 법원실무제요 민사집행[Ⅲ], 법원행정처(2014), 561.
84) 문성진, 집행관 실무제요, 유로(2017), 604.
85) 법원실무제요 민사집행[Ⅲ], 법원행정처(2014), 561.

3) 집행관의 주의의무와 보관자의 책임[86)]

동산을 보관함에 있어서 집행관은 동산이 훼손되거나 가치가 감소되지 않도록 선량한 관리자의 주의의무를 부담한다. 보관인에게 관리를 위탁하는 때에도 그 보관 주체는 어디까지나 집행관이므로, 스스로 보관하는 경우의 선량한 관리자의 주의의무를 부담하는 것에 대응하여 그 보관인의 선임·감독에 대한 주의의무를 부담한다.[87)] 따라서 보관을 위탁한 상대방이 채권자이건 제3자이건 그 보관장소에는 보관 중 사고를 방지하는 차원에서 적당한 방법으로 그 물건이 인도집행의 목적 외 동산이라는 취지와 보관개시의 일시 및 집행관의 이름을 표시하여 두어야 할 것이다(민집규 제136조 제1항 유추). 이는 보관물의 분실이나 멸실 등으로 인한 손해배상의 책임(보관인의 보관책임)과는 별개이므로, 집행관은 채권자나 제3자에게 동산의 보관을 위탁한 경우에도 이러한 주의의무를 해태해서는 안 될 것이다.

집행관이 스스로 제3자(집행보조자인 보관업자)를 보관인으로 선임하여 보관을 위탁한 경우 집행관과 제3자 사이에는 사법상의 위탁관계가 성립한다. 그러나 집행관이 채권자의 승낙 하에 그를 보관인으로 지정한 경우에는 집행관과 채권자 사이에 그 동산의 보관에 관한 위탁관계가 성립하고, 나아가 집행관이 채권자의 승낙 하에 그를 보관인으로 지정하였으나 채권자가 다시 제3자에게 보관을 맡긴 경우와 집행관이 채권자의 신청에 의하여 제3자를 보관인으로 선임한 경우에는 이중의 위탁관계가 성립한다. 즉, 집행관과 채권자 사이에도 위탁관계가 성립하지만, 채권자와 그 보관인 사이에도 위탁관계가 성립하는 것이다.[88)] 그 위탁관계에 따라 성립한 계약의 기본적인 성질은 '임치계약'이다. 보관자로 지정된 채권자 또는 제3자의 동산 보관에 관한 권리와 의무는 집행관과의 사이에 체결된 임치계약 등 사법상의 계약 내용에 따라 정해지

---

86) 집행관감독 실무편람, 법원행정처(2018), 258-259.

87) 제4판 주석 민사집행법(Ⅵ), 한국사법행정학회(2018), 36.

88) 반면 이우재, "[2008년 분양별 중요판례분석] (15) 민사집행, 법률신문 2009. 6. 18.자는 채권자가 그 동산을 보관하는 것은 소유자에 대해서는 사무관리가 되고, 그 보관비용은 사무관리의 필요비으로서 채권자는 소유자에게 민법 제739조 제1항의 비용상환청구권을 가지게 되며, 이 채권과 보관중인 동산은 견련관계를 가지게 되므로 이 채권은 유치권의 피담보채권이 되기 때문에 채권자는 소유자가 동산의 인수를 해태하는 경우 유치권에 기한 동산경매절차를 통해 보관의무에서 벗어날 수 있을 것이므로, 집행관과 채권자의 보관관계도 채권자로 하여금 사무관리를 하도록 하는 관계로 구성해야 마땅하고, 채권자가 임치계약의 해지를 주장하며 집행관을 상대로 목적물의 인수를 주장하기도 힘들어 집행관이 일일이 이를 인수해 보관할 것을 기대하기도 어렵기 때문에 채권자가 동산을 보관하게 된 것을 집행관과의 임치계약으로 구성하는 것은 그리 합리적인 것이 아니라는 입장이다.

며,[89] 보관자로 지정된 채권자가 자기의 책임 아래 제3자(창고보관업자)에게 그 보관을 위탁한 경우에는 채권자가 보관책임을 져야 하고, 당사자 사이에는 그들 사이에 체결한 계약 내용에 따른 권리의무가 생긴다.[90] 보관인의 보관책임이란, 결국 이러한 최종적인 임치계약에 따른 계약상의 손해배상책임 또는 위반의 정도에 따라 불법행위로 인한 손해배상책임을 지게 되는 것을 말한다.

집행관이 민사집행법 제258조에 의한 건물명도청구의 집행시 집행목적물인 건물 내에 있는 채무자 또는 제3자 소유의 집행목적 외 동산을 스스로 보관하지 않고 채권자의 승낙을 얻어 채권자에게 보관하게 한 경우, 채권자의 그 보관에 관한 권리나 의무는 원칙적으로 집행관과의 사이에 체결된 임치계약 등 사법상의 계약에 의하여 정해진다고 할 것이므로, 채권자가 집행관과의 약정에 따라 그 동산을 보관하던 중 이를 분실한 경우 채권자가 그 보관에 필요한 계약상의 주의의무를 다하였다고 인정되는 때에는 집행관이나 그 동산의 소유자 등에 대하여 계약상의 손해배상책임은 물론 불법행위로 인한 손해배상책임까지도 부담하지 않지만, 이 경우 채권자가 보관상의 주의의무를 제대로 이행하지 못한 과실의 정도가 불법행위의 요건을 충족시킬 수 있고 또한 그 보관상 주의의무의 위반행위가 구체적인 태양이나 정도 등에 비추어 위법하다고 인정되는 경우에는 달리 특별한 사정이 없는 한 채권자는 집행관이나 그 동산의 소유자 등에 대하여 불법행위로 인한 손해배상책임을 진다.[91] 보관업자가 보관

89) 이는 실무상 보관인에게 보관비용을 지급할 주체와 관련하여서도 문제가 된다. 즉, 물론 채권자가 예납한 집행비용에서 지급하는 것이기는 하지만, 집행관과 보관인 사이의 임치계약에 있어서 보관비용을 지급할 당사자는 집행관이다. 그러나 채권자와 보관인 사이의 임치계약에 있어서 보관비용을 부담할 사람은 채권자이고, 이 경우 채권자는 지급한 보관비용에 관한 영수증 등을 가지고 집행관의 확인을 받아 비용액확정결정신청시 소명자료로 활용할 수 있다. 현재 수도권 법원의 경우 후자의 방법으로 동산을 보관하고 있고, 부산지법, 울산지법 등 지방의 몇몇 법원은 전자의 방법으로 동산을 보관하고 있다(집행관감독 실무편람, 법원행정처(2018), 258 각주393).

90) 대법원 2008. 9. 25. 선고 2007다1722 판결.

91) 대법원 1996. 12. 20. 선고 95다19843 판결(원고가 호텔사우나 임차인으로부터 사우나시설공사도급계약을 체결하고 공사를 하던 중 자금사정 등으로 공사를 완료할 수 없게 됨에 따라 호텔 임대인인 피고가 차임연체 등을 이유로 임대차계약을 해지하고 임차인을 상대로 한 제소전화해조서에 기하여 집행관에게 집행을 위임하여 사우나시설공사 현장인 이 사건 건물 부분에 대한 명도집행을 하였는데 채권자인 피고가 집행관의 보관명령에 의하여 그곳에 있던 비품 자재 및 공구 등을 보관하고 있다가 그 중 일부를 분실하자 원고가 피고를 상대로 손해배상청구소송을 제기한 사안에 관하여, 대법원은 위와 같이 판시한 후 이 사건 건물명도집행 당시 원고가 그 현장에서 1년여의 장기간에 걸쳐 사우나시설공사를 시행하여 오고 있었고 이로 인하여 이 사건 집행목적물이 아닌 원고 소유의 공구 등이 현장에 남아 있게 되었는데 그중에는 개별품목의 가격이 수십만원에 이르는 것도 다수 포함되어 있었던 점, 위 공사의 경위, 기간 및 내용이나 위 공구 등의 종류와 용도 등에 비추어 볼 때, 피고는 위 집행 당시부터 위 공구 등이 집행채무자인 임차인의 소유가 아니라 원고의 소유임을 알고 있었다고 보이는 점, 피고는 위 명도집행 당시 집행관으로부

하고 있던 채무자의 물건을 임의로 처분하고 집행관에게 허위로 보고한 경우, 특별한 사정이 없는 이상 집행관에게 손해배상책임을 묻기 어려울 것이다.[92)]

다. 집행목적물이 아닌 동산의 인도와 보관절차

1) 인도의 사전 절차

집행관은 채무자 등이 집행현장에 있을 때에는 동산을 제거하기 전에 채무자 등이 스스로 중요물품에 대하여 정리할 적절한 시간을 주어야 하며, 다른 사람의 압류·가압류·가처분의 목적이 된 동산은 다른 동산과 구별하여야 한다. 한편 집행관은 다른 사람의 압류·가압류·가처분의 목적이 된 동산을 구분하여 보관시킨 경우에는 민사집행규칙 제188조에 의하여 그 압류 등의 집행을 한 집행관에게 그 취지와 그 동산에 대한 조치를 통지하여야 한다.

한편 집행목적물이 아닌 동산 중 일부를 현재 놓여 있는 상태로 채권자에게 보관하기로 하고 인도집행을 완료한 경우에는 민사집행규칙 제136조 제1항을 유추 적용하여 그 물건이 집행목적물이 아닌 동산이라는 취지와 보관개시의 일시 및 해당 집행관의 이름을 적당한 방법으로 표시해 두어야 한다.

2) 수취의 통지 등

가) 채무자 등에 대한 통지

집행관은 집행목적물이 아닌 동산을 채권자 또는 제3자에게 보관시키게 된 경우에는 그 보관사실(보관장소와 보관물건 내역포함)과 보관자로부터 일정한 기간 내(1

터 위 공구 등의 보관을 위탁받으면서 보관 중 손실, 파손 기타 하자가 있을 때에는 민·형사상 책임을 진다는 취지의 보관각서를 집행관에게 제출하였고, 그 후 1991. 6.경 위 공구 등을 이 사건 건물 부분의 사우나 현장에서 5층 옥상으로 옮겨 보관하였는데, 그곳 옥상에서는 원고 소유의 공구 등이 다른 물건들과 함께 섞여 있고 출입문이나 시정장치 등 도난이나 분실에 대하여 아무런 대책이 없는 상태로 방치되어 온 점, 특히 피고와 집행관 사이에 체결된 위 임치계약은 사실상 집행채무자나 그 동산의 소유자가 입을 수 있는 손해를 방지하기 위한 것인 점 등을 알 수 있는바, 이에 의하면 달리 특별한 사정이 없는 한 피고로서는 원고에 대하여 직접적인 계약에 의한 것은 아니라 하더라도 법률상 위 공구 등이 분실 훼손되지 않도록 보관하여야 할 주의의무가 있다고 봄이 상당하다고 하여 피고의 불법행위 책임을 인정하였다).

대법원 2008. 9. 25. 선고 2007다1722 판결도 같은 취지에서 피고가 이 사건 창고에 대한 명도집행시 집행관으로부터 소외 주식회사 소유인 이 사건 유체동산의 보관을 위임받으면서 선량한 관리자의 주의를 다하여 보관하기로 약정하였음에도 이를 소홀히 한 나머지 창고업자에게 맡겨 놓은 채 1개월분 보관료만 납부하고는 약 2년간 보관료를 지급하지 않고 방치함으로써 창고업자로 하여금 피고와의 보관계약에 따라 임의 처분하도록 한 것은 위 회사에 대한 불법행위에 해당한다고 보았다.

92) 집행관연찬집2018, 법원공무원교육원(2019), 98-100.

주에서 3주) 수취하여 가라는 뜻 및 그 동산의 수취를 게을리할 때에는 매각 및 공탁 절차를 밟게 된다는 내용을 채무자에게 통지하여야 한다(민집 제258조 제6항, 제189조 제3항 유추적용).[93] 이 경우 위 통지가 송달불능된 경우에는 1회 더 송달절차를 밟고, 2차 송달도 불능이 될 경우에는 그 반송된 우편물을 기록에 편철해 둔다.[94] 그리하여 채무자가 그 수취를 청구한 때에는 이를 채무자에게 인도하여야 한다.

그렇다면 보관인이 선임되어 있는 경우 통지를 받은 채무자가 동산의 수취를 청구하여야 할 상대방은 누구이고, 보관동산을 인도하여야 할 주체는 누구인가. 집행목적 외의 동산의 보관은 부동산인도 집행에 부수한 사무처리절차에 불과하지만 이 역시도 본질적으로는 집행관이 담당하는 직무임에는 변함이 없다. 따라서 집행관의 위탁 또는 집행관의 지적이나 채권자의 위탁에 의하여 제3자가 그 동산을 보관하게 된 경우에도 동산보관에 관한 직무상의 관리주체는 여전히 집행관이므로, 채무자로서는 집행관에게 수취를 청구하여야 하며, 보관동산의 인도의무자 역시 집행관이 될 수밖에 없다.[95]

만일 제3자가 동산에 관한 자기의 권리를 소명하고 채무자가 이의를 제기하지 않을 때에는 집행관은 그 제3자에게 인도하여야 하지만 채무자가 이의를 제기할 때에는 집행관으로서는 실체적 권리관계를 심사할 수 없으므로 제3자의 권리주장에도 불구하고 채무자에게 인도하여야 한다.[96] 이 경우 제3자로서는 채무자에 대하여 그 동산의 인도를 청구할 수밖에 없고 집행에 관한 이의(민집 제16조)를 제기할 수도 없다.[97]

나) 보관자의 집행관에 대한 통지

채권자 또는 보관업자 등 집행목적물이 아닌 동산을 직접 보관하고 있는 자는 보관일로부터 1월이 경과하도록 채무자 등 수취권자가 이를 찾아가지 아니하는 경우

---

93) 법원실무제요 민사집행[Ⅲ], 법원행정처(2014), 562.
94) 집행관업무자료집(Ⅳ), 전국법원집행관연합회(2015), 384.
95) 집행관은 집행목적 외의 동산에 대한 처리절차 중 일부인 '보관'만을 집행보조자나 채권자 또는 그가 신청한 제3자에게 위탁할 수 있을 뿐이지 그 보관 이후의 조치까지 모두 그에게 위임할 수는 없다. 그것은 집행관의 직무이기 때문이다. 즉, 보관위탁 이후에도 채무자가 인도를 요구하면 그 물건을 인도하여야 할 의무가 있는 사람도 집행관이고, 채무자가 그 인도를 게을리 하면 집행법원의 허가를 받아 매각하여야 할 의무가 있는 사람도 집행관이다. 실무상 이를 오인하여 제3자에게 동산보관을 위탁한 이후부터는 그 동산의 인도나 보관인이 인도를 거절하는 경우의 처리도 채권자나 보관인이 알아서 하여야 한다는 견해가 있으나, 이는 민사집행법 제258조의 취지상 수긍할 수 없다(집행관감독 실무편람, 법원행정처(2018), 259, 각주395 참조).
96) 법원실무제요 민사집행[Ⅲ], 법원행정처(2014), 562.
97) 법원실무제요 민사집행[Ⅲ], 법원행정처(2014), 562.

에는 전화 또는 별도서식에 의한 그 취지를 통지하여야 한다. 채무자 등의 수취, 또는 매각 및 공탁명령에 따라 보관 동산의 반출이 이루어진 경우에도 같다.

3) 보관이 곤란하거나 보관할 가치가 없는 집행목적물이 아닌 동산의 사전처리[98]

집행목적물이 아닌 동산 중 그 성질상 별도의 보관을 기대할 수 없거나 보관하기 곤란한 물건 및 그 보관에 지나치게 큰 비용이 드는 것이 예상되는 물건(예: 살아있는 어패류, 분재 등 식물, 가축, 가공된 음식물 등)은 집행목적물의 인도집행에 앞서 법원의 명령에 따른 특별매각(민집 제214조), 조기매각(민집 제202조 단서), 긴급매각(민집 제198조 등)의 규정을 준용하여 그에 적절한 방식으로 사전매각을 할 수 있다.

집행목적물이 아닌 동산 중 폐기하여야 할 무가치한 동산은 집행법원의 허가를 받아 폐기하도록 하고, 일상 가사용 남은 음식물 등은 일단 집행목적물 주변에 배출하여 채무자 등이 수취하여 갈 기회를 제공(2일에서 3일)한 다음 거둬 가지 않을 경우 생활 폐기물로 폐기하면 될 것이다.[99]

4) 보관 동산의 점검 등

집행관이 집행목적물이 아닌 동산을 채권자 또는 제3자를 보관자로 지정하여 보관시킨 경우 채무자 등의 신청이 있거나 기타 필요하다고 인정이 되는 때에는 보관 중인 동산의 상황을 점검할 수 있으며, 필요한 경우에는 보관인의 변경 등의 조처를 할 수 있다(민집규 제137조). 다만 이 경우에도 보관동산은 집행관에 의하여 압류된 물건은 아니므로, 압류물과 동일한 처분이 인정되지 않는다. 즉, 보관인이 보관 중 제3자가 그 점유를 침탈한다는 이유로 집행관이 그 회수를 위한 처분을 할 수 없다. 위에서 본 바와 같이 계약상의 주의의무 위반을 들어 손해배상을 청구하거나 불법행위로 인한 손해배상을 청구할 수 있을 따름이다.

한편 압류물의 보관상황을 파악하는 것은 집행관의 직무행위이므로 집행관은 필요하다고 인정이 된 경우에는 직권으로도 보관상황을 점검할 수 있다. 예컨대 보관상황이 부적당하다고 볼 만한 사정이 드러난 경우, 보관기간이 지나치게 길어진 경우 등에는 당사자 등의 신청이 없더라도 보관상황을 점검하는 것이 상당하다. 점검한 결과 집행목적물 아닌 동산이 부족하거나 손상이 있는 때에는 소유자인 채무자의 이익을 해치는 것이므로 부족 또는 손상이 있다는 취지를 통지하여야 한다.[100]

---

98) 집행관업무자료집(Ⅳ), 전국법원집행관연합회(2015), 385.
99) 집행관업무자료집(Ⅳ), 전국법원집행관연합회(2015), 384.
100) 민사집행규칙 해설, 법원행정처(2003), 374.

5) 보관비용에 대한 유치권

한편 보관자는 채무자가 인도를 요구할 때 적법한 거부 사유가 없는 한 이를 즉시 인도하여야 하나 보관비용에 관하여는 집행관과 보관자로 지정된 채권자 또는 제3자(통상 창고보관업자)는 집행관과 체결된 임치계약의 내용에 따라 그 수취를 요구하는 채무자 또는 수취권한이 있는 제3자에게 보관비용에 관한 유치권을 주장할 수 있다.[101] 다만 보관인에게 보관비용을 지급하여야 할 사람은 보관을 위탁한 집행관 또는 채권자이므로, 동산의 소유자인 채무자는 일종의 물상대위자와 같은 지위에 선다. 따라서 보관인은 보관을 위탁한 집행관 또는 채권자에게 보관비용의 지급을 청구하거나 유치권에 기한 경매를 신청하여 채권을 변제받을 수 있을 뿐이다.

보관비용 중 유치권을 주장할 수 있는 것은 보관개시 시점부터 채무자 또는 수취권한이 있는 제3자가 수취를 청구한 시점까지 보관비용에 해당하는 금액이다.

라. 보관자 등이 채무자나 제3자에게 집행목적물이 아닌 동산 인도거부 시 조치

집행목적물이 아닌 동산 인도의 보관자로 지정된 채권자 또는 제3자(창고보관업자)가 채무자 등의 수취 요구를 거절할 경우, 집행관은 보관자에게 즉시 수취요구권자에게 인도할 것을 서면으로 통지하여야 한다(민집 제193조 제1항). 이 경우 보관자에 대한 통지는 집행관이 맺은 임치계약의 해지 의사표시로 본다. 보관자 등이 집행관의 통지를 받고도 인도를 거부하는 경우 집행관은 채무자 또는 수취 권한이 있는 제3자를 위한 별도의 집행권원(인도명령 등)이 없는 한 강제로 보관자(채권자 또는 제3자)로부터 해당 동산을 수취할 수 없다.[102]

마. 보관 동산의 매각

채무자나 그 밖에 동산을 수취할 권한이 있는 사람이 그 동산의 수취를 게을리한 때(통지를 받고도 2주 이상 수취하지 않거나 명시적으로 수취거절 의사를 표시한 때)에는 집행관은 민사집행법 제258조 제6항의 규정에 따라 집행법원에 매각허가 신청을 하여, 집행법원의 매각허가결정을 받아 동산에 대한 강제집행의 매각절차에 관한 규정에 따라 그 동산을 매각하여야 한다. 민사집행법 제258조 제6항은 매각허가의 대상이 되는 동산을 집행관이 강제집행 목적물에서 제거하여 보관하는 동산으로 한정하고 있지 않으므로, 그 적용 여부는 채무자가 그 수취를 게을리 하였는지 여부

101) 법원실무제요 민사집행[Ⅲ], 법원행정처(2014), 562.
102) 집행관업무자료집(Ⅳ), 전국법원 집행관연합회(2015), 384.

에 따라 달라진다고 보아야 하고, 집행관이 위와 같은 동산을 보관하고 있는지 여부와는 상관없으므로, 부동산 인도청구의 집행에서 집행관은 강제집행 목적물에서 목적물이 아닌 동산을 제거하여 보관하는 경우는 물론, 그 동산을 제거하여 보관하는 것이 불가능하거나 현저히 곤란하여 강제집행 목적물에 그대로 남아있는 경우에도 채무자가 그 동산의 수취를 게을리하면 집행법원의 허가를 받아 그 동산을 매각할 수 있다.[103] 이 매각은 동산이 채무자의 소유에 속하는 경우뿐만 아니라 제3자의 소유에 속하는 경우에도 원칙적으로 가능하다.[104]

보관 동산에 대한 집행법원의 매각허가신청사건은 독립된 유체동산 강제집행사건으로 접수할 것이 아니라 부동산 등 인도명령 청구사건에 부수적인 것으로 그 사건기록에 가철한다. 그리고 이 매각을 함에 있어서 금전채권을 근거로 한 압류가 아니므로 목적 동산을 별도로 압류할 필요도 없다.[105] 압류 이외의 절차는 모두 동산에 대한 강제집행 절차를 그대로 따른다. 따라서 평가를 거칠 수 있고, 원칙적으로 매각기일 3일 전까지 공고도 해야 한다. 매각은 호가경매 또는 입찰에 의한다.

매수인은 일정 기간 내에 매수한 동산을 반출하여야 하고, 반출하지 아니하거나, 집행채권자와의 사이에서 보관장소에 관하여 협의가 성립되지 않으면 집행관은 당해 동산을 다시 매각해야 하며, 그 대금은 반환하지 않는다는 취지의 조건을 붙이는 것도 허용된다.[106] 이 매각은 집행목적물이 아닌 동산의 사후처리이며 당해 동산은 집행목적물이 아니다. 이 매각이 동산의 집행방법에 따라 행하여지더라도 그 성격에는 변함이 없으므로, 당해 동산이 자기의 것임을 주장하는 제3자는 그 소유권을 이유로

---

103) 대법원 2018. 10. 15.자 2018그612 결정[대한민국이 특별항고인들이 양돈장을 운영하고 있는 토지와 건물을 수용한 다음 특별항고인들을 상대로 토지와 건물의 인도를 구하는 소를 제기하였는데, 법원으로부터 특별항고인들이 2015. 12. 31.까지 토지와 건물에서 퇴거하고 이를 인도한다는 내용의 화해권고결정을 받았고, 그 결정이 확정된 후, 대한민국이 위 화해권고결정을 집행권원으로 하여 토지 및 건물에 대한 강제집행을 신청하였는데, 해당 법원 집행관은 토지와 건물내에 있는 돼지 약6천 두를 옮겨 보관할 장소를 현실적으로 찾기 어려워 집행이 불가능하다는 부동산인도불능조서를 작성하고 집행을 실시하지 않은 다음에 해당 법원이 토지와 건물에서 사육중인 돼지를 포함한 유체동산에 대한 특별매각허가신청을 인용하자 특별항고인들이 위 매각허가결정이 민사집행법 제258조 제6항의 요건에 반한다면서 이의신청을 한 데 대하여 집행관이 토지 및 건물 내에 있는 유체동산을 보관하는 것이 사실상 불가능하고 특별항고인들에게 자발적으로 수취할 것을 지속적으로 촉구하였는데도 아무런 조치를 하지 않은 사정 등에 비추어 특별항고인들이 동산의 수취를 게을리한 때에 해당한다고 볼 수 있다고 판단한 원심의 판단이 정당하다고 판단한 사안].

104) 법원실무제요 민사집행[Ⅲ], 법원행정처(2014), 562.

105) 법원실무제요 민사집행[Ⅲ], 법원행정처(2014), 562.

106) 제4판 주석 민사집행법(Ⅵ), 한국사법행정학회(2018), 38.

매각절차를 저지할 수 없으며, 채무자에 대하여 매각이 되지 않도록 수취해 갈 것을 최고 할 수밖에 없을 것이다.[107]

집행법원이 허가 여부를 결정하기 위하여 무엇을 심사하여야 하는지 등에 관하여는 명문의 규정이 없으나, 집행관이 독립한 집행기관으로서 진행하는 절차에 집행법원이 감독권을 행사하는 차원에서 관여하는 것이므로, 휴일이나 야간집행 허가절차에 준하여 해석하면 무방할 것이다. 집행법원은 집행관의 신청에 따라 결정으로 허가 여부를 판단할 것이다. 채권자에게도 신청권이 있다고 하는 견해가 있으나,[108] 민사집행법 제258조 제6항의 문언에 비추어 볼 때, 채권자에게는 매각허가 신청 자격이 없다고 판단된다. 집행법원의 심리대상은 집행관이 적법한 절차에 의하여 채무자의 점유로 인정되는 집행목적 외의 동산을 반출하고 보관하였는지, 그리고 채무자가 그 수취를 게을리했는지 여부이다. 필요하면 당사자 및 이해관계인을 심문할 수 있으나, 이 매각허가절차에 장기간이 소요되면 동산의 매각대금을 초과하는 보관비용이 발생하기 쉬우므로, 가급적 신속하게 결정함이 바람직하다.

집행법원이 매각을 허가하는 결정을 한때에는 이를 채권자와 채무자에게 알리고, 집행관에게도 통지하여야 하며, 이해관계 있는 제3자가 있을 때에는 그에게도 통지하여야 한다.[109] 다만 채무자와 집행관에게만 알리면 된다는 반대설도 있다. 이 결정에 대하여 이의가 있으면 집행에 관한 이의를 할 수 있다(민집 제16조). 이때 집행목적물이 아닌 동산에 다른 채권자들의 압류·가압류·가처분된 경우에는 매각절차를 밟을 수가 없다.

한편 보관 중인 동산이 집행비용에 미달하여 무가물로 평가된 경우에는 집행법원의 허가를 받아 폐기처분을 할 수도 있으며, 잉여의 가망이 없는 것으로 평가되었을 때에도 역시 집행법원의 허가를 받아 보관자 등의 동의 아래 집행비용과의 상계로 매각할 수 있다.[110]

바. 매각대금의 공탁

동산을 매각한 때에 집행관은 그 매각대금에서 매각 및 보관에 필요한 비용을 빼고 집행채권자에게 지급하고 그 나머지 대금을 공탁하여야 한다(민집 제258조 제6

107) 제4판 주석 민사집행법(Ⅵ), 한국사법행정학회(2018), 38.
108) 집행관감독 실무편람, 법원행정처(2018), 261.
109) 법원실무제요 민사집행[Ⅲ], 법원행정처(2014), 562.
110) 집행관업무자료집(Ⅳ), 전국법원 집행관연합회(2015), 388.

항).[111] 이로써 목적 외 동산을 채무자에게 인도하는 부수절차는 종료한다. 이 공탁은 집행공탁이 아니라 집행의 채무자를 피공탁자로 하는 민법 제487조의 변제공탁이고,[112] 공탁금의 지급은 피공탁자의 출급청구에 따라 이루어진다.

채권자는 부동산의 인도집행을 신청함에 있어 집행관에게 수수료를 지급하여야 하고 이는 집행비용에 해당하지만, 이 동산매각은 인도집행 자체는 아니므로 동산의 매각대금에서 곧바로 인도집행비용을 상환받을 수는 없고, 채권자가 매각대금의 공탁금에서 인도집행 비용을 상환받기 위해서는 집행비용액확정결정을 얻어 채무자가 가지는 공탁금의 출급청구권에 대하여 별도의 집행절차를 밟아야 한다.[113] 집행관이 동산을 매각함에 있어서는 조서를 작성하여 매각의 사유를 적어야 한다(민집 제258조 제6항, 제10조, 민집규 제6조).

사. 불복방법

집행관의 처분에 대하여 이의가 있는 채권자나 채무자 등은 집행에 관한 이의(민집 제16조)를 신청할 수 있다. 그러나 집행관의 동산보관 처분 전의 절차상의 하자를 이유로 하여 보관 및 매각절차에 대하여 이의를 신청할 수는 없고, 제3자가 소유권을 주장하여 제3자이의의 소나 집행에 관한 이의 등을 제기할 수도 없다.[114]

부동산 인도의 강제집행은 채권자에게 부동산의 점유를 취득시키는 것으로 종료하고 위와 같은 동산의 보관 및 채무자에의 인도는 부동산 인도의 강제집행에서 파생되는 부수처분에 불과하므로 채권자가 부동산의 점유를 취득함으로써 강제집행이 종료된 뒤에는 이 부수처분이 위법하다는 이유로 강제집행의 정지나 취소를 구할 수 없다.[115]

---

111) 집행관업무자료집(Ⅳ), 전국법원 집행관연합회(2015), 387.
공제하는 매각비용에는 매각에 따른 매각수수료, 집행여비, 감정비용, 우편통지 비용 등이 포함되고, 공제하는 보관비용에는 순수한 창고보관료와 보관을 하기 위한 부대비용(차량비와 상하차에 따른 인건비 포함) 중 집행관이 실제로 인정한 비용이 포함된다. 이 경우 본래의 집행목적물인 부동산 등의 인도 집행을 위한 집행비용(노무자 수당 등)은 위 비용에 포함되지 않음을 유의해야 한다. 한편 제3자 보관 아닌 집행채권자가 보관자로 지정되었을 경우 직접 보관비용 등을 부담하는 경우에는 그 영수증 등 소명자료를 집행관에게 제시하여 인정을 받아야 매각비용에 포함 시킬 수 있다.

112) 법원실무제요 민사집행[Ⅲ], 법원행정처(2014), 563.

113) 법원실무제요 민사집행[Ⅲ], 법원행정처(2014), 563.

114) 법원실무제요 민사집행[Ⅲ], 법원행정처(2014), 563; 집행관 실무편람, 법원행정처(2004), 273.

115) 법원실무제요 민사집행[Ⅲ], 법원행정처(2014), 562.

10. 목적외 동산 처리 실무상 쟁점

가. 채권자가 목적외 동산 반출, 보관비용을 납부하지 않는 경우

1) 인도대상 목적물인 호텔 안에 있는 주점인데, 제소전 화해조서에 "약정을 어긴 경우 채무자는 즉시 위 주점을 인도하고, 주점 내의 일체의 집기류는 채권자의 소유로 하기로 한다"는 취지의 화해조항에 따라 주점에 대한 인도집행을 실시하되, 그 내부의 일체의 물건은 화해조항에 따라 채권자의 소유물이 되었으므로, 그대로 두고 출입문의 자물쇠만 교체하는 방법으로 인도하여 달라고 하면서 목적외 동산의 반출비용 등을 예납하지 않는 경우 채권자의 주장대로 인도집행을 종료할 수 있을 것인가.

인도집행에 있어 목적외 동산은 집행관이 채무자나 동거인 등에게 인도하여야 하고(민집 제258조 제3항, 제4항), 동산을 인도받을 채무자 등이 없는 때에는 집행관이 이를 보관하여야 하며(민집 제258조 제5항), 비록 목적외 동산이 제3자의 소유라고 하더라도 집행관은 이를 채무자에게 인도하여야 하고,[116] 인도집행에 따른 집행목적물과 그 종물 이외의 동산의 반출, 보관비용은 집행비용에 속하고 채권자가 그 비용을 납부하지 않는 경우 집행관은 채권자의 집행위임 또는 사무수행을 거절할 수 있다(집행관수수료규칙 제25조). 따라서 위 목적외 동산들이 채권자 소유이므로 그대로 둔 채 강제집행을 해도 좋다는 취지의 채무자의 의사표시가 없는 한 목적외 동산을 반출하지 않고 출입문의 열쇠만 교체한 채로 부동산의 인도집행을 마칠 수는 없을 것이다.[117]

2) 부동산인도집행사건에서 채무자가 인도집행 현장에 출석하므로 목적외 동산을 대상 부동산에서 제거하여 공터에 적치한 상태에서 채무자에게 인도하는 방법으로 집행하여 달라고 하면서 목적외 동산 보관비용 등의 예납을 거부하는 경우에도, 보관비용의 최종 부담자는 채무자이지만(민집 제258조 제5항), 집행과정에서 채무자로부터 그 비용을 납부받는 것이 불가능하여 집행비용으로서 채권자에게 예납하게 하였음에도 채권자가 그 납부를 거절할 경우에는 집행관은 그 위임사무를 거절하여야 할 것이다(집행관수수료규칙 제25조).[118]

---

116) 법원실무제요 민사집행[Ⅲ], 법원행정처(2014), 561.
117) 집행관업무자료집(Ⅴ), 전국법원집행관연합회(2017), 343.
118) 집행관업무자료집(Ⅴ), 전국법원집행관연합회(2017), 364.

나. 목적외 동산에 대한 매각절차 진행 중에 채무자가 돌려줄 것을 요구하는 경우

부동산인도집행 과정에 채무자가 수취하지 않은 목적외 동산을 채권자에게 보관위탁하여 보관 중 매각허가결정을 받아 매각절차가 진행되는 도중에 채무자가 위 목적외 동산을 돌려 줄 것을 요청하는 경우, 민사집행법 제258조 제6항은 채무자가 수취를 게을리하는 때 이를 매각할 수 있도록 규정하고 있을 뿐이므로, 매각절차가 개시되었더라도 매수인의 대금납부로 소유권이 이전되기 전까지 채무가가 수취를 요구하였다면 집행관은 그 보관비용에 대하여 유치권을 행사하지 않는 한 이에 응하여야 할 것이다.[119)]

다. 부동산인도 집행과정에서의 목적외 동산인 자동차의 처리

1) 부동산인도 강제집행에서 목적외 동산인 자동차 등의 환가방법

부동산인도 강제집행사건에서 목적 건물 안에 있는 목적외 등록 자동차, 등록된 건설기계 등을 제거하여 보관한 후에도 채무자가 인수받아 가지 않을 경우 그 환가는 어떠한 방법에 의하여야 하는가.

자동차관리법에 따라 등록된 자동차는 자동차집행 대상이고, 자동차집행에 관하여는 다른 규정이 없으면 부동산에 대한 강제경매의 규정을 따르게 되어 있으므로(민집규 제108조), 이는 집행관이 목적외 동산으로 민사집행법 제258조 제6항에 따라 매각할 수 없고, 집행법원에 의한 강제경매의 방법에 의하여야 한다.[120)] 이 경우 누가 신청인이 되어야 하는지에 대하여는 명문의 규정이 없지만, 목적외 동산의 보관 및 매각의 주체가 집행관이므로, 집행관이 신청인이 되는 것으로 해석할 수밖에 없다. 집행관은 일반의 자동차 집행신청의 경우에 준하여 신청서를 작성하여(민집 제80조, 민집규 제110조), 자동차등록원부를 첨부하여 자동차 본거지를 관할하는 지방법원에 신청을 해야 할 것이다. 집행권원의 표시와 그 정본의 첨부는 성질상 필요 없다. 신청예납금은 부동산인도 등 사건 절차를 위하여 필요한 비용으로서 그 사건 예납금을 가지고 지출한다. 신

---

119) 집행관업무자료집(Ⅴ), 전국법원집행관연합회(2017), 359.

120) 민사집행법 제258조 제6항의 규정에 의한 매각에 있어서도 감정인에게 자동차를 평가하게 하고 그 평가액을 참작하여 최저매각가격을 정함이 원칙이나(민집 제97조 제1항), 법원은 상당하다고 인정하는 때에는 집행관에게 거래소에 자동차의 시세를 조회하거나 그 밖의 상당한 방법으로 매각할 자동차를 평가하게 하고, 그 평가액을 참작하여 최저매각가격을 정할 수 있도록 한 특칙이 있다(민집규 제121조 제1항). 자동차는 차종이나 사용연도에 따라 가격이 높지 않은 경우가 많고, 중고자동차시장 등에서 일정한 거래시세가 형성되어 있는 경우가 많으므로, 간이한 방법으로 자동차를 평가하게 하여 최저매각가격을 정할 수 있도록 한 특칙이다.

청을 받은 집행법원은 일반 자동차집행 신청사건과 마찬가지로 강제경매개시결정(인도명령은 불필요하다)을 하여 매각절차를 진행하고, 매각대금은 집행관에게 교부한다.[121)]

건설기계 관리법에 따라 등록된 건설기계에 대한 강제집행절차에 관하여는 민사집행법 제108조 이하의 자동차에 관한 규정이 준용되므로(민집규 제130조), 자동차에 대한 처리와 같이 처리하면 된다.

2) 부동산인도 집행시 목적외 동산인 자동차의 처리방법

거래소에 자동차의 시세를 조회한 결과 무가물로 평가받은 경우, 집행관은 이를 무가물로 인정하여 폐기처분하는 것이 가능하다.[122)] 등록말소 신청에 관하여는 소유자 이외의 사람의 신청권한을 인정하는 규정이 없으므로(자동차관리법 제13조 제1항), 소관 시·도지사의 직권말소를 기다려야 할 것이다(자동차관리법 제13조 제3항). 폐기처분 할 경우 집행관에게 등록말소 신청의 의무가 있는 것은 아니고, 폐차시 번호판을 떼어낼 의무가 있는 것도 아니지만, 실무상 등록 명의인에게 자동차세가 부과되는 것을 피하기 위해 폐차하였다는 취지의 보고서를 관할 시·도지사에게 송부하는 경우나 번호판을 떼어내 등록명의인에게 송부하는 경우가 있는 모양이다.[123)]

평가액이 저렴한 관계로 현금화하더라도 무잉여가 될 가능성이 있는 경우라도 매각할 수 있고, 이 경우 절차는 위에서 본 바와 같다.

라. 목적외 동산에 제3자 소유물이 포함되어 있는 경우

1) 세탁소에 대한 인도집행시 보관 중인 의류의 처리

집행관이 채무자에게 세탁을 의뢰한 고객인 제3자의 인수요청에 직접 응하는 것은 부적절하며, 세탁소와 고객과의 법률관계는 별도로 해결하여야 하는 것이 법이 정한 절차이기는 하다.[124)] 실무상으로는 채무자로 하여금 인도집행 전에 고객들의 의류를 정리하도록 하는 것이 바람직하다고 본다.

2) 주점에 키핑 중인 고급술병의 취급

영업 중인 주점에 대한 인도집행 사건에서 고객들이 키핑한 고급술을 채무자가 인수하지 않을 경우 어떻게 처리하여야 할 것인가.

건물인도 집행시 고급술병은 목적외 동산이므로 채무자가 인수하지 않은 경우

121) 執行官事務に関する協議要録(第4版), 最高裁判所 事務総局(2012), 225.
122) 執行官事務に関する協議要録(第4版), 最高裁判所 事務総局(2012), 226.
123) 執行官事務に関する協議要録(第4版), 最高裁判所 事務総局(2012), 330.
124) 執行官事務に関する協議要録(第4版), 最高裁判所 事務総局(2012), 230.

집행관이 보관하거나 매각하여 대금을 공탁하는 것이 법이 정한 절차이기는 한데,[125] 현실적으로 이미 개봉하여 일부를 마시고 남은 키핑 중인 고급술이 매각이 될 수 있을지는 의문이다.

3) 부동산인도 집행사건에서 목적외 동산을 제3자가 직접 인도받을 수 있는지 여부

부동산인도 집행사건에서 제3자가 인도받을 권리가 있다고 주장하며 공정증서, 판결, 화해조서 등에 의하여 그 권원을 증명한 경우 혹은 리스물건이라는 표시가 되어있는 경우, 민사집행법 제258조 제3항, 제4항에 의하면 강제집행의 목적물이 아닌 동산은 인도집행의 상대방인 채무자에게 인도하여야 하고, 당해 목적외 동산에 대한 실체상의 권원을 가지고 있는 자에게 인도하여서는 안 된다. 채무자의 동의가 없는 한, 채무자 이외의 제3자에게 인도하여서는 안 된다.[126] 이들 제3자가 집행관이 보관 중인 자기 소유물을 찾아가려면 채무자와 함께 출석하여 채무자가 인도받은 후 인계받거나 아니면 제3자가 직접 찾아가도 좋다는 취지의 채무자의 확인서를 제출하지 않는 이상 채무자에 대한 별도의 집행권원을 얻어 인도받을 수밖에 없다.[127]

4) 리스물건을 목적외 동산으로 매각하는 것의 가부

건물명도 사건에서 채무자가 리스물건을 제3자 소유라는 이유로 인수하지 않는 경우, 집행관은 리스물건도 민사집행법 제258조 제6항에 따라 매각할 수 있다.[128] 민사집행법 제258조 제6항은 목적외 동산의 소유자가 누구인지 불문하고 채무자 점유 하에 있기만 하면 목적외 동산으로 매각할 수 있다는 취지이기 때문이다.

라. 부동산인도 집행사건에서 목적외 동산이 제3자 소유인 경우 매각 가능여부와 공탁방법

부동산인도 집행사건에서 집행종료 후 목적외 동산을 창고에 보관 중에 이들 동산이 제3자 소유임이 판명되었는데, 이를 인도하는 것이 불가능한 경우 목적외 동산으로 매각하여 공탁할 수 있는가.

민사집행법 제258조 제6항에 의한 목적외 동산 매각에서는 동산의 소유권이 누구에게 귀속되는지 묻지 않으므로, 제3자 소유임이 명백하더라도 목적외 동산으로서

125) 執行官事務に関する協議要録(第4版), 最高裁判所 事務總局(2012), 229.
126) 執行官事務に関する協議要録(第4版), 最高裁判所 事務總局(2012), 230.
127) 법원실무제요 민사집행[Ⅲ], 법원행정처(2014), 562.
128) 執行官事務に関する協議要録(第4版), 最高裁判所 事務總局(2012), 230.

매각할 수 있다.[129)]

그 매각대금의 공탁은 실무상 민법 제487조에 의한 변제공탁에 준하여 취급하는바, 목적외 동산은 인도집행의 상대방인 채무자에게 인도하도록 되어 있으므로(민집 제258조 제3항), 제3자가 실체법상 권원을 가지고 있다고 하더라도 제3자에게 인도할 수 없기 때문에 채무자를 피공탁자로 공탁한다.

마. 건물인도 집행사건에서 당해 건물 부지에 있는 채무자 소유 동산의 처리

건물만에 대한 인도 집행사건에서 채무자 소유의 동산을 목적외 동산으로 취급하여도 되는지 문제되는바, 건물 점유권을 가지는 자는 통상 건물 주위의 일정 범위의 부지에 대하여도 이용권을 가지지만, 건물인도의 집행권원에 의한 집행에서는 그 이용권이 미치는 범위 안에 있는 부지상의 동산도 제거하는 것이 가능할 것이다. 반면에 위에서 말한 이용권이 미치지 않는 부지상에 있는 동산에 대하여는 별개의 집행권원이 있어야 할 것이다.[130)]

바. 목적외 동산인 예금통장, 회사장부의 처리

1) 목적외 동산인 예금통장의 처리

채무자가 행방불명인 상태에서 목적외 동산으로서 예금통장의 처리방법에 대하여는, 보관조서를 작성하여 보관한다는 견해와 예금통장은 재발행이 가능하므로 기록에 편철하였다가 보존기간이 경과하면 기록과 함께 폐기한다는 견해를 생각해 볼 수 있는데, 후자가 민사집행법 제258조의 취지에 부합한다고 본다.[131)]

2) 건물인도 집행에서 회사의 장부 등의 처리

채무자인 회사가 도산하여 대표자나 관계자가 행방불명인 경우 건물 안에 존재하는 목적외 물건인 회계장부 등 서류의 경우, 일단 보관을 하였다가 상당기간이 경과한 후(가령 6개월 내지 1년)을 경과하도록 인수받지 않는 경우 폐기하여도 무방할 것이다.

회사 대표자나 관계자의 소재가 판명된 경우에는 일단 회계장부 등을 인수하여 갈 것을 최고하고, 그들이 상당한 인수방법을 지정하여 인수를 요청하는 경우 그에

---

129) 제4판 주석 민사집행법(Ⅵ), 한국사법행정학회(2018), 38; 법원실무제요 민사집행[Ⅲ], 법원행정처(2014), 562.

130) 執行官事務に関する協議要録(第4版), 最高裁判所 事務總局(2012), 231-232.

131) 執行官事務に関する協議要録(第4版), 最高裁判所 事務總局(2012), 232.

따르되, 인수를 거절하는 경우에는 폐기하여도 무방하다. 합리적이지 않은 인수방법을 지정하거나 인수방법의 변경 최고에 응하지 않는 경우에도 실질적으로 인수를 거절하는 것과 동일하므로, 폐기하여도 무방하다.[132]

사. 건물명도 집행사건에서 목적 건물 안이나 옥상 등에 제거하기 곤란한 대형 냉방시설 등이 존재하는 경우와 집행종료[133]

당해 건물 안에 채무자가 설치한 대형 냉방설비(실외기, 쿨링타워)가 존재하고 이를 제거하기 곤란하거나 제거에 다액의 비용이 소요되는 경우, 이를 그대로 둔 채로 집행을 종료하여 채권자에게 점유를 인계하여도 무방한가 문제되는바, 쿨링타워를 비롯한 냉난방설비는 통상의 경우 건물의 부합물이나 종물로 보는 것이 상당하므로, 제거할 필요는 없다.[134] 만약 부합물이나 종물에 해당한다고 보기 어려운 경우, 그것이 물리적, 경제적으로 제거가 곤란하거나 수취할 사람이 없는 경우 또는 수취거절로 인하여 잔존하고 있는 경우 건물점유가 사실상 배제되는 시점에 채권자에게 점유를 취득시켜 집행을 종료하여도 무방하다. 다만 이 경우 냉난방설비의 보관(민집 제258조 제5항)과 현금화(민집 제258조 제6항)는 인도의 부수절차로서 남기 때문에 그 보관, 현금화 비용은 현금화대금에서 공제할 수 있다(민집 제258조 제3항).

아. 건물인도 집행에서 건물 안에 있는 채무자 소유의 기계를 반출하기 위하여 그 기계의 일부를 절단하는 것 등의 가부

공장 내에 있는 채무자 소유의 기계의 일부를 절단하는 것이 목적외 동산으로서의 처리를 위하여 불가피한 것이라면 이는 허용할 수밖에 없다.[135]

자. 건물만의 인도 집행사건에서 건물 안과 지하 부분에 독극물이 들어있는 저수조나 탱크가 존재하는 경우 유의할 점[136]

건물만에 대한 인도명령을 집행권원으로 하는 인도집행사건에서 건물현황은 가동 중인 알류미늄도금 공장으로 건물 안에 깊이 1m, 길이 10m, 폭 1m의 독극물이

---

132) 執行官事務に関する協議要録(第4版), 最高裁判所 事務總局(2012), 232-233.

133) 執行官事務に関する協議要録(第4版), 最高裁判所 事務總局(2012), 234-235.

134) 실외기 등이 볼트로 건물에 견고하게 부착되어 있으나, 과다한 비용을 들이거나 건물을 훼손하지 않고 분리가 가능하더라도, 이는 건물의 상용에 공하는 물건으로서 종물에 해당한다 할 것이다(집행관연찬집2018, 법원공무원교육원(2019), 307).

135) 執行官事務に関する協議要録(第4版), 最高裁判所 事務總局(2012), 235.

136) 執行官事務に関する協議要録(第4版), 最高裁判所 事務總局(2012), 235-237.

들어있는 액체 저수조가 다수 존재하고, 건물 지하 부분에 황산용액이 들어 있는 80톤 용량의 탱크가 묻혀 있는 경우, ① 독극물이 들어있는 액체 저수조를 반출함에 있어 어떤 점에 주의하여야 하는가, ② 지하 탱크에 대하여도 인도집행을 하는 것이 가능한가. 가능한 경우 지하에 매설된 탱크를 반출하는 경우 어떤 점에 유의하여야 하는가.

① 건물 안에 있는 액체 저수조는 건물에 부합된 것이라면 부합물로서 당연히 인도 대상이고(민법 제256조 본문), 부합물이 아니라도 알루미늄 공장의 종물(민법 제100조)에는 해당할 것이다. 지하에 있는 탱크는 알루미늄 공장의 조업을 위한 시설로서 건물과 장소적으로 부속되어 있는 점 등의 사정이 인정된다면 건물의 종물로 보아도 충분하고, 종물이라면 건물에 대한 인도명령의 대상이 된다. 저수조에 들어 있는 독극물과 황산은 강제집행의 대상이 될 수 없고, 목적외 동산에 해당할 것이다.

② 저수조나 지하탱크가 부합물도 아니고 종물도 아니라면 목적외 동산으로서 채무자에게 인도하여야 하는데(민집 제258조 제3항), 그 반출방법이 문제다. 목적외 동산이 반출 곤란한 경우로서 반출로 인하여 생기는 건물의 손상의 정도가 수인한도를 넘어서는 때에는 해체하여 반출하여야 할 것인데, 이 경우 법규상 문제가 없는지 살펴볼 필요가 있다. 그러나 일반적으로 알루미늄 공장의 매수인은 같은 업종에 종사하는 사람일 가능성이 높고, 낙찰 이후에도 동일하게 알루미늄 공장으로 사용하는 경우가 많을 것이므로, 집행관은 채권자의 승낙을 얻어 현장에 보관하였다가(현장보관집행) 최종적으로는 채권자에게 매수하도록 하는 등의 방법을 고려하여 볼 수 있다.

저수조 안에 있는 독극물이나 지하탱크의 황산용액은 목적외 동산으로서 민사집행법 제258조가 정하는 바에 따라 처리하여야 한다. 독극물이 법령의 규정에 따라 지정된 품목인 경우 운반, 저장, 판매 등에 법이 정한 각종 규제가 뒤따르므로, 전문업자에게 위탁하여 처리할 필요가 있다. 채무자 등에게 인도하는 것이 불가능하여 매각하는 경우에도 내용물의 성질에 따라 매수인이 제한되는 문제가 있을 수 있기 때문에 주의를 요한다.

지하탱크 안의 황산액이나 염산은 화학물질관리법에 의한 사고대비물질에 속하므로, 마찬가지로 운반, 저장, 판매 등에 있어 법이 정한 규제 등이 있을 수 있기 때문에 전문업자에게 위탁하여 처리할 필요가 있다. 내용물 역시 채권자의 승낙을 얻어 현장에 보관하였다가 최종적으로 채권자로 하여금 매수하게 하는 방법 등을 고려하여 볼 수 있다.

차. 건물인도 집행시 보전처분이 먼저 집행된 목적외 동산의 처리

1) 목적외 동산에 가압류된 고가의 물품이 포함되어 있는 경우 채무자의 인수를 허용할 것인지 여부

① 채권자가 가구점을 운영하는 채무자의 매장에 있는 고가의 수입가구를 가압류하여 채무자에게 이를 보관하게 한 후, ② 채무자가 운영하는 가구점에 대한 부동산인도집행을 하면서 위와 같이 가압류한 고가의 수입가구를 포함한 목적외 동산을 채권자로 하여금 보관창고에 유료로 보관하게 하였는데, ③ 수취촉구를 받은 채무자가 창고 보관비용을 지불하고 창고에 보관 중인 가압류된 고가의 수입가구를 인수하려는데 대하여 채권자가 채무자가 이를 처분할 우려가 있다고 항의하는 경우, 이에 응하여야 하는가.

압류물을 채무자 등에게 보관하는 경우에도 집행관의 점유는 계속되고 이때 채무자는 압류물을 선량한 관리자로서 보존해야 하며, 보전을 위한 처분(보관인 선임, 변경)은 집행관의 책무에 해당하므로, 가압류 당시 고가의 수입가구를 채무자에게 보관토록 하였으나, 부동산인도집행과정에 목적외 동산으로서 채권자에게 보관하도록 하여 그 보관자가 채무자로부터 채권자로 변경된 것이고, 채무자에게 인도하면 가압류된 고가의 수입가구를 처분할 우려가 있기 때문에 채무자에게 인도하지 않고 채권자로 하여금 유료 보관창고에 계속하여 보관하도록 하되, 추후 집행과정에 발생할 수 있는 과다한 보관창고비용의 담보를 위하여 채권자로부터 사전에 각서 등을 받아두면 좋을 것이다.[137)]

2) 건물인도 집행과 가처분집행 중인 드라이크리닝 기계의 처리

乙이 甲 소유의 건물에서 세탁소를 운영하고 있는데 그 소유의 드라이크리닝 기계에 대하여 丙의 신청에 따른 집행관보관 등의 가처분이 집행되어 있는 경우, (1) 甲의 乙에 대한 건물인도 집행시 드라이크리닝 기계를 제거하는 것이 가능한가, (2) 만약 가능하다면 건물인도 집행 후 가처분은 어떤 방법으로 유지되는가, (3) 기계 제거, 보관비용은 누가 예납하고, 누가 부담하여야 하는가.

집행관은 건물인도 집행을 하면서 드라이크리닝 기계를 제거하는 것이 가능하며, 다만 그 취지를 가처분 집행을 한 집행관에게 통지하여야 한다(민집규 제188조). 기계제거 비용과 인도비용은 집행채권자 甲의, 기계를 창고나 그 밖의 장소에 보관하는

137) 집행관연찬집 2018, 법원공무원교육원(2019), 39-40.

경우 보관비용은 가처분 채권자 丙의 예납금으로부터 각 지급하지만, 종국적으로는 모두 채무자 乙이 부담한다.[138)]

카. 부동산인도 집행사건에서 복수의 채무자가 목적물을 공동으로 점유하고 있는 경우 그 중 1인의 채무자에게 목적외 동산 전부를 인도할 수 있는지

각자가 부동산 전부를 공동으로 점유하고 있는 경우, 동산의 소유자를 특정하는 것이 불가능하고, 민사집행법 제258조 제3항이 동산의 소유권의 귀속을 묻지 않고 있으므로, 공동점유 중인 채무자들에 대한 부동산인도 집행사건에서, 그 중 1인의 채무자에게 목적외 동산 전부를 인도할 수 있다 할 것이다.[139)]

타. 건물인도 사건에서 범죄행위에 이용될 우려가 있는 목적외 동산의 처리

건물인도 집행과정에 건물 안에 범죄행위에 이용될 우려가 있는 음란물CD나 비디오 테이프 등을 채무자가 인도하여 달라고 하는 경우 집행관은 이에 응하여야 하는가. 채무자가 인도를 받지 않아 동산집행 매각절차에 의하여 매각하는 하는 경우 이들 음란비디오 테이프 등을 다른 목적외 동산과 함께 일괄매각할 수 있는가. 일괄매각하지 않는 경우 음란물은 어디에 보관하고, 어떻게 처리하여야 하는가.

우선 집행관이 음란물CD나 비디오 테이프를 보관하는 시점에는 음란물인지 여부 등을 검토하지 않아도 무방하지만 적어도 인도받지 않아 매각하는 경우에는 그 전에 필요한 범위에서 그 내용을 검토하는 것이 가능하다고 할 것이다. 이들을 검토한 결과 반포 내지 판매목적의 것일 개연성이 높으면 수사의 단서가 될 수 있으므로, 관할 경찰관서에 통보하는 것이 상당하다. 그 이외의 경우에도 판매할 수 있는지 여부를 판별하는 것은 곤란하므로, 신중하게 처리할 필요가 있다. 즉, 채무자가 인도를 요청하는 경우 이를 인도하여 주어도 괜찮겠지만, 인도받지 않은 경우 매각에 있어서는 신중하여야 할 것이므로, 무가치물로 폐기처분하는 것이 타당할 것이다. 제3자에게 맡기지 않고 집행관들이 직접 보관하는 것이 상당하다.[140)]

파. 목적외 동산인 애완동물 등의 처리

1) 애완동물은 목적외 동산으로서 채무자가 인수하여 가지 않을 경우 민사집행법 제258조 제5항에 따라 집행관이 보관하게 된다. 보관에 적당한 장소로는 먹이를 먹

138) 執行官事務に関する協議要錄(第4版), 最高裁判所 事務總局(2012), 237-238.
139) 執行官事務に関する協議要錄(第4版), 最高裁判所 事務總局(2012), 239.
140) 執行官事務に関する協議要錄(第4版), 最高裁判所 事務總局(2012), 239-240.

고 배변 활동을 하는 등 최저한의 생활을 하는 것이 가능한 곳이어야 할 것이고, 어류나 맹수와 같이 반출, 이동, 사육장소에 특별한 배려가 필요한 경우도 있다. 애완견샵 등 일반 민간의 업자를 집행보조자로 사용하는 것도 가능하지만, 채권자의 민원을 통하는 등으로 관할 지방자치단체 등에 원조를 요청하거나 동물구호단체 시설에서 보관하게 하는 방법도 가능하며, 이 경우는 위탁의 내용 등을 상세히 정해두는 것이 바람직하다. 아무튼 살아 있는 동물의 반출이나 보관 과정에 사고가 발생할 가능성이 커 나중에 채무자로부터 민원을 살 우려가 있으므로, 가능한 한 채무자가 임의로 반출하도록 최대한 노력할 필요가 있다.

채무자에게 인도하는 것이 불가능한 경우에는 동산집행의 예에 의하여 매각하고, 매각할 수 없을 경우에는 무가치물로서 폐기처분을 하게 될 것인데, 이 경우 처리는 관할 지방자치단체 등에게 의뢰하는 것이 적절할 것이다.

2) 대게전문점을 운영하는 채무자를 상대로 하는 부동산인도집행의 경우에도 유사한 문제가 있다. 살아있는 대게의 경우 언제 폐사할지 모르는 것인데, 폐사할 경우 그 가격이 크게 하락할 것임은 경험칙상 명백하므로, 현장보관 조치를 취한 다음 인도집행 직후 즉시 집행법원으로부터 매각명령을 받아 긴급매각절차를 통하여 매각하여야 할 것이다(민집 제258조 제6항, 제202조).[141]

하. 목적외 동산인 현금 등의 처리

민사집행법 제201조의 금전은 현금화의 필요 없이 곧바로 채권을 만족시킬 수 있는 것으로 국내에서 강제통용력이 있는 화폐 즉 한국은행권을 의미하는 것으로, 옛날 돈이나 외국통화는 제외하는 취지이어서,[142] 당해 금전이 외국통화인 경우에는 기본적으로 귀금속 등에 준하여 취급하면 될 것이므로, 그대로 집행관사무실 금고 등에 보관하였다가 다른 목적외 동산 매각시점에 우리나라 돈으로 환금하거나 바로 우리나라 돈으로 환금하여 집행관이 보관하거나 하면 될 것이다.

환금할 수 없는 것은 결국 무가치물로서 폐기하면 될 것이다. 봉투 등에 넣어 기록과 함께 보전하다가 보전기간(5년) 만료 후에 기록과 함께 폐기하면 될 것이다.[143]

---

141) 집행관업무자료집(Ⅴ), 전국법원집행관연합회(2017), 354.
142) 제4판 주석 민사집행법(Ⅴ), 한국사법행정학회(2018), 269-270.
143) 執行官事務に関する協議要錄(第4版), 最高裁判所 事務總局(2012), 241 참조.

ㄱ. 부동산 인도 등 집행시 목적외 동산을 채무자의 요청에 따라 도로에 놓아두는 방법으로 채무자에게 인도할 수 있는지

채무자가 인도집행 장소에 출석한 경우라도 인도받을 동산을 이전할 경제적 능력이 없거나 경제적 능력이 있어도 다른 장소로 이전하지 않을 것이 충분히 예상되는 때에는 채무자가 출석하지 아니하거나 퇴장함으로써 목적부동산 이외의 동산을 인도받지 아니한 경우와 마찬가지로 채권자에게 보관장소를 제공받아 보관하도록 하는 등 조치를 취하여야 하며, 설령 채무자의 요청이 있더라도 공도 상에 위 동산을 적치한 상태에서 채무자에게 인도하는 절차를 밟아서는 안 된다.[144)]

ㄴ. 부동산인도 집행시 채권자의 보관각서를 받고 안에 있는 목적외 동산을 그대로 둔 채로 집행을 마칠 수 있는지

채무자가 집행장소에 없거나 동산의 수령을 거부하여 목적외 동산을 채권자가 자기의 책임 아래 목적부동산에 있는 그대로 보관의 책임을 지기로 하고, 집행관에게 보관각서를 제출한 경우, 보관장소의 형상, 그 부동산에 대한 채권자의 지배의 정도, 채권자 이외의 자의 출입의 가능성 등을 감안하여 보관물건의 손상·분실의 가능성이 없다고 인정된다면 집행관은 목적외 동산의 제거에 갈음하여 그대로 둔 상태에서 채권자의 보관각서를 받고, 보관동산이라는 취지의 공시서를 부착하는 등의 방법으로 인도집행이 가능할 것이다.[145)]

ㄷ. 목적외 동산 매각대금에 대한 강제집행 등

1) 민사집행법 제258조 제6항의 매각대금을 공탁하기 전에 채무자로부터 수령 신청이 있는 경우

민사집행법 제258조 제6항에서 말하는 동산의 수취를 게을리 한 채무자는 그 매각대금도 수령하지 않은 채무자를 의미한다 할 것이므로, 채무자가 매각대금을 수령하겠다고 한다면 채무자에게 교부하여도 무방할 것이다.[146)]

2) 민사집행법 제258조 제6항의 현금화대금에 대한 강제집행

민사집행법 제258조 제6항의 현금화대금을 공탁하기 전에 채권자로부터 집행관에 대

---

144) 집행관업무자료집(Ⅴ), 전국법원집행관연합회(2017), 344.

145) 민사집행법실무연구(재판자료 제109집), 법원도서관(2006), 105; 집행관업무자료집(Ⅴ), 전국법원집행관연합회(2017), 344.

146) 執行官事務に関する協議要録(第4版), 最高裁判所 事務総局(2012), 244.

하여 현금화대금에 대한 강제집행 신청이 있는 경우, 집행관은 이를 압류할 수 있는가.

집행관은 대금을 압류할 수 없다. 채권자는 위 공탁금회수청구권에 대하여 강제집행을 하여야 한다.[147)]

11. 집행의 종료와 그 통지

부동산 등의 인도집행은 부동산 등에 관하여 채권자가 현실의 점유를 취득한 때에 종료한다.[148)] 다만 집행의 목적물인 부동산상에 집행의 목적이 아닌 동산이 존재하는 때는 집행관은 그 부동산 등에 관하여 채무자의 점유를 해제 한때에 그것들을 부동산에서 제거하여 채무자에게 인도하여야 하므로, 동산의 채무자에게 인도와 부동산에 대한 채권자의 점유취득으로 집행은 종료하는 것이다.

특히 채무자 등에게 인도할 수 없는 집행 목적외 동산을 집행관이 보관하여야 하는 경우, 채권자의 승낙이 있으면 채권자에게 보관시키는 것도 가능하다고 해석되므로, 당해 건물에 목적외 동산을 남겨둔 채로 집행을 종료하는 것도 가능하다. 채무자 등에 인도할 수 없는 목적외 동산이 있는 경우는, 이들을 매각하고 그 대금을 공탁한 때에 인도집행 등 집행사건은 종료된다.

집행의 목적이 아닌 동산은 집행관이 제거하여야 하므로 그 제거가 끝나지 않았으면 집행이 종료되어 채권자가 점유를 취득하였다고 할 수는 없다. 그러나 대부분의 동산이 부동산의 외부로 반출되었으면 별다른 가치가 없는 동산 일부가 남아있다 하더라도 집행을 마친 것으로 볼 수 있다. 또한, 동산의 제거가 완료된 이상 이를 채무자에게 인도하지 못하였다거나 그 경매절차 등이 완료되지 않았다고 하더라도 인도집행 자체도 완료되지 않았다고는 할 수 없다.[149)]

한편 부동산 등의 인도집행을 마친 때에는 집행관은 채무자에게 그 취지를 통지하여야 한다(민집규 제187조). 채무자가 집행에 참석한 때에는 말로써 통지하면 충분하다(민집규 제8조 제1항). 판례는 채권자나 그 대리인이 인도받기 위하여 출석하지 않았음에도 집행관이 채무자로부터 점유를 빼앗아 그 점유를 집행관 자신 또는 제3자에게 인도하였다면 이는 하자 있는 집행이지만, 그 후에는 같은 집행문에 의하여 또 다시 집행할 수는 없다고 하고 있으므로, 이 경우에는 채권자 자신이 점유를 취득하

147) 執行官事務に関する協議要録(第4版), 最高裁判所 事務總局(2012), 244.

148) 제4판 주석 민사집행법(Ⅵ), 한국사법행정학회(2018), 39; 법원실무제요 민사집행[Ⅲ], 법원행정처(2014), 563; 집행관 실무편람, 법원행정처(2004), 273.

149) 제4판 주석 민사집행법(Ⅵ), 한국사법행정학회(2018), 40; 법원실무제요 민사집행[Ⅲ], 법원행정처(2014), 564.

지 않더라도 집행을 마친 것으로 보아야 한다고 본다.[150)]

언제 집행이 종료되는가 하는 점은 채무자로서는 집행정지 등의 구제절차를 밟을 수 있는 시한이지만, 채권자로서는 그 집행종료 전의 채무자의 침입에 대하여 종래의 집행권원에 기초한 집행이 가능한 시한이다. 채권자가 점유를 취득한 후에 채무자가 다시 침입한 때에는 종래의 집행권원에 의한 집행은 불가능하고, 새로운 집행권원을 얻어야 한다.

그러나 채무자가 점유를 상실하였더라도 채권자가 점유를 취득하지 못한 때에는 아직 집행을 마치지 않은 것이므로 종전의 집행권원에 기초하여 인도집행 할 수 있다. 다만 이에 대해서는 채무자가 점유를 상실하였으나 아직 채권자가 점유를 취득하지 못하여 집행이 종료되지 않은 경우에도, 채무자가 새로운 점유를 취득하면 이는 종전의 점유와는 별개의 점유이므로 종전의 집행권원으로는 집행할 수 없다고 주장하는 반대견해도 있다.[151)]

집행관이 채무자의 점유를 해제하고 이를 채권자에게 인도하여 강제집행이 완결된 후에 채무자가 집행의 목적이었던 건물에 들어간 것은 공무상표시무효죄가 되지는 않지만,[152)] 부동산강제집행효용침해죄(형법 제140조의2)가 성립될 수 있다.

12. 집행조서의 작성

집행관이 부동산 또는 선박의 인도집행을 한 경우에는 집행조서를 작성하여야 하는데(민집 제10조 제1항), 집행조서에 적어야 할 사항에 관하여는 민사집행법 제10조 제2항, 제3항과 민사집행규칙 제6조에 통칙규정을 두고 있고, 민사집행규칙 제189조에 부동산 등의 인도집행에 있어서의 특칙규정을 두고 있다.

부동산 등의 인도집행을 시행한 때에 집행조서에 적어야 할 사항에는 ① 집행의 목적물에 대한 채무자의 점유를 풀고 채권자 또는 그 대리인에게 그 점유를 취득시킨 것, ② 채권자나 그 대리인이 집행목적물의 인도를 받기 위하여 출석한 것과 그 밖에 ③ 강제집행의 목적물이 아닌 동산을 민사집행법 제258조 제3항 또는 제4항에 규정된 사람에게 인도한 때에는 그 취지(민집규 제189조 제1호), ④ 위의 동산을 보관한 때에는 그 취지 및 보관한 동산의 표시(민집규 제189조 제2호) 등이 있다.

150) 대법원 1962. 2. 8. 선고 4293민상677 판결.
151) 남기정, 실무강제집행법(9), 육법사(1989), 389.
152) 대법원 1985. 7. 23. 선고 85도1092 판결.

서울중앙지방법원

부동산인도집행조서

사　　건	*2020본001　(1부)*
채 권 자	*홍길동*
채 무 자	*변학도*
집행권원	*서울중앙지방법원 2019가단000호*
집행일시	*2020. 3. 12. 13:41*
집행장소	*서울특별시 성동구 성수동 1가 100-10*

1. 위 집행권원에 의한 채권자의 위임에 의하여 집행장소에서 채무자 *변학도* 을(를) 만나 임의로 인도(명도)할 것을 고지하였으나 동인은 이에 불응하므로 위 동인과 채권자 홍길동을(를) 참여시키고 집행목적물에 대한 채무자의 점유를 해제하고 집행관이 이를 점유하여 채권자 홍길동에게 인도하였다.

2. 이 절차는 같은 날 14:00에 종료하였다.

이 조서는 현장에서 작성하여 집행참여자에게 읽어 준(보여 준) 즉 승인하고, 다음에 서명하였다.

2020. 3. 12.

집 행 관 : *김 집 행* (서 명)

채 권 자 : *홍길동* (서 명)
채 무 자 : *변학도* (서 명)
참여자성명 : *성춘향* (서 명)　　　주민등록번호 : *730101-1234567*
　　주소 : *서울특별시 성동구 성수동 100*
참여자성명 : *이몽룡* (서 명)　　　주민등록번호 : *710101-1234567*
　　주소 : *서울특별시 성동구 성수동 200*

서울중앙지방법원

부동산인도불능조서

사 건	*2020본000 (1부)*
채 권 자	*홍길동*
채 무 자	*변학도*
집 행 권 원	*서울중앙지방법원 2019가단000호*
집 행 일 시	*2020. 3. 12. 13:41*
집 행 장 소	*서울특별시 성동구 성수동 1가 100-10*

1. 위 집행권원에 의한 부동산 인도는 아래와 같은 사유로 실시하지 못하였다.

- 집행불능사유 -

채무자를 만날 수 없고 사리를 분별할 지능이 있는 그 친족·고용인도 만날 수 없음

2. 이 절차는 같은 날 14:28에 종료하였다.

이 조서는 현장에서 작성하여 집행참여자에게 읽어 준(보여 준) 즉 승인하고, 다음에 서명하였다.

2020. 3. 12.

집 행 관 : *김 집 행* (서 명)

채 권 자 : *홍길동* (서 명)
채 무 자 : *변학도* (서 명)
참여자성명 : *성춘향* (서 명) 주민등록번호 : *730101-1234567*
주소 : *서울특별시 성동구 성수동 100*
참여자성명 : *이몽룡* (서 명) 주민등록번호 : *710101-1234567*
주소 : *서울특별시 성동구 성수동 200*

Ⅴ. 부동산 등 인도의 강제집행 예에 따르는 경우

부동산 등 인도의 강제집행 예에 따르는 것으로는 부동산집행 또는 부동산경매절차의 한 부분인 부동산인도명령의 집행(민집 제136조), 매각을 위한 보전처분으로서 집행관보관명령의 집행(민집 제83조 제3항)이 있다. 집행관은 신청에 따라 이러한 사무를 독립된 집행기관으로서 실시하는 것이고, 집행법원의 보조기관으로서 실시하는 것은 아니다. 집행관 보관의 가처분 집행도 부동산 등 인도의 강제집행 예에 따른다.

Ⅵ. 목적물을 제3자가 점유하는 경우의 인도집행

1. 총설

인도의 목적물을 채무자 아닌 제3자가 점유하고 있는 때에는 원칙적으로는 채무자에 대한 집행권원만으로는 집행할 수 없다. 제3자가 채무자와의 통정행위에 의하여 점유를 취득하였다고 하더라도, 집행관이나 집행법원으로서는 그러한 실체관계를 심사할 권한이 없으므로 채무자에 대한 집행권원만으로 제3자에 대하여까지 강제집행을 할 수는 없다.[153] 물론 그러한 제3자에 대하여 집행권원의 집행력이 미칠 때, 예를 들어 변론을 종결한 뒤의 승계인인 경우 등에는 그러한 제3자에 대하여도 집행할 수 있으나, 이러한 제3자는 강제집행에 있어서는 채무자에 해당한다. 제3자가 채무자를 위하여 목적물을 소지하고 있는 때(민소 제218조 제1항)에도 마찬가지이다.[154]

이처럼 집행권원의 집행력이 미치지 않는 제3자의 점유로 말미암은 집행 불능을 막기 위하여 민사집행법 제259조는 채무자가 제3자에 대하여 인도청구권을 가지는 때에는 채무자의 인도청구권을 채권자가 압류하여 넘겨받을 수 있게 하였다. 물론 채권자가 이러한 방법에 따르지 아니하고 채권자대위권이나 물권적 청구권에 의하여 직접 제3자에 대하여 목적물의 인도를 청구하는 것도 가능하지만, 민사집행법 제259조는 채권자에게 간편한 권리행사 수단을 부여한 것으로서,[155] 연혁적으로 보면 민사집행법 제242조 내지 제244조와 함께 채권자대위제도가 없는 독일법을 계수한 것이다.

153) 제4판 주석 민사집행법(Ⅵ), 한국사법행정학회(2018), 46.
154) 제4판 주석 민사집행법(Ⅵ), 한국사법행정학회(2018), 46-47.
155) 민사집행규칙해설, 법원행정처(2002), 516.

이러한 압류 및 이부명령은 동산의 인도청구(민집 제257조)뿐만 아니라 부동산 · 선박의 인도청구(민집 제258조)에도 적용된다. 문제는 동산의 경우 특정 동산의 인도청구에 국한되는가 아니면 대체물 인도청구에도 적용이 있는가 하는 점인데, 통설은 채무자가 제3자에 대하여 같은 대체물에 대한 인도청구권을 가지고 있다고 하더라도 목적물이 특정되어 있지 않으므로, 민사집행법 제259조에 의한 이부명령은 허용되지 않는다고 보고 있다.[156] 그러나 이에 대하여는 불특정물이라 하여도 이부명령이 가능하다고 하는 반대견해도 있다. 그리고 압류 및 이부명령의 대상이 되는 채무자의 제3자에 대한 인도청구권은 물권적 청구권이든 채권적 청구권이든 불문한다.[157]

2. 집행기관과 집행방법

민사집행법 제259조에 의한 강제집행은 채권집행의 방법을 응용한 것으로서, 민사집행법 제258조에 의한 강제집행과는 달리 민사집행법 제259조에 의한 강제집행의 집행기관은 집행목적물이 있는 곳을 관할하는 지방법원이다(민집규 제190조, 민집 제224조). 즉, 채무자의 제3자에 대한 인도청구권의 압류와 이부에 있어서는 집행법원이 집행기관이 된다(민집 제223조). 구체적으로는 집행목적물이 있는 곳의 지방법원이나 지원이 관할한다(민집 제224조 제2항 단서). 민사집행법 제259조에 따른 강제집행절차에서의 법원의 사무(제3자가 점유하는 물건에 대한 인도청구권의 이부명령 업무)는 사법보좌관이 행할 수 있다(사법보좌관규칙 제2조 제1항 제10호의2). 이부명령의 신청은 서면으로 하여야 하고(민집 제4조), 여기에는 2,000원의 인지를 붙여야 한다(민사소송 등 인지법 제9조 제4항 제1호). 이 신청이 있으면 채권 등 집행사건으로 접수하여 사건번호와 사건명을 붙이고 전산 입력하면 된다.

집행법원은 채권자의 신청에 따라 금전채권의 압류에 관한 규정에 따라 제3자에 대한 채무자의 인도청구권을 압류하고 이를 채권자에게 넘기는 명령을 발령한다(민집 제259조). 이 명령은 제3자와 채무자에게 송달하여야 하며, 제3자에게 송달되면 효력이 생긴다(민집규 제190조, 민집 제227조). 채권자는 이 명령에 따라 채무자에 갈음하여 제3자에게 직접 자기 또는 집행권원에 따른 다른 제3자에게 인도할 것을 청구할 수 있고, 집행관에게 인도할 것을 청구할 필요는 없다.[158] 채무자는 채권에 관한 증서가 있으면 압류채권자에게 인도하여야 하며, 채권자는 압류명령에 따른 강제

156) 법원실무제요 민사집행[Ⅲ], 법원행정처(2014), 566.
157) 제4판 주석 민사집행법(Ⅵ), 한국사법행정학회(2018), 47.
158) 법원실무제요 민사집행[Ⅲ], 법원행정처(2014), 566.

집행의 방법으로 그 증서를 인도받을 수 있다(민집규 제190조, 민집 제234조).

그 절차에 관하여는 민사집행규칙 제190조에 의하여 채권집행에 있어서의 압류명령 신청의 방식(민집규 제159조), 압류명령 신청 취하나 압류명령 취소의 경우의 통지(민집규 제160조 제1항), 집행정지 시의 조치(민집규 제161조)와 같은 규정 등이 준용된다.

이 집행절차는 채권집행과는 달리 환가절차가 있을 수 없으므로, 압류 및 이부명령의 확정으로 종료한다.[159]

3. 이부명령의 효력

집행법원이 발하는 이부명령은 성질상 추심명령과 유사하고 전부명령과는 다르다. 이부명령의 경우에는 금전채권에 관한 압류명령과 달라서 압류경합의 문제는 원칙적으로 생기지 않는다. 즉, 이부명령의 성질상 그 대상인 채무자의 제3자에 대한 인도청구권은 이부명령을 받은 채권자만이 행사할 수 있고, 그 후 채무자의 다른 금전채권자가 이를 압류하는 것은 허용되지 않으며 그러한 압류는 효력이 없다.

반면 압류 및 이부명령이 있기 전에 채무자의 금전채권자가 채무자의 인도청구권을 압류한 경우에 관하여는 이부명령을 받은 채권자가 우선한다는 견해도 있으나, 후행의 압류는 선행절차의 채권자에게 대항할 수 없다는 의미에서 무효이고 선행의 금전채권자가 우선한다고 보는 것이 타당하다(선착처분 우선주의).[160] 다만 채권자가 목적물에 대한 소유권을 취득한 경우에는 선행의 금전채권집행에 대하여 그 목적물이 자신의 소유에 속하고 채무자의 책임재산에 속하지 않음을 주장하여 제3자이의의 소를 제기함으로써 구제를 받을 수 있다.[161]

이부명령이 있은 경우에 제3자가 채권자의 강제집행에 협력하여 마음대로 채권자에게 인도하면 그로써 강제집행은 종료된다. 그러나 제3자가 채권자의 인도청구에 불응할 때에는 채권자는 제3자를 상대로 추심의 소인 목적물 인도청구소송을 제기하고, 그 승소판결을 집행권원으로 하여 강제집행 할 수밖에 없다. 만일 채무자가 이미 제3자를 상대로 인도를 명하는 집행권원을 받아 둔 경우에는 채권자는 별도로 소를 제기할 필요 없이 승계집행문을 얻어 바로 제3자에 대하여 집행할 수 있다. 이러한

159) 제4판 주석 민사집행법(Ⅵ), 한국사법행정학회(2018), 48.
160) 법원실무제요 민사집행[Ⅲ], 법원행정처(2014), 567; 제4판 주석 민사집행법(Ⅵ), 한국사법행정학회(2018), 49.
161) 제4판 주석 민사집행법(Ⅵ), 한국사법행정학회(2018), 49; 법원실무제요 민사집행[Ⅲ], 법원행정처(2014), 567.

집행은 민사집행법 제257조나 제258조의 예에 의한다. 채권자가 추심할 채권의 행사를 게을리한 때에는 이로써 생긴 채무자의 손해를 배상할 책임이 있다(민집규 제190조, 민집 제239조).

Ⅶ. 부동산인도집행과 집행에 관한 이의[162)]

법원에 접수되는 집행에 관한 이의 사건은 대부분이 부동산인도 집행이나 유체동산압류집행에 있어서 집행관의 집행실시거부, 채무자의 오인, 점유자의 상이 등이 다수를 차지하는데 특히 집행관의 실시거부 사례에는 건물의 명도 또는 인도집행이나 압류집행에 있어서 집행권원에 표시된 목적물과 실제의 집행목적물이 다르다거나 점유자가 다르다는 사유로 거절된 것이 다수를 차지하고, 실제로 심리하여 보면 표시상 근소한 차이가 있는데 불과하거나 명도집행을 피하기 위하여 점유 명의를 변경하여 놓은 경우가 많다. 아래에서는 부동산인도명령 및 이에 관한 집행에 관한 이의와 관련하여 실무상 문제가 되는 부분을 살펴본다.

1. 명도집행 포함 여부

인도라 함은 동산의 경우와 마찬가지로 부동산에 대한 직접적 지배를 채무자로부터 이전시키는 협의의 인도와 인도의 한 형태로서 특히 채무자가 살림을 가지고 거주하거나 물건을 놓아두면서 점유하는 때에 그로 하여금 물건을 제거하고 거주자를 퇴거시켜 채권자에게 완전한 지배를 이전하는 명도를 모두 포함한다. 실무상 사람이 거주하는 건물의 철거청구를 인용하는 판결에서 그 거주하는 자에게 그 건물로부터의 퇴거도 아울러 명하는 경우가 많은데 이러한 퇴거도 위에서 말하는 명도의 한 사례에 해당한다고 할 수 있으나 구태여 채권자의 직접점유로 옮기는 것까지 요구되지는 않는다. 점유자가 철거의무자일 때에는 건물철거의무에 퇴거의무도 포함되어 있다고 할 수 있으므로 별도로 퇴거를 명하는 집행권원을 필요로 하지 않는다.

실무상 건물철거 및 명도를 명하는 판결문을 근거로 철거 및 명도 양자에 대한 대체집행을 신청하는 경우가 많은데, 명도는 인도명령의 대상이지 대체집행의 대상이 아님을 주의하여 명도에 대하여 대체집행 결정을 하는 일이 없도록 조심해야 한다.

162) 기타집행재판실무편람, 기타집행재판실무편람 편집위원회(2007), 50-59 참조.

2. 가족·동거인 등에 대한 집행

인도집행에 있어 점유하고 있는 채무자가 집행권원에 표시되어 있어야 하는 것은 당연하지만, 채무자와 함께 거주하고 있는 가족이나 동거인 또는 고용인 등에 대하여는 사회통념상 그들이 채무자와 별개 독립한 점유를 가진다고 인정되는 등의 특별한 사정이 없는 한 별도의 집행권원 없이도 채무자와 동시에 퇴거시켜서 집행할 수 있다. 이들은 채무자의 점유보조자로서 채무자의 지시에 따라 그 수족으로서 부동산을 점유하는데 그칠 뿐 독립된 점유가 인정되지 않기 때문이다.

3. 채무자의 임차인에 대한 집행 가부

채무자의 임차인 등과 같이 독립된 권원에 의하여 점유하고 있는 사람들에 대하여는 별도로 집행권원이 있어야 집행을 할 수 있다. 그러나 이들이 강제집행에 이의를 제기하지 않고 집행이 종료된 때에는 집행의 효력에 영향을 미치지 않는다. 만일 집행관이 임차인 등의 항의를 묵살하고 명도집행을 강행한다면 이는 임차인 등에 대한 관계에서 불법행위가 된다.[163] 따라서 집행권원에 표시된 채무자 이외의 사람이 목적물인 건물에 외관상 집행권원에 표시된 사람과 관계도 없이 거주하고 있는 것으로 보이는 경우에는 이 거주자를 집행권원에 표시된 사람의 점유보조자로 인정하는 것은 신중하여야 한다.

4. 접객업소 손님에 대한 집행 가부

호텔이나 여관 등의 접객업소를 경영하는 사람을 채무자로 하는 건물명도집행에 있어서는 그 건물에 손님으로서 임시 머무르고 있는 사람들에 대하여는 별도의 집행권원이 없이도 함께 집행할 수 있으나, 하숙인은 독립된 점유를 가지는 것으로 보아야 하므로 그러하지 아니하다.

5. 채무자가 법인인 경우

채무자가 법인인 경우에는 그 기관인 대표자 또는 종업원의 행위를 통하여 건물을 점유하게 되는데 대표자로서 건물을 소지하는 때에는 그 건물의 직접 점유자는 법인 자신이 되므로 채무자 개인에 대한 건물의 인도집행을 하기 위해서 현장에 갔으나 그 건물의 일부가 채무자가 대표자로 있는 회사가 점유하고 있는 것으로 판명된 경우

163) 대법원 1985. 5. 28. 선고 84다카1924 판결.

에는 그 회사가 이른바 1인 회사라고 보이는 때에도 그 점유하는 부분에 인도집행을 할 수는 없다.

6. 와병 중인 경우

채무자나 그 가족이 와병 중이어서 강제집행이 그 병세를 악화시킨다는 등의 특별한 사정이 있는 때에는 일시적으로 강제집행을 보류함이 상당하다. 이 경우에 집행관은 의사에게 병세를 진찰하게 할 수 있고, 그 비용은 집행비용으로서 채무자에게 부담시킬 수 있다고 해석된다.

또한, 부동산의 인도집행에서는 채권자가 바로 단행하도록 요구하는 경우는 별도로 하고, 제1회째의 기일에는 채무자에 대하여 인도를 최고하는 데 그치고, 당사자의 사정을 고려하여 인도의 유예기간을 주는 취지로 다음 기일을 정하는 방법도 허용될 것이다.

7. 점유자에 대한 판단 기준

인도명령에 있어서는 점유자가 누구인지를 특정하여 채무자와 점유자가 같거나 최소한 점유보조자로 인정되어야 집행관이 집행을 하고, 그렇지 않은 경우에는 집행불능 처리를 하므로 점유자가 누구인지를 확정하는 것이 인도명령에 대한 집행에 관한 이의소송에서는 주된 쟁점이 된다.

가. 일반적인 기준

점유자가 누구인지를 판단하는 방법으로는 주민등록등본, 사업자등록증, 영업신고증, 임대차계약서, 각종 우편물, 납세고지서, 문패, 상호, 간판, 양복에 새겨진 이름 등을 참고하여 판단한다.

주거 안에 있는 물건이라 하여도 소지의 외관 자체로 보아 제3자의 물건임이 명백한 경우에는 압류하거나 인도집행을 할 수 없다. 채무자의 주거에 채무자는 없고, 그의 모가 거주하면서 채무자는 수년 전 이혼하면서 모든 물건을 처분했고 현재의 물건은 자신의 것이라고 주장할 경우에는 채무자의 점유관계가 확인되지 않는다고 무조건 불능처리 할 것이 아니라, 현장에서 집행관이 판단하여 집행함이 타당하다고 할 것이다.

나. 주민등록등본, 사업자등록증 만에 의한 판단 자제

앞서 본 일반적인 기준은 참고적인 사항으로 실제 점유상황과 이들 서류를 합쳐서 점유자가 누구인지 확인하는 판단기준이므로, 집행관들이 집행을 하면서 점유 사실을 인정할 만한 아무런 가재도구도 없는 경우에는 점유자가 없고 아무런 집행저항도 없다고 보아 이를 인도집행함이 타당함에도, 주민등록등본 사본만 한 장 발견하고는 곧바로 주민등록등본 사본상 명의자를 점유자로 인정하여 집행불능 처리하는 경우에는 집행에 관한 이의의 대상이 된다.

주민등록등본이나 사업자등록증은 점유 사실 및 기타 사정과 종합적으로 판단하여야 하는 하나의 판단기준임에도 채무자 명의의 다른 주민등록증 등 앞서 본 판단기준 서류가 더 많이 발견되었음에도 제3자 명의의 주민등록등본이나 사업자등록증이 한 장 발견되었다 하여 집행불능 처리하는 경우에도 판단 착오를 이유로 집행에 관한 이의의 대상이 될 수 있을 것이다.

다. 채권자 주장 만에 의한 점유 불인정

채무자의 점유 여부를 알 수 없는 경우 예컨대, 채무자의 주소나 영업소 외의 노상이나 공터 등에 압류목적물이 있고 관리자나 점유자가 누구인지 확인할 수 없는데 채권자는 채무자의 소유라고 주장하는 경우와 같이 채무자의 점유 여부에 관한 판단자료가 채권자의 주장만 있는 경우에는 집행에 나아갈 수 없을 것이다(채무자의 주소나 영업소가 아닌 장소에 물건이 있는 경우임을 주의하여야 한다).

라. 영업장·공장에 대한 점유 판단기준

영업장·공장의 점유는 사업자등록증, 영업신고증, 간판, 상호, 영수증 기타 영업장 내의 부착물 등으로 점유자를 확인하게 된다. 그 중 사업자등록증이 가장 중요한 판단기준이 될 것이나, 반드시 그것만을 기준으로 할 것이 아니다. 사업자의 명의를 기준으로 집행함을 원칙으로 하되, 사업장에서 명의만을 다른 사람(처나 가족 등)으로 하고, 채무자가 실질적으로 사업을 하고 있다고 판단이 되는 경우(채무자가 대표로 기재된 명함, 종업원의 진술, 명의가 변경된 날짜 등을 참고함)에 채권자의 요청에 따라 압류를 하거나 명도를 할 수 있다고 본다. 영업명의가 처 앞으로 되어 있다 하여도 처나 고용인 등의 행동이나 진술, 채권자의 진술 등을 종합하여 진술한 업주가 채무자인 남편이라고 인정되는 경우에도 집행할 수 있다.

갑이 채무자 을을 상대로 한 건물명도 소송의 화해조서로 명도집행을 하려고 하니 점포 내에는 채무자의 처 앞으로 등록된 사업자등록증이 게시되어 있었지만, 그간 자진명도 촉구 차 현장 방문시 점포 종업원에 의하면 당 점포는 채무자가 직접 운영하고 있다고 말할 뿐만 아니라 집행관이 점포를 방문하여 채무자를 만나 자진인도를 촉구하면서 확인한 사항 등을 종합하면 채무자가 실질적인 점포 점유자이며 점포운영자로 인정된 경우에는 명도집행이 가능하다.

영업이 양도된 경우 영업양도인에 대한 집행권원으로 바로 영업양수인의 소유재산에 대하여 강제집행을 할 수는 없고,[164] 갑 회사와 을 회사가 기업의 형태, 내용이 실질적으로 동일하고 갑 회사가 을 회사의 채무를 면탈할 목적으로 설립된 것으로 법인격을 남용하는 것으로 인정되는 경우라 하더라도 을 회사에 대한 집행권원으로 갑 회사에 대하여 강제집행을 할 수 없다.[165]

채무자가 점포를 임차하여 다른 사람 명의로 영업을 하고 있는 상태에서 채무자가 언니 명의로 된 사업자등록증을 제출하면서, 언니가 실 경영주이며 자신은 월급을 받고 언니를 위해 일해 주고 있다고 주장하며 명도집행에 불응할 경우 채무자를 상대로 한 점포명도 판결에 의한 집행은 집행관이 실체적 판단을 한 권한이 없으므로 일단 집행불능 처리함이 타당하다.

이와 관련하여 집행대상 유체동산이 존재하는 공장에 관한 사업자등록명의가 집행권원에 표시된 채무자와 다른 사람의 이름으로 되어있고 변경된 사업자등록명의인 또는 그 직원이 참석하여 집행대상 유체동산의 소유권 및 점유권이 변경된 사업자 등록명의인에게 있다는 사유를 들어 집행에 이의함으로써 집행관이 더 이상의 집행행위로 나아갈 수 없었다면, 집행대상 재산의 실체적 소유관계에 관한 사유나 그 권리변동의 효력발생에 관한 사유를 조사하여 판단할 권한이 없고 외관으로 그 소유권 및 점유권을 파악할 수밖에 없는 집행관으로서는 강제집행면탈에 관한 판결이나 채권자취소소송에 의한 판결 등 그 외관을 제거하는 다른 유력한 자료가 없는 한 그 집행위임을 거부할 정당한 사유가 있다고 한 실무례가 있다.[166]

8. 부합물, 종물에 대한 집행 가부

부동산에 대한 부합물, 종물은 부동산에 대한 인도명령만 있어도 인도집행의 대상이 된다.[167] 집행권원이 성립한 후에 증개축이 이루어진 경우도 마찬가지이다.[168]

---

164) 대법원 1967. 10. 31. 선고 67다1102 판결.
165) 대법원 1995. 5. 12. 선고 93다44531 판결.
166) 수원지방법원 2002. 3. 11.자 2001라1553 결정.
167) 집행관업무자료집(Ⅴ), 전국법원집행관연합회(2017), 364.
168) 大阪地裁執行實務硏究會 編, 不動産明渡·引渡事件の實務, 新日本法規(2010), 431.

가. 토지의 부합물, 종물

1) 교량, 도랑, 돌담, 도로의 포장, 논둑
2) 지하 굴착공사에 의한 콘크리트 구조물
3) 주유소의 지하에 매설된 유류저장탱크[169]
4) 농지에 부속된 양수시설

나. 건물의 부합물, 종물

1) 주유소의 주유기[170]
2) 보일러 시설, 지하수 펌프, 백화점 전화교환설비[171]
3) 호텔건물에 설치된 전기, 위생, 냉난방, 세탁, 전화교환, 공청, 방송, 소방, 승강기 등 시설[172]

다. 수목 등

1) 정원수는 정원석, 석등 등과 마찬가지로 토지의 부합물이다.
2) 입목에 관한 법률에 따라 등기된 입목이나 명인방법을 갖춘 수목의 경우에는 독립하여 거래의 객체가 되므로 토지의 부합물이 아니나, 채무자 소유의 미등기 수목은 토지의 구성 부분으로서 토지의 일부로 간주되어 특별한 사정이 없는 한 토지의 부합물이다.
3) 타인의 토지상에 권원 없이 식재한 수목의 소유권은 토지소유자에게 귀속하고 권원에 의하여 식재한 경우에는 그 소유권이 식재한 자에게 있으므로,[173] 토지의 사용 대차권에 기하여 그 토지상에 식재된 수목은 이를 식재한 자에게 그 소유권이 있고 그 토지에 부합되지 않는다.[174]

9. 건물·수목 등이 있는 토지의 인도집행

단순히 토지의 인도를 명하는 집행권원에 기초하여 집행하는 경우에 목적물인 토지 위에 건물이 있는 때에는 건물은 토지와 별개의 부동산이므로 그 건물을 철거하

---

169) 대법원 1995. 6. 29. 선고 94다6345 판결.
170) 대법원 1995. 6. 29. 선고 94다6345 판결.
171) 대법원 1993. 8. 13. 선고 92다43142 판결.
172) 대법원 1985. 3. 26. 선고 84다카269 판결.
173) 대법원 1998. 4. 24. 선고 97도3425 판결.
174) 대법원 1990. 1. 23. 선고 89다카21095 판결.

지 않는 한 그 부지부분의 점유를 빼앗을 수 없고, 그 한도에서 집행은 불능이 된다. 집행관은 직접 건물을 철거할 수 없으며, 이 경우에는 건물철거의 청구에 관한 별개의 집행권원을 추가로 얻어야만 대체집행을 할 수 있다.

대법원은 토지의 인도를 명한 집행권원의 효력은 그 지상에 건립된 건물이나 수목의 인도에까지 미치는 것이 아니고, 또한 위와 같은 건물이나 수목을 그대로 둔 채 토지에 대한 점유만을 풀어 채권자에게 인도할 수는 없으므로 집행관으로서는 지상에 건물이 건축이 되어 있거나 수목이 심어져 있는 토지에 대하여 그 지상물의 인도, 철거 등을 명하는 집행권원이 따로 없는 이상 토지를 인도하라는 집행권원만으로는 그 인도집행을 실시할 수 없다고 한다.[175] 하지만, 실무는 건물이 있는 경우의 토지인도에 대하여는 대법원 판례의 태도를 따르지만, 수목이 있는 경우의 토지인도에 대하여는 다소 다른 태도를 보이고 있다. 즉 실무는 수목이 입목에 관한 법률이 정한 요건이나 관습법상의 이른바 명인방법을 갖추고 있지 않은 한 채무자가 점유 · 관리하는 수목은 토지에 부합된다고 보아 수목이 식재된 토지에 대한 인도집행을 하고 있다.[176]

한편, 건물의 철거와 토지인도를 명하는 판결의 집행은 건물철거와 그 건물의 부지의 명도집행까지 끝나야 그 집행이 종료하는 것이므로, 건물철거를 동시에 하지 아니하고 토지인도집행만을 먼저 하는 경우에는 건물의 용도에 따라 현상유지에 일반적으로 필요하다고 인정되는 범위 내의 토지는 건물의 철거가 이루어지지 않는 한 인도집행이 불가능하므로 그 부분에 대하여는 인도집행을 못하고, 나중에 건물 철거 집행시에 그 철거와 함께 인도집행을 하여야 한다.[177]

10. 건물의 일부에 대한 집행, 공동점유자에 대한 집행

1개의 건물 전부의 인도 등을 명하는 집행권원에 기초하여 건물의 일부(물리적으로 다른 부분과 구별할 수 있고 독립된 효용을 가지는 것에 한하여)만에 관하여 집행할 수 있다. 목적부동산이 물리적으로 다른 부분과 구별할 수 있고, 독립된 효용을 가진 수개의 부분으로 되어 있는 경우에는 개개의 부분별로 채무자의 점유를 빼앗아 차례대로 채권자에게 그 점유를 이전하여야 하는 것이 원칙이다. 그 도중에 집행정지

175) 대법원 1986. 11. 18.자 86마902 결정, 대법원 1980. 12. 26.자 80마528 결정.
176) 청주지방법원 2003. 4. 11.자 2002라197 결정, 서울고등법원 2006. 6. 23. 선고 2005나77437 판결.
177) 대법원 1977. 6. 30.자 77마59 결정, 대구지방법원 2005. 2. 16.자 2004라96 결정.

명령이 있는 때에는 채권자에게 아직 점유를 인도하지 않은 부분의 집행만 정지하면 된다. 집행을 마친 부분의 집행정지나 집행취소는 구할 수 없다.

건물 전부를 2인이 공동점유하고 있는 경우에 그 중 1인에 대한 집행권원에 기초하여 그 1인에 대한 명도집행을 할 수 있다. 점유자 두 사람에 대한 집행권원으로 인도집행을 하려 하였는데 집행 당시에는 한 사람만이 점유하고 있는 경우에도 집행하는 데 문제가 없다.

11. 조건부 변제공탁이 가옥명도개시에 있어서 상환이행증명서가 될 수 있는지

피고는 원고로부터 200만 원을 지급받음과 동시에 가옥을 명도하고, 2006. 1. 1.부터 위 가옥명도 시까지 월 100만 원의 비율에 의한 금원을 지급하라는 판결이 선고된 경우, 원고가 200만 원 전액을 공탁한 변제공탁서는 집행개시의 요건 충족을 위한 상환이행 증명서로 볼 수 있다 할 것이다.[178)]

하지만, 원고가 200만 원을 공탁하면서, ① 가옥명도와 월 100만 원의 비율에 의한 연체차임 지급을 반대급부조건으로 하여 조건부 변제공탁을 하거나, ② 200만 원에서 월 100만 원의 연체차임을 상계한 잔액만 공탁한 경우에 있어서, 먼저 ①의 가옥명도 조건부 변제공탁의 경우에는 비록 집행관이 실체권한의 심사권은 없지만 위 조건부 변제공탁은 판결의 주문의 내용과 일치하는 공탁으로서 이를 판결에서 명한 상환이행 증명서로 봄이 타당하나, ②의 원고가 임의로 상계한 잔액 공탁의 경우에는 판결문 자체에 상계 조항이 없어 집행관으로서는 실체적 판단권이 없기에 원고가 임의로 상계한 금액을 공탁한 것이 상환이행을 제대로 한 것인지 판단할 수 없으므로 이러한 공탁서는 상환이행 증명서로 볼 수 없다 할 것이다.

12. 집행권원상 목적물 표시와 실제 목적물이 다른 경우의 집행

판결정본 또는 화해조서정본 혹은 가처분결정상의 명도 등 부동산 표시와 실제 목적 부동산의 구조·평수 등에 차이가 있는 경우 또는 본집행 집행권원과 가처분결정 및 실제 목적물 사이에 구조·평수 등에 차이가 있다 하더라도 당사자·사건·위치 등이 일치하고, 현장조사결과 및 당사자의 주장을 종합해 보아 동일 목적물임이 인정되는

---

178) 이때 명도채권자는 자신의 월차임 채권을 집행보전하기 위하여 자신이 공탁한 금원의 변제공탁금 출급청구권에 대하여 채권집행을 할 수 있을 것이다. 경우에 따라서는 명도집행시에 채권자가 집행관과 동행하여 집행착수 전에 채무자에게 현금 200만 원을 지급하는 동시에 가옥명도 집행과 아울러 자신의 금전채무 명의에 의한 유체동산 집행으로 위 현금을 다시 압류하는 방법도 생각해 볼 수도 있을 것이다.

한 그 구조나 평수에 약간의 차이가 있더라도 집행대상물로 인정하여 집행해도 무방할 것이다.

약간의 차이가 있는 경우 일률적으로 정할 수는 없지만, 집행권원상 100평인데 실제 평수는 99평 또는 101평으로서 1평이 어느 부분인지 특정할 수 없는 경우, 또는 집행권원상 철근 콘크리트조 2층 건평 50평 건물로 되어 있는데 2층의 방 한 칸(2평)만이 목조로 되어 있을 경우 등에는 특단의 사정이 없는 한 동일 목적물로 볼 수 있을 것이나, 만일 명도대상 목적물의 평수가 5평인데 1평 정도의 차이가 있는 경우에는 같다고 보기 어려울 것이다.

13. 인도집행의 종료 및 통지

부동산의 인도 등의 집행은 부동산 등에 관하여 채권자가 현실의 점유를 취득한 때에 종료한다. 부동산 등의 인도집행을 마친 때에는 집행관은 채무자에 대하여 그 취지를 통지하여야 한다(민집규 제187조). 채무자가 집행에 참석한 때에는 말로써 통지하면 충분하다(민집규 제8조 제1항).

다만, 채권자나 그 대리인이 인도받기 위하여 출석하지 않았음에도 집행관이 채무자로부터 점유를 빼앗아 그 점유를 집행관 자신 또는 제3자에게 인도하였다면 이는 하자 있는 집행이지만 그 후에는 같은 집행문에 의하여 또다시 집행할 수는 없으므로,[179] 이 경우에는 채권자 자신이 점유를 취득하지 않더라도 집행을 마친 것으로 본다.

집행의 목적이 아닌 동산은 집행관이 제거하여야 하므로 그 제거가 끝나지 않았으면 집행이 종료되어 채권자가 점유를 취득하였다고 할 수는 없다. 그러나 대부분의 동산이 부동산의 외부로 반출되었으면 별다른 가치가 없는 동산의 일부가 남아있다 하더라도 집행을 마친 것으로 볼 수 있다. 또한, 동산의 제거가 완료된 이상 이를 채무자에게 인도하지 못하였다거나 그 경매절차 등이 완료되지 않았다고 하더라도 인도집행 자체가 완료되지 않았다고는 할 수 없다.

언제 집행이 종료되는가 하는 점은 채무자의 입장에서는 집행에 관한 이의나 집행정지 등의 구제절차를 밟을 수 있는 시한이지만 채권자의 입장에서는 그 집행을 마치기 전까지는 채무자의 침입에 대하여 종래의 집행권원에 기초한 집행이 가능한 시한이라고 할 수 있다.

179) 대법원 1962. 2. 8. 선고 4293민상677 판결.

채권자가 점유를 취득하여 인도집행을 종료한 후에 채무자가 다시 침입한 때에는 종래의 집행권원에 의한 집행은 불가능하고, 새로운 집행권원을 얻어야 하며 반대로 채무자가 점유를 상실하였더라도 아직 채권자가 점유를 취득하지 못한 때에는 아직 집행을 마치지 않은 경우이므로 종전의 집행권원에 기초하여 인도집행을 할 수 있다. 다만, 채무자가 새로운 점유를 취득하면 이는 종전의 점유와는 별개의 점유이므로 종전의 집행권원으로는 집행할 수 없다고 주장하는 반대설도 있다.

집행관이 채무자의 점유를 해제하고 이를 채권자에게 인도하여 강제집행이 완결된 후에 채무자가 집행의 목적이었던 건물에 들어간 것은 공무상표시무효죄가 되지는 않지만,[180] 부동산 강제집행효용침해죄(형법 제140조의2)가 성립될 수 있다.

집행의 종료와 관련하여 주의할 것은 실제로 목적물이 다르거나 점유자가 달라 인도집행이나 유체동산 압류집행을 하여서는 아니 됨에도 집행관이 이미 집행을 실시하여 다른 당사자의 물건을 집행한 경우라 하더라도 집행이 종료되었기 때문에 집행에 관한 이의를 할 수가 없다는 것이다.

180) 대법원 1985. 7. 23. 선고 85도1092 판결.

서 울 중 앙 지 방 법 원

결 정

사 건	2019타기000 부동산인도명령
신 청 인	강○○ (660101-1234567)
	서울 ▽▽구 ◎◎로 20, 202동 제202호
	대리인 변호사 이몽룡
피 신 청 인	주식회사 ㅁㅁ
	▷▷시 ○○동 99
	대표이사 ○○○

주 문

위 사건에 관한 이 법원 2019. 5. 5.자 부동산인도명령을 취소한다.

신청인의 이 사건 부동산인도명령 신청을 기각한다.

이 유

이 법원이 2019. 5. 5. 신청인의 신청을 받아들여 피신청인에 대하여 부동산인도명령을 발하였으나, 기록에 의하면, 이 법원 2017타경20783 부동산강제경매사건을 통하여 신청인이 매수한 것은 △△△의 지분 1/2지분뿐이어서, 신청인이 그 후인 2019. 1. 30. ◇◇◇의 지분 1/2을 매수하여 지분 전부의 소유권자가 되었다고 하더라도, 별도로 본안의 소로서 수소법원에 명도소송을 제기하는 것은 별론으로 하고, 신청인으로서는 피신청인이 대항력있는 상가임차인인지 여부와 상관없이 과반에 못 미치는 위 강제경매사건의 매수인의 지위에서는 피신청인을 상대로 인도명령을 구할 수 없다 할 것이다.

따라서 이 사건 부동산인도명령 신청은 이유 없으므로, 그에 관한 이 법원 2019. 5. 5.자 부동산인도명령을 취소하고, 신청인의 이 사건 부동산인도명령 신청을 기각하기로 하여 민사집행법 제23조, 민사소송법 제446조에 따라 주문과 같이 경정한다.

2019. 5. 20.

판사 ○○○

Ⅷ. 부동산인도 집행실무상의 쟁점

1. 부동산인도명령의 집행을 위하여 집행문이 필요한지

인도명령은 경매법원 자신이 부동산에 대한 강제집행의 부수절차로서 집행권원을 부여한 것이어서, 인도명령의 집행에는 집행문의 부여가 필요 없다는 견해도 있으나, 인도명령은 항고로만 불복할 수 있는 재판으로서 민사집행법 제56조 제1호의 집행권원에 해당하는데, 우리 집행법체계상 집행권원 중에 집행문이 필요 없는 때에는 따로 그러한 취지를 규정한 것에 비추어 보면(예컨대 법 58①, 소액 5의8①), 인도명령에 대하여는 집행문이 필요 없다고 하는 규정이 없으므로 집행문이 필요하다 할 것이다.[181]

2. 가처분집행이 선행된 부동산을 목적으로 한 부동산인도를 명하는 가집행판결에 기한 집행의 가부

채권자(소유자) 갑이 채무자(임차인) 을을 상대로 A 건물에 대하여 을에 대하여는 그 전부, 전차인인 병에 대하여는 그 중 일부에 대한 부동산점유이전금지가처분결정이 집행된 다음, A 건물에 대하여 을이 병을 상대로 부동산인도가집행판결을 받아 부동산인도집행을 신청하는 경우 위 판결에 기하여 부동산인도집행을 하는 것이 가능한가.

판결에 기하여 부동산인도집행을 하는 것이 먼저 집행된 갑의 점유이전금지가처분에 저촉되는지 여부가 문제되는 것인데, 을이 병에 대하여 부동산인도집행을 하여 점유를 취득하는 것은 외형상으로 보면 갑을 병에 대한 점유이전금지가처분에 반하는 것으로 보여 지고 이에 의하면 선행한 점유이전금지가처분을 해결하지 않는 한 부동산인도집행이 불가능하다고 보게 될 것이다. 그러나 그 실질을 들여다보면 갑의 을에 대한 점유이전금지가처분결정이 집행되어 있으므로 갑으로서는 위 부동산인도의 가집행에 의하여 어떤 불이익을 받는바가 있다고 하기 어렵고, 오히려 향후 본집행이 더욱 간명해지는 상황이어서 을의 병에 대한 부동산인도집행이 가능하다 할 것이다.[182]

---

181) 제4판 주석 민사집행법(Ⅵ), 한국사법행정학회(2018), 35; 법원실무제요 민사집행[Ⅱ], 법원행정처(2014), 442; 집행관업무자료집(Ⅴ), 전국법원집행관연합회(2017), 345; 박두환, 민사집행법, 법률서원(2003), 160. 中野貞一郎, 民事執行法(增補新訂六版), 青林書院(2010), 572도 같은 취지.
182) 집행관연찬집 2018, 법원공무원교육원(2019), 31-33.

부동산인도집행이 이루어지더라도 갑이 병을 상대로 한 점유이전금지가처분의 효력은 여전히 남아 있는 것이므로, 필요한 경우 병이 갑을 상대로 가처분이의나 취소로서 정리하여야 할 것이다. 다만 인도집행 판결이 을이 병을 상대로 한 것이 아니고, 제3자가 병을 상대로 한 경우에는 갑의 점유이전금지가처분에 저촉되므로 집행할 수 없다고 할 것이다.

3. 부동산인도명령 발령 후 채무자의 처와 매매계약을 체결하였으나 계약무효의 특약을 내세워 채권자가 인도집행을 신청하는 경우

채권자가 부동산인도명령을 받았지만 집행신청을 하지 않고 있던 사이에 채무자의 처와 잔금 미지급시에 계약을 무효로 하기로 하는 특약이 있는 매매계약을 체결한 다음, 그 후 잔금지급기일이 도과하도록 잔금이 지급되지 않자 위 부동산인도명령에 집행문을 부여받아 인도집행을 신청하는 경우, 부동산인도명령 발령 후 채권자와 채무자의 처 사이에 매매계약이 체결되고 그에 기하여 처에게 부동산이 인도되었다면 채권자로서는 더 이상 매매계약 체결 전에 성립한 부동산인도명령에 기하여 인도집행을 신청할 수 없으므로,[183] 채권자로서는 매매계약의 무효를 주장하여 채무자의 처를 상대로 새로운 집행권원을 받아야 한다.[184]

4. 1심 법원의 가집행선고부 판결에 의한 건물철거 집행 중 항소심 판결에서 일부 변경(감축)된 경우 수권결정을 다시 받아야 하는지 여부

1심 법원의 가집행선고부 판결에 의한 건물철거 집행사건이 채무자가 받은 강제집행정지결정에 따라 중지된 상태에서 항소심이 1심 판결을 변경하여 1심 판결보다 철거범위가 감축된 내용의 판결을 선고하자 채권자가 항소심 판결에 집행문을 다시 부여받아 강제집행 속행 신청을 하는 경우, 채권자로 하여금 항소심 판결에 기한 수권결정을 다시 받아오도록 하여야 하는지 여부에 관하여, 항소심에서 1심 판결을 변경하면서 1심 판결과 다른 내용의 판결을 선고하였으므로 집행권원은 항소심 판결이 되므로 채권자로 하여금 집행력 있는 항소심 판결에 기한 수권결정을 다시 받아야 한다는 견해가 있으나,[185] 판례가 "제1심에서 가집행선고부 승소판결을 받아 그 판결에

---

183) 대법원 2016. 7. 7. 선고 2014다2662 판결, 대법원 1998. 6. 26. 선고 97다42823 판결(토지의 매수인이 아직 소유권이전등기를 마치지 않았더라도 매매계약의 이행으로 토지를 인도받은 때에는 매매계약의 효력으로서 이를 점유·사용할 권리가 있다).
184) 집행관연찬집 2018, 법원공무원교육원(2019), 176.
185) 집행관실무사례집, 전국법원집행관연합회(2019), 189.

기해 강제경매를 신청한 다음 항소심에서 조정(조정에 갈음하는 결정 포함) 내지 화해가 성립한 경우, 제1심판결 및 그 가집행선고의 효력은 조정 내지 화해에서 제1심 판결보다 인용범위가 줄어든 부분에 한하여 실효되고 그 나머지 부분에 대하여는 여전히 효력이 미친다고 보아야 할 것이다"[186]는 입장이므로, 수권결정을 다시 받을 필요가 없다고 본다. 더욱이 1심 판결 전부를 취소하고 항소심 판결을 선고한 것이 아니라, 1심 판결을 일부 변경한 것이어서 더욱 그러하다.

5. 동시이행조건부 집행권원에 기한 건물인도 집행

가. 동시이행조건이 있는 경우 강제집행시 동시이행 조건 성취를 증명하는 서면

동시이행조건이 있는 집행권원으로 강제집행 신청을 할 경우 종전에는 차임, 관리비 연체사실과 보증금에서 공제하면 반환받을 것이 없다는 것을 처무자가 승인하는 서면이나 반대의무가 상계에 의하여 소멸하였음을 이유로 하는 채무부존재 확인 판결을 받아 집행법원에 제출하거나 상계를 인정하는 내용의 채무자의 확인서를 첨부하여야만 강제집행을 실시하는 일부 집행관이 있었으나,[187] 현재는 그 증명방법에 민사집행법 제40조 제2항과 같은 특별한 제한이 없음을 이유로 채권자가 집행관과 동행하여 반대의무를 제공하거나 집행관에게 이를 위임할 수도 있으며, 그 밖의 경우에는 집행 전에 집행관에 대하여 반대의무의 이행 또는 이행의 제공이 있었음을 서면으로 증명하면 집행을 개시하는 것으로 하고 있다. 필요에 따라서는 집행관이 심문을 통하여 반대의무의 이행 또는 이행의 제공이 있었음을 확인할 수 있고, 집행을 함에 있어 이 증명서의 등본을 이미 또는 동시에 채무자에게 송달함을 요하는가에 대하여 다수설은 이를 긍정하지만, 담보제공증명서의 경우와 달리(민집 제40조 제2항) 송달을 요한다는 규정이 없다는 이유로 실무는 불요설을 따른다.[188] 즉, 집행권원 주문상 "보증금에서 연체차임을 공제한 나머지 금원을 지급받음과 동시에 별지 목록 기재 부동산을 인도하라"는 동시이행조건부 판결에 기한 인도집행의 경우, 현재는 대부분 보증금과 미지급 차임이 상계되었다는 취지의 내용증명과 채권계산서를 제출받은 후 이를 반대급부의 이행으로 보아 강제집행을 개시하고 있다고 한다.[189]

---

186) 대법원 1992. 8. 18. 선고 91다35953 판결, 대법원 2011. 11. 10.자 2011마1482 결정.
187) 집행관업무자료집(Ⅳ), 전국법원집행관연합회(2015), 295.
188) 법원실무제요 민사집행[Ⅰ], 법원행정처(2014), 194-196.
189) 집행관실무사례집, 전국법원집행관연합회(2018), 196. 집행관업무자료집(Ⅴ), 전국법원집행관연합회(2017), 358도 참조.

나. 보증금을 공탁한 직후 채권자가 공탁출금청구권에 대하여 가압류를 한 경우 건물인도 집행 가부

건물명도와 금원지급의 동시이행 조건의 조정조서에 기하여 채권자가 지급할 금원을 공탁함과 동시에 그 공탁금출급청구권을 가압류 하자 채무자가 공탁금출급청구권이 가압류되어 보증금을 수령할 수 없으니 건물명도에 응할 수 없다고 하는 경우, 집행권원인 조정조서상 채무자는 돈을 수령함과 동시에 명도하도록 정하여져 있는데, 채권자가 변제공탁을 하였으나 그 공탁금출급청구권을 가압류하여 채무자가 돈을 수령할 수 없어 동시이행 조건이 이행되었다고 할 수 없으므로 집행할 수 없다는 견해가 있으나, 원고가 동시이행관계에 있는 금원을 변제공탁한 직후 출급청구권에 대하여 압류를 하였다고 하더라도 변제공탁에 의한 변제의 효력에 영향을 미치는 것은 아니므로,[190] 채권자의 변제공탁으로 반대의무의 이행 또는 이행제공이라는 집행개시의 요건이 충족되었으므로, 명도집행을 하여야 한다.[191]

다. 기한의 이익상실 조항에 기한 건물인도 집행

채권자, 채무자가 "1. 피신청인(임차인)은 신청인(임대인)에게 별지 목록 기재 부동산 전부를 2020. 7. 30.에 명도한다. 2. 피신청인은 신청인에게 2020. 7. 30.까지 매월 15일에 임대료로 6,500만원(부가가치세 포함)을 지급한다. 3. 피신청인은 별지 목록 기재 토지 및 건물에 관한 임차권을 제3자에게 양도하거나 전대할 수 없으며, 질권설정 등 일체의 처분행위를 하여서는 아니된다. 4. 피신청인은 다음 각항의 사유가 있는 때에는 기한의 이익을 상실하고 별지 목록 기재 부동산을 신청인에게 즉시 명도한다. 가. 피신청인이 임차권와 임차보증금을 제3자에게 양도하거나 담보로 제공한 때. 나. 피신청인이 월 임료를 3기분 이상 연체한 때. 5. 신청인은 별지 목록 기재 부동산을 명도받음과 상환으로 피신청인에게 보증금 15억원에서 연체차임 및 부가가치세·관리비, 공과금 등을 공제한 잔액을 지급하여야 하고, 피신청인은 이와 동시에 별지 목록 기재 건물을 원상으로 복구하여야 한다."는 등의 내용으로 기재된 제소 전 화해조서를 집행권원으로 "사법보좌관의 명령에 의하여 화해조항 제4조 나.항에 관하여 피신청인에 대한 강제집행을 실시하기 위하여 신청인에게 내어준다" 집행문을 부여받아 건물인도 집행을 신청하는 경우, 집행관으로서는 임대차계약에 있어

---

190) 대법원 2011. 12. 13. 선고 2011다11580 판결.
191) 집행관실무사례집, 전국법원집행관연합회(2018), 190.

서 임대차가 종료되었다고 하더라도 보증금에서 밀린 임대료를 공제한 나머지 돈을 지급받음과 동시에 임대인에게 임차 부동산을 인도할 의무가 있으므로, 비록 집행문 부여의 근거조항이 동시이행 규정이 아니라 하더라도 그 다음 화해조항에 동시이행의 조항이 있으므로, 집행시에는 동시이행조항으로 보아 강제집행을 실시함이 바람직하지만,[192] 위의 4의 나.항과 같이 채무자가 월 차임을 3기분 이상 연체한 경우 기한의 이익을 상실하고 즉시 채권자에게 건물을 인도하기로 하였다면 채권자는 채무자에게 보증금을 상환하는 것과 상관없이 건물을 인도받을 수 있다 할 것이므로, 집행관이 4.의 나.항에 따른 강제집행을 실시함에 있어 임차보증금이 지급되었거나 이행의 제공이 되었는지 여부를 심사할 필요는 없다 할 것이다.[193] 집행관은 외형상 집행권원이 적법하게 형성된 이상 그 적법 여부에 관하여 판단할 권한이 없고, 만약 위와 같은 집행에 문제가 있다면 채무자가 청구이의의 소, 집행문 부여에 대한 이의신청이나 집행문 부여에 대한 이의의 소 등에 의하여 불복하는 것이 맞기 때문이다.

라. 임차보증금과 건물인도의 동시이행판결에 기한 건물인도집행 현장에서 동시이행의 방법으로 집행관이 보증금을 변제받을 수 있는지

동시이행판결에 기한 강제집행에 있어 반대의무의 이행은 강제집행을 개시하기 직전에 이행되거나 이행의 제공이 되어야 하는 집행개시요건으로(민집 제41조 제1항), 실무는 통상 변제공탁에 의하나, 사안과 같이 강제집행 현장에서 집행개시 직전에 반대급부인 임차보증금을 지급하겠다고 하는 경우가 있고, 채무자가 이를 수령하지 않은 경우가 있는데, 실무는 이 경우 채권자는 반대급부를 집행관에게 지급하는 방법으로 이행할 수 있다고 본다(민집 제42조, 제43조).[194]

마. 이행기한이 있는 동시이행 채무를 지체하여 이행한 경우

"피고는 원고로부터 1억원을 2018. 2. 1.까지 지급받음과 동시에 원고에게 별지 목록 기재 부동산을 인도하라"는 판결에 기하여 원고가 2018. 2. 1.이 지난 후에 1억원을 공탁하고 집행문을 부여받아 부동산인도집행을 위임한 경우, 위 금원지급의무와 건물인도의무는 동시이행관계에 있는 것으로 그 소정의 기일은 위 쌍방채무의 이행기라고 봄이 상당하고 따라서 쌍방이 위 이행기를 도과한 경우에는 기한의 정함이

192) 집행관실무사례집, 전국법원집행관연합회(2018), 202.
193) 집행관업무자료집(Ⅴ), 전국법원집행관엽합회(2017), 357.
194) 집행관실무편람, 법원행정처(2004), 32; 집행관업무자료집(Ⅴ), 전국법원집행관엽합회(2017), 358.

없는 채무로 존속한다 할 것이어서 기한도과 후 신청인이 위 금원을 공탁하였다면 그 공탁서로써 위 화해조항 소정의 반대급부의 이행은 증명되는 것이므로,[195] 집행관은 그 인도집행을 하여야 한다.[196] 더욱이 집행문이 부여된 이상 나머지 실체관계에 관하여 판단할 권한이 없기도 하다.

바. 반대의무가 없음에도 반대급부를 달아 변제공탁하고 인도집행을 위임한 경우

원고가 “피고는 원고로부터 1억원을 2018. 2. 1.까지 지급받음과 동시에 원고에게 별지 목록 기재 부동산을 인도하라”는 판결에 기하여 강제집행을 위임하면서 동시이행의 증명서면으로 1억원의 변제공탁서를 제출하였는데, 그 공탁서에 “그 동안 밀린 차임 상당의 부당이득금 지급”이라는 반대급부의 내용이 기재되어 있는 경우, 판결주문에 기재되어 있지 않은 반대급부를 달아서 한 원고의 변제공탁이 유효한 것으로 보고 인도집행을 실시하여야 하는가.

변제공탁에 있어서 채권자에게 반대급부 기타 조건의 이행의무가 없음에도 불구하고 채무자가 이를 조건으로 공탁한 때에는 채권자가 이를 수락하지 않는 한 그 변제공탁은 무효인바,[197] 판결의 주문에 “그 동안 밀린 차임 상당의 부당이득금의 지급”을 명하는 이행조항이 없으므로, 위 공탁에 대하여 피고가 수락하지 않는 한 강제집행을 실시할 수 없다 할 것이다.[198]

사. 동시이행의 조건에 대한 상계의 가능여부

채무자는 채권자로부터 3,000만 원을 지급받음과 동시에 채권자에게 신청취지 기재 건물 부분을 인도하고(주문 제1의 가.항), 소외인과 연대하여 채권자에게 금전을 지급할 것을 명하는 집행권원(주문 제1의 나.항)에 기하여 채권자가 위 주문 제1의 나.항에 따라 채무자가 채권자에게 지급할 금액은 2019. 12. 31. 현재 93,090,000원에 이르고, 위 금전채무는 임대차계약에 따른 연체차임, 차임 상당 부당이득금, 위약금 등 채무로서 위 주문 제1의 가.항에 따라 채권자가 채무자에게 이행하여야 할 금전채무(임대차보증금채무)에서 당연 공제되어야 하므로, 이를 공제하면 채권자가 채무자에게 지급할 금액이 없어, 채권자들의 반대의무 이행 없이도 위 주문 제1의 가.항에 기한 인도 집행이 이루어져야 한다고 주장하는 경우가 있다.

---

195) 대법원 1974. 12. 11.자 73마969 결정.
196) 집행관업무자료집(Ⅴ), 전국법원집행관엽합회(2017), 361.
197) 대법원 2002. 12. 6. 선고 2001다2846 판결.
198) 집행관업무자료집(Ⅴ), 전국법원집행관엽합회(2017), 363.

그런데 위 판결의 주문에는 위 제1의 가.항의 반대의무와 위 제1의 나.항의 채무를 상계할 수 있다는 취지의 기재가 없고, 집행관으로서는 상계의 요건 등을 실체적으로 판단할 권한이 없으며, 실체법상 임대차계약에 따른 연체차임, 차임 상당 부당이득금, 위약금 등이 임대차보증금에서 당연 공제되어야 한다고 하더라도 그러한 사정만으로는 위 제1의 가.항에 기한 채권자의 반대의무가 당연히 소멸한다거나 그 의무의 이행이 있었던 것으로 볼 수 없어 채권자가 위 제1의 가.항에서 명한 반대의무의 이행 또는 이행제공을 하지 않는 한 강제집행을 개시할 수 없으므로, 집행관이 신청인들의 인도 집행을 거절한 것이 위법하다고 볼 수 없다.[199)]

6. 구분건물의 합체와 그 일부에 대한 집행

(1) 집행권원상 명도대상 구분건물은 83개(1-1호 내지 1-84호 중 채권자가 점유하고 있는 1-81호만 제외)이나, 현황상 구분건물의 격벽이 제거되고 새로운 격벽이 설치되는 등으로 합체되어 각 구분건물의 형태를 알아볼 수 없고, 예식장, 커피숍, 의류매장 등 4~5개의 건물로 변형되어 있는 상태인데, 채권자가 이 중 일부인 의류매장만 우선 명도집행을 신청한 경우 (일부)집행의 가능 여부와 명도집행 범위의 특정을 위하여 반드시 도면(관할구청의 건축물도면 등)이 필요한 것인지 여부

인접한 구분건물 사이에 설치된 경계벽이 일정한 사유로 제거됨으로써 각 구분건물이 구분건물로서의 구조상 및 이용상의 독립성을 상실하게 되었다고 하더라도, 각 구분건물의 위치와 면적 등을 특정할 수 있고 사회통념상 그것이 구분건물로서의 복원을 전제로 한 일시적인 것일 뿐만 아니라 그 복원이 용이한 것이라면, 각 구분건물은 구분건물로서의 실체를 상실한다고 쉽게 단정할 수는 없고,[200)] 건물의 동일성을 인정할 것인지 여부는 등기부에 표시된 소재, 지번, 종류, 구조와 면적 등이 실제 건물과 간에 사회통념상 동일성이 인정될 정도로 합치되는지의 여부에 따라 결정되는데, 위치, 구조, 평수에서 차이가 있어도 건물의 대부분이 등기부상 주소위에 있고 그 지상에는 다른 건물이 존재하지 않는 등 혼동의 우려가 없다면 사회통념상 동일성을 인정할 수 있어, 구분건물이 합체되었다고 하여 새로운 건물이 종전 건물과 동일성을 상실했다고 볼 수 없으므로 구분건물로 표시된 집행권원에 기하여 합체된 건물에 대하여 명도집행 가능하다 할 것이다. 구분건물 전체에 대한 집행권원으로 일부

199) 서울중앙지방법원 2010. 5. 12.자 2010타기1596 결정, 서울중앙지방법원 2011. 1. 19.자 2011타기83 결정.
200) 대법원 1999. 6. 2.자 98마1438 결정 등 참조.

구분건물 부분에 대하여 집행하는 것은 가능하므로 특별히 도면이 필요 없으며, 집행 대상이 아닌 1-81호를 소유자이자 임대인인 채권자가 이미 점유하고 있다면 굳이 1-81호의 상대적인 위치를 특정할 필요가 없으므로 건물도면 또는 측량이 없이도 바로 명도집행할 수 있다 할 것이다.[201]

(2) 채권자가 건물도면이나 등기부상 구분건물로 되어 있으나 현황상으로는 경계벽이 제거되고 따로 경계표시가 없는 상태에서 노래방으로 사용하는 상가건물 제219호(소유자는 채무자인 A)를 경락받았는데, 제219호가 바로 인접한 제218호(소유자는 제3자인 B)와 하나로 통합하여 채무자 A가 노래방으로 사용 중인 경우 채권자 신청에 따라 제219호만의 인도집행이 가능한지 여부[202]

실체법상 채권자가 구분건물의 소유권을 취득하였는지 여부는 대법원 1999. 6. 2.자 98마1438 결정이 말하는 요건 즉, 각 구분건물의 위치와 면적 등을 특정할 수 있고 사회통념상 그것이 구분건물로서의 복원을 전제로 한 일시적인 것일 뿐만 아니라 그 복원이 용이한 경우에 해당하는지 여부에 달려있지만, 부동산인도명령에 따른 집행에 있어 집행관은 이를 판단할 권한이 없으므로 이에 관하여 고민할 이유가 전혀 없고, 인도명령 주문상의 제219호가 현황상으로도 특정이 되는지 여부에 따라서 특정이 되면 인도집행을 할 것이고 특정이 되지 않는다면 특정불능을 이유로 집행불능으로 처리하면 될 것이다. 집행관이 집행위임을 받음에 있어서 집행채권자로부터 교부받은 서류는 채무명의의 집행력있는 정본뿐으로서 집행관은 위 채무명의에 기하여 집행당사자와 집행목적물을 확인할 의무가 있을 뿐이며 채무명의의 당부나 집행목적물에 대한 실제소유자 및 그 소유권의 변동사항을 실체관계를 조사할 권한이나 의무가 없으므로,[203] 집행을 함에 있어서 대법원 1999. 6. 2.자 98마1438 결정 등이 말하는 요건을 갖추지 못하여 매수인이 소유권을 취득하지 못하였다고 집행을 거절하는 것은 실체문제에 관여할 수 없는 집행관이 직분의 한계를 넘어서는 것이어서 적절하지 않다. 매수인이 구분건물에 대한 소유권을 취득 적법하게 취득하였는지 여부는 채무자가 부동산인도명령에 대하여 청구이의 소송을 제기하여 다투거나 추후 매수인과 채무자나 소유자가 따로 본안절차에서 해결하도록 하여야 할 것이다.[204]

---

201) 집행관연찬집 2018, 법원공무원교육원(2019), 146.

202) 집행관연찬집 2018, 법원공무원교육원(2019), 147-148 참조.

203) 서울고등법원 1985. 2. 14. 선고 84나1375 판결.

204) 이런 점에서 집행관연찬집 2018, 법원공무원교육원(2019), 148의 사안의 경우 인도명령 대상을 특정하기 어렵다는 이유로 집행거절을 하여야 할 것이어서 대법원 1999. 6. 2.자 98마1438 결정이 말하는 요건 미비를 이유로 한 집행거절은 적절하지 않다.

7. 승계집행문이 부여된 경우

가. 집행권원상의 채무자들의 승계인들에 대하여 승계집행문이 부여된 이후에 채무자들이 채권자의 집행권원에 대하여 받은 강제집행정지결정 정본을 제출하는 경우

채권자가 채무자들에 대한 건물명도의 집행권원에 기하여 신청한 부동산인도집행 사건이 채무자들이 아닌 승계인들이 점유하고 있다는 이유로 집행불능이 되자 채권자가 승계인들에 대하여 승계집행문을 부여받아 부동산인도집행을 신청하자 채무자들이 승계인들에 대하여 승계집행문이 부여되기 전에 받은 강제집행정지결정정본과 공탁서를 제출한 경우 승계인들에 대하여 부동산인도집행을 속행할 수 있는가.

이에 대하여는 ① 채무자들이 제출한 집행정지결정정본은 승계인들에 대하여도 민사집행법 제49조 제2호의 집행정지서류로 볼 수 있다는 견해, ② 승계인들에 대하여 부여된 승계집행문은 강제집행정지결정으로 인하여 집행력이 없는 상태에서 부여된 것이므로 유효한 집행권원이 될 수 없다는 견해가 있으나, 승계인들에 대하여 새로운 승계집행문을 부여받아 제출하였다면 집행의 당사자가 다르므로 채무자들이 집행정지결정을 제출하였더라도 승계인들이 집행정지결정을 제출하지 않은 이상 승계인들에 대하여 집행할 수 있다 할 것이다.

②의 견해는 강제집행정지 결정이 집행법원에 제출되지 않았더라도 나중에 집행법원이 이를 알게 되었다면 직권으로 고려하여야 하는 집행장애 사유임을 전제로, 집행법원은 강제집행의 개시나 속행에 있어서 강제집행의 요건에 대하여 직권으로 그 존부를 조사하여야 하고, 집행개시 전부터 그 사유가 있는 경우에는 집행의 신청을 각하 또는 기각하여야 하며, 만일 그러한 요건이 흠결되었음에도 이를 간과하고 강제집행을 개시한 다음 이를 발견한 때에는 이미 한 집행절차를 직권으로 취소하여야 한다고 한 대법원 2008. 9. 3.자 2008마892 결정을 근거로 하는 것인데,[205] 대법원 2013. 3. 22.자 2013마270 결정이 추심명령 신청 이전에 이미 강제집행정지결정이 있었던 사안에 관하여 대법원 2010. 1. 28.자 2009마1918 결정과 대법원 1966. 8. 12.자 65마1059 결정에 따라 강제집행정지결정 제출 전에 이미 이루어진 강제집행에는 영향이 없다는 이유로, 대법원 2000. 10. 2.자 2000마5221 결정과 대법원 2008. 9. 3.자 2008마892 결정의 취지에 따라 채권압류 및 추심명령을 취소한 항고

205) 집행관연찬집 2018, 법원공무원교육원(2019), 221; 집행관 실무 사례집, 전국법원집행관연합회(2018), 167.

심 결정을 파기환송하였으므로, 대법원 2000. 10. 2.자 2000마5221 결정과 대법원 2008. 9. 3.자 2008마892 결정은 우연히 집행법원이 집행정지사유를 사전에 알고 있는 경우에 적용되는 한정적인 것으로 정리되었다. 따라서 채무자들이 강제집행신청 전에 이미 강제집행정지결정을 받았다고 하더라도 이를 집행법원에 제출하지 아니한 사이에 승계집행문이 부여되었다면 이는 유효한 것이어서 ②의 견해는 대법원 2008. 9. 3.자 2008마892 결정의 취지에 대한 오해와 집행정지결정을 집행장애사유라고 잘못 이해한 데서 비롯된 것으로 따르기 어렵다.[206)]

나. 승계인에 대한 집행력 있는 집행정본에 기하여 본래의 채무자에 대한 집행의 가부

채무자에 대한 집행력 있는 판결정본에 기한 명도집행을 위하여 현장에 갔는데, 유치권자라고 주장하는 자가 현장을 점유하고 있어 채무자에 대한 집행을 하지 못하고 다시 유치권자에 대하여 승계집행문을 부여받아 유치권자에 대한 집행을 위하여 현장에 가니 다시 채무자로 점유가 바뀐 경우 승계인에 대한 집행력 있는 판결정본에 기하여 본래의 채무자에 대하여 집행할 수 있는지.

누가 집행의 채권자 또는 채무자가 되는가 하는 것은 집행문이 누구를 위하여 또는 누구에 대하여 부여되었는가에 의하여 정하여 지므로(민집 제39조), 집행권원상의 청구권이 양도되어 대항요건을 갖춘 경우 집행당사자적격이 양수인으로 변경되고, 양수인이 승계집행문을 부여받음에 따라 집행채권자는 양수인으로 확정되는 것이므로, 승계집행문의 부여로 인하여 양도인에 대한 기존 집행권원의 집행력은 소멸한다.[207)]

따라서 채무자의 승계가 있어 승계인을 대상으로 승계집행문이 부여되면 본래의 채무자는 집행당사자로서의 자격을 상실하고 집행력은 승계인에게만 미친다고 할 것이므로, 채권자는 설령 본래의 채무자에 대하여 집행문을 받은 적이 있더라도 이에 덧붙여 승계집행문이 부여된 이상 본래의 집행당사자 적격을 상실한 채무자를 상대로 집행을 할 수 없다.[208)] 이 경우 본래의 채무자는 집행문 부여에 대하여 이의를 신청할 자격도 없다.[209)]

---

206) 자세한 것은 손흥수, 채권집행, 한국사법행정학회(2017), 177-178 참조.
207) 대법원 2008. 2. 1. 선고 2005다23889 판결, 대법원 2019. 1. 31. 선고 2015다26009 판결.
208) 집행관업무자료집(Ⅳ), 전국법원집행관연합회(2015), 243, 351.
209) 대법원 2002. 8. 21.자 2002카기124 결정.

참고로 서울중앙지방법원의 경우 승계집행문을 부여할 때 종전의 집행문을 반환받은 후 그 취지를 승계집행문에 부여하고 있다고 한다.[210)]

다. 새로운 소유자를 집행채무자로 한 철거집행시 종전 소유자에 대한 집행문과 수권결정으로 점유자에 대한 퇴거집행의 가부

채권자가 철거집행 대상 건물의 상속인 A, B, C, D를 채무자로 한 승계집행문과 수권결정을 받아 철거집행 신청을 하였다가 집행개시 전에 신청외 甲에게 소유권이 이전되었다는 이유로 집행불능이 되자 채권자가 甲을 채무자로 하여 승계집행문과 수권결정을 받아 다시 철거집행 신청을 하여 현장에 임하여 본바, D가 건물을 점유하고 있어 점유자에 대한 집행권원이 없음을 이유로 집행불능 처리된 후에 채권자가 종전에 받아두었던 D에 대한 승계집행문과 대체집행 수권결정에 소유자 甲에 대한 승계집행문과 수권결정을 첨부하여 철거집행을 신청하는 경우 D에 대한 종전의 승계집행문과 수권결정에 기하여 D에 대한 퇴거집행이 가능한가.

종전 소유자 D의 점유는 소유권에 기한 것이었는데, 그 후 새로운 소유자 甲에게 소유권이 이전되어 점유자 D의 점유권원이 소유권에서 점유권으로 변경되었고 그 점유권은 새로운 소유자 甲의 소유권에서 기인한 것이므로, 종전 소유자 D에 대한 수권결정으로 현재 점유자 D에 대하여 퇴거집행을 할 수 없다.[211)] 뿐만 아니라 甲에 대한 승계집행과 수권결정으로 종전의 A, B, C, D를 채무자로 한 승계집행문과 수권결정의 집행력이 상실하여 이에 기하여 집행하는 것은 부적법하다.[212)]

8. 채무자에 대하여 도산절차가 개시된 경우 부동산인도 집행 속행 가부

가. 채무자에 대하여 회생절차가 개시된 경우

채권자가 제소 전 화해조서의 화해조항에 집행문을 부여받아 부동산인도 집행을 신청하여 집행관이 강제집행에 착수하여 강제집행을 예고하는 인도 고지를 하자 채무자가 법원으로부터 회생절차개시결정을 받아 채무자회생법 제58조에 기하여 강제집행 중지신청을 하면서 건물이 인도되어 버려 영업을 중단하게 되면 회생절차가 무산될

---

210) 집행관업무자료집(Ⅳ), 전국법원집행관연합회(2015), 352.

211) 집행관연찬집 2018, 법원공무원교육원(2019), 229.

212) 집행권원상의 청구권이 양도되어 대항요건을 갖춘 경우에는 집행당사자적격이 양수인으로 변경되며, 양수인이 승계집행문을 부여받음에 따라 집행채권자가 양수인으로 확정된다. 승계집행문의 부여로 인하여 양도인에 대한 기존 집행권원의 집행력은 소멸한다(대법원 2008. 2. 1. 선고 2005다23889 판결, 대법원 2019. 1. 31. 선고 2015다26009 판결).

것이고 이로 인하여 채무자에게 막대한 손해가 발생할 것이며 위법집행에 해당하면 국가배상책임을 묻겠다고 나서는 경우, 집행관으로서는 절차 속행에 따른 부담이 지나치게 크므로 인도 집행을 일단 정지한 후 채권자로 하여금 집행에 관한 이의를 제기하게 하여 집행법원의 결정에 따라야 한다는 견해가 있으나, 회생절차개시 결정으로 중지되는 절차는 회생채권이나 회생담보권에 기한 강제집행 등에 한하고 환취권에 기한 강제집행 등은 중지의 대상이 아닌바(채무자회생법 제58조, 제70조), 임대차계약에 따라 채무자가 사용하고 있던 토지나 건물을 계약종료 후 소유자가 소유권에 기하여 반환을 청구하는 것은 환취권에 기한 것이므로, 채무자에 대한 회생절차개시결정과 상관없이 채권자의 부동산인도집행은 가능하다.[213)]

나. 채무자에 대하여 파산선고가 된 경우

소유권에 기한 인도청구 등 파산채권에 기하지 않은 강제집행은 파산선고로 실효되지 않으므로, 채권자는 파산관재인에 대한 승계집행문을 부여받아 파산관재인을 상대방으로 하여 인도집행의 속행이 가능하다.[214)]

다. 파산선고, 파산폐지 결정이 있고, 면책신청이 있는 경우 부동산인도 집행

원고가, 피고 B가 피고 A에 대하여 가지는 임대차계약의 종료에 따른 목적물반환청구권을 대위행사하여 부동산을 인도집행하려는 경우, 이는 피고 A의 재산이 아닌 피고 B의 재산에 대한 피고 B의 소유권에 기한 반환청구권, 즉 환취권을 대위행사하는 것이므로, 이러한 경우에는 파산선고 및 파산폐지결정이 확정되고, 면책신청 중이라는 이유로 금지되는 강제집행에 해당되지 않으므로(채무자회생법 제407조), 집행관은 채무자에 대한 인도집행을 실시하여야 한다.[215)]

라. 대위에 의한 부동산인도 판결 이후 채무자가 개인회생개시결정을 받은 경우 채무자에 대한 인도집행 가부

개인회생개시결정이 있는 경우 개인회생채권에 기한 개인회생재단에 속하는 재산에 대하여 한 강제집행, 가압류 또는 가처분은 중지 또는 금지되지만(채무자회생법 600조 제1항), 제3자의 환취권 행사(소유권에 기한 방해배제청구로서의 인도청구 등)는 이에 제한을 받지 아니하므로(채무자회생법 제585조, 제407조), 채무자에 대한 개

213) 집행관실무사례집, 전국법원집행관연합회(2018), 179.
214) 집행관업무자료집(Ⅴ), 전국법원집행관연합회(2017), 403.
215) 서울중앙지방법원 2008. 7. 11. 2008타기1760 결정.

인회생개시결정에도 불구하고 임대인을 대위한 채권자의 부동산인도 집행위임에 따른 강제집행은 가능하다.[216]

9. 제3자가 유치권을 주장하는 경우

가. 제3자가 유치권을 주장하며 출입구를 봉쇄하고 공사계약서를 근거로 제시하는 경우 인도집행의 가부

유치권이나 법정지상권 등 채권자에 대하여 대항력이 있음을 주장하는 제3자가 점유권원을 주장하는 경우 집행관으로서는 유치권이나 법정지상권 등 점유권원의 존부에 관하여 실체적으로 판단할 권한이 없으므로, 제3자를 독립한 점유자로 인정할 수 있는지 아니면 점유보조자에 불과한지 따져 전자라면 집행불능으로 처리하고, 후자라면 집행을 속행하면 될 것이다. 다만 제3자가 공사계약서나 등기부등본 등 객관적인 자료를 가지고 유치권이나 법정지상권 등 채권자에 대하여 대항력이 있음을 주장하는 경우 집행관은 무리하게 집행을 강행할 것은 아니다.

나. 유치권자가 점유의 방법으로 채무자에게 점유하게 하는 경우

토지, 건물에 대한 낙찰부동산인도명령을 집행하려는데 채무자가 유치권자의 위임을 받아 점유하고 있다면서 조경공사 계약서 및 채무자에 대한 점유 위임장 등을 제시하는 경우, 유치권의 성립요건이자 존속요건인 유치권자의 점유는 직접점유이든 간접점유이든 관계가 없으나,[217] 다만 유치권은 목적물을 유치함으로써 채무자의 변제를 간접적으로 강제하는 것을 본체적 효력으로 하는 권리인 점 등에 비추어, 그 직접점유자가 채무자인 경우에는 유치권의 요건으로서의 점유에 해당하지 않고, 유치권자가 경매개시결정 기입등기 이전에 채무자의 직접 점유를 통하여 간접점유를 하는 경우에도 마찬가지이므로,[218] 유치권자의 위임에 따라 채무자가 점유하면서 유치권을 주장하는 경우 그 점유시기가 경매개시결정 기입등기 이전인지 이후인지 불문하고 인도집행이 가능할 것이다.[219]

216) 집행관업무자료집(Ⅴ), 전국법원집행관연합회(2017), 405.
217) 대법원 2002. 11. 27.자 2002마3516 결정, 대법원 2019. 8. 14 선고 2019다205329 판결.
218) 대법원 2008. 4. 11. 선고 2007다27236 판결.
219) 집행관업무자료집(Ⅴ), 전국법원집행관연합회(2017), 357.

10. 점유자 불명시 인도집행 가부

가. 채권자가 점유자를 확실히 알지 못하는 경우

다음과 같은 방법으로 점유자를 특정하여 가는 것이 실무이다.

즉, 1) 현황조사보고서에 점유자가 표시되어 있거나 주민등록등본 등이 첨부되어 있는 경우에는, ① 현황조사서에 표시된 점유자, ② 해당 부동산에 주민등록을 전입한 자, ③ 배당요구하거나 권리신고한 자가 있으면 그 사람을 상대방으로 한다.

2) 점유자 특정이 어려운 경우 또는 전혀 모르는 경우에는 ① 일단 소유자를 상대방으로 인도집행을 시도한 후, 다른 사람이 점유하는 것으로 조사되면 그 결과에 따라 상대를 다시 정하여 인도명령을 신청한다.

3) 외국인들이 외국인등록이 없이 월세 등으로 입주하여 있거나, 본인들끼리 입주자를 바꾸어 가면서 부동산을 점유하고 있는 경우, 점유자를 확정하는 것이 쉽지 않은데, 이 경우에는 소유자를 상대로 인도명령을 집행하여 본 후 그 결과에 따라 상대방을 정하여 갈 수밖에 없다.

위와 같이 점유자가 불명한 경우 채권자들이 점유자의 특정이 어려우면 일단 소유자를 상대로 인도명령을 집행한 후 집행당시 점유를 주장하는 자의 신분을 확인하도록 집행관에게 요구하여 점유이전금지가처분 등을 하고 나서 인도명령절차나 인도소송을 통하여 인도 집행권원을 취득하여 다시 인도집행을 하게 되는데 실무에서는 이 과정이 너무 어렵고 힘들어 부동산 인도집행에 커다란 장애가 되고 있다. 특히 외국인이 불법체류자인 경우에는 인도명령 등 집행권원을 취득하는 것 자체가 어려우나 이에 대한 개선방안을 마련하는 것이 쉽지가 않다.

나. 공가여서 채무자 점유여부가 불분명한 경우 인도집행 가부

건물(사무실)인도집행을 위하여 강제개문 후 진입하여 보니 내부에 물건 하나 없이 치워진 상태로서 점유자를 확인할 수 없는 경우, 점유자가 없는 것으로 보고 채권자에게 인도할 것인지, 아니면 채무자의 점유를 확인할 수 없다고 보아 집행불능으로 처리할지 여부가 문제된다. 이는 건물인도 집행을 위한 두 가지 요건 중 두 번째 집행권원의 집행문에 기재된 채무자와 집행의 대상인 건물의 점유자가 일치할 것이라는 요건이 충족되는지 여부에 관한 것인바, 기본적으로는 점유주체의 판단요소들을 종합하여 판단하되 누구의 점유인지 알 수 없을 경우에는 집행불능으로 처리하는 것이 맞지만, 대상건물이 집행권원상의 것이 맞고 전입세대열람이나 세무서 임대차 관련 자료를 통하여 제3자가 전입하거나 임차한 사실을 확인하기 어려우면 일응 채무자의 점유로 보고 집행하여도 크게 문제될 것은 없다고 생각된다.[220] 채무자의 점유를 확인할 방법이 없어서 또는 채무자로부터 점유를 빼앗아 채권자에게 인도하는 것이 불가능하다고 하여 집행불능으로 처리하는 것은 형식논리에 지나치게 경도된 처리라고 생각된다. 다만 결과적으로 잘못된 사실인정이 될 수 있으므로 각별히 주의를 할 필요는 있다.

11. 부동산인도사건에서 변호사 사무원이 출석하여 부동산을 인도받을 수 있는지 여부

부동산인도집행의 경우 집행관은 채무자로부터 점유를 빼앗아 채권자에게 인도하여야 하고, 이 강제집행은 채권자나 그 대리인이 인도받기 위하여 출석한 때에만 하도록 규정하고 있는바(민집 제258조 제1항, 제2항), 강제집행을 위임받은 변호사나 법무사가 현장에 출석하지 않고 그 사무원이 출석한 경우 출석한 사무원을 변호사나 법무사와 동일하게 보아 채권자의 대리인이 참석한 것으로 인정하여 강제집행을 실시할 수 있는가.

실무는 법무사 사무원에 관하여 법무사법 제25조에 의하면 법무사가 사건을 위임받은 경우 주민등록증 등 증명서의 제출을 통하여 위임인이 본인 또는 그 대리인임을 확인하도록 규정하고 있으나, 법무사법 제23조에 의하면 법무사는 사무원을 둘 수 있도록 규정하고 있고, 부동산등기법 제28조는 등기신청 대리인이 변호사 또는 법무사인 경우 대법원규칙이 정하는 사무원을 등기소에 출석하게 하여 이를 신청할 수 있도록 규정함으로써 등기신청업무를 법무사 사무원을 통하여 할 수 있도록 하고 있는 점에 비추어 볼 때, 반드시 법무사 본인이 직접 위임인이 본인인지 확인할 필요는 없으며 법무사의 지시·감독을 받아 그 사무원으로 하여금 그 업무를 대행할 수 있도록 할 수도 있다고 판단하고 있는 점,[221] 법무사나 변호사가 자기가 수임한 사건에 직접 출석할 수 없는 경우를 염두에 두고 사무원 제도를 둔 취지를 고려하면, 강제집행 현장에서 변호사 등이 위임받은 사건에서 자신이 직접 출석하지 않고 그 사무원을 출

---

220) 집행관연찬집 2018, 법원공무원교육원(2019), 264; 大阪地裁執行實務硏究會 編, 不動産明渡·引渡事件の實務, 新日本法規(2010), 388-389. 수원지방법원 2015. 9. 3.자 2015타기7455 결정.

221) 서울고등법원 2006. 12. 14. 선고 2006나24300 판결.

석토록 하여 부동산을 인수받도록 한 경우에도 적법하게 채권자의 대리인이 출석한 것으로 처리하고 있다.[222)]

12. 부동산인도 집행시 집행관이 집행관련 비용을 삭감할 수 있는지

부동산인도(철거) 집행에 관하여는 「노무자등을 보조자로 사용하는 집행사건에 있어서의 노무자등의 관리지침」(행정예규 제239호)이 있지만, 세부적인 부분에서 미흡하고, 내용이 모호하여 노무제공업체가 자의적으로 해석하여 견적을 하는 경우가 많으므로, 용인하기 어려울 만큼 과도하게 집행비용이 산정되었거나 특별한 사정이 있는 경우 채권자와 노무제공업체 사이에 합의 하에 노무제공계약이 체결되어 쌍방이 집행비용 산정에 이의가 없더라도 집행관은 선관주의의무에 기하여 일정부분의 비용의 삭감을 권고하는 등 적절한 조치를 취함이 타당하다.[223)]

13. 건물전체에 대한 건물철거, 토지인도 판결에 기한 1층 부분에 관한 퇴거의 집행 가부

건물철거, 토지인도 집행에서 제3자가 목적건물의 일부를 점유하고 있어 건물철거 집행이 불가능한 경우, 채무자가 점유하고 있는 1층 부분에 관한 퇴거의 집행이 가능할 것인가.

퇴거의무는 철거의 전제로서 건물철거의무에 포함되어 있는 것이므로, 퇴거만의 집행을 하는 것은 불가능하다고 생각된다. 다만 집행방해를 위하여 불법 점유하고 있음이 명백한 사람이나 채무자의 점유보조자로 점유하고 있는 사람은 위에서 말하는 제3자에 해당하지 않으므로, 채무자에 대한 건물철거, 토지인도 집행의 일환으로 퇴거시키는 것이 가능하다.[224)]

14. 건물명도 집행에서의 점유주체 인정방법

가. 부부사이인 경우

처를 채무자로 하는 건물명도집행을 위하여 현장에 가보았더니 모두 부재중이어서 강제개문을 한 후 내부를 조사한 결과 남편 명의의 공공요금 영수증, 임료청구서 등이 발견된 경우, 처에 대한 집행권원에 의하여 남편을 점유보조자로 보고 집행할

222) 집행관 실무 사례집, 전국법원 집행관 연합회(2018), 187.
223) 집행관연찬집 2018, 법원공무원교육원(2019), 73.
224) 執行官事務に関する協議要録(第4版), 最高裁判所 事務總局(2012), 209.

수 있는가.

세대주와 그 가족이 거주하면서 사용하고 있는 일반 주택의 점유주체 인정이 문제되는 경우이다. 통상 건물의 소유자와 함께 그 집에 거주하는 가족은 그 소유자의 점유보조자에 불과하여 가족들에 대하여 독립한 점유를 인정할 수 없을 것이므로,[225] 임차주택의 경우 원칙적으로 임대차계약상의 임차인을 그 점유주체르 인정하면 될 것이다.

사안의 경우 집행대상이 된 건물 내부에서 남편 명의의 임료청구서가 발견되었으므로, 남편이 임차주택의 임차인일 가능성이 높고, 그 밖에도 남편 명의의 공공요금 영수증이 함께 발견되었기 때문에 이런 상황에서 남편을 점유보즈자라고 인정하기는 곤란할 것이다. 따라서 일단 집행을 중단한 다음, 채권자로부터 임차인이 처라고 하는 확실한 증거가 제출되는 등으로 위와 같은 사정에도 불구하고 처가 점유의 주체라고 인정하기에 충분한 증거가 제출된 경우에 한하여 비로소 남편을 점유보조자로 한 집행이 가능할 것이다.[226]

나. 사업자등록증상의 명의인과 점유자가 다른 경우

부동산점유이전금지가처분이 집행된 후 건물명도소송에서 화해로 종결된 사건으로 1차 집행장소에 임하여 본 바, 출입문이 잠겨 있어 강제집행 예고문을 문틈에 끼워 고지하였고, 2차 집행시 채무자가 아닌 A가 채무자와 임대차계약서를 작성하지 않았으나 월세를 주고 의류장사를 하고 있다며 집행을 거부하여 집행불능 처리하였으며, 3차 집행시 냄비 등 주방용품을 판매하는 B가 위 A와 같은 주장을 펴며 집행을 거부하여 집행이 불능된 상황에서 채권자는 사업자등록증상의 명의인을 사업주체로 보고 집행을 하여달라고 요청하는 경우, 사업자등록증의 명의인이 채무자가 분명하고 A나 B가 점유보조자일 가능성도 있으며, 제3자에 대한 승계집행문을 부여받는 사이에 점유자가 계속하여 바뀌면 집행이 현실적으로 불가능한 점을 고려하여 승계집행문 없이 집행해야 한다는 견해와 채무자인 사업자등록증상의 명의인과 다른 제3자가 목적물을 점유하고 있는 이상 승계집행문을 부여받아 명도집행을 하여야 한다는 견해가 있을 수 있는데,[227] 요점은 결국 점유주체 인정여부로 귀착된다. 점유주체가 채무자라고 할 수 있다면 A나 B를 점유보조자로 보고 명도집행을 할 수 있는 반면, 채무자

---

225) 서울중앙지방법원 2012. 5. 10.자 2012타기1471 결정 참조.
226) 執行官事務に関する協議要録(第4版), 最高裁判所 事務總局(2012), 209-210.
227) 집행관연찬집 2018, 법원공무원교육원(2019), 226-227.

가 아니라고 본다면 승계집행문을 부여받아 집행할 수밖에 없다고 보게 될 것이다. 어쨌건 사안과 같은 경우 현재의 점유자의 주장만 가지고 바로 집행불능 처리하여서는 안 되고, 점유주체 인정기준의 여러 가지 요소를 종합적으로 고려하여 집행가능 여부를 판단하여야 할 것이나,[228] 임대차계약서나 사업자등록증 등 객관적인 자료에 의하여 점유주체가 채무자에서 현재의 점유자로 이전되었음을 인정할 수 없다면, 현재의 점유자에게 불복이 있는 경우 집행에 관한 이의를 할 수 있음을 고지한 연후에 적극적으로 집행을 하는 것을 고려함이 상당하다고 본다.

15. 사전최고에서 강제개문 가능 여부 등

가. 부동산인도집행 사전최고 절차에서 강제개문 가능 여부

부동산인도집행을 위한 사전최고절차에서 채무자나 사리를 분별할 지능이 있는 친족이나 고용인을 만나지 못한 때에 증인의 참여하에 강제개문이 가능한가에 대하여 사전최고절차는 명문의 규정이 없을 뿐 아니라 집행의 착수에 해당하지 않으므로, 사전최고 절차에서 강제개문까지 하는 것은 근거가 약하고 채무자의 주거의 평온을 해하는 것이어서 부적법하므로, 투입할 노무자의 수와 장비 등의 산정이 어려운 경우라면 집행의 첫 기일에 답사만 하고 집행연기조서를 작성하는 것이 타당하다는 견해가 있으나, 사전최고절차에 관하여 명문의 근거 규정이 없다고 하더라도 강제집행개시의 요건이 갖추진 이상 집행을 위하여 채권자의 동의를 받아 사전최고절차를 취하는 것은 전혀 문제가 없으며 이를 집행의 착수로 볼 수도 있으므로, 사전최고절차에서 강제개문은 민사집행법 제5조 제1항, 제6조에 따른 것으로서 집행을 위한 강제력의 행사에 해당하여 적법하다 할 것이다.[229]

나. 반대의무를 이행하지 않은 상태의 동시이행판결에 기한 부동산인도집행 신청에 기하여 집행예고를 할 수 있는지

신청인이 금원을 공탁하는 등으로 반대의무를 이행하지 않은 경우 민사집행법 제41조 제1항의 강제집행개시의 요건을 갖추지 못하였으므로, 강제집행에 나아갈 수 없다. 따라서 집행에 사전준비 작업이 필요거나 준비행위가 필요하더라도 집행채무자나 이해관계인들의 동의 하에 임의절차로 진행하는 것은 별론으로 하고, 강제력을 사

228) 서울중앙지방법원 2012. 4. 12.자 2012타기1139 결정, 서울중앙지방법원 2012. 5. 31.자 2012타기1814 결정 참조.

229) 집행관연찬집 2018, 법원공무원교육원(2019), 218.

용하여서는 안 되므로, 채무자가 협조하지 않더라도 민사집행법 제5조 제1항, 제6조에 따라 강제개문을 할 수 없다.[230] 채무자의 동의 없이 채무자의 주거에 들어가게 되면 주거침입죄가 성립할 여지가 있다.[231]

16. 퇴거를 거절하는 채무자를 퇴거시키는 방법

건물명도 강제집행시 채무자나 그 가족이 퇴거를 거부하는 경우라도, 중한 질병이나 임신 등의 특별한 사정이 없는 한, 그 신체에 접촉하여 퇴거시키는 것은 가능하다(민집 제5조 제1항). 다만 인체에 상해를 입힐 우려가 있는 행위는 피하여야 한다.[232]

17. 중환자, 고령자 등에 대한 건물명도 집행

가. 중환자 등이 있는 경우

채무자가 중한 질병으로 신체거동이 불가능하거나 장기간 누워 지내는 경우 혹은 갈 데가 없는 독거노인이나 임신 중인 여성 등의 경우, 집행관은 어떻게 처리하여야 하는가.

채무자가 와병 중이고 집행으로 인하여 병세가 현저히 악화될 우려가 있는 경우, 인도를 승낙하지 않았더라도, 직무집행에 저항을 받은 것이라고 할 수는 없으므로, 위력을 사용하여 인도를 단행하는 것은 부적법하다(민집 제5조 제1항). 이런 경우 집행을 일단 중지함이 타당하고, 사태가 장기간 이어질 것이 분명한 경우에는 집행불능으로 처리한다.[233] 환자가 있는 방 1칸을 제외한 나머지 부분에 대하여 집행을 하게 되면 채무자의 목적물에 대한 점유배제에 착수한 것에 불과하여 일부 집행된 부동산을 채권자에게 인도할 수 없고, 유보된 방 1칸의 집행시기를 예측할 수도 없어 인도집행을 종료할 수 없으며, 그로 인하여 당사자들 간에 또 다른 분쟁을 촉발할 소지가 크며, 중환자 간호를 위해서는 건물의 다른 부분을 함께 점유·사용할 수밖에 없어 환자가 누워있는 방 1칸을 제외한 다른 부분 만에 대한 일부 집행이 가능하다고 할 수도 없다 할 것이다.[234]

---

230) 집행관 실무 사례집, 전국법원집행관연합회(2018), 149-150.
231) 서울중앙지방법원 2016. 7. 14. 선고 2015고단711 판결.
232) 執行官事務に関する協議要錄(第4版), 最高裁判所 事務總局(2012), 210.
233) 집행관연찬집 2018, 법원공무원교육원(2019), 179.
234) 서울중앙지방법원 2013. 10. 22.자 2013타기4103 결정.

갈 데가 없는 독거노인, 임신 중의 독거맘, 인근 주민들의 도움으로 살아가고 있는 치매노인 등 건물명도 집행 후 갈 곳을 확보할 수 없는 특별한 사정이 인정되는 때에는 인도적인 관점에서 집행불능으로 처리하는 것도 위법하다고 하기 어려울 것이다. 그러나 판결은 집행되어야 한다는 점, 채권자의 이익 등을 고려하여 보면, 집행관은 안이하게 집행불능으로 처리하여서는 안 되고, 가능한 한 갈 곳을 수배하여 집행을 완료하는 방안을 최대한 강구하여야 할 것이다.

나. 채무자가 고령인 경우

인도집행의 대상인 아파트에 채무자인 72세의 할머니가 혼자 거주하고 있는데, 기초생활수급자에 해당하지 않으며 자녀가 1명 있으나 부양하지 않고 있는 경우 노인복지법 제28조 제1항 제2호에 따라 보호조치의무가 해당 군수에게 있다고 보고 입소조치와 관계없이 군수에게 집행일시를 통보한 후 인도집행을 실시하여야 하는지, 아니면 해당 군수가 입소조치를 한 후 인도집행을 하여야 하는지.

채무자는 기초생활수급자가 아니므로 무료복지시설 수용대상이 아니어서 해당 군수는 유료복지시설 알선 이상은 불가능한 상황이므로, 채무자가 거동이 가능한 이상 집행이 가혹하다고 인정할만한 특별한 사정이 없다면 해당 군수가 입소조치를 취하지 않았다는 이유로 집행불능 처리하는 것은 위법하다 할 것이다.[235]

다. 중풍, 치매환자의 경우

인도대상 건물에 92세의 고령에 치매와 중풍을 앓고 있는 할머니가 채무자로서 거주하고 있고 동거가족이 없는 경우 집행하여도 되는가.

채무자 앞으로 배당되는 배당잉여금이 상당금액이 있어 생활보호대상자나 기초수급대상자가 되지 않는다고 하더라도, 치매, 중풍환자로 정상적인 대화가 어렵고, 집행시점이 한겨울로서 인도집행을 강행한다면 결국 채무자를 길거리에 두고 집행을 종료할 수밖에 없다면, 민법 제2조의 권리남용금지의 원칙이나 민사집행법 제23조 제1항에 의하여 준용되는 민사소송법 제1조 제2항의 신의성실의 원칙을 적용하여 집행불능 처리할 수밖에 없을 것이나,[236] 그 부담을 채권자가 모두 떠안을 수밖에 없어 문제이다.

---

235) 집행관연찬집 2018, 법원공무원교육원(2019), 34.
236) 집행관연찬집 2018, 법원공무원교육원(2019), 35.

라. 사리분별력이 없는 경우

채무자는 강제집행을 당하는 것에 대하여 그 의사에 반하여도 이를 수인하여야 한다는 것으로서 소극적 태도로 대응하는 것을 기본으로 하고 있으므로, 집행에 관하여 적극적으로 관여하거나 자기의 이익을 주장하는 경우를 제외하고는 소송능력을 가질 것을 요하지 않는다. 그렇지만 채무자가 사리분별능력이 없는 경우에는 채무자의 친족 등의 입회하에 집행하는 것이 바람직하다(민집 제6조 참조). 또한 지방자치단체 혹은 친족 등에게 연락하여 채무자의 거처를 마련하여 두는 것이 더욱 좋다.[237]

18. 동일한 집행권원에 기한 집행의 가부

가. 건물인도 집행 후 채무자가 다시 점거한 경우의 조치

건물인도 집행 후 채무자가 다시 당해 건물에 들어가 점거하고 있는 경우 이전 집행의 속행으로서 인도집행이 가능할 것인가.

채무자가 집행 직후에 침입한 경우는 아직 집행이 완료되었다고 할 수 없으므로, 인도집행을 속행하는 것이 가능하지만, 건물을 채권자에게 인도하여 상당시간 경과한 후에는 이미 집행이 완료되었으므로, 동일한 집행권원에 기하여 다시 집행하는 것은 위법하다.[238]

나. 임의퇴거를 이유로 집행신청을 취하한 후 동일한 집행권원에 기한 집행신청의 경우

임의인도의 예고 후에 채무자가 임의로 퇴거를 하여 채권자가 강제집행개시 예정일 전에 신청을 취하하였는데, 그 후 채무자가 다시 당해 건물을 점유한 경우 동일한 집행권원에 기하여 명도집행을 신청하는 것이 가능한가.

당해 집행권원에서 명하는 채무자의 급부의무는 채권자에 대한 건물의 명도이므로 채무자가 건물에서 퇴거하는 것에 그친 경우에는 당해 집행권원에서 명한 급부행위를 채무자가 완료하였다고 할 수 없으므로, 채권자는 동일한 집행권원에 기하여 다시 명도집행신청을 하는 것이 가능하다 할 것이나, 채무자가 단순히 건물에서 퇴거하는 것에 그치지 않고 채권자에게 건물을 명도하였다면 당해 집행권원에서 명하는 급

237) 執行官事務に関する協議要録(第4版), 最高裁判所 事務総局(2012), 423.
238) 執行官事務に関する協議要録(第4版), 最高裁判所 事務総局(2012), 211, 249.

부행위를 이미 완료한 것이어서, 청구권 소멸의 경우에 해당하여 집행력을 상실한 동일한 집행권원에 기한 재도의 명도집행에 대하여 채무자는 청구이의의 소를 제기할 수 있다.[239)]

채무자의 임의퇴거가 건물의 명도에 해당하는지 여부는 일반적으로 쉽게 판단할 수 있는 것이기는 하지만, 경우에 따라서는 미묘한 부분이 없지 않다. 아무튼 채무자의 임의퇴거는 집행권원 성립 후 청구권 소멸로서 청구이의 사유가 되므로, 채권자로서는 채무자가 임의퇴거를 하는 경우 건물 안에 남은 동산이 있는지 없는지를 잘 살피고 동영상 등을 촬영하여 증거를 확실히 남겨 당해 집행권원에 기한 집행에 대하여 채무자가 청구이의의 소를 제기하여 올 경우에 대비하는 것이 좋다. 근원적으로는 채무자가 임의퇴거를 한 후 당해 건물의 열쇠를 교체하는 등으로 자신의 점유를 확보하는데 주의를 기울여야만 할 것이다.

19. 토지인도 집행 후 채무자가 다시 점거하자 다시 동일한 집행권원에 기해 강제집행을 신청한 경우

토지인도 강제집행 신청사건으로 현장에 도착하여 본 결과 해당 토지가 1년여 전에 동일한 집행권원에 의한 강제집행에 기하여 채권자에게 인도된 후, 채무자가 강제집행 실시 후 다시 점유를 시작하였음이 판명된 경우, 목적 토지가 채권자에게 인도된 이상 인도집행은 완료되었으므로, 재도의 집행신청은 청구권이 이미 소멸한 집행권원에 기한 것으로서 위법한 것으로서 각하하여야 할 것이다.[240)]

이와 관련하여 집행완료 후 집행권원을 반환하여야 하는지 여부가 문제되는데, 인도집행 완료 후 집행권원 반환신청이 있더라도 이를 반환하여야 한다는 취지의 규정이 없으므로, 반환할 필요는 없다고 본다.

20. 채무자 부재의 건물에 대하여 건물명도와 유류동산 압류를 동시에 집행하는 경우 명도집행 종료시기

가재도구를 남긴 채 행방불명이 된 채무자에 대하여 건물명도와 남겨 둔 가재도구에 대한 동산압류를 동시에 집행하는 경우 압류물을 그 건물 안에서 채권자에게 보관하게 하고 인도집행을 종료할 수 있는가.

건물인도 집행은 목적외 동산을 수거하여 건물에 대한 채무자의 점유를 해제한

---

239) 大阪地裁執行實務硏究會 編, 不動産明渡·引渡事件の實務, 新日本法規(2010), 411-415.
240) 執行官事務に関する協議要錄(第4版), 最高裁判所 事務總局(2012), 212.

다음 채권자에게 그 점유를 취득하게 하는 방법에 의하는바(민집 제250조), 이때 채무자 등에게 인도하는 것이 불가능한 목적외 동산은 집행관이 보관하여야 하나, 채권자의 승낙이 있으면 채권자에게 보관하는 것도 가능하다고 해석된다.[241)]

한편, 동산집행의 압류물에 대하여도 상당하다고 인정되는 때에는 채권자에게 보관하도록 하는 것이 가능하므로, 채권자의 승낙이 있다면 압류된 동산을 채권자로 하여금 보관하여 당해 건물에 압류된 동산을 남긴 채 인도집행을 종료하는 것도 가능하다 할 것이다.

21. 판결의 당사자가 아닌 소외인에게 명도하라는 집행권원에 기한 집행

(1) '甲은 본건 건물에 거주하는 동생 乙을 퇴거시킨 후, 본건 건물을 丙에게 인도한다'는 내용의 화해조서에 기하여 甲과 생계를 같이 하고 있는 乙에 대하여 집행하는 경우, 乙이 甲의 점유보조자라면 甲에 대한 인도집행시 퇴거시키는 것이 가능하지만, 乙이 甲의 점유보조자가 아니라면 甲이 乙을 퇴거시키는 조항은 甲에게 책임을 부과하는 것에 불과하여 이것만 가지고 집행권원상의 채무자가 아닌 乙에 대하여 바로 퇴거의 강제집행을 실시할 수 없다. 특별한 사정이 없는 한 당사자가 아닌 제3자에게 판결의 효력이 미치지 않기 때문이다.[242)]

(2) 같은 견지에서 채무자(임차인)와 소외 임대인 사이의 임대차계약이 기간 만료로 종료되어 채무자(임차인)는 소외 임대인으로부터 임차보증금을 반환받음과 동시에 소외 임대인에게 건물을 명도하는 경우와 같이 판결의 당사자가 아닌 소외인에게 명도하라는 내용의 집행권원에 기한 집행의 경우, 채무자인 임차인이 집행권원에 대하여 다투지 않고 소외인이 출석한 경우 강제집행의 형식이 아닌 임의인도의 형식으로 집행하고, 소외인이 출석하지 않았거나 채무자가 집행권원의 집행력의 범위에 대하여 다투는 등 그 이외의 경우 집행불능으로 처리하면 문제가 없을 것이다.[243)]

이와 관련하여 실무제요는 채권자가 채권자대위권에 기하여 인도소송을 제기한 경우와 같이 집행권원이 채권자 이외의 제3자에게 인도를 명하는 것인 경우에는 그 제3자나 그의 대리인이 출석한 경우에 한하여 집행할 수 있으나, 제3자가 출석하지 않기 때문에 채권자에게 인도한 때에는 채권자가 제3자를 대리하여 인도받은 것으로

241) 執行官事務に関する協議要録(第4版), 最高裁判所 事務總局(2012), 213.
242) 執行官事務に関する協議要録(第4版), 最高裁判所 事務總局(2012), 214-215.
243) 집행관연찬집 2018, 법원공무원교육원(2019), 70.

보고 이로써 인도집행은 종료된 것으로 보아야 한다는 입장이고,[244] 실무도 이를 따르고 있는 것으로 보여지는데,[245] 이것이 소외인이 판결의 당사자가 아닌 경우까지를 염두에 둔 것인지 분명하지 않다.

22. 채무자와 제3자가 공동으로 점유하고 있는 건물의 일부 인도집행 가능여부

(1) 甲, 乙이 공동으로 점유하고 있는 건물에 대하여 甲에 대한 집행권원에 기하여 甲에 대하여 집행하는 것이 가능한가.

甲, 乙이 공동으로 점유하고 있는 건물에 대하여는 ① 甲을 퇴거시키면 목적이 달성되는 경우, ② 甲을 퇴거시켜 乙과의 공동점유를 확보하면 목적을 달성하는 경우, ③ 甲뿐만 아니라 乙도 퇴거시키지 않으면 목적을 달성할 수 없는 경우를 상정하여 볼 수 있는바, ①의 경우에는 甲에 대한 퇴거강제를 위하여 건물에 들어가는 것을 乙이 거절하지 않은 한 집행이 가능할 것이고, ②, ③의 경우에도 乙이 임의로 응하는 경우에는 甲만의 퇴거를 강제하는 것으로 충분할 것이다. 乙이 임의로 응하지 않는 경우, 채권자가 건물에 들어가는 것을 乙에게 강제할 수도 없고 완전한 인도를 실현하는 것이 어렵더라도 甲을 강제적으로 퇴거시키는 한도 내에서 집행이 가능하다는 견해도 있으나(甲만을 퇴거시키는 데서 그치면 집행결과 乙만의 단독점유가 되는 문제가 남지만 나중에 乙에 대한 집행권원을 얻어 집행하면 이 문제도 해소될 수 있고, 인도집행에서도 중간까지의 목적을 실현하는 것에 의한 폐해가 없는 한 이를 인정하여야 하며, 甲의 퇴거강제를 위해 건물에 들어가는 것을 乙이 거절하는 경우에는 결국 집행불능이 될 것이기 때문에 이 점 역시도 문제가 되지 않는다고 한다), 甲을 퇴거시킬 수 없어 결국 집행불능으로 처리하는 것이 맞다고 본다.[246] 乙이 甲의 점유보조자에 불과하다면 모르지만, 별개의 계약에 기한 독립한 점유권원을 가지고 있다면 공동점유자 중 1인에 대한 점유권원만 가지고 다른 사람에 대하여 인도집행을 하는 것은 불가능하기 때문이다. 이처럼 채무자 이외의 사람이 당해 건물을 사용하고 있는 경우 집행관은 채무자와 제3자의 관계, 점유형태, 건물의 구조 등을 충분히 파

---

244) 법원실무제요 민사집행[Ⅲ], 법원행정처(2014), 557-558. 대구지방법원 1988. 2. 10. 선고 87나485 판결은 채권자대위권의 행사에 있어서 만일 채무자인 임대인이 그 수령을 거절하는 경우에는 채권자인 원고가 그 목적을 달성할 수 없게 되므로 반드시 임대인에게 명도하라고 청구하여야 하는 것이 아니고 그 채권 보전의 목적을 달성할 수 있는 한도 내인 이상 임대인에게 명도시키는 취지에서 원고 자신에게 직접 명도하라고 청구할 수도 있다고 판시하고 있다.

245) 집행관연찬집 2018, 법원공무원교육원(2019), 71.

246) 大阪地裁執行實務硏究會 編, 不動産明渡·引渡事件の實務, 新日本法規(2010), 390-391. 執行官事務に関する協議要錄(第4版), 最高裁判所 事務總局(2012), 215도 참조.

악하여 공동점유인지 단독점유인지를 검토하여 인도집행의 가능 여부를 판단하여야 할 것이다.

(2) 채무자 A에 대한 건물인도 집행사건에서 채무자 A 이외에 제3자의 점유도 인정되는 경우 일시 중지하는 것이 맞는가, 집행불능으로 처리하여야 하는가.

제3자가 독자적인 권원에 기하여 목적물을 점유하고 있는 경우, 별도로 제3자에 대한 집행권원이 필요하지만, 제3자가 채무자의 가족이나 피용인 그 밖의 동거인 등에 해당하는 때에는 채무자의 점유보조자 즉, 점유자의 지시에 따라 그 수족으로서 건물을 사용하는 것에 불과하여 독립한 점유를 인정하기 어려운 경우, 채무자와 동시에 퇴거시키는 것이 가능하다. 따라서 집행관은 우선 제3자 B의 당해 건물에 대한 점유상황을 확인하여 점유보조자임이 명백한 경우 채무자 A와 동시에 퇴거시키면 된다.

제3자 B가 독자적인 권원에 기하여 당해 건물을 점유하고 있는 경우, 채무자 A의 점유가 인정된다면 채무자 A에 대한 집행이 가능하지만, 건물인도는 당해 건물의 직접지배를 채권자에게 완전히 이전함으로써 제3자 B의 점유를 배제하지 않으면 집행을 완료할 수 없다. 여기에서 제3자 B의 당해 건물에 대한 직접지배를 배제하는 절차가 문제된다.

채무자 A와 제3자 B가 당해 건물의 공간을 나누어 점유하고 있고, 당해 건물의 형상에 비추어 채무자 A의 점유부분이 물리적으로 다른 부분과 구별가능하며 독립하여 효용을 가지는 경우에는 A 점유부분에 대한 점유를 해제한 다음 채권자에게 그 점유를 취득시킨다. 그 이외의 경우에는 A, B 쌍방의 점유를 배제한 후 채권자에게 점유를 취득시켜야 한다.

제3자 B의 당해 건물에 대한 점유를 배제하려면, B에 대한 인도의 집행권원에 기한 집행신청이 필요하며, 그 이전에는 사실상 집행이 불가능하다. 이 경우 집행사건의 처리를 중지로 할 것인지, 집행불능으로 할 것인지는 B에 대한 집행권원 취득에 소요되는 시간 등 개개의 사정을 구체적으로 감안하고, 채권자의 의사를 확인하여 개별적으로 결정하여야 할 것이다.[247)]

(3) A 부동산에 대하여 유치권을 주장하는 갑, 을, 병을 상대로 채권자 정이 건물명도소송을 제기하여 갑에 대하여는 승소하고, 을, 병에 대하여는 상환이행을 명하는 판결을 받았는데(을, 병의 유치권을 인정하여 상환이행을 명함), 채권자 정이 승소

247) 執行官事務に関する協議要録(第4版), 最高裁判所 事務総局(2012), 216-217.

한 갑에 대하여 부동산인도집행을 신청하여 현장에 나가 관계인 등으로부터 확인한 바, 공동관리인으로 무를 선정하여 갑, 을, 병이 공동으로 점유하고 있다면서 갑, 을, 병이 점유하는 부분이 구분되어 있지 않아 갑의 점유부분을 특정할 수 없음이 확인된 경우, 현장상황이 채무자의 점유부분을 특정할 수 없는 상태이기 때문에 채무자 갑에 대한 집행을 할 경우 집행채무자가 아닌 다른 공동점유자 을, 병의 점유를 침해하는 문제가 있으므로, 인도할 부분이나 대상을 특정할 수 없다는 이유로 집행불능 처리함이 타당하다.[248)]

(4) 채무자의 오빠가 부동산인도집행목적물 안의 방 1칸의 임차인이라고 주장하여 조사한 결과 집행목적물이 주택재개발정비사업조합 사업구역 내의 빌라이고 대상 건물을 제외한 모든 부동산의 철거가 이루어져 공사가 이미 진행 중이며 임차인이라고 주장하는 사람이 채무자와 남매 사이이나 오빠가 판결선고일(2016. 5. 12.) 이전인 2015. 5. 4. 주민등록을 이전하였고, 방 1칸에 대한 임대차계약서와 같은 장소로 등재된 주민등록초본을 제출하는 경우, 재개발지역 내 부동산에 대하여 정상적인 임대차계약이 성립하였을 것으로 보기 어렵고, 임대인과 임차인이 남매 사이이므로, 오빠를 채무자의 점유보조자로 보고 집행을 실시할 수 있다는 견해가 있을 수 있으나, 변론종결일 전의 날짜로 된 임대차계약서가 존재하고 임차인인 오빠가 그 주소로 전입신고를 하였으며, 기본적으로 임대차계약의 진위 여부는 집행관이 판단할 사항이 아니므로, 독립한 점유자로 보아 일응 해당부분에 대하여 집행불능 처리함이 상당하다.[249)]

23. 2층 건물의 2층 부분만을 목적으로 하는 건물인도 집행

2층 건물의 2층 부분(당해 건물부분이라 하고, 건물 전체를 당해 건물이라 한다)만을 목적으로 하는 건물인도 집행에서, 당해 건물 출입구가 1층에 하나 밖에 없고, 그 출입구를 통하지 않는 한 당해 건물 부분에 도달할 수 없는 경우, 당해 건물부분에 대한 집행시 당해 건물 1층 부분 점유자의 승낙을 얻어야 하는가.

---

248) 집행관연찬집 2018, 법원공무원교육원(2019), 178.

249) 집행관연찬집 2018, 법원공무원교육원(2019), 183. 대법원 1985. 5. 28. 선고 84다카1924 판결(집달관의 주택명도집행시 채무명의에 표시된 채무자 아닌 전세입주자인 원고의 모가 원고들의 거주사실을 말하고 이를 뒷받침하는 전세계약서, 주민등록표등본을 제시하면서 그 집행의 부당함을 항의하였음에도 불구하고 원고와 위 채무자가 처남매부간이라 하여 그 항의를 묵살하고 명도집행을 강행하였다면 집달관은 그 명도집행에 있어 준수할 집행절차에 위배하였다고 할 것이다)도 참조.

① 채무자가 1층 부분 점유자나 관리자 등으로부터 당해 건물 출입구 및 1층 부분 사용을 허락받은 경우 및 ② 그 부분을 채무자가 공동으로 점유하고 있는 경우에는 별도의 승낙을 받지 않더라도 출입허락이 있는 것으로 볼 수 있다. 집행관으로서는 집행권원의 기재, 건물의 구조와 같은 객관적인 자료와 관리인의 진술 등을 종합하여, 이들 요건이 갖추어졌는지 여부를 판단하여야 할 것인바, 관리인 등이 출입을 거절하는 경우에는 집행의 신속성 및 확실성을 해하지 않는 범위 안에서 성의를 다하여 설득을 해본 다음, 위 ①, ②에 해당하는 경우에 한하여 강제개문 등의 조치를 취할 수 있다.[250)]

한편, 당해 건물부분으로부터 목적외 동산을 반출하는 등의 경우에는 건물 소유자 기타 당해 건물 점유자의 점유의 평온을 필요 이상으로 해함이 없도록 유의하여야 한다.

24. 자동차 주차장에 대한 토지인도 집행

토지인도 집행 대상인 목적 토지가 야외 주차장으로 사용되고 있고, 그 지상에 제3자 소유의 자동차가 다수 존재하는 경우 이들 제3자 사용부분에 대하여 어떻게 처리하여야 하는가.

이는 자동차 소유주의 독립한 점유가 인정되는가 여부에 달려있는바, 야외 주차장은 통상 시간 당 얼마씩으로 이용하는 경우와 월 단위로 이용하는 경우가 보통이다. 전자는 일시적으로 자동차의 보관을 위탁한 것이어서 자동차 소우자의 토지에 대한 점유는 인정되지 않는다. 후자는 보통 임대차계약 관계로 해석이 되고, 이 경우 자동차 소유자와 주차장 점유주가 토지를 공동으로 점유하는 것이라 할 것이지만, 주차장소를 고정하지 않고 자동차 열쇠를 주차장에 맡기는 경우는 동일하게 보기 어려운 면이 일부 있다. 그밖에 사용대차로 인정되는 경우도 있을 수 있는데, 아무튼 집행관은 주차장 사용 계약서를 제출받는 등으로 점유관계를 조사한 다음 집행에 나서야 할 것이다.[251)]

25. 인도집행 목적 토지의 범위에 관하여 다툼이 있는 경우

(1) 집행권원상 도면을 인용하지 않은 1필지의 토지에 대한 토지인도 집행사건에서 채권자가 주장하는 토지의 위치와 범위에 대하여 채무자가 전면적으로 다투는

250) 執行官事務に関する協議要録(第4版), 最高裁判所 事務總局(2012), 217.
251) 執行官事務に関する協議要録(第4版), 最高裁判所 事務總局(2012), 218.

경우 어떻게 집행하여야 하는가.

우선 채무자가 채권자가 지목하는 토지를 점유하고 있는가가 문제가 되는데, 만약 채무자가 채권자가 지목하는 토지를 점유하고 있지 않다면 집행은 불능이 될 것이다.

토지인도 집행의 목적 토지 범위에 관하여 다툼이 있는 경우의 일반론은 다음과 같다. 즉 집행관은 집행기관으로서 인도 대상인 토지의 위치, 범위에 대하여 일응의 판단을 하여 그 범위를 인도한다. 토지의 위치나 범위가 옹벽이나 경계표 등 현지의 형상으로부터 명백하지 않은 경우에도 마찬가지이다. 토지의 형상으로부터 토지의 위치나 범위가 명백하지 않은 경우에는 지적도, 지도, 지적측량도나 인근 주민들의 진술 및 채권자, 채무자의 진술 등을 종합하여 판단한다. 이에 대한 집행관의 판단에 불복이 있으면 집행에 관한 이의로 불복하도록 한다(민집 제16조).[252)]

집행권원의 주문이 도면을 인용하여 토지의 범위를 특정하고 있는 경우에는 그 도면에 따라 범위를 결정하여 집행한다.

(2) 인도대상 토지에 지상 건물이 있었으나 이는 이미 철거된 상태이고, 경계 돌담이 무너져 버렸으며, 경계 측량 목 등은 제거되어 인도 대상 토지의 경계를 특정할 수 없어 지적측량을 한 결과에 따라 경계를 표시하고 측량결과대로 채권자에게 인수받을 것을 고지하였으나 채권자가 측량결과를 인정할 수 없다며 집행기일 연기를 신청하는 경우, 측량은 공인된 측량기관인 대한지적공사를 통하는 것이고, 재측량을 하는 것은 무의미한 절차의 반복으로 불필요한 비용의 증가를 초래할 뿐이므로, 집행권원의 주문과 현장의 상황이 일치한다면 채권자의 수령거절을 이유로 집행불능 처리한다.[253)]

26. 물건명세서상 토지 전체에 법정지상권이 성립한다고 기재되어 있는 토지의 인도집행

집행관은 원칙적으로 실체적인 법률관계에 관하여 판단할 권한이 없으며, 집행권원(인도명령)에 구속된다. 구체적으로는 인도명령의 주문에 따라야겠지만, 만약 인도집행의 목적 토지상에 건물이 존재하고 있고 그 건물에 대하여 법정지상권이 성립하여 건물이 인도명령 대상에서 제외되었다면, 그 부지는 집행의 대상이 될 수 없다. 다만 목적 토지가 건물의 부지를 초과하고 있고, 그 초과 부분에 대한 집행의 이익이

252) 執行官提要(第5版), 最高裁判所 事務總局(2009), 261.
253) 집행관 실무 사례집, 전국법원집행관연합회(2018), 177.

있는 경우, 가령 건축자재나 동산 등 채무자 소유물건이 적재되어 있고 이로 인하여 당해 토지에 대한 소유권이 침해받고 있는 경우라면 이를 제거하는 집행은 가능할 것이다.[254)]

27. 건물철거 토지인도 집행의 목적토지의 범위에 대하여 다툼이 있거나 건물의 일부가 제3자의 토지에 걸쳐 있는 경우의 집행방법

채권자 A가 채무자 B에 대하여 건물 X의 철거 및 토지 Y의 인도집행을 신청하였는바, (1) 집행권원상 토지 Y의 범위(화해조서에 첨부된 도면에 의하여 그 범위가 특정되어 있음)는 286㎡인데 반하여 강제집행 신청시 실측도면에는 363㎡로 되어 있는 경우, (2) 집행권원상 '토지 Y 지상 건물 X'로 되어 있는데, 현황은 건물 X의 일부가 다른 토지인 Z(토지 소유자는 A)로 돌출되어 있는 경우, 건물 X의 철거집행은 가능한가, 토지 Y의 인도는 가능한가.

목적 물건의 동일성에 대하여 다툼이 있는 경우로서 당해 집행권원이 도면을 인용하여 특정한 경우에는 그에 의하여 판단을 하고, 그렇지 않은 경우에는 집행기관으로서 일응의 판단을 한 다음, 불복이 있으면 집행에 관한 이의에 의하여 정리되게 될 것이다.

토지 Y는 화해조서상 286㎡로 기재되어 있어 현황 면적 대비 20% 이상 차이가 나기 때문에 첨부된 도면이 현황을 제대로 반영하고 있는지 의문이 생기는 경우인데, 결국 도면과 현황을 종합하여 토지 Y의 특정이 가능한가를 개별적으로 판단할 수밖에 없다.

건물 X의 경우 화해조서상 기재된 건물이 현실적으로 존재하는 건물로 인정할 수 있는지의 문제인데, (1)의 상황 하에서 인접지에 도출하여 있는 것을 감안하여 보면, 화해조서상의 건물이 건물 X라고 인정할 수 있을지에 관하여는 의문이 제기될 수 있다.

건물철거는 토지인도를 위한 수단으로서 실시되는 것이므로, 토지 Z의 인도를 집행권원의 내용으로 하지 않은 이상, 그 부분의 철거까지 구할 수는 없다. 한편, 토지 Y상에 존재하는 건물 X 부분에 대하여는 기술적으로 가능한 이상, 건물을 절단하여 철거하는 것이 가능하다. 철거부분 이외의 잔존 건물의 보수비용은 집행비용이 될 것이다.[255)]

---

254) 執行官事務に関する協議要錄(第4版), 最高裁判所 事務總局(2012), 219 참조.
255) 執行官事務に関する協議要錄(第4版), 最高裁判所 事務總局(2012), 220.

28. 채권자의 조기집행 요구

건물명도의 가집행선고부 판결에 기하여 강제집행을 신청하면서 채권자가 즉일이나 다음날 조기에 집행하여 줄 것을 신청하더라도 집행관은 반드시 이에 응하여야 할 책임이 있는 것은 아니다. 집행관은 신청사건의 복잡성의 정도, 집행내용의 난이도 등과 담당 중인 사건의 건수를 고려하여 다소의 시차를 두는 것은 가능하지만, 가능하면 적정 신속하게 집행하는 것이 바람직하다. 다만 그 직책상 조기집행이 가능하다고 하더라도 채권자의 신청에 반드시 따라야 하는 것은 아니며, 직분상의 양식에 따라 행하면 된다.[256)]

29. 건물인도 집행사건 수리 후 같은 물건에 대하여 민사집행법 제136조 제1항의 인도명령 집행신청이 있는 경우

화해조서 정본에 기한 건물인도 집행사건 계속 중 동일한 건물을 경매에 의하여 취득한 제3자로부터 민사집행법 제136조 제1항에 기한 부동산인도명령 집행신청이 있는 경우, 집행 단계에서는 집행관은 실체적 권리관계에 관하여 판단할 권한이 없으므로, 집행관으로서는 사건수리 순서에 따라 인도집행을 실시하면 된다.[257)]

30. 건물인도 집행 도중 집행정지결정정본이 제출된 경우 처리방법

집행관이 수개의 방실로 이루어진 건물 중 하나의 방실에 대하여 인도집행을 완료하고 집행을 계속하려는데 채무자로부터 집행정지결정정본이 제출된 경우 위와 같이 인도된 부분을 원상으로 회복하여야 하는가.

건물인도 집행은 채권자나 그 대리인이 인수를 위하여 출석하지 않으면 집행할 수 없으므로(민집 제258조 제2항), 집행관은 채무자의 점유를 해제하는 즉시 출석한 채권자에게 점유를 취득하게 하여야 하며, 인도집행에 관하여 집행관이 점유하는 것은 원칙적으로 허용될 수 없다. 따라서 인도받은 하나의 방실이 그 자체로 독립한 것이라면 인도집행의 일부를 완료한 셈이므로, 원상회복의 문제는 생기지 않는다 할 것이다.[258)]

---

256) 執行官事務に関する協議要録(第4版), 最高裁判所 事務總局(2012), 221.
257) 執行官事務に関する協議要録(第4版), 最高裁判所 事務總局(2012), 221.
258) 執行官事務に関する協議要録(第4版), 最高裁判所 事務總局(2012), 40.

31. 집행목적물인 아파트 출입구에 전자개폐장치가 되어 있는 경우 이를 해제할 수 있는지

아파트 1층의 공동 출입구는 집합건물법상 공유부분으로서 전유자들의 공동점유 부분에 해당하므로, 집행관은 민사집행법 제5조 제1항에 따라 강제개문 하는 것이 가능하다.[259] 다만 관리인 등을 설득하여 임의로 열도록 하는 등으로 구체적인 경우에 따라 신중하게 대처할 필요가 있다.

32. 부합물, 종물이 문제되는 경우

(1) 인도집행의 목적물인 건물에 증개축이 된 경우로서 ① 건물에 부착하여 이에 부합된 경우나 ② 건물에 부합하지 않았지만 건물의 종물에 해당하는 경우, 집행관은 그대로 건물과 함께 채권자에에 인도하면 충분하다. 집행권원이 성립한 후에 증개축된 경우도 마찬가지이다.[260] ③ 목적 건물에 부합되지도 않고, 종물에도 해당하지 않는 경우에는 목적외 동산으로서 채무자 등에게 인도하여야 한다.[261]

(2) 채무자 겸 소유자 갑이 건물을 신축하여 운영하다가 경매개시결정 후 을에게 이를 임대하였는데, 이를 경락받은 병이 인도명령에 따른 집행을 하려하자 정이 건물 신축 당시 네온싸인을 제작설치하였음을 이유로 네온싸인을 떼어 달라고 요구하는 경우, 네온싸인 간판은 주물의 상용에 공하는 물건으로서 건물과 함께 경락인에게 인도되어야 할 대상이고, 현장의 상황상 임차인이 점유하고 있어 유치권자가 적법하게 점유하고 있음을 인정하기 어려우며, 경매개시 결정 후에 유치권자가 점유한 경우 경락인에게 대항할 수 없으므로, 건물과 함께 인도되어야 한다.[262]

(3) 집행대상 건물인 브록조 와가 단층주택 69.42㎡ 양 옆으로 브록조 스레이트 지붕 단층 부속건물 약 40㎡가 존재하고 있는데, 집행목적물은 식당으로, 왼쪽 부속건물은 주방과 식당의 일부로, 우측 부속건물은 창고로 각 사용되고 있는 경우, 부속건물들은 주방과 창고의 용도로 사용되는 건물로 집행대상 목적물인 식당건물의 상용에 제공되는 물건이므로, 부합물이나 종물로 보고 함께 인도집행하여도 문제가 없을 것이다.[263]

---

259) 執行官事務に関する協議要録(第4版), 最高裁判所 事務總局(2012), 158.
260) 大阪地裁執行實務研究會 編, 不動産明渡·引渡事件の實務, 新日本法規(2010), 431.
261) 執行官事務に関する協議要録(第4版), 最高裁判所 事務總局(2012), 224.
262) 집행관연찬집 2018, 법원공무원교육원(2019), 37.
263) 집행관연찬집 2018, 법원공무원교육원(2019), 38.

(4) 주상복합건물 신축을 위하여 설치된 600여톤의 철강지지대에 대하여 토지인도명령에 기하여 별도의 철거권원 없이 집행이 가능한지.

주상복합아파트 신축공사가 기초공사 단계에서 중단된 상태로 그 토지가 경매절차로 매각되어 인도명령이 발령되었는데, 지하흙막이 공사를 위하여 설치되어 있는 600여톤의 지지대 및 버팀보로 설치된 철강재(H빔), 지하바닥 콘크리트 기초공사, 지하바닥 다지기 콘크리트 및 벽체 흙막이 토류판 설치공사만 완료된 상태인 경우, 기초공사에 사용된 철강재 철거를 위하여 별도의 집행권원이 필요한가.

건물의 신축공사를 한 수급인이 그 건물을 점유하고 있고 또 그 건물에 관하여 생긴 공사금 채권이 있다면, 수급인은 그 채권을 변제받을 때까지 건물을 유치할 권리가 있지만,[264] 건물의 신축공사를 도급받은 수급인이 사회통념상 독립한 건물이라고 볼 수 없는 정착물을 토지에 설치한 상태에서 공사가 중단된 경우에 위 정착물은 토지의 부합물에 불과하여 이러한 정착물에 대하여 유치권을 행사할 수 없는 것이고, 또한 공사중단시까지 발생한 공사금 채권은 토지에 관하여 생긴 것이 아니므로 위 공사금 채권에 기하여 토지에 대하여 유치권을 행사할 수도 없는 것인바, 공사의 진척정도(독립한 건물로서 평가할 수 있는지 여부), 철강재(H빔)의 기능과 분리가능성, 분리 후 동일한 가치가 유지될 수 있는지, 분리의 용이성 및 분리에 소요되는 비용의 정보, 분리에 따른 기존 공사현장에서의 토사유출 가능성, 인접 건물 등 공작물 및 도로의 훼손가능성을 감안하여 보면, 철강재(H빔)은 인도목적 토지에 부합되었다고 봄이 상당하므로 인도명령에 기하여 현재의 상태대로 인도명령을 집행하는 것이 가능하다고 생각된다.[265] 다만 공사의 규모 등을 보아 공사를 위하여 많은 비용이 소요되어 일방적인 집행을 하는 경우 시공사 등이 반발한 우려가 있으므로, 부동산경매절차에서 당시 위와 같은 구조물들이 토지 평가에 반영되어 있는지 여부를 확인한 후, 일단 민법 제256조 후단 사유로 집행실시를 거부하고 채권자로 하여금 집행에 관한 이의(민집 제16조)절차를 거치도록 하는 것도 고려하여 볼만하다.

(5) 채무자가 양만장이 소재하는 부동산과 양만장의 수조장비 일체에 대하여 공장저당을 설정하여 공장저당 등기를 경료한 후 수조장비의 부대장비를 새로운 부품으로 교체하여 사용하고 있는 경우, 교체된 부대장비는 수조의 종물이고, 수조는 공장저당의 목적물이어서 공장저당의 효력이 교체된 부대장비에도 미친다.[266]

---

264) 대법원 1995. 9. 15. 선고 95다16202, 16219 판결 등.
265) 집행관업무자료집(Ⅴ), 전국법원집행관연합회(2017), 350.
266) 집행관연찬집 2018, 법원공무원교육원(2019), 295.

(6) 인도집행 대상 토지 위에 수백 톤의 제련하고 남은 찌꺼기(鑛滓)가 적치되어 있는 경우, 토지인도 집행을 위하여 광물찌거기에 관한 별도의 집형권원이 필요하다는 견해가 있으나,[267] 광재를 토지의 부합물이라고 보기 어렵다면 별도의 집행권원을 요구할 것은 아니라고 본다. 경제성이 있다면 목적외 동산으로서 법원의 허가를 받아 매각하면 되고(민집 제258조 제6항), 경제성이 없다면 폐기처분을 하고 그 비용을 채권자가 채무자에게 추심하면 될 것이기 때문이다. 다만 광재로서 토지에 붙어 있는 것이라면 광업권을 취득한 자의 배타적인 지배권이 미치는 미채굴 광물로서 별도의 집행대상 재산이 되고(광업법 제3조 제1호), 인도대상 토지의 부합굴에 해당하지 않는다.[268]

33. 토지인도 집행과 지상 정원수 등의 처리

가. 토지인도 등 강제집행에서 채무자 소유 정원수의 취급

토지인도 등 강제집행에서 채무자 소유의 정원수는 목적외 동산에 해당하는가.

정원수 등 수목은 통상 토지의 구성부분이라고 해석되므로 집행권원상 인도 등의 목적물로 명시되어 있지 않더라도 토지와 함께 채권자에게 인도하면 된다. 다만, 가식 중의 수목 등으로서 독립한 동산에 해당하는 경우에는 목적외 동산으로 취급하면 된다(민집 제258조 제6항).[269]

나. 토지인도 집행과 지상 식재물의 처리

토지인도 집행사건에서 목적 토지 지상에 채무자 소유의 20~30cm 가량의 소나무 묘목 2,000주가 식재되어 있는 경우 어떻게 처리하여야 하는지 문제되는바, 정착물의 수거를 명하는 내용이 없는 집행권원에 기한 토지 인도 집행에서 그 지상에 수목이나 묘목 등 정착물이 있는 경우, 집행관은 목적물인 토지와 위 수목 등 정착물을 누가 관리하고 있는지를 조사, 확인하여 채무자가 이를 점유 관리하고 있다고 인정되는 이상, 위 수목 등을 목적물인 토지의 부합물(민법 제256조 본문)로 보아 현상 그대로의 토지를 채권자에게 인도하면 된다. 집행관이 그 정착물의 소유권의 귀속이나 토지에 대한 점유권원 등 실체상의 권리관계를 판단하는 것은 이론상 의미 없는 일이

---

267) 집행관업무자료집(Ⅴ), 법원공무원교육원(2017), 361.
268) 전주지방법원 2012. 11. 21. 선고 2011가단37744 판결.
269) 執行官事務に関する協議要録(第4版), 最高裁判所 事務總局(2012), 224. 執行官提要(第5版), 最高裁判所 事務總局(2009), 133-134도 참조.

다. 토지인도 강제집행은 채무자가 토지에 대하여 가지는 직접 지배를 채권자에게 취득시키는 것을 내용으로 하는 것이기 때문에 채권자에게 위 수목 등이 부착한 그대로 토지를 인도하더라도 채권자와 채무자 사이의 법률상 권리관계의 귀속에 변경을 가져오는 것은 전혀 아니고, 나중에 토지소유자와 위 수목 등을 기르고 관리한 사람(여기서는 채무자) 사이의 실체법상의 권리관계의 문제로 해결될 것이다(민법 제256조, 제260조, 제261조). 그러나 당사자로서는 실체상의 문제의 해결을 인도집행 후로 미루는 것이 반드시 바람직한 것은 아니다. 여기에서 실무상으로는 채권자가 위 수목 등을 제거한 다음 토지를 인도하여 줄 것을 요청하는 경우에는 위 수목 등의 처리에 관하여 당사자 사이에 논의를 하도록 촉구하는 것이 바람직하다. 협의가 성립되지 않았음에도 채권자가 위 수목 등이 부착된 채로 토지를 인도받기를 거절하는 경우, 수거를 명하는 집행권원이 추가로 필요함을 설명하여 토지인도 사건을 일단 취하할 것을 권고하고, 채권자가 이에 응하지 않은 때에는 집행불능으로 처리하면 된다.

묘목이 가식상태여서 이식의 방법으로 제거하는 것이 가능한 경우, 토지의 정착물이라고 할 수 없으므로, 목적외 동산으로 보고 처리하면 된다.[270)]

34. 채권자가 토지인도 집행이 완료되었다는 취지를 게시하여 줄 것을 요청하는 경우

토지인도 강제집행이 종료되는 시점에 채권자가 그 취지를 토지의 적당한 곳에 공고하여 줄 것을 요청하는 경우가 있는데, 이 경우 집행관이 채권자의 요청에 따른 조치를 취하는 것이 적절한지, 한다면 어느 정도의 표시가 허용되는가.

인도집행은 채권자에게 점유를 취득시키는 것에 의하여 종료하는 것이고, 집행관이 위와 같은 조치를 할 권한도 없으므로, 만약 필요하다면 채권자 자신이 하도록 하여야 한다.[271)]

35. 목적외 동산이 있는 경우 인도집행 종료시점

토지 등 인도집행에서 인도 집행 후 민사집행법 제258조 제6항에 따라 목적외 동산을 현금화하여 공탁한 경우 인도집행 사건의 종료시점은, 목적외 동산을 매각하여 이를 공탁한 때에 종료된다는 견해가 있으나, 목적외 동산 매각절차는 부동산인도집행의 부수절차에 불과하므로 부동산인도집행 자체의 종료시점은 당해 부동산의 점

---

270) 執行官事務に関する協議要録(第4版), 最高裁判所 事務總局(2012), 233-234.
271) 執行官事務に関する協議要録(第4版), 最高裁判所 事務總局(2012), 243.

유를 채권자에게 이전시킨 시점이라 할 것이다.[272] 이는 실무상 집행정지가 가능한 시한 및 범위와 관련이 되어 있다.

36. 점유이전금지가처분 집행 후 건물인도 집행의 가부

토지인도 집행의 집행권원에 기하여 강제집행을 개시하여 일단 채무자에게 기한을 정하여 임의인도를 최고한 상태에서 다른 채권자로부터 점유이전금지가처분 집행 신청이 있어 그 가처분을 먼저 집행한 경우 집행관은 선행 인도청구사건을 어떻게 처리하여야 하는가.

2개의 집행이 저촉하는 경우 그 우열은 선착순에 의한다. 먼저 접수한 토지인도 집행에 관하여 임의이행을 최고하는 단계이지만, 강제집행을 이미 개시한 이상 아직 집행에 착수하지 않았다고 할 수는 없다. 따라서 집행관은 선착주의에 따라 먼저 착수한 인도집행 사건에 따른 집행에 착수하여야 할 것이다.[273]

272) 執行官事務に関する協議要錄(第4版), 最高裁判所 事務總局(2012), 244-245.
273) 執行官事務に関する協議要錄(第4版), 最高裁判所 事務總局(2012), 245.

제5장 건물철거 집행

제5장 건물철거 집행

Ⅰ. 개요

토지소유자의 건물소유자에 대한 건물철거, 토지인도를 명하는 집행권원에 기한 강제집행 중 건물철거 부분은 대체집행의 절차에 의한다(민집 제260조 제1항). 이 경우 채권자는 채권자의 위 행위에 필요한 비용을 미리 지급할 것을 채무자에게 명하는 결정을 신청할 수 있다(제260조 제2항 본문).

Ⅱ. 수권결정

1. 수권결정의 의의

대체집행을 규정하고 있는 민사집행법 제260조 제1항과 민법 제389조 제2항 후단, 제3항에 의하면, 법원은 채권자로 하여금 채무자의 비용으로 제3자에게 채무자의 일신에 전속하지 아니하는 작위채무(철거의무)를 이행하게 하도록 할 수 있는데, 이와 같이 대체집행의 권한을 채권자에게 부여하는 결정을 수권결정이라고 한다.

2. 신청과 관할

가. 신청

1) 신청방법

수권결정의 신청은 서면으로 하여야 하며(민집 제4조), 여기에는 2,000원의 인지를 붙여야 한다(민사소송 등 인지법 제9조 제3항 제1호). 신청은 민사집행사건으로 접수한다(재민 91-1). 신청서의 기재방식에는 특별한 제한이 없다. 그러나 신청서에는 신청에서 구하는 작위와 집행권원에 표시된 작위가 일치하는지 여부 등의 판단을 위하여 신청에서 구하는 작위가 특정적으로 명시되어 있어야 한다. 집행권원에 작위가 특정되어 있어도 신청에서 구하는 작위와 집행권원에 명시되어 있는 작위가 일치하는지의 여부를 판단하기 위한 것이다.

2) 신청의 시기

신청의 시기는, 일반적인 집행권원의 경우에는 소멸시효 완성 전이기만 하면 언제든지 신청이 가능하지만, 집행권원이 가처분의 재판일 때에는 채권자에게 재판을 고지하거나 송달한 날부터 2주를 넘긴 때에는 집행을 할 수 없으므로(민집 제292조 제2항, 제301조) 그 기간이 지난 신청은 배척하여야 한다. 다만, 가처분에서 명하는 작위채무가 일정 기간 계속되는 경우 채무자가 성실하게 그 작위채무를 이행하는 기간 동안은 위 집행기간이 진행되지 않고, 작위채무의 불이행으로 인하여 간접강제가 필요한 것으로 인정되는 때로부터 위 2주의 집행기간이 기산된다는 대법원 2001. 1. 29.자 99마6107 결정 등이 있는바,[1] 이는 간접강제에 관한 것이기는 하나, 대체집행에서도 같이 해석할 수 있을 것이다.[2]

3) 신청서류의 심사

신청이 있으면 신청서와 첨부서류에 기한 서면심사를 통하여 집행당사자, 집행권원, 관할, 채무 및 대체집행의 내용 등을 조사하여, 신청에 흠이 있는 경우 보정할 수 없는 것이면 신청을 기각하거나 각하하고, 보정이 가능한 것이면 보정을 명하여 이에 불응하면 신청을 배척한다.

나. 관할

1) 관할법원

대체집행의 관할기관은 법원이고 집행관이 아니다. 관할법원은 제1심 법원 즉, 집행에 의하여 실현될 청구권의 존부를 확정하고 집행권원을 형성하는 절차에 관하여 관할이 있거나 또는 그러한 소송이 계속하여 있거나 전에 계속하였던 제1심 법원의 전속관할에 속한다(민집 제260조 제1항, 제21조). 따라서 확정판결, 가집행선고부 판결, 소송상 화해, 확정된 집행판결 있는 외국법원의 판결 등과 같이 소의 제기로 인한 집행권원의 경우에는 제1심 수소법원이 관할법원이 된다. 이와 같이 제1심 법원을 전속관할로 한 것은 채무인 작위의 내용에 관하여 상세히 알고 있고, 수권결정을 할 때 적절한 판단을 할 수 있으며, 또한 제1심 법원에 참고될 소송기록이 보존되어 있기 때문이다.

가집행선고부 판결이 집행권원인 경우 사건이 상소심에 계속 중이거나, 청구의 인낙조서, 소송상 화해조서, 확정된 화해권고결정, 조정조서와 조정에 갈음하는 결정이 집행권원인 경우 인낙, 조정, 화해 등이 상소심에서 이루어졌다고 하더라도 제1심

---

1) 대법원 2008. 12. 24.자 2008마1608 결정, 대법원 2010. 12. 30.자 2010마985 결정.
2) 기타집행재판실무편람, 기타집행재판실무편람 편집위원회(2007), 78.

법원이 관할법원이 된다.

집행권원이 제소전화해조서와 조정조서인 경우에는 그 조서를 작성한 법원이 관할법원이 되며(민소 제385조 제1항, 민사조정법 제3조), 다만 이들 조서나 인낙조서 소송상 화해조서를 작성한 법원이 시·군법원인 경우에는 그 시·군법원이 있는 곳을 관할하는 지방법원 또는 지방법원지원이 관할법원이 된다(민집 제22조 제3호). 인낙조서나 소송상 화해조서가 집행권원인 경우 그 인낙이나 화해가 상소심에서 이루어졌더라도 제1심 수소법원이 관할법원이 된다.[3)]

작위를 명하는 가처분이 집행권원인 경우에는 그 관할법원에 관하여 견해가 나뉜다. 즉, 가처분신청사건에 관하여 제1심으로서 재판을 한 법원이 관할하지만 본안이 항소심 계속 중 항소심에서 가처분명령을 한 경우에는 본안의 제1심 법원이 관할한다는 견해,[4)] 가처분명령을 한 법원이 아니라 본안의 제1심 법원이 관할하지만 예외적으로 급박한 경우에는 가처분명령을 한 법원이 관할한다는 견해,[5)] 가처분명령을 한 법원이 관할한다는 견해가 있다.[6)]

실무상 대부분의 법원에서 대체집행의 사물관할은, 합의부에서 형성된 집행권원에 대하여는 합의부가, 단독 재판부에서 형성된 집행권원에 대하여는 단독판사가 각 담당하는 것으로 사무분담을 정하고 있으나, 대체집행의 관할은 제1심 법원에 그 직분 관할이 있을 뿐 따로 토지관할이나 사물관할이 문제될 여지가 없고, 따라서 합의부에서 형성된 집행권원에 대해서도 당해 법원의 단독판사가 그 대체집행 사건을 처리할 수 있다는 견해도 있다.

2) 관할위반 시의 조치

신청을 받은 법원이 심리한 결과 관할이 없음이 판명되면 관할법원으로 이송하여야 하지만, 실무상으로는 인지액이 크지 않은 점과 이송에 걸리는 시간을 고려하여, 취하 후 관할법원에 새로 신청할 것을 권유하기도 한다. 이송결정에 대하여는 즉시항고가 허용되므로(민소법 제39조), 이송결정을 한 즉시 기록을 송부할 것이 아니

---

3) 박해성, “작위·부작위 채권의 강제집행”, 재판자료(36), 법원행정처(1987), 618; 법원실무제요 민사집행[Ⅲ], 법원행정처(2014), 572.

4) 박해성, “작위·부작위 채권의 강제집행”, 재판자료(36), 법원행정처(1987), 618; 제4판 주석 민사집행법(Ⅵ), 한국사법행정학회(2018), 60.

5) 注解 民事執行法(5), 第一法規(1986), 74; 注釋 民事執行法(7), 金融財政事情研究會(1989), 254.

6) 深擇利一/園部厚, 民事執行の實務(下), 新日本法規(2007), 810; 注解 民事保全法 上卷, 青林書院(1996), 33 등.

라 결정 송달 후 즉시항고 기간이 경과한 다음 이송절차를 진행한다.

3. 당사자

집행채권자나 집행채무자가 집행권원에 표시된 채권자, 채무자와 일치하는지의 여부를 확인한다. 당사자의 호칭은 실무상 종전에는 '채권자, 채무자', '신청인, 피신청인', 또는 '채권자(신청인), 채무자(피신청인)' 등을 혼용하였으나 현재는 대부분 조문상의 호칭인 '채권자, 채무자'로 부르고 있다.

당사자능력과 소송능력이 필요함은 다른 사건의 경우와 같다. 따라서 예컨대, 채권자가 소송무능력자인 경우에는 법정대리인을 표시하도록 하고(미성년자가 포함된 가족들이 신청하면서 미성년자에 대하여 법정대리인을 표시하지 않고 신청하는 경우가 종종 있다), 채무자가 소송무능력자인 경우에도 심문(민집 제262조) 등 적극적인 소송행위의 필요가 있어 소송능력이 필요하므로, 반드시 그 법정대리인을 표시하도록 하고, 법정대리인이 없으면 특별대리인을 선임하게 한다(민집 제23조 제1항, 민소 제62조 제1항).

신청 전에 당사자의 승계가 있는 경우에는 승계인만이 채권자 또는 채무자가 될 수 있고, 한편, 집행권원의 성립 후 당사자의 변동이 생긴 때에는 승계집행문을 부여받아야 하므로(민집 제31조 제1항) 신청 전에 집행권원에 표시된 당사자의 변동이 있는 경우에는 승계집행문 부여 여부와 승계인의 일치 여부 등을 확인한다. 참고로 건물철거를 명하는 판결이 있은 후 피고로부터 그 건물의 소유권과 토지의 점유를 넘겨받은 자는 비록 소송물인 의무 자체를 승계한 것은 아니나, 계쟁물에 관한 당사자의 승계인이다(민소 제218조 제1항).[7)]

소송대리인은 변호사만이 될 수 있으나(민소 제87조, 민집 제23조 제1항), 단독판사의 사건은 민사소송법 제88조에 의한 비변호사 대리가 가능하며, 대체집행의 경우 고액 단독사건에 대한 소송대리허가 제외규정(민소규 제15조 제1항, 제4항)은 준용되지 않고 항상 허가에 의한 대리가 가능하다고 할 것이다(소송대리허가 제외 대상사건을 규정한 위 규칙 조항과 민사 및 가사소송의 사물관할에 관한 규칙 제4조에 의하면 집행사건은 소송대리허가 제외대상에 포함되어 있지 않다). 소송대리인이 있는 경우 그 위임장을 확인할 것이나, 판결절차의 각 심급의 소송대리인은 그 판결에 기한 집행에 관하여 별도의 위임을 받지 않고 강제집행의 대리를 할 수 있으므로(민

7) 대법원 1991. 3. 27. 선고 91다650, 667 판결.

소 제90조 제1항), 집행권원인 판결의 표시 등에 의하여 소송대리권이 확인된다면 따로 위임장을 제출하도록 할 필요가 없다.

법무사는 집행신청서 작성과 그 제출의 대행이 가능하므로 법무사가 신청서를 제출한 경우에는 그 위임장을 확인하도록 한다.

4. 집행권원과 집행문

가. 집행권원

아래 열거한 것들이 대체집행의 집행권원이 될 수 있는바, 집행권원은 정본이 제출되었는지 확인하고(민집 제28조 제1항, 제57조), 가집행선고가 없는 판결 등 확정을 요하는 집행권원의 경우에는 확정증명서를 확인한다. 점유자가 철거의무자일 때에는 건물철거 의무에 퇴거의무도 포함되어 있다고 할 수 있으므로 별도로 퇴거를 명하는 집행권원을 필요로 하지 않는다.

1) 판결

확정된 종국판결(민집 제24조), 가집행선고가 있는 종국판결(민집 제24조), 외국법원의 판결에 대한 집행판결(민집 제26조), 중재판정에 대한 집행판결(중재법 제37조 제1항) 등.

2) 소송상 화해조서, 제소전 화해조서, 청구의 인낙조서(민집 제56조 제5호)

3) 확정된 화해권고결정(민소 제231조)

4) 가처분명령(민집 제301조, 제291조)

가처분명령은 그 집행력이 명령의 성립과 동시에 발생하므르 명령의 확정을 기다릴 필요가 없다. 가처분명령의 주문에 대체집행을 명하는 집행명령을 부기하여 발부할 수 있는가에 관하여는 논의가 있으나(가령 가처분으로 건물의 철거를 명함과 동시에 채무자가 철거하지 아니하는 경우 채권자가 채무자의 비용으로 철거할 수 있다고 하든지 또는 건축금지의 부작위를 명하면서 동시에 채무자가 그 의무에 위반하여 건물을 축조한 경우 채권자가 채무자의 비용으로 축조한 건물을 철거할 수 있다는 등), 가처분에 대체집행을 명하는 집행명령이 부기된 경우에는 별도의 수권결정을 받을 필요가 없다고 할 것이므로, 집행명령이 부기된 가처분명령에 의한 신청이 있는 경우에는 신청의 이익이 없는 것으로서 각하한다.

5) 조정조서 및 확정된 조정에 갈음하는 결정(민사조정법 제29조, 제30조, 제

34조 제4항)

6) 가사소송법에 의한 심판(가사소송법 제41조), 조정조서 및 확정된 조정에 갈음하는 결정(같은 법 제59조 제2항)

나. 집행문

원칙적으로 집행권원에는 집행문이 부여되어야 하므로 이를 확인한다. 가처분 재판에는 집행문을 부여받을 필요가 없지만 가처분 재판이 있은 뒤에 당사자의 승계가 이루어진 경우에는 승계집행문을 덧붙여야 한다(민집 제301조, 제292조 제1항).

5. 강제집행개시의 요건

수권결정을 하는 것은 강제집행의 개시이므로 집행개시의 요건이 갖추어져 있어야 한다. 그러나 집행개시의 요건이 신청시에 모두 구비되어 있을 필요는 없고 수권결정의 발부시까지 구비되면 족하다.

가. 집행권원의 송달

집행권원이 송달되어야 한다(민집 제39조 제1항). 집행관이 집행기관인 경우에는 집행권원을 집행관이 지참하여 집행과 동시에 송달하는 경우도 있으나, 법원이 집행기관인 경우에는 이와 같은 동시송달이 있을 수 없고 반드시 수권결정 전에 미리 송달되어 있어야 하므로 집행권원의 송달증명서를 확인한다. 다만, 가처분명령이 집행권원인 경우에는 가처분명령의 송달은 집행개시요건이 아니다(민집 제301조, 제292조 제3항).

집행이 채권자의 담보제공 이외의 조건에 달린 경우나 집행권원에 표시된 자 이외의 사람을 위하여 또는 그자에 대하여 집행문을 부여하는 경우에는, 집행문 및 조건의 이행사실 또는 승계사실을 증명하는 증명서의 등본을 송달하여야 한다(민집 제30조 제2항, 제31조 제1항. 다만, 승계가 법원에 명백하여 민사집행법 제31조 제2항에 의하여 집행문에 이를 기재한 경우에는 송달이 필요 없다). 그 송달도 집행권원과 마찬가지로 항상 수권결정 전에 미리 되어 있어야 한다.

나. 이행기의 도래

채무의 이행기가 도래하여야 한다(민집 제40조 제1항). 이행기의 도래가 집행개시요건임은 주는 채무의 경우와 마찬가지이다. 이행의 목적인 작위가 1회로 종료하는 채무 예컨대, 건물의 철거와 같은 채무는 그 작위는 1회적이라 하더라도 이행기가 도래한 후 추완이행이 가능하므로 그 이행을 강제할 수 있다.

다. 채무자의 채무불이행

채무자의 채무불이행이 수권결정의 요건인가에 관하여 학설상 다툼이 있으나,[8)] 판례는 그 내용이 되는 청구권 자체에 관한 불복사유나 집행권원의 당부를 다투는 사유들로서는 대체집행을 명하는 법원의 결정에 대한 항고이유로 삼을 수 없다고 하여,[9)] 채무자의 채무불이행은 수권결정의 요건이 아닌 것으로 보고 있다. 따라서 채무자는 청구이의의 소로 그 채무를 이행한 사실을 주장하여 다툴 수 있을 뿐이고, 이는 작위채무의 불이행의 경우뿐만 아니라 부작위채무의 불이행의 경우에도 마찬가지이다.

그러나 부작위채무 불이행으로 인한 위반결과가 발생한 경우에는 위반결과의 발생원인인 의무위반을 채권자가 주장·입증하여야 하므로 채무불이행이 심리대상이 된다. 채무불이행이 심리의 대상이 되는 경우 그 불이행이 집행권원 성립 후에 이루어진 것인지를 심리하여야 하는데, 집행권원의 성립시기에 관해서는 견해의 대립이 있다. 집행권원 성립 이전의 부작위채무 불이행으로 인한 위반결과의 제각(제거)에 대하여는 대체집행이 불가능하므로 별도로 소구할 필요가 있다.

라. 채무자의 작위권능, 사실상의 실시가능성

채무자가 당해 작위를 실시할 수 있는 실체법상의 권능을 가졌는가 또는 사실상의 실시 가능성이 있는가는 심사의 대상이 아니다. 그러므로 철거대상 건물이 채무자 소유가 아니라든지 그 건물을 채무자가 점유하지 않고 있다거나 또는 그 건물에 채무자 이외의 거주자가 있다는 등의 사유는 수권결정의 장애가 되지 않으므로 이에 관한 심리는 하지 않는다. 또한, 건물 일부의 철거의 경우 다른 부분의 붕괴 가능성이 있다든지 하는 기술적인 문제가 채무자 측에서 제기되는 경우가 종종 있으나 이 또한 별도로 심리할 필요가 없다.

마. 반대급부 등의 제공

그 밖에 집행이 채권자의 담보제공에 매인 때에는 담보제공의 증명서 제출 및 그 등본의 송달이 있어야 하고(민집 제40조 제2항. 다만, 이때에는 반드시 미리 송달되어 있을 필요까지는 없고 채권자의 신청에 따라 법원이 송달할 수 있다), 반대의무

---

8) 자세한 것은 제4판 주석 민사집행법(Ⅵ), 한국사법행정학회(2018), 64-65.

9) 대법원 1990. 12. 27.자 90마858 결정, 대법원 1992. 6. 24.자 92마214 결정.

의 이행 또는 이행의 제공을 하였다는 것을 증명하여야 한다(민집 제41조 제1항).

6. 심리

가. 채무와 대체집행 내용의 특정

집행권원에 표시되어 있는 채무의 내용을 집행권원의 해석에 의하여 명백히 한 다음, 작위채무의 경우에는 신청의 대상인 작위와의 동일성 및 작위의 특정 여부를 판정하고, 부작위채무의 경우에는 제각하여야 할 물건과 수권을 구하는 작위 내지 장래에 대한 적당한 처분의 내용이 구체적으로 특정되었는지를 확인하여 강제집행의 범위가 명백한지를 심리한다. 만약 그 범위가 명백하지 않은 경우에는 대체집행이 허용되지 않는다.

집행권원인 판결 등의 주문과 목록상의 기재가 일치하지 않는 경우도 있으므로, 이를 잘 살펴서 불일치가 있으면 판결 경정 등에 의하여 보완하도록 보정을 명한다.

목적물의 특정은, 집행권원 외에 등기사항증명서, 당사자 쌍방의 진술의 일치 등에 의하여야 한다.[10] 대체집행의 내용을 특정하기 위하여 집행법원이 감정인에게 사실조회를 하는 실무례가 일부 있기는 하지만,[11] 집행권원의 해석을 위하여 감정까지 필요로 할 정도라면 이러한 집행권원의 내용은 특정되었다고 할 수 없다.[12]

건물철거를 명할 때에는 그 부지가 특정되고 철거대상인 건물을 판명해 낼 수 있을 정도이면 될 것이고, 건물의 구조·면적 등을 세부적인 부분까지 일치할 필요는 없다. 그러나 같은 필지 내에 수 개의 같은 종류의 건물이 존재함에도 그 철거를 명하는 집행권원인 판결에서 대상인 건물의 위치와 태양을 명시함이 없이 평수만을 표시한 경우에는 목적건물이 특정되지 않으므로 대체집행이 허용되지 않는다.[13] 반면 건물의 증·개축에 의하여 실물과 집행권원 표시 사이에 구조, 면적 등에 일부 차이가 생겼으나 다른 자료에 의하여 동일성이 인정되면 수권결정을 할 수 있다.[14] 이 경우 수권결정에는 집행권원상의 건물이 아니라 현실의 건물을 표시하여야 한다.

작위의 내용은 집행권원 자체로부터 일의적으로 특정할 수 있는 것이어야 하지

---

10) 注解 民事執行法(5), 第一法規(1986), 75.
11) 서울지방법원 2003. 4. 11. 선고 2002가합20952 판결 참조.
12) 注解 民事執行法(5), 第一法規(1986), 75.
13) 대법원 1956. 12. 21.자 4289민재항63 결정
14) 注解 民事執行法(5), 第一法規(1986), 76; 深擇利一/園部厚, 民事執行の實務(下), 新日本法規(2007), 820.

만, 집행권원상 실무상 문제가 되는 표현이 흔히 있다. 예컨대, 판결 주문이나 화해 또는 조정조항에 "이 사건 토지상에 있는 건물 및 공작물 일체를 철거하고 이 사건 토지를 인도하라"와 같이 추상적인 문언이 사용되는 경우가 있다. 이러한 집행권원에 기하여 철거를 위한 수권결정을 할 수 있는지 여부에 관하여, 이와 같이 철거 대상 물건이 특정되지 않은 집행권원에 대하여는 집행력을 인정할 수 없으므로 수권결정이 허용되지 않는다는 견해도 있으나,[15] 집행권원의 해석을 통하여 집행권원에 인도하여야 할 토지가 명시되어 있는 이상 그 토지상에 있는 일체의 공작물을 철거하여 토지를 인도하여야 할 의무가 명시되어 있다고 보아 철거대상 목적물을 수권결정으로 특정할 수 있다고 보는 것이 타당하다.[16] 다만 집행권원이 화해조서나 조정조서인 경우에 철거하여야 할 공작물이 집행권원 성립 당시에 있었던 것에 한하는지, 성립한 후에 축조된 것도 포함되는지는 결국 그 합의조항의 해석에 의하여야 할 것인바,[17] 일반적으로 화해 또는 조정 성립 시에 인도하여야 할 토지가 특정되어 있고 그에 의하여 그 지상의 공작물도 특정할 수 있는 것이므로, 그 성립 시에 당해 토지상에 있던 일체의 공작물 철거를 약정한 것으로 보아야 할 것이나,[18] 사안에 따라서는 집행권원 성립 후에 축조된 공작물(집행토지상에 있는 일체의 공작물)의 철거를 미리 약정한 것으로 보아야 할 경우도 있다.[19] 따라서 만약 위 합의조항이 후자를 목적으로 하는 것이라면, 후일의 분쟁을 피하기 위하여 "○○○○. ○. ○. 이 사건 토지인도시 그 토지상에 있는 일체의 공작물을 철거하여 이 사건 토지를 인도한다"고 하는 등으로 명확히 기재하여야 하고, 이 경우에는 화해 또는 조정 성립 후 토지 인도시에 당해 토지상에 있는 모든 축조물의 철거에 관하여 집행력을 인정할 수 있을 것이다.[20] 또한 집행권원의 내용이 집행 당시의 모든 건물의 철거 등을 목적으로 하는 것이라면, 화해나 조정조서 등의 집행권원에 집행권원 성립 당시 현존하는 건물의 철거채무와 별도로 다른 건물의 건축금지채무(부작위채무)를 명시하고 그 금지를 위반하여 건

---

15) 기타집행재판실무편람, 기타집행재판실무편람 편집위원회(2007), 85.

16) 제4판 주석 민사집행법(Ⅵ), 한국사법행정학회(2018), 61; 注解 民事執行法(5), 第一法規(1986), 75.

17) 이 해석은 당사자의 의사표시에 관한 것이므로 일반 법률행위의 해석 기준이 적용되며, 따라서 거기에 사용된 문언에만 구애될 것이 아니라 다른 사정 내지 자료를 함께 고려하여야 한다[最判 1956. 3. 30.; 深擇利一/園部厚, 民事執行の實務(下), 新日本法規(2007), 819-820].

18) 札幌地決 1966. 8. 30.; 注解 民事執行法(5), 第一法規(1986), 75; 深擇利一/園部厚, 民事執行の實務(下), 新日本法規(2007), 819-820.

19) 深擇利一/園部厚, 民事執行の實務(下), 新日本法規(2007), 819.

20) 深擇利一/園部厚, 民事執行の實務(下), 新日本法規(2007), 818, 820.

축된 위반물의 제각(제거)에 관한 조항을 두는 방법이 보다 확실할 것이다.[21] 수권결정을 하는 단계에서는 철거, 수거하여야 할 건물, 공작물을 특정하여야 하므로, 수권결정에서 목적물이 특정되지 않은 경우 수권결정에 기하여 작위의 실시를 받은 집행관은 원칙적으로 집행을 거부할 수 있다고 할 것이다.[22]

수목 수거의무의 경우에도 집행권원이 특정 토지상의 수목 전부의 수거를 명하는 것이라면 대상 토지만 명시되어 있으면 되지만, 그렇지 않은 경우에는 수거를 요하는 수목의 수종, 경우에 따라서는 그루 수 정도까지 특정되어야 한다. 부작위채무의 대체집행에 있어서 장래에 대한 적당한 처분으로서 담의 설치를 구하는 경우에는 설치장소, 높이, 재질, 구조, 규모 등이 구체적으로 특정될 수 있어야 한다.

나. 채무자의 심문

수권결정을 함에 있어 반드시 변론을 열 필요는 없으나, 대체집행의 결과는 채무자에게 중대한 영향을 끼치게 되므로 법원은 수권결정을 함에 있어서 채무자를 필요적으로 심문하여야 한다(민집 제262조).[23] 다만, 신청을 각하하거나 기각할 경우에는 심문할 필요가 없다. 밀행성과 신속성이 요구되는 보전처분을 집행권원으로 하는 경우에도 마찬가지이다.

이때, 서면 또는 말로 채무자가 의견을 진술할 기회를 주면 충분하다고 할 것이고, 반드시 심문기일을 열어 채무자에게 기일통지를 하여야 하는 것은 아니다. 실무는 종래 원칙적으로 심문기일을 열어 채무자에게 말로 하는 진술의 기회를 주는 방법과 채무자에게 대체집행 신청서 사본을 첨부하여 10일 정도 답변기한을 주어 심문서를 보내어 답변을 받아 보고 특별한 내용이 있는 경우에 한하여 심문기일을 지정하는 방법이 병존하여 왔는데, 후자의 방법이 실무적으로는 편하다.

채무자에게 진술의 기회를 주면 족하고 반드시 채무자의 진술을 들어야 하는 것은 아니므로,[24] 채무자가 적법한 송달을 받고 심문기일에 불출석하거나 심문서를 송

---

21) 注解 民事執行法(5), 第一法規(1986), 75; 深擇利一/園部厚, 民事執行の實務(下), 新日本法規(2007), 818. 注釋 民事執行法(7), 金融財政事情研究會(1989), 187-188은 이 경우에 장래의 건축금지 등 부작위채무만을 명시하면 그 후 부작위채무를 위반하여 건축된 건물은 위반행위의 제거를 위한 수권결정을 받아 철거할 수 있다고 한다.

22) 執行官提要, 法曹會(2008), 326은 채무자의 이의가 없으면 포괄적인 표시만으로도 특정이 되었다고 해석할 수도 있을 것이나 실무에 있어서는 이와 같은 수권결정에 기한 집행신청이 있는 때에는 집행법원에 조회하여 그 취지를 확인하는 것이 타당하다고 한다.

23) 법원실무제요 민사집행[Ⅲ], 법원행정처(2014), 575.

24) 대법원 1977. 7. 8.자 77마211 결정.

달받고도 기한 내에 답변을 하지 않으면 곧바로 절차를 진행하여 수권결정을 할 수 있다. 그러나 심문절차를 거치지 않았다는 점은 수권결정에 대한 채무자의 즉시항고 사유가 된다.

심문을 위한 기일통지서의 송달 및 심문서의 송달은 가능한 한 현실적으로 이루어지도록 하는 것이 바람직하지만, 반드시 채무자의 현실적인 답변이나 진술이 필요한 것은 아니고, 진술의 기회만 주면 족하므로 공시송달을 하는 것도 가능하다. 채무자가 소송무능력자인 경우에는 법정대리인을 심문하여야 하고, 심문서의 송달도 법정대리인에게 한다.

심문서의 문안은 통상 아래와 같다.

위 당사자 사이의 ○○지방법원 2019가단1234호 건물철거 청구사건의 집행력 있는 판결정본에 기초하여, 채권자로부터 별지 기재와 같은 수권결정의 신청이 있으므로, 채무자는 의견이 있으면 이 서면이 도달한 날부터 10일 이내에 서면으로 의견을 진술하여 주시기 바랍니다.

채무자가 심문절차에서 채무를 이행하였다는 것 또는 부작위채무의 위반이 없었다는 것을 주장하여 신청의 기각을 구할 수 있는지에 대하여는 견해의 대립이 있다. 그러나 위에서 본 것과 같이 채무자의 채무불이행은 수권결정의 요건이 아니므로 원칙적으로 그와 같은 사유를 들어 신청의 기각을 구할 수는 없다.25) 그러나 채권자가 채무가 이행되었다는 것을 인정하거나 의무이행을 미루도록 승낙한 취지를 적은 문서는 민사집행법 제49조 제4호의 서류에 해당하므로 위 서류의 제출이 수권결정 발령 전이라면 수권결정을 발령할 수 없고, 수권결정을 위한 심리과정에 채무의 이행사실 또는 의무이행의 유예사실을 채권자가 인정한 때에도 위의 경우에 준하여 수권결정을 발령하지 않는 것으로 처리하여야 할 것이다.26) 실무상으로는 건물 일부분을 철거하는 경우 나머지 부분에 대한 붕괴의 위험이 있어 철거가 불가능하다고 주장하거나, 채권자의 청구가 권리의 남용 또는 신의칙 위배에 해당한다고 주장하는 경우가 종종 있으나, 이와 같은 주장은 사실상의 실시 가능성을 다투는 것이거나 집행권원인 확정판결의 기판력에 저촉되는 주장으로서 따로 심리할 필요가 없다.

신청서에 집행개시의 요건이 모두 구비되어 있음이 소명되어 있지 아니하거나

25) 법원실무제요 민사집행[Ⅲ], 법원행정처(2014), 576-577.
26) 注釋 民事執行法(7), 金融財政事情研究會(1989), 255.

신청서 자체에 보정할 내용이 있다면, 먼저 채권자에게 신청서를 보정시킨 다음 채무자에게 심문서를 보내거나 심문기일을 통지하는 것이 적절하다.

필요한 경우에는 채권자, 이해관계인, 참고인 등을 심문할 수도 있다(민집규 제2조).

7. 결정

가. 각하 또는 기각결정

대체집행 신청에 요건의 흠이 있어 부적법하면 각하하고, 이유가 없으면 기각한다. 개념상으로는 각하하는 경우와 기각하는 경우가 구분되지만, 그 구분의 실익이 크지 아니하므로 실무상으로는 이를 엄격히 구별하지 않은 채 혼용하고 있다.

기각 또는 각하의 대표적인 경우는 ① 집행권원 자체로 채무의 내용이 특정되지 아니하는 경우, ② 가집행선고부 판결에 기하여 대체집행 신청을 하였는데, 채무자가 항소를 제기하고 항소법원으로부터 집행정지명령을 받아 제1심 법원에 제출한 경우, ③ 확정판결에 기하여 대체집행 신청을 하였는데, 채무자가 청구이의의 소를 제기하여 그 본안법원에서 집행정지명령을 받아 제1심 법원에 제출한 경우 등이 있다.

나. 인용결정

대체집행 신청이 이유 있는 경우에는 수권결정을 한다(민집 제260조 제1항). 수권결정에는 작위채무의 경우에는 실시할 작위가, 부작위채무의 경우에는 위반결과의 제각을 위한 행위 내지 장래에 대한 적당한 처분이 특정적으로 명시되어야 한다.

수권결정에는 반드시 채무자에 갈음하여 작위를 실시할 자를 특정하여 지정할 필요는 없으나, 실무에서는 채무자의 거센 저항 문제 등에 대처하기 위한 현실적인 필요성 때문에 거의 예외 없이 집행관을 대체집행의 실시자로 지정하고 있다.

부작위채무에 있어서 위반결과의 제각을 위한 구체적 행위 내지 장래에 대한 적당한 처분은 채권자의 신청에 구속되므로 신청 범위 안에서 결정할 수 있을 뿐이다(반대설 있음).

[주문례]

채권자는 그가 위임하는 이 법원 소속 집행관으로 하여금 ○○시 ○○동 대 1,000㎡ 중 별지 도면 표시 ㄱ, ㄴ, ㄷ, ㄹ, ㄱ의 각 점을 이은 선 안의 (가)부분 지상에 건립된 목조 기와지붕 1층 주택 1동 50㎡를 채무자의 비용으로 철거하게 할 수 있다.

수권결정은 채권자의 신청에 따라 채무자의 비용으로 채무자 이외의 자로 하여금 집행권원의 의무내용인 일정한 작위를 실시할 수 있는 권능을 부여하는 것이므로, 수권결정에는 그 실시할 작위를 구체적으로 표시하고 집행대상물의 범위를 명확히 표시하여야 한다. 따라서 건물철거를 명하는 경우에는 철거하여야 할 건물 기타 공작물이 명확히 표시되어야 하므로, 집행권원에 "이 사건 토지상의 건물 기타 일체의 공작물을 철거하라"고 기재되어 있는 경우 집행법원은 채무자에 대한 심문 등을 통하여 철거대상물을 특정한 후에 철거명령(수거명령)을 하여야 한다. 집행권원에 기재된 목적물의 표시가 현황과 다른 경우 철거명령(수권결정)이 집행권원의 내용을 실질적으로 변경하지 않는 범위 내에서 그 표시를 현황에 부합하게 정정보완할 수 있다.[27]

다. 수권결정의 고지, 집행력 등

1) 수권결정의 고지

수권결정은 신청인인 채권자와 상대방인 채무자에게 고지하여야 한다(민집규 제7조 제1항 제2호. 따라서 반드시 송달할 필요는 없으나 실무상으로는 결정정본을 송달하는 방법으로 고지하고 있다). 수권결정은 이와 같은 고지에 의하여 효력이 생기므로(민소 제221조 제1항), 확정을 기다리지 않고 집행력이 발생한다.

2) 수권결정의 집행력

수권결정 자체는 집행권원이 아니므로, 별도의 집행문을 부여받을 필요가 없다. 또 집행문을 부여받을 수도 없으므로, 수권결정 후 채무자의 승계가 있으면 본래의 집행권원에 승계집행문을 부여받아 다시 수권결정을 받아야 한다. 수권결정 후 채권자의 승계가 있는 경우에도, 민사집행규칙 제23조에 의하여 채권자의 승계인이 승계집행문이 붙은 본래의 집행권원의 정본을 제출하여 자기를 위한 수권결정을 받아야 한다고 본다.

그러나 아래에서 보는 바와 같이 대체집행비용 선지급결정은 독립한 집행권원이 되므로 수권결정과 대체집행비용 선지급결정을 함께 하는 경우 대체집행비용 선지급결정 부분의 집행을 위해서는 따로 집행문을 받아야 한다. 또한, 부작위채무에 대한 적당한 처분으로서 담보제공명령이나 배상금지급명령을 할 수 있다고 한다면 그 명령은 금전집행을 위한 별도의 집행권원이 된다고 볼 것이므로 그 집행을 위한 집행문이 필요하다.

---

27) 제4판 주석 민사집행법(Ⅵ), 한국사법행정학회(2018), 68.

라. 수권결정에 대한 불복

즉시항고가 가능하다(민집 제260조 제3항). 그러나 수권결정은 집행권원의 내용인 실체상 청구권의 당부와 관계없이 일반의 집행요건과 대체집행요건을 심사하여 내리는 결정이므로, 이에 대한 항고는 단순히 그 집행방법으로서의 흠이 있음을 이유로 하는 경우에 한하는 것이고 실체상의 청구권 존부에 관한 주장이나 집행권원의 당부를 다투는 사유들은 적법한 항고이유가 될 수 없다.[28] 따라서 집행권원의 표시만으로는 철거부분을 명확히 알 수 없다는 주장은 집행권원의 집행력의 존부에 관한 것으로서 집행방법에 흠이 있다는 것이 아니므로 이를 즉시항고 사유로 삼을 수 없다.[29]

수권결정에 대하여 즉시항고가 있더라도 집행정지의 효력은 없으므로, 집행을 정지하기 위하여는 별도로 집행정지의 잠정처분이 필요하다(민집 제15조).

건물철거청구의 경우에는 집행권원에 토지인도청구가 병합되어 있는 경우가 많고 이와 같은 때에는 토지인도 집행을 위하여 당해 집행권원이 필요하므로 수권결정 후 통상 채권자로부터 집행권원의 환부신청이 들어오는데, 이때 채무자로부터 즉시항고가 있더라도 집행정지의 효력이 없으므로 집행권원 정본은 채권자에게 환부하고 항고심에는 사본을 편철하여 송부한다. 마찬가지로 기록 보존시에도 채권자의 신청이 있으면 집행권원을 환부하고 기록에는 사본을 편철한다.

Ⅲ. 대체집행의 실시(수권결정에 기한 작위의 실시)

1. 집행문의 불요

수권결정은 채권자에게 채무자를 대신하여 그 작위를 실시할 수 있는 권능을 부여함을 내용으로 하는 것으로서 수권결정 그 자체가 집행권원이 되는 것은 아니다. 따라서 수권결정에 대해서는 별도의 집행문을 부여받을 필요가 없다.[30] 그러나 수권결정이 있은 후에 채무자의 승계가 있는 때에는 본래의 집행권원에 대하여 승계집행문을 부여받은 후 다시 승계인에 대하여 수권결정을 부여받아야 한다.[31] 채권자의

28) 대법원 1971. 6. 8.자 71마399 결정, 대법원 1992. 6. 24.자 92마214 결정.
29) 서울고등법원 1996. 11. 18.자 96라238 결정.
30) 제4판 주석 민사집행법(Ⅵ), 한국사법행정학회(2018), 69.
31) 박해성, "작위·부작위 채권의 강제집행", 재판자료(36), 법원행정처(1987), 623; 법원실무제요 민사집행[Ⅲ], 법원행정처(2014), 579.

승계가 있는 경우에도 마찬가지이다.[32]

2. 실시의 시기

수권결정의 실시시기에 관하여는 특별한 제한이 없다. 따라서 본래의 집행권원 또는 그 기초가 된 채권이 시효 등으로 소멸하기 전까지는 그 실시가 가능하다.

3. 실시자

가. 실시자의 결정

수권결정에 실시자의 지정이 있으면 채권자는 이에 구속되어 피지정자를 실시자로 하여야 한다.[33] 그러나 실시자가 지정되어 있더라도 지정된 실시자가 그 지명에 구속되는 것은 아니므로 채권자는 그와 교섭하여 동의를 얻어야 한다. 다만, 집행관이 실시자로 지정되어 있으면 채권자는 집행관에게 실시를 위임하여야 하고 집행관은 정당한 사유 없이 수임을 거부하지 못한다(집행관법 제6조 제4호).[34] 이 집행위임이 있어야 비로소 집행관은 작위를 실시할 수 있는 지위를 갖게 되고 수권결정의 발령에 의하여 곧바로 실시자로서의 지위를 취득하는 것이 아니다. 채권자 자신이 실시자로 지정된 경우에는 채권자 스스로 작위를 실시하여야 하지만 구체적 실시과정에 제3자를 보조자로 사용할 수 있다.

민법 제389조 제2항 후단의 법문("제3자")상으로는 실시자가 채권자 이외의 제3자에 한정되는 것처럼 보이기도 하지만, 이는 사실상 작위의무의 내용이 복잡, 전문적이고 통상 제3자에 의한 실시가 많다는 것을 고려한 것에 지나지 않으며, 채권자를 실시자로 하는 것을 금하는 것은 아니다.[35] 실무상 집행관을 작위 실시자로 지정하는 경우가 대부분인바, 이는 주로 채무자의 저항을 배제하기 위한 실제상의 필요 때문이다.

수권결정에 실시자의 지정이 없으면 채권자 스스로 작위를 행하거나 제3자로 하여금 실시하게 할 수 있다. 수권결정에서 실시자를 지정하지 않은 경우에 집행관에게 실시를 위임할 수 있느냐에 관하여 이를 긍정하는 견해도 있으나,[36] 수권결정에서

---

32) 제4판 주석 민사집행법(Ⅵ), 한국사법행정학회(2018), 70.
33) 대법원 1966. 1. 25. 선고 65다2318 판결.
34) 제4판 주석 민사집행법(Ⅵ), 한국사법행정학회(2018), 70.
35) 박해성, "작위·부작위 채권의 강제집행", 재판자료(36), 법원행정처(1987), 622, 주20.
36) 仙台高決 昭和 31(1956). 10. 29. (下民集 7卷 10號 3042項)

집행관을 실시자로 지정하고 있지 않은 이상 집행관이 사인의 입장에서 채권자와 사법상의 계약을 체결하는 것은 허용될 수 없다고 봄이 상당하고, 이 경우는 집행관의 직무에 해당하지 않으므로 집행관에게 그 실시를 위임할 수 없다고 할 것이다. 따라서 집행관이 실시자로 지정되지 않은 경우 집행실시의 신청이 있으면 집행관은 이를 각하한다.[37]

반면에 실시자를 지정하지 아니하거나 집행관 이외의 자를 실시자로 지정하는 경우는 이와 같은 문제가 있어 대체집행의 실시의 실효성을 확보하기 어려우므로, 실무에 있어서 실시자를 지정하지 아니하거나 집행관 이외의 자를 실시자로 지정하려고 하는 경우에는 그 특수성과 필요성에 대한 충분한 심리가 선행되어야 한다.

나. 실시자의 지위

수권결정의 본질은 채무자가 하여야 할 작위를 채권자가 실시할 수 있도록 허용하는 것이므로 작위실시자가 집행관이나 그 밖의 제3자로 지정된 경우에도 그 작위실시의 권능은 채권자의 권한으로부터 유래하는바, 이와 같은 작위실시자의 지위를 국가의 강제집행권을 행사하는 지위에 있다고 볼 것인지, 채권자의 위임을 받아 작위를 실시하는 사인의 지위에 있다고 볼 것인지는 국가배상법 제2조 적용 여부의 문제 외에 대체집행의 종료시기의 문제, 실시자의 행위자에 대한 집행이의의 가부 문제와도 관련된다. 이에 대해서는 견해가 나뉘고 있다.

제1설은 실시자를 집행공조기관으로 보는 견해이다.[38] 이 견해는 수권결정을 받은 사람은 실시자가 아니라 채권자이고 수권결정에서 실시자를 지정하였는지 여부를 불문하고 실시자에게 작위실시를 의뢰하는 것은 채권자이므로 수권결정에서 실시자를 지정한 경우에도 그 권한은 채권자로부터 유래하는 것이며 수권결정을 받은 채권자는 국가로부터 부분적으로 위양된 집행권한(강제집행권)을 행사하는 집행공조기관이고 그 위임 또는 신청을 받아 작위를 실시하는 제3자(사인)나 집행관도 국가의 공권력(강제집행권)을 행사하는 집행공조기관이라고 주장한다.

제2설은 실시자는 집행기관의 보조자 또는 그 대행자의 지위에 있다고 보는 견해이다.[39] 이 견해는 수권결정의 본질은 집행기관을 대신하여 국가의 공권력을 행사

---

37) 제4판 주석 민사집행법(Ⅵ), 한국사법행정학회(2018), 71.

38) 박해성, "작위·부작위 채권의 강제집행", 재판자료(36), 법원행정처(1987), 625; 법원실무제요 민사집행[Ⅲ], 법원행정처(2014), 580.

39) *注解 强制執行法*(4), 第一法規(1978), 138; 박해성, "작위·부작위 채권의 강제집행", 재판자료(36), 법원행정처(1987), 624.

하는 권한(대체권)을 채권자에게 부여함으로써 채권자를 집행기관의 보조기관(보조자)으로 삼는 것(따라서 “대체”는 채무자를 대신하는 것이 아니라 집행기관을 “대신”하는 것을 말한다)이므로 대체권을 부여받은 채권자는 “집행관 외의 사람으로서 법원의 명령에 의하여 민사집행에 관한 직무를 행하는 사람”(민집 제7조 제1항) 즉, 집행기관인 제1심 법원의 보조자로서 공권력을 행사하는 사람에 해당하고 그 공권력 행사를 위하여 실시자로 하여금 작위를 실시하게 하는 것이므로 실시자는 채권자에 대하여는 사법상 계약의 상대방 지위와 공권력 행사의 대행자 지위를 가지며 채무자나 그 밖의 제3자에 대하여는 집행기관의 보조자(채권자)의 대행자로서 공권력 행사자의 지위를 가지는 것이라고 주장한다.

제3설은 실시자는 집행기관의 공조기관도 보조기관도 아니며 단순히 사적인 행위를 하는 지위에 있다는 견해이다.[40] 이 견해는 수권결정의 본질은 채권자에 대하여 국가의 공권력(강제집행권)을 행사 또는 대행하는 것을 허가하는 것이 아니라 채무자의 작위실시권을 행사하는 것을 허가하는 것이고 실시자로서의 채권자는 자기의 이름으로 채무자가 하여야 할 작위를 실시하는 것으로서 채무자의 대리인도 집행공조기관이나 보조기관도 아니고 실시자가 제3자나 집행관인 경우에도 그가 당해 작위를 실시할 수 있는 권능은 도급계약 위임계약 또는 집행관에 대한 집행의임 등에 의하여 채권자의 대체실시권으로부터 유래하는 것이라고 주장한다.

제1설과 제2설은 대체집행에서 작위의 실시는 실시자가 누구이더라도 국가의 공권력으로서의 강제집행권을 실현하는 행위라고 보므로 실시자의 불법행위에 대해서는 국가배상법 제2조가 적용된다고 하고,[41] 대체집행절차의 종료시기는 작위의 실시가 완료된 때라고 한다.[42] 그러나 수권결정을 받은 채권자를 제1설에서는 국가의 강제

---

40) 注解 民事執行法(5), 第一法規(1985), 79-80; 注釋 民事執行法(7), 金融財政事情研究所(1989), 257-258.

41) 最判 1966. 9. 22.[민법 제414조(우리 민법 제389조 제2항), 구 민사소송법 제733조 제1항(우리 민사집행법 제260조 제1항)에 의한 수권결정에 기한 강제집행은 채무자가 하여야 할 작위의 내용을 대신하여 행하는 자가 채권자 자신이든 채권자가 위임한 제3자이든 혹은 채권자가 위임한 집행관이든 모두 채무자의 의사를 배제하고 국가의 강제집행권을 실현하는 행위이므로 국가의 공권력 행사라고 하여야 한다. 그리고 강제집행은 집행관이 실시하는 것이 원칙이므로(구 민사소송법 제531조, 우리 민사집행법 제2조), 본건의 경우와 같이 강제집행의 하나인 대체집행을 수권결정에 기하여 채권자가 집행관에게 위임한 때는 그 집행행위는 집행관의 직무내용에 속하는 것이라고 봄이 상당하다] ; 中野貞一郎, 民事執行法, 青林書院(2000), 675-676(제1설).

42) 中野貞一郎, 民事執行法, 青林書院(2000), 676(제1설); 박해성, “작위·부작위 채권의 강제집행”, 재판자료(36), 법원행정처(1987), 626-628; 법원실무제요 민사집행[Ⅲ], 법원행정처(2014), 580(이상 제2설).

집행권을 부여받아 행사하는 지위(그 의미에서는 집행기관에 준하는 지위)에 있다고 보는 반면, 제2설에서는 국가의 집행기관을 대신하여 행사하는 보조자의 지위에 있는 것에 불과하다고 보므로 채권자나 작위실시자의 행위를 제1설에서는 집행기관의 집행처분과 동일시하여 그에 대하여 집행에 관한 이의를 인정하는 반면,[43] 제2설은 집행기관의 집행처분이 아니라고 보아 그에 대하여 집행에 관한 이의를 인정할 수 없다고 한다.[44] 판례는 집행관의 철거집행 거부에 대하여 민사집행법 제16조의 집행에 관한 이의를 허용하였다.[45]

제3설은 작위의 실시는 공권력의 행사가 아니라 단순한 사적 행위에 불과하므로 실시자의 불법행위에 대하여 국가배상법 제2조가 적용될 수 없고 다만, 수권결정에서 집행관이 실시자로 지정된 경우 작위의 실시는 "법원의 명령에 따라 직무상 하여야 할 사무"(집행관법 제6조 제4호)에 해당하므로 집행관의 직무로 되며 집행관의 직무에 대하여는 공권력을 행사하는 공무원의 행위로서 국가배상법 제2조가 적용된다고 한다.[46] 또한 대체집행절차의 종료시기에 관하여도 집행의 종료시기의 문제와 대체집행절차에서 집행기관이 관여할 수 있는 절차의 한도 문제는 구별하여야 한다고 주장하면서 제1설 및 제2설과 견해를 같이 하고 있다.[47] 실시자의 절차법상 위반행위가 집행에 관한 이의의 대상이 되는지에 관하여는 제2설과 같이 이를 부정한다.[48]

우리나라에서는 제2설이 통설이라고 한다.[49]

---

43) 中野貞一郎, 民事執行法, 青林書院(2000), 675-676.
44) 박해성, "작위·부작위 채권의 강제집행", 재판자료(36), 법원행정처(1987), 626-628.
45) 대법원 2014. 6. 3.자 2013그336 결정.
46) 注解 民事執行法(5), 第一法規(1985), 80.
47) 注解 民事執行法(5), 第一法規(1985), 82-83.
48) 注解 民事執行法(5), 第一法規(1985), 80. 다만 이 견해는 집행관의 행위에 대하여는 일본 집행관법 제5조(신청에 의하여 처리하여야 할 사무에 대한 집행관의 처분 또는 그 해태에 대한 불복신청은 민사집행법에 특별한 정함이 있는 경우를 제외하고는 민사집행법상의 집행이의의 예에 의한다)에 의하여 집행이의에 준한 불복신청을 할 수 있다고 주장한다. 그러나 우리 집행관법에는 그에 해당하는 조문이 없으므로 우리의 경우에는 민사집행법 제16조에 의할 수밖에 없는데, 이 견해에 의하면 실시자는 집행기관이 아니고 그 행위를 독립한 집행행위로 볼 수 없다고 하므로 결국 이 견해에 의하더라도 민사집행법 제16조에 의한 집행이의는 할 수 없다고 보아야 할 것이다.
49) 제4판 주석 민사집행법(Ⅵ), 한국사법행정학회(2018), 73.

4. 실시

가. 집행관에 대한 신청절차

앞에서 본 바와 같이 실무에서는 대부분의 경우 수권결정에서 채권자가 위임하는 집행관을 실시자로 지정하고 있다. 집행관에 대한 신청은 신청인과 대리인을 표시하고 신청할 사항을 적은 서면으로 한다(민집 제4조). 대리인에 의한 신청의 경우에는 신청서에 대리권을 증명하는 서면을 붙여야 한다. 다만, 집행관에 의한 집행절차에서는 대리인의 자격에 제한이 없으므로 변호사 이외의 사람도 대리인이 될 수 있다.

수권결정에서 집행관을 실시자로 지정하지 않은 채 채권자에게 수권만을 주고 있는 경우에는, 채권자는 스스로 대체집행을 실시할 수도 있고, 제3자를 자기의 보조자로 삼아 구체적 작업을 하게 할 수도 있다.

수권결정에 정해진 작위의 실시를 집행관에게 신청하는 경우에 붙여야 할 서류는 ① 수권결정의 정본, ② 수권결정이 채무자에게 송달된 송달증명서, ③ 수권결정에 대하여 즉시항고가 없는 것을 증명하는 증명서나 확정증명서이다. 수권결정은 즉시 집행력이 생기고 결정의 송달도 집행개시의 요건이 아니므로 이론상 위 ②, ③은 불필요하지만 건물철거 등의 집행에 의하여 생기는 손해의 회복이 곤란한 경우가 많으므로 실무상 붙이도록 하는 것이 바람직하다.[50)]

한편 건물철거, 토지인도의 집행을 집행관에게 신청하는 경우 이 집행은 건물철거의 대체집행과 토지인도의 직접강제가 병존하여 있는 것이고, 직접강제에 대해서는 집행력 있는 집행권원 정본과 그 송달증명이 필요하므로, 이러한 집행의 경우에는 집행관에게 집행신청을 할 때 위에서 본 서류들 외에도 기본되는 집행력 있는 집행권원의 정본과 그 송달증명을 첨부서류로 제출하여야 한다.[51)]

나. 제3자의 동의, 행정청의 허가

수권결정은 채무자에 갈음하여 집행을 실시할 것을 허가하는 것이므로, 대체집행의 실시에 제3자의 동의 또는 행정청의 허가를 요하는 경우에 그러한 동의나 허가를 받지 않더라도 수권결정의 효력에는 영향이 미치지 않으나 이 경우 동의나 허가가 없

50) 제4판 주석 민사집행법(Ⅵ), 한국사법행정학회(2018), 74.
51) 법원실무제요 민사집행[Ⅲ], 법원행정처(2014), 581.

는 한 대체집행의 실시가 사실상 곤란할 것이다.[52]

이러한 동의 또는 허가는 집행법원이나 채무자 또는 대체집행 실시자가 구하여야 하는 것이 아니라 채권자가 구하여야 한다.[53] 행정청의 허가 등의 신청이 채무자에게 한정되어 있는 때에는 수권결정에 기하여 대체집행의 실시를 할 수 없다고 할 것이다.

다. 채무자의 수인의무

채권자에 대하여 수권을 준 반면에, 채무자는 실시를 방해할 수 없고, 이를 수인할 의무를 부담한다. 이 의무는 국가의 강제집행권의 발동, 즉 공권력 행사에 대한 공법상의 복종의무로서 대체집행권자나 실시자에 대한 사법상의 의무가 아니다.

다만, 수권결정이 있다고 하여 채무자 스스로의 실시권이 박탈당할 수는 없다고 해석되므로, 채무자는 수권결정의 실시 완료시까지 임의이행을 할 수 있다. 또 채무자의 임의이행 신청이 집행지연을 위하여 사용될 수도 있지만, 그 신청에 따라 당연히 수권결정의 실시가 방해된다고 할 수는 없다. 특히 작위실시에 상당한 준비와 기간을 요하는 경우 임의이행의 제안이 집행지연의 수단으로 악용될 수 있기 때문이다.[54]

채무자의 수인의무는 수권결정의 실시에 부수하는 집행법상의 수인의무이므로, 그 강제(저항배제)를 위해 집행권원을 필요로 하는 것은 아니고, 수권결정에 집행문을 요하는 것도 아니다.

라. 저항배제

작위실시자의 작위행위는 공권력의 행사이고 채무자는 작위의 실시를 수인할 의무가 있으므로 실시자가 집행관인 경우에는 그 직무집행을 위하여 채무자의 주거 등의 장소를 수색하거나 잠근 문을 여는 등 적절한 조치를 취할 수 있으며 채무자가 이를 거부하는 것은 작위의 실시에 대한 저항이므로, 작위내용의 범위에서 위력을 사용하여 이를 배제할 수 있고 경찰 또는 국군의 원조를 요청할 수 있다(민집 제5조).

실시자가 집행관 이외의 사인인 경우에는 채무자가 이러한 수인의무에 위반하여 수권결정의 실시를 방해하고 그에 저항할 때에는 채권자는 집행관에 대하여 원조를

52) 법원실무제요 민사집행[Ⅲ], 법원행정처(2014), 581.
53) 법원실무제요 민사집행[Ⅲ], 법원행정처(2014), 581.
54) 제4판 주석 민사집행법(Ⅵ), 한국사법행정학회(2018), 74-75.

구할 수 있고 그 원조요구를 받은 집행관은 채무자의 주거 등의 장소를 수색하거나 잠근 문을 여는 등의 조치를 취할 수 있으며 경찰 또는 국군의 원조를 요청할 수 있다(민집 제7조, 제5조).

다만 위의 각 경우에 국군의 원조는 집행법원에 신청하여야 한다(민집 제5조 제3항).

이러한 집행수인의무는 채무자에게 한정되고 제3자까지 집행수인의무를 부담하는 것은 아니므로 채권자가 저항을 배제할 수 있는 상대방도 채무자나 법정대리인 또는 그 보조자(가족 채무자로부터 의뢰를 받은 사람)에 한정된다.

이 경우 저항배제의 신청을 할 수 있는 사람은 채권자이고 작위실시자가 아니다. 따라서 채권자로부터 의뢰를 받은 작위실시자가 저항을 받으면 채권자에게 보고하여 채권자로 하여금 저항배제의 신청을 하도록 하여야 한다. 집행관 자신이 작위실시자로 지정된 경우에도 채권자의 신청을 기다려 저항을 배제하여야 한다는 견해도 있으나,[55] 굳이 채권자의 신청을 기다리지 않고 스스로의 판단에 의하여 저항을 배제할 수 있다고 보는 것이 타당하다.[56]

55) 注解 强制執行法(4), 第一法規(1978), 144.
56) 제4판 주석 민사집행법(Ⅵ), 한국사법행정학회(2018), 75.

서울중앙지방법원

부동산철거집행조서

사 건 *2020본000 (1부)*
채 권 자 *홍길동*
채 무 자 *변학도*
집 행 권 원 *서울중앙지방법원 2019가단000호*
집 행 일 시 *2020. 3. 12. 13:41*
집 행 장 소 *서울특별시 성동구 성수동 1가 100-10*

1. 위 집행권원에 의한 채권자의 위임에 의하여 집행장소에서 채무자 *변학도* 을(를) 만나 집행권원을 제시하고 그 정본 주문 표시의 부동산에 대하여 철거집행의 요지를 고지하고 임의로 이행할 것을 고지한 다음 채권자 *홍길동* 을(를) 참여시키고 집행목적물에 대한 채무자의 점유를 해제하고 집행관이 이를 점유하고 건물을 철거하여 채권자 *홍길동* 에게 인도하였다.

2. 이 절차는 같은 날 *14:00*에 종료하였다.

이 조서는 현장에서 작성하여 집행참여자에게 읽어 준(보여 준) 즉 승인하고, 다음에 서명하였다.

2020. 3. 12.

집 행 관 : *김 집 행* (서 명)

채 권 자 : *홍길동* (서 명)
채 무 자 : *변학도* (서 명)
참여자성명 : *성춘향* (서 명) 주민등록번호 : *730101-1234567*
주소 : *서울특별시 성동구 성수동 100*
참여자성명 : *이몽룡* (서 명) 주민등록번호 : *710101-1234567*
주소 : *서울특별시 성동구 성수동 200*

서울중앙지방법원

부동산철거불능조서

사 건	*2020본000 (1부)*
채 권 자	*홍길동*
채 무 자	*변학도*
집 행 권 원	*서울중앙지방법원 2019가단000호*
집 행 일 시	*2020. 3. 12. 13:41*
집 행 장 소	*서울특별시 성동구 성수동 1가 100-10*

1. 위 집행권원에 의한 부동산 철거는 아래와 같은 사유로 실시하지 못하였다.

－ 집행불능사유 －

채무자를 만날 수 없고 사리를 분별할 지능이 있는 그 친족·고용인도 만날 수 없음

2. 이 절차는 같은 날 14:28에 종료하였다.

이 조서는 현장에서 작성하여 집행참여자에게 읽어 준(보여 준) 즉 승인하고, 다음에 서명하였다.

2020. 3. 12.

집 행 관 : *김 집 행* (서 명)

채 권 자 : *홍길동* (서 명)
채 무 자 : *변학도* (서 명)
참여자성명 : *성춘향* (서 명) 주민등록번호 : *730101-1234567*
주소 : *서울특별시 성동구 성수동 100*
참여자성명 : *이몽룡* (서 명) 주민등록번호 : *710101-1234567*
주소 : *서울특별시 성동구 성수동 200*

마. 관련문제

1) 집행종료 후 새로 축조된 건물에 대한 철거집행

건물철거의 대체집행에서는 그 철거에 의하여 채무자가 집행권원상의 의무를 스스로 이행한 것과 동일한 효과가 생기고 집행은 종료하는 것이므로, 그 후 채무자가 그 토지상에 건물 기타 공작물을 축조한 경우에는 다시 철거를 명하는 집행권원을 얻어야 이들 물건을 철거할 수 있다.[57)]

2) 건물철거 집행과 종물, 증·개축, 구조상의 변경

건물철거의 경우 철거할 건물의 종물인 창고 등의 공작물은 별도의 기재가 없더라도 당연히 철거가 가능하고,[58)] 집행권원 성립 후 증·개축되거나 구조상의 변경이 있더라도 건물로서의 동일성이 인정되는 한 집행할 수 있다.[59)] 그러나 동일성의 판단을 실시자에게 맡기는 경우 잘못 집행될 우려가 있고, 실시자인 집행관이 집행할 대상이 동일하지 않다는 이유로 집행을 거부할 수도 있으므로, 수권결정을 발함에 있어 집행할 범위를 정확하게 표시할 필요가 있다.

3) 압류나 담보권, 처분금지가처분의 대상인 건물철거의 대체집행

건물철거의 대체집행은 그 건물에 대한 채무자의 금전채권자나 담보권자의 압류나 담보권의 행사 등에 의하여 저지되지 아니하고, 제3자의 소유권이전청구권 보전의 가등기나 저당권설정등기가 되어 있더라도 대체집행에 지장이 없으며, 건물이 처분금지가처분의 대상이 되었다고 하더라도 마찬가지이다.[60)] 다만, 이러한 제3자의 권리를 채권자에게도 주장할 수 있을 때에는 제3자이의의 소를 제기하여 그 집행을 저지할 수 있음은 별개의 문제이다.

4) 점유이전금지가처분의 대상인 건물에 대한 철거 대체집행의 가부

건물에 점유이전금지의 가처분이 된 경우에 그 건물의 철거집행이 가능한가에 대하여는, 채권자가 제3자이의의 소를 제기하여 그 가처분집행의 취소를 받지 않는 한 철거집행을 할 수 없다는 견해가 있으나,[61)] 선행 가처분의 존재에 의하여 제3자인 소유자가 토지에 대하여 가지는 방해배제(민법 제214조 전단)로서의 철거, 인도집

57) 제4판 주석 민사집행법(Ⅵ), 한국사법행정학회(2018), 76.
58) 법원실무제요 민사집행[Ⅲ], 법원행정처(2014), 582.
59) 법원실무제요 민사집행[Ⅲ], 법원행정처(2014), 582.
60) 법원실무제요 민사집행[Ⅲ], 법원행정처(2014), 582-583.
61) 제4판 주석 민사집행법(Ⅵ), 한국사법행정학회(2018), 77.

행이 방해받을 이유가 전혀 없다고 본다.

다만 건물소유자가 건물점유자에 대하여 건물의 점유이전금지 및 집행관보관의 가처분을 받아 건물에 대하여 가처분집행이 되어 있는 경우라도 소유권에 기하여 토지인도 및 건물철거를 구하는 토지소유자가 건물소유자에 대해서는 건물철거의 집행권원을 건물점유자에 대해서는 퇴거의 집행권원을 모두 가지고 있는 경우에는 건물에 대한 가처분에 관계없이 건물철거 및 퇴거의 강제집행을 할 수 있다.[62)]

5. 대체집행의 실시에 관한 불복

앞서 본 바와 같이 대체집행 실시 그 자체는 집행기관의 집행처분이 아니므로 집행에 관한 이의로 다툴 수 없다. 위법한 대체집행이 이미 종료된 경우 피해자로서는 국가배상법 제2조 제1항에 기하여 국가를 상대로 손해배상을 청구할 수 있을 뿐이다.

판례는 집행기관은 집행을 개시함에 있어 집행대상이 채무자에게 속하는지를 스스로 조사·판단하여야 하고, 이는 건물철거의 대체집행에서 수권결정에 기초하여 작위의 실시를 위임받은 집행관이 실제 철거를 실시하는 경우에도 마찬가지인데, 미등기건물에는 소유권을 표상하는 외관적 징표로서 등기부가 존재하지 아니하므로, 집행관이 미등기건물에 대한 철거를 실시함에 있어서는 건축허가서나 공사도급계약서 등을 조사하여 철거대상 미등기건물이 채무자에게 속하는지를 판단하여야 할 것이고, 또한 대체집행의 기초가 된 집행권원에는 철거의무의 근거로서 철거대상 미등기건물에 대한 소유권 등이 채무자에게 있다고 판단한 이유가 기재되어 있기 마련이므로, 집행관으로서는 집행권원의 내용도 확인하여야 하며, 미등기건물의 건축허가상 건축주 명의가 변경되었다고 하더라도, 변경시점에 이미 건물이 사회통념상 독립한 건물이라고 볼 수 있는 형태와 구조를 갖추고 있었다면 원래의 건축주가 건물의 소유권을 원시취득하고, 변경된 건축주 명의인은 소유자가 아니므로, 집행관이 변경된 현재의 건축주 명의인이 채무자와 다르다는 이유만으로 철거대상 미등기건물이 채무자에게 속하는 것이 아니라고 판단하여 철거를 실시하지 않았다면, 이는 집행관이 지킬 집행절차를 위반하여 집행을 위임받기를 거부하거나 집행행위를 지체한 경우에 해당하여 채권자는 집행에 관한 이의신청으로 구제받을 수 있다고 하였다.[63)]

---

62) 제4판 주석 민사집행법(Ⅵ), 한국사법행정학회(2018), 77.
63) 대법원 2014. 6. 3.자 2013그336 결정.

Ⅳ. 대체집행의 종료와 집행정지 등

1. 대체집행의 종료시기

실무상 대체집행에 있어서 수권결정이 있은 후 채무자가 수권결정의 기초가 된 집행권원에 대하여 청구이의의 소(민집 제44조)를 제기함과 동시에 집행정지결정(민집 제46조)을 구한다든지 수권결정에 대하여 즉시항고(민집 제260조 제3항)를 제기함과 동시에 잠정처분으로서 집행정지결정(민집 제15조 제6항)을 구하는 경우가 있다. 이때 대체집행절차에서 집행정지를 언제까지 구할 수 있는지에 관하여 대체집행의 종료시를 언제로 볼 것인지가 문제된다. 집행종료 후에는 강제집행절차의 정지, 취소를 구할 수 없기 때문이다.

이 점에 관하여 작위실시자의 지위에 관하여 제3설을 취하는 입장에서는 강제집행은 집행기관이 행하는 것이고 그 밖의 사람이 행하는 것을 예정하고 있지 않으므로 수권결정의 발령 또는 확정으로 대체집행이 종료하고 그 뒤에는 집행정지나 취소는 불가능하다는 입장을 취할 수도 있겠으나, 통설은 강제집행은 집행권원에 표시된 청구권의 만족을 얻은 때에 종료하므로 대체집행의 경우에도 수권결정에 기한 작위의 완료시에 집행이 종료한다고 보아야 하고 따라서 수권결정 확정 후라도 그 실시가 완료되기 전에는 채무자가 강제집행의 정지, 취소사유에 해당하는 민사집행법 제49조 각호 소정의 집행정지 취소서류를 제출하거나 수권결정에 대한 집행정지결정을 받아 대체집행의 정지나 취소를 구할 수 있다고 본다.[64)]

2. 집행의 정지와 취소

집행의 정지, 취소는 강제집행의 정지, 취소사유에 해당하는 민사집행법 제49조 각호 소정의 집행정지, 취소서류를 집행기관인 제1심 법원에 제출하여 신청하여야 하고 채권자 또는 작위실시자에게 제출하여서는 아니 된다. 다만 실시자가 집행관일 때에는 채무자는 집행관에게 집행정지서류를 제출하여 대체행위의 정지를 구할 수도 있으며 집행관은 그 서류를 집행법원에 제출하여야 한다는 견해가 있다.[65)]

---

64) 박해성, "작위·부작위 채권의 강제집행", 재판자료(36), 법원행정처(1987), 626-628; 오종윤, "집행정지 사유 및 효력", 재판자료(71), 법원도서관(1996), 236; 법원실무제요 민사집행[Ⅲ], 법원행정처(2014), 583.

65) 中野貞一郎, 民事執行法, 青林書院(2000), 676; 深擇利一/園部厚, 民事執行の實務(下), 新日本法規(2007), 852-853.

집행법원이 수권결정의 신청을 받고 아직 결정을 하기 전에 집행정지 취소서류가 제출되었을 때에는 집행법원은 수권결정을 하여서는 아니 된다. 그것이 강제집행을 종국적으로 불허하는 서류일 때에는 수권결정 신청을 기각하여야 한다. 집행의 일시정지를 명하는 서류가 제출된 경우에도 집행절차는 신속을 요하는 것이고 수권결정의 신청에 대한 결정은 상당한 기간 내에 하여야 하며 집행정지사유 소멸 후 재신청이 가능하므로 상당기간 내에 정지사유가 소멸하거나 소멸할 전망이 없는 한 수권결정 신청을 기각하여야 할 것이다.[66]

수권결정 후 집행취소서류가 제출된 때에는 집행법원은 수권결정을 취소하고(민집 제50조 제1항) 채권자 및 채무자에게 고지함으로써(민집규 제7조 제1항 제3호) 수권결정에 기한 작위실시의 개시 또는 속행을 금지하여야 한다.[67] 반면 집행정지서류가 제출된 경우에는 수권결정 자체를 취소할 수는 없으며 이때에는 추심명령이 있은 후 집행정지서류가 제출된 경우에 관한 민사집행규칙 제161조를 준용하여 법원사무관 등이 채권자에게 집행정지서류가 제출된 사실과 그 서류의 제출에 따른 집행정지가 효력을 잃기 전에는 대체집행을 실시하여서는 아니 된다는 취지를 통지함으로써 채권자가 수권결정에 기하여 작위실시를 개시하거나 속행하는 것을 금지시켜야 할 것이다.[68] 따라서 가집행선고부 1심 판결에 기하여 대체집행신청을 하였는데, 채무자가 대체집행결정에 대하여 즉시항고 등을 제기하는 등으로 다투지 아니하여 대체집행결정이 확정된 상태에서, 채무자가 항소를 제기하면서 항소법원으로부터 집행정지명령을 받아 제1심 법원에 제출한 경우, 이에 의하여 현실적으로 대체집행의 실행을 막을 수는 없지만(실무에서는 이 경우 집행관이 채무자의 민원제기 등을 이유로 집행을 속행하지 않는 것으로 보인다), 정지 후의 작위실시는 수권결정에 기하지 않은 것으로서 위법한 집행이 된다.[69] 이 취소결정 또는 정지의 통지를 함에 있어 작위의 실시가 완료되었는지 여부를 조사할 필요는 없다. 이를 조사하도록 한다면 신속한 대응에 장애가 되기 때문이다.[70] 다만 일본의 실무에서는 위와 같은 방법은 그다지 이용되지 않고 집행정지서류를 직접 실시자인 집행관에게 제출하는 방법이 널리 이용되고 있는바, 이는 실시자도 대체집행절차의 일익을 담당함으로써 집행기관에 준하는 입장

66) 수원지방법원 성남지원 1997. 8. 22.자 97타기1474 결정.
67) 박해성, "작위·부작위 채권의 강제집행", 재판자료(36), 법원행정처(1987), 628.
68) 박해성, "작위·부작위 채권의 강제집행", 재판자료(36), 법원행정처(1987), 628.
69) 기타집행재판실무편람, 기타집행재판실무편람 집필위원회(2007), 97.
70) 注解 民事執行法(5), 第一法規(1985), 84.

에 있다고 보아야 하고 현실적으로 집행을 실시하는 주체에게 제출하는 편이 정지의 목적을 신속히 달성할 수 있으므로 이러한 조치도 허용하고 있다고 한다.[71)]

수권결정의 기초가 된 본래의 집행권원에 대한 집행정지나 집행취소가 없더라도 수권결정에 대하여 즉시항고를 제기하고(민집 제260조 제3항), 이에 부수하여 민사집행법 제15조 제6항에 의한 집행정지결정을 받은 때에는 수권결정의 효력이 정지되는데, 이때에는 수권결정의 효력 자체가 정지되고 따로 집행법원이 정지하여야 할 집행처분이 없으므로 그 집행정지결정을 제1심 법원에 제출할 필요가 없다.[72)]

이와 같은 수권결정취소결정의 고지, 집행정지사유의 통지 및 즉시항고에 따른 집행정지결정의 고지 등의 조치만으로는 현실의 작위실시의 중지를 강제할 수는 없으나 이러한 조치에 의하여 채권자의 대체권이 취소 또는 정지되므로 이러한 조치가 있었음에도 불구하고 채권자가 작위의 실시를 중지하지 않은 때에는 이는 수권결정에 기하지 않은 것으로서 위법한 집행이 된다.[73)]

한편, 집행처분을 취소하는 재판은 원칙적으로 확정되어야 효력이 발생하고 이에 대하여는 즉시항고가 허용되며(민집 제17조 제1항, 제2항), 이는 수권결정의 취소에도 마찬가지로 적용되나, 민사집행법 제49조 제1호, 제3호, 제5호 및 제6호의 집행취소서류 제출에 의한 취소의 경우에는 이와 달리 확정을 기다리지 않고 곧바로 효력이 발생하며 즉시항고도 허용되지 아니하고(민집 제50조 제2항), 이에 대하여는 집행에 관한 이의신청으로 다툴 수 있을 뿐이다.[74)]

3. 대체집행 신청의 취하

채권자는 수권결정의 실시에 의하여 대체집행이 종료하기 전까지 대체집행신청을 취하할 수 있다. 취하는 법원에 대하여 서면 또는 말로 할 수 있으나 말로 한 경우에는 법원사무관 등이 조서 또는 그 밖의 서면을 작성하여야 한다(민집 제23조 제1항, 민소 제161조).

수권결정 전에 신청이 취하되면 별다른 조치 없이 대체집행절차가 종결된다. 이미 채무자에게 심문서를 보냈더라도 채무자에게 따로 취하 통지를 할 필요는 없다.

---

71) 深擇利一/園部厚, 民事執行の實務(下), 新日本法規(2007), 852-853.

72) 박해성, "작위·부작위 채권의 강제집행", 재판자료(36), 법원행정처(1987), 628; 법원실무제요 민사집행[Ⅲ], 법원행정처(2014), 584.

73) 법원실무제요 민사집행[Ⅲ], 법원행정처(2014), 584; 제4판 주석 민사집행법(Ⅵ), 한국사법행정학회(2018), 80.

74) 대법원 2000. 3. 17.자 99마3754 결정.

수권결정이 채무자에게 송달된 후에 신청이 취하된 경우에는 그 취지를 채무자에게 통지한다(민집규 제16조).

Ⅴ. 대체집행의 비용

대체비용의 비용으로는 수권결정절차의 비용과 수권결정에 기한 작위실시의 비용이 있다. 양자는 그 추심절차에 다소 차이가 있다.

1. 수권결정절차의 비용

수권결정절차의 비용은 집행비용으로서 민사집행법 제53조 제1항에 의하여 채무자가 부담한다.

여기에는 집행준비비용으로서 집행권원 송달신청비용, 그 송달비용, 집행문 부여비용, 증명서 교부비용, 집행신청을 하기 위하여 법원에 출석함에 필요한 비용, 가집행선고가 있는 판결에 의한 담보공탁을 하기 위하여 공탁기관에 왕복한 여비, 공탁서 서기료 등이, 수권결정 신청비용으로서 인지대, 서기료, 통지 등의 비용, 증인·감정인 등의 일당 등이 포함된다. 그러나 집행이 담보제공에 달린 경우의 담보금조달비용(집행신청에 직접 관련이 없음), 반대급부제공을 위한 비용(채권자가 당연히 이행할 의무임), 외국판결, 중재판정에 관하여 집행판결을 얻는 데 소요되는 비용(집행권원을 얻기 위한 소송비용임)은 포함되지 않는다.

또한, 집행을 계기로 하여 제기된 신청이나 소의 비용(즉시항고, 집행에 관한 이의신청, 집행문 부여에 대한 이의의 소, 청구이의의 소, 제3자이의의 소 등에 관한 비용)은 이들 독립된 절차의 비용이며 집행비용이 아니다.

채권자는 집행에 필요한 비용으로서 법원이 정하는 금액을 미리 내야 하고 예납이 없으면 신청을 각하하거나 이미 실시한 집행절차를 취소할 수 있는데(민집 제18조 제2항), 실무상 서류의 송달비용을 예납받고 있으며 그 금액은 당사자 1인당 2회 송달을 기준으로 한 금액이다(재일 87-4).

민사집행법 제53조는 집행비용은 우선적으로 변상을 받는 것으로 규정하고 있으나, 대체집행의 경우는 금전집행과 달라서 대체집행의 실시과정에서 이를 우선적으로 변상받을 방법이 없다. 그러므로 이에 대해서는 소송비용액의 확정절차에 준하여 채권자의 신청에 의하여 집행법원이 결정으로 그 금액을 정하고(민집규 제24조 제1항), 이 결정을 집행권원(민집 제56조 제1호)으로 하여 금전집행의 방법으로 채무자로부터 추심할 수 있다.[75] 이 결정절차에는 소송비용액 확정절차에 관한 민사소송법의 규정이 준용된다(민집규 제24조 제2항). 따라서 집행절차에서 변상받지 못한 집행비용을 별도의 소로 구하는 것은 부적법하므로 각하를 면할 수 없다.[76]

이 비용의 확정신청은 기타민사신청사건으로 접수되어 그 부호문자가 '카기'인 사건번호가 부여되며, 그 결정에 대해서는 즉시항고가 가능하다.

2. 대체집행 실시비용(작위실시의 비용)

대체집행 실시비용은 민법 제389조 제2항에 의하여 채무자가 부담하게 되나, 이 비용도 강제집행비용에 포함된다고 할 것이므로 민사집행법 제53조 제1항이 적용된다.

작위실시비용이란 작위의 준비에서 완료까지 소요되는 비용을 말하며, 여기에 포함되는 것에는 집행관이 실시자인 경우에는 집행위임 신청서류 작성비, 집행관에게 지급할 수수료, 집행관이 실시를 위하여 고용하는 기술자나 노무자의 수당 등, 측량비용(건물 일부의 철거 등의 경우에는 건물 중 철거할 부분을 건물 자체에 정확히 표시할 필요 등 때문에 철거 현장에서 다시 측량하여야 하는 경우가 있다), 자물쇠 개통에 드는 비용 등이 포함되고, 실시자가 집행관이 아닌 경우에는 채권자가 실시자를 선정함에 드는 비용, 채권자와 실시자 사이에 계약을 체결함에 드는 비용, 그 계약에 의하여 실시자에게 지급할 보수, 실시자에 대한 감독비용 등이 포함된다. 채무자의 저항을 배제하기 위하여 지출한 비용에 관하여는 집행비용에 해당한다는 전제에서 비록 사전에 저항 배제의 필요성이 예측된다고 하더라도 작위실시비용에 포함되지 않는다고 하는 견해[77]와 집행비용에 해당하지 않는다는 전제에서 이를 부정하여 별도로 불법행위 등의 법리에 의하도록 하는 것은 현실에 맞지 않는다는 이유로 작위실시비용에 포함된다는 견해[78]로 나뉜다.

대체집행 실시비용도 강제집행비용에 포함되므로 그 추심방법, 결정에 대한 불복절차 등은 수권결정절차 비용의 경우와 같다. 공유건물 철거의 경우 공유자 중 1명이 자신의 지분에 상응한 부분만의 비용 부담을 주장하는 경우가 있으나 이 경우 집행내용 자체는 가분적인 것이 아니므로 지분 비율로 구분하여 결정할 것은 아니다.[79] 실

75) 민사집행규칙해설, 법원행정처(2002), 71-72.
76) 대법원 1996. 8. 21.자 96그8 결정 등.
77) 박해성, "작위·부작위 채권의 강제집행", 재판자료(36), 법원행정처(1987), 629.
78) 注解 民事執行法(5), 第一法規(1985), 85.
79) 기타집행재판실무편람, 기타집행재판실무편람 편집위원회(2007), 99.

무상으로는 수권결정절차의 비용과 실시 비용을 따로 구별하지 않고 1개의 신청으로 한꺼번에 구해오는 경우가 일반적이고, 이 경우 사건번호를 따로 부여하지 않고 1개의 결정문으로 결정한다.

3. 대체집행비용의 선지급결정(민집 제260조 제2항)

채권자는 작위실시비용을 그 강제집행이 완료되기 전에 채무자가 미리 지급할 것을 명하는 결정을 신청할 수 있다(민집 제260조 제2항). 이를 보통 대체집행비용 선지급결정 또는 비용선지급결정이라고 부른다.

가. 신청

채권자는 실시비용을 미리 지급할 것을 채무자에게 명하는 결정을 신청할 수 있다. 이 결정은 채권자의 신청이 있어야만 가능하다. 신청은 수권결정과 동시에 하는 것이 보통이지만 대체집행 실시 완료 전까지는 언제라도 할 수 있다. 그러나 작위실시 완료 후에는 비용선지급을 신청할 수 없음은 그 성질상 당연하다. 위 신청은 서면으로 하여야 하고, 1,000원의 인지를 붙여야 하며(재민 91-1), 신청이 있으면 기타 집행사건으로 접수하여 부호문자가 '타기'인 별도의 사건번호를 부여하고 전산입력한 다음 원래의 대체집행신청 사건기록에 합철한다. 신청서에는 법원이 지급할 비용을 결정하는데 판단자료를 제공하기 위한 견적서 등을 첨부하는 것이 일반적이지만, 실시할 작위 외에 금액까지 명시할 필요는 없고[다만 이에 대하여는 비용지출의 필요성은 법원이 심사대상이고 그 입증책임도 채권자에게 있다는 이유로 신청서에 금액을 표시하여야 한다는 반대견해도 있다.[80]], 금액을 명시하는 경우에도 법원은 이에 구속되지 않으며, 청구금액을 초과하는 금액의 지급을 명할 수도 있다.[81]

나. 심리

수권결정을 관할하는 제1심 법원이 심리한다. 수권결정과 동시에 하는 경우에는 수권결정의 발령 요건이 구비되어 있는지, 기타의 경우에는 수권결정의 존재 및 대체집행 실시가 완료되지 않았는지, 수권결정의 집행이 정지 또는 취소되지 아니하였는지를 심리한다.

이 결정에 의하여 추심할 수 있는 비용은 대체집행 실시의 비용으로서 수권결정

80) 注解 民事執行法(5), 第一法規(1985), 86.
81) 박해성, "작위·부작위 채권의 강제집행", 재판자료(36), 법원행정처(1987), 630; 법원실무제요 민사집행[Ⅲ], 법원행정처(2014), 586.

절차의 비용은 포함되지 않으며 구체적인 액수는 채권자가 제출한 자료에 기초하여 판단하며 필요한 경우에는 사실조사나 감정인의 감정 등을 명할 수도 있다.[82] 그러나 집행에 소요될 정확한 금액까지 산정할 수는 없으므로 개략적인 금액을 산정할 수 있는 자료가 갖추어지면 족하고, 일용노임 정도의 비용만 소요될 것이 예상되는 경우와 같이 별다른 자료를 제출하지 않더라도 그 금액을 산정할 수 있는 경우도 있을 것이다.

결정 전에 채무자를 반드시 심문하여야 한다(민집 제262조). 실무상으로는 수권결정에서와 마찬가지로 심문기일을 지정하여 통지하거나 심문서를 보내는 방식을 취하고 있고, 대부분 수권결정과 함께 신청하므로 수권결정에 대한 심문과 구별 없이 일체로 이루어지는 것이 보통이다.

비용선지급신청에 대한 심문절차에서 채무자가 채권자에 대한 반대채권을 가지고 상계의 항변을 주장할 수 있는지에 관하여 견해가 대립되나, 수권결정절차는 집행권원의 내용인 실체상 청구권의 당부와 관계없이 일반의 집행요건을 심사하여 결정하는 절차이므로, 본래의 집행권원이 채무자에게 금전채권 지급과 상환이행을 내용으로 하는 경우라 하더라도 위 심문절차에서 상계를 주장하지 못하고, 별도로 청구이의의 소를 제기하여 상계항변을 주장하여야 한다고 보는 것이 일반적이다.[83]

다. 결정과 이에 대한 불복

수권결정의 신청이 부적법하거나 이유 없으면 비용선지급신청도 기각한다. 수권결정을 인용하면서도 비용에 대한 소명 부족 등을 이유로 비용선지급신청만을 기각할 수도 있을 것이고, 또 결정 전에 실시가 완료되었으면 실시 완료 전에 신청하였다 하더라도 신청을 기각한다.

비용선지급결정도 당사자 쌍방에게 고지한다(민집규 제7조 제1항 제2호). 집행의 편의를 위하여 채무자에게는 송달의 방법으로 고지하는 것이 좋다.[84] 이 재판에 대하여는 즉시항고를 할 수 있다(민집 제260조 제3항). 이 경우에도 수권결정에 대한 항고에 있어서와 마찬가지로 집행권원의 내용인 실체상의 청구권에 관하여 이의가 있으면 그 집행권원의 집행력을 다투어야 하고 대체집행비용 선지급결정의 집행력 배제

82) 박해성, "작위·부작위 채권의 강제집행", 재판자료(36), 법원행정처(1987), 630.
83) 박해성, "작위·부작위 채권의 강제집행", 재판자료(36), 법원행정처(1987), 630; 제4판 주석 민사집행법(Ⅵ), 한국사법행정학회(2018), 82.
84) 제4판 주석 민사집행법(Ⅵ), 한국사법행정학회(2018), 82.

를 구할 수는 없다.[85] 즉시항고에 집행정지의 효력이 없는 점 또한 수권결정의 경우와 같다.

라. 비용선지급결정의 집행

비용선지급결정은 금전지급을 명하는 독립한 집행권원이 되고(민집 제56조 제1호), 그 고지만 있으면 확정되기 전에도 집행할 수 있으나,[86] 집행을 위해서는 집행문의 부여를 받아야 한다(민집 제57조). 구체적인 집행방법은 통상의 금전채권의 지급을 명하는 집행권원의 경우와 전혀 다를 바 없다.

집행시기에는 제한이 없고 그 집행 완료 전에 수권결정에서 정한 집행의 실시가 완료되더라도 비용선지급결정의 효력은 방해를 받지 않는다. 다만, 대체집행의 실시 완료로 실제 비용이 확정된 때에는 채무자는 청구이의의 소를 제기하여 다툴 수 있고, 즉시항고 제기기간 내이면 즉시항고로 다툴 수도 있다.

비용선지급결정의 집행에 관하여 집행정지나 취소가 인정됨은 물론이고, 다른 한편 이는 수권결정에 부수된 것이므로 수권결정의 기초가 된 본래의 작위를 명하는 집행권원에 기한 강제집행이 정지 또는 취소되거나 수권결정이 정지 또는 취소된 때에는 비용선지급결정에 기한 금전집행 또한 정지되거나 취소되어야 한다. 다만 그 구체적인 방법에 관하여는 본래의 집행권원에 관한 집행정지, 취소서류(민집 제49조 각호) 또는 수권결정의 정지 또는 취소를 명하는 결정 정본을 비용선지급결정에 기한 금전집행의 집행기관에 제출함으로써 족하다는 견해[87]와 금전집행의 집행권원은 비용선지급결정 그 자체이고 절차를 명확하게 하기 위하여 본래의 집행권원에 관한 집행정지, 취소서류 또는 수권결정의 정지 또는 취소를 명하는 결정정본을 집행기관인 제1심 법원에 제출하여 비용선지급결정의 정지 또는 취소를 받고 그 결정 정본을 비용선지급결정에 기한 금전집행의 집행기관에 제출하여 비용 선지급결정에 기한 금전집행의 정지 또는 취소를 구하여야 한다는 견해[88]가 있다.

비용선지급결정 자체에 관한 집행정지나 취소도 인정되고(즉시항고에 따른 집행정지결정, 집행문부여에 대한 이의신청 및 이의의 소, 집행에 관한 이의, 청구이의의 소, 제3자이의의 소에 따른 잠정처분이 있는 경우), 또한 수권결정의 기초가 된 본래

85) 대법원 1987. 9. 8. 선고 86다카2771 판결.
86) 법원실무제요 민사집행[Ⅲ], 법원행정처(2014), 588.
87) 河田貢, "執行費用", 裁判實務大系(7), 靑林書院(1986), 188 등.
88) 박해성, "작위·부작위 채권의 강제집행", 재판자료(36), 법원행정처(1987), 331; 注解 民事執行法(5), 第一法規(1985), 87.

의 집행권원에 기한 강제집행이 정지·취소되면 비용선지급결정에 기한 강제집행 또한 정지·취소되어야 한다.

4. 청산

비용선지급결정에 따라 추심한 돈이 실제 비용에 미치지 못할 경우에는 초과비용을 집행비용으로서 청구할 수 있다(민집 제260조 제2항 단서, 민집규 제24조). 반면, 비용선지급결정에 따라 추심한 돈이 실제비용을 초과할 경우에는 채무자가 부당이득으로서 차액의 반환을 청구할 수 있다. 다만, 채권자가 임의로 반환하지 않는 경우에는 이를 돌려받을 수 있는 다른 간편한 수단이 마련되어 있지 않으므로 채무자가 별소로 부당이득반환을 구하는 수밖에 없다.[89)]

Ⅵ. 건물철거집행 실무상의 쟁점

1. 건물철거 대체집행을 위한 수권결정이 있은 후 채무자 승계가 이루어진 경우

건물철거 판결에 기한 대체집행을 위한 수권결정을 채무자를 상대로 받은 후에 채무자 승계가 이루어진 경우 승계집행문만 다시 부여받아 강제집행이 가능한지, 아니면 승계인에 대한 대체집행을 위한 수권결정을 다시 받아야 하는지.

대체집행을 위한 수권결정은 즉시 집행력이 생기고 집행권원에 집행문을 부여받은 외에 수권결정 그 자체는 집행권원이 아니므로 수권결정에 대하여 별도의 집행문을 따로 부여받을 필요는 없으나, 수권결정 후 채무가 승계가 있는 경우 본래의 집행권원에 대하여 승계집행문을 부여받은 다음 승계인에 대하여 다시 수권결정을 부여받아야 한다.[90)] 채권자 승계가 있는 경우도 마찬가지이다.[91)]

2. 수권결정 후 채무자 사망, 채무자와 건물 소유명의자의 불일치

가. 수권결정 후 채무자가 사망하였음이 판명된 경우

건물철거의 강제집행에 관하여는 집행법원이 채무자를 대신하여 채무자의 비용으로 제3자(집행관)으로 하여금 건물철거를 하도록 하는 취지의 결정(수권결정)을 하

---

89) 법원실무제요 민사집행[Ⅲ], 법원행정처(2014), 588-589.
90) 법원실무제요 민사집행[Ⅲ], 법원행정처(2014), 579.
91) 제4판 주석 민사집행법(Ⅵ), 한국사법행정학회(2018), 70.

는 방법으로 집행하게 되는데(민집 제260조 제1항), 수권결정에 의하여 대체집행은 일응 종료한다. 그러나 실제로 당해 건물을 제3자(집행관)가 채무자를 대신하여 철거하기 전에 채무자가 사망한 경우, 그 단계에서 건물철거 채무를 부담하는 사람은 채무자가 아니라 그 상속인인바, 채무자의 상속인에 대한 관계에서는 제3자(집행관)는 집행법원으로부터 어떠한 권한도 부여받지 못하였다고 할 수 있으므로, 새로이 집행법원으로부터 '이 사건 건물을 상속인의 비용으로 철거할 수 있다'는 내용의 결정을 받아야 한다. 구체적으로는 채권자가 승계집행문이 부여된 판결정본을 집행법원에 제출하면서 새로운 수권결정 부여를 신청하여야 할 것이다.

나. 건물 소유명의자가 채무자의 망 조부인 경우의 철거집행의 가부

철거의 대상 건물의 소유명의가 채무자의 사망한 조부 명의로 되어 있는 경우 철거의 집행이 가능할 것인가.

집행권원상의 피고 명의와 공부상의 명의가 일치하는 경우라면 굳이 승계집행문 등 부여절차 없이도 집행이 가능하다고 할 수 있을지 모르지만, 그렇지 않다면(판결의 피고는 채무자로 되어 있는 반면 건물 소유명의자는 사망한 조부로 되어 있는 경우 등) 승계집행문 부여절차 등을 통하여 집행권원상의 명의와 공부상의 명의를 일치시킨 다음 집행하는 것이 맞다고 본다.[92)]

3. 건물퇴거, 토지인도판결에 기한 명도집행의 가부

'피고는 원고에게 건물에서 퇴거하고 그 부지 ○○평을 인도하라'는 판결로 건물명도, 토지인도의 집행이 가능한가.

피고는 건물을 점유함으로써 그 부지를 간접적으로 점유하고 있는 것이기 때문에, 부지의 인도의 집행방법으로서 위와 같은 주문이 필요하게 된다. 따라서 이에 기하여 거주자를 건물로부터 퇴거시킬 수는 있으나, 건물명도의 주문이 없는 이상 건물 자체를 점유자에게 이전할 수는 없다.[93)]

---

92) 執行官事務に関する協議要録(第4版), 最高裁判所 事務總局(2012), 22는 가능하다는 입장이나, 의문이다.

93) 執行官事務に関する協議要録(第4版), 最高裁判所 事務總局(2012), 20. 執行官提要(第5版), 最高裁判所 事務總局(2009), 269도 참조.

4. 건물철거, 토지인도의 집행

가. 건물철거, 토지인도 집행에서 건물퇴거의 집행만을 함의 가부

건물에 채무자가 거주하고 있는 경우 채무자의 건물 퇴거의무는 건물철거의 수인의무로부터 생기는 것이므로, 건물철거의 전제로서 채무자를 퇴거시키는 것이 가능하다고 해석된다. 건물에 거주하는 제3자에 대한 건물퇴거 토지인도의 집행권원의 경우 건물퇴거 토지인도 의무의 실질은 토지 소유자의 건물 소유자에 대한 건물철거 토지인도 집행의 수인의무에 있으며, 제3자에 대한 집행은 건물 소유자에 대한 건물철거 토지인도 집행의 실시가 그 전제이다. 따라서 제3자에 대한 건물퇴거 토지인도의 집행신청은 건물소유자를 채무자로 하는 건물철거 토지인도 집행과 동시에 하여야 하므로,[94] 건물철거 및 토지인도 집행권원에 기하여 건물퇴거만을 집행하는 것은 불가능하다 할 것이다.[95]

나. 건물퇴거, 토지인도의 집행과 건물철거, 토지인도의 집행을 별개로 함의 가부

'甲은 A 건물로부터 퇴거하고, 乙은 A 건물을 철거하고, 각각 B 토지를 丙에게 인도하라'는 판결에 기하여 丙이 甲을 상대로 건물퇴거, 토지인도의 집행만을 신청한 경우 집행관은 어떻게 처리하여야 하는가.

甲은 본래 丙에 대하여 건물철거를 수인할 의무를 부담하는 것에 지나지 않는다고 해석되는 이상, 절차적으로도 甲을 퇴거시키고 건물을 丙에게 인도하는 것은 불가능하며, 그 이후의 조치도 마땅치 않으므로, 집행관으로서는 원칙적으로 퇴거의 집행은 건물철거의 집행과 동시에 실시하여야 할 것이다.[96]

다. 건물소유자가 건물의 철거에 동의하는 경우 건물거주자에 대한 퇴거집행의 가부

건물소유자가 건물철거와 토지인도에 대하여 동의하는 경우, 토지소유자는 건물거주자만을 피고로 건물퇴거, 토지인도의 판결을 얻어 집행을 신청하는 것이 가능한가.

건물퇴거, 토지인도의 집행은 건물철거, 토지인도를 전제로 하는 경우에만 가능한 것이지만, 건물소유자가 철거에 동의하는 경우에는 그에 대한 집행권원이 없더라

---

94) 大阪地裁執行實務硏究會 編, 不動産明渡·引渡事件の實務, 新日本法規(2010), 437.

95) 執行官事務に関する協議要錄(第4版), 最高裁判所 事務總局(2012), 222. 執行官提要(第5版), 最高裁判所 事務總局(2009), 269도 참조.

96) 執行官事務に関する協議要錄(第4版), 最高裁判所 事務總局(2012), 223. 執行官提要(第5版), 最高裁判所 事務總局(2009), 269 참조.

도 건물거주자에 대한 퇴거의 집행을 신청하는 것이 가능하다 할 것이다.[97] 다만 건물소유자의 동의에 관하여 어떻게 증명하여야만 퇴거 집행이 가능한가의 문제는 아직 미해결 상태이다.

라. 장래 건축되는 건물의 철거를 명하는 집행권원의 효력

건물철거를 명하는 화해조서의 조항에 '별지 건물 및 장래 동 토지상에 존재하는 건물 그 밖의 물건을 철거하고 토지를 명도한다'고 기재되어 있는 경우, 위 집행권원 성립 후 채무자가 당해 토지상에 건축한 건물에 대하여 그 집행력이 미치는가.

위 화해조서가 민사집행법 제260조 제1항, 민법 제389조 제3항의 부작위의무를 규정한 것이라고 할 수 있는지 여부가 쟁점이다. 위 화해조서가 부작위의무를 정한 것이라고 한다면 집행문을 부여받아 수권결정을 얻는 것이 가능할 것이나, 부작위 의무를 명한 것이라고 할 수 없다면 집행문을 부여받을 수 없을 것이다. 이는 집행법원이 판단할 사항이지 집행관이 관여할 부분은 아니다. 아무튼 집행관으로서는 수권결정에 따른 집행신청이 있으면 집행가능 할 것이다.[98]

마. 철거 대상 목적물을 포괄적으로 표시한 수권결정에 기한 집행신청

'피고는 원고에게, ○○ 토지상에 있는 건물 및 공작물 일체를 철거하여 그 토지를 인도하라'는 판결에 기하여 같은 취지의 주문에 의한 수권결정을 얻어 건물철거의 집행이 신청된 경우, 집행관은 집행권원과 수권결정과의 관계를 판단할 권한이 없지만 수권결정에 표시된 대체집행의 범위를 판단할 직무상의 책임이 있으므로, 철거 대상 건물 등을 포괄적으로 표시하고 있을 뿐, 구체적 개별적으로 명시하고 있지 않은 때에는 원칙적으로는 목적물 특정이 제대로 되어 있지 않은 것으로 보아 집행을 거절함이 타당하다(이 경우 통상은 판결 경정절차를 통하여 주문을 구체적으로 특정하게 되고, 그것이 불가능한 경우에는 어쩔 수 없이 신소를 제기하여야 한다).[99]

하지만 채무자가 그 집행에 관하여 이의를 제기하지 않은 경우에는 위와 같은 표시로써 충분히 특정이 되었다고 해석할 수도 있을 것이므로, 실무상으로는 위와 같은 내용의 신청이 있는 경우 집행법원에 그 진의를 확인하는 것도 추천할만한 방법이다.

97) 執行官事務に関する協議要録(第4版), 最高裁判所 事務總局(2012), 223.
98) 執行官事務に関する協議要録(第4版), 最高裁判所 事務總局(2012), 21 참조.
99) 執行官事務に関する協議要録(第4版), 最高裁判所 事務總局(2012), 264-265 참조.

5. 수목을 수거하고 토지를 인도하라는 판결에 기한 집행방법

"지상에 식재되어 있는 ○○나무 △△주를 수거하고, 그 토지를 인도하라"는 판결에 기한 수목 수거의 대체집행에 있어서는 수목을 벌목치 아니하고 뿌리까지 뽑아 수거하는 방법으로 집행하되, 뿌리를 완전히 제거하지 아니해도 되며 또 뿌리가 일부 절단되어도 무방하고 그 수거과목은 옮겨 심어 살 수 있는 상태로 집행하지 아니하여도 무방하다. 다만, 집행채무자가 집행당시에 과목이식을 위한 준비를 완비하여 집행기관에게 이식할 수 있도록 과목을 수거할 것을 요청하고, 과도한 비용이나 특별한 시설 없이도 이식할 수 있는 상태로 용이하게 수거할 수 있으며, 채무자가 적극 이에 협력하는 특별한 사정이 있을 때에는 되도록 그 사정을 참작하여 수거함이 바람직하다.[100] 아무튼 고사를 방지하기 위하여 적당한 조치를 취할 직무상 의무가 있다고 판단될 수도 있으므로,[101] 가능하면 이식의 방법으로 집행하는 것이 여러 가지 면에서 바람직하다고 판단된다.

6. 경매절차가 진행 중인 건물에 대한 철거집행

가. 임의경매절차, 체납처분 절차가 진행 중인 건물에 대한 철거집행의 가부

저당권 실행에 의한 경매절차가 계속 중인 건물에 대하여 건물철거의 강제집행을 함에는 아무런 장애가 없다. 마찬가지로 체납처분 압류가 되어 있는 건물에 대하여 철거 강제집행을 하는 데에도 전혀 문제가 없다.[102]

나. 부동산경매 목적 건물에 대하여 건물철거 집행을 하는 경우 조치[103]

부동산경매 목적물인 건물에 대하여 부지 소유자로부터 건물철거, 토지인도 청구소송의 승소판결에 기한 수권결정에 기하여 당해 건물철거, 토지인도 집행신청이 있는 경우, (1) 집행관은 집행기일을 부동산경매사건 채권자에게 통지할 필요가 있는가, (2) 대체집행 실시 후 건물해제로 남은 자재 등에 대하여 채무자에게 인수를 요청하였으나 채무자가 이에 응하지 않은 경우 부동산경매사건 채권자에 대하여도 인수를 요청하여야 하는가.

---

100) 과수 수거 집행방법[재판예규 제260호].
101) 제4판 주석 민사집행법(Ⅵ), 한국사법행정학회(2012), 34.
102) 執行官事務に関する協議要録(第4版), 最高裁判所 事務總局(2012), 262-263.
103) 執行官事務に関する協議要録(第4版), 最高裁判所 事務總局(2012), 228-229 참조.

(1) 강제경매절차 개시 일시의 통지를 받을 대상으로 민사집행규칙 제7조 제2항은 신청인(채권자)에게 고지할 것을 규정하고 있을 뿐 채무자와 동일시 할 수 있는 건물철거 토지인도 집행 대상 건물에 대한 부동산경매사건의 채권자에게 통지할 근거 규정이 없는 이상 고지할 필요는 없다 할 것이다.

(2) 건물 해체로 남은 자재 등에 대하여 저당권의 효력이 미치는지 여부의 문제이다.

민법 제370조에 의하여 준용되는 민법 제342조 물상대위 규정의 준용여부에 관하여 물상대위의 본질과 저당권의 본질(가치권성과 물권성의 이중성)을 어떻게 이해할지가 관하여는 견해의 대립이 있다. 첫째는, 담보권의 원칙적 효력상 당연하다는 견해(가치권설)로서 저당권은 목적물의 교환가치를 파악하는 권리(가치권)이므로, 담보물의 가치가 금전 기타 형태로 변경된 때에는 담보목적물의 교환가치를 구현한 것으로 본래의 저당권이 동일성을 유지하면서 가치변형물 위에 효력을 미치는 것은 담보권의 본질이 가치권에 가하여 볼 때 당연한 이치이라는 입장이다. 다른 하나는 물권의 예외적 특칙(물권설)로 저당권을 물권으로서 단순하게 파악하여 물권은 목적물의 소멸에 의하여 당연히 소멸하는 것이 원칙이고, 설령 소멸하고 가치변형물이 생기더라도 그 위에 저당권의 효력이 미치지 않는다는 입장이다.

판례는 채무담보의 목적으로 채권자 명의로 소유권이전등기가 경료된 토지가 징발되어 그 소유명의자로 등기된 채권자에게 징발보상증권이 발급된 사안에서, 특별한 사정이 없는 한 그 증권에 대하여서도 계속 담보적 효력이 미친다고 해석함이 담보물권의 물상대위 원칙에 합치된다고 판시하여,[104] 물상대위를 담보물권의 본질적 특성으로 파악하는 입장을 취한 바 있고, 그 이후 동산에 대하여 양도담보를 설정한 사안에서 담보물의 교환가치를 취득하는 것을 목적으로 하는 양도담보권의 성격에 비추어 보면 양도담보로 제공된 목적물이 멸실·훼손됨에 따라 양도담보 설정자와 제3자 사이에 교환가치에 대한 배상 또는 보상 등의 법률관계가 발생되는 경우에도 그로 인하여 양도담보 설정자가 받을 금전 기타 물건에 대하여 담보적 효력이 미친다고 판시하여[105] 통설인 가치권설과 궤를 같이 하고 있다.[106]

현실적으로 사안과 같은 경우를 상정하기 쉽지 않지만, 판례를 엄밀히 따르자면 저당권의 효력이 건물해제로 생긴 자재 등에 미치므로, 부동산경매사건의 채권자(저

---

104) 대법원 1975. 12. 30.선고 74다2215 판결.
105) 대법원 2009. 11. 26. 선고 2006다37106 판결.
106) 제5판 주석 민법[물권(4)], 한국사법행정학회(2019), 276-277 참조.

당권자)에 대하여 인수를 요청하여야 할 여지가 생기게 된다.

7. 건물철거 집행신청과 토지인도의 집행권원의 제출 여부

수권결정 정본만을 제출하면서 건물철거를 신청하는 경우 기본이 된 집행권원(집행문이 부여된 판결 혹은 화해조서나 조정조서 등)을 함께 제출할 필요가 있는가(건물철거, 토지인도의 사안임에도, 채권자가 건물철거의 집행만을 하고 토지인도의 집행을 신청하지 않은 경우).

대체집행의 경우 집행력 있는 정본이 집행법원에 제출되기 때문에 집행관에게는 수권결정의 정본이 제출되면 충분하지만, 건물철거만으로는 토지의 점유가 아직 채무자에게 남아 있게 되므로, 채권자에 대하여 동시에 토지인도의 집행을 함께 신청하도록 하는 것이 적절하다.[107)]

8. 수권결정에 의한 집행신청과 집행권원 필요 여부

수권결정의 집행신청에 그 전제가 된 판결 등의 집행권원이 필요한가.

집행법원이 수권결정을 하는 것이 강제집행의 방법이므로 민사집행법 제28조의 요건은 집행법원이 수권결정을 할 때에 충족되면 충분하고 그 실시에 있어서는 필요하지 않다.[108)]

실무상 대체집행이 문제되는 경우는 건물철거 토지인도의 집행이 대부분일 것인데, 이러한 집행에는 건물철거의 대체집행과 토지인도의 직접강제가 병존하고 있는바, 전자에는 집행력 있는 집행권원 정본이 필요 없지만, 후자에서는 당연히 필요하므로, 결국 집행신청시 집행력 있는 집행권원 정본이 제출되기 마련이다.

9. 수권결정 확정증명서의 첨부 여부

수권결정은 즉시 집행력이 생기며 결정문의 송달도 집행개시의 요건이 아니다.[109)] 따라서 이론상으로는 확정을 기다릴 필요가 없지만, 철거, 굴이 등으로 인하여 생기는 손해가 회복하기 어려운 경우가 많으므로, 실무상으로는 가능한 한 신중을 기하는 차원에서 확정증명서를 첨부하도록 하는 것이 바람직하다.[110)]

---

107) 執行官事務に関する協議要錄(第4版), 最高裁判所 事務總局(2012), 265.
108) 執行官事務に関する協議要錄(第4版), 最高裁判所 事務總局(2012), 265.
109) 집행관실무편람, 법원행정처(2004), 281; 제4판 주석 민사집행법(Ⅵ), 법원행정처(2018), 69.
110) 執行官事務に関する協議要錄(第4版), 最高裁判所 事務總局(2012), 266.

10. 토지인도의 집행권원에 기하여 건물철거의 수권결정이 이루어진 경우 집행의 가부

집행권원인 화해조서에는 토지인도만이 기재되어 있을 뿐 건물철거에 대하여는 기재되어 있지 않음에도, 건물철거의 수권결정이 이루어져 그에 대한 집행신청이 된 경우 집행관은 그에 기하여 집행을 하는 것이 가능할 것인가.

토지인도의 화해조항이 건물철거의 집행력 있는 집행권원이 될 수 있는지에 관하여는 다툼이 있지만, 집행법원이 요건을 심사하여 수권결정을 한 이상, 그에 따라 집행하는데 법률상의 문제는 없다.[111] 수권결정은 집행권원에 관하여 집행법원이 해석한 다음 재판하는 것이고 집행관은 수권결정과 집행권원 간의 관계를 판단할 권한이 없기 때문이다.[112]

11. 건물철거, 토지인도의 집행에 있어 제3자가 목적 건물의 일부를 점유하고 있는 경우 집행방법

건물철거, 토지인도의 집행사건에서 목적 건물 2층 부분을 제3자가 점유하고 있어 건물철거 집행이 불가능한 경우, 채무자가 점유하고 있는 1층 부분 만에 대하여 퇴거만의 집행이 가능할 것인가.

퇴거의무는 철거의 전제로서 건물 철거의무에 포함되어 있는 것이므로, 퇴거만의 집행을 하는 것은 불가능하다고 생각된다.[113] 다만, 집행방해를 위하여 불법적으로 점유하고 있음이 명백한 사람이나 채무자의 점유보조자로서 점유하고 있는 사람은 여기서 말하는 제3자에 해당하지 않으므로, 채무자에 대한 건물철거, 토지인도의 집행의 일환으로 퇴거시키는 것이 가능하다.

---

111) 執行官事務に関する協議要録(第4版), 最高裁判所 事務總局(2012), 267.

112) 집행관연찬집 2018, 법원공무원교육원(2019), 207-208은 집행권원에 철거 대상 목적물로 표시되지 아니한 건축물에 관하여 대체집행을 명하는 수권결정에 의하여 철거집행을 할 수 있는지 여부에 대하여, 집행권원에 표시되어 있지 않고 수권결정에 목적 건물이 특정되어 있지 않았다 하더라도 집행법원에서 이미 심사를 하였으므로 가처분 집행 이후의 현상변경으로 설치된 건축물이라면 집행할 수 있다는 견해를 따르지 않고, 집행권원에 철거목적물로 표시되지 않았고, 대체집행 수권결정에 건물의 위치와 태양을 명시하지 않고 포괄적으로 표시되어 있어 건물철거 및 토지인도의 집행을 할 수 없다는 견해를 채택하였는바, 이는 적어도 집행권원에 철거목적물로 표시되지 않았다는 것을 거절사유로 삼는 부분에 관한 한 잘못된 것이다.

113) 執行官事務に関する協議要録(第4版), 最高裁判所 事務總局(2012), 209.

12. 건물철거로 전기, 가스, 수도 등 설비를 철거함에 있어 필요한 조치

철거할 건물에 설치된 전기, 가스, 수도 등의 설비를 외부와 연결하는 전선, 도관 등으로서 건물 소유자의 소유가 아니라 전력회사 등 제3자 소유인 부분은 철거의 대상이 아니다. 또 기술상, 안전상의 관점에서 볼 때도 건물철거 집행에 있어서는 채권자나 집행관이 해당 전력회사 등과 연락을 취하여 위 각 설비의 철거와 그에 수반하는 조치를 요청할 필요가 있다. 전력회사 등이 협조를 거부하는 경우를 상정하기는 어렵지만, 협조가 이루어지지 않은 경우에는 철거대상인 부분에 대하여만 집행을 하되, 위 각 설비들에 대하여는 기술자를 집행보조자로 임명하여 안전상의 문제가 없도록 조치함과 동시에 그 같은 취지를 전력회사 등에 미리 통지하여 두어야 할 것이다.[114)]

13. 지상에 고가의 정원수나 농작물이 있는 경우

가. 고가로 추정되는 정원수의 수거(철거)집행 시 유의사항

집행 당시 정원수를 이식하기에 적당하지 않은 시점이라 할지라도 집행관이 이를 이유로 집행을 연기하여야 할 의무는 없다.[115)] 다만 집행관이 부적절한 이식으로 인한 고사를 막기 위해 채권자를 설득하여 이식 적기까지 집행중지 신청을 하도록 유도하는 것은 무방하다.

집행을 함에 있어서는 전문가에게 위탁하여 이식을 하되, 채무자가 수령을 거절하는 경우에는 적당한 장소에 가식하는 것이 바람직하다.

나. 지상 비닐하우스 철거 및 토지인도의 집행을 위하여 채무자가 대상토지에 식재 한 부추를 별도의 집행권원 없이 제거할 수 있는지

토지에 식재된 농작물은 그 점유권원의 유무를 불문하고 그 경작자의 소유에 속한다고 하는 것이 판례의 입장이므로,[116)] 토지의 거의 전부에 걸쳐 식재된 부추에 대하여 별도의 수거를 명하는 집행권원이 없는 한 토지인도 집행이 불가하고,[117)] 일응 위 공작물의 철거를 위한 대체집행만이 가능할 것이다.[118)] 다만 농작물이 아닌

---

114) 執行官事務に関する協議要錄(第4版), 最高裁判所 事務總局(2012), 267-268.
115) 執行官事務に関する協議要錄(第4版), 最高裁判所 事務總局(2012), 268.
116) 대법원 1970. 3. 10. 선고 70도82 판결, 대법원 1969. 2. 18. 선고 68도906 판결.
117) 대법원 1980. 12. 26.자 80마528 결정.
118) 집행관 업무자료집(Ⅴ), 법원공무원교육원(2017), 354. 서울중앙지방법원 2012. 3. 7.자 2012타기609 결정, 서울중앙지방법원 2012. 3. 7.자 2012타기610 결정 참조.

부추 같은 1년생 농작물의 경우에는 수확기 이후에 인도집행이 가능하므로, 부추에 대하여 별도의 수거를 명하는 집행권원을 무리해서 얻을 것은 아니다.

14. 인접지에 걸쳐 있는 건물 철거방법

철거대상 건물이 인도대상 토지의 인접지에 걸쳐 건축되어 있는 경우, 인접지에 있는 부분에 대하여는 철거집행을 하는 것이 불가능하므로, 기술적으로 가능한 때에는, 인도대상 토지에 건축되어 있는 부분과 인접지상에 있는 부분을 절단하여 집행한다. 절단 후 잔존 건물의 보수비용은 집행비용으로서 채무자가 부담한다. 절단이나 잔존 건물의 보수가 기술적으로 곤란한 경우나 그 비용이 상당히 고액인 경우에는 일단 집행을 거절한 후 채권자로 하여금 집행법원에 집행에 관한 이의를 제기하도록 유도하여 집행법원의 판단에 따르는 것이 여러 가지 측면에서 안전하다.[119)]

15. 건물철거, 토지인도 집행의 목적토지의 범위에 관하여 다툼이 있는 경우[120)]

채권자 A가 채무자 B에 대하여 건물 X의 철거 및 토지 Y의 인도집행을 신청하였는바, (1) 집행권원상 토지 Y의 범위(화해조서에 첨부된 도면에 의하여 그 범위가 특정되어 있음)는 286㎡인데 반하여 강제집행 신청시 실측도면에는 363㎡로 되어 있는 경우, (2) 집행권원상 '토지 Y 지상 건물 X'로 되어 있는데, 현황은 건물 X의 일부가 다른 토지인 Z(토지 소유자는 A)에 걸쳐 있는 경우, 건물 X의 철거집행은 가능한가, 토지 Y의 인도는 가능한가.

목적물건의 동일성에 대하여 다툼이 있는 경우로서 당해 집행권원이 도면을 인용하여 특정한 경우에는 그에 의하여 판단을 하고, 그렇지 않은 경우에는 집행기관으로서 일응의 판단을 한 다음, 불복이 있으면 집행에 관한 이의에 의하여 정리되도록 한다.

토지 Y는 화해조서상 286㎡로 기재되어 있어 현황 면적 대비 20% 이상 차이가 나기 때문에 첨부된 도면이 현황을 제대로 반영하고 있는지 의문이 생기는 경우인데, 결국 도면과 현황을 종합하여 토지 Y의 특정이 가능한가를 개별적으로 판단할 수밖에 없다.

건물 X의 경우 화해조서상 기재된 건물이 현실적으로 존재하는 건물로 인정할 수 있는지의 문제인데, (1)의 상황 하에서 인접지에 걸쳐 있는 것을 감안하여 보면,

---

119) 執行官事務に関する協議要録(第4版), 最高裁判所 事務總局(2012), 269.
120) 執行官事務に関する協議要録(第4版), 最高裁判所 事務總局(2012), 220.

화해조서상의 건물이 건물 X라고 인정할 수 있을지에 관하여 의문이 제기될 수 있다.

건물철거는 토지인도를 위한 수단으로서 실시되는 것이므로, 토지 Z의 인도를 집행권원의 내용으로 하지 않은 이상, 그 부분의 철거까지 구할 수는 없다. 한편, 토지 Y상에 존재하는 건물 X 부분에 대하여는 기술적으로 가능한 이상, 건물을 절단하여 철거하는 것이 가능하다. 철거부분 이외의 잔존 건물의 보수비용은 집행비용이 될 것이다.

16. 건물 일부에 대한 철거집행

(1) 건물 일부 철거집행의 경우, 잔존 부분이 전도되는 것을 막고 그 이용상의 위험방지 등의 견지에서 필요·최소한의 응급적인 보강공사를 실시하여야 할 것이다. 가령, 잔존 부분만으로는 전도의 위험이 있는 경우 지주를 세운다거나 철거된 벽 부분에 베니어합판을 덧대는 등의 임시조치는 취하여야 한다.[121)]

(2) 9층의 오피스텔 건물 중 1세대에 대한 철거판결에 기한 철거집행의 가부

지하 3층, 지상 9층의 오피스텔 건물 중 5층 최좌측에 위치한 세대(501호)만의 철거판결에 기한 대체집행결정에 의하여 제501호 중 주방, 싱크대, 화장실, 마루부분만의 철거를 구하는 것이 가능할까.

건물철거의 대체집행의 경우 건물의 형상을 훼손, 소멸시킨 것만으로는 아직 그 집행이 종료된 것이라고 볼 수 없고, 완전히 그 장소로부터 그 건물 내지 훼손된 잔여물을 제거한 때에 그 집행이 종료되는 것인데, 채권자가 원하는 제501호 중 주방 등의 철거에 의하여 그 집행이 종료된다고 할 수 없고, 채권자가 철거를 구하는 제501호는 지하 3층, 지상 9층인 오피스텔의 5층 가장자리 부분에 위치한 것으로서 오피스텔의 부분 손괴나 안전상의 위험을 무릅쓰지 아니하고는 그 부분만을 철거하는 것은 불가능하다고 할 것이므로,[122)] 그 대체집행은 불가능하다.[123)]

(3) 건물 중 1/2지분에 대한 철거집행의 가부

건물의 1/2 공유자인 채무자에 대한 집행권원이 있다고 하더라도, 공유의 본질상 건물의 공유자들은 특정부분이 아닌 건물 전체에 대해 소유권을 가지고 있는 것이

121) 執行官事務に関する協議要錄(第4版), 最高裁判所 事務總局(2012), 269-270.

122) 대법원 1985. 11. 26. 선고 85다카557 판결 등.

123) 서울중앙지방법원 2012. 5. 25.자 2012타기1754 결정; 집행관업무자료집(Ⅴ), 전국법원집행관연합회(2017), 355.

고, 다만 그 지분이 추상적으로 1/2일 뿐이어서, 건물철거라는 물리적 과정에 있어서 채무자의 소유부분과 다른 공유자들의 소유부분을 나눌 수 없어 결과적으로 채무자의 소유부분만을 철거하는 것은 불가능하므로, 바꾸어 말하면, 공유건물철거의무는 그 성질상 불가분채무이고, 철거대상 건물의 공유자는 각자 그 지분의 한도 내에서 건물 전체에 대한 철거의무를 지는 것이므로,[124] 위 집행권원을 가지고 채무자 소유부분만을 구분하여 철거하는 것은 불가능하다.[125]

17. 토지가 붕괴될 위험이 있는 경우 콘크리트 옹벽의 제거방법[126]

(1) 계쟁 토지상의 콘크리트 옹벽의 제거를 명하는 판결에 따라 콘크리트 옹벽을 기초부분부터 제거하게 되면 채무자 측의 토지가 붕괴될 위험이 있다고 판단되는 경우, 구체적인 집행의 범위 및 정도에 관하여 주의할 점은 무엇인가.

집행관은 판결 주문이 지정한 범위 내에서 콘크리트 옹벽을 제거하여야 하지만, 집행권원대로 철거하면 붕괴의 위험이 있다면 옹벽 제거 후 붕괴 방지공사를 하여야 한다.

콘크리트 옹벽 등의 제거비용과 응급 붕괴방지 공사비용 등에 대하여는 채권자 측에서 미리 집행법원에 집행비용 선지급결정을 신청하거나 사후적으로 집행비용 확정 신청을 통하여 집행권원을 얻은 다음 이를 가지고 채무자로부터 추심하게 된다.

당사자 간 감정 대립이 심하고 집행관이 구체적인 집행방법을 정하기 어려운 경우, 채권자로 하여금 미리 구체적인 방법을 지정하여 그 집행비용에 대한 선지급결정을 받도록 유도하여, 집행법원이 그 구체적인 방법에 대하여 채무자를 심문하여 의견을 들은 후 적절한 방법을 선택하여 그 내용을 결정 이유에 기재하여 선지급결정을 하는 것을 생각하여 볼 수 있다.

이 결정에 대하여 불복이 있으면 즉시항고가 가능하므로(민집 제260조 제3항), 쌍방의 불만을 어느 정도 완화하는 방법이 될 수도 있다.

(2) 마찬가지 이유로 법면 붕괴방지용 석축을 철거할 경우 법면 등이 붕괴될 우려가 있는 경우 집행관은 전문가의 안전진단 및 붕괴방지공사에 대한 설계.견적 등을 거쳐 채권자로부터 철거비용과 함께 안전공사 비용을 예납받아 철거와 동시에 붕괴방지를 위한 안전공사를 시행하는 방법으로 철거집행을 하여야 할 것이다.[127] 같은 견

124) 대법원 1980. 6. 24. 선고 80다756 판결.
125) 서울중앙지방법원 2013. 6. 5.자 2013타기1961 결정.
126) 執行官事務に関する協議要録(第4版), 最高裁判所 事務總局(2012), 270.
127) 집행관연찬집 2018, 법원공무원교육원(2019), 40-42.

지에서 지상 3m, 길이 20m의 돌축대와 그 축대 위에 설치된 높이 2.7m의 시멘트 블록담장 및 그 담장과 위 돌축대를 접하는 가로 2.5m, 세로 2m, 높이 3의 화장실을 철거하고 위 돌축대로부터 가옥방향으로 2.5m 들어간 마당을 철거한 후 채무자가 무단으로 점유하고 있는 그 대지부분의 인도를 명하는 결정을 안전공사 없이 그대로 집행할 경우 목적 외 토지 또는 가옥이 붕괴될 위험이 있다면 그 예방공사 없이 철거만을 집행하는 것은 허용되지 않는다.[128)]

18. 제3자로 하여금 철거하게 하는 수권결정에 기한 집행관의 실시 가부

'채권자는 제3자로 하여금 건물을 철거하게 할 수 있다'는 내용의 수권결정에 기한 집행을 채권자가 집행관에게 신청하는 경우 집행관은 이와 같은 신청에 응하여야 하는가.

수권결정에 '집행관으로 하여금 수거하게 할 수 있다'는 취지의 기재가 없는 경우, 집행관의 직무가 될 수 없으므로(집행관법 제6조 참조), 신청을 각하하여야 할 것이다. 집행관은 사인의 자격으로서도 응할 수 없다. 집행관에게 집행을 신청할 필요가 있는 경우 제3자로 된 수권결정을 집행관으로 경정하는 것을 생각해 볼 수 있으나, 경정결정의 요건을 갖추었다고 할 수 없으므로, 채권자로서는 수권의 상대방을 집행관으로 명시한 수권결정을 새로 신청하여야 할 것이다.[129)]

19. 건물철거 집행시 상시 입회 요부

건물철거에 2주간의 시일이 소요되는 경우 집행관이 그 작업 중에 항상 입회를 하여야 하는가. 이 경우 수수료는 어떻게 계산하여야 하는가.

대체집행의 수권결정에 행위자로 집행관이 지정된 경우 채권자의 신청에 따라 그 결정에 정해진 행위를 집행관이 하여야 한다(민집 제260조 제1항, 집행관법 제6조 제4호).

이 경우 집행관은 기술자, 노무자를 사용할 수 있지만, 기술자 등을 사용하는 경우에도 철거행위의 주체가 집행관임은 변함이 없다. 따라서 집행관은 철거행위 실시자로서 현장에 임하여 있으면서 철거의 방법, 잔존 자재의 처리방법 등에 관하여 기술자 등에게 적절한 지시를 할 수 있다. 또 철거작업 중에 건물철거의 집행권원에 대한 집행정지 결정이 집행관에게 제출된 경우, 집행관은 철거작업을 중지하여야 할 것

---

128) 집행관연찬집 2018, 법원공무원교육원(2019), 43-46.
129) 執行官事務に関する協議要録(第4版), 最高裁判所 事務總局(2012), 454.

이므로, 정지서류에 대한 대응이라는 관점에서도 집행관은 철거현장에 있을 필요가 있다.

그러나 위와 같이 해석하게 되면 철거작업 중에는 다른 집형사건을 수행하는 것이 불가능하게 되고, 특히 철거기간이 장기간에 걸칠 경우에는 그 폐해가 크게 된다. 또 집행관이 현장을 떠날 때마다 철거작업을 중지하는 것도 비능률적으로 철거비용의 고액화를 초래하며, 도중에 철거작업을 중단하는 것이 오히려 위험한 경우도 있을 수 있다. 따라서 현실적으로는 집행관이 현장을 비운 상태에서 철거작업을 속행하는 것을 허용하지 않을 수 없다고 생각된다. 구체적으로는 채무자의 민원이나 저항이 예상되지 않는 사안에서 철거기간이 장기간인데 그 기간 중에 다른 집행사건을 처리할 필요가 있는 경우에는 부재중 작업의 내용이나 순서 등에 관하여 미리 지시를 하고, 정지서류 제출 등 예기치 않은 사태가 발생할 경우 철거작업을 중지하고 바로 집행관에게 연락을 하도록 한 다음 집행관이 현장을 떠나는 것은 불가피하게 허용되어야 할 것이다.[130]

수수료 계산의 기준이 되는 직무시간 계산시 실제로 현장에 입회한 시간만을 산입하여야 할 것이다.

20. 건물철거 집행의 종료시기

건물철거를 명하는 판결에 기한 대체집행결정에 따라 집행관이 건물철거에 착수하여 한 쪽 벽면만 일부 제거하는 방법으로 그 집행을 마치고 집행관과 집행관 측 인부가 현장을 떠나고 채권자가 그 나머지 부분의 철거작업을 마쳤는데, 채무자가 아직 집행이 종료되지 않은 상태에서 채권자가 나머지 부분을 부순 것은 위법하다고 다투는 경우 건물철거 집행의 종료시기는 구체적으로 언제인가.

집행의 종료시점이 언제인가는 채무자 등의 집행에 관한 이의에 의한 불복 시한과 관련하여 문제가 되는바,[131] 대체집행은 수권결정에 기한 행위의 완료시에 집행이 종료된다 할 것이므로, 철거 대체집행의 경우 그 철거행위의 종료에 의하여 집행이 종료된다고 보는 것이 맞다.[132] 따라서 건물철거 대체집행의 경우 건물의 형상을 훼손, 소멸시킨 것만으로는 아직 그 집행이 종료된 것이라고 할 수 없고, 완전히 그 장소로부터 그 건물 내지 훼손된 잔여물을 제거한 때에 그 집행이 종료된 것이라고 할

130) 執行官事務に関する協議要錄(第4版), 最高裁判所 事務總局(2012), 272.
131) 대법원 2012. 3. 15. 선고 2011다73021 판결.
132) 제4판 주석 민사집행법(Ⅵ), 한국사법행정학회(2018), 78.

것이다. 다만 집행관이 건물의 철거집행에 착수하여 3시간에 걸쳐 건물의 주요부분인 지붕, 서까래, 기둥 등에 대하여 그 철거를 마치고 벽체를 헐려고 할 무렵에 건물의 소유자라고 주장하는 자로부터 강제집행중지의 요청을 받았으나 이미 위 건물의 주요부분에 대한 철거집행이 사실상 끝난 상태로서 나머지 벽체 부분만으로 아무런 사용가치가 없다고 판단하여 이를 마저 철거하고 대지인도집행을 위하여 잔해물을 제거하는 작업을 계속하였다면 위 건물에 대한 철거집행은 철거집행중지요청을 받은 당시 사실상 종료된 것이라 할 것이다.[133] 토지인도를 위한 철거집행의 경우 목적물인 토지를 인도받는데 지장이 없을 정도의 철거가 이루어지면 철거집행이 종료된 것으로 보아도 좋을 것이다.[134]

21. 건물철거 후 남은 폐자재가 무가치한 경우

건물철거 대체집행에 의하여 철거한 건물에 사용된 환가가치 없는 목재들을 바로 폐기처분하는 것이 가능한가.

대부분이 철근콘크리트 건물이어서 현실적으로는 상정하기 어렵지만, 건물철거의 대체집행에 의하여 철거한 건물에 사용된 목재 등 자재 등에 대하여도 민사집행법 제258조 제3항이 유추적용 된다고 봄이 상당하므로,[135] 채무자 등에게 이를 인도하는 것이 불가능한 경우에는 일응 무가치한 것으로 생각한다는 것이겠지만, 다른 견해가 있을 수 있는 점을 고려하여 민사집행법 제258조 제5항에 의하여 일응 상당기간 보관하였다가 채무자가 그 수취를 게을리 한 때에는 민사집행법 제258조 제6항에 따른 매각을 시도하여 보되, 수회 매각에도 불구하고 매각되지 않아 무가치물로 판단되는 때에는 폐기처분을 하여도 무방하다.[136]

22. 집행관에 대하여 원조를 요구하는 경우 증명하여야 할 사항

민사집행법 제7조 제1항의 규정에 기하여 원조를 요구하는 경우[예컨대, 경매부동산의 감정인(민집 제97조), 강제관리의 관리인(민집 제166조), 부동산인도청구권의 압류에 있어서의 보관인(민집 제244조) 등을 들 수 있다], 집행관에 대하여 증명하여야 할 사항은 ① 자신이 집행법원의 명령에 따라 민사집행에 관한 직무를 행하는 자라는 점, ② 직무집행에 있어 저항을 받을 개연성이 있다는 점을 증명하여야 한

133) 서울고등법원 1985. 2. 14. 선고 84나1375 판결.
134) 집행관업무자료집(Ⅴ), 전국법원집행관연합회(2017), 351.
135) 大阪地裁執行實務硏究會 編, 不動産明渡·引渡事件の實務, 新日本法規(2010), 350.
136) 執行官事務に関する協議要錄(第4版), 最高裁判所 事務總局(2012), 227.

다.[137)]

가령 감정인이 집행관의 원조를 요구하는 경우에는 집행법원의 평가명령(민집 제97조 제1항)의 정본을 제출하면 충분할 것이다. 집행관 이외의 자가 민사집행법 제260조 제1항의 수권결정을 집행하는 경우에는 수권결정의 정본과 채권자가 그 사람에게 그 행위를 위임하였음을 증명할 서류를 제출하면 된다. ②의 요건과 관련하여서는 대부분의 경우 원조를 요구하는 사람 본인이 작성한 보고서 등에 의하여야 하는 경우가 많을 것이다.

원조를 요구하는 사람의 직무집행이 적법한지 여부를 집행관이 판단할 필요는 없다.

137) 執行官事務に関する協議要録(第4版), 最高裁判所 事務總局(2012), 1-2.

제6장 부동산점유이전금지, 철거단행 가처분의 집행

제6장 부동산점유이전금지, 철거단행 가처분의 집행

Ⅰ. 총설

1. 보전처분 집행의 일반원칙

가. 강제집행 규정의 준용

가압류의 집행에 관하여는 민사집행법 제292조 이하 몇 조문의 특칙이 있는 것을 제외하고는 강제집행에 관한 규정을 준용하고 있는데(민집 제291조, 민집규 제218조), 가처분의 집행에 관하여도 같다(민집 제301조). 그러므로 보전처분의 성질에 반하지 않고 특칙에서 따로 규정되어 있지 않은 한 보전처분의 집행에 관하여는 강제집행에 관한 규정이 모두 준용된다고 보아야 한다. 따라서 집행의 목적물, 집행기관, 집행의 방법, 위법집행에 대한 채무자와 제3자의 구제절차 등은 강제집행에서 설명하는 바를 참고하면 된다. 다만, 가처분명령을 발한 후에 그 명령의 존속을 부당하게 하는 사유가 발생된 때에는 사정변경에 의한 취소(민집 제291조, 제288조)를 할 수 있으므로 청구에 관한 이의의 소(민집 제44조)의 규정은 준용되지 않고, 집행문 부여에 대한 이의의 소(민집 제45조)의 규정도 원칙적으로 준용되지 않는다(승계집행문이 있는 경우는 예외).

나. 집행기관

집행기관은 강제집행의 경우와 같다. 부동산, 선박·항공기·자동차·건설기계·소형선박, 채권과 그 밖의 재산권에 대한 가압류와 처분금지가처분 등은 집행법원이 집행기관이 된다. 다만 이 경우 강제집행과 다른 것은 선박·항공기의 경우 선박국적증서 등을 제출하는 방법에 따라 집행하는 경우(민집 제295조 제2항)를 제외하고는 발령법원이 곧 집행법원이 된다는 점이다(민집 제293조 제2항, 제296조 제2항, 제301조). 유체동산의 가압류, 동산 또는 부동산인도의 가처분, 채무자의 점유해제·집행관보관의 가처분 등은 집행관이 집행한다.

2. 보전처분 집행의 특색

일반적으로 보전집행의 특색은 다음과 같다.

① 보전처분의 집행력은 그 명령 성립과 동시에 발생하고 그 명령의 확정을 기다릴 필요가 없다. 따라서 가집행선고를 붙일 여지가 없으며, 보전명령 발령법원이 동시에 집행기관인 경우에는 실무상 집행신청을 기다리지 않고 집행에 착수한다.

② 일반적으로는 집행문의 부여가 필요 없고 당사자의 승계가 있을 경우에 한하여 승계집행문이 필요할 뿐이다(민집 제292조 제1항).

③ 집행권원을 채무자에게 송달하기 전에 집행할 수 있다(민집 제292조 제3항).

④ 보전처분의 집행력은 재판의 고지 후 2주일 이내에 집행에 착수하지 않으면 상실된다(민집 제292조 제2항, 제301조).

3. 보전처분 집행 신청의 요부

강제집행에서는 집행권원이 성립되었다고 하더라도 집행채권자의 집행신청이 있기까지는 집행절차가 개시되지 않는다. 관념적으로는 보전처분 집행에서도 집행신청이 필요하다. 따라서 집행기관이 집행관인 유체동산가압류 등의 경우에는 채권자가 보전명령정본을 집행관에게 제시하고 집행위임을 하여야만 집행이 개시된다.

4. 채무자에 대한 송달과 집행착수와의 관계

보전처분의 집행은 채무자에게 재판서 정본을 송달하기 전에도 할 수 있다(민집 제292조 제3항, 제301조), 실무상은 가압류와 다툼의 대상에 관한 가처분은 집행착수 전에 채무자에게 재판서 정본을 송달하지 않는 것을 원칙으로 하고 있다. 채무자에게 강제집행을 면탈할 기회를 주지 않기 위함이다. 실무례는 다음과 같은 기준에 의하여 채무자에게 재판서 정본을 송달한다.

가. 집행법원이 집행기관인 경우

제3채무자에 대한 송달통지서의 도착, 부동산에 대한 등기필증의 도착 등에 의하여 집행되었음을 확인한 후에 채무자에게 송달한다.

나. 집행관이 집행기관인 경우

1) 발령법원 소속 집행관인 경우

채권자가 집행관에게 집행을 위임하면 그 집행관은 법원사무관 등에게 자기가 위임받았음을 통지하고 법원사무관 등은 그 집행관으로 하여금 채무자에 대한 재판서 정본을 송달하도록 한다(민소 제176조 제1항의 집행관 송달방식에 의함). 이처럼 집행관은 그 보전처분의 집행착수와 동시에 채무자에게 재판서 정본을 송달하게 된다. 만약 집행장소에서 집행관이 채무자를 만나지 못하였을 때에도 집행절차는 진행되므로 집행관은 송달불능보고서를 작성하여 법원에 제출하면 법원은 우편에 의한 송달 등의 방법에 따라 송달하게 된다.

2) 집행관이 발령법원 소속이 아닌 경우

법규상 채권자나 집행관이 집행한 사실을 법원에 보고하여야 할 의무는 없으나 채권자 또는 집행관으로 하여금 집행하였음을 자발적으로 보고하도록 하여 그와 같은 보고가 있으면 채무자에게 재판서 정본을 송달한다. 그 통지가 없으면 집행기간의 경과 후에 채무자에 대해 송달을 한다.

5. 보전집행기간

가. 의의

민사집행법 제292조 제2항은 가압류에 대한 재판의 집행은 채권자에게 재판을 고지한 날부터 2주일을 넘긴 때에는 하지 못한다고 규정하고 있고 이 규정은 민사집행법 제301조에 의하여 가처분의 집행에도 준용된다. 이와 같이 보전명령을 집행할 수 있는 기간을 집행기간이라 한다. 이처럼 집행기간을 둔 취지는 보전처분은 발령 당시의 사정만을 고려하여 임시적, 잠정적으로 집행하게 되는 것인데, 발령 후 오랜 시일이 경과함으로써 여러 가지 사정이 변경되었음에도 언제까지라도 집행할 수 있도록 하는 것은 부당하기 때문이다.

나. 법적성질

집행기간은 법정기간으로서, 이는 채무자의 이익만을 위한 기간은 아니고 채권자의 권리행사 확보와 채무자보호의 요청을 조화시키기 위하여 국가의 집행권을 제한하는 공익적 규정이므로, 법원이 마음대로 신장할 수 없고, 채무자도 그 기간경과의 이익을 포기할 수 없다.

또 채권자의 책임 없는 사유로 집행기간을 준수할 수 없었을 때(집행관의 해태, 법원사무관 등의 등기촉탁 해태 등) 민사소송법 제173조를 준용하여 추후보완 할 수 있는가에 관하여도 견해는 나뉘나, 집행기간은 이를 위반한 자에게 제재를 가하려는 뜻이 아니고 시일의 경과에 따른 사정의 변경을 염려하여 채무자의 보호를 꾀한 규정이므로 부정설이 타당하다. 다만 채무자의 방해 행위 때문에 그 집행에 착수할 수 없었을 때에는 집행기간을 둔 취지에 비추어 볼 때 그 집행방해 행위의 종료 시까지는 집행기간이 진행되지 않는다.

다. 기산점과 진행

1) 원칙

집행기간은 집행할 수 있는 때부터 진행한다. 즉시 집행에 착수할 수 있는 보전처분(가압류, 부동산점유이전금지가처분 등)은 채권자에게 그 재판을 고지한 날부터 집행기간이 진행한다(민집 제292조 제2항, 제301조). 집행개시 전에 집행정지의 명령이 있으면 다시 집행할 수 있는 때, 즉 그 정지명령의 효력 상실 시에 다시 집행기간이 기산된다. 그러나 이의신청이 있다 하여 집행이 당연히 정지되는 것은 아니므로 이의사건의 결정에서 보전명령이 인가되었다고 하여 집행기간이 다시 갱신되는 것은 아니다.

2) 임시의 지위를 정하기 위한 가처분

가처분 중에는 재판의 고지와 동시에 즉시 집행에 착수할 수 없는 것이 있다. 이때에는 집행기간의 기산점을 별도로 살펴야 한다.

일정한 작위를 명하는 가처분의 경우에 그 작위가 대체적인 경우에는 대체집행(민집 제260조)에 의하고 부대체적인 경우에는 간접강제(민집 제260조)에 의하게 되는데 이때의 집행기간은 대체집행신청이나 간접강제신청에 대한 인용재판이 있을 때부터 진행되는 것이 아니라 가처분재판의 고지일부터 2주일 이내에 대체집행 또는 간접강제의 신청이 있어야 한다.[1)]

다만 가처분에서 명하는 부대체적 작위의무가 일정 기간 계속되는 경우라면, 채무자가 성실하게 그 작위의무를 이행함으로써 강제집행을 신청할 필요 자체가 없는 동안에는 위 집행기간이 진행하지 않고, 채무자의 태도에 비추어 작위의무의 불이행으로 간접강제가 필요한 것으로 인정되는 때에 그 시점부터 2주일의 집행기간이 진행한다고 보아야 한다.[2)]

집행을 따로 필요로 하지 아니하는 단순히 부작위를 명하는 가처분의 경우에는 원칙적으로 집행기간의 문제가 생기지 않으나 채무자가 명령위반행위를 하면 채권자는 그 제거 또는 방지를 구할 수 있는데(민집 제260조, 민법 제389조 제3항), 그 명

1) 대법원 2001. 1. 29.자 99마6107 결정.
2) 대법원 2010. 12. 30.자 2010마985 결정.

령위반 행위 시부터 그 제거나 방지를 위한 신청의 집행기간이 개시된다.

채무자에 대하여 단순한 부작위를 명하는 가처분은 그 가처분 재판이 채무자에게 고지됨으로써 효력이 발생하는 것이지만, 채무자가 그 명령 위반의 행위를 한 때에 비로소 간접강제의 방법에 따라 부작위 상태를 실현할 필요가 생기는 것이므로 그 때부터 2주 이내에 간접강제를 신청하여야 함이 원칙이고, 다만 채무자가 가처분 재판이 고지되기 전부터 가처분 재판에서 명한 부작위에 위반되는 행위를 계속하고 있는 경우라면, 그 가처분결정이 채권자에게 고지된 날부터 2주 이내에 간접강제를 신청하여야 하고, 그 집행기간이 지난 후의 간접강제 신청은 부적법하다.[3)]

정기이행을 명하는 경우(매월 일정한 날에 금전의 지급을 명하는 가처분 등)에는 각 급부에 대하여 개별적으로 집행기간이 적용되므로, 매 이행기로부터 2주 이내에 집행에 착수하여야 한다.

3) 일단 취소된 집행을 재집행하는 경우

가) 의의

재집행은 보전명령 이의·취소절차에서 보전명령을 취소하였으나 항고심에서 채권자가 승소하여 다시 집행하는 경우가 전형적인 예이다. 이 경우 재집행은 집행기간의 제약을 받지 않는다고 해석하는 견해도 있다. 그러나 이미 종전의 집행이 취소된 이상 재집행을 종전 집행의 속행이라고 보는 것은 무리이므로, 보전항고결정이 채권자에게 송달된 다음날부터 새로운 집행기간이 진행된다고 해석하는 것이 타당하다.

나) 항고법원이 집행법원이 되는 경우

상소법원에서 보전명령취소결정을 취소·변경함으로써 그 보전처분에 관하여 새로운 집행이 필요하게 된 때에는, 법원이 집행기관이 되는 경우에 한하여 절차의 신속을 위하여 취소의 재판을 한 상소법원이 직권으로 그 집행절차를 진행하여야 한다(민집 제298조 제1항, 제301조).

이 경우 채권자가 1심법원에 보전집행신청을 한 것은 여전히 유효하므로 채권자는 다시 보전집행신청을 할 필요가 없다. 따라서 항고법원은 보전명령취소결정을 취소·변경함과 동시에 보전집행에 착수하여야 하고, 위 결정이 채권자에게 송달된 다음날부터 2주가 경과하면 보전집행을 할 수 없다.[4)] 이와 달리 집행관이 집행기관이 되는 경우에는 채권자는 다시 집행신청을 하여야 한다.

---

3) 대법원 2010. 12. 30.자 2010마985 결정.
4) 대법원 2010. 4. 7.자 2009마2031 결정.

다) 대법원이 보전명령취소결정을 취소·변경한 경우

대법원에서 보전명령취소결정을 취소·변경함으로써 그 보전처분에 관하여 새로운 집행이 필요하게 된 때에는 법원이 집행기관이 되는 경우에 한하여 채권자의 신청에 따라 1심법원이 집행한다(민집 제298조 제2항, 제301조). 채권자의 집행신청이 있으면 1심법원은 기록이 송부되기 전이라도 즉시 집행에 착수하여야 한다. 그러나 보전명령취소결정의 취소·변경결정이 채권자에게 송달된 다음날부터 2주가 경과하면 보전집행을 할 수 없다.

라. 집행의 의미

2주일 이내에 집행하여야 한다는 의미는 원칙적으로 2주일 이내에 집행에 착수하여야 하고 또 그것으로 충분하다고 해석된다. 일단 집행에 착수하면 그에 당연히 수반되는 절차는 집행기간경과 후에 이루어져도 좋다. 그러나 집행 일부에 착수하였더라도 그 집행행위와는 별개의 집행행위를 따로 할 때에는 역시 집행기간 내에 착수되어야 한다(예를 들어, 동산 가압류에 있어 일부 동산에 대해 집행하고 집행기간 내에 집행의 착수가 없었던 별도의 동산에 대해 다시 집행하는 때). 이미 시행된 집행에 관하여 그 보관방법을 변경하는 것은 집행기간 경과 후에도 할 수 있다.[5] 다만 판례는 예외적으로 간접강제에 의하여 보전명령을 집행하는 경우에는 간접강제의 신청만으로 집행기간을 준수한 것으로 보고 있다.[6]

어느 경우에 집행의 착수가 있었다고 볼 수 있는지 구체적으로 본다.

① 유체동산의 집행은 집행관이 압류할 재산을 찾기 위하여 채무자의 가옥, 사무실, 창고 그 밖의 장소에 대한 수색에 나아가면 집행의 착수로 볼 수 있다.[7] 일단 집행에 착수한 이상 같은 장소에서 집행을 마치지 못한 동산을 집행하는 것은 먼저의 집행을 속행하는 것으로 볼 수 있으므로 집행기간의 제약을 받지 아니한다.

② 부동산가압류는 가압류재판에 관한 사항을 등기부에 기재하는 것으로 집행하고, 그 촉탁은 등기부에 기재하기 위한 수단이므로 등기촉탁서를 발송하면 집행의 착수가 있다고 볼 수 있다. 같은 맥락에서 등기 있는 선박과 등록된 항공기에 대하여는 등기 또는 등록촉탁서를 발송한 때 또는 집행관이 선박국적증서 등을 받기 위하여 수색하는 행동에 나아간 때에, 등록된 자동차와 건설기계에 대하여는 등록촉탁서를 발

5) 대법원 1957. 10. 21.자 4290민재항35 결정.
6) 대법원 2010. 12. 30.자 2010마985 결정.
7) 대법원 2001. 8. 21. 선고 2000다12419 판결.

송한 때 또는 집행관이 그 인도명령의 집행을 위한 행동에 나아간 때에 각각 집행의 착수가 있다고 볼 수 있다. 그 외 광업권, 지식재산권에 대하여는 등록을 촉탁한 때가 된다.

③ 어음, 수표 그 밖에 배서로 이전할 수 있는 증권으로서 배서가 금지된 증권채권의 가압류는 집행관이 그 증권의 점유를 개시한 때(민집 제291조, 제233조)가 집행의 착수시기이다. 민사집행법에서는 유가증권으로서 배서가 금지되지 아니한 것을 유체동산으로 보고 있으므로(민집 제189조 제2항 제3호) 집행의 착수시기에 관하여도 유체동산에 대하여 전술한 바로 된다.

집행관이 부당하게 가처분의 집행을 중지한 것에 대하여 집행에 관한 이의를 신청하여 기간경과 후 가처분집행을 하는 것은 집행의 속행에 해당한다. 집행착수 후 채무자의 집행방해로 집행이 중지된 경우도 이와 같다.

마. 집행기간 도과의 효과

1) 집행력의 효력 상실

집행기간이 지나면 그 보전처분은 집행력을 잃는다. 당사자 쌍방의 합의로 집행의 착수를 일시 중지한 경우에도 집행기간이 지나면 그 보전처분은 집행력을 잃는다.[8] 따라서 채권자는 새로운 보전처분신청을 하여 새로운 재판을 받지 않으면 집행할 수 없다.

집행기간 경과의 여부는 집행기관이 직권으로 조사하고 집행기간이 경과한 경우에는 집행신청을 각하한다. 집행기간이 지났는데도 집행을 하면 위법한 집행으로서 채무자는 집행에 관한 이의 또는 사정변경을 이유로 한 보전명령의 취소로 구제받을 수 있다.

채권자가 임의로 가압류의 집행을 해제한 경우에도 그 명령만은 존속하고 있으므로 집행기간 이내라면 다시 집행에 착수할 수 있다. 당사자가 합의하여 집행을 중지하거나 해제한 경우에도 집행기간 내라면 별문제가 없으나 기간경과 후라면 다시 집행할 수 없다. 그러나 집행기간이 경과하였다 하여 보전처분 자체의 효력이 상실되는 것은 아니므로 채무자가 보전처분 자체의 효력을 없애려면 사정변경에 의한 취소신청을 하여야 한다.

---

8) 제4판 주석 민사집행법(Ⅶ), 한국사법행정학회(2018), 479.

2) 추후보완의 허용 여부

채권자에게 책임이 없는 어쩔 수 없는 사유가 생겨 집행기간을 경과한 경우, 예를 들어 가압류발령 후에 지진 등 재난에 의해 위 법정기간을 지난 경우에 추후보완에 관한 민사소송법 제173조를 준용하여 그 사유가 종료한 후부터 2주일 이내에 집행을 진행할 수 있는가. 2주간의 집행기간은 이를 위배한 자에게 제재를 가하려는 의미가 아니고 시일의 경과 때문인 사정변경을 우려하여 채무자의 보호를 위한 규정이므로 민사소송법 제173조의 준용은 부정함이 타당하고, 즉 채권자에게 책임이 없는 어쩔 수 없는 사유가 발생하여 집행기간을 도과 한 경우에도 그 명령에 따른 집행은 불가능하다.[9)]

3) 채무자의 집행방해

채무자의 집행방해 때문에 집행에 착수할 수 없는 경우에는 방해가 있는 동안은 기간의 진행이 정지되고, 방해 행위가 끝난 때로부터 새로이 기간이 진행되는 것으로 해석한다.[10)]

Ⅱ. 부동산점유이전금지가처분의 집행

1. 의의

부동산에 대한 인도청구권을 보전하기 위한 다툼의 대상에 관한 가처분의 일종으로서, 목적물의 주관적(인적), 객관적(물적) 현상변경을 금지하고자 함을 목적으로 한다. 우리 민사소송법은 당사자 승계주의를 취하고 있어 변론종결 전의 승계인에게는 판결의 효력이 미치지 아니하므로 인도청구의 본안소송 중 목적물의 점유가 이전되면 그대로 본안소송에서 패소할 수밖에 없고, 따라서 새로이 그 제3자를 상대로 하여 소를 제기하든가 아니면 민사소송법 제82조 등에 의하여 위 제3자에게 소송을 인수시켜 소송을 유지할 수밖에 없다. 점유이전금지가처분을 받아 두면 그 이후에 점유를 이전받은 사람은 가처분채권자에게 대항할 수 없고, 당사자가 항정(恒定) 되므로 위와 같은 불측의 손해를 예방할 수 있다.

또한, 이 가처분은 가처분 집행 당시 목적물의 현상을 본 집행 시까지 그대로

9) 제4판 주석 민사집행법(Ⅶ), 한국사법행정학회(2018), 480.
10) 제4판 주석 민사집행법(Ⅶ), 한국사법행정학회(2018), 480.

유지함을 목적으로 한다. 즉, 목적물에 관하여 객관적 현상변경(물리적 변경)이 이루어지면 채권자가 승소의 확정판결을 얻어도 변경 후의 목적물의 현상이 판결에서 표시된 물건과 동일성을 잃을 정도의 것이면 그 판결에 기초한 강제집행은 불능이 되고 동일성을 잃을 정도까지는 되지 않는다 하더라도 집행에 더 큰 비용이 필요하게 되는 등 강제집행이 곤란하여질 염려가 있고, 채무자가 본안소송에서 토지, 건물 등의 목적물에 변경을 가하고는 이를 이유로 비용상환청구권(민법 제203조) 등의 행사에 의한 유치권의 항변을 할지도 모르므로 이를 방지하기 위하여서도 이 가처분은 필요하게 된다.

2. 집행과 그 효력

채권자가 가처분재판의 정본을 가지고 집행관에게 집행을 위임함으로써 집행한다. 집행관은 채권자, 채무자 또는 그 대리인의 참여하에 목적물이 집행관의 보관하에 있음을 밝히는 공시를 목적물의 적당한 곳에 붙이고 채무자에게 가처분의 취지를 알림으로써 집행을 한다.

이 공시는 집행관보관 효력의 발생, 존속요건이 아니고, 또한 대항요건도 아니며, 단지 제3자의 개입으로 집행상태의 침해라든가 효과의 감소를 방지하고, 나아가 본안판결의 집행으로 불이익을 입을지도 모른다는 취지를 제3자에 경고하는 효과가 있는데 지나지 아니한다. 다만 이 공시서를 망가뜨리면 형법 제140조 등이 적용된다.

집행관이 그 집행을 하면 집행조서를 작성한다.

통상의 점유이전금지가처분은 가처분집행 당시 목적물의 현상을 본 집행 시까지 그대로 유지함을 목적으로 하여 그 목적물의 점유이전과 현상의 변경을 금지하는 것에 불과하여, 이러한 가처분결정이 있었음에도 점유가 이전되었을 때에는 가처분채무자는 가처분채권자에 대한 관계에서 여전히 그 점유자의 지위에 있는 것으로 취급되는 것일 뿐 가처분집행만으로 소유자에 의한 목적물의 처분을 금지 또는 제한하는 것은 아니다. 따라서 점유이전금지가처분의 대상이 된 목적물의 소유자가 그 의사를 근거로 하여 가처분채무자에게 직접점유를 하게 한 경우에는 그 점유에 관한 현상을 고정하는 것만으로 소유권이 침해되거나 침해될 우려가 있다고 할 수 없고, 소유자의 간접점유권이 침해되는 것도 아니므로 간접점유자에 불과한 소유자는 직접점유자를 가처분채무자로 하는 점유이전금지가처분의 집행에 대하여 제3자이의의 소를 제기할 수 없다.[11)]

11) 대법원 2002. 3. 29. 선고 2000다33010 판결.

서울중앙지방법원

부동산가처분집행조서

사 건	*2020가000 (1부)*
채 권 자	*홍길동*
채 무 자	*변학도*
집 행 권 원	*서울중앙지방법원 2019카단000호*
집 행 일 시	*2020. 3. 12. 13:41*
집 행 장 소	*서울특별시 성동구 성수동 1가 100-10*

1. 위 집행권원에 의한 채권자의 위임에 의하여 집행장소에서 채무자 *변학도* 을(를) 만나 집행권원을 제시하고 그 정본 주문 표시의 부동산에 대하여 가처분집행의 요지를 고지하고 가처분 집행의 뜻을 알린 다음 위 동인과 채권자 *홍길동* 을(를) 참여시키고 집행목적물에 대한 채무자의 점유를 해제하고 본직이 이를 점유하였다.

2. 위 정본의 취지에 따라 현상을 변경하지 않을 조건으로 하여 채무자에게 사용케 하고, 채무자는 위 부동산에 대한 점유, 명의의 이전, 기타 일체의 처분을 하여서는 아니된다라는 가처분 집행취지를 고지하고 위 집행취지와 같은 내용을 기재한 고시문을 사무실 벽에 부착한 후 가처분 집행을 마쳤다.

3. 이 절차는 같은 날 *14:00*에 종료하였다.

이 조서는 현장에서 작성하여 집행참여자에게 읽어 준(보여 준) 즉 승인하고, 다음에 서명하였다.

2020. 3. 12.

집 행 관 : *김 집 행* (서 명)

채 권 자 : *홍길동* (서 명)
채 무 자 : *변학도* (서 명)
참여자성명 : *성춘향* (서 명) 주민등록번호 : *730101-1234567*
주소 : *서울특별시 성동구 성수동 100*
참여자성명 : *이몽룡* (서 명) 주민등록번호 : *710101-1234567*
주소 : *서울특별시 성동구 성수동 200*

3. 집행관 점유의 성질

집행관의 점유는 공법적인 성질을 가진 점유이고 따라서 가처븐의 집행으로 목적물이 집행관의 점유 아래 있다고 하더라도 채무자 사법상의 점유는 상실되지 않는다. 즉 취득시효의 진행 등에 관하여 채무자는 점유를 잃은 것으로 취급되지 않는다.

4. 가처분의 경합

가처분은 그 내용이 다양하므로 상호 모순·저촉되지 않는 범위 내에서만 경합이 허용된다.[12] 수 개의 가처분이 서로 모순·저촉되는지는 당사자, 피보전권리, 보전의 필요성, 주문 또는 신청취지 등을 비교하여 판단한다. 예를 들면, 갑의 을에 대한 건물의 집행관 보관, 채무자 사용의 점유이전금지가처분과 병의 갑에 대한 건물철거 및 을에 대한 건물퇴거의 가처분은 경합될 수 있다.

반면, 동일 건물에 대하여 甲의 채무자를 상대로 한 집행관 보관, 채무자 乙 사용의 점유이전금지가처분(제1차 가처분)이 집행된 후에, 丙의 채무자 丁을 상대로 집행관 보관, 채무자 丁 사용의 점유이전금지가처분(제2차 가처분)이 다시 발령되어 집행된 경우, 양자는 비록 당사자는 서로 다르다 할지라도 각기 서로 다른 채무자에게 같은 건물의 사용을 허락한 한도 내에서 모순·저촉된다. 이러한 경우 제2차 가처분의 집행은 불허되어야 할 것인데, 만일 집행되었다면 제1차 가처분채권자는 실체법상의 권리를 근거로 하여 제3자이의의 소를 제기할 수 있음은 물론이나 이에 의하지 아니하고 집행에 관한 이의로써 제2차 가처분의 집행 배제를 구할 수 있다.[13]

5. 현상변경 시의 조치

가. 객관적 현상변경의 경우

1) 의의

기본형의 점유이전금지가처분이 있으면 채무자는 목적물의 객관적 현상변경을 할 수 없다. 어느 정도까지의 현상변경이 객관적 현상변경으로 허용되지 않는 것인가는 가처분의 목적과 관련하여 구체적으로 결정할 수밖에 없는바, 목적물인 건물을 증·개축하여 동일성을 상실하게 하는 것, 동일성은 상실하지 않더라도 과다한 유익비

12) 대법원 1999. 3. 23. 선고 98다59118 판결.
13) 대법원 1981. 8. 29.자 81마86 결정.

의 상환의무를 부담시키는 것, 본래의 용도에 맞지 않게 고치는 것 등과 나대지 상에 건물을 축조하는 것, 임야를 개간하여 대지로 조성하는 것 등은 현상변경에 해당하나, 단순히 목적물의 현상을 보존하기 위하여 수선한다거나 점포 등의 내부 장식을 바꾸는 정도 등은 현상변경에 해당하지 않는다.

객관적인 현상변경 여부는 본안판결의 강제집행이 불능 또는 현저하게 곤란하여졌는가, 즉 피보전권리의 실현에 지장을 받는가의 관점에서 건전한 사회통념에 따라 판단하여야 한다.[14] 가처분명령 주문에 채무자에게 목적물건의 사용을 허용한 경우 통상의 용법에 따라 사용하던 중 일어난 변경은 현상변경에 포함되지 않는다고 보아야 한다. 따라서 목적물이 주택인 경우 채무자가 거주를 위하여 다소의 변경을 가한 때에는 현상변경으로 볼 수 없는 경우가 많을 것이다. 목적물의 보존을 위하여 변경을 가한 경우 즉 비막이를 수리하여 종전과 같이 주택을 계속 사용하는 것은 현상변경에 해당하지 않지만, 주택을 증·개축하거나 지상에 건물을 신축하는 행위는 현상변경에 해당한다.

2) 원상회복의 가부와 방법

채무자가 가처분에 위반하여 목적물의 현상을 객관적으로 변경한 경우 집행관이 채무자에 대하여 원상회복을 경고하는 것은 가능할 것이다. 문제는 채무자가 이러한 집행관의 경고에 따르지 아니할 경우 집행관이 그 변경을 제거하여 원상회복할 수 있느냐 하는 것이다.

이에 관하여는 ① 언제든지 자력으로 할 수 있다는 견해(집행관 제거설), ② 이 가처분의 취지를 채무자에 대하여 현상변경의 부작위의무를 과한 것으로 보고 부작위의무에 관한 강제집행 방법(민집 제260조)을 준용하여 민법 제389조 제3항을 근거로 한 수권결정을 얻어 원상회복의 강제집행을 할 수 있다는 견해(집행명령설), ③ 새로운 가처분에 의하여야 한다는 견해(신가처분명령설), ④ 현상이 변경 중이거나 변경 직후인 때에는 자력구제가 가능하나 이미 기정사실로 되었을 때에는 위 집행명령이 필요하다는 견해(절충설) 등으로 나누어지고 있으나, ②의 집행명령설 견해가 타당하다.[15] 보전처분 신청사건의 사무처리요령(재민 2003-4) 제11조도 "채무자의 점유를 풀고 집행관에게 보관하게 하고 현상을 변경하지 않는 조건으로 채무자에게 사용을 허가한 취지의 가처분 집행으로 목적물을 보관 중인 집행관은 채무자의 현상변경(사용자

14) 제4판 주석 민사집행법(Ⅶ), 한국사법행정학회(2018), 653.
15) 집행관실무편람, 법원행정처(2004), 232.

의 변경, 목적물의 훼손 등)을 이유로 채무자의 사용을 중지하게 하기 위해서는 발령법원이나 그 상소심법원의 집행명령을 받아야 한다."고 규정하고 있다. 다만, 수권결정을 받는데 너무 시간이 걸려 보전의 필요성이 있는 경우에는 제2차 가처분의 신청도 허용된다.

3) 채무자 퇴거의 가부와 방법

채무자가 목적물의 객관적 현상을 변경한 경우(주관적 현상을 변경한 경우, 특히 그 점유의 일부를 제3자에게 이전한 경우에도 같은 문제이다) 이를 사용허가조건 위반이라고 하여 채무자의 사용을 금하고 집행관이 직접 보관할 수 있는가. 이에 관하여는 적극설과 소극설이 있고, 소극설에는 ① 민사집행법 제260조, 민법 제389조 제3항의 집행명령을 얻어야 한다는 집행명령설과 ② 집행관보관의 새로운 가처분이 있어야 한다는 신가처분명령설이 있다. 신가처분명령설은 근거로서 점유이전금지가처분은 목적물에 대한 현상유지를 목적으로 하는데 그치고, 그 변경결과를 제거하는 것만으로 충분하며, 위 가처분명령에는 채무자를 퇴거시키는 주관적 변경까지 할 수 있다는 취지는 포함되어 있지 아니하고, 또한 민법 제389조 제3항의 '장래에 대한 적당한 처분'에 해당된다고 보기도 어려워 집행명령설을 취함은 부당하다는 것을 들고 있다. 소극설 중에서도 이 신가처분명령설이 타당하다.[16)]

나. 주관적 현상변경의 경우

1) 의의

집행관 보관, 채무자 사용형의 가처분이 집행된 뒤에 채무자가 임대·전대·임차권양도·사용대차·매도·증여 등으로 제3자에게 목적물의 전부 또는 일부의 점유를 이전하거나 제3자가 채무자의 의사와는 상관없이 점유하게 된 것을 말한다.

2) 제3자에 대한 퇴거의 강제

주관적 현상변경의 경우 본 집행 전 가처분단계에서 점유취득자인 제3자의 퇴거를 강제할 수 있는가, 있다면 어떠한 방법에 따라야 할 것인가에 관하여는 견해가 난립하고 있다.

판례는 점유이전금지가처분은 그 목적물의 점유이전을 금지하는 것으로서 그럼에도 점유가 이전되었을 때에는 가처분채무자는 가처분채권자에 대한 관계에 있어서 여전히 그 점유자의 지위에 있다는 의미로서의 당사자 항정(恒定)의 효력이 인정될

16) 집행관실무편람, 법원행정처(2004), 232.

뿐, 가처분 이후에 매매나 임대차 등을 근거로 하여 가처분채무자로부터 점유를 이전받은 제3자에 대하여 가처분채권자가 가처분 자체의 효력으로 직접 퇴거를 강제할 수는 없고, 가처분채권자로서는 본안판결의 집행단계에서 승계집행문을 부여받아서 그 제3자의 점유를 배제할 수 있다고 한다.[17)]

Ⅲ. 인도·철거·수거 등 단행가처분의 집행

1. 개설

(1) 부동산의 인도청구권을 보전하기 위하여 또는 다툼이 있는 부동산의 권리관계에 대하여 임시의 지위를 정하기 위하여 부동산의 인도, 즉 현상 그대로의 점유이전청구권을 보전하기 위하여 그 점유를 채무자로부터 채권자에게로 이전할 것을 명하는 만족적 가처분이다. 판례는 건물인도청구권의 보전을 위하여 집행관보관·채권자사용형의 가처분을 하는 것이 권리보전의 범위를 일탈하는 것으로 볼 수 없다고 하였다.[18)] 현상의 변경을 수반하는 점유이전인 철거, 수거, 굴이(掘移) 단행가처분은 건물, 입목, 수목 등 토지의 정착물에 대한 철거 등 청구권을 보전하기 위하여 채무자에게 그 철거 등을 명하는 만족적 가처분이다.

(2) 실무상 인도단행가처분은 본안의 소 제기 없이 가처분만을 신청하기도 하나 본안 제기와 동시에 가처분을 신청하는 경우도 상당수에 이른다. 그러나 인도단행가처분이 집행되면 가처분채권자는 사실상 본안소송에 의하여 실현하려는 목적을 달성하는 반면, 가처분채무자는 본안소송에서 다투어 볼 기회조차 없이 부동산에 대한 현재의 이용 상태를 박탈당하여 생활이나 영업에 막대한 지장을 받을 우려가 있으므로 실무상 이를 인용하는 예는 그리 많지 않고, 이미 인도 강제집행이 마친 건물에 채무자가 침입하여 점유하거나 불법적인 점유침탈이 이루어진 직후인 경우 등에 한하여 예외적으로 허용된다. 또한, 철거, 수거 등 단행가처분의 경우에도 집행되면 원상회복이 불가능하거나 현저히 곤란하므로 실무상 이를 인용하는 예도 많지 않다.

17) 대법원 1999. 3. 23. 선고 98다59118 판결.
18) 대법원 1964. 7. 16. 선고 64다69 전원합의체 판결.

2. 가처분의 주문

인도단행가처분의 주문 형태는 크게 나누어 집행관보관방식과 본안판결주문방식이 있는데, 최근에는 대부분 후자의 방식을 사용하고 있다. 집행관보관방식은 채무자의 점유를 풀고 집행관의 점유로 이전할 것을 명하는 것인데 채권자에게 사용을 허용하는 경우와 허용하지 아니하는 경우가 있다. 그 중 인도단행가처분 본래의 목적을 달성할 수 있는 것은 채권자의 사용을 허용하는 경우이다.

본안판결 주문방식은 본안판결의 주문과 같이 인도를 명하는 것이다. 이 방식을 취하는 경우에도 유예기간을 허용하는 때에는 그 기한을 부여하기도 하고, 보전상태가 잠정적임을 표시하기 위하여 '임시로 인도하라'는 표현을 쓰기도 하나, 실무상 기간 부여 없이, 또 '임시로'라는 표현을 쓰지 않는 경우가 많다. '임시로'라는 표현은 이를 쓰든 안 쓰든 그 집행방법이나 효력에는 차이가 없다. 즉, 권리의 실현방식은 가집행선고가 붙은 판결과 같다.

건물의 철거 또는 물건의 수거 등을 명할 경우에는 대체집행을 위하여 가처분명령 중에 미리 건물의 철거, 물건의 수거 등을 위한 수권결정을 하는 경우가 많다.

가. 집행관 보관방식에 의한 경우 중 채권자 사용형

1. 채무자는 별지 목록 기재 부동산에 대한 점유를 풀고 이를 채권자가 위임하는 집행관에게 인도하여야 한다.
2. 집행관은 현상을 변경하지 아니할 것을 조건으로 하여 채권자에게 이를 사용하게 하여야 한다.
3. 채권자는 그 점유를 타인에게 이전하거나 점유 명의를 변경하여서는 아니 된다.
4. 집행관은 위 명령의 취지를 적당한 방법으로 공시하여야 한다.

나. 본안판결 주문방식에 의한 경우

1) 기본형

채무자는 채권자에게 별지 목록 기재 부동산을 인도하라.

채무자는 채권자에게 20 . . . 까지 별지 목록 기재 부동산을(임시로) 인도하라.

2) 건물철거와 토지인도의 결합형

1. 채무자는 채권자에게 별지 목록 기재 토지 상의 같은 목록 기재 건물을 철거하고 위 토지를 인도하라.
2. 채무자가 이 명령 송달 일부터 ○일 내에 위 건물을 철거하지 않을 때에는 채권자는 그가 위임하는 집행관으로 하여금 채무자의 비용으로 이를 철거하게 할 수 있다.

3. 가처분의 집행

가. 개요

직접 인도를 명하는 가처분은 부동산 인도청구권의 강제집행방법에 따른다. 철거를 명하는 가처분은 그에 대한 대체집행의 수권이 가처분명령에 포함되어 있으면 따로 수권을 받을 필요가 없으나 대체집행의 수권이 없으면 대체집행의 신청을 하여 집행하여야 한다. 집행관 보관방식·채권자 사용형도 채무자의 점유를 현실로 해제하고 인도받아야 하므로 인도청구권의 강제집행방법과 같이 집행한다.

나. 가처분의 집행정지 등

부동산인도나 건물철거 등 이행소송을 본안으로 하는 단행가처분에 대하여 이의신청이 있는 경우에, 이의신청으로 주장한 사유가 법률상 정당한 이유가 있다고 인정되고 주장사실에 대한 소명이 있으며 그 집행으로 회복할 수 없는 손해가 생길 위험이 있다는 사정에 대한 소명이 있는 때에는, 법원은 당사자의 신청에 따라 담보를 제공하게 하거나 담보를 제공하게 하지 아니하고 가처분의 집행을 정지하도록 명할 수 있고, 담보를 제공하게 하고 집행한 처분을 취소하도록 명할 수 있다(민집 제309조). 민사집행법 제288조 제1항 또는 제307조에 따른 가처분취소신청이 있는 경우에도 마찬가지이다(민집 제310조).

그 외 일반적인 집행취소사유가 있을 경우 그 집행취소가 가능함은 물론이다.

다. 가처분의 취소와 원상회복

단행가처분의 집행이 완료된 뒤라고 하더라도 가처분집행으로 인도된 물건의 반환이 가능할 수가 있고 위법한 가처분결정을 근거로 한 부당한 결과는 간단하고도 신속하게 원상으로 복귀시킬 필요가 있기 때문에 이 가처분에 있어서도 가처분취소재판을 할 수 있음은 물론, 가처분을 취소하는 재판에서 채무자의 신청에 따라 채권자에 대하여 가처분에 기초하여 인도받은 물건의 반환을 명하는 원상회복재판을 할 수 있다(민집 제308조).

라. 가처분의 집행과 본안소송의 관계

단행가처분의 집행으로 피보전권리가 실현된 것과 마찬가지의 상태가 사실상 달성되었다 하더라도 그것은 어디까지나 임시적인 것에 지나지 않고, 가처분이 집행됨으로써 그 목적물이 채권자에게 인도되었다 하더라도 본안소송에서는 그와 같은 잠정적인 상태를 고려함이 없이 그 목적물의 점유는 채무자에게 있는 것으로 보고 재판하여야 한다.[19]

4. 관련 문제

가. 퇴거단행가처분 집행시 집행의 범위

신청인이 퇴거단행 및 업무방해금지 가처분 사건의 결정문상 "1. 피신청인들은 학교 본관 건물에 대한 점유를 풀고 이를 신청인이 위임하는 집행관에게 인도하여야 한다. 2. 집행관은 신청인이 제1항 기재 건물을 사용하게 하여야 한다. 3. 피신청인들은 집회, 시위의 목적으로 학교 건물 및 부지에 출입하거나 이를 점거하여 신청인의 사용을 방해하여서는 아니 된다. 4. 피신청인들은 제1항 기재 학교 건물 및 부지에서 현수막·사진게시, 북·엠프 등의 도구를 사용한 구호·노래 제창, 오물 투척 등의 행위를 하여서는 아니 된다. 5. 집행관은 위 제3, 제4항의 취지를 적당한 방법으로 공시하여야 한다. 6. 피신청인들이 제1항의 명령을 위반할 경우 피신청인별로 각 위반일수 1일당 30만원의 비율에 의한 돈을 신청인에게 각 지급하라"고 되어 있는 경우 결정 주문의 문언대로 본관 건물에서만 퇴거시킬 것인지 아니면 신청취지와 목적을 반영 목적론적으로 확장해석을 하여 학교 본관 건물뿐만 아니라 학교부지 밖으로까지 강제퇴거시킬 것인지 여부.

학교 본관 건물에서만 퇴거시킬 경우 피신청인들은 본관 부지 앞에서 다시 농성을 하면서 위 금지행위를 계속할 것이므로 집행의 실효성이 없고, 그렇게 되면 신청인이 다시 법원에 학교 부으로의 퇴거단행 신청을 하게 될 것이므로, 불필요한 소송을 방지하고 가처분결정의 내용을 효과적으로 실현하기 위해서 목적론적인 확장해석

---

19) 대법원 1996. 12. 23. 선고 95다25770 판결, 대법원 2007. 10. 25. 선고 2007다29515 판결.

에 따라 학교 본관 건물뿐만 아니라 학교 부지 밖으로 퇴거시킴이 상당하다는 견해가 있을 수 있으나, 가처분 주문 제1항에 학교 본관 건물에 대한 점유를 풀고 이를 집행관에게 인도하라고 하였을 뿐이므로, 피신청인들을 본관 건물 밖으로 퇴거시키는 데에 그쳐야 한다.[20] 만약 피신청인들이 학교 본관 건물에서 강제퇴거 당한 후 본관 앞 부지에 천막을 치고 다시 농성을 하는 경우 신청인이 다시 학교 부지 밖으로의 퇴거신청을 하여야 한다.

나. 공동점유자 중 1인에 대한 가처분의 집행

1층을 甲이 점포로, 2층을 乙이 주거목적으로 사용하고 있는 건물의 부지에 대하여 乙만을 채무자로 하는 집행관보관, 점유이전금지의 가처분을 집행하는 것이 가능한가.

당해 부지의 크기와 건물의 위치에 따라 다르겠지만, 부지에 하나의 건물만이 건축되어 있는 통상의 경우라면 위와 같이 건물을 1, 2층으로 나누어 구분하여 점유하고 있는 때에는 건물점유자가 부지를 공동으로 점유하고 있는 것이라고 보아야 할 것이다.

다음으로 甲과 乙 공동점유의 대상인 부지에 관하여 乙만을 채무자로 하는 집행관보관, 점유이전금지의 가처분의 집행가능 여부에 대하여는 다음의 견해들을 생각해 볼 수 있다. 즉, 甲에 대한 가처분결정이 없는 이상 집행이 불가능하다는 견해, 가처분채무자인 乙이 점유하고 있는 한도 내에서 집행이 가능하다는 견해, 甲의 동의가 있거나 甲이 거부하지 않은 경우에 한하여 집행가능하다는 견해를 고려해 볼 수 있는바, 가처분채무자가 아닌 甲의 권리를 침해하는 것은 불가능하다는 점은 의문의 여지가 없고, 역으로 甲의 권리를 침해하지 않는 범위 내에서 가처분을 집행할 수 있다고 하는 것도 일반론으로서는 문제가 없을 것이다. 이런 견지에서 보면 두 번째 견해가 일응 타당하다고 보여진다. 이 경우 채무자 乙의 점유를 해제하는 것 자체는 문제가 없지만, 이를 집행관이 보관함으로 인하여 다른 공동점유자 甲의 점유를 침해하는 일

20) 집행기관은 집행권원의 내용을 해석할 직책을 가진다. 집행기관은 집행권원(정확히는 집행력 있는 정본)에 표시된 문언을 해석하여 집행의 목적, 범위 등을 명백히 한 후에 집행을 하여야 한다. 이러한 해석에서 집행기관이 집행력 있는 정본 이외의 자료를 참조하여 해석하여서는 안 된다. 집행권원이 종국 판결인 때에는 주문에 의할 것이지만, 이유로 주문해석의 유력한 자료가 된다. 집행권원만의 해석에 의하여 집행권원의 내용이 끝내 불명확할 때에는 집행기관은 집행할 수 없고 채권자는 다시 새로운 집행권원을 얻어야 한다(법원실무제요 민사집행[Ⅰ], 법원행정처(2014), 177).

이 없도록 할 필요가 있으나, 사안의 경우 이 점이 문제가 되지는 않을 것으로 생각된다.[21)]

한편, 집행관보관의 취지를 공시하는 방법으로서, 가령 '본건 토지는 甲과 채무자 乙이 점유하는 것인바, 채무자 乙의 점유를 해제하여 당직이 보관한다'는 취지로 공시하면 될 것이다.

다. 특정한 구호가 기재된 현수막, 게시판을 제거하라는 대체집행 결정에 기하여 그 결정 목록에 기재된 것과 현장의 현수막의 문구가 다른 경우

특정한 비난문구가 기재된 현수막의 수거를 명하는 대체집행결정의 집행을 위하여 현장에 임하여 보니 결정문에서 수거를 명하는 문구의 기재와 다른 문구의 현수막이 걸려 있는 경우 위 수권결정에 기하여 집행이 가능한가.

이는 결국 대체집행결정에서 수거를 명한 현수막과 현장의 현수막이 동일한 것인지 여부의 문제로서 대체집행결정상의 문구와 현장에 걸려 있는 현수막의 문구가 일부 다른 부분이 있더라도 전체적으로 보아 동일한 것이라면 대체집행을 실시하는 것이 맞다.[22)] 그래도 여전히 동일성 여부가 문제되는 경우 채권자는 경정에 의하되, 경정의 범위를 넘어서는 경우라면 새로 집행권원을 받을 수밖에 없다.

라. 점유보조자나 간접점유자에 대한 점유이전금지가처분의 가부

건물임대차계약을 해제한 다음 건물명도청구소송을 제기하려는데 임차인으로부터 건물을 전차한 전차인과 그 아들이 건물을 점유하고 있는 경우 누구를 상대로 점유이전금지가처분을 받아야 하는가.

점유이전금지가처분은 목적물을 직접점유하는 사람에 대하여 신청하여야만 하므로, 간접점유자나 점유보조자를 상대로 하는 경우, 점유이전금지가처분은 사실로서 점유의 이전을 금지하는 것을 목적으로 하는 것이어서 직접 점유자를 상대로 하여야만 하는 것이고, 전차인의 아들은 독립한 권원으로 건물을 점유하고 있다고 할 수 없으므로, 각각 신청이 기각되게 될 수밖에 없다. 따라서 건물의 직접 점유자인 전차인을 상대로 점유이전금지가처분을 하여야만 한다.[23)]

---

21) 執行官事務に関する協議要録(第4版), 最高裁判所 事務總局(2012), 212-213.
22) 서울중앙지방법원 2010. 12. 31.자 2010타기4739 결정.
23) 大阪地裁執行實務研究會 編, 不動産明渡·引渡事件の實務, 新日本法規(2010), 272-275.

제7장 부동산인도·철거 집행 저항행위의 유형과 실무상의 대응

제7장 부동산인도·철거 집행 저항행위의 유형과 실무상의 대응

Ⅰ. 부동산인도·철거 집행 저항행위의 유형

강제집행에 대한 저항행위의 태양은 구체적인 사안에 따라 다양하지만, 이를 대충 유형화해보면 ① 단순히 문을 걸어 잠그고 채무자가 부재중이라는 이유 등을 대며 열어주지 않는 경우, ② 질병중이거나 임신 중이라고 하는 경우, ③ 칼이나 흉기를 휘두르는 경우, ④ 자살하겠다고 협박하는 경우, ⑤ 여자가 알몸으로 버티는 경우, ⑥ 맹견을 풀어 현장접근을 막는 경우, ⑦ 접근하면 불을 지르겠다고 협박하는 경우, ⑧ 용역직원을 동원하는 등 집단적으로 저항하는 경우 등을 들 수 있다.

Ⅱ. 부동산인도·철거 집행 저항행위에 대한 실무상의 대응

1. 문을 열어주지 않는 경우

강제집행을 위하여 현장에 임장하였다고 고지하였음에도 문을 걸어 잠그고 열어주지 않는 경우도 집행관 등에 대한 직접적인 저항행위에는 해당하지 않지만, 법 제5조 제1항에서 말하는 저항행위에 해당한다고 보고, 여러 차례 강제집행을 위하여 현장에 나왔다고 고지를 한 다음, 법 제6조에 따른 참여자를 입회토록 한 후 열쇠공을 불러 문을 여는 등의 조치를 취한다.

2. 질병 중이거나 임신 중인 경우

중한 환자가 있거나 출산에 임박한 임산부가 있는 경우 일단 채권자와 채무자 쌍방을 설득하여 집행불능을 선언하고 다음 집행기일을 고지하면 차후 집행기일에는 무난하게 집행되는 경우가 많으므로, 통상 그와 같은 방법으로 처리한다. 중한 환자인지 여부는 비용문제 등을 감안하여 의사를 대동하거나 진단서를 요구하거나 하지는 않고, 집안에 있는 약봉투 등을 통하여 꾀병인지 여부를 판단한다.

채권자가 집행관의 집행연기 요청에 대하여 국가배상법상 손해배상청구를 하겠다며 강하게 반발하는 경우에는 119를 불러 병원으로 이송하는 경우도 있다.

3. 칼이나 흉기를 휘두르는 경우

저항의 강도가 약해서 제압할 수 있다고 판단이 되면 칼을 뿌리치거나 한 후 뒤에서 껴안은 방법으로 등으로 제압하지만, 그렇지 않은 경우는 즉시 경찰에 원조요청을 하거나, 일단 집행불능 처리 후 추후 집행기일을 잡아 사전에 경찰에 원조요청을 한다.

원조요청에 대하여는 경찰은 즉시 응하는 편으로 원조요청 자체에 관하여 문제가 되는 경우는 없고, 강제집행과정상 저항배제 등을 위하여 원조요청을 한다는 점에 대하여도 웬만한 이해 등은 하고 있다. 미리 요청한 시간에 현장에 나와 있으며, 현장출동은 통상 복수로 한다. 저항배제를 위한 제압과정에 수갑을 사용하기도 하는 등으로 협조를 하거나 하지만, 기본적으로 민사불개입 원칙을 이유로 형사적으로 문제가 될 때까지 개입하지 않는 것이 관행이다. 다만 경찰이 현장에 출동하여 있는 것 자체로 채무자 등의 위법한 행동을 사전 예방적으로 막는 효과는 상당하다.

통상 개인 단위의 소규모 집행의 경우 집행관에 의한 경찰원조 요청보다는 채권자가 민원 차원에서 경찰서에 도움을 요청하는 경우가 많고, 대규모 집행현장의 경우 집행관이 법 제5조 제2항에 따라 경찰원조 요청을 한다. 대규모 집행현장의 경우 집행관에 의한 경찰원조 요청이 없는 경우라도 경찰 자체의 정보활동에 따라 경찰이 미리 상황을 파악하여 현장에 출동하는 것이 보통이다.

4. 자살하겠다며 위협하는 경우

집행관마다 다르지만 반드시 당일에 집행해야 하는 것은 아니므로, 통상 목숨이 중하다는 점을 강조하며 채권자를 설득하여 집행불능 처리 후 차회에 집행을 시도한다. 연기하게 되면 집행비용(아파트 30평형대를 기준으로 150만원 내지 200만원이 소요되는데 집행불능이 되면 그 절반인 100만원 내외를 신청채권자가 부담하여야 한다)이 증가하는 문제가 있어 채권자들이 연기 자체를 썩 마음 내켜 하지는 않는다.

5. 여자가 알몸으로 버티는 경우

알몸으로 대응하는 경우 집행관사무실의 여자사무원을 대동하여 처리한다. 밖으로 끌어내는 과정에 남성이 개입하는 경우 성추행 등 논란을 피하기 위하여 직접 신체에 대한 접촉을 피하기 위하여 모포나 이불 등을 이용한다. 여자목욕탕의 경우도 같다.

6. 맹견을 풀어 놓는 경우

보통 맹견이라도 개 도축업자 등 앞에서는 기를 펴지 못하는 점을 이용하여 개 도축업자 등을 대동한다. 그것만으로 부족할 경우에는 개도축업자 등이 장구를 착용하고 제압한다.

7. 방화를 위협하는 경우

급한 상황이므로 제압을 시도하고, 문제가 되는 경우 바로 소방서에 도움을 요청한다.

8. 용역직원을 동원하는 등으로 집단적으로 저항하는 경우

여관, 호텔 등 대형건물의 경우나 재건축, 재개발 철거 현장의 경우 채무자들 쪽에서도 용역직원을 동원하는 등으로 집단적으로 저항하는 경우, 통상 채무자들이 동원하는 용역들의 경우 정식으로 경비업법에 따라 등록한 업체의 직원들이 아닌 경우가 많고, 이런 경우 통상 채권자 쪽에서도 맞대응하여 경비인력을 동원하는 경우가 많아 불상사가 생기기 쉽고, 집행관의 집행현장 장악에도 문제가 생기는 경우가 많다. 명도나 철거를 집행하는 단순노무자도 다수 동원되기 때문에 집행 초기단계에서는 경비용역과 단순노무자를 엄격하게 분리하여 놓더라도 중간에 마찰이 생기면 단순노무자와 경비노무자 간에도 명확하게 구분이 되지 않는 경우들이 발생한다. 실무에서 가장 애로가 많은 부분이다.

이 경우 실무의 대응은 크게 두 가지로 대별된다. 경비용역을 동원하여 저항배제를 시도하는 것(극히 예외적인 경우이다)과 경비용역을 동원할 상황이면 어차피 집행불능이 될 것이기 때문에 경비용역 없이 집행현장에 나가 집행불능으로 처리하는 것이다(대부분의 경우가 그렇다). 다만 일단 집행불능 처리하였더라도, 중환자가 있어 당장 강제집행이 불가능한 경우와 같이 집행이 불가능하지 않아 집행 가능성이 엿보이는 이상, 채권자의 집행신청에 따라 몇 차례이건 강제집행을 다시 시도한다. 저항하는 채무자 측과 형사고소 등을 통하여 협상하는 경우도 있지만, 이는 전체적으로는 큰 비중을 차지하지는 않는다고 한다.

사전에 경찰에 연락을 하고, 경찰원조를 요청하면 경찰서 정보계에서 상황파악을 하여 대항제압을 위한 경찰기동대 등과 현장보조 인력인 119구급대(의료요원 포함) 등을 현장상황에 맞추어 인력을 준비하기는 하지만, 민사불개입 원칙을 이유로 실제 형사사건화 되기까지는 적극적으로 움직이지 않는다.

통상은 바로 집행을 하지 않고 최대한 설득을 한다. 저항이 없이 집행되면 좋은데, 그렇지 못하면 집행불능 처리를 하고 현장을 떠나는 경우가 많다. 이 때 집행불능을 선언하고 현장을 철수하게 되는데, 집행절차를 명확한 불능 선언으로 정리하지 않은 채 애매한 상태로 현장을 떠나는 경우가 많다.

집행시간대로는 새벽시간대를 주로 이용한다. 취침으로 인하여 현장에 사람이 적은 새벽시간대가 저항이 적다는 점에서 집행이 상대적으로 용이하기 때문이다.

채권자들은 건물명도 등 집행완료 후에 채무자들이 다시 집기 등을 들고 건물 등에 재진입하여 버리면 일단 집행이 완료된 이후이기 때문에 기존의 집행권원을 가지고 다시 집행할 수 없기 때문에, 채권자로서는 새로운 집행권원을 얻어 처음부터 다시 시작하여야 하는 문제가 있어, 명도 완료된 현장을 지키기 위하여 자체적으로 경비용역을 고용하는 경우가 많다. 여기에는 철거 등 집행과정에 채무자가 뛰어 들어 집행을 방해하거나 집단적으로 저항하는 것을 제압하려는 목적도 있다.

경비용역을 집행관이 직접 경비노무자로서 고용하는 경우는 흔하지 않은 것으로 보이고 집행채권자들이 자신의 비용으로 고용하는 경우가 대부분이다. 집행관들이 경비용역 고용을 삼가는 이유는 경비용역에 대한 부정적인 시각을 의식한 것도 있고, 경비용역이 필요한 상황이 된다면 집행불능 처리함이 상당하다는 생각도 일부 있다. 경비용역 때문에 자주 문제가 되는데 집행관이 고용하면 비난의 화살이 자신에게 오는 것을 피하려는 생각도 있는 것으로 보여 진다.

그간 실무를 되돌아보면 단순 노무자 이외에 경비용역 인력이 필요한 경우 미리 채권자로부터 예납을 받아 경비업법에 따라 등록된 회사의 직원들을 경비노무자로 채용하는데, 미리 등록된 노무자 중에 선발하는 것이 아니어서 집행관 입장에서 이들의 확실한 신분관계 등을 알 수도 없을뿐더러 현장장악이 되지 않아 문제가 될 수도 있다.

제8장 부동산인도·철거 집행 방해 행위와 형사책임

제8장 부동산인도·철거 집행 방해 행위와 형사책임

용산사태 농성자들을 ① 특수공무집행방해치사, ② 특수공무집행방해치상, ③ 특수공무집행방해, ④ 폭력행위등처벌에관한법률위반(집단·흉기등 주거침입), ⑤ 폭력행위등처벌에관한법률위반(집단·흉기등재물손괴등), ⑥ 일반건조물방화, ⑦ 일반교통방해, ⑧ 업무방해, ⑨ 화염병사용 등의처벌에관한법률위반으로 기소한 데서 확인할 수 있듯이,[1] 집행완료 후 채무자가 열쇠를 손괴하고 집행대상 건물에 다시 들어간 경우 재물손괴와 건조물침입에 해당하는 것을 비롯하여[2] 집행현장에서는 폭행, 상해, 살인 등 형법 일반의 범죄가 모두 가능하고 실제도 그러하지만,[3] 집행관에 의한 부동산인도 등 집행과 관련하여서는 다음의 것들이 특히 문제된다.

Ⅰ. 공무집행방해죄와 직무강요죄[4]

직무를 집행하는 공무원에 대하여 폭행 또는 협박한 자는 5년 이하의 징역 또는 1천만원 이하의 벌금에 처한다(형법 제136조 제1항). 공무원에 대하여 그 직무상의 행위를 강요 또는 저지하거나 그 직을 사퇴하게 할 목적으로 폭행 또는 협박한 자도 전항의 형과 같다(같은 조 제2항). 위계로써 공무원의 직무집행을 방해한 자 또한 같다(형법 제137조).

1. 국가공무원으로서의 집행관

집행관은 법률이 정하는 바에 의하여 재판의 집행, 서류의 송달 기타 법령에 의한 사무에 종사하는 독립적, 단독제의 사법기관으로(법원조직법 제55조, 집행관법 제

---

1) 2017 용산참사백서 - 용산참사, 기억과 성찰, 서울특별시(2017), 148.

2) 대법원 2017. 9. 7. 선고 2017도9999 판결(집행관이 집행채권자 갑 조합 소유 아파트에서 유치권을 주장하는 피고인을 상대로 부동산인도집행을 실시하자, 피고인이 이에 불만을 갖고 아파트 출입문과 잠금 장치를 훼손하며 강제로 개방하고 아파트에 들어갔다고 하여 재물손괴 및 건조물침입으로 기소된 사안에서, 피고인이 아파트에 들어갈 당시에는 이미 갑 조합이 집행관으로부터 아파트를 인도받은 후 출입문의 잠금 장치를 교체하는 등으로 그 점유가 확립된 상태여서 점유권 침해의 현장성 내지 추적가능성이 있다고 보기 어려워 점유를 실력에 의하여 탈환한 피고인의 행위가 민법상 자력구제에 해당하지 않는다고 보아 유죄를 인정한 원심판단을 수긍한 사례).

3) 집행관실무사례집, 전국법원집행관연합회(2018), 255.

4) 이재상, 형법각론(제9판), 박영사(2014), 741-754; 제4판 주석 형법[각칙(1)], 한국사법행정학회(2006), 430-463 참조.

2조), 자기의 판단과 책임 하에 독립적으로 국가의 권한을 행사하는 기관으로서, 기관인 집행관을 구성하는 자연인인 집행관은 실질적인 의미에 있어 국가공무원의 지위에 있으므로(집행관법 제2조, 제3조 등 참조),[5] 당연히 위 각 규정의 공무원에 해당한다.

2. 직무집행의 범위

직무의 집행이란 널리 공무원이 직무상 취급할 수 있는 사무를 행하는 것을 말한다.

반드시 공무원이 국가 또는 공공단체의 의사를 사람 또는 물건에 대하여 강제하는 경우에 한하지 않는다. 따라서 직무집행이 강제적 성질을 가질 필요도 없다.

'직무를 집행하는'이란 공무원이 현재 구체적인 직무를 집행하고 있음을 말한다. 직무는 구체적인 것임을 요한다. '집행하는'이란 공무원이 직무수행에 직접 필요한 행위를 현실적으로 행하고 있는 때만을 가리키는 것이 아니라, 공무원이 직무수행을 위하여 근무 중인 상태에 있는 때를 포괄한다.[6] 또 직무집행 중임을 요하므로 시간적인 관계에서 직무를 개시하여 종료되지 않았을 것을 요한다. 현재 직무를 집행하고 있을 것을 원칙으로 하지만, 집행에 착수하기 직전의 준비행위도 직무집행과 불가분의 관계에 있을 때에는 여기에 포함된다. 집무시간 중에 자리에 착석하고 있는 것도 현재 감독사무를 집행하고 있는 것으로 볼 수 있다.[7] 직무집행을 대기하고 있는 경우는 물론, 일시 휴식하고 있는 경우도 직무집행에 포함된다. 그러나 단순히 직무집행이 예상된다는 것만으로는 직무집행에 해당한다고 할 수 없다. 따라서 직무집행을

---

5) 김홍엽, 제4판 민사집행법, 박영사(2017), 24; 법원실무제요 민사집행[Ⅰ], 법원행정처(2014), 23; 집행관실무편람, 법원행정처(2004), 3; 대법원 1968. 5. 7. 선고 68다326 판결.
집행관은 지방법원에 소속되어 법률의 정하는 바에 의하여 재판의 집행과 서류의 송달, 기타 법령에 의한 사무에 종사하는(집행관법 제2조 참조) 독립 단독제의 사법기관이며 법원이나 법관의 보조기관은 아니다(행정예규 제270호). 따라서 집행관은 영리업무의 겸직금지와 그 밖의 겸직제한에 관한 국가공무원법 제64조, 법원공무원규칙 제88조의 적용을 받으며, 집행관이 그 직무를 수행함에 있어 주의의무를 위배함으로써 손해를 가한 경우 국가는 그 피해자에게 국가배상법 제2조에 의하여 손해를 배상할 의무가 있다(대법원 1966. 7. 26. 선고 66다854 판결, 대법원 1968. 5. 7. 선고 68다326 판결).

6) 대법원 1999. 9. 21. 선고 99도383 판결(불법주차 차량에 불법주차 스티커를 붙였다가 이를 다시 떼어 낸 직후에 있는 주차단속 공무원을 폭행한 경우, 폭행 당시 주차단속 공무원은 일련의 직무수행을 위하여 근무 중인 상태에 있었다고 보아야 한다는 이유로 공무집행방해죄의 성립을 인정한 사례). 대법원 2002. 4. 12. 선고 2000도3485 판결, 대법원 2009. 1. 15. 선고 2008도9919 판결도 같은 취지.

7) 대법원 1957. 3. 29. 선고 4290형상48 판결.

위하여 출근하는 공무원을 폭행한 경우에는 직무를 집행하는 경우에 해당하지 않는다.[8] 직무집행을 종료한 후에 공무원에 대하여 폭행·협박하는 경우에도 같다.

3. 직무집행의 적법성

본죄는 공무원의 직무집행이 적법한 경우에 한하여 성립하는 것이고, 여기서 적법한 공무집행이라고 함은 그 행위가 공무원의 추상적 권한에 속할 뿐 아니라 구체적 직무집행에 관한 법률상 요건과 방식을 갖춘 경우를 가리킨다.[9]

직무집행의 적법성은 실질적 정당성이 아니라 형식적 적법성을 기준으로 판단하여야 한다. 이는 마치 집행관이 법원의 판결을 집행할 때 그 직무집행의 적법성은 그 판결 내용의 부당성에 따라 좌우되지 않고 형식적 적법성에 따라 좌우되는 것과 같다.

그러므로, 직무집행의 적법성을 인정하기 위해서는 다음의 3가지 요건을 갖추어야 한다.[10] 즉 ① 행위가 당시 공무원의 추상적(일반적) 직무권한에 속하여야 한다. 집행관에게는 재판의 집행과 강제처분의 권한이 있으므로, 이 범위를 넘는 행위는 직무집행이라 할 수 없다. 추상적인 권한에 속하는 공무원의 어떠한 공무집행이 적법한지 여부는 행위 당시의 구체적 상황에 기하여 객관적·합리적으로 판단하여야 하고 사후적으로 순수한 객관적 기준에서 판단할 것은 아니다(객관설 중 행위시표준설).[11] 공무원의 내부적 사무분담은 직무권한의 범위에 영향을 미치지 않는다. ② 행위가 당시 공무원의 구체적 권한에 속하여야 한다. 예컨대 집행관은 자기에게 위임된 사건에 대해서만 강제집행 할 수 있다. ③ 행위가 법령이 정한 방식과 절차에 따른 것이어야 한다. 그러나 직무집행 행위의 방식과 절차에 사소한 미비점이 있는 모든 직무집행을 위법이라고 할 수는 없으므로, 결국 위법한 직무집행인지 여부는 본질적인 형식을 위반하였는가에 의하여 결정되며, 이는 관련자의 권리를 보호함에 불가결한 형식인가의 여부에 따라 판단된다고 할 수 있다.[12]

---

8) 대법원 1979. 7. 24. 선고 79도1201 판결(시청 소속 수도검침원인 피해자가 수도검침 차 피고인 집으로 가다가 그 집과 약 32미터 떨어진 공터에서 피고인으로부터 폭행을 당한 경우, 피고인이 피해자가 공무원인 사실을 알았다거나 나아가 위 피해자가 폭행을 당할 당시 공무집행 중이었고 또는 공무집행중이라고 볼만한 근접한 행위가 있었다고 볼 수 없으면 범죄의 증명이 없는 경우에 해당된다).

9) 대법원 1991. 5. 10. 선고 91도453 판결, 대법원 1992. 5. 22. 선고 92도506 판결 등.

10) 이재상, 형법각론(제9판), 박영사(2014), 744-746.

11) 대법원 2013. 8. 23. 선고 2011도4763 판결, 대법원 2014. 2. 27. 선고 2013도9990 판결.

12) 이재상, 형법각론(제9판), 박영사(2014), 746; 제4판 주석 형법[각칙(1)], 한국사법행정학회(2006), 437.

4. 행위

폭행이란 사람에 대한 유형력의 행사를 의미하며, 협박은 해악을 고지하는 것을 말한다. 해악을 고지할 것을 요하므로 해악을 고지하지 않고 집행관에게 불법집행이라고 소리쳤다는 사실만으로는 협박이라고 할 수 없다. 해악을 고지하는 방법은 불문한다. 언어에 의하건 문서에 의하건, 명시적 방법에 의하건 묵시적 방법에 의하건, 직접적이건 간접적이건 묻지 않는다.

폭행과 협박은 공무원에 대한 것임을 요한다. 그러나 본죄의 폭행·협박은 광의의 것을 의미하므로, 반드시 사람의 신체에 대한 것임을 요하지 않고, 물건에 대한 유형력의 행사일지라도 간접적으로 사람에 대한 것이면 족하다.[13] 반드시 공무원에 대한 폭행일 것을 요하지도 않는다. 따라서 집행관에 대한 폭행이 아니라 그 인부에 대한 것일지라도 간접적으로 집행관에 대한 것으로 인정될 수 있으면 본죄의 폭행에 해당한다.[14] 따라서 가처분 집행에 있어 보조자인 인부에 대하여 작대기를 흔들면서 '집으로 들어오면 죽여 버리겠다'고 소리치며, 곁에서 지휘를 하고 있던 집행관에게 집행을 계속하면 어떠한 위해를 가할지 모를 듯한 기세를 보이는 행위는 본죄에 해당한다.[15] 집행관의 직무집행과 유관한 물건에 대한 유형력의 행사일지라도 그것이 집행관에 대하여 행하여진 것이라고 인정할 수 없는 것일 때에는 폭행에 해당하지 않는다. 따라서 세무공무원의 압수·수색 중 범칙물건을 파괴하거나 압수물건을 실은 자동차로부터 이를 꺼내 던져버리더라도 그것이 세무공무원의 면전에서 행해진 것이 아닐 때에는 폭행에 해당하지 않는다.[16]

판례는 집행관 대리가 가옥명도집행을 위하여 대동한 인부에게 집행을 개시하도록 지시하자 피고인이 마루에 올라선 인부에게 욕설을 하면서 그를 밀어 밑으로 떨어뜨리면서 집행관 대리에게 "채권자 말만 듣고 채무자 말은 듣지 않느냐, 불법집행이다"라고 소리 친 일련의 언동에 대하여 집행관 대리에게 협박을 가한 경우에 해당한다고 보았다.[17]

---

13) 最判 昭和 26(1951). 3. 20.(刑集 5巻 5号 794頁)은 공무원이 압수하여 트럭에 적재한 연초를 도로 상에 던져버려 공무의 집행을 어렵게 한 행위는 간접적으로 공무원에 대한 폭행에 해당한다고 판단하였다.

14) 이재상, 형법각론(제9판), 박영사(2014), 749. 대법원 1970. 5. 12. 선고 70도561 판결.

15) 東京高判 昭和 29(1954). 10. 19.(高刑特 1巻 8号 366頁).

16) 仙臺高判 昭和 31(1956). 1. 18.(高刑集 8巻 1号 1頁).

17) 대법원 1969. 2. 18. 선고 68도44 판결.

폭행과 협박은 적극적인 행위에 의할 것을 요한다. 따라서 소극적인 거동이나 불복종은 여기에 해당하지 않는다. 예컨대 집행관의 출입을 막기 위하여 닫혀 있는 문을 열어주지 않거나, 풀려진 맹견을 묶지 않는 것만으로는 폭행에 해당한다고 할 수 없다. 이에 반하여 집행관이 나가지 못하게 하기 위하여 문을 닫거나 맹견을 풀어 놓은 것은 적극적인 행위라 할 것이어서 본죄를 구성할 수 있다.[18]

폭행·협박은 그 성질상 집행관의 직무집행을 방해할 정도의 것이라야 한다.[19] 집행관이 개의치 않을 정도의 경미한 것이라면 이것으로 집행관의 적정한 직무집행이 방해될 우려가 없기 때문이다.

본죄는 추상적 위험범이므로, 공무원에 대하여 폭행·협박을 하면 기수에 이르며, 이로 인하여 직무방해의 결과가 발생하였을 것을 요하지 않는다. 폭행·협박 자체가 완료되었는지 여부나 행위자가 소기의 목적을 달성하였는지 여부가 본죄의 성부와 무관함은 물론이다.

본죄는 비신분범이므로 그 주체에는 아무런 제한이 없다. 공무집헝행위의 상대방임을 요하지 않으므로, 직무집행의 상대방이 아닌 제3자도 본 죄의 주체가 될 수 있다.[20]

5. 다른 범죄와의 관계

법조경합의 관계에 있으므로, 본죄가 성립하는 경우에는 폭행죄나 협박죄가 별도로 성립하지 않지만, 단순한 폭행 또는 협박의 범위를 넘어 상해죄, 살인죄 등을 구성하는 경우에는 본죄와 상상적 경합의 관계가 된다.[21]

공무는 업무방해죄의 업무에 포함되지 않으므로,[22] 본죄가 성립하는 때에는 업무방해죄는 성립하지 않는다고 해석된다.[23]

6. 위계에 의한 공무집행방해죄

위계에 의하여 공무원의 직무집행을 방해함으로써 성립하는 범죄이다.

공무집행방해의 수단이 폭행·협박이 아니라 위계일 뿐이며, 대상에 있어서도 현

18) 이재상, 형법각론(제9판), 박영사(2014), 750.
19) 대법원 1989. 12. 26. 선고 89도1204 판결, 대법원 2006. 1. 13. 선고 2005도4799 판결, 대법원 2011. 2. 10. 선고 2010도15986 판결 등.
20) 제4판 주석 형법[각칙(1)] 한국사법행정학회(2006), 430.
21) 제4판 주석 형법[각칙(1)] 한국사법행정학회(2006), 458.
22) 대법원 2009. 11. 19. 선고 2009도4166 전원합의체 판결(공공기관 민원실에서 민원인들이 위력에 해당하는 소란을 피운 행위에 대하여 업무방해죄의 성립을 인정한 원심판결을 파기한 사례).
23) 이재상, 형법각론(제9판), 박영사(2014), 752.

재 직무를 집행하고 있는 공무원일 것을 요하지 않고 장래의 직무집행을 예상한 경우도 포함한다는 점에서 협의의 공무집행방해죄와 구별된다.[24)]

Ⅱ. 특수공무집행방해죄, 특수공무방해치사상죄

단체 또는 다중의 위력을 보이거나 위험한 물건을 휴대하여 제136조, 제138조와 제140조 내지 전조의 죄를 범한 때에는 각조에 정한 형의 2분의 1까지 가중한다(형법 제144조 제1항).

제1항의 죄를 범하여 공무원을 상해에 이르게 한 때에는 3년 이상의 유기징역에 처한다. 사망에 이르게 한 때에는 무기 또는 5년 이상의 징역에 처한다(같은 조 제2항).

특수공무집행방해죄는 단체 또는 다중의 위력을 보이거나 위험한 물건을 휴대하여 공무집행방해죄, 직무강요죄(형법 제136조), 공무상 비밀표시무효죄(형법 제140조), 공무상 보관물무효죄(형법 제142조) 등 및 그 미수의 죄(형법 제143조)를 범함으로써 성립한다. 행위방법의 위험성으로 인하여 불법이 가중되는 가중적 구성요건이다. 여기서 다중이란 단체를 이루지 못한 다수인의 중합을 지칭하는 것이므로, 불과 3인의 경우에는 그것이 어떤 집단의 힘을 발판 또는 배경으로 한다는 것이 인정되지 않는 한 다중의 위력을 보인 것이라고는 할 수 없다.[25)]

특수공무집행방해치사상죄는 특수공무집행방해죄에 대한 결과적가중범이다. 특수공무집행방해치사상죄는 부진정 결과적가중범이므로 상해의 결과에 대하여 과실이 있는 경우뿐만 아니라 고의가 있는 경우에도 성립하며,[26)] 이 경우에도 본죄와 상해죄의 상상적 경합이 된다. 판례는 위험한 물건을 휴대하고 고의로 상해를 가한 경우에는 특수공무집행방해치상죄만 성립하고 별도로 폭력행위 등 처벌에 관한 법률위반(집단, 흉기 등 상해)를 구성할 수 없다고 한다.[27)]

---

24) 이재상, 형법각론(제9판), 박영사(2014), 754.
25) 대법원 1971. 12. 21. 선고 71도1930 판결.
26) 대법원 1997. 10. 10. 선고 97도1720 판결.
27) 대법원 2008. 11. 27. 선고 2008도7311 판결.

Ⅲ. 공무상 봉인등표시무효죄[28)]

공무원이 그 직무에 관하여 실시한 봉인 또는 압류 기타 강제처분의 표시를 손상 또는 은닉하거나 기타 방법으로 그 효용을 해한 자는 5년 이하의 징역 또는 700만원 이하의 벌금에 처한다(형법 제140조 제1항).

1. 행위의 객체

공무원이 그 직무에 관하여 실시한 봉인 또는 압류나 기타 강제처분의 표시이다.

봉인이란 물건에 대한 임의의 처분을 금지하기 위하여 그 물건에 시행한 봉함 기타 이와 유사한 설비를 말한다. 반드시 공무원의 인장을 사용할 것을 요하지 않으며, 압류한다는 취지의 문자를 기재한 지편을 첨부하는 것도 포함한다. 압류 기타 강제처분의 표시란 압류 기타 강제처분을 명시하기 위하여 특히 시행한 표시를 말한다. 압류란 공무원이 직무상 보관할 물건을 자기의 점유로 옮기는 강제처분을 말하며, 민사집행법에 의한 유체동산의 압류, 가압류, 가처분, 명도단행가처분에서 채무자의 점유를 풀고 집행관의 점유로 옮기는 처분,[29)] 점유이전금지가처분에서 채무자의 점유를 풀고 집행관의 점유로 옮기는 처분 기타 국세징수법에 의한 압류 등이 여기에 해당한다. 기타의 강체처분이란 압류에 속하지 않는 것으로서 타인에 대하여 일정한 작위 또는 부작위를 명하는 처분을 말한다. 민사집행법에 의한 부동산의 압류와 금전채권의 압류도 여기에 속한다.[30)]

봉인 또는 압류의 표시는 강제처분이 유효할 것을 전제로 하므로, 강제처분이 완결된 이후에는 본죄가 성립할 여지가 없다.[31)] 그러나 압류가 해지되지 않은 이상 채무를 변제하였다는 이유로 압류의 효력이 부정되지 않는다.[32)] 강제처분이 정당한가

---

28) 이재상, 형법각론(제9판), 박영사(2014), 760-762; 제4판 주석 형법[각칙(1)], 한국사법행정학회(2006), 482-496 참조.

29) 대법원 1964. 7. 16. 선고 64다69 전원합의체 판결은, 가옥명도청구권에 대한 보전방법으로서 집달리로 하여금 계쟁목적물인 가옥을 보관케 하고 현상을 변경하지 아니함을 본 건으로 신청인에게 거주사용케 함이 권리보전의 범위를 일탈한 것이라고는 볼 수 없다고 하였다.

30) 이재상, 형법각론(제9판), 박영사(2014), 761; 제4판 주석 형법[각칙(1)], 한국사법행정학회(2006), 484.

31) 대법원 1985. 7. 23. 선고 85도1092 판결(집달관이 채무자 겸 소유자의 건물에 대한 점유를 해제하고 이를 채권자에게 인도한 후 채무자의 출입을 봉쇄하기 위하여 출입문을 판자로 막아둔 것을 채무자가 이를 뜯어내고 그 건물에 들어갔다 하더라도 이는 강제집행이 완결된 후의 행위로서 채권자들의 점유를 침범하는 것은 별론으로 하고 공무상표시무효죄에 해당하지는 않는다).

32) 대법원 1981. 10. 13. 선고 80도1441 판결.

여부는 불문하므로, 가처분결정이 부당한 경우에도 그 표시의 효력에는 영향이 없다.[33] 강제처분의 표시가 현존할 것을 요하는 것은 물론이다.[34] 따라서 가처분 채무자가 가처분의 존재를 알지 못한 채 가처분 명령의 취지에 반하여 가옥을 건축하였더라도, 압류의 표시인 가처분 공시서가 그 행위당시에 현존하지 않은 경우 본죄를 구성하지 않는다.[35]

봉인, 압류 또는 강제처분이 적법할 것을 요하는가에 대하여도 객관적, 일반적으로 공무원이 직무에 관하여 행한 것으로 인정되는 경우 봉인이나 강제처분의 표시는 보호되어야 한다는 견해가 있지만, 본죄도 공무를 보호하기 위한 범죄이므로, 부적법한 봉인, 압류 그 밖의 강제처분의 표시는 보호받을 수 없다. 그러나 공무집행절차에 하자가 있다고 하여 언제나 본죄의 객체에서 제외되는 것은 아니다. 즉, 공무원이 그 직권을 남용하여 위법하게 실시한 봉인 또는 압류 기타 강제처분의 표시임이 명백하여 법률상 당연무효 또는 부존재라고 볼 수 있는 경우에는 그 봉인 등의 표시는 공무상표시무효죄의 객체가 되지 아니하여 이를 손상 또는 은닉하거나 기타 방법으로 그 효용을 해한다 하더라도 공무상표시무효죄가 성립하지 않지만, 공무원이 실시한 봉인 등의 표시에 절차상 또는 실체상의 하자가 있다고 하더라도 객관적·일반적으로 그것이 공무원이 그 직무에 관하여 실시한 봉인 등으로 인정할 수 있는 상태에 있다면 적법한 절차에 의하여 취소되지 아니하는 한 공무상표시무효죄의 객체가 된다.[36] 제3자가 소유, 점유하고 있는 물건을 가처분 채무자 소유, 점유 물건으로 인정한 가처분집행의 공시서는 그 집행이 고의로 제3자의 권리를 침해할 목적으로 행해졌던가 그 집행에 중대 명백한 하자가 있어 당연무효나 부존재로 인정되는 경우 이외에는 그 집행이 취소되기까지는 본죄의 압류의 표시에 해당한다.[37]

33) 대법원 1985. 7. 9. 선고 85도1165 판결, 대법원 2001. 1. 16. 선고 2000도1757 판결(유체동산의 가압류집행에 있어 그 가압류공시서의 기재에 다소의 흠이 있으나 그 기재 내용을 전체적으로 보면 그 가압류목적물이 특정되었다고 인정할 수 있어 그 가압류가 유효하다고 본 사례), 대법원 2007. 3. 15. 선고 2007도312 판결(피고인이 특허권을 침해하였다는 소명이 있다는 이유로 가처분집행이 행하여졌으나 후일 그 본안소송에서 위 특허가 무효라는 취지의 대법원 판결이 선고되어 그 피보전권리의 부존재가 확정된 경우에도 공무상표시무효죄가 성립한다고 본 사례) 등.

34) 대법원 1997. 3. 11. 선고 96도2801 판결(집달관이 가처분집행 당시 게시한 가처분결정문이 현존하고 있었다고 볼 증거가 없다고 하여 무죄로 판단한 원심을 인용한 사례).

35) 最判 昭和 33(1958). 3. 28. (刑集 12巻 4号 708頁)

36) 대법원 2001. 1. 16. 선고 2000도1757 판결.

37) 最判 昭和 35(1950). 5. 28. (刑集 14巻 7号 928頁)

2. 행위

봉인·압류 기타 강제처분의 표시를 손상·은닉 기타 방법으로 효용을 해하는 것이다.

손상이란 물질적 파괴를 말하며, 봉인의 외표를 훼손·손괴하는 경우뿐 아니라, 봉인 전부를 옮기는 것을 포함한다. 은닉이란 소재를 불명하게 하여 발견을 곤란하게 하는 것을 말한다. 기타의 방법으로 효용을 해한다고 함은 봉인 기타 강제처분의 표시를 물질적으로 파괴하지 않고 사실상 효력을 상실할 수 있게 하는 것을 말한다. 예컨대 영업금지가처분에 대하여 고시내용과 저촉되는 판매업무를 계속하거나,[38] 점유이전금지가처분에 대하여 점유를 이전한 경우,[39] 또는 압류물을 원래의 보관장소에서 상당한 거리에 있는 다른 장소로 이전한 경우[40]가 여기에 해당한다.

그러나 강제처분의 내용에 저촉되는 행위를 하여 기타의 방법으로 효용을 해하는 경우에 해당하는 것은 강제처분의 대상이 된 채무자에 한하여만 가능하다. 따라서 갑 회사에 대한 공사중지가처분에 대하여 을 회사가 건축을 한 경우,[41] 온천수 사용금지 가처분결정이 있기 전부터 온천이용허가권자인 가처분 채무자로부터 이를 양수하고 임대차계약의 형식을 빌어 온천수를 이용하여 온 제3자가 위 금지명령을 위반하여 계속 온천수를 사용한 경우,[42] 남편을 채무자로 한 출입금지가처분을 무시하고 그 처가 출입이 금지된 밭에 들어간 경우[43]에는 본죄가 성립하지 않는다.

압류, 가압류, 가처분을 불문하며, 집행관의 점유로 옮긴 물건의 경우에도 적용된다. 본죄는 공무원이 그 직무에 관하여 봉인, 동산의 압류, 부동산의 점유 등과 같은 구체적인 강제처분을 실시하였다는 표시를 손상 또는 은닉하거나 기타 방법으로 그 효용을 해함으로써 성립하는 범죄이다. 따라서 집행관이 법원으로부터 피신청인에 대하여 부작위를 명하는 가처분이 발령되었음을 고시하는 데 그치고 나아가 봉인 또는 물건을 자기의 점유로 옮기는 등의 구체적인 집행행위를 하지 않았다면, 단순히 피신청인이 가처분의 부작위명령을 위반하였다는 것만으로는 공무상 표시의 효용을

38) 대법원 1971. 3. 23. 선고 70도2688 판결.
39) 대법원 1972. 9. 12. 선고 72도1441 판결, 대법원 1980. 12. 23. 선고 80도1963 판결, 대법원 2004. 10. 28. 선고 2003도8238 판결.
40) 대법원 1986. 3. 25. 선고 86도69 판결, 대법원 2004. 7. 9. 선고 2004도3029 판결.
41) 대법원 1976. 7. 27. 선고 74도1896 판결, 대법원 2007. 11. 16. 선고 2007도5539 판결.
42) 대법원 2007. 11. 16. 선고 2007도5539 판결.
43) 대법원 1979. 2. 13. 선고 77도1455 판결.

해하는 행위에 해당하지 아니한다.44) 집행관이 점유를 취득하지 않고, 출입금지 등의 공시표시만을 하였을 뿐인 경우에는 적용되지 않는 것이다.45)

압류 등은 유효한 것이어야 하므로, 표시가 불완전하여 압류 등의 효력이 발생하지 않는 경우에는 본죄가 성립하지 않는다.46)

압류 등의 사실상의 효용을 멸각시킴에 의하여 본죄가 성립하며, 압류 등의 법률상의 효력을 상실시킬 것을 요하지 않는다.47)

3. 주관적 구성요건

본죄가 성립하기 위해서도 객관적 구성요건에 대한 고의가 있어야 하므로, 봉인·압류 기타 강제처분의 표시를 손상·은닉 기타의 방법으로 효용을 해한다는 인식이 필요하다. 판례는 강제처분의 적법성과 유효성에 대한 착오를 위법상의 착오에 해당한다는 입장이다.48) 다만 판례는 가압류의 효력이 없다고 믿거나49) 채권자가 채무자소유의 동산을 가압류한 후 그 본안사건에 관한 합의가 성립되어 그 가압류물건을 인수하기로 하고 담보취소까지 된 경우에 있어서 가압류취소절차를 거침이 없이 가압류목적물건을 가져간 경우50) 본죄의 고의를 인정할 수 없다고 한다.

4. 다른 범죄와의 관계

봉인, 압류 기타 강제처분의 표시를 한 물건을 절취하거나 횡령한 때에는 본죄와 절도죄 또는 횡령죄의 상상적 경합범이 된다. 이에 반하여 봉인 또는 강제처분의 표시를 파괴하고 물건을 절취한 때에는 양 죄의 경합범이 된다.51)

---

44) 대법원 2010. 9. 30. 선고 2010도3364 판결, 대법원 2016. 5. 12. 선고 2015도20322 판결 등 참조.
45) 執行官提要(第5版), 最高裁判所 事務總局(2009), 469.
46) 執行官提要(第5版), 最高裁判所 事務總局(2009), 469.
47) 執行官提要(第5版), 最高裁判所 事務總局(2009), 469.
48) 대법원 2000. 4. 21. 선고 99도5563 판결은, 공무원이 그 직무에 관하여 실시한 봉인 등의 표시를 손상 또는 은닉 기타의 방법으로 그 효용을 해함에 있어서 그 봉인 등의 표시가 법률상 효력이 없다고 믿은 것은 법규의 해석을 잘못하여 행위의 위법성을 인식하지 못한 것이라고 할 것이므로 그와 같이 믿은 데에 정당한 이유가 없는 이상, 그와 같이 믿었다는 사정만으로는 공무상표시무효죄의 죄책을 면할 수 없다고 판시하고 있다.
49) 대법원 1970. 9. 22. 선고 70도1206 판결.
50) 대법원 1972. 11. 14. 선고 72도1248 판결.
51) 이재상, 형법각론(제9판), 박영사(2014), 762.

Ⅳ. 공무상 보관물무효죄[52)]

공무소로부터 보관명령을 받거나 공무소의 명령으로 타인이 관리하는 자기의 물건을 손상 또는 은닉하거나 기타 방법으로 그 효용을 해한 자는 5년 이하의 징역 또는 700만원 이하의 벌금에 처한다(형법 제142조).

1. 의의

공무소로부터 보관명령을 받거나 공무소의 명령으로 타인이 관리하는 자기의 물건을 손상, 은익 기타의 방법으로 효용을 해함으로써 성립하는 범죄이다. 권리행사방해죄(형법 제323조)에 대한 특별규정이라고 할 수 있으나, 소유권 이외의 재산권을 보호하는 재산범죄가 아니라 공무방해에 중점을 두고 있는 범죄이다.

2. 행위의 객체

공무소로부터 보관명령을 받거나 공무소의 명령으로 타인이 관리하는 자기의 물건이다. 공무소로부터 보관명령을 받는 것은, 물건에 대하여 공무소로부터 보관명령을 받은 사실이 있으면 족하고 물건을 공무소에 제출하여 공무소가 이를 영치한 다음 다시 그 점유를 제출인에게 이전하는 것과 같은 절차를 필요로 하는 것은 아니다. 따라서 물건이 공무소에 임의제출 되었는지 여부와 공무소가 이를 영치하였는지 여부는 보관관계의 성립을 인정함에 필요한 조건은 아니다.[53)] 예컨대 압류한 집행관이 채무자에게 보관을 명한 경우가 여기에 해당한다.[54)] 물건에 대한 보관명령을 요하므로, 단순히 채권압류결정의 정본을 송달받은 것만으로는 여기에 해당하지 않는다.[55)]

공무소의 명령으로 타인이 관리한다는 것은 공무소의 처분으로 공무소의 사실상의 지배로 옮겨진 물건을 공무소의 명에 의하여 제3자의 지배에 두게 된 것을 말한다. 압류에 의하여 집행관의 점유가 된 물건이라도 집행관이 제3자에게 보관을 명하였는데 그 제3자가 무단 전거함으로써 보관자가 없게 된 경우에는 본조의 요건을 갖

---

52) 이재상, 형법각론(제9판), 박영사(2014), 766; 제4판 주석 형법[각칙(1)], 한국사법행정학회(2006), 519-522 참조.

53) 제4판 주석 형법[각칙(1)], 한국사법행정학회(2006), 519 참조.

54) 대법원 1960. 2. 29. 선고 4292형상838 판결.

55) 대법원 1983. 7. 12. 선고 83도1405 판결(제3채무자는 채무자에 대한 채무의 지급을 하여서는 아니 된다는 내용 등의 가압류결정 정본의 송달을 받은 것이 형법 제142조 소정의 공무소로부터 보관명령을 받은 경우에 해당한다고 할 수 없다).

추지 못하게 된다.[56)]

3. 행위

손상, 은닉하거나 기타의 방법으로 효용을 해하는 것이다. 손상, 은닉 기타의 방법으로 효용을 해한다는 의미는 공무상비밀표시무효죄의 경우와 같다.

세무공무원이 압류하여 용기에 넣어 봉인을 한 장부를 본인에게 보관시켰는데, 사후 발각을 겁낸 본인이 그 봉인을 파기한 후 서류를 소각하여 버린 경우 공무상 봉인등무효죄와 본죄와의 경합범이 된다.[57)]

V. 부동산강제집행효용침해죄[58)]

강제집행으로 명도 또는 인도된 부동산에 침입하거나 기타 방법으로 강제집행의 효용을 해한 자는 5년 이하의 징역 또는 700만원 이하의 벌금에 처한다(형법 제140조의2).

강제집행으로 명도 또는 인도된 부동산에 침입하거나 기타 방법으로 강제집행의 효용을 침해함으로써 성립하는 범죄이다. 강제집행된 부동산에 침입하여 강제집행의 효용을 무력화하고 이로 인하여 소유권행사에 지장을 초래하는 행위를 처벌하기 위하여 1995년 형법 개정에 의하여 신설된 규정이다.[59)] 그 동안 판례가 집달관이 채무자 겸 소유자의 건물에 대한 점유를 해제하고 이를 채권자에게 인도한 후 채무자의 출입을 봉쇄하기 위하여 출입문을 판자로 막아둔 것을 채무자가 이를 뜯어내고 그 건물에 들어갔다 하더라도 이는 강제집행이 완결된 후의 행위로서 채권자들의 점유를 침범하는 것은 별론으로 하고 공무상 표시무효죄에 해당하지는 않는다고 판시함으로써 범죄의 성립을 부정하여 왔는데,[60)] 본죄의 신설로써 명도집행의 효용을 해하는 행위에 대하여 처벌이 가능하게 되었다. 본죄는 강제집행으로 명도 또는 인도된 부동산에 침입하여 이를 불법점유 함으로써 권리자의 권리행사를 방해하고, 강제집행의 효용을

---

56) 東京高判 昭和 27(1952). 5. 14. (判特 34号 23頁)
57) 最判 昭和 28(1953). 7. 24. (刑集 7巻 7号 1638頁)
58) 이재상, 형법각론(제9판), 박영사(2014), 763-764; 제4판 주석 형법[각칙(1)], 한국사법행정학회(2006), 502-507 참조.
59) 입법경위에 대하여 자세한 것은 제4판 주석 형법[각칙(1)], 한국사법행정학회(2006), 502 참조.
60) 대법원 1985. 7. 23. 선고 85도1092 판결.

침해하는 행위를 규제하기 위하여 마련된 것으로서, 그 보호법익은 국가의 강제집행권, 특히 부동산에 대한 강제집행의 기능이다.

본죄의 주체에는 제한이 없으므로, 반드시 강제집행을 당한 채무자에게 제한되지 않고, 채무자의 친족 등 제3자도 본죄의 주체가 될 수 있다.

행위의 객체는 강제집행으로 인도 또는 명도된 부동산이다. 명도는 건물에 대한 점유의 이전을, 인도는 토지에 대한 점유의 이전을 말한다. 판례는 본죄의 입법취지와 체재 및 매용과 구조를 살펴보면, 강제집행으로 퇴거 집행된 부동산도 포함된다고 해석하고 있다.[61] 강제집행이 적법할 것을 요하는 것은 강제처분표시무효죄의 경우와 같다.

강제집행절차에 위법 내지 취소 사유가 있을 경우라도 일단 집행이 종료된 이상 부동산의 점유는 채권자에게 이전된 것이므로, 채무자가 그 부동산에 침입하거나 강제로 점유를 한 경우에는 본죄가 성립한다고 할 것이다.[62]

행위는 침입하거나 기타의 방법으로 그 효용을 해하는 것이다. 강제집행과 그 효용을 해하는 행위의 시간적 관련성에 관하여 형법에 규정이 없으므로, 반드시 강제집행이 행해진 직후에 효용을 해하는 행위가 있어야 하는 것은 아니지만, 본죄가 국가의 부동산에 대한 강제집행의 기능을 보호하기 위한 것인 이상 강제처분과 시간적 관련성이 있어야 한다.

주거침입죄와 재물손괴죄는 본죄에 대하여 보충관계에 있으므로, 본죄가 성립한 때에는 주거침입죄와 재믈손괴죄가 성립하지 않는다.

Ⅵ. 경매, 입찰방해죄[63]

위계 또는 위력 기타 방법으로 경매 또는 입찰의 공정을 해한 자는 2년 이하의 징역 또는 700만원 이하의 벌금에 처한다(형법 제315조).

1. 의의

본죄의 보호법익은 경매 또는 입찰의 공정이다. 경매 또는 입찰의 종류는 묻지 않는다. 국가 또는 공공단체가 하는 경매, 입찰뿐 아니라 사인이 행하는 경매, 입찰

61) 대법원 2003. 5. 13. 선고 2001도3212 판결.
62) 제4판 주석 형법[각칙(1)], 한국사법행정학회(2006), 505.
63) 이재상, 형법각론(제9판), 박영사(2014), 218-220; 제4판 주석 형법[각칙(5)], 한국사법행정학회(2006), 117-126.

도 포함된다.

경매와 입찰의 시행자 측도 본죄의 주체가 될 수 있고(가령 일부 참가자에게 예정가격을 알려주는 경우), 가령 현황조사를 하는 집행관에게 임차권자라고 거짓말을 하여 그러한 내용으로 현황조사보고서를 작성하는 경우처럼 경락이나 낙찰을 받기 원하는 자 이외의 제3자도 본죄의 주체가 될 수 있다.

2. 행위

위계 또는 위력 기타 방법으로 경매 또는 입찰의 공정을 해하는 것이다. 위계나 위력의 의미는 신용훼손죄와 업무방해죄에 있어서와 같다. 확정일자 있는 내용허위의 임대차계약서를 제출하는 것은 위계에 해당하고, 건물의 출입문이나 일반인에게 열람시키고 있는 현황조사보고서 사본에 당해 부동산에 폭력조직이 관련되어 있다는 기재를 하는 것은 위력에 해당한다. 유체동산경매사건에서 다수의 사람들이 경매에 참가할 수 있는 기회를 사실상 봉쇄하고 일부 경매브로커들에게만 경매개시시각, 위치를 알려 주어 그들이 단독으로 경매신청을 할 수 있도록 도와주는 것도 본죄에 해당하고,[64] 입찰장소의 주변을 에워싸고 사람들의 출입을 막아 입찰에 참가하려는 일부를 참가하지 못하게 하고 나머지 사람들만 참가한 경우 입찰방해죄가 성립한다.[65]

경매 또는 입찰의 공정을 해한다는 것은 적정한 가격을 형성하는 공정한 자유경쟁이 방해될 우려가 있는 상태를 발생시키는 것을 말한다. 여기에 공정을 해하는 행위에는 경매나 입찰을 결정하는 것뿐만 아니라, 그 공정한 경쟁방법을 해하는 행위도 포함된다.

추상적 위험범이므로, 경매 또는 입찰의 공정을 해하는 행위가 있으면 족하며, 현실적으로 경매, 입찰의 공정이 해하여진 결과가 발생하였을 것을 요하지 않는다. 그리고 적정한 가격이란 객관적으로 산정되는 공정한 가격을 말하는 것이 아니라 경매, 입찰의 구체적 진행과정에서 얻어지는 가격을 의미한다.

3. 담합행위

담합행위도 본죄에 포함된다. 가장입찰의 경우뿐만 아니라 수인의 입찰자 가운데 1인을 입찰케 하고 나머지는 입찰을 포기할 것을 모의하는 경우도 포함한다.[66]

---

64) 대법원 2002. 7. 12. 선고 2002도2036 판결.
65) 대법원 1993. 2. 23. 선고 92도3395 판결.
66) 대법원 1956. 2. 17. 선고 4288형상118 판결.

반드시 입찰참가자 전원 사이에 담합이 이루어져야 하는 것은 아니고, 입찰참가자들 중 일부 사이에만 담합이 이루어진 경우라고 하더라도 그것이 입찰의 공정을 해하는 것으로 평가되는 이상 입찰방해죄가 성립한다.[67] 그러나 담합의 목적이 주문자의 예정가격 내에서 적정한 가격을 유지하면서 무모한 출혈경쟁을 방지함에 있고 낙찰가격도 공정한 가격의 범위 내인 때에는 담합자 사이에 금품의 수수가 있었다고 하더라도 경매나 입찰의 공정을 해하였다고 할 수 없으므로, 본죄는 성립하지 않는다.[68] 다만 경매, 입찰의 공정을 해한다는 것은 적법하고 공정한 경매, 입찰의 방법을 해하는 경우도 포함하므로, 가장경쟁자를 조작하여 단독입찰을 경쟁입찰인 것처럼 가장한 경우에는 경매, 입찰의 공정을 해한 것이므로, 본죄가 성립한다.[69]

본죄는 위험범이므로, 담합이 이루어지면 본죄는 완성된다. 그러나 담합이 있고 그에 따른 담합금이 수수되었다 하더라도 입찰시행자의 이익을 해함이 없이 자유로운 경쟁을 한 것과 같은 결과가 되는 경우에는 입찰의 공정을 해할 위험성이 있다고 할 수 없으므로, 입찰에 참가한 5개 회사 가운데 2개 회사 사이에 담합이 이루어졌다고 하여 본죄가 성립하는 것은 아니다.[70] 입찰자들 상호간에 특정업체가 낙찰받기로 하는 담합이 이루어진 상태에서 그 특정업체를 포함한 다른 입찰자들은 당초의 합의에 따라 입찰에 참가하였으나 일부 입찰자는 자신이 낙찰받기 위하여 당초의 합의에 따르지 아니한 채 오히려 낙찰받기로 한 특정업체보다 저가로 입찰한 경우에도, 이러한 일부 입찰자의 행위는 위와 같은 담합을 이용하여 낙찰을 받은 것이라는 점에서 적법하고 공정한 경쟁방법을 해한 것이 되어 입찰방해죄에 해당한다.[71]

Ⅶ. 강제집행면탈죄[72]

강제집행을 면할 목적으로 재산을 은닉, 손괴, 허위양도 또는 허위의 채무를 부담하여 채권자를 해한 자는 3년 이하의 징역 또는 1천만원 이하의 벌금에 처한다(형

---

67) 대법원 2006. 12. 22. 선고 2004도2581 판결, 대법원 2009. 5. 14. 선고 2008도11361 판결 등.
68) 대법원 1971. 4. 20. 선고 70도2241 판결.
69) 대법원 1976. 7. 13. 선고 74도717 판결, 대법원 1988. 3. 8. 선고 87도2646 판결, 대법원 2003. 9. 26. 선고 2002도3924 판결 등.
70) 대법원 1983. 1. 18. 선고 81도824 판결.
71) 대법원 2010. 10. 14. 선고 2010도4940 판결.
72) 이재상, 형법각론(제9판), 박영사(2014), 481-485; 제4판 주석 형법[각칙(5)], 한국사법행정학회(2006), 256-271 참조.

법 제327조).

1. 의의

강제집행을 면할 목적으로 재산을 은닉, 손괴, 허위양도 또는 허위의 채무를 부담하여 채권자를 해함으로써 성립하는 범죄이다. 본죄의 보호법익은 국가의 강제집행권이 발동될 단계에 있는 채권자의 채권이다. 따라서 본죄가 성립하기 위해서는 주관적 구성요건으로 강제집행을 면할 목적이 있어야 하는 외에 객관적 구성요건으로 강제집행을 받을 객관적 상태에 있음을 요한다.

강제집행을 받을 위험이 있는 객관적 상태란 민사집행에 의한 강제집행 또는 가압류, 가처분 등의 집행을 당할 구체적 염려가 있는 상태를 말한다.[73] 언제 이와 같은 구체적 염려가 있는 상태가 되는지에 관하여 대법원은 당초 가압류, 가처분을 신청하거나 민사소송을 제기할 것을 요한다고 하였다가[74] 그 후 채권자가 강제집행이나 가압류, 가처분을 하거나 소의 제기 또는 지급명령의 신청을 한 사실이 없더라도, 채권확보를 위하여 소송을 제기할 기세를 보이는 이상 강제집행을 받을 상태가 된다는 태도를 일관하고 있다.[75] 판례는 약 18억 원 정도의 채무초과 상태에 있는 피고인 발행의 약속어음이 부도가 난 경우, 강제집행을 당할 구체적인 위험이 있는 상태에 있다고 하였다.[76]

여기의 강제집행은 민사집행법상의 강제집행이나 민사집행법이 준용되는 강제집행에 한하지 않고, 형사소송법상의 벌금, 과료, 몰수의 재판의 집행도 포함된다는 견해가 있지만, 본죄는 채권자의 채권을 보호하는 데에 그 근본취지가 있으므로, 본죄의 강제집행은 민사집행법상의 강제집행이나 같은 법이 준용되는 가압류, 가처분만을 의미한다고 해석하는 것이 타당하다. 따라서 벌금, 과료 또는 몰수 등의 재판의 집행은 물론, 국세징수법에 의한 체납처분이나 민사집행법에 의한 임의경매도 여기의 강제집행에 해당하지 않는다. 국세징수법에 의한 체납처분에 대하여는 조세범처벌법 제7조 적용되고, 부동산임의경매는 경우에 따라 권리행사방해죄[77]나 공무집행방해죄[78]

---

73) 대법원 1981. 6. 23. 선고 81도588 판결.
74) 대법원 1970. 5. 12. 선고 70도643 판결.
75) 대법원 1981. 6. 23. 선고 81도588 판결, 대법원 1982. 5. 25. 선고 82도311 판결, 대법원 1984. 3. 13. 선고 84도18 판결, 대법원 1999. 2. 9. 선고 96도3141 판결.
76) 대법원 1999. 2. 9. 선고 96도3141 판결.
77) 제4판 주석 형법[각칙(5)], 한국사법행정학회(2006), 260의 주25.
78) 이재상, 형법각론(제9판), 박영사(2014), 483.

가 성립할 뿐이다.

본죄의 성립을 위하여는 강제집행을 할 우려 있는 객관적 상태에 있어야 할 뿐 아니라, 본죄는 채권자의 채권을 보호하는데 그 근본취지가 있는 것이므로, 기본이 되는 채권의 존재를 전제로 한다. 따라서 채권이 존재하지 않을 때에는 본죄는 성립할 여지가 없다.[79)]

2. 행위의 객체

본죄의 객체는 재산이다.

재산이란 재물뿐 아니라 권리도 포함되며, 재물은 동산, 부동산을 불문한다. 다만 그것이 강제집행의 대상이 될 수 있는 것이어야 함은 당연하다. 따라서 본죄의 객체는 채무자의 재산으로서 채권자가 강제집행 또는 보전처분의 대상으로 삼을 수 있는 것이어야 한다.[80)]

3. 행위

재산을 은닉, 손괴, 허위양도 또는 허위의 채무를 부담하여 채권자를 해하는 것이다.

은닉이란 강제집행을 실시하려는 자에 대하여 재산의 발견을 불가능하게 하거나 곤란하게 만드는 것을 말한다. 재산의 소재를 불명하게 하는 경우뿐만 아니라 재산의 소유관계를 불명하게 하는 경우도 포함한다.[81)] 판례는 ① 채권자에 의하여 압류된 채무자 소유의 유체동산을 채무자의 모 소유인 것으로 사칭하면서 모의 명의로 제3자 이의의 소를 제기하고, 집행정지결정을 받아 그 집행을 저지한 경우,[82)] ② 담보목적의 가등기권자가 다른 채권자들의 강제집행을 불가능하게 할 목적으로 채무자와 공모

---

79) 대법원 1988. 4. 12. 선고 88도48 판결, 대법원 2007. 7. 12. 선고 2007도3005 판결, 대법원 2008. 5. 8. 선고 2008도198 판결 등.

80) 따라서 계약명의신탁의 방식으로 명의수탁자가 당사자가 되어 소유자와 부동산에 관한 매매계약을 체결하고 그 명의로 소유권이전등기를 마친 경우, 그 부동산의 채무자인 명의신탁자의 재산이 아니기 때문에 강제집행면탈죄의 객체가 되지 않는다(대법원 2009. 5. 14. 선고 2007도2168 판결).

81) 대법원 1983. 5. 10. 선고 82도1987 판결, 대법원 2000. 7. 28. 선고 98도4558 판결, 대법원 2005. 10. 13. 선고 2005도4522 판결.
채무자가 제3자 명의로 되어 있던 사업자등록을 또 다른 제3자 명의로 변경하였다는 사정만으로는 그 변경이 채권자의 입장에서 볼 때 사업장 내 유체동산에 관한 소유관계를 종전보다 더 불명하게 하여 채권자에게 손해를 입게 할 위험성을 야기한다고 단정할 수 없다(대법원 2014. 6. 12. 선고 2012도2732 판결).

82) 대법원 1992. 12. 8. 선고 92도1653 판결.

하여 정확한 청산절차도 거치지 않은 채 의제자백판결을 통하여 본등기를 경료함과 동시에 가등기 이후에 경료된 가압류등기 등을 모두 직권말소하게 한 경우,[83] ③ 사업장의 유체동산에 대한 강제집행을 면탈할 목적으로 사업자 등록의 사업자 명의를 변경함이 없이 사업장에서 사용하는 금전등록기의 사업자 이름만을 변경한 경우[84]에도 소유관계를 불명확하게 하는 방법에 의한 재산의 은닉에 해당한다고 하였다.

손괴란 재물의 물질적 훼손뿐만 아니라 그 가치를 감소케 하는 일체의 행위를 의미한다. 허위양도란 실제로 재산의 양도가 없음에도 불구하고 양도한 것으로 가장하여 재산의 명의를 변경하는 것을 말한다. 예컨대 가옥대장상의 소유명의의 변경,[85] 임차권 명의의 제3자에게의 이전[86] 등이 여기에 해당한다. 그러나 양도가 진실일 때에는 그것이 강제집행을 면할 목적으로 행하여졌고 채권자를 해한 때에도 본죄를 구성하지 않는다.[87] 따라서 신탁재산에 대하여 신탁자가 신탁계약을 해지하고 소유권이전등기를 경료한 것은 허위양도가 되지 않는다.[88]

허위의 채무를 부담한다는 것은 채무가 없음에도 불구하고 채무를 부담하는 것처럼 가장하는 것을 말한다. 진실한 채무를 부담하는 때에는 본죄에 해당하지 않는다. 타인에게 가등기를 경료한 것만으로 허위의 채무를 부담하였다고 할 수 없다.[89] 허위의 채무를 부담할 것을 요하므로, 장래 발생할 특정한 조건부채권을 담보하기 위하여 부동산에 근저당권을 설정한 것은 본죄에 해당하지 않는다.[90]

채권자가 현실적으로 해를 입을 것을 요하는 것이 아니라 채권자를 해할 위험성이 있으면 족하다.[91] 따라서 강제집행을 실제로는 면하지 못하였더라도, 이를 면할

83) 대법원 2000. 7. 28. 선고 98도4558 판결.
84) 대법원 2003. 10. 9. 선고 2003도3387 판결.
85) 대법원 1968. 7. 31. 선고 68도677 판결.
86) 대법원 1971. 4. 20. 선고 71도319 판결.
87) 대법원 1982. 7. 27. 선고 80도382 판결, 대법원 1983. 9. 27. 선고 83도1869 판결, 대법원 1998. 9. 8. 선고 98도1949 판결.
88) 대법원 1983. 7. 26. 선고 82도1524 판결.
89) 대법원 1987. 8. 18. 선고 87도1260 판결(피고인이 타인에게 채무를 부담하고 있는 양 가장하는 방편으로 피고인 소유의 부동산들에 관하여 소유권이전청구권보전을 위한 가등기를 경료하여 주었다 하더라도 그와 같은 가등기는 원래 순위보전의 효력밖에 없는 것이므로 그와 같이 각 가등기를 경료한 사실만으로는 피고인이 강제집행을 면탈할 목적으로 허위채무를 부담하여 채권자를 해한 것이라고 할 수 없다).
90) 대법원 1996. 10. 25. 선고 96도1531 판결(피고인이 장래에 발생할 특정의 조건부채권을 담보하기 위한 방편으로 부동산에 대하여 근저당권을 설정한 것이라면, 특별한 사정이 없는 한 이는 장래 발생할 진실한 채무를 담보하기 위한 것으로서, 피고인의 위 행위를 가리켜 강제집행면탈죄 소정의 '허위의 채무를 부담'하는 경우에 해당한다고 할 수 없다).

목적을 가지고 그 목적 실현의 가능성이 있는 행위를 한 때에는 본죄가 성립한다.[92] 즉 강제집행면탈죄는 이른바 위태범으로서 강제집행을 당할 구체적인 위험이 있는 상태에서 재산을 은닉, 손괴, 허위양도 또는 허위의 채무를 부담하면 바로 성립하는 것이고, 반드시 채권자를 해하는 결과가 야기되거나 이로 인하여 행위자가 어떤 이득을 취하여야 범죄가 성립하는 것은 아니며, 허위양도 한 부동산의 시가 액보다 그 부동산에 의하여 담보된 채무액이 더 많다고 하여 그 허위양도로 인하여 채권자를 해할 위험이 없다고 할 수 없다.[93] 채권자를 해할 위험이 없는 때에는 본죄가 성립하지 않는다. 따라서 가압류 후에 목적물의 소유권을 취득한 제3취득자가 다른 사람에 대한 허위의 채무에 기하여 근저당권설정등기 등을 경료 하더라도 이로써 가압류채권자의 법률상 지위에 어떤 영향을 미치지 않으므로, 본죄에 해당하지 않고,[94] 토지 소유자가 그 지상 건물 소유자에 대하여 건물철거 및 토지인도청구권을 갖는 경우, 건물 소유자가 허위채무로 위 건물에 근저당권설정등기를 경료한 때에도 그것만으로 토지 소유자의 건물철거 및 토지인도청구권에 기한 강제집행을 불능케 하는 사유에 해당한다고 할 수 없으므로, 본죄가 성립하지 않는다.[95]

채권자를 해하였는가는 행위시를 기준으로 하여 구체적으로 판단하여야 한다. 다만 판례는 현실적으로 강제집행을 받을 우려가 있는 상태에서 강제집행을 면탈할 목적으로 허위의 채무를 부담하는 등의 행위를 하는 경우에는 달리 특별한 사정이 없는 한 채권자를 해할 위험이 있다고 해석한다.[96] 따라서 강제집행을 면할 목적으로 재산을 허위양도 하였다 하여도 채무자에게 집행을 확보할 수 있는 충분한 재산이 있으면 채권자를 해하였다고 할 수 없지만,[97] 약간의 잉여자산이 있다거나,[98] 허위양도 한 부동산의 시가 액보다 그 부동산에 의하여 담보된 채무액이 더 많다고 하여[99] 그 허위양도로 인하여 채권자를 해할 위험이 없다고 할 수 없다.

---

91) 대법원 1994. 10. 14. 선고 94도2056 판결, 대법원 2009. 5. 28. 선고 2009도875 판결.
92) 執行官提要(第5版), 最高裁判所 事務總局(2009), 471.
93) 대법원 1999. 2. 12. 선고 98도2474 판결.
94) 대법원 2008. 5. 29. 선고 2008도2476 판결.
95) 대법원 2008. 6. 12. 선고 2008도2279 판결.
96) 대법원 1996. 1. 26. 선고 95도2526 판결, 대법원 2008. 6. 26. 선고 2008도3184 판결.
97) 대법원 1968. 3. 26. 선고 67도1577 판결.
98) 대법원 1990. 3. 23. 선고 89도2506 판결, 대법원 2008. 4. 24. 선고 2007도4585 판결.
99) 대법원 1999. 2. 12. 선고 98도2474 판결.

4. 주관적 구성요건

본죄도 고의범이므로, 행위자는 강제집행을 받을 우려 있는 객관적 상태에서 재산을 은닉, 손괴, 허위양도 또는 허위의 채무를 부담하여 채권자를 해한다는 고의가 있어야 한다. 이는 미필적 고의로 족하다.

본죄는 이러한 고의 외에 강제집행을 면할 목적이 있어야 성립하는 목적범이다. 목적범의 일반원리에 따라 목적의 달성여부는 본죄의 성립에 영향을 미치지 않는다.

관련자료

1. 집행관수수료규칙
2. 집행관의 수수료 및 비용 산정기준[행정예규 제787호]
3. 집행절차에서의 보관업자 등록 등에 관한 예규[행정예규 제1111호]
4. 노무자등을 보조자로 사용하는 집행사건에 있어서의 노무자등의 관리지침
5. 민사집행법 제5조 제2항에 의한 집행관의 경찰에 대한 원조요청시 업무처리 요령
6. 부동산 인도명령에 집행채무자의 승계로 승계집행문이 부여된 경우
7. 부동산 등의 인도집행 시 집행목적물이 아닌 동산의 처리절차에 관한 지침 [업무처리기준(안)-10]
8. 부동산점유이전금지가처분 집행 시 고시문을 출입문 바깥쪽에 부착할 수 있는지 여부와 가처분재판에 공시명령의 기재가 없는 경우 공시여부[업무처리기준(안)-12]
9. 집행에 사용할 노무자 등의 수와 수당 기준[업무처리기준(안)-13]
10. 보관업자 등록 등 기준안[업무처리기준(안) 2011-2]
11. 법원 강제집행 현장 경찰조치 매뉴얼(경찰청)

1. 집행관수수료규칙

제1조 (목적)
이 규칙은 「집행관법」 제19조 제1항의 규정에 의하여 집행관의 수수료에 관한 사항을 정함을 목적으로 한다.

제2조 (서류송달)
① 서류의 송달(집행행위에 속한 것은 제외한다)수수료는 1건에 1,000원으로 한다.
② 제1항의 사무가 신청에 의하여 휴일 또는 야간에 행하여지는 경우의 수수료는 1건에 1,500원으로 한다.
③ 동일사건에 관하여 동일한 일시, 장소에서 동일인에게 소송에 관한 서류를 송달하는 경우에는 그 통수에 관계없이 1건으로 한다.
④ 삭제(2007.11.28. 제2123호)

제3조 (압류, 가압류)
① 압류 또는 가압류 집행의 수수료는 별표 1과 같다.
② 가압류한 물건에 대한 본압류 수수료는 제1항에 정한 수수료의 반액으로 한다.
③ 집무시간이 3시간을 초과할 때에는 그 초과하는 1시간마다 제1항에 정한 수수료의 10분의 1을 가산하고, 초과시간이 1시간에 미달하여도 1시간으로 산정한다.
④ 집행관이 압류 또는 가압류할 현장에 임하였으나 압류할 물건이 없거나, 압류한 물건을 현금화하더라도 강제집행의 비용을 충당함에 그치는 때의 수수료는 제1항에 정한 수수료의 10분의 3으로 한다.

제4조 (압류의 경합)
「민사집행법」 제215조 제1항의 규정에 의한 사무를 실시하는 경우의 수수료는 제3조 제1항에 정한 수수료의 반액으로 한다. 다만, 이미 압류한 물건 외의 다른 물건을 추가압류한 경우의 수수료는 제3조 제1항에 정한 수수료의 전액으로 한다.

제4조의2 (현금화를 위한 인도)
현금화하기 위하여 유체동산의 인도를 받는 경우의 수수료는 제3조 제1항에 정한 수수료의 반액으로 한다. 다만, 인도받은 물건을 즉시 현금화하는 때에는 제16조에 정한 수수료만 받는다.

제5조 (집행취소 등에 의한 물건의 인도)
① 압류, 가압류한 물건이나 가처분 기타 보전처분에 의하여 보관중인 물건을 집행처분의 취소로 채무자 기타 수취권자에게 인도하는 경우의 수수료는 제3조 제1항에 정한 수수료의 반액으로 한다. 다만, 수수료는 4,000원을 초과하지 못한다.
② 현금화하기 위하여 인도받은 물건을 현금화절차의 취소에 의하여 소유자 기타 수취권자에게 인도하는 경우의 수수료는 제1항과 같다.

제6조 (압류물 등의 점검)
① 압류, 가압류한 물건과 가처분 기타 보전처분한 물건의 현황을 점검하는 경우의 수수료에 관하여는 제5조의 규정을 준용한다.
② 집행처분의 취소에 의하여 제1항의 물건을 인도하는 경우에 행하는 점검과 현금화를 실시하는 경우에 행하는 점검에 대하여는 수수료를 받지 못한다.

제7조 (임의변제금 등의 수취)

채무자가 임의변제한 금전을 수취하여 이를 채권자에게 교부하는 경우의 수수료는 별표 2와 같으며, 금전 이외의 물건을 수취하여 교부하는 경우의 수수료는 2,000원으로 한다.

제7조의2 (어음 등의 지급을 위한 제시등)

① 어음 · 수표 기타 금전의 지급을 위한 유가증권에 대하여 인수나 지급을 위한 제시 또는 지급의 청구를 하는 경우의 수수료는 2,000원으로 한다.

② 제1항에 규정된 사무를 행한 경우에 지급이 있은 때에는 그 금액에 따라 제1항의 금액에 제7조의 금액을 가산한다.

제8조 (배당요구 등)

① 배당요구에 관한 사무의 수수료는 1,000원으로 한다.

②「민사집행법」 제221조 제1항의 규정에 의한 매각대금의 지급사무에 관하여는 제1항을 준용한다.

제9조 (거절증서의 작성)

거절증서의 작성에 대한 수수료는 1건에 2,000원으로 한다.

제10조 (집행이외의 고지, 최고)

당사자의 위임에 의하여 고지 또는 최고를 하는 경우의 수수료는 1건에 1,000원으로 한다.

제10조의2 (원조, 참여 등)

①「민사집행법」이나 동 규칙 또는「채무자 회생 및 파산에 관한 법률」에 의하여 원조를 하거나 재산에 봉인을 하는 경우의 수수료는 10,000원으로 한다.

② 제1항의 봉인을 제거하는 경우의 수수료는 제1항에 정한 수수료의 반액으로 한다.

제11조 (동산 등의 인도)

① 특정한 동산이나 대체물의 일정한 수량을 채무자로부터 수취하여 채권자에게 인도할 경우의 수수료는 그 가액이 10만원이하인 때에는 4,000원, 10만원을 초과할 때에는 6,000원으로 한다. 집무시간이 2시간을 초과할 때에는 그 초과하는 1시간마다 1,000원을 가산하고 초과시간이 1시간에 미달하여도 1시간으로 산정한다.

② 제1항의 경우에 집행관이 현장에 임하였으나, 당해 동산이나 대체물이 없는 때에는 동항에 정한 수수료의 반액으로 한다.

③「민사집행법」 제193조 제1항의 규정에 의한 명령에 의하여 압류물을 인도받는 경우의 수수료에 관하여는 제1항, 제2항의 규정을 준용한다.

제12조 (부동산등의 인도)

① 부동산 또는 선박에 대하여 채무자의 점유를 해제하고 채권자로 하여금 점유하게 할 경우의 수수료는 15,000원으로 한다. 다만, 집무시간이 2시간을 초과할 때에는 그 초과하는 1시간마다 1,500원을 가산하고, 초과사건이 1시간에 미달하여도 1시간으로 산정한다.

② 제1항의 경우에 집행관이 현장에 임하였으나, 당해 부동산 또는 선박이 없는 때에는 동항에 정한 수수료의 반액으로 한다.

제13조 (대체집행)

「민사집행법」 제260조 제1항의 규정에 의한 결정에 의하여 집행하는 경우의 수수료에 관하여는 제12조의 규정을 준용한다.

제14조 (보전처분)
가처분 기타 보전처분의 집행으로서 제2조 내지 제13조에 규정된 사무에 해당되지 아니하는 경우의 수수료는 5,000원으로 한다.
제15조 (부동산의 현황조사)
「민사집행법」 제81조 제4항, 제85조 제1항 또는 제111조 제3항의 규정에 의한 조사를 하는 경우에는 제3조에 정한 구분에 따라 수수료를 받는다.
제15조의2 (압류부동산의 보전처분)
「민사집행법」 제83조 제3항, 「민사집행규칙」 제44조 제2항의 규정에 의한 명령에 따라 압류부동산을 보관하는 경우의 수수료는 10,000원으로 한다.
제15조의3 (선박 등 국적증서의 수취 등)
① 선박국적증서 그 밖에 선박운행에 필요한 문서를 수취하거나 인도받는 경우의 수수료는 10,000원으로 한다.
② 항공기 등록증명서 기타 항공기의 운항에 필요한 서류를 수취하거나 인도받는 경우의 수수료에 관하여는 제1항의 규정을 준용한다.
제15조의4 (자동차의 인도 등)
① 「민사집행규칙」의 규정에 의하여 자동차, 건설기계 또는 소형선박의 인도를 받는 경우의 수수료는 6,000원으로 한다.
② 「민사집행규칙」의 규정에 의하여 자동차, 건설기계 또는 소형선박을 이전하는 경우의 수수료에 관하여는 제1항의 규정을 준용한다.
제16조 (매각)
① 매각수수료는 매각금액이 10만원에 달하는 때까지 5,000원으로 한다.
② 제1항의 경우에 매각금액이 10만원을 초과할 때에는 그 초과하는 매10만원마다 1,000만원까지는 2,000원을, 1,000만원 초과 5,000만원까지는 1,500원을, 5,000만원 초과 1억원까지는 1,000원을, 1억원 초과 3억원까지는 500원을, 3억원 초과 5억원까지는 300원을, 5억원 초과 10억원까지는 200원을 각 가산한다. 다만 초과금액이 10만원에 미달하여도 10만원으로 산정하며, 매각금액이 10억원을 초과할 때에는 10억원으로 본다.
③ 입찰, 호가경매 이외의 다른 적당한 방법으로 매각하는 경우의 수수료에 관하여는 제1항 및 제2항의 규정을 준용한다.
④ 매각수수료는 매각허가결정이 확정된 이후에 지급받을 수 있다. 다만, 매각허가결정이 확정되기 전에 그 결정이 취소되지 아니한 상태에서 경매신청이 취하된 경우에는 그 취하가 있는 때에 지급받을 수 있다.
제17조 (집행정지, 제한 등의 경우)
① 집행관이 집행에 착수하기 전 또는 후에 강제집행이 정지 또는 제한된 때, 위임의 소멸에 의하여 강제집행을 하지 아니하게 된 대 또는 지급 및 인도로 인하여 강제집행의 위임이 종료된 때에는 각 본조에 정한 수수료의 10분의 3으로 한다. 다만, 제16조의 경우에 그 수수료는 1,000원을 초과하지 못한다.
② 다음 각 호의 경우의 수수료도 제1항과 같다.
1. 매각기일에 허가할 매수가격의 신고가 없는 경우
2. 「민사집행법」 제96조의 규정에 의하여 경매취소가 있는 경우

3.「민사집행법」 제123조의 규정에 의하여 매각이 불허된 경우
4.「민사집행법」 제127조 제1항의 규정에 의하여 매각이 불허되거나 매각허가결정이 취소된 경우
5. 항고 또는 재항고로 매각허가결정이 취소된 경우

③ 매수인이 대금지급기한에 그 의무를 완전히 이행하지 아니하여 실시하는 재매각의 경우에는 수수료를 받지 못한다.

제18조 (야간, 휴일의 집무)

당사자의 신청에 의하여 제3조 내지 제6조, 제9조 내지 제14조에 규정된 사무의 집행이 야간 또는 휴일에 행하여진 때에는 각 본조에 정한 수수료의 반액을 가산한다.

제19조 (유사집무의 수수료)

이 규칙에 정하지 아니한 집무에 대하여는 그와 유사한 집무에 대하여 정하여진 수수료를 받는다.

제20조 (비용)

집행관은 다음 비용의 지급을 받는다.

1. 서기료
2. 통신료
3. 공고료
4. 감정인 및 참여인의 일당·여비·감정료
5. 기술자 및 노무자의 수당
6.「민사집행법」 제211조 또는 제212조 제1항의 규정에 의한 행위를 하기 위한 비용
7. 인신의 인도비용
8. 물건의 운반·보관·감수 및 보존비용
9. 과실 수확의 비용
10. 관청 기타 공공단체로부터 증명을 받은 비용
11. 물건의 현황을 기록하기 위하여 촬영하는 사진의 비용
12. 집행관의 여비 및 숙박료. 다만, 집행관이 소송서류를 송달하는 경우 지급할 여비에 관하여는「민사소송비용규칙」 제4조의2의 규정을 준용한다.
13.「민사소송 등에서의 전자문서 이용 등에 관한 법률」 제12조의 전자문서 출력비용. 출력비용은 1장마다 50원으로 한다.

제21조 (감정인의 일당등)

서기료 및 감정인과 참여인의 일당·여비 등에 관하여는「민사소송비용법」을 준용한다.

제22조 (여비의 기준)

집행관의 직무집행을 위한 일당 및 여비는「법원공무원 여비규칙」 중 5급 공무원과 동액으로 한다.

제23조 (열람 등 수수료)

① 집행기록 기타 서류의 열람 등에 관한 수수료는 아래와 같다.

1. 열람·복사
   1건마다 500원(복사물이 10장을 초과할 경우 초과 1장마다 50원)
2. 등·초본
   원본 5장까지 500원, 초과 1장마다 50원
3. 기타의 증명

증명사항 1건마다 500원

② 수수료를 산정할 때 100원 단위 미만 금액은 계산하지 아니하고, 복사가 열람과 동시에 또는 열람 후 즉시 이루어지는 때에는 열람수수료를 별도로 계산하지 아니한다.

제24조 (수수료의 변제기)

집행관은 각개의 사무를 완료하거나 또는 그 사무를 속행할 필요가 없게된 후가 아니면 그 사무에 대한 수수료를 받을 수 없다. 다만, 이 규칙 또는 다른 법률에 특별한 규정이 있는 경우어는 그러하지 아니하다.

제25조 (비용예납)

① 집행관은 모든 사무를 담당함에 있어서 수수료 기타비용의 계산액을 위임자에게 예납시킬 수 있고 예납하지 아니하는 때에는 위임에 응하지 아니할 수 있다. 다만, 강제집행 신청인이 소송구조를 받는 자인 경우에는 그러하지 아니하다.

② 사무를 개시한 후 예납금이 부족한 때에는 집행관은 추가예납 시킬 수 있고 추납하지 아니하는 때에는 사무를 행하지 아니할 수 있다.

제25조의2 (예납금의 정산)

사무가 종료한 때에는 집행관은 지체없이 예납금의 정산을 하여야 한다. 이때 예납자의 청구가 있는 때에는 정산의 내용을 명시한 서면을 교부하여야 한다.

제26조 (수수료 등의 부기)

집행관은 그 직무집행에 있어서 작성한 서류의 정본 또는 등본에 수수료 및 체당금의 액을 부기하여야 한다.

부 칙

이 규칙은 공포한 날로부터 시행한다.

부 칙(1990. 8. 21. 제1126호)

이 규칙은 1990년 9월 1일부터 시행한다.

그러나, 이 규칙 시행이전에 명령 또는 위임을 받은 사건에 관하여는 종전의 규정을 적용한다.

부 칙(1995. 6. 5. 제1368호)

이 규칙은 1995년 7월 1일부터 시행한다. 그러나, 이 규칙 시행이전에 명령 또는 위임을 받은 사건에 관하여는 종전의 규정을 적용한다.

부 칙(1995. 12. 26. 제1403호)

이 규칙은 공포한 날부터 시행한다.

부 칙(1996. 12. 11. 제1444호)

이 규칙은 1997년 1월 1일부터 시행한다. 그러나, 이 규칙 시행 이전에 명령 또는 위임을 받은 사건에 관하여는 종전의 규정을 적용한다.

부 칙(1999. 11. 9. 제1614호)

이 규칙은 1999년 12월 1일부터 시행한다.

그러나, 이 규칙 시행 이전에 명령 또는 위임을 받은 사건에 관하여는 종전의 규정을 적용한다.

부 칙(2002. 12. 31. 제1808호)

이 규칙은 공포한 날부터 시행한다.

부 칙(2006. 3. 23. 제2004호)

① (시행일) 이 규칙은 2006년 4월 1일부터 시행한다.

② (경과규정) 이 규칙 시행당시 계속 중인 사건은 종전의 예에 의한다.

부 칙(2006. 6. 14. 제2029-1호)

집행관수수료규칙 일부를 다음과 같이 한다.

제20조 제12호를 다음과 같이 한다.

12. 집행관의 여비 및 숙박료. 다만, 집행관이 소송서류를 송달하는 경우 지급할 여비에 관하여는 「민사소송비용규칙」 제4조의2의 규정을 준용한다.

부 칙(2007. 11. 28. 제2123호)

이 규칙은 공포한 날부터 시행한다.

부 칙(2008. 2. 18. 제2160호)

제1조(시행일) 이 규칙은 2008. 7. 1.부터 시행한다.

제2조(다른 규칙의 개정) ① 생략

② 집행관수수료규칙 일부를 다음과 같이 개정한다.

제15조의4 제1항 및 제2항 중 "자동차 또는 건설기계"를 각각 "자동차, 건설기계 또는 소형선박"으로 한다.

부 칙(2013. 11. 27. 제2497호)

이 규칙은 2013년 12월 1일부터 시행한다.

[별표 1] 〈개정 1990.8.21〉

압류·가압류수수료표

집행할채권액	수수료
50,000원까지	2,000원
100,000원까지	2,500원
250,000원까지	4,000원
500,000원까지	6,000원
750,000원까지	8,000원
1,000,000원까지	10,000원
3,000,000원까지	20,000원
5,000,000원까지	30,000원
5,000,000원 초과	40,000원

[별표 2] 〈개정 1990.8.21〉

임의변제금의 수취·교부수수료표

변제금액	수수표
100,000원까지	700원
1,000,000원까지	1,000원
5,000,000원까지	1,500원
5,000,000원 초과	2,000원

2. 집행관의 수수료 및 비용 산정기준[행정예규 제787호]

제1조 (목적)
이 예규는 「집행관수수료규칙」(이하 "규칙"이라 한다)에 의하여 집행관이 받는 수수료 및 직무집행에 필요한 비용 등의 산정기준을 정함을 목적으로 한다.
제2조 (서류송달)
① 서류송달이 휴일의 야간에 이루어진 경우, 규칙 제2조 제2항의 규정에 의한 수수료는 중복하여 받을 수 없다.
② 휴일 또는 야간 송달의 신청은 그 뜻을 신청서에 명확히 기재하여야 한다. 다만, 송달부 비고란에 신청의 취지를 기재하고 신청인의 서명 또는 날인을 받음으로써 이를 대신할 수 있다.
③ 송달받을 사람이 이사 가거나 없는 경우 또는 송달장소가 잘못 표시됨으로 인하여 그 장소에 도착하지 못한 경우 등 집행관에게 책임 없는 사유로 송달을 실시하지 못한 경우에는 송달사유통지서를 제출 또는 교부할 때마다 1건으로 한다.
④ 집행권원의 송달과 동시에 집행을 하는 경우, 집행행위의 수수료 이외에 송달수수료를 받는다.
제3조 (압류·가압류)
① 규칙 제3조의 수수료는 집행권원 개수에 관계없이 집행을 받는 채무자별로 각각 받는다. 채무자가 동일하더라도 다른 일시 또는 장소(이하 "다른 기회"라고 한다)에서 집행을 하는 경우에는 각각 수수료를 받는다.
② 수명의 채권자를 위해서 동시에 압류 또는 가압류 집행을 하는 경우에는 합유채권, 연대채권 또는 불가분채권에 의하는 경우를 제외하고 채권자별로 그 집행할 채권액에 따라 규칙 제3조의 수수료를 받는다.
③ 동일 채무자 또는 주채무자와 보증인(연대보증인은 제외한다)에 대하여 다른 기회에 집행을 하는 경우, 후행 집행 또는 보증인에 대한 집행에 있어서 집행할 채권액은 선행 압류물건의 평가액을 공제한 금액으로 한다. 연대채무(연대보증을 포함한다), 불가분채무 등의 경우에 집행할 채권액은 다른 채무자에 대한 압류 유무를 고려하지 아니한다.
④ 집행할 채권액은 집행일까지의 이자 및 지연손해금을 포함하여 계산한다.
⑤ 집무시간에는 다음 각호의 시간을 포함한다.
1. 집행현장에서 채무자에게 임의이행을 촉구하거나 직무행위에 대하여 설명하는데 소요된 시간
2. 집행현장 또는 그 부근에서 채무자의 귀가를 기다리는 등 직무수행상 상당하다고 인정되는 시간
3. 집행현장에서 이루어진 조서작성을 위한 시간 및 집무집행에 필요한 공작물을 만드는데 소요된 시간

제4조 (현금화를 위한 인도)
규칙 제4조의2의 수수료는 「민사집행법」 제243조 제1항의 규정에 의하여 동산(자동차·건설기계를 포함한다)을 인도받는 경우에 받는다. 압류의 경합 등에 따라 다른 집행관으로부터 압류물 등을 인도받을 경우에는 규칙 제4조의2의 수수료를 받을 수 없다.
제5조 (집행취소 등에 의한 물건의 인도)
① 규칙 제5조의 수수료는 집행관이 스스로 보관하고 있는 물건을 수취권자에게 인도하거나, 채무자 또는 채권자나 제3자에게 보관시키고 있는 물건을 집행관이 그 보관현장에서 수취권자에게 인도하는 경우

에 받는다.
② 인도 받는 자가 수인 있는 경우에는 인도가 동일한 기회에 행하여지더라도 각각 규칙 제5조의 수수료를 받는다.
③ 규칙 제5조의 수수료는 다른 수수료와 중복하여 받을 수 있다(예 : 매각의 결과 압류물의 일부 매득금으로 채권자에게 변제를 하고 집행비용을 충당할 수 있게 되었기 때문에 그 나머지 압류물의 집행처분을 취소하고 인도하는 경우에는 경매수수료와 함께 규칙 제5조의 수수료를 받는다).
제6조 (압류물 등의 점검)
① 규칙 제6조 제1항의 수수료는 채무자 또는 채권자나 제3자에게 보관시키고 있는 물건을 다른 사람의 보관으로 옮길 때 하는 점검의 경우에도 받는다.
② 집행관이 압류물 등을 스스로 보관하고 있는 경우에는 규칙 제6조 제1항의 수수료를 받을 수 없다.
제7조 (임의변제금 등의 수취)
① 규칙 제7조의 수수료는 임의변제금 등을 수취하여 채권자에게 교부할 때마다 각각 받는다.
② 규칙 제7조의 수수료는 다른 수수료와 중복하여 받을 수 있다(예 : 일부변제를 받은 다음, 경매를 실시하였을 경우에는 경매수수료와 함께 규칙 제7조의 수수료를 받는다).
제8조 (어음 등의 지급을 위한 제시 등)
규칙 제7조의2 제1항의 수수료는 어음 등의 통수에 관계없이 동일 사건에 대해서 동일한 기회에 수행하는 집무별로 받는다.
제9조 (배당요구 등)
① 규칙 제8조 제1항의 수수료는 배당요구별로 「민사집행법」 제219조 제1항(「민사집행법」 제272조에서 준용하는 경우를 포함한다)의 규정에 따른 통지를 행한 경우에 받는다.
② 집행관 이외의 법원 직원이 배당요구를 수리한 경우라 하더라도 제1항의 규정에 의한 통지를 집행관이 행한 경우에는 집행관이 규칙 제8조 제1항의 수수료를 받는다.
제10조 (집행 이외의 고지·최고)
① 당사자의 위임에 의하여 고지서 또는 최고서를 송부하는 경우, 규칙 제10조의 수수료는 문서의 통수별로 각각 받는다.
② 제1항의 경우를 제외하고, 당사자의 위임에 의하여 고지서 또는 최고서를 송부할 때의 규칙 제10조의 수수료 산정에 대하여는 제2조의 규정을 준용한다.
제11조 (원조, 참여 등)
① 규칙 제10조의2 제1항의 수수료는 동일한 기회에 수행하는 집무별로 받는다. 동일한 신청에 의한 것이라 하더라도 서로 다른 기회에 집무를 하는 경우에는 각각 수수료를 받는다.
② 부동산·선박·자동차·건설기계 또는 항공기의 봉인 또는 그 제거 수수료는 목적물별로 받는다.
제12조 (동산 등의 인도)
① 규칙 제11조 제1항의 수수료는 집행권원 또는 인도하여야 할 물건의 개수에 관계없이 동일한 당사자간에 동일한 기회에 행하는 집행별로 받는다. 다만, 인도하여야 할 물건이 항공기·자동차 또는 건설기계인 경우에는 제18조 제1항의 규정을 준용한다.
② 집행을 받는 채무자가 수인 있는 경우에는 동일한 기회에 집행을 하는 경우에도 각각 수수료를 받는다. 수인의 채무자가 공동점유하고 있는 물건에 대하여 집행을 하는 경우에도 동일하다.
③ 집무시간에 대하여는 제3조 제5항을 준용한다.

제13조 (부동산 등의 인도)
① 규칙 제12조 제1항의 수수료는 인도나 명도하여야 할 부동산 또는 선박별로 받는다. 부동산의 개수는 등기부상의 개수에 관계없이 그 위치, 형상, 구조, 사용상황 등에 따라 사회통념상 독립된 존재라고 인정되는 것을 1개로 한다.
② 점유를 풀어야 할 채무자가 수인 있는 경우에는 동일한 부동산 등이라 하더라도 각각 수수료를 받는다.
③ 규칙 제12조 제2항의 수수료는 인도나 명도하여야 할 부동산 등이 수개 있을 경우에 그 전부가 존재하지 않거나 발견할 수 없을 때에만 받는다.
④ 집무시간에 대하여는 제3조 제5항을 준용한다.
제14조 (대체집행)
① 규칙 제13조의 수수료는 목적물 및 행위의 종류별로 받는다(예 : 철거해야 할 가옥이 수개 있는 경우에는 동일한 결정에 따른 것이라 하더라도 각각 수수료를 받는다). 목적물의 개수에 대하여는 제13조 제1항 후문의 규정을 준용한다.
② 집행채무자가 2인 이상이라 하더라도 각각 수수료를 받을 수 없다.
③ 가옥철거 대체집행과 그 부지인 토지의 인도를 동시에 실시하는 경우에는 각각 수수료를 받는다.
제15조 (보전처분)
① 가처분 등의 보전처분 집행 수수료는 보전처분에서 정한 사무의 종류별로 받는다. 따라서 1개의 보전처분명령으로 수개의 사무가 정해진 경우에는 각각 수수료를 받는다. 다만, 주된 사무에 대한 수수료를 받을 경우에는 여기에 부수되는 사무(예 : 부동산점유이전금지가처분에 있어서 그 내용의 공시방법 실시)는 주된 사무와 별도로 수수료를 받을 수 없다.
② 가처분 등의 보전처분사무가 규칙 제14조 이외의 각조의 사무(규칙 제19조의 규정에 따라 유사한 사무에 해당되는 사무를 포함한다)에 해당되는 경우(예 : 채권자에게 동산 또는 부동산을 인도하라는 소위 단행가처분)에는 그 사무에 관계된 수수료를 받고, 그 어디에도 해당되지 않는 것에 한하여 규칙 제14조의 수수료를 받는다.
③ 규칙 제14조의 적용을 받는 사무에 대한 수수료는 행위 종류별 및 목적물별로 각각 받는다.
제16조 (부동산의 현황조사 등)
① 규칙 제15조의 수수료는 집행법원의 명령별로 받는다.
② 조사에 착수한 이후, 목적물의 멸실 등으로 인하여 조사불능된 경우라도 조사결과를 보고하고 규칙 제15조의 수수료를 받는다.
제17조 (압류부동산의 보전처분)
규칙 제15조의2의 수수료 산정에 대하여는 제13조의 규정을 준용한다.
제18조 (자동차의 인도 등)
① 규칙 제15조의4의 수수료는 인도를 받거나 이전해야 할 자동차 등의 대수별로 받는다.
② 매수인에 대한 자동차 등의 인도는 매각행위에 포함되므로 경매수수료 이외에 규칙 제15조의4의 수수료를 받을 수 없다.
제19조 (매각)
① 규칙 제16조의 수수료는 기일마다 강제집행에 있어서는 채무자별로, 담보권실행으로서의 매각에 있어서는 소유자별로 계산하여 받는다. 다만, 동일기일에 수개의 부동산(매각 절차가 부동산에 준하는 것

도 포함한다)을 매각한 경우(일괄 매각의 경우는 제외한다)에는 부동산별로 수수료를 계산한다.
② 규칙 제16조 제1항 및 제2항의 수수료는, 동산매각에 있어서는 매각이 결정되었을 때, 부동산 매각에 있어서는 매각허가결정이 확정되었을 때, 「민사집행법」 제241조 제1항의 매각명령에 의한 매각(「민사집행규칙」 제181조의 예탁유가증권지분매각명령에 의한 매각을 포함한다)에 있어서는 매각대금 및 관계서류를 집행법원에 제출하였을 때 받는다.
제20조 (야간·휴일의 집무)
① 규칙 제18조에서 정한 사무에 관계되는 집무가 휴일의 야간에 이루어진 경우에도 규칙 제18조에 의한 가산은 중복하여 하지 않는다.
② 규칙 제18조의 가산 수수료를 받으려고 하는 경우에는 집무가 휴일 또는 야간에 이루어졌다는 것을 집행조서 기타 직무집행에 대해서 작성하는 서류에 명확히 기재하여야 한다.
제21조 (서기료)
규칙 제20조 제1호의 서기료는 「민사집행법」 제241조 제5항 (이를 준용하거나 그 예에 의하는 경우를 포함한다)에서 규정하고 있는 증서의 작성에 대하여 받는다.
제22조 (여비)
① 집행관이 동일채권자의 위임에 의하여 같은 날 동일하거나 근접한 곳에서 2건 이상의 압류 등 집행행위를 한 경우의 여비는 1건분만을 받는다.
② 채권자를 달리하는 2건 이상의 압류 등 집행행위를 같은 날 같은 특별시·광역시·시·군내에서 실시하는 경우 그 장소가 근접하지 않은 때에는 사건마다 각각 여비를 받을 수 있을 것이나, 그 장소가 동일하거나 근접한 때에는 1건분만의 여비를 받아야 하고, 이때에는 각 사건 당사자가 안분하여 그 여비를 부담한다.
제23조 (숙박료)
수개의 사건을 처리하기 위하여 숙박을 한 경우에는 1개의 숙박료를 받아야 하고 이 때의 숙박료는 각 사건에 안분한다.
부 칙
1. (시행일) 이 예규는 2002년 3월 1일부터 시행한다.
2. (다른 예규의 폐지) 집행관수수료 등에 관한 예규(행정예규 제113호)는 이를 폐지한다.
부 칙(2002. 12. 17. 제494호)
이 예규는 2003년 1월 1일부터 시행한다.
부 칙(2008. 12. 30. 제787호)
이 예규는 2008년 12. 30.부터 시행한다.

3. 집행절차에서의 보관업자 등록 등에 관한 예규[행정예규 제1111호]

제1조 (목적)
이 예규는 집행관이 부동산 등의 인도청구의 집행 또는 동산에 대한 강제집행을 함에 있어서 강제집행의 목적물이 아닌 동산이나 압류된 동산을 보관하기 위하여 창고업 또는 이와 유사한 영업을 영위하는 자(이하 "보관업자"라 한다)를 보관인으로 선임하는 것과 관련하여 보관업자의 등록 및 선임, 보관비용의 산정 등에 관한 기준을 정함으로써 집행절차의 공정성을 확보함을 목적으로 한다.
제2조 (보관업자의 등록)
① 집행관은 보관업자로서의 적정 여부, 보관시설의 규모, 접근성, 보관비용 등을 심사하여 그 직무집행에 필요한 보관업자를 보관업자 명부에 등록하여야 한다.
② 제1항에 따라 등록할 보관업자의 수는 서울·경기지역과 지방법원본원 소재지는 5인 이상으로, 그 외 지역은 3인 이상으로 한다.
③ 집행관은 매년 12. 31.까지 그 다음해에 선임할 보관업자 명부를 별지 제1호 서식에 의하여 작성·비치하고, 제1항에 의하여 등록된 보관업자를 「정보처리시스템」에 등재하여야 한다.
제3조 (보관업자의 선임방식)
① 집행관은 직접 제2조 제3항에 의하여 등재된 보관업자를 「정보처리시스템」의 「보관업자 선정기능」중 무작위추출방식을 이용하여 선임하여야 한다. 다만, 보관물의 성질, 보관시설의 규모, 접근성 등을 참작하여 특별한 사정이 있는 경우에는 제4항의 보관업자 선임내역 장부의 비고란에 그 사유를 기재하고 「정보처리시스템」의 「보관업자 선정기능」 중 임의선정방식을 이용하여 달리 선임할 수 있다.
② 집행관이 채권자에게 동산의 보관을 위임하는 경우 채권자가 집행관에 대하여 제2조 제3항에 의하여 등재된 보관업자의 선임을 요청하는 때에도 전항의 규정을 준용한다.
③ 집행관이 제1항 및 제2항에 따른 보관업자를 선임한 때에는 보관업자, 선임일시, 선임구분(예 : 최초선임, 재선임), 선임방식(예 : 제3조 제1항 본문, 제3조 제1항 단서, 제3조 제2항) 등이 기재된 선임결과 전산출력물을 출력하여, 대표집행관의 확인을 받은 후 기록에 편철하여야 한다. 보관업자를 변경할 때에도 같다.
④ 집행관은 제1항 및 제2항에 따른 선임내역에 관하여 별지 제2호 서식에 의하여 보관업자 선임내역 장부를 작성·비치하여야 한다.
⑤ 집행관은 제1항 및 제2항에 따른 보관업자 선임이 공정하게 이루어질 수 있도록 하여야 한다.
제4조 (보관비용 산정기준표의 작성 등)
① 집행관은 지역의 특수성을 참작하여 보관료, 운반료 등에 관한 보관비용 산정기준표를 작성하여야 한다.
② 집행관은 집행관사무소의 게시판에 보관비용 산정기준표를 게시하여 채권자의 편의를 도모하여야 한다.
③ 집행관은 매년 12. 31.까지 산출자료를 첨부하여 보관비용 산정기준표에 관하여 관할 지방법원장의 승인을 얻어야 한다.
제5조 (보관업자의 감독)
집행관은 제2조 제1항에 따라 등록된 보관업자의 업무수행에 대하여 충분한 지도와 감독을 하여야 한다.

제6조 (보관업자의 등록취소 및 추가등록)
① 집행관은 보관업자가 그 의무를 위반하였거나 불성실 등의 사유로 보관업무를 수행할 수 없다고 인정되는 경우에는 그 보관업자의 등록을 취소하여야 한다.
② 집행관은 제1항의 경우 보관업자 명부에서 해당 보관업자를 지우고 비고란에 그 사유를 기재하여야 하며「정보처리시스템」에 등자된 보관업자를 삭제하여야 한다.
③ 등록취소에 따라 보관업자의 수가 제2조 제2항의 규정보다 부족하게 된 때에는 등록취소일로부터 20일내에 제2조 제1항에 따라 보관업자를 추가로 등록하고,「정보처리시스템」에 이를 등재하여야 한다.
제7조 (집행조서상 보관업자 등 기재)
① 집행관은 집행에 관한 직무의 수행에 관하여 작성할 집행조서에 제3조 제1항 및 제2항에 따라 선임한 보관업자, 보관일시, 보관장소, 보관물량(예 : ○톤 컨테이너 1개월 ○원 ○동 또는 ○톤 트럭 ○대), 운반료 등의 내용을 기재하여야 한다.
② 집행관은 제1항의 집행조서에 채권자의 승낙을 받아 채권자에게 강제집행의 목적물이 아닌 동산을 보관시킨 경우에도 보관자, 보관일시, 보관장소 등을 기재하여야 한다.
제8조 (장부의 보존 등)
① 제2조 및 제3조의 장부는 1년마다 별책으로 하여야 한다. 다만, 필요에 따라 분책할 수 있다.
② 제1항의 장부는 5년간 이를 보존하여야 한다.
부 칙
이 예규는 2011년 7월 1일부터 시행한다. 다만, 2011년에 선임할 보관업자를 2011년 7월 31일까지 등록하여야 하고, 제3조 제1항 및 제2항에 의한 보관업자의 선임은 2011년 8월 1일부터 시행한다.
부 칙(2017. 2. 2. 제1111호)
제1조(시행일) 이 예규는 2017년 9월 1일부터 시행한다.
제2조(예규 시행을 위한 준비행위) 집행관은 이 예규 시행일까지 제2조 제1항에 의하여 등록된 보관업자를「정보처리시스템」에 등재하여야 한다.

[별지 제1호 서식]

보관업자 명부

일련번호	성 명 (명 칭)	주민등록번호 (법인등록번호)	영업소 및 사무소 소재지 (전화번호)	비 고

[별지 제2호 서식]

보관업자 선임 내역

<table>
<tr><th rowspan="2">일련
번호</th><th rowspan="2">사건
번호</th><th colspan="2">선임인</th><th rowspan="2">선임일</th><th rowspan="2">보관업자명</th><th rowspan="2">보관장소 및
보관창고 수</th><th rowspan="2">대표집행
관 확인</th><th rowspan="2">비고</th></tr>
<tr><th>집행관</th><th>채권자</th></tr>
<tr><td></td><td></td><td></td><td></td><td></td><td></td><td></td><td></td><td></td></tr>
<tr><td></td><td></td><td></td><td></td><td></td><td></td><td></td><td></td><td></td></tr>
<tr><td></td><td></td><td></td><td></td><td></td><td></td><td></td><td></td><td></td></tr>
</table>

※ 보관창고 수는 동원된 컨테이너 수 등을 구체적으로 기재하되, 보관창고가 변경된 경우 변경 전·후 보관창고와 변경사유 등을 비고란에 기재하여야 한다.

4. 노무자등을 보조자로 사용하는 집행사건에 있어서의 노무자등의 관리지침 [행정예규 제1112호]

제1조 (목적)
이 지침은 집행관규칙 제26조에 의하여 집행관이 부동산명도·철거등의 직무집행을 위하여 노무자 또는 기술자(이하 노무자등이라 한다)를 보조자로 사용할 경우 노무자등의 선정,교육,수당의 산정 및 지급절차 등에 관한 기준을 정함으로써 집행의 공정성을 확보함을 목적으로 한다.
제2조 (노무자등의 사용)
① 집행의 실시는 당해 사건을 위임받은 집행관 및 그 사무원이 함을 원칙으로 한다.
② 집행관 및 그 사무원만으로는 위임받은 사건의 집행이 어려운 경우에 한하여 노무자등을 보조자로 사용할 수 있다.
제3조 (노무자의 선정)
① 집행관은 그 직무집행에 필요한 노무자등을 다음 각호의 자 중에서 직접 선정하여야 한다.
  1. 직업안정법에 의하여 근로자 공급사업을 허가받아 집행관사무소에 등록한 자
  2. 관할구역 내에서 거주하는 자로서 집행관사무소에 등록한 개인
② 위 제1항의 규정에 의하여 노무자 등의 선정이 불가능한 경우는 관할 지방법원장의 승인을 받아 그 외의 자를 노무자등으로 선정할 수 있다.
③ 각 집행관사무소는 매년 12월 말일까지 그다음 해에 선정할 노무자등의 명부를 별지 제1호 양식에 의하여 작성·비치하여야 한다.
④ 제1항의 제1호에 해당하는 자를 선정하여 노무공급을 받을 경우에는 집행착수 전까지 위 자는 집행에 사용될 노무자등의 인적사항이 기재된 명단을 작성하여 집행관사무소에 제출하여야 한다.
⑤ 노무자 등을 사용하여 집행에 착수한 경우 집행의 종료여부에 관계없이 집행관은 사용한 노무자 등의 인적사항을 집행일시 및 사건번호를 특정하여 별지 제2호 사용노무자등 관리부에 기재하고, 대표집행관에게 확인을 받아야 한다.
제4조 (사용할 노무자등의 수)
각 집행관사무소는 집행에 사용할 노무자 등의 수를 구체적으로 정한 기준표를 작성하여 관할 지방법원장의 승인을 얻어야 한다.
제5조 (수당의 산정)
① 노무자 등의 수당은 지역의 특수성을 감안하여 정한 기준액으로 지급하여야 한다.
② 제1항의 기준액은 매년 12월 말일까지 산출자료를 첨부하여 관할 지방법원장의 승인을 얻어야 한다.
③ 집행관은 구체적인 집행사건별로 집행의 난이도, 소요시간, 업무량 등 제반 사정을 고려하여 위 제1항의 기준액에 3할을 초과하지 않는 범위 내에서 수당을 가감할 수 있다.
제6조 (수당의 예납 및 지급)
① 집행관은 노무자 등에게 지급할 수당을 집행관 수수료규칙 제25조에 따라 예납을 받아야한다.
② 집행관은 집행사무의 종료 등 수당의 지급사유가 발생한 즉시 노무자 등에게 수당을 지급하여야 한다.
③ 집행관은 집행사무의 종료등 예납금의 정산사유가 발생한 때에는 지체 없이 예납금의 정산을 하여야 하고, 예납자의 청구가 있는 때에는 정산의 내용을 명시한 서면을 교부하여야 한다.

제7조 (노무자 등의 감독 등)
① 집행관은 집행착수 전 또는 집행과정에서 노무자 등에게 집행의 개요, 작업요령, 집행방해시의 대처방법, 작업 중의 언동 등에 대한 충분한 지도와 감독을 실시하여야 한다.
② 집행관은 집행업무 수행 중 노무자 등의 제1항의 지시사항을 위반한 경우 즉시 작업현장에서 퇴거를 명하는 등 적절한 조치를 취하여야 한다.
③ 집행관은 집행착수 전 노무자 등으로부터 신분증을 제출받고 별지 제3호 양식에 의한 상의(조끼)를 착용하도록 하여야 하며, 착용한 상의(조끼) 번호를 별지 제2호 사용노무자 등 관리부에 기재하여야 한다.
제8조 (보고)
① 집행관은 30인 이상의 노무자 등을 사용하거나 사회적 이목을 끄는 집행사건의 경우 사전에 지방법원장 또는 지원장에게 보고하여야 한다.
② 제1항에 의한 집행의 경우 집행관은 집행의 결과 등을 지방법원장 또는 지원장에게 서면으로 보고하여야 한다.
제9조 (집행조서상 노무자등 기재)
집행관은 집행에 관한 직무의 수행에 관하여 작성할 집행조서에 선정한 노무자 수, 사용한 노무자 수, 노무수당, 그 밖의 부대비용 등의 내용을 기재하여야 한다.
제10조 (보존기간)
이 지침에 의한 각종 장부는 5년간 이를 보존하여야 한다.
부 칙
제1조(시행일) 이 지침은 1995년 4월 1일부터 시행한다.
제2조(지침의 제정) 각 집행관사무소에서는 이 지침에 의거 구체적인 노무자 등 관리지침을 마련하여 이 지침 시행일로부터 2월 이내에 관할 지방법원장의 승인을 받아 시행하여야 한다.
부 칙(2017. 2. 2. 제1112호)
이 예규는 2017년 9월 1일부터 시행한다.

[별지 제1호]

노무자명부

일련번호	성 명	주 소	주민등록번호	비 고

기술자명부

일련번호	성 명	주 소	주민등록번호	비 고

[별지 제2호 서식]

사용노무자등 관리부

사건번호
집행일시 및 장소
대표집행관 확인

일련번호	착용한 상의(조끼) 번호	성 명	주 소	주민등록번호	비 고

※비고란에는 노무자는 “노”, 기술자는 “기”로 기재

※착용한 상의(조끼) 번호란은 제7조 제3항에 의하여 착용한 상의(조끼) 번호를 기재

[별지 제3호 서식]

상의(조끼) 양식

앞면 뒷면

※ 상의(조끼) 색상 : 노랑 형광

글자색, 문양색 : 흑색

뒷면'집행'글자, 법원 문양, 번호 크기 : 가로세로 각 5㎝ 이상

뒷면 배열순서 : 위에서 아래로 집(법원문양)행, 번호, 소속 순으로 배열하되,

번호는 중앙에 배열하고 번호를 기재

5. 민사집행법 제5조 제2항에 의한 집행관의 경찰에 대한 원조요청시 업무처리요령 (재민 99-1)

1. 목적
이 예규는 집행관이 집행에 관한 직무를 수행함에 있어 그 직무수행을 방해하는 저항을 받을 때에 그 저항을 배제하고 직무집행의 목적을 달성하기 위하여 민사집행법 제5조 제2항의 규정에 의한 경찰에 대한 원조요청을 하는데 필요한 사항을 규정함을 목적으로 한다.

2. 경찰에 대한 원조요청시 유의사항
가. 집행관이 집행에 관한 직무를 수행함에 있어 그 직무수행을 방해하는 채무자 또는 제3자의 저항을 받을 우려가 있다고 예상할 만한 상당한 사유가 존재하여 그 저항을 배제하고 직무집행의 목적을 달성하기 위하여 민사집행법 제5조 제2항의 규정에 의하여 경찰에 대한 원조요청을 할 필요가 있다고 판단되는 때에는 사전에 그 집행에 관한 직무의 수행장소를 관할하는 경찰서장에게 [전산양식 A3101]에 의하여 집행시 경찰의 원조가 필요한 사유를 통지하면서 원조를 요청할 수 있다. 다만 관할 경찰서장에게 사유를 통지하면서 경찰의 원조를 요청할 수 있는 시간적 여유가 없을 정도로 긴급을 요하는 때에는 집행장소에서 가장 가까운 곳에 있는 파출소 등의 경찰관에게 구두로 직접 원조를 요청할 수 있다.
나. 집행관이 해상에서 집행에 관한 직무를 수행함에 있어 경찰에 대한 원조요청을 할 필요가 있다고 판단되는 때에는 가장 가까운 곳에 있는 해양경찰서장에게 가. 항의 규정에 의한 통지 및 원조요청을 할 수 있다.

3. 집행조서상 저항배제를 위한 경찰원조사실의 기재
가. 집행관은 채무자 또는 제3자의 저항을 배제하기 위하여 2. 항의 규정과 같이 경찰의 원조를 요청하여 집행시에 그 원조를 받은 때에는 당해 집행에 관한 직무의 수행에 관하여 작성한 집행조서에 저항배제를 위한 경찰원조사실을 기재하여야 한다. 다만 부동산 현황조사 등과 같이 집행조서를 작성하지 아니하는 경우에는 위 사실을 명백히 기재하고 기명날인을 한 서면을 작성하여 집행기록에 가철하여야 한다.
나. 집행관의 원조요청에 기하여 출동한 경찰관은 집행관을 보조하는 입장에 있어 민사집행법 제6조에서 정한 집행참여자의 적격성이 없기 때문에 집행조서 작성시에 집행참여자로 기재하여서는 아니 된다.

부 칙
이 예규는 1999. 3. 1.부터 시행한다.
부 칙(2002. 6. 26. 제866호)
이 예규는 2002. 7. 1.부터 시행한다. 다만, 2002. 7. 1. 전에 접수된 사건에 대하여는 이 예규를 적용하지 아니한다.
부 칙(2003. 12. 31. 제943호)
이 예규는 2004. 1. 1.부터 시행한다.

6. 부동산 인도명령에 집행채무자의 승계로 승계집행문이 부여된 경우 집행채권자는 이를 가지고 본래의 채무자에게 집행이 가능한지 여부[업무처리기준(안)-2]

처리기준

부동산 인도명령에 집행채무자의 승계가 있어 승계인을 대상으로 승계집행문이 부여되면 원래의 채무자는 집행당사자로서의 자격은 소멸되고 집행력은 승계인에게만 미친다고 할 것이므로, 채권자는 설사 전에 원래의 채무자에 대한 집행문을 받았던 사실이 있다 하더라도 승계집행문 및 전 채무자에 대한 집행문을 가지고 원래의 채무자에 대한 집행을 할 수 없다.

검토의견

1. 부동산에 대한 인도명령이 발하여진 뒤에 승계관계가 발생하였을 경우(예컨대, 인도명령의 발령후에 신청인 또는 상대방에 관하여 일반승계사유가 생긴 경우라든가, 상대방의 점유가 다른 사람에게 승계된 경우)에는 민소법 218조, 민집법 25조, 31조 등을 유추하여 승계집행문을 부여 받아 집행할 수 있다는 데는 이론이 없으며(민집실 Ⅱ, 417쪽), 누가 집행의 채권자 또는 채무자로 되는가 하는 것은 집행문이 누구를 위하여 또는 누구에 대하여 부여되어 있는가에 의하여 정하여 지게 된다(민집법 39조, 민집실Ⅰ, 142쪽).

2. 따라서 집행권원상의 청구권이 양도되어 대항요건 갖춘 경우, 집행당사자의 적격이 양수인으로 변경되고 양수인이 승계집행문을 부여받게 되면 집행채권자는 양수인으로 확정된 것이므로, 승계집행문의 부여로 인하여 양도인에 대한 기존 집행권원의 집행력은 소멸하게 된다(대법원 2008. 2. 1. 선고 2005다23889 판결 참조).

3. 같은 취지에서 채무자의 승계가 있어 승계인을 대상으로 승계집행문이 부여되면 원래의 채무자는 집행당사자로서의 자격은 소멸되고 집행력은 승계인에게만 미친다고 할 것이므로, 채권자는 설사 전에 원래의 채무자에 대한 집행문을 받았던 사실이 있다 하더라도 승계집행문이 부여된 이상 그 승계집행문 및 전 채무자에 대한 집행문을 가지고 원래의 채무자에 대한 집행은 할 수 없다(대법원 2002. 8. 21. 자 2002카기124 결정 참조, 집행연 2007년 22기 [23항]참조).

◆ 참고로 서울지방법원의 경우 승계집행문을 부여할 때에 종전 집행문을 반환받은 후 그 취지를 승계집행문에 기재하고 있음

[예시문]

이 정본은 사법보좌관의 명령에 의하여 피고들의 승계인 김갑을(123456-7891011)에 대한 강제집행을 실시하기 위하여 원고 이을동에게 내어 준다(2009. 3. 1. 발급된 집행문, 2009. 4. 1. 발급된 집행문을 반환받음). 2009. 4. 11 서울중앙지방법원 법원사무관 박 수 동

부 칙

이 기준안은 2009. 5. 18.부터 시행한다.

7. 부동산 등의 인도집행 시 집행목적물이 아닌 동산의 처리절차에 관한 지침 [업무처리기준(안)-10]

1. 목적

이 지침은 민사집행법(이하 '법'이라 한다) 제258조의 규정에 의한 부동산이나 선박(이하 '부동산 등'이라 한다)의 인도(명도, 철거 포함)청구에 따른 집행을 함에 있어 집행목적물이 아닌 동산의 처리절차에 관한 구체적 사항을 정함을 목적으로 한다.

2. 집행목적물이 아닌 동산의 처리방법

가. 부동산 등의 종물인 동산

집행목적물인 부동산 등의 종물인 동산은 집행권원에 그 내역이 기재되어 있지 아니한 경우에도 인도집행의 대상이 되므로 채권자에게 그 점유를 이전하여야 한다.

나. 부동산 등의 종물이 아닌 동산

(1) 집행목적물인 부동산 등의 종물이 아닌 동산은 집행권원의 효력이 미치지 않으므로 이를 집행관이 제거하여 채무자에게 인도하여야 한다(법 제258조 제3항).

(2) 집행 당시 채무자가 없는 경우에, 채무자와 같이 사는 사리를 분별할 지능이 있는 친족 또는 채무자의 대리인이나 고용인(이하 채무자를 포함하여 '채무자 등'이라 한다)이 있는 때에는 그들에게 그 동산을 인도하면 된다(법 제258조 제4항).

(3) 집행관은 집행목적물이 아닌 동산을 공공 도로상이나 건물 외부(주차장 등)에 적치한 상태에서 채무자 등에게 인도하는 절차를 밟아 집행완료 후 도로에 방치되는 경우가 발생하지 않도록 하여야 한다(2000. 5. 3. 법원행정처 법정 3651-152호 각 지방법원장 수신 공문).

다. 집행목적물이 아닌 동산이 채무자의 소유가 아닌 제3자 소유인 경우 및 다른 사람의 압류·가압류·가처분의 목적이 된 경우에도 위 가. 나. 항의 규정에 따라 처리한다.

3. 채무자 등이 없거나 그 수령을 거부하는 경우 집행목적물이 아닌 동산의 보관방법

가. 보관하여야 하는 경우

(1) 채무자 등의 부재 또는 불출석으로 강제개문을 하고 인도집행을 하는 경우(법 제258조 제5항)

(2) 채무자 등이 수령을 거부하는 경우와 채무자 등이 집행현장에서 퇴장하여 그 동산을 인도받지 아니하는 경우

(3) 채무자가 인도현장에 출석한 경우에도 인도받을 동산을 외부로 이전할 경제적 능력이 없거나 능력이 있어도 다른 장소로 이전하지 않을 것이 충분히 예상되는 때(2000. 5. 3. 법원행정처 법정 3601-152호 각 지방법원장 수신 공문).

나. 보관방법

(1) 집행관이 직접 보관하는 경우

현금이나 수표, 귀금속 등 귀중품은 집행관이 직접 보관한다(법 제258조 제5항, 민사집행규칙〈이하 '규칙'이라 한다〉 제189조, 집행관규칙 제18조 참조).

(2) 채권자를 보관인으로 지정하는 경우

① 채권자의 승낙 아래 집행목적물에 설치되어 있는 동산(예, 천정 에어컨과 옥상 실외기 등)을 그 현상대로 남긴 상태에서 당해 집행목적물의 인도집행을 종료하는 경우

② 채권자가 사전에 집행목적물이 아닌 동산의 보관장소를 자기 관리구역 내로 지정한 경우와 제3의 장소를 보관장소로 예약하여 놓은 경우

(3) 제3자를 보관인으로 지정하여야 하는 경우

집행관이 직접 보관하거나 채권자를 보관인으로 지정하여 보관할 수 없는 경우에는 제3자를 보관인으로 지정하여야 한다.

(4) 집행관은 보관자로 하여금 집행목적물이 아닌 동산의 보관장소를 소속 법원의 관할 구역 밖으로 하게 할 수 있다(규칙 제135조 참조).

다. 보관자의 보관책임

(1) 집행관은 스스로 목적물이 아닌 동산을 보관하는 경우 안전한 보존을 위해 주의의무를 다하여야 하고, 채권자 또는 제3자를 보관자로 지정하여 그 보관을 맡기는 경우에는 그 선임 및 관리 감독에 상당한 주의를 기울여야 한다.

(2) 보관자로 지정된 채권자 또는 제3자의 동산 보관에 관한 권리와 의무는 집행관과의 사이에 체결된 임치계약 등 사법상의 계약 내용에 따라 정하여진다.

(3) 보관자로 지정된 채권자가 자기의 책임 아래 제3자(예:창고 보관업자)에게 그 보관을 위탁한 경우에는 채권자가 보관책임을 져야 하고, 당사자 사이에는 그들 사이에 체결한 계약 내용에 따른 권리의무가 생긴다.

(4) 보관자로 지정된 채권자 및 제3자는 보관상 선한 관리자의 주의의무를 다하여야 하며, 그러한 의무의 위반이 위법한 경우에는 집행관이나 그 동산의 소유자 등에 대하여 손해배상책임을 지게 된다(대법원 2008. 9. 25. 선고 2007다1722 판결, 대법원 1966. 12. 20. 선고95다19843 판결 참조).

4. 집행목적물이 아닌 동산의 인도와 보관절차

가. 집행관은 채무자 등이 집행현장에 있는 경우에는 그들에게 동산을 제거하기 전에 스스로 중요한 물품 등에 대하여 정리할 적정한 시간을 주어야 한다.

나. 다른 사람의 압류·가압류·가처분의 목적이 된 동산은 다른 동산과 구분하여 보관(다른 동산과 구분이 되도록 별도 정열)하여야 한다.

다. 집행관은 압류·가압류·가처분의 목적이 된 동산을 구분하여 보관시킨 경우에는 그 압류 등의 집행을 한 집행관에게 그 취지와 그 동산에 대하여 취한 조치를 통지하여야 한다(규칙 제188조).

라. 집행목적물이 아닌 동산 중 일부를 현재 놓여 있는 상태로 채권자에게 보관하기로 하고 인도집행을 완료한 경우에는 그 물건이 집행목적물이 아닌 동산이라는 취지와 보관개시의 일시 및 해당 집행관의 이름을 적당한 방법으로 표시해 두어야 한다(규칙 제136조 제1항 유추).

마. 수취의 통지 등

(1) 채무자 등에 대한 통지

① 집행관은 집행목적물이 아닌 동산을 채권자 또는 제3자에게 보관시킨 경우에는 그 보관사실(보관장소와 보관물건 내역 포함)과 보관자로부터 일정한 기간(1주 내지 3주) 내에 수취하여 가라는 뜻 및 그 동산의 수취를 게을리 할 때에는 매각절차를 밟게 된다는 내용을 채무자 또는 수취권한 있는 제3자에게 통지하여야 한다(법 제258조 제6항, 제189조 제3항 유추, 2000. 5. 3. 법원행정처 법정 3601-152호 각 지방법원장 수신 공문 참조). 이 경우 위 통지가 송달불능 된 경우에는 1회 더 송달절차를 밟고, 2차 송달도 송달불능 된 경우에는 그 반송된 우편물을 기록에 편철해 둔다(법 제12조, 2003년 연찬집 [29] 참조).

② 채권자 등으로부터 아래 제(2)항 제①호의 통지를 받은 때에도 위와 같다. 다만, 이미 통지절차를 마친 때에는 그러하지 아니한다.

(2) 보관자의 집행관에 대한 통지

① 채권자 또는 보관업자 등 집행목적물이 아닌 동산을 직접 보관하고 있는 자는 보관일로부터 1월이 지나도록 채무자 등 수취권자가 이를 찾아가지 아니한 경우 전화 또는 [별지1] 서식의 통지서에 의하여 담당집행부에 그 취지를 통지하여야 한다(담당집행부에서는 보관자로부터 보관각서를 받을 때에 위의 취지를 명시하여 설명하여야 한다).

② 채무자 등의 수취 또는 매각명령에 따라 보관동산의 반출이 이루어진 경우에도 위와 같다. [2012. 11. 26. 개정]

바. 보관이 곤란하거나 보관할 가치가 없는 집행목적물이 아닌 동산의 사전처리절차

(1) 보관이 곤란하거나 보관에 지나치게 많은 비용이 예상되는 동산의 처리절차

집행목적물이 아닌 동산 중 그 성질상 별도의 보관을 기대할 수 없거나 보관하기 곤란한 물건 및 그 보관에 지나치게 많은 비용이 드는 것이 예상되는 물건(예시: 살아있는 물고기, 분재 등 식물, 가축, 가공된 음식물 등)은 집행목적물의 인도 집행에 앞서 법원의 명령에 따른 특별매각(법 제214조) 및 조기매각(법 제202조 단서), 긴급매각(법 제198조 제3, 4항)의 규정을 준용하여 그에 적절한 방법으로 매각할 수 있다(2002. 연찬집[30], 2004. 연찬집[25]).

(2) 보관할 가치가 없는 무가치 물건의 처리

① 집행목적물이 아닌 동산 중 폐기비용을 들여 폐기하여야 할 무가치한 물건은 사전에 집행법원의 허가를 얻어 폐기하도록 한다. 이 경우 부동산등 인도조서에 폐기사유를 기재하고 폐기할 동산의 목록과 사진을 첨부하도록 한다(2006. 연찬집[19]).

② 집행목적물이 아닌 동산 중 일상가사용 남은 음식물 등은 일단 집행목적물 주변에 배출하여 채무자 등이 수취해 갈 수 있는 기회(1-2일 정도)를 준 다음 가져가지 않을 경우에는 생활폐기물로 폐기하도록 한다.

사. 보관 동산의 점검 등

집행관이 집행목적물이 아닌 동산을 채권자 또는 제3자를 보관자로 지정하여 보관시킨 경우 채무자의 신청이 있거나 기타 필요하다고 인정되는 때에는 보관 중인 동산의 상황을 점검할 수 있으며, 필요한 경우에는 보관인 변경 등 조치를 취할 수 있다(규칙 제137조 참조).

아. 채무자에게 집행 종료 통지

집행관이 법 제258조의 규정에 의한 부동산 등의 인도집행을 마친 때에는 그 취지를 채무자에게 통지하여야 한다(규칙 제187조). 채무자가 집행현장에 참여한 경우에는 구두로 통지하면 족하며, 채무자에 대한 송달이 불능된 경우에는 반송된 우편물을 기록에 철해 둔다(법 제12조, 2003년 연찬집[29] 참조).

5. 집행목적물이 아닌 동산을 보관하는 경우 부동산등인도집행조서 및 보관각서의 기재요령

가. 집행관이 집행목적물이 아닌 동산을 직접 보관하거나 채권자 또는 제3자를 보관자로 지정해 보관시킨 경우에는 집행조서에 그 취지와 보관한 동산의 내역을 기재하여야 한다(규칙 제189조 제2호).

나. 채무자 등이 참석하여 집행목적물이 아닌 동산을 직접 수령해 가거나 채무자 등이 지정한 장소로 옮겨 준 경우에는 집행조서에 그 취지만을 기재하면 되고, 그 반출 동산의 내역을 기재한 목록을 작성하여 첨부할 필요는 없다.

다. 채권자 또는 제3자를 집행목적물이 아닌 동산의 보관자로 지정한 경우에는 채무자 등의 참여 여부

를 구분하지 않고 집행조서에 보관자인 채권자 또는 제3자가 작성한 보관 동산에 대한 보관각서를 제출받아 첨부하여야 한다(규칙 제136조 제1항 참조).

라. 위 다.항의 보관각서에는 보관자의 표시와 동산의 보관장소 및 보관일시, 보관조건이 기재되어 있어야 하고, 보관하고 있는 동산의 내역을 기재한 목록(필요한 경우 해당 물건사진 포함)이 첨부되어 있어야 하며, 작성한 채권자 또는 제3자의 기명날인 또는 서명이 있어야 한다.

6. 보관동산의 인도 및 인도거부 시의 조치

가. 보관자는 채무자의 인도청구 시 적법한 거부사유가 없는 한 이를 즉시 인도하여야 한다.

나. 채무자 외의 제3자가 보관자에 대하여 보관중인 동산에 대한 자기 권리를 소명하고 인도요청을 한 경우에는 채무자가 이의를 제기하지 아니하는 때에 한하여 제3자에게 인도한다. 채무자가 이의를 제기하는 때에는 제3자의 권리주장에도 불구하고 채무자에게 인도하여야 한다.

다. 보관비용에 대한 유치권 주장 가부

(1) 집행목적물이 아닌 동산을 보관하고 있는 집행관과 보관자로 지정된 채권자 또는 제3자는 집행관과의 사이에 체결된 임치계약의 내용에 따라 그 수취를 청구하는 채무자나 제3자에게 보관비용에 대한 유치권을 주장할 수 있다(2007. 연찬집[21] 참조).

(2) 보관비용 중 유치권을 주장할 수 있는 것은 보관개시 시점부터 채무자 또는 수취권한 있는 제3자가 수취를 청구한 시점까지의 보관비용에 해당하는 금액이다.

라. 보관자로 지정된 채권자 등의 인도거부 시 처리절차

(1) 집행목적물이 아닌 동산의 보관자로 지정된 채권자 또는 제3자가 채무자 또는 수취권한 있는 제3자의 수취요구를 거절하는 경우, 집행관은 보관자에게 즉시 수취 요구권자에게 반환하여 줄 것을 서면으로 통지하여야 한다(법 제193조 제1항 참조). 이 경우 보관자에의 통지는 집행관이 채권자 또는 제3자와 맺은 임치계약의 해지 의사표시로 본다.

(2) 위 (1)항의 통지를 받고도 채권자 또는 제3자가 반환을 거부하는 경우 집행관은 채무자 또는 수취권한 있는 제3자를 위한 별도의 권리권원(인도명령 등)이 없는 한 강제로 채권자 또는 제3자로부터 해당 동산을 수취할 수는 없다(2007. 연찬집[21], 2008. 연찬집[24]).

7. 보관동산의 매각절차

가. 채무자 또는 수취권한 있는 제3자가 위 4. 마. 항의 통지를 받고 2주 이상 집행목적물이 아닌 동산을 수취하여 가지 않거나 명시적으로 수취거절 의사를 밝힌 경우에는 집행관은 법 제258조 제6항의 규정에 따라 집행법원에 매각허가신청을 하여야 한다.

나. 위 가. 항의 매각허가신청은 집행목적물이 아닌 동산이 채무자의 소유이든 제3자의 소유이든 모두 가능하다.

다. 보관 동산에 대한 법원의 매각허가사건은 독립된 유체동산에 대한 강제집행사건으로 접수할 것이 아니라 부동산등인도청구사건의 기록에 가철하면 되고, 매각을 위하여 보관 동산을 별도로 압류할 필요도 없다.

라. 집행관이 집행목적물이 아닌 보관 중인 동산을 매각한 경우에는 조서를 작성하여야 하며, 그 조서에는 매각의 사유를 기재하여야 한다.

마. 집행관이 보관중인 동산을 매각한 때에는 그 매각금에서 매각 및 보관비용을 공제하여 채권자에게 지급하고 그 나머지 대금은 공탁하여야 한다(법 제258조 제6항). 이 경우 채무자가 나머지 잔액의 지급을 청구한 경우에는 직접 지급하고 그 영수증을 받아 기록에 편철한다(2004. 연찬집[23]).

바. 위 마.항의 공제하는 매각비용에는 매각에 따른 매각수수료, 집행여비, 감정비용, 우편 통지비용 등이 포함되고, 공제하는 보관비용에는 순수한 창고 보관비와 보관을 하기 위한 부대비용(차량비와 상하차에 따른 인건비 포함)중 집행관이 실제로 인정한 비용이 포함된다. 이 경우 본래의 집행목적물인 부동산 등의 인도집행을 위한 집행비용(노무자 수당 등)은 위 비용에 포함되지 않은을 유의하여야 한다.

사. 동산 보관자로 지정된 채권자가 직접 보관비용 등을 부담한 경우에는 그 영수증 등 소명자료를 집행관에게 제시하여 인정을 받아야 매각비용에 포함시킬 수 있다.

아. 압류·가압류·가처분의 목적이 된 보관 동산의 처리

(1) 다른 사람의 압류·가압류·가처분의 목적이 된 집행목적물이 아닌 동산으로 다른 동산과 구분하여 보관된 동산은 부동산 등 인도집행사건의 집행관이 법원의 매각허가명령에 따라 매각절차를 밟을 수는 없다(2008. 연찬집[23], 박두환 민사집행법 615면).

(2) 위 4. 다. 항에 의한 통지를 받은 당해 사건 담당집행관은 '집행관 집행미제사건 등 처리지침(행정예규 제496호)'의 규정에 따른 절차 등 필요한 절차를 밟도록 하며, 당해 사건의 처리결과를 부동산 등 인도집행의 담당집행관에게 통지하여야 한다.

(3) 위 (2)항의 통지를 받은 부동산 등 인도집행의 담당집행관은 압류 등의 사건이 매각에 의하지 아니한 채 종결된 경우(취하, 취하간주, 미제사건으로 가보존 등)에는 압류 등의 목적이 된 보관 동산에 대하여 이 규정에 따른 매각절차를 밟아야 한다.

(4) 압류 등의 사건 담당집행관이 압류 등의 목적이 된 보관 동산의 매각절차를 밟은 경우에는 압류 등 채권자의 집행비용과 위 마. 항의 규정에 따른 보관비용을 공제하고 나머지가 있으면 채권자 등에게 배당하거나 공탁하여야 한다. 이 경우 보관비용은 인도채권자의 부담으로 하되(인도채권자가 미리 보관비용을 부담 한 경우 공제한 보관비용을 인도채권자에게 교부), 매각대금이 인도채권자의 보관비용과 압류채권자의 집행비용에 미달된 경우에는 양 비용을 안분비례로 분담한다(2008년 연찬집[23]).

자. 보관중인 동산이 무가물이거나 잉여의 가망이 없는 것으로 평가된 경우의 조치

보관중인 동산이 집행비용에 미달되는 무가물로 평가된 경우에는 집행법원의 허가를 얻어 폐기처분할 수 있으며, 잉여의 가망이 없는 것으로 평가된 경우에는 집행법원의 허가를 얻어 브관자의 동의 아래 집행비용과의 상계로 매각처분 할 수 있다(2002. 연찬집[26], 2006.[19], 2008.[22], 일본의 집행실무).

8. 보관비용의 예납 및 지급절차

가. 보관비용의 범위, 보관기간

(1) 집행목적물이 아닌 동산의 보관에 필요한 비용에는 창고 보관료, 보관물 이동에 필요한 차량비, 운반에 따르는 상하차비 등 인건비, 동산 매각을 위한 감정비용과 집행여비, 매각수수료, 각종 통지비용 등이 모두 포함된다.

(2) 집행목적물이 아닌 동산의 보관기간은 3월을 기준으로 하여 정한다.

(3) 집행목적물이 아닌 동산의 보관에 필요한 비용은 본래 집행목적물인 부동산 등의 인도집행에 따른 집행비용과는 구별하여야 한다.

나. 집행목적물에 대한 집행비용 및 동산 보관비용 등의 예납절차

(1) 집행관은 집행목적물인 부동산 등의 인도에 따른 노무자 등의 수와 수당 등 그에 따른 집행비용의 산정은, '노무자등을 보조자로 사용하는 집행사건에 있어서의 노무자등의 관리지침(행정예규 제276호)'과 위 예규 제4조 및 제5조의 규정에 따라 제정된 '각 집행관사무소별로 운영하고 있는 구체적인 기준표'를 기준으로 하되, 구체적인 집행사건별로 그 실태 등 제반사건을 고려하여 가감한 적절한 금액을 산정하

여 예납하게 하여야 한다.

(2) 집행목적물이 아닌 동산의 보관자로 지정된 채권자가 자기 책임 아래 제3자에게 동산의 보관을 맡기고자 하는 때에는 그 보관에 따른 제 비용을 인도 집행 전에 지급하기로 하고 그 약정 내용 내지 이미 지급한 사실을 집행관에게 미리 제시하여야 한다.

(3) 집행관은 집행목적물이 아닌 동산을 채무자 등에게 직접 인도하여 주는 경우 및 채권자를 보관자로 지정한 경우에 채권자가 보관에 관한 비용을 직접 부담하겠다는(부담한) 뜻을 사전에 표시한 경우를 제외하고는 동산의 보관에 필요한 모든 비용을 채권자에게 위(1)의 비용과 함께 예납하게 하여야 한다. 이 경우 집행관은 채권자에게 동산의 보관에 소요될 집행비용의 명세(3월분의 보관비, 차량비, 상하차비, 기타비용 등)를 구체적으로 적시하여야 한다.

(4) 집행관은 채권자가 부동산등인도집행에 필요한 집행비용만 예납하여 집행목적물이 아닌 동산의 보관비용이 없거나 부족한 경우에는 그 보관비용의 예납을 명하고, 그에 응하지 않는 경우에는 부동산등인도집행을 착수하지 않거나 집행신청을 각하 또는 집행절차를 취소할 수 있다(법 제18조, 집행관수수료규칙 제25조, 1998. 7. 16. 법원행정처 송무심의 4102-120 각 법원 시행공문).

다. 집행목적물에 대한 집행비용 및 동산 보관비용 등의 지급절차

(1) 집행목적물에 대한 인도를 완료한 경우, 집행관은 예납된 집행목적물의 인도에 따른 집행비용 중 노무자 수당 등을 실제 인도 집행의 실태를 고려하여 적절하게 가감 조정하여 지급한다.

(2) 집행목적물에 대한 인도를 완료한 경우, 집행관은 예납된 집행목적물이 아닌 동산의 보관비용 중 차량비, 상하차비, 보관비 등을 실제 인도 집행의 실태를 고려하여 적절하게 가감 조정하여 지급한다.

(3) 집행관은 인도집행을 완료한 경우 예납한 각종 집행비용의 정산을 하여야 하며, 예납자의 청구가 있는 때에는 그 정산의 내용을 명시한 서면을 교부하여야 한다(집행관수수료규칙 제25조의2, 행정예규 제276호 제6조 제3항).

부 칙

이 기준안은 2009. 8. 4.부터 시행한다.

부 칙(2012. 11. 26.)

이 기준안은 2012. 11. 26.부터 시행한다.

[별지 1]

통 지 서

수신: ❍❍ 지방법원 집행관사무소 ❍부 집행관 ❍❍❍

사건번호: 본 호

위 사건에 관하여 1개월이 경과하여도 채무자가 보관 동산을 (① 수취하지 않음, ② ❍ 월 ❍ 일 수취)하여 통지하오니 업무에 참고하시기 바랍니다.

20 . . .

보관업자 ❍❍❍ 인

8. 부동산점유이전금지가처분 집행 시 고시문을 출입문 바깥쪽에 부착할 수 있는지 여부와 가처분재판에 공시명령의 기재가 없는 경우 공시여부[업무처리기준(안)-12]

1. 부동산점유이전금지가처분 집행 시 고시문을 출입문 바깥쪽에 부착할 수 있는지 여부

부동산점유이전금지가처분 집행 시 고시문을 출입문 바깥쪽에 부착하는 것은 제3자에게 노출되어 쉽게 훼손될 수 있고 채무자에 대한 명예훼손의 문제가 야기될 수도 있으므로, 집행관은 목적부동산의 출입문을 개문하여 실제 점유여부를 확인한 후 고시문을 출입구 안쪽 적당한 곳에 부착하여야 한다.

2. 가처분재판에 공시명령의 기재가 없는 경우 공시 여부

가. 점유이전금지 가처분의 경우

부동산점유이전금지가처분 재판의 주문에 공시명령의 기재가 없는 경우에도 집행관은 공시를 하도록 한다.

나. 공사금지 등 부작위 가처분의 경우

공사금지 가처분 등 부작위 의무를 명하는 가처분재판에 공시를 명하는 주문 기재가 없는 경우에 집행관은 공시를 하여서는 아니 된다.

★ 검토의견

1. 관련절차

가. 부동산점유이전금지가처분의 집행은 채권자, 채무자 또는 그 대리인의 참여하에 목적물이 집행관의 보관하에 있음을 밝히는 공시를 목적물의 적당한 곳에 붙이고 채무자에게 가처분의 취지를 고지함으로써 집행을 실시하며, 이 공시는 집행관보관의 효력의 발생, 존속요건이 아니고 또한 대항요건도 아니며, 단지 제3자의 개입에 의하여 집행상태의 침체라든가 효과의 감소를 방지하고 나아가 본안판결의 집행에 의하여 불이익을 입을지도 모른다는 취지를 제3자에게 경고하는 효과를 가지는데 지나지 아니하나, 다만 이 공시를 손괴하면 형법 140조(공무상비밀표시무효죄)가 적용됨(민집실 Ⅳ, 254쪽).

나. 부동산점유이전금지 가처분의 집행방법과 그 효력은 부동산에 준하고(민집실 Ⅳ, 289쪽) 보전처분의 집행에 관하여는 특별한 규정이 없으면 강제집행에 관한 규정을 적용하여(민집규 218조), 동산압류시 공시서는 압류물 자체 또는 쉽게 눈에 띌 장소에 채권자 · 채무자의 이름, 압류물의 표시, 압류연월일, 어떠한 집행사건으로 위 물건을 압류하였다는 취지, 집행관의 직, 이름 등을 적고 집행관의 직인을 찍어서 게시하며, 이는 다량의 동종상품이나 목재, 석탄, 철강 등을 압류하는 경우에 적당하고, 또한 장 속에 있는 일정한 물건을 압류함에 있어서는 물건의 종류와 수량을 표시한 공시서를 장에 붙이는 것으로 족하며, 그 밖에 봉인표 등을 붙이기 어려운 경우에는 금속이나 나무판에 그 취지를 적어 두거나 쉽사리 지워지지 않는 페인트로 적는 것을 생각할 수 있고, 가축의 경우에는 축사의 출입구를 봉인하고 축사의 바깥에 공시서를 붙여놓을 수도 있음(민집실 Ⅲ, 172쪽).

다. 공사금지가처분 등은 단순히 부작위 의무만을 명할 뿐이므로 채무자에게 가처분의 내용을 고지함으로써 족하고 원칙적으로 집행이라는 관념이 존재하지 않으나, 부작위 가처분 외에 점유이전금지 가처분이 결합되는 경우에는 집행을 하게 되며(민집실Ⅳ, 271쪽), 부작위 가처분의 경우에는 채무자가 그 명령 위반행위를 한 때에 비로소 대체집행 또는 간접강제의 방법에 의하여 부작위 상태를 실현시킬 필요가 생기는 것이므로 집행기간에 관한 규정이 준용되지 않으나, 다만 위 가처분에서 그 취지를 공시할 것을 아울러 명한 경우에는 이 명령부분은 즉시 집행이 가능하므로 이 부분의 집행에 관해서는 집행기간

의 규정이 준용됨(대법원 1982. 7. 16. 자 82마카50 결정).

라. 집행관은 집행을 하기 위하여 필요한 경우에는 채무자의 주거 · 창고, 그 밖의 장소를 수색하고, 잠근 문과 기구를 여는 등 적절한 조치를 할 수 있으며(민집법 5조 1항), 집행관은 집행하는데 저항을 받거나 채무자의 주거에서 집행을 실시하려는데 채무자나 사리를 분별할 지능이 있는 그 친족 · 고용인을 만나지 못한 때에는 성년 두 사람이나 지방공무원 또는 경찰공무원 중 한 사람을 증인으로 참여하게 하여야 함(민집법 6조).

2. 부동산점유이전금지가처분 집행시 고시문을 출입문 바깥쪽에 부착할 수 있는지 여부에 대한 검토

부동산점유이전금지가처분 집행시 고시문을 출입문 바깥쪽에 부착할 수 있는지 여부에 대하여 집행관은 목적물의 채무자 점유여부를 확인하기 위하여 채무자의 존재 여부에 불문하고 강제로 개문할 수 있고 집행 시 저항을 배제할 수 있으므로(민집법 5조, 6조), 집행단계에서 출입문을 개문하고 점유를 확인하였으면 출입구 안쪽에 고시문을 게시하여야 할 것임.

출입문을 개문하지 않아도 점유가 확인된다거나 저항이 심하여 출입이 곤란하다는 등의 사유로 출입문 바깥에 고시문을 게시하게 되면 불특정 다수에게 노출되는바, 추후 고시문을 훼손하면 형법상 처별대상이 되는데(형법 140조) 이때 고시문의 훼손주체의 식별이 곤란하여 국가 형벌권 헝사에 지장을 초래하고 채무자가 가처분집행의 인식을 부인하게 되면 집행력에도 곤란을 가져올 우려가 있으며, 특히 사생활보호가 점차 강화되고 있는 추세에 고시문의 내용이 공개되어 명예훼손의 우려가 있음(집행연 1998년 13기 [3]항. 2005년 20기 [36]항, 2007년 22기 [32]항 참조).

3. 부동산점유이전금지가처분 재판의 주문에 공시명령의 기재가 없는 경우 공시 여부에 대한 검토

부동산점유이전금지가처분 재판의 주문에 공시명령의 기재가 없는 경우의 공시 여부에 대하여 점유이전금지 가처분의 집행은 집행관이 목적물을 보관하고 이를 공시를 통하여 밝히는 방법으로 이루어지는 바, 이때의 공시는 효력발생요건이나 존속요건, 대항요건 등이 아니고 집행의 취지를 제3자에게 경고하는데 지나지 않음.

그러므로 점유이전금지 가처분의 경우 집행관 보관이 주 집행이고 공시는 이를 알려주는 데 불과하여, 이 경우 공시는 집행관 보관과 공시라는 별개의 두 가지 집행 중 하나가 아니라 집행관 보관이라는 가처분 집행의 취지를 제3자에게 알려주는 집행절차의 일종으로 볼 수 있음.

따라서 가처분재판의 주문에 공시의 취지가 기재되어 있지 않더라도 집행관은 목적물에 대한 집행관 보관이라는 가처분 집행을 실시한 후 집행절차의 하나로서 공시를 하도록 하여야 할 것임(집행연 1998년 13기 [20]항 참조)

4. 공사금지 가처분 등 부작위 의무를 명하는 가처분재판에 공시를 명하는 주문기재가 없는 경우 공시 여부

공사금지 가처분 등 부작위 의무를 명하는 가처분재판에 공시를 명하는 주문기재가 없는 경우의 공시 여부에 대하여 공사금지 등 부작위를 명하는 가처분은 원칙적으로 집행이라는 관념이 존재하지 않으나 집행관의 집행행위를 필요로 하는 처분이 병합하는 경우(예: 점유이전금지 가처분이 결합된 경우, 공시를 명한 경우)에는 집행이 이루어지고 집행기간도 진행하게 됨.

따라서 공사금지 가처분의 경우 위에서 본 점유이전금지 가처분과는 달리 공시명령은 단순히 부작위 가처분이 집행되었음을 알려주기 위한 것이 아니라 부작위 처분과는 별개로 집행행위가 이루어지고 집행기간도 별개로 적용되고 있으며, 고시의 효과로 이를 훼손하는 경우 형법에 저촉될 뿐만 아니라 비록 판례가 엇갈리고 있기는 하나 고시문에 기재된 부작위명령을 위반한 경우 공무상비밀표시무효죄로 의율

되기도 하므로(대법원 1999. 7. 23.자 98도 2156 판결, 대법원 2008. 12. 24.자 2006도1819 판결 참조) 가처분재판의 주문에 공시를 명하는 기재가 없는 경우에 공시를 하여서는 아니 될 것임(집행연 2002년 17기 [36]항 참조).

부 칙

이 기준안은 2009. 8. 4.부터 시행한다.

9. 집행에 사용할 노무자 등의 수와 수당 기준[업무처리기준(안)-13]

제1조(목적)

이 기준은 "노무자등을 보조자로 사용하는 집행사건에 있어서의 노무자등의 관리지침"(대법원 행정예규 제239호) 제4조 및 제5조에 의하여 집행에 사용할 노무자등의 수와 수당의 기준을 정함을 목적으로 한다.

제2조(사용할 노무자등의 수)

① 인도집행사건

1. 주택 및 아파트

가. 일반기준

기 준 평 수	노무자등의 수
16.529㎡(5평) 미만	2 ~ 3 명
16.529㎡(5평) 이상 33.058㎡(10평) 미만	3 ~ 5 명
33.058㎡(10평) 이상 66.116㎡(20평) 미만	6 ~ 8 명
66.116㎡(20평) 이상 99.174㎡(30평) 미만	9 ~ 11 명
99.174㎡(30평) 이상 132.232㎡(40평) 미만	12 ~ 14 명
132.232㎡(40평) 이상 165.29㎡(50평) 미만	15 ~ 17명

나. 165.29㎡(50평) 이상일 경우 매 33.058㎡(10평) 증가시 마다 2명을 추가할 수 있다.

다. 지하층 및 2층부터 1개층 증가시 마다 위 가호 기준에 2명을 추가할 수 있다.
다만, 엘리베이터나 콘도라, 사다리차를 사용하는 경우에는 그러하지 아니한다.

2. 사무소, 업소, 창고 등

위 1호 기준에 준하되 구체적인 사항을 고려하여 노무자의 수를 조정할 수 있다.

3. 동산인도

위 1호 및 2호와 같다

② 철거(토지인도) 집행사건

1. 건물 등 : 위 ①항 기준에 각 2명을 추가할 수 있다

2. 입목 등

1) 식재 후 2년 미만 : 200주 당 2명

2) 식재 후 2년 이상 5년 미만 : 100주 당 2명

3) 식재 후 5년 이상 10년 미만 : 50주 당 2명

4) 식재 후 10년 이상 : 10주 당 2명

③ 조정

위의 기준에 불구하고 다음과 같은 특별한 사정이 있는 경우에는 사용노무자의 수를 가감할 수 있다.

1. 철공소, 카센타 등 특수기술자, 특수장비를 사용하는 경우

2. 물품보관창고, 대형슈퍼마켓, 건재상 등 수거할 물건이 많은 경우

3. 대형유흥업소, 집단상가, 다세대 등 공동주택, 종교시설, 재개발지역 및 비닐하우스촌 등 집단적 저

항이 예상되는 경우

4. 기타 위 각항 이외에 집행이 극히 용이하거나 곤란한 경우

제3조(수당 등)

① 수당

1. 일반노무자 1인에 대한 수당은 90,000원으로 한다.【2013. 9. 5. 개정】

다만, 공무원 근무시간 이외의 시간에 집행할 때에는(조조, 야간, 휴일집행 등) 위 수당의 20%를 가상하되 가산은 1회에 한하고, 집행에 소요되는 시간이 공무원 근무시간(8시간)을 초과하는 경우에는 그 초과하는 시간에 따라 일할 산정(시간외인 경우에는 20% 가산)한다.

2. 측량사, 목수, 중장비운전기사, 전기·가스기술자 등 특수기술자 등의 수당은 위 1호의 기준액에 30%를 가산하여 산정할 수 있다.

3. 열쇠기술자의 수당은 일반키 50,000원, 전자키(디지털키) 100,000원으로 하고, 그 외 특수열쇠의 경우 위 각 수당의 50% 범위에서 가산할 수 있으며, 집행현장에 출장하였으나 개문하지 못한 경우와 채권자의 요청으로 개문하지 않은 경우에는 30,000원으로 한다.【2013. 9. 5. 개정】

4. 경비업법에 의한 경비노무자에 대한 수당은 경찰이나 국군의 원조에도 불구하고 부득이하게 별도의 경비가 필요하다고 인정되어 소속 법원장으로부터 등록외 노무자 사용허가를 받은 경에 한하여 1인당 130,000원으로 한다.

5. 위 각호(3호 제외, 이하 같다)의 경우 노무자 등이 집행장소에 도착하였으나 집행관이 사무원, 노무자 등에게 목적 외 동산의 반출을 지시하기 이전에 채권자의 집행 연기신청(채권자의 일방의 신청 또는 채무자와의 합의를 불문) 또는 채무자가 민사집행법 제49조 각호의 서류를 제출함에 따라 집행하지 아니한 경우의 수당은 위 각호의 수당액의 30% 범위 내에서 지급할 수 있으며, 집행에 착수한 후에는 천재지변 등 불가항력의 사유로 불능이 된 경우에만 위 각호의 수당액의 50%를 지급하고 그 외의 경우에는 전액을 지급한다.【2012. 11. 26. 개정】

6. 노무자 등이 강제집행 현장에 도착하기 위하여 지출한 비용(출장비 또는 교통비)은 따로 지급하지 아니하되, 집행장소가 도서벽지 등 이를 따로 지급함이 상당하다고 인정되는 경우에 한하여 실비를 지급한다.【2012. 11. 26. 개정】

② 중장비 등 사용료

1. 중장비 등 사용료는 위 수당과 별도로 계산하며, 그 사용료는 통계법 규정에 따라 통계작성 지정을 받은 기관이 조사 공표한 가격에 의하되 동 가격의 30% 범위내에서 가감할 수 있다.

2. 위 ①항 4호, 5호의 규정은 전항의 경우에 준용한다.

③ 부대비용

건물명도 또는 철거집행시 채권자가 예납할 부대비용(자재비용, 보관비용, 기타비용 등)은 다음과 같다. 단, 채권자가 임의로 준비하는 경우에는 예외로 한다.

1. 자재비용(종이박스, 마대 등 자재비)

가. 일반원칙

기 준 평 수	예납금
33.058㎡(10평) 이하	50,000원
33.058㎡(10평) 초과 66.116㎡(20평) 이하	70,000원
66.116㎡(20평) 초과 99.174㎡(30평) 이하	90,000원
99.174㎡(30평) 초과 132.232㎡(40평) 이하	100,000원
132.232㎡(40평) 초과 165.29㎡(50평) 이하	120,000원
165.29㎡(50평) 초과	매 33.058㎡(10평)당 20,000원 추가 가능

나. 조정

위 가호의 기준에 불구하고 다음과 같은 특별한 사정이 있는 경우에는 비용을 가감할 수 있다.

1) 물품보관창고, 건재상 등 수거할 물건이 많은 경우

2) 도자기, 의료기, 공학기계 등 부서지기 쉬운 물품

3) 보석류, 골동품 등 귀중품

2. 보관비용

가. 보관료의 예납 등

보관료의 예납 및 환급기준은 다음과 같다

1) 예납

5톤 컨테이너 1대 기준 1개월에 200,000원으로 하며, 3개월분을 미리 예납하여야 한다.

2) 환급기준

보관기간 만료 전에 채두자의 수취 또는 매각명령에 따라 보관물건의 반출이 이루어진 경우에는 1)의 예납금 중 다음의 기준에 의하여 반환하여야 한다.

㉮ 입고 후 2주 이내 출고 : 10만 원 공제 후 잔액 반환

㉯ 2주 초과 시 1주 단위(일자무관)로 5만 원 공제 후 잔액 반환

【2012. 11. 26. 개정】

나. 운반료(상·하차비 포함)

1) 운반차량의 1대당 비용은 다음과 같다.

① 1톤 화물차량 150,000원 이내

② 2.5톤 화물차량 300,000원 이내

③ 5톤 화물차량(컨테이너) 500,000원 이내

2) 강제집행이 연기 또는 중지된 경우에는 제3조 제1항 5호의 규정을 준용한다.

【2012. 11. 26. 개정】

3. 기타비용

철거집행시 폐기물 처리비용 등 기타비용은 담당집행관이 특별히 필요하다고 인정하는 경우 및 인정금액에 한한다.

제4조(집단사건에 대한 특례)

① 다음 각호에 해당하는 경우(이하 "집단사건"이라 한다)에는 위 제2조 및 제3조의 규정에 불구하고 집행비용을 일괄적으로 산정할 수 있다.

동일 또는 인접장소에 집행목적물이 5개 이상인 경우

사용노무자가 100명 이상인 경우

극렬한 저항이 예상되는 경우

② 집단사건의 집행비용을 일괄 산정하기 위하여는 사전에 집행보조자로 선정된 집행노무자 대표 또는 전문업체가 위 제2조 및 제3조의 규정을 참고하여 산출근거를 명시한 전체적인 집행비용 내역을 제출하여 담당집행관의 심사 후 소속 법원장의 승인(등록외 노무자를 사용하는 경우에는 이를 포함)을 얻어야 한다.

부 칙

이 기준안은 2009. 12. 4.부터 시행한다.

부 칙 (2012. 11. 26.)

이 기준안은 2012. 11. 26.부터 시행한다.

부 칙 (2013. 9. 5.)

이 기준안은 2014. 1. 1.부터 시행한다.

10. 보관업자 등록 등 기준안[업무처리기준(안) 2011-2]

제1조(목적)
이 기준안은 대법원행정예규 제897호에서 정한 창고업 또는 이와 유사한 영업을 영위하는 자(이하 "보관업자"라 한다)의 등록 및 취소, 보관비용의 산정 등에 관한 기준을 정함에 있다.
제2조(보관업자의 신청자격)
① 보관업자는 집행관사무소의 관할구역 내에 보관창고를 갖추어야 한다. 다만 부득이한 경우에는 예외로 한다.
② 보관업자는 다음 중 하나 이상의 설비를 갖추어야 한다.
 1. 일반창고
  가. 건축법에 의한 건축물일 것
  나. 야적보관의 경우에는 야적이 가능한 토지 또는 공작물일 것
  다. 수면보관의 경우에는 조수 등에 의한 보관물 유실을 방지할 수 있는 설비를 갖출 것
 2. 위험물창고
  토지 또는 공작물로서 보관하는 위험물의 종류에 따라 소방법, 총포 도검 화약류 등 단속법, 고압가스안전관리법, 유해화학물질관리법 등의 규정에 의한 위치, 구조 및 시설 기준에 적합할 것
 3. 냉동, 냉장창고
  가. 건축법에 의한 건축물일 것
  나. 냉동, 냉장실의 보관온도가 보관물에 적합한 온도로 유지될 것
 4. 기타 집행목적물의 종류에 따라 특수한 시설이 필요한 경우에는 공고 당시 요건을 갖추어야 한다.
③ 제1항의 경우 특별한 사유가 없는 한 관할구역 내에 설비를 갖춘 자를 우선하여 선정할 수 있다.
제3조(보관업자의 신청공고, 선정 및 취소)
① 집행관은 집행관사무소 내 게시판과 관할법원 게시판 또는 홈페이지에 보관업자의 등록을 7일 이상 공고하여야 한다. 다만, 필요하다고 인정할 때에는 위 공고 외에 공고사항의 요지를 일정한 신문에 게재할 수 있다.
② 공고는 보관업자의 등록신청 및 등록심사일정과 선정결과 등을 기재한 별지 제1. 양식에 의한다.
③ 등록을 신청하고자 하는 보관업자는 별지 제2. 양식에 의한 신청서를 제출하여야 한다.
④ 보관업자의 등록과 취소의 심사를 위해 집행관사무소에 보관업자 등록심사위원회를 둔다.
제4조(보관업자 등록심사위원회)
① 등록심사위원은 위원장을 포함하여 5인 이하로 하되 사무원 1인 이상의 위원으로 지정할 수 있다.
② 등록심사위원회의 위원장은 대표집행관으로 하고 위원장은 등록심사위원을 지정하며, 회무를 관장한다.
③ 등록심사위원회는 매년 12. 31.까지 그 다음 해에 선임할 보관업자를 선정하여야 한다(예규 제2조 3항).
④ 등록심사위원회의 간사는 총무집행관이 되며, 서기는 총무담당 사무원이 한다. 다만 지원 단위 집행관사무소의 경우에는 달리 정할 수 있다.

제5조(등록심사위원회 개최, 등록 및 취소)
① 등록심사위원회의 간사는 등록심사위원회 개최 3일 전까지 등록 및 취소대상 보관업자에 관한 자료와 함께 등록심사위원에게 통지하여야 한다.
② 등록심사위원회는 필요하면 등록 및 취소대상 보관업자로 하여금 설명을 요구할 수 있다.
③ 등록심사위원회는 재적 과반수의 출석으로 개최하고, 출석위원 과반수의 찬성으로 의결한다.
④ 등록심사위원회의 간사는 회의록을 작성하여 참석위원 전원의 서명날인을 받아야 하며 회의록의 보존기간은 5년으로 한다.
제6조(교육)
① 집행관은 등록된 보관업자에 대하여 집행업무에 필요한 교육을 시행할 수 있다.
② 전항의 경우 등록된 보관업자는 교육을 받아야 하며 교육에 응하지 않은 보관업자는 등록을 포기한 것으로 본다.
③ 제2항의 규정에 따라 등록 포기한 업체의 보충 등록은 특별한 사유가 없으면 당해 심사위원회에서 정한 차순위 업체로 한다.
제7조(수취최고 등) 〈2012. 6. 11. 삭제〉
제8조(비용산정기준표의 작성 등)
① 동산보관에 필요한 비용에는 창고보관료, 보관물 이동차량비, 상하차 등 인건비, 동산매각을 위한 감정비용과 집행여비, 매각수수료, 각종 통지비용 등이 포함된다("부동산 등의 인도집행시 집행목적물이 아닌 동산의 처리절차에 관한 지침(업무처리기준안)-10) 8. 보관비용의 예납 및 지급절차")
② 전항의 경우 집행관은 집행의 실태 등을 고려하여 적절하게 가감 조정할 수 있다.
③ 집행관은 매년 12. 31. 까지 산출자료를 첨부하여 "보관비용 산정기준표"를 작성하여 관할 지방법원장의 승인을 얻어야 한다.
④ 집행관은 승인된 "보관비용 산정기준표"를 집행관사무소의 게시판에 게시하여 채권자의 편의를 도모하여야 한다.
부 칙
이 기준안은 2011. 11. 28.부터 시행한다. 다만, 제7조의 규정은 유보한다.
부 칙 〈2012. 6. 11.〉
이 기준안은 2012. 6. 11.부터 시행한다.

[별지 제1 양식]

공　　고

대법원 행정예규 제897호(집행절차에서의 보관업자 등록 등에 관한 예규, 2011. 7. 1. 시행)의 시행으로 ○○ 지방법원 집행관사무소의 보관업자등록 신청을 다음과 같이 공고합니다.

다　　음

===========

1. **접수기간 및 장소**: 20　.　.　. － 20　.　.　.
   ○○ 지방법원 집행관사무소 서무계

2. **등록 심사**: 20　.　.　.

3. **결과 발표**: 20　.　.　.

4. **신청자격**

가. 보관업자는 ○○ 지역 내에 보관창고를 갖추어야 합니다.

나. 보관업자는 다음 중 하나의 창고를 구비하여야 합니다.

1) 일반창고

가) 건축법에 의한 건축물일 것

나) 야적보관의 경우에는 야적이 가능한 토지 또는 공작물일 것

다) 수면보관의 경우에는 조수 등에 의한 보관물의 유실을 방지할 수 있는 설비를 갖출 것

2) 위험물창고

토지 또는 공작물로서 보관하는 위험물의 종류에 따라 소방법, 총포 도검 화약류 등 단속법, 고압가스안전관리법, 유해화학물질관리법 등의 규정에 의한 위치, 구조 및 시설기 중에 적합할 것

3) 냉동, 냉장창고

가) 건축법에 의한 건축물일 것

나) 냉동, 냉장실의 보관온도가 보관물에 적합한 온도로 유지될 것

5. **제출서류**

가. 등록신청서(당 사무소 서무계 비치)1부

나. 업체현황 소개서(창고현황, 노무인력 및 장비 등 보유현황)1부

다. 사업자등록증 사본(법인인 경우 법인등기부등본 1부 추가)1부

라. 국세 및 지방세 완납증명서 각1부

마. 산재보험가입증명서 1부

6. **기타사항**

가. 제출된 서류는 일체 반환하지 않습니다.

나. 서류의 허위기재시 및 부정한 방법에 의한 신청시 무효로 처리 합니다.

다. 등록심사를 위하여 필요시에는 보관업자로 하여금 설명을 요구하거나 보관업체 현장도 방문할 수 있습니다.

라. 등록된 보관업체는 당사무소에서 시행하는 보관업자 교육에 반드시 참여하여야 합니다.

마. 기타 자세한 문의는 ○○ 지방법원집행관사무소 연구집행관(전화), 또는 서무계(전화)로 문의하시기 바랍니다.

20 . . .

○○ 지방법원 집행관사무소 대표집행관

[별지 제2 양식]

등 록 신 청 서

① 접 수 번 호			
② 보관업체명		③ 대 표 자	
④ 주 소			
⑤ 사업자등록번호			
⑥ 창고의 종류	가. 일반창고 나. 위험물창고 다. 냉동, 냉장창고		

⑦ 첨부서류

가. 신청서(당 사무소 서무계 비치) 1부

나. 업체현황 소개서(창고현황, 노무인력 및 장비 등 보유현황) 1부

다. 사업자등록증 사본(법인인 경우 법인등기부등본 추가)1부

라. 국세 및 지방세 완납증명서 각1부

마. 산재 및 화재보험가입증명서 각1부

⑧ 기타

기타 자세한 문의는 ○○지방법원집행관사무소 연구집행관
(전화), 또한 서무계(전화)로 문의하시기 바랍니다.

20 . . .

신청인 ○○보관업자 ○○○ 인

○○지방법원 집행관사무소 귀중

[별지 제3 양식] 〈2012. 6. 11. 삭제〉

11. 법원 강제집행 현장 경찰조치 매뉴얼(경찰청)

Ⅰ. 개요

1. 개괄

○ (개념) 채권자의 신청을 받은 법원이 사법상의 이행청구권을 국가권력에 의하여 강제적으로 실현하는 민사집행법상 절차

※ 법원의 강제집행은 집행문이 있는 판결정본에 의해 법원 집행관이 집행하는 것으로 행정기관의 행정대집행과는 구별됨

○ (법적근거) 집행관은 강제집행 과정에서 저항을 받으면 민사집행법 제5조 제2항에 따라 경찰·군에 원조를 요청할 수 있으며,

※ 민사집행법 제5조(집행관의 강제력 사용) ② 제1항의 경우에(집행관은 집행을 하기 위하여 필요한 경우) 저항을 받으면 집행관은 경찰 또는 국군의 원조를 요청할 수 있다.

- 집행관법 제17조 제2항에서는 경찰이 집행관의 원조요청을 받은 경우에는 이에 응하여야 한다고 규정(단, 불응시 제재 규정은 없음)

※ 집행관법 제17조(신분증 휴대) ② 경찰이 민사집행법 제5조 제2항에 따른 원조의 요청을 받으면 이에 응하여야 한다.

⇨ 민사집행법 제5조 제2항의 '저항을 받으면'이라는 규정의 취지상 원조요청의 범위를 다소 좁혀 해석할 필요가 있음

- 경찰은 경직법상「 위험 발생의 방지」,「 범죄의 예방·제지」에 근거하여, △ 법원의 적법한 강제집행을 보장하는 한편, △ 집행관측에서도 폭력 등 불법행위가 없도록 조치해야 함

경찰은 강제집행(불법 점유자 퇴거조치·불법시설물 철거 등)을 대리하는 것이 아니며 강제집행 과정에서의 불법행위를 제지 혹은 검거하는 것이 역할임 ※ 불법행위의 주체가 집행관측이거나 집행대상이거나 불문하고 공정하게 대응

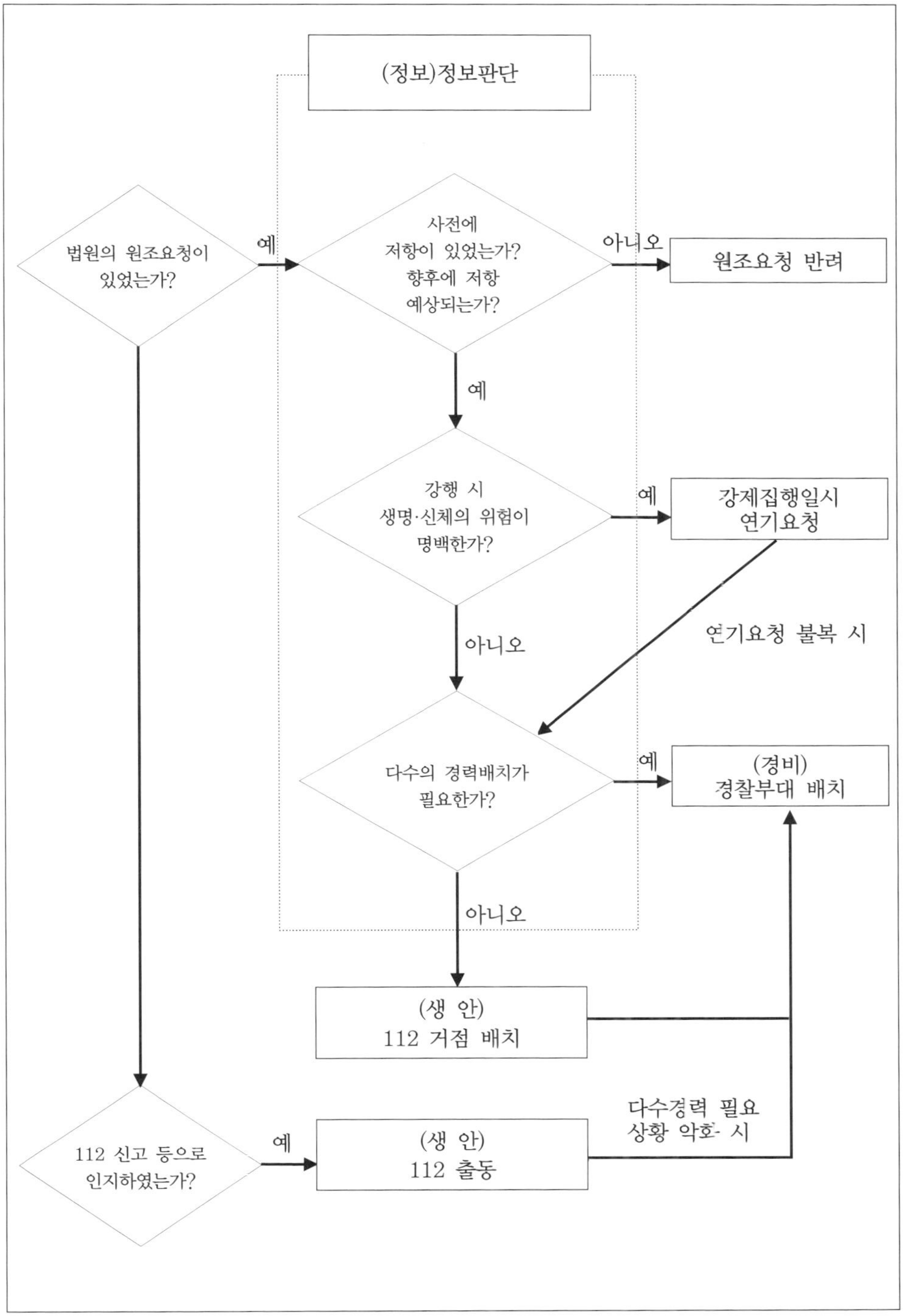
(정보)정보판단
법원의 원조요청이 있었는가?
예
사전에 저항이 있었는가? 향후에 저항 예상되는가?
아니오
원조요청 반려
예
강행 시 생명·신체의 위험이 명백한가?
예
강제집행일시 연기요청
연기요청 불복 시
아니오
다수의 경력배치가 필요한가?
예
(경비) 경찰부대 배치
아니오
(생 안) 112 거점 배치
112 신고 등으로 인지하였는가?
예
(생 안) 112 출동
다수경력 필요 상황 악화 시

Ⅱ. 단계별 조치요령

1. 법원의 원조 요청 접수〈경비〉

○ 법원(집행관)으로부터의 강제집행 원조요청서는 경비기능에서 접수하되, 서면접수를 원칙으로 하여 경력 동원의 근거를 명확히 마련

– 담당 정보관은 법원 집행관에게 원조필요 사유와 내용 등을 적시한 원조요청서를 관할경찰서 경비과(경비기능)에 제출토록 안내

※ 구두로 원조요청을 접수한 경우 서면 원조요청서를 제출토록 요청, 서면 요청의 시간적 여유가 없을시 일당 접수하되 차후 사전 서면으로 원조 요청토록 안내

○ 요청 접수시 강제집행 내용, 기존 집행 시 저항 여부 및 피집행자 측의 향후저항 예상상황(동향)·성향 등 관련 정보를 최대한 입수

〈원조요청서 필수 기재 항목〉

▸ 강제집행 관련 기본 정보

– 집행 대상 사건의 표시/ 채권자·채무자와 그 대리인의 표시/ 원조를 요청한 집행관의 표시

– 집행할 일시와 장소/ 집행의 내용과 방법/ 집행 동원인력 규모

▸ 원조가 필요한 사유와 원조의 내용

– 기존 강제집행 시 저항이 있었는지 유무 (이력)

– 향후 저항이 예상되는 피집행인의 규모·성격 (성별·연령 등)

– 집행 대상물의 상태(피집행인 상주 여부, 위험·장애물 존재 여부 등)

– 동일 대상물에 대한 집행 실패 전력(집행 재시도인 경우) 등

서면으로 확인하지 못한 사항은 반드시 집행관측과 접촉, 관련 정보 입수

○ 경비기능에서 법원 집행관의 경찰원조 요청서를 접수하면 그 사실을 즉시 정보기능에 통보, 정보판단 요청

2. 정보 판단〈정보〉

○ 정보과장 주관으로 경비·생안 기능 연석회의를 개최하여 원조요청서 기재 내용 및 법원의 판결문 등을 토대로 경찰력 배치 필요성 및 배치 내용에 대해 판단

– 민사집행법 제5조 제2항은 '저항을 받으면 경찰에 원조를 요청할 수 있다'로 규정되어 있어 과거 저항이력이나 지속성 등이 없음에도 단순히 저항이 예상된다는 이유의 경찰력 요청 시에는 반려도 가능

※ 민사집행법 제5조(집행관의 강제력 사용) ② 제1항의 경우에(집행관은 집행을 하기 위하여 필요한 경우) 저항을 받으면 집행관은 경찰 또는 국군의 원조를 요청할 수 있다.

– 다만, 경직법 제5조(위험 발생의 방지 등)와 제6조(범죄와 예방과 제지)에 따라 불법 폭력행위 등이 예상되는 경우에는 경찰력 지원 검토

※ 경찰행정상 즉시강제는 ① 눈앞의 급박한 경찰상 장애 제거를 위해 필요, ② 의무를 명할 시간적 여유가 없거나 의무를 명하는 방법으로는 그 목적을 달성하기 어려운 상황, ③ 의무불이행을 전제로 하지 않고 경찰이 직접 실력을 행사하여 경찰 상 필요한 상태를 실현하는 권력적 사실행위로서, 행정목적 달성을 위해 불가피한 한도 내에서 예외적으로 허용되는바 그 요건을 엄격하게 해석하여 적용할 필요가 있음(대법원 2007도9794)

- 수집한 정보와 예상되는 상황 등을 종합 판단하여 지원 여부 및 내용을 결정하고, 경비·생안·교통·수사 등 관련기능에 통보

○ 강성 인물이 위험물을 사용하면서 저항하거나 송전탑 등 추락 위험성이 높은 곳에서 저항하는 경우와 같이 집행 강행 시 생명·신체에 중대한 위험이 초래될 것이 명백한 경우 집행관측에 강제집행 일시 연기 요청

- 비례 원칙을 고려할 때, 재산권보다 중한 가치인 생명·신체에 중대한 위험이 초래될 것이 명백하다면 강제집행을 연기하고, 위험성 약화를 위한 조치를 강구한 수 강제집행을 하는 것이 타당
- 다만, 기본권간 비교형량 시 신중한 판단이 필요하며, 상호 충돌 우려만으로 강제집행연기를 요청하는 것은 타당하지 않음
- 또한 집행관측이 연기요청을 불수용하고 지정일자에 강행하려 할 경우에는 이후 현장조치요령에 따라 처리

○ 정보기능은 법원과의 정보공유 및 긴밀한 협조를 위해 법원 집행관과 핫라인 구성 등 협조체제 구축

※ 집행 과정에서 집행관측 집행보조자에 의한 폭력 등 불법행위 없도록 지속 경고

〈〈정보판단 기준 및 경찰 조치 수준〉〉

상황	판단기준		경력 동원
경미한 마찰우려	① 피집행자 규모 : 10명 미만 소규모 ② 피집행자측이 강제집행에 대해 단순 제지·항의 언급, 특이 불법첩보가 없는 상태 ③ 과격성향의 단체 등 지원세력 개입이 없음	⇨	**즉응태세 유지** – 112순찰차 거점배치 – 정보계장, 담당 정보관, 채증조 현장 임장 – 필요시 경비계 진압담당 1~2명 현장임장 – 신속대응팀 즉응태세 유지
물리적 충돌예상	① 피집행자 규모 : 10~50명 중규모 ② 피집행자측이 강제집행에 대비하여 장애물 설치·출입문 지정 등 반발 ③ 외부 용역경비원 등 외부지원 세력 가담	⇨	**경력 배치** – 경비 과장(또는 관할서장) 현장임장·지휘 – 기동부대 배치 – 정보과·계장, 담당정보관, 채증조 현장 임장 – 형사팀·112순찰차 배치
심각한 물리적 충돌예상	① 피집행자 규모 : 50명 초과 대규모 ② 피집행자측이 강제집행에 대신 분신·방화 등 과격행위 거론하며 강력 반발하는 상황 ③ 과격성향 단체 등 지원세력 개입 ④ 인화물질·가스통 등 각종 위험물 소지·비치	⇨	**기동부대 충분히 배치** – 관할서장(또는 경비과장) 현장임장·지휘 – 정보과·계장, 채증조 현장 임장, 정보관증가 배치 – 형사팀·112순찰차·교통 순찰차 배치 (필요시 집행 연기 요청)

- 피집행자 측의 성향·규모·저항전력 및 집행방해계획·수단, 위험물·장애물 등 강제집행 방해요인에 대한 분석 판단
- 특히, ① 집행 실패 전력이 있는 대상물 ② 집행대상물 주변에 주요시설이 있는 경우 ③ 사회적 관심을 받고 있는 대상물에 대해 강제집행 시 경력을 충분히 배치
- 위 정보판단 기준에 따라 경력을 동원하되, 관할 경찰서장이 종합 판단하여 탄력적으로 동원 가능

Ⅲ. 경력(생안·경비) 배치시 현장 조치요령

1. 물리적 충돌이 예상되어 기동부대를 배치할 경우 〈경비〉

〈사전 경비대책 수립〉

○ 정보판단 결과를 바탕으로 경비대책을 수립하되, 집행관측으로부터 관련 정보 추가 입수 및 명확한 임무 한계 논의(강제집행 진행을 위한 최소한의 물리력 행사)

※ 필요시 생안·수사교통 등 관련기능 대책을 종합하여 최종 경비대책 수립

○ 저항이 예상되는 경우 강제집행 예정 장소에 대한 현지답사, 정보 판단서의 예상상황 外 다양한 돌발 상황에 대비한 면밀한 대책 수립

○ 강제집행 저항규모·장소적 특성·저항방법 등에 따라 적정 경력을 판단, 필요시 상설부대 등 지원 요청

※ 피집행자측 인적 구성에 따라 여경 투입여부를 사전 판단 가

○ 현장 지휘가 용이한 지점에 지휘소(CP)마련 및 지휘체계·통신방법 등 확정, 경력별 배치장소·임무를 명확히 규정

※ 우발상황 발생에 대비한 적정 규모의 예비경력 운용

○ 필요시 방송차 등 필요 장비를 확보하고, 소방 등과 협조하여 화재 등 안전사고 대비 및 응급환자 후송책 마련

○ 불법행위 채증 대책 및 불법폭력행위자 호송대책 마련

○ 채권자·채무자 측에서 강제집행과 관련하여 외부 용역을 고용하는 경우, 폭력 등 불법행위 시 엄정 조치 사전 경고 〈생안〉

▶ 강제집행은 집행관에 의해서만 집행이 가능하므로, 채권자 측이 고용한 외부 용역은 강제집행에 개입 불가함을 고지

※ 법원행정처(집행관 업무 개선팀) 구두 확인, 추후 정식 공문 회시 받아 하달 예정

▶ 채권자·채무자 측이 강제집행 현장에 시설보호·신변보호·질서유지 등 목적으로 용역 투입 시

① 〈20명 이상 고용하는 경우〉 사실상 경비업법 제2조에 따른 '경비업무'에 해당하므로 동법 제7조의 2(경비인력 20명 이상 배치할 경우 경비업자에게 도급해야함) 및 제18조 제2항(집단민원현장의 경우 배치허가를 받아야함)에 따라 경비업자를 통해 경비원을 배치하여야 하며, 배치 48시간 전까지 관할 경찰관서장으로부처 배치허가를 받아야 한다는 점을 고지

※위반시, 동법 제 28조 제2항(제4호/5호)에 의거 처벌(3년이하/3천만원이하)됨을 경고

– 또한 경비업자를 통해 도급하는 경우는 '교육이수 등 결격사유 없는 경비원들을 배치하도록 경비업자에게 요구하여야 한다'는 점을 경고(경비원 배치 시 경찰확인고지 포함)

② 〈20만명 미만을 직접 고용하는 경우〉 현행법상 가능하나, 이 경우에도 역할이 질서유지 등 경비업무에 국한, 강제집행에 개입할 수 없고 폭력 등 불법행위 시 엄정 조치됨을 경고

– 아울러, 도급을 통해 경비인력을 배치하는 것임에도 경비업법 적용을 회피하기 위해 직접 고용한 것으로 가장했는지(이면계약 등) 여부 확인

△ 고용인(채권·채무자) 또는 피고용인 상대로 근로계약서·용역 명단 등 관련 서류 확보

△ 근로계약서 등을 통해 고용관계·고용경위 등 확인 및 용역 명단을 토대로 경비 시스템상 경비원

이력(업체·장소·일자 등) 조회하여 경비업체 관련성 확인
△ 관련 서류 미제출 등 비협조적일 경우에는 담당 정보관을 통해 관련 정보 입수
△ 고용관계, 경비업체 관련성 등으로 경비업법 위반 여부 의심 시 내사(수사)의뢰

〈경비대책회의 개최〉

○ 강제집행저항행위·집행장소의 규모·성격, 동원경력 규모에 따라 대책회의 주재 범위(지방청·경찰서·상설부대 등) 결정
○ 대책회의시, 정보 기능은 예상상황·기본방침(대처수위·방향) 등 정보판단, 경비 기능은 경비대책·경력운용 방안 보고
○ 경비대책의 문제점 도출·보완, 현장 관리시 중점 착안사항 전파

〈대책회의 시 중점 점검사항〉

▶ 정보 판단에 따른 경비·수사·교통 대책 수립 여부
▶ 기능별 임무를 명확히 분담 및 현장 지휘·지원체계 구축 여부
▶ 법원 집행관 측과 협조체계 구축 여부 및 임무한계 설정 여부
▶ 폭행 등 불법행위 발생시 대응체계 구축 여부
▶ 안전사고·응급환자 발생에 대비, 소방·구급과 협조체계 구축 여부

〈경력배치 단계〉

○ 대규모 충돌 우려가 높은 상황은 관할서장 현장 지휘
○ 서장(경비과장) 주재 동원 부대장 및 기능별 합동 현장 대책회의
※ 인권과 안전에 유의한 대응 교양, 분리·소화·검거·회수조 등 임무 재확인
○ 대치상황(인원·휴대물품 등), 장애물 설치 여부, 시설물 현황, 위험요소(인화물질·쇠파이프 등) 등 현장상황 실시간 전파·공유
○ 강제집행 방해 우려가 높은 경우 방송차 등을 이용하여 불법행위 자제토록 사전 경고·설득, 불법 분위기 제압
○ 필요시 P/L·경력 등을 활용하여 집행관·피집행자 분리·차단
○ 채권자·채무자 측에 '사전 경비대책 수립' 단계에서 고지 경고 조치를 하였음에도 불구하고, 용역이 배치된 경우
① (20名 이상 배치된 경우) 경비업체를 통한 배치인지 여부, 48시간 전 배치허가 여부 등 확인, 미이행 시 경비업법 위반으로 수사의뢰 및 행정처분〈생안〉
– 배치된 용역에 대해서는 강제집행에 개입할 수 없고, 폭행 등 불법행위 발생 시 엄정조치 경고 후 철수 고지〈생안·정보〉
※ 경비업법 위반행위에 대한 경고는 생안, 양측 간 충돌 등 폭력사태 방지를 위한 경비는 정보에서 담당, 필요시 형사기능과 협동으로 경고 및 철수
– 철수하지 않는 경우, 배치된 용역으로 인하여 생명·신체·재산에 위해(손해)를 끼칠 우려가 있을시

경력으로 차단〈경비〉

② (20名 미만을 직접 고용한 경우) 배치된 인력의 역할은 질서유지 등 경비업무에 국한됨을 재차 고지, 강제집행에 개입할 수 없고 폭행 등 불법행위 발생 시 엄정조치 강력 경고〈생안·정보〉

※ 경비업법 위반행위에 대한 경고는 생안, 양측간 충돌 등 폭력사태 방지를 위한 경고는 정보에서 담당, 필요시 형사기능과 합동으로 경고

※ 도급을 통한 고용임에도 직접 고용을 가장했는지 여부 재차 확인, 이면계약 사실 확인시 배치폐지 명령, 수사의뢰 및 경비업자 행정처분 조치〈생안〉

〈불법행위·충돌 발생시 조치〉

○ 집행관측과 피집행자측간 충돌이 발생하거나 명백히 예상되는 경우 경력을 강제집행 연장에 투입, 방해 행위 제지·차단

※ 경찰행정상 즉시강제는 ① 눈앞의 급박한 경찰상 장애 제거를 위해 필요, ② 의무를 명할 시간적 여유가 없거나 의무를 명하는 방법으로는 그 목적을 달성하기 어려운 상황, ③ 의무불이행을 전제로 하지 않고 경찰이 직접 실력을 행사하여 경찰상 필요한 상태를 실현하는 권력적 사실행위로서, 행정 목적 달성을 위해 불가피한 한도 내에서 예외적으로 허용되는 바 그 요건을 엄격하게 해석하여 적용할 필요가 있음(대법원 2007도9794)

○ 폭력 등 불법행위자는 현장검거 등 엄정 대응하고, 여성 피집행자에 대한 성추행 등 인권침해 소지 발생에 유의

○ 강제집행에 대해 불법·폭력적인 방법으로 저항하여 정당한 공부집행을 방해한 자는 물론, 한계를 일탈하여 물리력을 행사한 강제집행의 주체도 검거하는 등 공정하게 법집행

※ 현장 검거시 미란다원칙 고지 등 적법절차 준수 철저

○ 채권자·채무자측이 투입한 용역에 의해 폭력 등 불법행위 발생 시 관련 사항 수사 외 경비업법 위반 여부도 병행 수사 〈수사〉

〈경비업법상 주요 불법행위〉

내용	벌칙
무허가 경비업(지방청장 허가사항/§4①)	§28② 1호…3년↓,3천만원↓
무허가 경비업자에게 경비업무 도급(§7의2①)	§28② 4호…3년↓,3천만원↓
집단민원 현장에 경비인력 20명 이상을 직접 고용하여 배치(§7의2②)	§28② 5호…3년↓,3천만원↓
경비원에게 경비업무 外 행위* 교사(§15의2②)	§28② 9호…3년↓,3천만원↓
경비원의 경비업무 外 행위(§15의2②)	§28④ 3호…1년↓,1천만원↓
경비업법 지정장비 外 흉기 등 휴대·교사(§16의2①)	§28④ 4호…1년↓,1천만원↓

경찰관서장의 배치폐지 명령에 불응(§18⑧)	§28④ 5호…1년↓,1천만원↓
지방청장·경찰서장의 경비업법 上 명령, 폭력행위 중지명령에 불응(§24③)	§28④ 6호…1년↓,1천만원↓

* 폭력행위에 이르지 않더라도 '위력 과시·물리력 행사 등'을 '경비업무 범위 外 행위'로 규정하며(§15의2 ①), 행위자보다 교사자를 더 중하게 처벌하는 등 사용자 책임 강조

○ 경비업법 위반 여부 확인 시 사안에 따라 행정처분·과태료 조치〈생안〉
○ 소방과 비상연락체계 유지 및 구급차 현장 배치 등 부상자 구호체제 구축, 부상자 발생시 구급차로 안내·이동 등 신속하게 조치
○ 불법행위에 대한 채증활동 철저로 현장검거 및 사후 사법처리의 근거를 확보(불법 행위·행위자 식별이 가능토록 정밀 채증)
○ 방화, 돌·쇠파이프 사용 등 극렬한 저항행위 발생을 감안하여 상황 변화에 따라 탄력적으로 경력 운용
○ 현장상황 관련 112신고 접수 시, 출동 경찰관은 신고자를 대면하거나 전화로 상황을 설명하고, 현장 지휘자 지시에 따라 현장 조치
※ 현장 조치가 불가한 경우, 지휘자에게 무전 등으로 보고 및 현장인계 후 종결

2. 원조요청 없이 112신고 등으로 충돌을 인지한 경우 〈공통〉
○ 112종합상황실에서는 신고접수 즉시 최인접 순찰차량 우선 출동 및 인접 순찰차량 지원 지시 및 경비·경보 등 유관기능 통보
○ 신속하게 현장에 출동하여 현장 상황을 보고하고, 신속대응팀 등 후속 경력이 도착하기 전에 양측을 분리시켜 물리적 충돌을 방지
  ※ 여건상 다수가 충돌하는 등 직접 제지가 여려운 경우, 양측 대표자를 대면하거나 방송을 통해 경고·설득, 불법 분위기 차단 및 실시간 상황 전파에 주력
○ 채권자·채무자측이 고용한 외부 용역이 폭력 등 불법행위로 검거된 경우, 생안 기능은 경비업법 위반 여부도 검토
  ※ 용역이 실제로는 도급에 따른 경비인력인지 여부 등 확인, 필요시 수사의뢰
○ 부상자가 발생한 경우에는 119구조대 출동 요청 등 구호조치
○ 경찰서장 등 현장 지휘자 도착 이후에는 지휘에 따름

3. 별다른 충돌이 없거나 경미한 저항이 예상되는 경우 〈생안, 정보〉
○ 담당 정보관 현장 진출 및 현장 인근 순찰차 거점 배치 등으로 강제집행 진행상황을 지속 파악하고, 신속대응팀은 출동 대기 조치
○ 상황변화로 인하여 상호충돌이 발생하거나 대규모 저항상황이 명백히 예상되는 경우 즉시 상황실에 보고하여 신속대응팀·기동부대 등 지원 요청
○ 지원 경력이 도착하기 전에 양측을 분리시켜 물리적 충돌을 방지하고 부상자가 발생한 경우 119구조대 출동 요청 등 구호조치
  ※ 여건상 다수가 충돌하는 등 직접 제지가 어려운 경우, 양측 대표자를 대면하거나 방송을 통해 경고·설득, 불법 분위기 차단 및 실시간 상황 전파에 주력

Ⅳ. 경비원 등을 배치할 경우 조치사항(생안·경비)

1. 단계별 조치사항

○ (경비원 배치허가 신청단계) 48시간전 신청(업체) → 허가여부 판단

※ 경비업법 제18조 제2항, 시행규칙 제24조의2 제2항

- △ 배치경비원 결격사유 확인(경비업법 제18조 제3항·제4항, 제17조)
- △ 복장확인, 불필요한 장비 제외 조치(경비업법 제16조, 제16조의2)
- △ 경비업자 상대 물리력 행사 금지 등 준수사항 통보 및 불법행위 엄중 경고 및 조건 부과*(경비업법 제18조 제2항)
- △ 신청내용을 관련 기능(정보·경비 등)에 전파

* ex) 충돌 우려 시 배치장소를 특정지점으로 제한하여 허가 등

○ (배치단계) 현장 진출, 배치 경비원 등 확인 및 준수사항 교육

※ 경비업법 제18조 3항, 감독명령 제06-1호

- △ 배치 경비원 명부 대조, 허가받지 않은 경비원 배치 여부 점검
- △ 배치 경비원 명부 작성·비치 확인
- △ 복장 및 장비 점검
- △ 경비업법 준수사항 전파·교육, 불법행위 없도록 재차 경고
- △ 채권자 또는 채무자 상대로 직접적(경비원에게)·간접적(경비업자에게)으로 경비업무의 범위를 벗어난 행위 지시 불가를 엄중 경고

* 경비업법 제15조의2에 따라 경비원은 직무수행 시 타인에게 위력을 과시하거나 물리력을 행사하는 등 경비업무의 범위를 벗어난 행위를 하여서는 아니 되며, 누구든지 경비원에게 경비업무의 범위를 벗어난 행위를 하게 하여서도 아니 된다.

- △ 청원경찰이 배치된 시설·장소에서의 강제집행 시 청원경찰이 시설 보호의무 등 기본 직무범위 외에 강제집행에 개입하지 않도록 당부

○ (사후조치) 경비업법 위반 여부(물리력 행사, 허위의 배치허가신청, 복장 위반 등) 검토, 행정처분·과태료 부과 및 수사의뢰

2. 주의 사항

○ 사전 교육 시 배치된 경비원 상대로 '경비업자뿐만 아니라 경비원 개인에게도 책임이 따른다'는 사실을 명시

※ 경비원의 직무수행은 소극적 방어행위(정당방위 등) 내에서만 가능, 타인에게 물리력 행사시 현행법 위반이며 각자 민·형사상 책임을 져야 함

○ 신고된 명단, 현장에 비치된 경비원 명부 및 경비원으로부터 건네받은 신분증 대조하고 신분증상의 사진으로 본인여부 확인

○ 복장·장비 점검 시 안면을 가리는 마스크·두건 등 착용금지 강조 및 경찰제복과 구별되는 통일된 복장 착용(이름표 부착) 여부 확인

○ 명백한 위력과시·불법 폭력행위가 확인될 경우 사법처리 여부와 상관없이 과태료·행정처분을 신속하게 진행

제2편 제도개선론

제1장 경제·사회적 배경

제1장 경제·사회적 배경

Ⅰ. 경제·사회적 배경

1. 민사집행 사건의 꾸준한 증가

민사집행사건의 추이(접수기준)[1)]

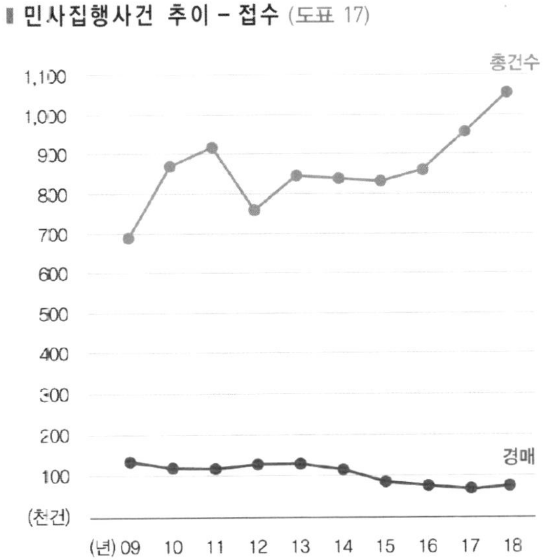

2002. 1. 26. 법률 제6627호로 제정되어 2002. 7. 1.부터 시행된 민사집행법이 그 시행 후 18년이 되었는바, 그 시행일을 기준으로 하여 볼 때 그 동안 민사본안사건이 2002년 1,054,872건(100%)에서 2006년 1,339,090건(126.9%)으로 정점을 찍은 후 2011년 1,048,963건(99.4%), 2012년 1,110,770건(105.3%), 2013년 1,164,395건(110.38%), 그리고 2018년 1,037,397건(98.3%)으로 오히려 조금 줄어든 반면, 민사집행사건은 경제사정의 영향에 따른 다소간의 부침은 있었지만 위 그래프에서 보듯이 2002년 256,917건(접수기준, 이하 같다)에서 2011년 911,481건(354.8%), 2012년 771,912건(300.5%), 2013년 838,922건(326.53%), 그리고

1) 사법연감 2014, 법원행정처(2014), 556; 사법연감 2019, 법원행정처(2019), 585.

2017년 962,104건(371.2%), 2018년 1,064,189건(414.2%)으로 전체적으로 꾸준한 증가세를 보이고 있다.[2] 이에 따라 전체 민사사건에서 민사집행사건이 차지하는 비중 역시 2002년 12.45%(498,481건/4,000,096건)에서 2018년 22.4%(1,064,189건/4,750,505건)로 꾸준한 증가세를 나타내고 있다.

참고로 2011년 기준 일본의 민사사건 총수는 739,204건으로 우리의 17% 수준인데, 그 중 민사집행사건은 229,169건으로 우리 민사집행사건 수의 25% 수준을 보이고 있다.[3] 부동산 버블 붕괴로 인한 부동산경매사건의 급증 탓이기도 하지만, 경제가 발전하면 집행사건의 상대적인 비중이 커지는 경향이 있는 것은 아닌지 생각해 보게 하는 면이 없지 않다.

2. 부동산 인도, 철거 강제집행 사건의 현황

제1심 본안사건 접수건수를 기준으로 한 2015년 건물명도, 철거사건을 보면, 33,674건이 접수되어 그 중 원고 승소가 16,436건, 원고 일부승소가 1,564건, 조정이 3,583건, 화해가 1,817건, 인낙이 9건 등이었다.[4] 2015년 기준으로 최소한 건물명도, 철거 집행사건이 전국적으로 20,000건 정도가 된다는 의미이다.

그 동안 부동산인도, 철거 사건만 따로 분리한 공식적인 통계가 없기 때문에 정확한 추계는 어렵지만, 7개의 계가 있고 각 집행관이 한 계씩을 맡고 있는 서울중앙지방법원 집행관 사무소의 최근 추세를 보면, 집행관 1인당 실제 인도명령에까지 나아가는 숫자가 경매사건의 감소 등에 따라 년간 48건(월 4건)에서 36건(월 3건) 정도로 감소하였고, 철거사건은 2건 내외이며, 접수건수는 그 5배가량이라고 한다. 결국 현재 접수를 기준으로 하면 집행관 1인당 년간 인도명령이 180건, 철거명령 10건 가량인데, 그 중 80% 가량이 집행단계에서의 협상과 설득에 의하여 중간에 마무리되어 실제 집행에까지 나아가지 않는다고 한다.

실제 서울중앙지방법원 집행관 사무소의 2016. 1. 1.부터 2017. 10. 31.까지의 통계자료를 보면, 위와 같은 얘기가 실제에 부합하는 것임이 확인된다(위임건수는 접수기준이고, 집행건수는 실행기준이어서 기준의 불일치는 있을 수 있지만, 대체적인 추세는 충분히 확인 가능하다).

---

2) 사법연감 2014, 법원행정처(2014), 556-557; 사법연감 2019, 법원행정처(2019), 673.
3) 손흥수, “민사집행법 10년, 그 회고와 전망 - 총론·부동산집행”, 사법 25호, 사법발전재단(2013), 218의 주2 참조. 민사집행사건의 자세한 추이는 이 논문 참조.
4) 사법연감 2016, 법원행정처(2016), 527.

[서울중앙지방법원 집행관 사무소 부동산인도 철거사건현황]

2016. 1. 1. ~ 2016. 12. 31.

	1부	2부	6부	7부	8부	11부	14부	소계
위임건수 (접수기준)	200	243	239	235	242	222	227	1,608
집행건수 (실행기준)	29	80	53	60	26	29	36	313

2017. 1. 1. ~ 2017. 10. 31.

	1부	2부	6부	7부	8부	11부	14부	소계
위임건수 (접수기준)	194	194	159	179	178	176	183	1,263
집행건수 (실행기준)	28	47	28	74	30	25	33	265

3. 재개발, 재건축 사업 활성화와 용산참사

가. 전국 재건축, 재개발 사업장 현황

주택의 노후화와 도시화 심화에 따른 택지의 부족 등이 겹쳐 최근 특히 수도권 등을 중심으로 부동산인도, 철거 강제집행이나 그에 따른 집단민원으로 이어지기 쉬운 재건축, 재개발 사업이 한창이다. 국토교통부 자료에 따르면 2015. 8. 말 현재 전국에서 추진 중인 재개발·재건축 등 정비사업장은 모두 2,052개 구역에 달한다. 이 중 절반이 넘는 1,058개(서울 583개 구역) 사업장이 수도권에 몰려 있고, 사업 종류별로는 재개발·재건축이 전체의 70%가량을 차지한다.[5] 전체 정비사업장의 42.7%는 아직 추진위원회나 조합 단계에 머물러 있다. 절반에 가까운 사업장이 정비사업 추진 주체는 세워졌지만 사업 진행에 어려움을 겪고 있다는 설명이다. 2012. 1. 이전 추진 주체가 설립된 사업장 중 아직 사업시행 인가를 받지 못한 재개발·재건축 사업장만 643곳에 이른다. 전국적으로 900개가 넘는 정비사업이 정상 궤도에서 벗어나 지지부진한 상태에 놓인 것으로 나타났다. 참고로 2016. 12. 29. 기준으로 서울시의 경우 세입자 등과의 갈등이 표면화되기 쉬운 이주단계 사업장이 45곳이었다고 한

5) http://land.hankyung.com/news/app/newsview.php?aid=2015092318951(2017. 11. 6. 방문)

다.[6)]

나. 용산참사

전국적인 개발붐이 극도에 달하였던 2009. 1. 20. 재개발 보상대책에 반발하던 철거민과 경찰이 대치하던 중 발생한 화재로 사상자가 발생한 용산참사가 발생하였다.

용산참사는 이후 정치적, 사회적으로 재개발과정에서의 상가세입자 보호문제라는 화두 이외에 강제집행과정에서 벌어지는 폭력행위나 인권침해 행위 등에 관한 개선입법 노력을 촉발하는 큰 전환점이 되었다.

Ⅱ. 용산참사 후 재발방지를 위한 입법개선 노력

1. 국회 현안보고

용산참사 이후 전국적으로 추진되고 있는 재개발 사업과 관련하여 철거민의 주거권 보장과 함께 사업 추진 시 발생할 우려가 있는 불법적인 물리력 행사를 원천적으로 차단하기 위한 입법적 대응방안 모색의 일환으로 2009. 2. 23. 국회입법조사처 정치행정조사실 법사행정팀 입법조사관에 의하여 국회 현안보고가 이루어졌다(현안보고서 제22호. 이하 '국회 현안보고'라고만 한다). 국회 현안보고는 현행법상 주거권을 인정할 수 있는지에 관한 보고를 함께 하고 있으나, 이는 본 연구과제와 직접 관련이 없으므로, 이를 제외하고 본 연구과제와 직·간접적으로 관련이 있는 부분을 보면 다음과 같다.

가. 강제철거의 법적 근거와 문제점[7)]

1) 행정대집행과 그 문제점

우리나라에서 국민의 재산권 행사에 직접 영향을 미치는 대표적인 권력적 행정행위인 행정대집행의 근거법인 '행정대집행법'은 1954년 제정된 후 장기간 개정되지 않아 제도와 현실의 괴리가 있다는 지적이 있는데 구체적인 문제점들은 다음과 같다.

첫째, 행정대집행법은 자기집행과 타자집행으로 대집행을 구분하고 있지만, 자기

---

6) http://spp.seoul.go.kr/main/news/news_report.jsp?tr_code=short#view/29005 (2017. 10. 10. 방문)

7) 조규범, "강제철거에서의 주거권 보호를 위한 입법적 개선방안", 국회입법조사처(2009), 6-11.

집행의 요건과 타자집행의 요건에 대하여 아무런 언급을 두고 있지 않다. 둘째, 행정대집행법 제2조의 행정대집행의 요건에 관한 규정에서 "다른 수단으로써 그 이행을 확보하기 곤란하고"라는 표현은 행정청에 의한 자의적인 판단을 초래할 수 있고 해석상 논란의 여지가 있다. 셋째, 대집행의 절차와 관련해서 대집행 책임자로 하여금 의무자에게 지나친 재산상의 손실을 초래하지 않는 방법으로 대집행을 하도록 주의의무를 부과하지 않고 있다. 넷째, 행정대집행법 제3조 제3항에서는 "비상시 또는 위험이 절박한 경우" 대집행 시기 및 견적액 통지의무를 배제하고 있는데, 이는 헌법상 명확성의 원칙과 충돌할 소지가 있고, 행정청의 자의적인 판단을 유도할 우려가 있다. 다섯째, 행정대집행법은 대집행의 시기와 대집행영장에 의한 통지 사이에 어느 정도의 시간적 간격을 둘 것인지, 실력행사의 경우와 관련한 요건과 절차 등이 명확하게 규정되어 있지 않다. 여섯째, 위법·부당한 대집행에 대한 신속한 권리구제를 위하여 행정심판 청구와는 별도로 관할 행정청에 이의신청을 할 수 있도록 하는 절차와 이의신청을 받은 기관은 손해의 회복이 불가하지 않은 시기 이내에 결정하여 그 결과를 이의 신청인에게 통지하도록 하는 절차가 마련되어 있지 않다.

2) 민사집행법에 의한 명도소송과 그 문제점

개발사업을 진행함에 있어 세입자 등이 계약기간 종료 이후에도 이주를 거부하는 경우에 사업시행 주체인 조합이나 소유주 등이 명도소송을 제기하게 되고, 법원에서는 임차인에게 시한을 정하여 전세보증금을 돌려받은 후 집을 명도하라는 판결을 내리며, 판결 이후 퇴거시한이 지난 후에는 법원의 확정증명원을 가지고 강제집행이 가능하다. 점유를 이전시킴에 있어서 집행기관인 집행관은 실력을 행사할 수 있다. 따라서 필요한 경우에는 채무자의 주거·창고, 그 밖의 장소를 수색하고 잠근 문과 기구를 여는 등 적절한 조치를 취할 수 있다. 그러나 민사집행법 제5조 제1항에서의 '잠근 문과 기구를 여는 등 적절한 조치'의 범위는 집행관에 따라 판단의 기준을 달리할 수 있는 여지가 있다.

부동산인도 집행은 채권자나 그 대리인이 집행장소에 인도받기 위하여 출석한 때에 한하여 할 수 있다. 민사집행법은 부동산 등의 인도청구의 집행을 채권자나 그 대리인이 인도받기 위하여 출석한 때에만 할 수 있도록 규정하고 있으며, 물리적 충돌이 인사사고로 발생할 가능성이 높은 야간 시간대의 강제력 사용의 제한 규정을 두고 있지 않은 등 집행의 시기에 대하여는 구체적으로 규정하고 있지 않은 것으로 판단된다.

집행관이 채무자 등의 점유를 실력으로 배제하는 과정에서 흔히 저항을 받게 되는데 이때 그 저항의 배제를 위하여 경찰 또는 국군의 원조를 요청할 수 있도록 규정하고 있다. 민사집행법은 집행관의 강제력 사용 시 경찰 또는 국군의 원조를 요청할 수 있도록 규정하면서, 국군의 원조는 법원에 신청하도록 규정하였지만, 경찰의 원조에 대한 규정은 유보하고 있기 때문에 집행관이 저항을 받는다고 판단하는 때에는 언제든지 경찰의 원조를 요청할 수 있는 구조로 되어 있다. 명도소송을 통한 강제퇴거에 있어서는 계고장 발부 등 사전에 강제퇴거 집행날짜를 고지할 의무가 부여되어 있지 않기 때문에, 집행관에 의한 갑작스러운 강제철거 집행 시 거주민과 집행관 또는 경찰 사이의 물리적 충돌이 발생할 가능성이 상존한다.

3) 경비업법과 그 문제점

경비업은 경비원이 경비대상시설이나 경비대상자의 생명, 신체, 재산 등을 지키는 것을 주된 업무의 내용으로 한다. 따라서 경비업무가 적절하게 이루어져야 공경비에 대한 보완은 물론 자주적인 방범, 방재활동이 강화되어 생활안전이 보장되는 것이다. 그러나 경비업은 사람의 생명이나 신체에 위해를 방지하고, 재산에 대한 침해를 경계하고 방지하는 업무의 성격상 경비업무를 실시하는 데 있어서 타인의 권리나 자유를 침해하거나 개인이나 단체의 활동에 간섭하는 등 위법·부당한 행위를 할 우려가 있기 때문에 적절한 법적 규제를 통해 경비업자에 대한 행정상의 감독을 하는 것이 필요하다.

현재 전국적으로 재개발사업이 추진되는 우리나라의 경우 철거를 강제로 진행하려는 용역업체 직원들과 강제철거에 저항하는 주민 간의 물리적 충돌이 빈번히 발생하고 있다. 철거현장에서 경비용역업체들은 경비업법에 근거하여 시설경호업무를 맡게 되는데, 같은 법 제2조 제1호는 시설경비업무를 "경비를 필요로 하는 시설 및 장소(경비대상시설)에서의 도난·화재 그 밖의 혼잡 등으로 인한 위험발생을 방지하는 업무"라고 규정하고 있다. 그럼에도 불구하고 용역업체들의 업무 범위를 넘어선 물리력 행사가 문제로 제기되고 있으며, 이들의 경비업법 위반행위에 대한 법적 제재의 방안이 필요할 것으로 사료된다.

철거집행을 함에 있어서는 허가받은 경비업체가 아니라 시설경비업 허가가 없는 철거업무만 담당하는 용역업체를 투입하여 철거현장 경비와 철거집행업무를 함께 담당하도록 하는 경우가 많고, 용역업체들이 경비업법 제13조 제1항에서 정한 교육과 훈련, 자격을 갖추지 않은 무자격 경비원들을 동원함으로써 더 심한 물리력 행사가 발생하고 있다는 지적도 있다.

나. 강제철거에서의 주거권 보호를 위한 입법적 개선방향[8)]

1) 행정대집행법의 개선방향

행정대집행법은 자기집행과 타자집행으로 대집행을 구분하고 있지만, 자기집행의 요건과 타자집행의 요건에 대하여 아무런 언급을 두고 있지 않다. 따라서 자기집행과 타자집행의 요건에 대하여 구체적으로 명확하게 규정할 필요가 있다. 또한 행정대집행법 제2조는 대집행의 주체가 될 수 있는 제3자의 요건에 대하여 아무런 규정도 두고 있지 않은데, 대집행의 주체가 되는 제3자에 대한 요건을 구체화하여 법에 명시할 필요가 있다. 행정대집행법 제2조에서의 행정대집행의 요건에 관한 규정에서 "다른 수단으로써 그 이행을 확보하기 곤란하고"라는 표현은 행정청에 의한 자의적인 판단을 초래할 수 있고 해석상 논란의 여지가 있으므로, 대집행의 요건에 관한 규정을 구체적으로 열거하여 법적 명확성을 기할 필요가 있다. 대집행의 절차와 관련해서는 대집행 책임자로 하여금 의무자에게 지나친 재산상의 손실을 초래하지 않는 방법으로 대집행을 하도록 주의의무를 부과하는 방안을 고려할 수 있다.

강제퇴거에 있어 그 절차와 퇴거대상자의 대항력을 자세히 규정하는 방안과 함께 퇴거대상자들이 강제퇴거로 인한 주거권 침해와 관련하여 법적인 보호를 요청할 수 있도록 지원책을 마련할 필요가 있다. 또한 강제퇴거를 위한 사전적 절차를 규정하는 방안도 고려할 만한 요소이다. 행정대집행법 제3조 제3항에서는 "비상시 또는 위험이 절박한 경우" 대집행 시기 및 견적액 통지의무를 배제하고 있는데, 이 법문은 헌법상 명확성의 원칙과 관련하여 충돌할 소지가 있고, 행정청의 자의적인 판단을 유도할 우려가 있다. 따라서 '비상시' 또는 '위험'의 경우를 구체적인 상황으로 예시하는 방안을 검토할 필요가 있다. 또한 야간이나 혹한기 등 일정한 시기에 철거민의 동의 없이 강제집행을 하는 것을 배제하는 방법도 고려할 필요가 있다. 행정대집행법은 대집행의 시기와 대집행영장에 의한 통지 사이에 어느 정도의 시간적 간격을 둘 것인지에 대하여 규정할 필요가 있고, 실력행사의 경우에도 요건과 절차를 명확하게 규정하여야 할 것이다. 위법·부당한 대집행에 대한 신속한 권리구제를 위하여 행정심판 청구와는 별도로 관할 행정청에 이의신청을 할 수 있도록 하고 이의신청을 받은 기관은

---

8) 조규범, "강제철거에서의 주거권 보호를 위한 입법적 개선방안", 국회입법조사처(2009), 22-25.

손해의 회복이 불가하지 않은 시기 이내에 결정하여 그 결과를 이의신청인에게 통지하도록 하는 방안을 고려할 필요가 있다.

2) 민사집행법의 개선방향

민사집행법 제5조 제1항에서의 집행관의 강제력 사용에 필요한 '적절한 조치'는 집행관에 따라 판단의 기준을 달리할 수 있는 여지가 있기 때문에, 강제력 사용을 위한 요건과 절차를 보다 구체적으로 적시할 필요가 있을 것이다. 강제철거는 주거권에 대한 심각한 침해를 초래할 수 있기 때문에, 강제철거 시 필요한 '적절한 조치'에 대한 구체적인 기준을 마련할 필요가 있다. 부동산 등의 인도청구의 집행시기와 관련하여서는 물리적 충돌로 인한 인사사고가 발생할 수 있는 취약한 시간대에는 집행을 제한하는 규정의 신설을 검토할 필요가 있다. 유엔사회권규약위원회 일반논평 7에서와 같이 퇴거를 당하는 사람들이 동의하지 않는 한 악천후나 야간 등 취약시간대에는 철거를 제한하는 방안도 고려할 만하다.[9] 민사집행법 제5조의 집행관의 강제력 사용 시 경찰의 원조를 요청할 때 제5조 제3항의 국군의 원조에서의 법원 신청 요건과 같이 일정한 요건과 절차를 추가하는 방안을 고려할 수 있다. 경찰의 원조는 강제집행 시 발생할 수 있는 불법행위를 방지하기 위한 목적임을 인식하고, 강제집행의 주체가 경찰이 되지 않도록 하며, 경찰의 원조를 요청하는 경우에도 일정한 요건과 절차를 강구할 필요가 있다.

명도소송을 통한 강제퇴거의 경우 사전에 강제퇴거 집행날짜를 고지할 의무를 부여하고, 강제철거 시 사업시행자든 거주민이든 어떠한 경우에도 폭력이 허용될 수 없음을 명시하는 방안을 강구할 필요가 있다. 명도소송에서 집행날짜를 고지하지 않는 이유는 재산은닉 등의 채무자 불이행 수단을 방지하기 위함이지만, 강제퇴거의 경우에는 그러한 우려가 상대적으로 적으므로 집행날짜를 고지하는 방안을 검토할 필요가 있다.

3) 경비업법의 개선방향

철거현장에서 경비용역업체들은 경비업법에 근거하여 시설경호업무를 맡게 되는데, 용역업체들의 업무 범위를 넘어서는 위반행위에 대하여는 법적 제재를 가할 수

---

9) 유엔사회권위원회 일반논평 7 제9문단은 주택과 토지를 점유한 이들의 점유기간에 대한 보장을 가능한 철저하게 제공하아야 하며, 퇴거가 진행되는 상황을 엄격하게 통제할 수 있도록 설계되어야 하고, 허가된 안전요원 없이 민간인들이나 그 관계자들에 의해 수행되는 강제퇴거에 대하여는 처벌하도록 제도 및 여타 수단들의 마련을 보장하여야 하며, 퇴거를 당하는 사람들이 동의하지 않는 한 특별히 악천후나 야간에는 퇴거를 수행하지 말도록 하는 내용 등을 담고 있다. 자세한 것은 조규범, "강제철거에서의 주거권 보호를 위한 입법적 개선방향", 국회입법조사처(2009), 16 참조.

있도록 법을 개정하는 방안을 고려할 수 있다. 행정대집행의 경우에도 철거현장의 경호업무는 반드시 허가받은 경호업체가 담당할 수 있도록 행정관청이 관리 감독을 엄격히 하도록 규정하는 방안을 검토할 필요가 있다. 경비요원의 자격기준을 세분화하는 방안과 이를 통한 선발 및 채용과정 도입을 검토할 필요도 있다. 현재 경비업법에 따른 경비는 시설경비, 호송경비, 특수경비, 신변보호, 기계경비 등 업무별로 분류되고 있지만, 이에 따른 자격의 세분화도 고려할 필요가 있을 것이다. 경비요원의 자격 세분화를 통하여 관련분야에 진출하기 위한 최소한의 자격요건을 갖추도록 하는 방안도 검토할 만하다. 아울러 무자격 경비요원의 참여를 원천적으로 차단하는 방안을 마련할 필요가 있다. 용역업체들이 경비업법에서 정한 교육과 훈련, 자격을 갖추지 않은 무자격 경비요원들을 동원하지 못하도록 현행 경비업법의 엄격한 적용을 마련할 필요가 있다.

2. 국가인권위원회의 “강제철거 시 거주민 인권개선 권고”

국가인권위원회는 2009. 5. 1. 강제철거에서 거주민의 인권을 보호하기 위해 강제철거 시 반드시 준수되어야 할 기본원칙을 마련하고, 국토해양부장관, 행정안전부장관, 경찰청장에게 이러한 기본원칙이 실현될 수 있도록 관련법을 정비하고, 강제철거 현장에 대한 관리감독을 강화할 것을 권고하기로 하는 결정을 하였다.[10)]

가. 강제철거 시 준수되어야 할 기본원칙

적절한 주거생활을 누릴 권리를 심각하게 침해할 수 있는 강제철거는 원칙적으로 금지되어야 하고, 불가피한 경우에 필요한 최소범위 내에서 극히 예외적으로 인정되어야 한다. 이러한 전제 아래 국가인권위원회는 국제인권규범을 참고해 부득이한 경우에 강제철거가 시행되더라도 반드시 준수되어야 할 기본원칙을 다음과 같이 제시했다.

① 사람이 살고 있는 주택에 대하여는 퇴거 절차 완료 이후에만 강제철거가 가능하다는 원칙 확립
② 퇴거를 당하는 이들에 대한 충분한 협상기회와 적절한 보상 제공 및 퇴거 예정 시기에 대한 적절한 사전고지 시행
③ 공무원(또는 그 대표자)의 입회 및 그들의 강제철거 상황에 대한 철저한 관리
④ 겨울철과 야간 등 부적절한 시기의 강제퇴거 금지

10) http://cafe.naver.com/pcrs/7994(2017. 11. 4. 방문)

⑤ 강제철거 피해자에 대한 적절하고 효과적인 구제조치 제공

나. 권고 내용

국가인권위원회는 위에서 제시한 강제철거 시 준수되어야 할 기본원칙의 실질적 구현을 위해서는, 관련법제가 정비될 필요성이 있다고 판단하여 관련된 행정기관에 다음과 같이 권고하기로 했다.

1) 국토해양부장관

충분한 사전고지와 사전협상 및 적절한 보상이 없는 강제철거와 사람이 살고 있는 주택에 대한 강제철거, 겨울철과 야간 등 부적절한 시기의 강제철거 등을 금지하도록「도시 및 주거환경 정비법」과「공익사업을 위한 토지 등의 취득 및 보상에 관한 법률」을 정비할 것

현재 개발사업 및 공익사업과 관련한 대부분의 강제철거는 민사판결에 의한 집행의 방식으로 이루어지고 있으며「행정대집행법」에 의한 철거의 대집행은 빈번하지 않다. 현행법 상「도시 및 주거환경 정비법」 제40조에 따라「공익사업을 위한 토지 등의 취득 및 보상에 관한 법률」 제89조에 행정대집행을 할 수 있도록 되어 있지만, 대법원은 명도의무는 그것을 강제적으로 실현하면서 직접적인 실력행사가 필요한 것이지 대체적 작위의무라고 볼 수 없으므로, 특별한 사정이 없는 한 행정대집행법에 의한 대집행의 대상이 될 수 있는 것은 아니라고(대법원 2005. 8. 19. 선고 2004다2809 판결) 판단하고 있다. 따라서 행정대집행에 의한 주택에 대한 강제집행은 자제되어야 하고, 행정대집행과 민사집행에 따른 주택에 대한 강제철거 시에도 준수되어야 할 내용을 주택 재개발 관련 법령에 규정하도록 정비하는 것이 필요하다.

2) 행정안전부장관

행정대집행 과정에서 발생하는 폭력을 예방하고 금지하는 규정을 마련하고, 불이행 시 처벌할 수 있는 규정을「행정대집행법」에 신설할 것

특별한 사정으로 행정대집행에 의해서 강제철거가 이루어지더라도 그 과정에서 일어나는 폭력을 예방하기 위해서「행정대집행법」에 폭력행위를 금지하고, 위반시 처벌할 수 있는 조항을 신설하는 등의 정비가 필요하다.

3) 경찰청장

강제철거 현장에서 발생하는 철거업체 및 경비업체 직원에 의한 폭력문제, 철거업체가 법적 자격 없이 경비업체의 업무를 수행하는 문제를 예방하고 처리하기 위한

관리감독을 더욱 강화할 것

강제철거 현장에서 거주민에 대한 폭력문제는 대부분 철거업체 직원들에 의해서 발생하고 있는 것으로 파악되고 있다. 그리고 이러한 철거업체 폭력에 대해서 경찰이 적극적으로 대처하지 않는다는 지적이 있다. 또한 부분적이기는 하지만 경비업체 직원들도 재개발 사업 현장에서 폭력을 행사하는 문제가 지적되고 있다. 경비업체 직원들이 허가받은 경비업무 외의 업무에 종사한다든지, 경비원의 의무를 위반하면서 타인에게 위력을 과시하거나 물리력을 행사한 행위에 대한 엄격한 관리가 필요하다. 이러한 배경에서 경찰의 철거현장에 대한 관리·감독은 아무리 강조해도 지나치지 않을 것이다.

다. 권고 배경

강제철거는 정치적, 경제적, 사회적 권리의 침해를 동반하기 때문에 인간이 누려야 할 기본적인 권리와 적절한 생활을 누릴 권리를 총체적으로 침해하는 행위라고 할 수 있다. 즉 강제철거는 해당 거주민의 적절한 주거생활을 누릴 권리를 침해할 뿐 아니라, 거주민 자신이 원하는 주거공간에서 계속 거주할 수 있는 권리와, 본인이 원할 경우에만 거주지를 이전할 수 있는 헌법적 권리인 거주이전의 자유를 침해할 수 있다. 또한 강제철거는 원하지 않는 전학 등 학생의 교육권을 침해할 수 있고, 생업 종사를 어렵게 할 수 있어 노동권의 침해를 유발하기도 한다.

이처럼 강제철거로 인한 인권침해가 심각하기 때문에 마스트리히트 가이드라인(1997년), 유엔인권위원회 결의안 제77호(1993), 제2차 세계주거회의 하비타트 의제(1996) 등 여러 국제인권규범은 무리한 강제퇴거 및 강제철거를 금지하고 있다. 대표적 사례로 마스트리히트 가이드라인은 사회권규약이 정한 의무를 다하기 위해서 국가는 개발사업에서 적절한 주거대책 없이 강제퇴거가 발생하지 않도록 적절한 조치를 취해야 한다고 규정하고 있다. 그리고 유엔 사회권규약위원회는 우리정부가 제출한 정부보고서에 대한 최종견해(1995년, 2001년)에서 강제철거 피해자 수와 강제철거 발생 시의 구체적 상황에 대한 정확한 정보가 없는 것에 유감을 표명하고 주거대책 없는 철거를 중단할 것과 임시주거시설을 제공할 것을 권고했다.

국가인권위원회는 강제철거로 인한 인권침해를 예방하기 위해 관련 법령과 제도를 정비하고, 강제철거 시 거주민의 인권을 보호하는 방안을 마련하기 위해 2008년 하반기부터 본격적으로 정책검토를 진행해 위와 같이 권고하였다.

3. 강제퇴거금지에 관한 법률안 발의

가. 정동영 의원 대표발의안(18대 국회)[11)]

1) 제안이유

현행 각종 정비사업을 비롯한 개발사업은 거주민의 이주와 퇴거를 수반하는 사업으로서, 오랫동안 강제퇴거로 인한 인권침해가 지적되었으며 이로 인한 분쟁이 지속되었다. 유엔 사회권위원회에서도 "강제퇴거가 인권에 대한 중대한 위반"(일반논평 7, 1997)임을 밝히며, "개발로 인한 퇴거와 이주에 관한 기본 원칙과 지침들"(2007)을 발표했으며, 국가인권위원회도 "강제철거 시 거주민 인권보호를 위해 준수되어야 할 기본원칙"(2009)을 마련하여, 행정부에 권고한 바 있다. 이에 각종 개발사업의 종류마다 각각 다른 개별 법률의 적용을 받고 있어, 이에 앞서는 법률로 개발사업에서의 시행 원칙을 제시하고, 거주민들에게 보장되어야 할 재정착의 권리를 제시하여, 강제퇴거를 금지하는 내용의 '강제퇴거금지에 관한 법률안'을 정동영 의원을 비롯한 33인이 18대 임기 중이던 2012. 1. 18. 발의하였는데(의안번호 1814545), 임기만료로 자동 폐기되었다. 그 주요내용은 아래와 같다.

2) 주요내용

① 강제퇴거 금지가 주거권 보장을 위한 것임을 목적에서 명시함(안 제1조).

② "강제퇴거"를 "건축물 또는 토지 점유자의 의사에 반하여 또는 비자발적으로 점유자를 퇴거하게 하여 점유자가 적절한 법적 보호 또는 그 밖의 보호를 받지 못하고 특정 거주지나 지역에서 거주할 수 없게 되거나 일할 수 없게 되는 것"으로 정의하고(제2조 제1호) 강제퇴거 금지를 선언함(안 제6조).

③ 강제퇴거 금지에 관한 일반 원칙(제2장)과 개발사업에서의 강제퇴거에 관한 특칙(제3장)의 장으로 구성함.

④ 고질적으로 반복되는 불법적인 철거, 퇴거 현장에서의 폭력행위 금지 및 위반 시 형사처벌 조항 신설함(안 제10조 및 제11조, 제19조 및 제20조).

⑤ 국가인권위원회에서 권고했던 퇴거 금지 시기(일출 전과 일몰 후, 공휴일, 겨울철, 악천후)를 명시함(안 제10조 제3항).

⑥ 강제퇴거가 발생할 수 있는 사업 유형을 "개발사업"이라는 개념으로 정의하고

---

11) http://likms.assembly.go.kr/bill/billDetail.do?billId=PRC_Z1T2T0O1G1N8N1X4X4I1Y4T5P9Q9B3(2017. 11. 1. 방문). 이하 '정동영 의원안'이라고만 한다.

(안 제2조 제5호), 개발사업 시행원칙을 명시하여(안 제13조) 여타의 개발사업 관련 법률도 이 법과 같은 기준으로 정비할 것을 명시함(안 제3조).

⑦ 개발사업 시행 시 원주민 강제퇴거 문제 해결을 위하여 “재정착 권리” 개념 도입, 재정착을 “거주민이 개발사업의 시행 중 및 개발사업의 완료 후에 개발사업 시행 전과 동등한 수준으로 거주하거나 일하는 것”으로 정의하고(안 제2조 제8호), 재정착 대책의 구체적 내용 명시함(안 제15조).

⑧ 강제퇴거 예방에 있어서의 국가, 지방자치단체의 책임과 의무 강조함.

나. 정청래 의원 대표발의안(19대 국회)[12)]

정동영 의원안이 임기만료로 자동 폐기된 후 19대 국회 임기 초기인 2012. 9. 6. 다시 정청래 의원 등 20인 명의로 위와 똑같은 내용의 법률안이 발의되었지만(의안번호 1901605), 마찬가지로 임기만료로 자동폐기 되었다.

4. 경비업법 개정

2013. 6. 7. 법률 제11872호로 경비업법이 개정되었다. 이 개정안에는, 그동안 용산참사, 유성기업, SJM, 명동 마리, 오산세교 강제철거 등 많은 노사분규와 재개발 현장에서 무참한 폭력행위가 발생해 온 데에 대하여, 시민단체들이 오랫동안 주장해온 경비업체 배치허가제, 배치폐지규정, 위법행위 중지명령 등 주요 내용이 대부분 반영되었다.

그동안 노사분규나 재개발 현장에 투입된 경비원들은 ‘경비’라는 방어적 업무를 넘어 과도한 집단 폭력을 행사해 사람에게 상해를 입히는 경우가 빈번했다. 그럼에도 기존 법안은 경비원을 배치할 경우 24시간 전에만 배치신고를 하면 되었기 때문에 대규모·무장·폭력전과자 경비원 배치를 막을 수 없어 노사분규나 재개발 당사자들은 인권침해와 폭력에 무방비로 노출되었다. 이 개정안에 경비업체 배치 사전허가제가 포함됨에 따라 경찰은 사전점검을 통해 폭력이 우려되는 배치를 사전에 금지할 수 있게 되었다.

사후적으로 불법폭력이 발생했을 때 경비업체 배치폐지를 명령할 수 있는 방안도 마련되었다. 그동안 경찰은 폭력·불법 행위가 발생해도 법적 근거가 모호하다는 이유로 배치폐지명령을 하지 않아 폭력이 장기간 방치되기도 했다. 이 개정안에는 배

---

12) http://likms.assembly.go.kr/bill/billDetail.do?billId=PRC_X1U2X0N9LCX6J1J4T0B7H0J8G1I9T4(2017. 11. 1. 방문). 이하 ‘정청래 의원안’이라 한다.

치허가 신청을 하지 않고 경비인력을 배치하거나 배치허가신청의 내용을 거짓으로 하는 등 사유가 있는 경우 관할 경찰관서장이 배치폐지명령을 할 수 있는 조항이 신설되었다. 이에 따라 경찰이 배치허가, 배치폐지명령 등을 통해 사전적 점검과 사후 대응을 적절히 하지 않았을 경우 국회·감사원·검찰 등이 이에 대한 책임을 물을 수 있게 되었다.

경비업 허가 기준도 자본금 1억 원 이상, 시설경비업무의 경우 20인 이상 경비원과 경비지도사 1인 확보, 허가 취소 시 5년간 경비업 허가를 받을 수 없는 내용이 포함되었다. 그동안 부실 경비업체가 난립하거나 불법폭력을 저지르고도 버젓이 영업을 계속해온 관행들이 이로써 상당부분 보완될 수 있을 것으로 보인다.

가. 개정이유

1976년 경비업법이 제정된 이후 경비업은 단순 시설 경비에서부터 공항·항만·원자력발전소 등 국가중요시설의 경비로 그 영역이 계속 확장되면서 현재 치안서비스의 상당부분을 보완하는 기능을 하고 있으나, 최근 집단민원현장에서 발생한 노조원과 경비원 간의 무력충돌이나 무자격의 경비원 동원으로 인한 폭력사태 등으로 국민생활에 불안감을 주고 있어 경비업자 및 경비원에 대한 규제를 강화하여야 한다는 사회적 요구가 커지고 있는바, 경비업체의 난립을 막기 위해 경비업의 허가요건을 강화하는 한편, 경비원의 폭력이 문제가 되는 노사분규·재개발 현장 등 집단민원현장을 법률에 명확히 규정하고, 집단민원현장에 경비원을 배치할 경우 배치 48시간 전까지 관할 경찰관서장의 배치허가를 받도록 하며, 경비업자와 경비원들의 경비업무를 벗어난 불법적 행위에 대한 규제 및 처벌을 강화하는 등 현행 제도의 운영상 나타난 일부 문제점을 개선·보완하려는 것임.

나. 주요내용

① 집단민원현장을 노사분규, 재개발현장 등 구체적으로 열거하여 명확히 규정함(안 제2조 제5호 신설).

② 경비업 허가를 받으려는 법인의 자본금 최저 기준을 1억원이상으로 하고, 시설경비업무의 경우 20명 이상의 경비원과 경비지도사 1명 이상의 경비인력을 갖추도록 함(안 제4조 제2항).

③ 다른 경비업체와 동일명칭을 사용하여 허가를 받을 수 없도록 하고, 허가받은 경비업무 외의 업무에 경비원을 종사하게 하거나 경비업무의 범위를 벗어

난 행위를 하게 하여 허가가 취소된 경우에는 누구라도 허가가 취소된 경비업체와 동일한 명칭으로 10년간 허가를 받을 수 없도록 하며, 허가가 취소된 법인은 법인명 또는 임원의 변경에도 불구하고 허가가 취소된 날부터 5년간 경비업 허가를 받을 수 없도록 함(안 제4조의2 신설).

④ 허가받은 경비업무 외의 업무에 경비원을 종사하게 하거나 경비업무의 범위를 벗어난 행위를 하게 하여 허가가 취소된 경비업체의 임원은 취소된 날부터 5년간 경비업체의 임원이 될 수 없도록 함(안 제5조 제6호 신설).

⑤ 경비업자가 집단민원현장에 경비원을 배치하는 때에는 배치현장에 경비지도사를 선임·배치하여 안전행정부령으로 정하는 바에 따라 경비원을 지도·감독하게 하여야 함(안 제7조 제6항 및 제12조 제4호 신설).

⑥ 무허가 경비업자에게 경비업무를 도급 주는 행위를 금지하고, 집단민원현장에서 무허가 경비업자에게 경비업무를 도급 주는 경우에는 처벌하도록 함(안 제7조의2 제1항 및 제28조 제2항 제4호 신설).

⑦ 누구든지 집단민원현장에 경비인력을 20명 이상 배치하려고 할 때에는 경비인력을 직접 고용하여서는 안 되고, 허가받은 경비업자에게 경비업무를 도급하여야 하되, 집단민원현장 발생 3개월 전까지 직접 고용하여 경비업무를 수행하는 피고용인은 제외하도록 함(안 제7조의2 신설).

⑧ 경비지도사 및 경비원의 결격사유의 범위에 범죄단체의 조직 및 구성·활동 전과자, 경비업법 위반 전과자, 형법상 강도·절도 및 성범죄 전과자 등을 추가함(안 제10조 제1항 제5호부터 제8호까지 신설, 안 제10조 제2항 제2호).

⑨ 경비업자는 경찰 또는 군인과 명확히 구별되는 경비원의 복장을 정하여 주사무소를 관할하는 지방경찰청장에게 사진을 첨부하여 신고하여야 하고, 경비원에게 소속 경비업체를 표시한 이름표를 부착하여 신고된 동일한 복장을 착용하게 하여야 하며, 지방경찰청장은 제출받은 사진을 검토하여 경비업자에게 복장 변경 등에 대한 시정명령을 할 수 있고, 경비업자는 이행보고를 하여야 함(안 제16조).

⑩ 경비원의 휴대장비의 종류는 경적·단봉·분사기 등 안전행정부령으로 정하고, 경비원은 경비업무를 위하여 필요하다고 인정되는 상당한 이유가 있을 때에 한해 필요 최소한도에서 장비를 사용할 수 있도록 하며, 출동차량 등에 대해서는 도색 및 표지를 경찰차량 및 군차량과 명확히 구별될 수 있도록 이를

확인할 수 있는 사진을 첨부하여 주된 사무소를 관할하는 지방경찰청장에게 신고하도록 함(안 제16조의2 및 제16조의3 신설).

⑪ 경찰청장, 지방경찰청장 또는 관할 경찰관서장의 경비업체 임원, 경비지도사 또는 경비원에 대한 범죄경력조회 근거를 신설하고, 경비업자도 필요한 경우 지방경찰청장 또는 관할 경찰관서장에게 경비원 등에 대한 범죄경력조회를 요청할 수 있는 근거를 마련함(안 제17조).

⑫ 경비업자가 집단민원현장에 경비원을 배치할 경우에는 경비원의 명부를 배치현장에도 작성·비치하도록 하고, 경비원을 배치하기 48시간 전까지 배치장소의 관할 경찰관서장에게 배치허가를 신청하도록 하며, 특수경비원과 집단민원현장 외에 배치되는 신변보호 경비원은 배치 전까지 신고하도록 함(안 제18조).

⑬ 상해·폭행·체포 및 감금의 죄를 범한 경력이 있는 사람을 집단민원현장에 배치하지 못하도록 하고, 경비원 명부에 없는 사람을 경비업무에 종사하게 하여서는 아니 되며, 경비원 신임교육 이수 후 경비원을 배치하도록 함(안 제18조 제4항·제6항 및 제7항 신설).

⑭ 배치허가를 받지 않고 경비원을 배치하거나, 배치허가신청의 내용을 거짓으로 하는 등의 사유가 있는 경우, 관할 경찰관서장이 배치폐지명령을 할 수 있도록 함(안 제18조 제8항 신설).

⑮ 경비원에게 경비업무의 범위를 벗어난 행위를 하게 한 경우와 관할 경찰관서장의 배치폐지 명령을 따르지 아니하는 경우 등을 허가취소 또는 영업정지의 사유에 추가하는 등 행정처분의 기준을 강화함(안 제19조 제1항, 안 제19조 제2항 신설).

⑯ 경비업자나 경비원이 이 법이나 이 법에 따른 명령, 「폭력행위 등 처벌에 관한 법률」을 위반하는 행위를 하는 경우 지방경찰청장이나 관할 경찰관서장은 위반행위 중지를 명할 수 있도록 함(안 제24조 제3항 신설).

⑰ 경비원이 제16조의2 제1항에서 정한 장비 외의 흉기 또는 그 밖의 위험한 물건을 휴대하고 형법 제257조 제1항 등의 죄를 범한 때에는 그 죄에 정한 형의 2분의 1까지 가중처벌 하도록 함(안 제29조 제2항 신설).

5. 행정대집행법의 개정

김민기 의원 등 10인이 발의한 행정대집행법 개정안(의안번호 1911603)이 수정가결 되어, 2015. 5. 18. 법률 제13295호로 행정대집행이 일부 개정되었다. 그 주요내용은 대집행 시 발생할 수 있는 인권침해적 요소를 제거하기 위한 것이다.

가. 제안이유

밀양 송전탑 건설 반대 주민들에 대해 2014. 6. 11. 행정대집행이 이루어졌음. 그러나 경찰이 쇠사슬을 목에 감은 채 농성 중인 주민들을 끌어내는 과정에서 마을 주민을 포함한 시민 20여명이 부상을 당해 응급실로 이송되었음.

또한 행정대집행 하루 전부터 경찰은 식량 반입을 제지하고, 변호인들의 통행을 제한하는 등 경찰을 비롯한 행정청의 인권침해가 심각한 수준에 이르고 있음. 경찰과 행정청에 의한 인권침해의 심각성을 느낀 아시아인권단체인 '포럼아시아'는 밀양 송전탑 건설 반대 주민들에 대한 탄압 중단과 인권유린에 대한 항의 서한을 보낸 바 있음.

이에 피해자가 발생할 수 있는 심야·새벽 시간의 행정대집행을 제한하는 등 행정대집행 절차 및 실행 과정의 미비점을 개선·보완함으로써 무분별한 행정대집행으로 인한 인권침해를 사전에 방지하려는 것임.

나. 개정이유

심야·새벽 시간의 행정대집행을 제한하고(안 제4조 제1항), 행정청은 대집행을 할 때 대집행 과정에서의 안전 확보를 위하여 필요하다고 인정하는 경우 현장에 긴급 의료장비나 시설을 갖추는 등 필요한 조치를 하도록 하는(안 제4조 제2항) 등 행정대집행 절차 및 실행 과정의 미비점을 개선·보완하려는 것임.

다. 개정내용

① 행정청이 대집행 실행 전 이행기한을 정할 때 의무의 성질이나 내용 등을 고려하여 사회통념상 해당 의무를 이행하는 데 필요한 기간이 확보되도록 대통령령으로 정하는 기준에 따르도록 함(안 제3조 제1항).

② 행정청은 불가피한 사유가 발생한 경우를 제외하고는 해가 뜨기 전이나 해가 진 후에는 대집행을 할 수 없도록 함(안 제4조 제1항 신설).

③ 행정청은 대집행 과정의 안전성 확보를 위하여 현장에 긴급 의료장비나 시설을 갖추는 등 필요한 조치를 하도록 함(안 제4조 제2항 신설).

6. 서울시의 강제철거 방지대책

서울시는 재개발 사업을 위한 건물명도 과정 중에 발생한 용산참사 등을 계기로 그 동안 재개발, 재건축, 뉴타운 정비사업 현장의 철거과정에서 세입자 등 사회적 약자가 거리로 내몰리거나 철거과정에 부당한 인권침해 행위가 발생하는 일이 없도록 조합, 세입자 등 간의 충분한 대화 창구를 마련하여 강제철거를 예방하기 위한 대책을 꾸준히 발표하여 왔는데, 그 대강은 다음과 같다.

다만, 위와 같은 서울시의 대책은 법적 근거가 없는 서울시 내부의 방침에 불과하다는 비판을 받고 있고,[13] 근원적으로는 특정 지방자치단체의 행정영역에 한정된 접근이라는 한계도 있다.

가. 강제철거 없는 재개발, 재건축, 뉴타운 정비사업 추진계획[14]

서울시는 2013. 2. 21. 그동안 재개발, 재건축, 뉴타운 정비사업 현장에서 명도소송 결과에 불복하여 계속 미 이주하는 세대에 대한 법원 집행관의 강제퇴거 조치는 적법한 절차이나 사회적 갈등을 발생시켰고, 이로 인하여 정비사업에 부정적 인식이 각인되어 있는 실정을 감안하여 아래의 내용을 골자로 하는 강제철거 없는 재개발, 재건축, 뉴타운 정비사업 추진 상황을 정리하여 발표하였다.

1) 사전협의체 구성

명도소송은 당사자 간의 입장 차이에 따라 진행되는 적법한 절차이나 대화·협의 절차가 생략된 강제퇴거 조치로 인해 정비사업에 사회적 갈등현상(거주자는 주거이전비 등 보상금, 청산금이 충분치 않아 타 지역 이주를 기피하고, 반면 조합은 이주지연으로 인하여 금융기관 차용금에 대한 막대한 이자 등 금융비용이 발생한다)이 상존하고 있는 실정을 반영한 것으로서, 서울시는 법을 떠나서 강제철거라는 극단적인 상황이 발생하지 않도록 대화와 협의로 해결을 유도하는 적극적인 행정을 시행해 나가기 위해, 조합·가옥주·세입자·공무원 등이 함께하는 사전협의체를 구성·운영해 합의에 의한 이주를 유도함으로써 명도소송 제기를 최소화하고, 사회적 약자의 주거권 및 인권 침해를 사전 예방해 나간다는 것이다. 관리처분인가 시점부터 이주 완료시까지 수시로 조합, 가옥주, 세입자간 원만한 이주 협의가 안 되어 명도소송 제기 우려가 있

---

13) http://www.newdaily.co.kr/news/article.html?no=323350(2017. 11. 14. 방문)

14) http://spp.seoul.go.kr/main/news/news_report.jsp?tr_code=short#view/15188 (2017. 10. 10. 방문)

는 경우에 운영하고, 최소한 5회 이상 대화·협의를 거쳐 합의를 유도하되, 합의가 되지 않을 경우 도시분쟁조정위원회(위원장 : 부구청장)를 통하여 조정토록 하였다.

2) 강제철거가 우려되는 명도소송 대상 사업장에 대한 모니터링 지속 실시

서울시는 2012. 7.부터 강제철거가 우려되는 명도소송 진행 중인 25개 정비사업장을 대상으로 자치구의 협조를 받아 "이주 및 철거 현황"을 매주 점검하는 등 지속적으로 모니터링을 실시해 오고 있다. 사람이 거주하고 있는 주택은 퇴거가 완전히 이루어 진 후에 철거하고, 철거 과정에서 지속적인 대화와 협의를 통해 해결책을 모색토록 독려해 나가고 있다. 이에 따라 현재까지 봉천 12-1 구역, 신길 11 구역 등 9개 구역이 강제철거 없이 이주 완료 되었으며, 현재 성동구 금호 20구역 등 16개 구역에 대하여 매주 지속적으로 모니터링이 진행되고 있다.

3) 강제철거 원칙적 금지를 위한 제도개선 지속추진

서울시는 정비사업 현장에서 강제철거를 원칙적으로 금지시키기 위하여 도시 및 주거환경 정비법상 동절기(12월~2월) 철거 제한, 사전협의체 구성·운영 등 국토부에 법 개정 건의 및 제도개선을 지속적으로 추진해 나간다는 방침이다. 서울시는 혹한기에 강제철거로 세입자 등 사회적 약자가 거리에 내몰리는 경우 주거권을 넘어 생존권의 문제가 될 수 있어 2012. 12. ~ 2013. 2.말까지 '동절기 강제철거 예방대책'을 수립 시행해 오고 있다. 동절기에는 철거를 원칙적으로 금지하고, 거주자들이 모두 퇴거한 경우 등 제한적으로만 허용한다는 지침에 따라 현재 정비사업 현장은 전반적으로 동절기 철거 금지 상태에 있다.

나. 강제철거 비인권적 관행방지를 위한 인권매뉴얼 제정[15)]

서울시는 2013. 7. 주거시설 등에 대한 행정대집행 인권매뉴얼을 마련하였다. 인권매뉴얼은 행정청이 주거시설 등에 대한 행정대집행을 함에 있어 소유자 및 점유자 등에 대한 시민의 권리를 인정하고 공무원 등이 준수해야 할 사항을 총 제12조에 걸쳐 세부적으로 규정하고 있다. 그 주요내용은 다음과 같다.

① 행정대집행 외 다른 방법으로 의무 이행 확보가 어렵고 불이행 할 경우 심히 공익을 해치는 경우에 한하여 계고처분 등 요건을 준수하여 실행

② 주거시설에 대한 철거에 앞서 소유자 및 점유자 등에 충분한 협상의 기회와

---

15) http://spp.seoul.go.kr/main/news/news_report.jsp?tr_code=short#view/16709(207. 10. 10. 방문)

정보 제공 및 충분한 사전고지

③ 행정대집행의 절차와 내용은 물론 동원되는 용역업체 상호와 인원 등 정보공개

④ 현장 관리감독 공무원과 동원되는 인력을 대상으로 인권침해 예방교육 실시

⑤ 소유자 등의 퇴거가 완료된 이후 시설, 건물 철거

⑥ 어린이와 어르신, 장애인 등 사회적 약자에 대한 안전 등 위해 요소에 대한 배려와 피해자 발생 시 적절한 구제조치 제공

⑦ 동절기, 일출 전과 일몰 후, 악천후 등 시기에 행정대집행 금지

⑧ 대체 주거를 마련할 수 없는 소유자 등에 주거 및 생계대책 지원

다. 정비사업 강제철거 예방 종합대책[16)]

서울시는 부동산인도, 철거 강제집행과정에서 빚어진 용산참사를 계기로 '충분한 사전협의 없는 강제퇴거'와 '강제퇴거 과정에서의 불법행위'를 근절하는 '정비사업 강제철거 예방 종합대책'을 2016. 12. 29. 발표했다. 뉴타운·재개발 등 정비사업 과정에서 사람과 인권을 최우선으로 해 시민이 삶터와 일터를 잃고 거리로 내몰리는 일이 없도록 하기 위하여 '충분한 사전협의 없는 강제퇴거'와 '강제퇴거 과정에서의 불법행위'가 일어나지 않도록 하는 것을 원칙으로 삼는다는 것이다.

핵심은 정비구역 지정시 노후도 같은 물리적 요소뿐만 아니라 사회적 약자에 대한 주거권까지 고려하는 한편, 사전협의 시점을 실효성 있게 앞당기고 구청장을 구성주체로 지정해 공정성을 강화하는 것이다. 또, 현재 45곳으로 파악되는 이주단계 사업장을 엄격히 모니터링하고 불가피한 인도집행시엔 감독 공무원을 입회시키는 것이다.

이 대책은 2009년 용산참사 이후 서울시가 세입자 이주대책 등 관련제도를 보완하고 사전협의 절차(2013년)를 도입하는 등 강제철거 예방을 위한 제도적 장치를 마련했음에도 불구, 인덕마을(월계2구역), 무악2구역 사례와 같은 갈등이 근절되지 않음에 따라 마련됐다.

---

16) http://spp.seoul.go.kr/main/news/news_report.jsp?tr_code=short#view/29005 (2017. 10. 10. 방문)

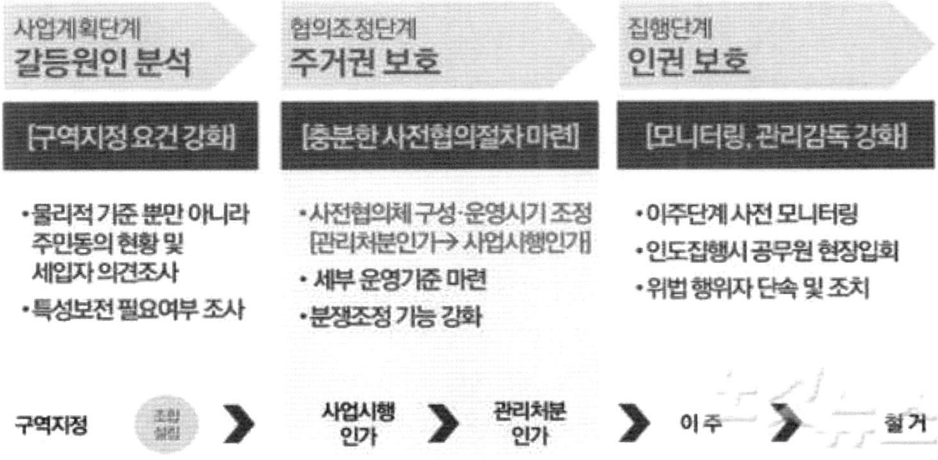

그 요지는 다음과 같다.

첫째, 정비구역을 지정하고 조합이 설립되는 초기 〈사업계획단계〉에서는 정비구역 지정 요건을 사람·인권 중심으로 보다 강화해 향후 발생할지 모를 갈등요인을 최소화하는 데 초점을 맞췄다. 지금까지는 노후도나 세대밀도 같은 물리적·정량적 평가만으로 정비구역 지정을 추진했다면, 앞으로는 거주자의 의향, 주거약자 문제, 역사생활문화자원 존재 여부 등 대상지 특성을 종합적·정성적으로 판단해 보다 신중히 구역 지정을 추진하겠다는 것이다.

둘째, 〈협의조정단계〉에선 2013년 도입한 '사전협의체' 제도를 당초 '관리처분인가 이후'에서 보상금액이 확정되기 전인 '분양신청 완료' 시점으로 앞당겨 운영한다. 조합과 세입자간 충분히 협의하고 최대한 원만한 합의를 이끌어내기 위해서다. 그동안은 보상금액이 결정되고 이로 인해 사업 당사자 간 분쟁이 가장 많이 발생하는 시기인 관리처분계획 이후에 사전협의가 진행되다보니 실효성이 떨어지는 문제가 있었다. 아울러, 그동안 법령 및 운영기준 없이 행정지침으로 운영돼 온 '사전협의체' 제도를 연내 조례개정을 통해 법제화하고, 세부 운영기준을 마련하기로 했다. 특히, 조례 개정을 통해 사전협의체 구성 주체를 기존 조합에서 구청장으로 변경하고 민간 전문가를 새롭게 포함시켜 공정성과 전문성을 더할 계획이다. 원만한 협의가 어려울 경우 사전협의체에서 합리적 조정안을 제시함으로써 세입자·청산자의 과도한 보상 요구와 발목잡기 논란을 해소하고 조합의 형식적 협의를 차단할 것으로 기대된다. 또, 구청장에게 '도시분쟁조정위원회' 직권상정 권한을 부여해 협의체에서도 협의가 이뤄지지 않은 경우 적극적 분쟁 조정에 나서기로 했다.

셋째, 관리처분 인가 이후 이주와 철거가 이뤄지는 〈집행단계〉에서는 공공의 사전 모니터링과 현장 관리감독을 강화한다. 현재 서울 시내 이주단계(관리처분인가~착공 전) 사업장 총 45곳에 대해서는 사전 모니터링을 통해 강제철거가 발생하지 않도록 엄격하게 관리하는 동시에, 갈등조정 코디네이터를 파견해 미이주 세대를 중심으로 이주·철거 절차를 안내하고 사전조정활동을 실시할 예정이다. 특히, 불가피하게 인도집행이 있는 경우에는 감독 공무원을 현장에 입회시켜 재판부 명령에 따라 현장사무를 대리하는 집행관이 아닌 조합측 고용인력의 폭력 등 불법행위를 단속하고 위법 행위가 있을 경우 고발조치를 할 계획이다. 서울시는 강제철거 예방을 위해 이와 같이 시가 할 수 있는 최선을 다하는 한편, 사전협의체 법적근거 마련, 상가세입자 손실보상제도 보완 등 관련 제도 개선을 위해 중앙정부, 국회와 협의할 계획이다. 또, 대법원, 경찰과도 적극적으로 협력해 인도집행이 사회적 약자의 권리를 보호하는 가운데 공정하고 투명하게 집행될 수 있도록 한다.

라. 정비사업 강제철거 예방 '사전협의체' 법제화 완료[17)]

서울특별시 의회가 2016. 12. 21. '도시 및 주거환경 정비조례 일부개정조례'를 통과시킴으로써 재개발·재건축을 비롯한 정비사업 과정에서 발생하는 강제철거를 예방하기 위해 이해당사자 간 충분한 사전협의가 가능하도록 서울시가 2013년 도입한 '사전협의체'가 조례개정을 통해 법제화 되었다. 그동안 법령이나 운영기준 없이 행정지침으로 운영되던 것을 법적 근거를 마련함으로써 실효성을 확보한 것이다. 이로써 사전협의체를 운영하지 않는 조합 등에 대해서는 행정지도와 감시와 같은 보다 적극적인 조치가 가능해졌다.

위 조례개정은 서울시가 2016. 9. '충분한 사전협의 없는 강제퇴거'와 '강제퇴거 과정에서의 불법행위'가 일어나지 않도록 하는 것을 원칙으로 발표한 '정비사업 강제철거 예방 종합대책'의 3단계[① 사업계획(구역지정), ② 협의조정(사업시행 인가 ~ 관리처분 인가), ③ 집행(이주·철거)] 중 가장 핵심인 '협의조정' 단계에 관한 것이다.

조례개정에 따른 사전협의체 세부 운영기준을 살펴보면, 우선 협의체 운영시기를 기존의 '관리처분인가 이후'에서 보상금액이 확정되기 전인 '분양신청 완료' 시점으로

---

17) http://spp.seoul.go.kr/main/news/news_report.jsp?tr_code=short#view/30103 (2017. 10. 10. 방문); http://www.smc.seoul.kr/skin/doc.html?fn=T0100901577110210.hwp&rs=/files/trans/upload/judging_data/(2017. 11. 6. 방문)

앞당겼다. 오랜 기간 충분히 협의해서 보상금과 제반사항에 대한 원단한 합의를 이끌어내기 위한 조치다. 서울시는 '협의조정' 단계의 핵심인 사전협의체어 대한 '서울특별시 도시 및 주거환경 정비조례' 개정을 비롯해 '정비사업 강제철거 예방 종합대책' 3단계 중 1단계인 '사업계획(구역지정)' 단계와 3단계인 '집행(이주·철거)' 단계에 대한 세부업무 처리기준도 마련, 2017. 1. 5. 즉시 시행한다.

사업계획 단계에서는 노후도나 세대밀도 같은 물리적·정량적 평가만으로 정비구역을 지정해왔던 것에서 탈피, 거주자의 의향, 주거약자 문제, 역사생활문화자원 존재 여부 등 대상지 특성을 종합적·정성적으로 판단해 보다 신중히 구역을 지정하겠다는 계획이다. 집행 단계, 특히 이주 단계(관리처분인가 ~ 착공 전)에서 불가피한 인도집행이 있는 경우 발생할 수 있는 거주자 인권침해를 차단하기 위해 서울지방변호사회와 공동으로 '인권지킴이단'을 구성, 운영한다. 시가 현장 모니터링을 통해 강제집행 우려가 있다고 판단됐을 경우 서울지방변호사회에 요청하면 변호사가 현장에 함께 나가 거주자의 인권침해 여부를 감시하고 예방한다. 기존에 실시하던 이주단계 사업장에 대한 사전 모니터링으로 강제철거가 발생하지 않도록 엄격하게 관리하는 동시에 갈등조정 코디네이터를 파견해 미이주 세대를 중심으로 이주 및 철거 절차를 안내하고 사전 조정활동을 실시한다. 동절기(12월 ~ 2월)에는 사회적 약자가 거리로 내몰리는 일이 없도록 강제철거를 원칙적으로 금지하고 있는 가운데, 이를 위반했을 경우 '도시 및 주거환경정비법' 제77조에 따라 관계 공무원과 전문가로 구성된 점검반을 구성, 현장조사를 실시한다. 분쟁을 조정하고 위법사항에 대해서는 시정을 요구하는 등 적극적으로 조치할 계획이다.

개정 조례의 주된 내용은 아래와 같다.

① 관리처분계획인가 신청시 협의체 운영 결과 또는 도시분쟁조정위원회 조정 결과 첨부(제25조 제3호).

② 현금청산대상자·세입자와 사업시행자 간의 이주대책·현금청산·손실보상 등 분쟁을 조정하기 위하여 구청장이 협의체 구성·운영(제42조의5).

③ 매도청구·수용재결·명도소송·인도집행 등에 관한 내용을 구청장에게 보고(제42조의6 제1항).

④ 인도집행 과정 공무원 입회(제42조의6 제2항).

제2장 부동산인도, 철거 강제집행에 있어서의 문제점

제2장 부동산인도, 철거 강제집행에 있어서의 문제점

Ⅰ. 집행현장에서의 빈번한 물리적 충돌

집단민원현장이 아닌 개별집행의 경우로서 최근의 것으로 2017. 6. 27. 경남 진주에서 50대 농부가 자신의 비닐하우스에 온풍기를 설치한 뒤 대금 6,000만원을 주지 않은 것 때문에 유체동산 압류를 집행하러 온 채권자인 온풍기설치업자와 집행관에게 흉기를 휘둘러 채권자가 사망하고, 집행관도 생명에는 지장이 없으나 등 부분에 중상을 입은 사건을 들 수 있다. 경찰 조사 결과에 따르면 채무자는 채권자인 온풍기설치업자가 대금 채무로 비닐하우스에 추가 압류물이 있는지 알아보기 위해 집행관과 함께 방문하여 온풍기에 대하여 압류집행을 하자 격분해 범행을 저지른 것으로 드러났다고 한다.[1] 2017. 11. 9.에는 서울 종로구 서촌에 위치한 족발집에 대한 강제집행과정에 임대인이 고용한 사설 용역업체 직원들이 가게를 비우기 위해 강제집행을 시도하자 임차인이 저항하다 손가락 일부가 절단되는 사고를 당했다. 이에 대하여 임차인들 단체는 채권자가 20명 미만의 사설용역을 고용할 경우 관할 경찰서에 신고하지 않고 진행할 수 있는 점을 노려 강제집행한 것으로서 경비업법의 허점을 악용한 사례라며, 채무자가 손가락을 심하게 다치고 온몸에 인화물질이 뿌려진 위급 상황임을 집행관과 경찰에 알렸지만, 집행관은 집행을 중지하지 않았고 경찰도 사설용역들의 폭행을 제지하지 않았다고 주장하고 있다.[2]

이는 비단 우리나라만의 문제는 아니다. 이웃 일본의 사례로, 주택담보대출금을 연체하여 자택이 경매에 들어가 낙찰되어 부동산인도 집행을 당하게 된 피고인이 집행관을 향하여 일본도를 휘둘러 1명이 사망하고, 2명이 상해를 입은 사안에 관하여 살인, 살인미수, 공무집행방해죄로 기소된 피고인에 대하여 新瀉지탕재판소가 2003. 9. 10. 무기징역을 선고하였다고 한다.[3]

1) http://news.joins.com/article/21705622(2017. 11. 11. 방문);
http://www.gnmaeil.com/news/articleView.html?idxno=345299(2017. 11. 11. 방문)
2) http://www.yonhapnews.co.kr/bulletin/2017/11/15/0200000000AKR20171115124800004.HTML?input=1195m(2017. 11. 21. 방문)
3) westlaw japan 文献番号 2002WLJPCA09109004.

Ⅱ. 강제집행현장에서의 민간 경비업체 참여에 따른 문제

1. 경비업법상 경비업무의 의미 및 한계

구 용역경비업법과는 달리 민간영역에 의해 수행되는 경비업의 근거법인 현행 경비업법(2013. 3. 23. 법률 제11690호로 일부 개정된 것) 제2조 제1호는 경비업의 대표적인 직역인 시설경비업을 필두로 하여 경비업 각 분야별 특성을 고려하여 '경비업'을 경비업무의 전부 또는 일부를 도급받아 행하는 영업을 말한다고 규정하면서 경비업의 종류를 ① "시설경비업무 : 경비를 필요로 하는 시설 및 장소에서의 도난·화재 그 밖의 혼잡 등으로 인한 위험발생을 방지하는 업무(가호)", ② "호송경비업무 : 운반중에 있는 현금·유가증권·귀금속·상품 그 밖의 물건에 대하여 도난·화재 등 위험발생을 방지하는 업무(나호)", ③ "신변보호업무 : 사람의 생명이나 신체에 대한 위해의 발생을 방지하고 그 신변을 보호하는 업무(다호)", ④ "기계경비업무 : 경비대상시설에 설치한 기기에 의하여 감지·송신된 정보를 그 경비대상시설외의 장소에 설치한 관제시설의 기기로 수신하여 도난·화재 등 위험발생을 방지하는 업무(라호)", ⑤ "특수경비업무 : 공항(항공기를 포함한다) 등 대통령령이 정하는 국가중요시설의 경비 및 도난·화재 그 밖의 위험발생을 방지하는 업무(마호)"로 구분하여 정의하고 있다.[4] 그리고 같은 조 제5호 제마목은 "건물·토지 등 부동산 및 동산에 대한 소유권·운영권·관리권·점유권 등 법적 권리에 대한 이해대립이 있어 다툼이 있는 장소"를 "집단민원현장"으로 규정하고 있다.

한편 경비업법 제15조의2(경비원 등의 의무) 제1항은 "경비원은 직무를 수행함에 있어 타인에게 위력을 과시하거나 물리력을 행사하는 등 경비업무의 범위를 벗어난 행위를 하여서는 아니 된다"고 규정하고, 제2항은 "누구든지 경비원으로 하여금 경비업무의 범위를 벗어난 행위를 하게 하여서는 아니된다"고 규정하고 있다. 그리고 벌칙으로서 경비업법 제28조 제2항 제9호는 "제15조의2 제2항의 규정을 위반하여 경비원에게 경비업무의 범위를 벗어난 행위를 하게 한 자"에 대하여 3년 이하의 징역 또는 3천만원 이하의 벌금에 처한다고 규정하고, 같은 조 제4항 제3호는 "제15조의2 제1항을 위반하여 경비업무의 범위를 벗어난 행위를 한 경비원"에 대하여 1년 이하

4) 신형석/이기세, "개정 경비업법의 규제수단 강화와 그 정책적 함의", 아주법학 제7권 제3호, 아주대학교 법학연구소(2013), 108-109 참조.

의 징역 또는 1천만원 이하의 벌금에 처한다고 규정하고 있다.

부동산인도, 철거 등 민사집행과 관련하여 보면, 현행 실무와 같은 태양의 경비용역이 과연 경비업법상 경비업의 종류 중 하나에 해당하는지 의문이 있을 수 있으나, 경비업법 제2조 제1호 가.목의 “시설경비업무 : 경비를 필요로 하는 시설 및 장소에서의 도난·화재 그 밖의 혼잡 등으로 인한 위험발생을 방지하는 업무”에 해당한다고 보면 크게 무리가 없을 것이다.[5)]

다음으로 “경비원은 직무를 수행함에 있어 타인에게 위력을 과시하거나 물리력을 행사하는 등 경비업무의 범위를 벗어난 행위를 하여서는 아니 된다”고 규정한 경비업법 제15조의2(경비원 등의 의무) 제1항 등과 관련하여 집행관이 저항배제를 위하여 경비용역으로 하여금 강제력을 행사하게 할 수 있느냐가 문제 된다. 경비업법의 법문언에 충실하면 경비업법상 경비원이 부동산인도, 철거 등 집행 현장에서 채무자 측의 저항에 대하여 강제력을 행사할 수 없다고 해석될 여지도 상당히 있어 보이기는 한다. 그러나 경비용역이 집행관규칙 제26조가 규정하는 직무보조자인 노무자로서 고용되는 경우에는, 집행관이 자신을 대신하여 일종의 사실행위의 대행으로서 강제력을 행사하도록 하는 것이므로, 규범조화적인 해석의 원칙에 비추어 보면, 경비용역이 강제력을 행사하는 것이 경비업법 위반 등에 해당한지 않는다고 보는 견해도 가능하다. 그렇지만 현실적인 측면에서 보면 경비업법 제15조의 2의 존재는 경비업체들로 하여금 강제력 행사를 꺼리게 하는 큰 장애요소로 작용할 것임은 분명하다.

2. 경비업체 소속 경비원과 노무자 간의 구분의 어려움

경비용역이 동원되는 경우가 통상 채무자가 자체로 경비용역을 고용하여 대항하는 등 채무자 측과 마찰이 예상되는 경우가 대부분일 것이고, 집행 초기 단계에서는 비록 집행관의 현장 지휘에 의하여 경비용역으로 하여금 외부 인사가 집행현장으로 접근하는 것을 차단하는 역할에만 충실하도록 하였다고 하더라도, 집행 중간에 채무자의 저항행위에 대하여 채권자 측에서 강제력 행사에 나서고 하게 되면 현장 통제가 쉽지 않게 되고, 이렇게 되면 보통 쌍방의 경비용역 인력뿐만 아니라 부동산인도, 철거 집행 업무 자체만을 위하여 고용한 단순 노무자와도 뒤섞이게 되는 문제가 있다. 서로 엉켜 폭력행위 등을 하게 되기 때문에 나중에 누가 폭력행위를 하였는지 책임소재를 가리기가 불가능해지는 문제가 있다.

---

5) 조규범, “강제철거에서의 주거권 보호를 위한 입법적 개선방향”, 국회입법조사처(2009), 11도 같은 입장으로 이해된다.

3. 채권자가 20명 미만의 경비용역을 고용하는 경우의 문제

채권자가 20인 미만의 경비인력을 직접 고용하는 경우에는 경비업법 제7조의 2를 적용받지 않는 문제가 있다.

그러나 현행 경비업법은 무허가 경비업자에게 경비업무를 도급하는 행위를 금지하고, 집단민원현장에서 무허가 경비업자에게 경비업무를 도급하는 경우에는 이를 처벌하도록 규정하고(경비업법 제7조의2 제1항 및 제28조 제2항 제4호), 또한 누구든지 집단민원현장에 경비원을 20인 이상 배치하려고 할 때에는 경비원을 직접 고용하여서는 아니 되며, 허가받은 경비업자에게 경비업무를 도급주어야 하고, 다만, 집단민원현장 발생 3개월 이전까지 직접 고용하여 경비업무를 수행하는 피고용인은 제외하는 것으로 규정하고 있다(경비업법 제7조의2 제2항).

개정 전 경비업법은 시설주 등 도급인이 무허가 경비업자에게 경비업무를 도급하는 경우, 무허가 경비업자는 3년이하의 징역 또는 3천만원 이하의 벌금에 처하고 있으나(제28조 제2항 제1호), 도급인에 대한 처벌은 별도로 규정하고 있지 않았던 이유로 현행 경비업법은 시설주 등 도급인이 무허가 경비업자에게 도급하는 경우, 도급의 상대방인 경비업자만을 처벌하도록 되어있던 개정 전 법률상의 문제점을 개선하여 무허가 경비업자를 포함하여 도급을 주는 시설주 등 도급인에 대해서도 처벌할 수 있도록 규정을 신설한 것이다.[6)]

이에 대하여 경영계는 무허가 경비업자에게 도급을 준 시설주를 처벌하는 규정의 현실적 필요성은 인정하면서도 그 법정형이 불법성이 중한 무허가 경비업자와 동일하게(3년 이하의 징역 또는 3천만원이하의 벌금) 처벌하는 것은 책임에 비하여 과도하고, 또한 시설경비업무에 20인 이상의 경비원을 사용하는 경우 시설주의 경비원 직접고용을 금지하는 것은 도급이 언제나 효과적인 수단이 아님에도 시설의 규모나 시설보호의 난이도 등을 고려하지 않아 비효율적이고, 시설주의 시설관리권을 과도하게 제한하는 것이라는 비판을 하였다.[7)]

즉 현행 경비업법은 위와 같은 무허가 경비업자에게 경비업무를 도급하는 시설주에 대한 처벌규정이 있는 점, 시설주 등 이해관계인들의 이익을 함께 고려하여, 20

6) 신형석/이기세, "개정 경비업법의 규제수단 강화와 그 정책적 함의", 아주법학 제7권 제3호, 아주대학교 법학연구소(2013), 115-116.
7) 신형석/이기세, "개정 경비업법의 규제수단 강화와 그 정책적 함의", 아주법학 제7권 제3호, 아주대학교 법학연구소(2013), 116의 주20 참조.

인 이상의 경비원을 배치할 경우만을 관할 경찰서 신고 대상으로 삼은 것이다. 이해관계 조정의 산물인 셈이다. 시설주 등 도급인이 경비업체와 도급계약을 체결하여 경비원을 고용하는 것을 회피하고, 개별적으로 직접 경비원을 고용하는 경우 경비업법의 적용대상이 되지 않아 동법상의 규제와 관할경찰관서장의 감독을 받지 않으려는 시도를 사전차단하기 위해 집단민원현장 등에서 도급인이 20인 이상의 일반경비원을 배치할 경우 이를 직접 고용하는 것을 원천적으로 배제하여 도급인의 의무로서 명확히 규정하고, 다만 집단민원현장 발생 3개월 이전까지 직접 고용하여 경비업무를 수행하는 피고용인은 근로관계의 현실을 고려하여 이를 제외한 것이다.

Ⅲ. 집행관 및 집행보조자(노무자)의 강제력 행사의 범위

민사집행법 제5조 제1항은 "집행관은 집행을 하기 위하여 필요한 경우에는 채무자의 주거·창고 그 밖의 장소를 수색하고, 잠근 문과 기구를 여는 등 적절한 조치를 할 수 있다"고 하고, "제1항의 경우에 저항을 받으면 집행관은 경찰 또는 국군의 원조를 요청할 수 있다"고 규정하여 저항배제를 위한 강제력 사용에 관한 근거규정을 두고 있다. 그리고 집행관규칙 제21조(사무원의 채용 등) 제1항은 "집행관사무소에 집행관의 업무보조를 위하여 사무원(회계를 담당하는 직원을 포함한다)을 둘 수 있다"고 규정하고, 제26조(기술자 또는 노무자의 사용)는 "집행관은 직무집행을 위하여 필요한 때에는 기술자 또는 노무자를 보조자로 사용할 수 있다"고 규정하고 있다.

여기에서 집행과정이 저항에 직면하였을 때 강제력 행사의 주체가 누구인지 즉, 강제력을 집행관만이 행사할 수 있는지, 사무원이나 노무자도 가능한지, 집행관이 경비용역을 경비노무자로 고용한 경우 경비용역으로 하여금 강제력을 행사하도록 할 수 있는지 등이 문제된다. 집행관이 직접 강제력을 행사하는 경우와 보조자를 통하는 경우 강제력 행사의 범위와 종류가 동일한지도 문제된다. 나아가 강제력 행사가 가능한 업무의 범위와 강제력 행사가 가능한 경우는 언제인지, 강제력 행사가 가능하다고 할 경우 신체의 어느 부위까지 어떠한 방법을 사용할 수 있는 것인지 명확하게 규정하고 있는 바가 없고, 실무 역시 이 부분에 관하여 납득할 만한 명확한 기준 등을 가지고 있지 않다.

Ⅳ. 경찰원조요청의 실효성의 문제

집행관은 사실행위를 요하는 집행행위를 담당하기 때문에 직무집행을 하는 중에 저항을 받을 경우 그 저항을 배제하기 위하여 경찰 또는 국군의 원조를 요청할 수 있다(민집 제5조 제2항).[8] 원조요청은 현실의 저항을 받은 경우만이 아니고 그 염려가 큰 경우도 포함된다. 이때에 집행관은 경찰 또는 국군에 필요한 지시도 할 수 있다.[9] 원조요청을 받아 공조를 하는 경찰은 생명 또는 신체의 위협에 당면하여 재량대로 경찰권을 행사하되 비례의 원칙을 존중하여야 하지만, 그 강제집행의 적법성과 정당성을 심사할 수는 없다. 그 때문에 집행관이 집행권원화 되지 않은 채권의 집행과 같은 부당한 집행이라 하여도 경찰관의 행위는 정당한 것일 수 있다. 경찰관은 집행계속 중에는 수갑을 채우는 등으로 저항을 배제시키는 등의 조치를 취할 수 있다는 것이 일반적인 설명이다.[10]

그러나 현실에서 원조요청을 받은 경찰관은 '민사문제 불개입의 원칙'을 이유로 저항배제에 소극적이다.[11] 민사집행법 제5조 제2항에 따른 원조는 민사문제이기 때문에 형사사건화 될 때까지 경찰은 개입하여서는 안 되는 것이라고 이해하고 있는 것이다.

이 때문에 집행관법 제17조 제2항에 의하면 경찰이 집행관의 원조요청을 받았으면 이에 응하여야 한다고 규정하고 있음에도 불구하고 인도집행이나 가건물철거 등 대체집행이 완강한 저항으로 성공하기가 매우 어렵다. 집행관의 감독기관인 소속 지방법원장도 이 문제의 해결에 적극적이지 않다(집행관법 제7조).

경찰원조가 실효적이지 않기 때문에 집행관이나 채권자가 경찰원조에 대하여 소극적일 수밖에 없고, 집행은 해야 하므로 그 대안으로서 채권자가 경찰원조를 대신할 존재로서 경비용역을 부르는 경향이 있었다.

참고로 집행관의 국군에 대한 원조요청은 법원을 통하여 요청하는 절차를 밟아

8) 민사소송법(2006. 2. 21. 법률 제7849호로 개정된 것) 제342조, 제366조는 법원의 감정·검증과정에서 저항을 받는 경우, 같은 법 제176조는 송달시에 저항을 받을 때에 각기 경찰관의 원조를 요청할 수 있도록 하는 규정을 신설하였다.

9) 박두환, 민사집행법, 법률서원(2003), 41.

10) Gaul/Schilken/Becker-Eberhard, Zwangsvollstreckungsrecht, 12. Auflage, § 26 Rdnr. 74.

11) 이시윤, "민사집행에 있어서의 주요과제와 ISD", 민사집행법연구 8권, 한국사법행정학회(2012), 18-19.

야 하는데(법 제5조 제3항), 실례는 우리나라에 아직 없다. 외국의 예로 1957년 미국의 아칸소주의 Little Rock에서 흑인 소년을 백인학교에 입학토록 명한 미국연방법원 판결의 집행을 위하여 연방예비군의 동원에 의하여 주지사 이하 주시민의 집단적인 집행저항을 물리쳐 흑인차별 철폐의 전기를 이룬 유명한 예가 있다. 일선의 집행관들 사이에서는 접경지역에서의 집행의 경우 경찰원조보다 국군의 원조가 적절할 것이라는 지적이 있다.

V. 채권자 보호의 문제

1. 실효적인 저항배제 수단의 미비

자력구제를 금하는 대신에 생긴 국가구제인 강제집행제도를 두었으므로, 판결은 집행되어야 한다. 판결이 집행되지 않는다면 사법제도는 그 존립의 근거부터 흔들리게 된다. 그런데 위에서 본 바와 같이 채무자 측의 저항으로 바로 강제집행이 되지 않으면, 채권자로서는 우선 강제집행 지연으로 인하여 부동산을 제때에 사용하지 못하는 손해를 피할 수 없고, 여러 차례 강제집행을 시도함에 따라 강제집행 비용이 증가하는 부담도 떠안아야 한다. 채무자 측에 금전적인 보상을 하고 현장을 넘겨받는 경우도 드물지 않은 것 같다. 집행지연 자체도 문제이지만, 국가구제제도인 강제집행제도가 제대로 구현되지 않는 것이 근본적으로는 더 큰 문제이다.

민사집행법은 강제집행의 성격상 채무자의 저항이 당연히 예상되기 때문에 여의치 않으면 경찰의 원조를 받아 그 저항을 배제하고 집행의 목적을 달성하도록 제도를 설계하였지만, 현실에서 위 제도는 제대로 작동이 되지 않고 있는 것이다.

집행이 되지 않으면 그 손해는 우선은 채권자가 부담하지만, 종국에는 우리 사회 모두가 피해자가 될 수 있다.

2. 명도집행 지연의 문제

일본의 경우 강제집행 신청 후 2주안에 명도최고를 하고, 특별한 사정이 없는 한, 그로부터 2-3주 안에 강제집행이 완료되는 것에 비하여, 우리나라는 명확한 통계가 있지는 않지만, 어떤 이유에서이건 일본과 같이 빠른 시간 안에 부동산인도, 철거 강제집행이 완료되는 경우가 드물다. 단행기일은 채권자로부터 신청이 있어야만 하는데, 인도최고 이후 채권자 입장에서는 이사비라도 지급하고 채무자를 내보내는 것이 강제집행 하는 것보다 저렴한 관계로 최대한 합의를 보기 위하여 바로 강제집행을 신청하지 않기 때문이다.

종래 일본에 비하여 본안사건 처리 시간이 짧았던 것이 이제 크게 다르지 않거나 오히려 역전되었다고 하는 상황에서 집행마저 지연되는 것은 채권자 입장에서 보아 문제가 될 수밖에 없다.

3. 집행과정에서의 합의로 인한 추가비용 지출의 문제

집행권원이 있음에도 강제집행이 바로 실행되지 않아 추가로 이사비 등을 지급하고 목적물을 인도받는 것으로 해결하는 것은, 그 합의금 등이 강제집행에 따른 비용보다 적다면 채권자의 입장에서도 비용이 절감되고, 사회적으로도 불필요한 마찰을 줄일 수 있다는 점에서 다행이지만, 더 크다면 채권자의 입장에서는 문제이다. 강제집행제도가 제대로 작동하지 않아 불필요한 비용을 추가로 부담하기 때문이다.

Ⅵ. 채무자 보호의 문제

혹한기에 중환자가 있거나 출산이 임박한 임신부가 있는 경우 등과 같이 강제집행 자체가 부적법한 것은 아니지만, 그것이 집행을 당하는 채무자 입장에서 감내하기 어려울 만치 가혹한 것일 경우, 채권자가 강제집행을 신청해 들어올 때 비로소 집행에 관한 이의신청으로써 다툴 수 있을 뿐, 채무자가 적극적으로 나서서 집행절차로부터 보호받을 방어책이 현행법상으로는 전혀 없다.

종래 실무는 그에 관한 명문의 규정이 있지 않지만, 집행이 가혹하다는 이유로 집행불능을 선언하며 채권자의 집행신청을 거절하여 왔고, 집행관의 그와 같은 처분에 대하여 이의가 있는 경우, 신청채권자들이 집행관의 그와 같은 처분이 위법하다는 이유로 집행법원에 대하여 민사집행법 제16조에 따라 집행에 관한 이의를 제기하여 그 당부에 대한 판단을 받아 왔다.

민사소송법 제1조 제1항이 법원은 소송절차가 공정하고 신속하며 경제적으로 진행되도록 노력하여야 한다고 규정하고, 그 제2항이 당사자와 소송관계인은 신의에 따라 성실하게 소송을 수행하여야 한다고 규정하여 민사소송의 이상과 신의성실의 원칙에 관하여 규정하고 있으며, 민사집행법 제23조가 이 법에 특별한 규정이 있는 경우를 제외하고는 민사집행 및 보전처분의 절차에 관하여 민사소송법의 규정을 준용하고 있으므로, 가혹집행과 집행보호의 문제를 민사집행법 제23조가 준용하는 민사소송법

제1조를 통해서 해결하는 것이 불가능한 것은 아니고, 실제 일부의 실무가 그렇게 이루어지고는 있지만,[12] 이는 법리적으로 지나치게 나아간 측면도 있다. 그렇지만 무엇보다도 문제는 절차적으로는 민사집행법 제16조의 집행에 관한 이의절차를 준용하고, 실체적으로는 민사소송법 제1조에 의하더라도, 채권자가 강제집행 신청을 하여 오기 전에 채무자 입장에서 먼저 집행보호를 구할 수 있는 근거규정이 전혀 없다는 점이다. 뿐만 아니라 종래의 전통적인 불복방법인 즉시항고나 집행에 관한 이의가 절차적인 위법에 대한 구제수단인데 반하여 집행보호조항은 적법한 집행에 대하여 집행의 일시정지를 구하는데 지나지 않는다는 점에 차이가 있어 기존의 집행에 관한 이의 조항에 의하는 데에는 일정한 이론적인 한계가 있다.

Ⅶ. 집행관의 역량과 자질의 문제

집행관은 일반 경찰권까지는 없으나 미국의 보안관(sheriff)과 비슷한 존재로 살아있는 집행동력이요 원칙적인 집행기관이다. 그럼에도 집행관법 제3조에 의하면 집행관은 10년이상 법원주사보, 등기주사보, 검찰주사보 또는 마약주사보이상의 직에 있었던 자 중에서 지방법원장이 임명하도록 되어 있다. 선거직이 아니고 임기직임에도 그 임기는 4년의 단임제이고, 연임은 할 수 없다. 4년마다 교대되는 탓에 전문적인 집행법지식의 연구축적을 어렵게 하고 있다. 일본만 하여도 법률실무경험자에게 시험응시자격을 부여하여 필기·구술고사로 선발하되, 법원의 서기관직의 경력자에게는 단지 필기시험의 전부 또는 일부를 면제시킬 뿐이다. 집행관이 '열린 직', '전문 기술직(technocrat)'이 되는 제도정비는 반드시 사법개혁의 차원에서 개선되어야 할 대목이다.[13]

그럼에도 집행관 제도가 오랜 기간 위와 같이 운영되어 온 것은 법원 일반직 공무원들의 승진제도와 연계하여 이를 운용하여 왔기 때문이다. 그 동안 상당한 정도의

12) 가령 서울중앙지방법원 2013. 10. 22.자 2013타기4103 결정은 중풍으로 인한 중환자가 누워있는 건물에 대한 인도명령의 집행에 관하여 §765a ZPO를 민사집행법 제23조에 의하여 준용되는 민사소송법 제1조의 내용으로 포섭하여 강제집행의 조치가 채권자 보호의 필요성을 충분히 고려하더라도 특별한 제반사정을 참작하면 채무자에게 가혹하여 선량한 풍속에 반하는 때에는 집행법원은 그 집행을 거절하거나 채무자의 신청에 의하여 압류의 전부 또는 일부를 취소할 수 있다고 보아야 한다고 하여 집행불능을 선언하고 집행을 거절한 집행관의 처분이 적법하다고 판단하였다.

13) 이시윤, "민사집행에 있어서의 주요과제와 ISD", 민사집행법연구 8권, 한국사법행정학회(2012), 16-17.

고수익이 보장되어 왔기 때문에 법원 고위직부터 순차적으로 집행관직을 맡아 왔고, 실제 집행관 선발 기준 역시 직급에 대한 배점이 압도적이다.[14] 이 때문에 현행 집행관 제도는 오랜 기간 법원 안팎으로부터 비난을 받아 오고 있다.

이는 거꾸로 집행관으로 하여금 사전에 집행법원의 엄격한 통제를 받도록 하는 것으로 이어진다. 전문성을 도외시한 경력임명제이다 보니 그 역량과 자질에 대한 의심을 거둘 수 없고, 이 때문에 공공기관에 대한 원조요청 조차 집행법원의 허가를 받도록 되어 있다(민집 제20조). 때문에 소방관서나 119 구급대에 대한 원조요청조차 집행관이 독자적으로 할 수 없어, 원조요청을 받은 경찰관서의 손을 빌리거나 집행신청채권자 등의 민원차원에서 문제를 해결할 수밖에 없다. 제도를 폐쇄적으로 운영하다보니 역량에 의심이 들고, 그래서 집행법원의 엄격한 관리감독을 받도록 하지 않을 수 없다. 선순환 구조가 아니라 그 반대의 악순환 구조인 셈이다.

---

14) 서울중앙지방법원의 경우 집행관 임명에 관한 예규[행정예규 제597호] 제1항 제3호 사항에 대한 배점이 압도적인데, 집행관 임용실태를 보면 다른 지방법원도 다르지 않은 것 같다.

제3장 각국의 관련 법제도 및 실무

제3장 각국의 관련 법제도 및 실무

Ⅰ. 독일

부동산 인도집행 등과 관련하여 우선 독일 민사소송법(이하 단순히 '법'이라고도 한다)에서 규정하고 있는 집행관이 사용하는 강제력의 사용과 증인의 참여에 관한 내용에 대해 살펴보고, 확정판결의 집행과정에서 이해관계의 충돌완화를 위해 독일 민사소송법에 마련된 독일 특유의 제도라고 할 수 있는 '가혹한 집행의 금지'에 관한 규정의 구체적인 내용과 독일 집행실무에 대해 살펴본다.[1)]

1. 집행관의 강제력 행사 및 경찰의 원조

가. 집행관의 강제력 사용

강제집행을 위한 집행관의 강제력 사용에 관한 가장 기본적인 근거 조항으로 우리 민사소송법 제5조(집행관의 강제력 사용)에 해당하는 것은 법 제758조이다. 이에 따르면 집행관은 집행을 위해 필요한 경우에는 채무자의 주거(Wohnung)와 창고를 수색할 수 있으며(제1항), 잠긴 대문, 방문 및 창고를 열도록 할 수 있다(제2항). 나아가 집행관은 저항(Widerstand)을 받으면 강제력을 사용할 권한이 있으며, 이를 위해 경찰의 원조를 요청할 수 있다(제3항).

법 제758조 제3항에서 규정하고 있는 저항이란 강제집행이 강제력의 사용 없이는 실현될 수 없을 것이라는 추측의 근거가 될 수 있는 모든 행동을 말한다[독일 집행관 업무지침(GVGA)[2)] 제63조 제3항]. 이는 현실적인 저항만이 아니라 집행을 받아들이지 않겠다는 채무자의 위협(Drohungen)만으로도 인정될 수 있다.[3)] 나아가 제3자의 행위가 집행채무자에 대한 집행을 방해하는 것이라면 위 저항은 제3자에 의해서도 행해질 수 있다. 다만 제3자가 집행관의 집행행위를 자신의 고유의 권리영역에 대한 침해로 보고 자신의 고유의 권리를 기초로 저항하는 경우(예를 들어 채무자 가옥의 공동 거주자)에는 법 제758조 제3항의 의미에서의 저항은 인정되지 않는

---

1) 이 부분은 고려대학교 법학전문대학원 김경욱 교수의 도움을 받았다.
2) 이는 Geschäftsanweisung für Gerichtsvollzieher(GVGA)를 의미한다.
3) Saenger, Zivilprozessordnung, 7. Aufl., 2017, § 758, Rdnr. 5; Heßler, in: Münchener Kommentar zur Zivilpozessordnung, 5. Aufl., 2016, § 759, Rdnr. 4.

다.[4)]

법 제758조 제3항에서 규정하고 있는 바와 같이, 강제집행조치에 대한 저항을 제압하기 위해 집행관은 의무적인 재량에 따라(nach pflichtmäßigem Ermessen) 강제력을 사용할 수 있으며 또한 사용하여야만 한다. 이때 이러한 강제력은 강제집행에 대한 저항의 제압을 위해 필요한 한도를 넘어서는 안된다. 특히 채무자나 제3자가 강제집행에 협력하도록 하기 위해 강제력이 사용되어서는 안된다.

강제력을 사용함에 있어서 집행관은 후술하는 증인의 참여에 관해 규정하고 있는 법 제759조를 준수하여야만 한다.

강제집행조치에 대한 저항을 제압하거나 저항하는 채무자로부터 스스로를 지키기 위해 집행관은 경찰의 도움을 요청할 수 있다. 집행관이 경찰의 도움을 요청할 것인지 여부 및 강제집행의 어느 단계에서 이를 요청할 것인지는 집행관의 재량에 따라 결정된다.

경찰은 직무상 협조할 의무를 진다. 집행의 적법성(Zulässigkeit)과 정당한 실행(rechtsmäßige Durchführung)에 대한 책임은 원조를 요청하는 집행관이 지며, 경찰은 강제집행의 정당성(Rechtsmäßigkeit)에 관해서는 판단할 필요가 없다. 나아가 경찰은 경찰법상의 행정편의주의(Opportunitätsprinzip)에 근거하여 원조요청을 거절할 수 없다. 다만 이러한 원조가 불가능하거나 공공의 안정을 해하는 경우와 같이 위법한 것인 경우에는 거절할 수 있다. 경찰관은 경찰법(§ 7 VwVfG)[5)]에 따라 자신의 책임 하에 저항의 제압을 위해 필요한 적당한 조치를 취하여야 한다.

후술하는 바와 같이 독일 민사소송법은 채무자의 주거에 대한 수색을 위해 또는 제3자에게 甘受義務(Duldungspflich)를 부과하기 위해서는 법관의 수색명령을 요구

4) Heßler, a.a.O., § 758, Rdnr. 15.
독일 행정절차법 제7조는 다음과 같다.

5) Verwaltungsverfahrensgesetz (VwVfG), § 7 Durchführung der Amtshilfe (1) Die Zulässigkeit der Maßnahme, die durch die Amtshilfe verwirklicht werden soll, richtet sich nach dem für die ersuchende Behörde, die Durchführung der Amtshilfe nach dem für die ersuchte Behörde geltenden Recht. (2) Die ersuchende Behörde trägt gegenüber der ersuchten Behörde die Verantwortung für die Rechtmäßigkeit der zu treffenden Maßnahme. Die ersuchte Behörde ist für die Durchführung der Amtshilfe verantwortlich[행정절차법 제7조 직무상 협조의 실행 (1) 직무상 협조를 통해 실현되어져야만 하는 조치의 허용성은 협조를 요청하는 기관에 적용되는 법률에 따라 판단하고, 직무상 협조의 실행은 협조를 요청받은 기관에 적용되는 법률에 따라 판단한다. (2) 협조를 요청하는 기관은 협조를 요청받은 기관에 대해 해당 처분의 정당성에 대한 책임을 부담한다. 협조를 요청받은 기관은 직무상 협조의 실행에 대한 책임을 부담한다].

하고 있는데, 이는 법 제758a조에서 그 법적인 근거를 찾을 수 있는 것이다. 이에 반해 법 제758조는 채무자가 임의로 강제집행조치를 받아들이지 않는 경우에 집행의 목적달성을 위해 필요한, 채무자의 법영역에 대한 집행관의 집행조치의 법적 근거가 되는 것이다. 집행관은 채무자를 만나는 곳 어디에서나, 채무자가 점유하는 물건을 발견한 어디에서나 집행을 할 수 있다. 법 제758a조에 따른 법관의 명령이 필요 없는 경우, 즉 예를 들어 집행이 채무자의 주거 밖에서 행해지는 경우에는, 집행관은 직접적으로 법 제758조의 권한을 가지게 되는 것이다.

나. 법관의 수색명령과 야간 혹은 공휴일에 행하는 집행

법 제758a조는 법관의 '수색명령'과 '집행에 적절하지 아니한 때의 집행'에 관해 규정하고 있다. 이를 구체적으로 살펴보면, 채무자의 주거[6]에 대한 수색은, 채무자의 동의가 없다면 수색이 이루어지는 곳을 관할구역으로 하는 區法院(독일 간이법원)의 법관의 명령이 있어야만 가능하다(제1항 제1문). 다만 법관의 명령을 구하는 것이 수색의 성공을 어렵게 하는 경우에는 그러하지 아니하다(동조 제1항 제2문). 나아가 이러한 규정은 공간의 명도나 인도에 관한 집행권원의 집행과 법 제901조에 따른 감치명령의 집행에 있어서는 적용되지 아니한다(동조 제2항). 위 법원의 수색명령은 강제집행을 실시할 때 제시하여야만 한다(동조 제5항). 연방법무부는 연방상원의 동의를 얻어 법규명령으로 위 수색명령의 신청을 위한 양식을 도입할 수 있으며, 이러한 신청양식이 도입되면 신청자는 그 양식을 사용해야만 한다(동조 제6항 제1문, 제2문).[7]

채무자가 수색에 동의하거나, 채무자에 대해 법 제758a 제1항 제1문에 따라 수색을 명하는 법관의 명령이 내려졌거나, 동조 제1항 2문에 따라 법관의 명령을 받을 필요가 없게 된 경우, 즉 채무자의 주거에 대한 수색을 위한 법 제758a조 제1항의 요건을 모두 갖춘 경우에는 채무자의 주거에 공동점유(Mitgewahrsam)를 가지는 사람은 그 수색을 감수해야만 한다. 다만 이러한 수색의 감수가 공동점유자에게 부당하게 가혹한 경우에는 그러하지 아니하다(동조 제3항).

---

6) 이 조항에서의 주거(Wohnung)의 개념은 독일 기본법 제13조와 관련하여 독일 연방헌법재판소가 제시하는 바와 같이 넓게 해석하여야 한다. 즉 주거는 그 소유자의 가사 또는 직업적인 목적에 제공되는 모든 공간을 의미한다고 한다(Heßler, a.a.O., § 758a, Rdnr. 4a; Lackmann, Zwangsvollstreckungsrecht, 10. Aufl., 2013, Rdnr. 150).

7) 다만 절차를 전자적으로 처리하는 법원의 절차와 절차를 전자적으로 처리하지 아니하는 법원의 절차를 위해서 각각 별개의 양식이 도입될 수 있다(동조 제6항 제3문).

나아가 야간[8] 및 휴일에 행하는 집행과 관련하여 독일 민사소송법은 그 집행이 채무자와 공동점유자에게 부당하게 가혹하거나 또는 집행으로 기대되는 성과가 그로 인한 권리침해와 균형이 맞지 않는 경우에는 집행관이 야간과 일요일 및 공휴일에는 집행을 실시하지 못하도록 하고 있다(동조 제4항 제1문). 또한 채무자의 주거에서는 구법원의 법관의 특별 명령이 있는 경우에만 야간 및 휴일 집행이 가능하도록 하고 있다.

다. 집행절차에 대한 증인의 참여

법 제759조에 따르면 집행관은 집행을 실시함에 있어서 저항을 받거나 또는 채무자의 주거에서 집행을 실시하려는데 채무자나 성년인 가족구성원(ein erwachsener Familienangehöriger), 그 가족에 고용된 사람 또는 성년인 지속적 동거인이 참석하지 않은 경우에는 성년 두 사람이나 자치단체공무원 또는 경찰관 1명을 증인으로 참여하게 하여야 한다. 이때의 저항은 § 758 Abs. 3 ZPO에서의 개념과 동일하다.

다만 한 가지 주의할 것은 법 제759조에서 말하는 성년(Erwachsen)은 민법상의 성년(volljährig)을 의미하지 않는다는 것이다. 이에 관해 독일의 입법자는 특정의 연령제한을 두지 않고 개별적인 경우에 현장에서 관련 당사자가 그의 육체적·정신적 발달 상태에 따라 사건의 의미를 이해하고 자신이 목격한 것을 묘사할 수 있는 능력을 가진 모든 사람을 의미한다고 보고, 이를 확인하는 것을 집행관에게 맡기고 있다.[9] 또한 집행관은 집행과정에서 채무자의 공간에 있는 사람이 채무자의 가족에 속하는지 또는 고용관계에 있는지 여부를 확인해야만 한다.

집행관은 필요한 경우 강제집행을 신속히 실행할 수 있도록 하기 위해, 예상되는 저항에 관한 구체적인 근거 없이 순수하게 만일을 대비하여 증인이 참여하도록 할 수는 없다.[10] 따라서 집행관은 미리 준비한 불필요한 증인에 대한 비용을 채권자나 채무자로부터 상환받을 수 없다.[11] 또한 이러한 저항은 그 장소가 채무자의 가옥인지 집행이 이루어지는 다른 장소인지, 저항의 주체가 채무자인지 다른 사람인지 상관하지 않고 인정된다.

집행개시 전 또는 집행 중에 예기치 못한 저항을 받은 경우에 집행관은 증인을

---

8) 이때 야간시간이란 21시부터 9시까지를 의미한다(법 제758a조 제4항 제2문).
9) Heßler, a.a.O., § 759, Rdnr. 10.
10) Saenger, a.a.O., § 759, Rdnr. 2.
11) Heßler, a.a.O., § 759, Rdnr. 5.

참여시키기 위해 일단 집행행위를 중단하여야 한다. 증인의 입회하에 행해지는 집행의 재개를 막기 위해 채무자가 이를 악용하고자 한다면(예를 들어 도주), 집행관은 채무자의 이러한 행동을 막기 위해 증인 없이 적절한 집행행위를 할 수 있다.

라. 집행관 업무지침상의 집행에 대한 저항과 증인의 참여

독일 집행관 업무지침(Geschäftsanweisung für Gerichtsvollzieher: GVGA)은 제61조에서 수색에 관하, 제62조에서 강제집행에 대해 저항이 있는 경우와 증인의 참여에 관해 상세한 규정을 두고 있는 바, 이 규정들 중 관련된 주요 내용에 관해 살펴본다.

1) 수색

집행관은 채무자가 수색에 동의하는 경우에는 채무자의 주거와 창고를 수색할 권한이 있다. 이러한 사항은 조서에 기재되어야 한다. 주거에는 그 소유자의 가사 또는 직업적 목적에 제공되는 모든 공간이 포함된다. 이에는 고유한 의미의 가옥은 물론 작업공간, 영업공간 및 다른 업무공간, 그 부속 공간 및 경계에 접한 울타리가 있는 부동산(뜰, 정원)이 포함된다고 한다[독일 집행관 업무지침(GVGA) 제61조 제1항].[12)]

채무자가 수색에 동의하지 않는 경우에는, 집행관은 채무자에게 수색에 대항하여 주장하고자 하는 근거에 대해 질문할 수 있다. 채무자의 설명은 그 핵심적인 내용을 조서에 기재하여야 한다. 동시에 집행관은 (채권자의 신청에 있으면) 채무자가 수색을 거부했기 때문에 법 제807조 제1항 제1호에 따라 채무자가 자신의 재산정보를 '즉시 제출'해야 할 의무가 있다는 것과 이러한 '즉시 제출'에 이의할 수 있다는 것을 채무자에게 고지해야 한다. 집행관은 이러한 고지를 조서에 기재해야 한다(동조 제2항).

법원의 수색명령을 얻어내는 것은 채권자의 임무이다. 수색이 이루어지는 곳을 관할하는 구법원(Amtgericht)의 법관은 수색명령을 내린다. 집행관은 채권자에게 집행서류와 조서의 사본을 송부한다(동조 제3항). 다만 법관의 수색명령의 사전 청구로 인한 절차의 지체가 수색을 불가능하게 할 가능성이 있다면 집행관은 법관의 수색명령 없이도 채무자의 주거를 수색할 수 있다(동조 제4항). 수색명령은 집행절차에서 제시되어야 하며 조서에서 언급되어야 한다(동조 제5항). 집행관이 집행단계에서 채

---

12) Saenger, a.a.O., § 758, Rdnr. 3.

무자의 주거에서 어떠한 사람도 만나지 못한 경우에는 이러한 사실을 기록에 기입한다. 집행관이 재차 채무자를 만나지 못한 경우에는 위 제3항과 제4항의 규정에 따라 절차를 진행한다. 원칙적으로 집행관은 채무자에게 서면으로 통지한 후 채무자의 주거를 강제적으로 열어야 한다. 이러한 통지에는 민사소송법 제758조(수색; 강제력 사용)와 형법 제288조(강제집행면탈), 수색명령과 지급의 명령에 대한 지적을 포함해야 한다(동조 제6항).

법원의 수색명령이 있고, 집행과정에서 추가적인 별개의 조치(다른 공간에 대한 수색)가 필요하지 않고, 집행관이 단지 채무자의 공간에 더 오래 머무르는 정도라면, 집행관은 자신에게 위임된 다른 모든 사건의 집행도 함께 행할 수 있다. 그 밖의 경우에는 법원으로부터 별개의 수색명령을 받아야 한다(동조 제9항). 집행관은 채무자의 옷과 가방을 수색할 수 있다. 채무자의 주거에 대한 수색이 채무자의 의사에 반해 행해진다면 법원(법관)으로부터 특별한 명령을 받아야 한다. 위에서 언급한 제1항 내지 제5항은 준용된다. 집행관은 신뢰할 수 있는 여성 보조원을 통해(durch eine zuverlässige webliche Hilfsperson) 여성에 대한 수색을 행한다. 여성 집행관이 남성에 대해 수색을 하는 경우에는 신뢰할 수 있는 남성 보조원을 통해 집행한다(동조 제10항).

채무자와 주거를 같이하는 사람은 채무자에 대한 수색이 적법한 것이라면 이를 감수해야만 한다. 다만 이러한 원칙적인 감수의무(Duldungspflich)에도 불구하고 집행관은 부당한 가혹 집행(unbilliger Härten)을 막기 위해 동거인의 특별한 개인적 사정, 예를 들면 명백하거나 의사의 증명서를 통해 증명이 되는 급성의 질병 또는 건강상의 심각한 위험을 고려해야만 하며, 그에 따라 예외적인 경우에는 수색을 중단하여야 한다(동조 제11항).

2) 집행에 대한 저항과 증인의 참여

집행관이 저항을 받으면 위에서 언급한 독일 집행관 업무지침 제61조와 상관없이 강제력을 사용할 수 있으며 이러한 목적을 위해 경찰의 원조를 요청할 수 있다(§ 758 Abs. 3 ZPO)[독일 집행관 업무지침(GVGA) 제62조 제1항].

집행관은 (i) 저항을 받거나, (ii) 채무자의 주거에서 집행을 실시하려는데 채무자나 성년인 가족구성원 또는 그 가족에 고용된 성년인 사람이 참석하지 않은 경우에는, 강제집행행위를 할 때 성년 두 사람이나 자치단체공무원 또는 경찰관 1명을 증인으로 참여하게 하여야 한다. 증인으로는 가능한 한 강제집행 장소에 또는 그 곳과 가까이 살고 있는 중립적이고 적절해 보이는 사람이 선정되어야 한다. 증인은 집행조서에 함께 서명하여야 한다. 나아가 증인에게는 청구가 있는 경우 적절한 보상이 이루어져야만 한다. 보상은 사법보수 및 사법보상법(Justizvergütungs- und -entschädigungsgesetz: JVEG)의 규정에 따른다(동조 제2항).

독일 집행관 업무지침 제62조에서 저항이란 이미 앞에서 살펴본 바와 같이 강제집행이 강제력의 사용 없이는 실현될 수 없을 것이라는 추측이 근거가 되기에 적합한 모든 행동을 의미한다(동조 제3항). 사람의 인도에 관한 재판의 집행을 위한 직접적인 강제력의 사용과 그 방법에 관해서는 집행관 업무지침 제156조에 따른다(동조 제4항).

2. 독일 민사소송법상의 가혹집행의 금지

독일 민사소송법은 우리 민사소송법과 마찬가지로 집행절차에서 채무자를 보호하는 다양한 규정들을 드고 있다. 예를 들면 (i) 집행기관의 절차위반(법 제766조: 강제집행의 종류와 방법에 대한 이의), 특히 법 제811조 이하(압류금지물건) 및 법 제850조 이하(급여채권에 대한 압류금지)의 채무자보호규정 위반에 대한 집행이의, (ii) 신의성실에 따른 이행을 규정한 독일 민법 제242조에 근거한 집행권원이 있는 청구권에 대한 청구이의의 소(법 제767조), (iii) 가옥의 명도기간에 관한 법 제721조가 적용되는 경우 명도기간의 연장(Verlängerung der Räumungsfrist), (iv) 경매물건의 통상적인 매매가액의 최소 절반에 달하는 매수신청(Mindestgebot: 최저매각가격)에 대해서만 매각을 허가하는 최저매각가격제도(법 제817a 및 독일 강제경매법[13] 제85a조), (v) 가옥명도화해에 기한 강제집행에 있어서 법원에 의한 적당한 명도기간의 허용(법 제794a조), (vi) 선량한 풍속에 반하는 가혹한 집행의 금지(법 제765a조) 등이 그것이다.

다만 이들 대부분의 특별 규정들은 그 구체적인 내용에 있어서 약간의 차이가 있기는 하지만 이미 우리나라에서도 유사한 규정이 존재하고 있고 이러한 규정에서의 채무자보호의 취지 또한 우리나라에서도 그대로 인정되고 있다고 할 수 있다. 다만 독일 민사소송법 제765a조에서 규정하고 있는 가혹한 집행의 금지에 관한 규정은 우리 민사소송법에 유사한 규정이 없을 뿐만 아니라 독일 강제집행실무에서도 집행절차상의 채무자 보호를 위해 중요한 의미를 가진다는 점에서 이곳에서는 독일 민사소송법 제765a를 중심으로 살펴보고자 한다.

---

13) 이는 독일 강제경매와 강제관리에 관한 법률(Gesetz über die Zwangsversteigerung und die Zwangsverwaltung)을 의미한다.

가. 가혹한 집행금지 규정의 목적

채무자에 대한 가혹한 집행을 금지하는 법 제765a조는 채무자보호에 관한 집행법상의 일반조항이라고 할 수 있다. 이 규정은 위에서 언급한 채무자보호를 위한 특별규정들(예를 들면 법 제811조 제1항, 제811c조, 제850조 이하, 제758조)이 적용될 수 없는 경우에도 적용이 되어 강제집행절차에서 채무자의 기본권이 보장될 수 있도록 기능한다. 즉 법 제765a조를 적용함에 있어서는 채무자의 생명·건강의 유지에 관한 이익과 채권자의 강제집행의 이익을 비교하여, 채무자의 이익이 더 큰 경우임에도 집행이 이루어진다면 이는 생명권과 신체를 훼손당하지 않을 권리를 규정하고 있는 독일 기본법 제2조 제2항의 위반이 될 수 있기 때문에 이러한 강제집행조치는 그 전부 또는 일부를 취소, 금지하거나 일시적으로 정지하여야 하는 것이다.[14)]

집행법상의 다른 구제수단과 비교하여 법 제765a조는 채무자에 대한 집행에 모든 요건이 갖추어졌고, 집행의 실시에 어떠한 형식적인 흠결도 나타나지 않으며 또한 집행청구권에 대해 어떠한 실체법상의 항변도 제기되지 않아, 채무자가 다른 특별 조항에 의한 권리구제를 받을 수 없는 경우에도, 강제집행에서 채무자의 보호를 위해 적용이 가능하다는 특징이 있다.[15)]

나. 가혹한 집행금지 보호신청의 적법성

1) 채무자의 신청

법 제765a조[16)]에 따르면 강제집행조치에 대해 집행보호를 위한 채무자의 신청이 허

---

14) Brox/Walker, Zwangsvollstreckungsrecht, 9. Aufl., 2011, Rdnr. 1471.

15) Brox/Walker, a.a.O., Rdnr. 1472.

16) 독일 민사소송법 제765a조

(1) 강제집행조치가 채권자보호의 필요성에 관한 충분한 고려 하에서 극히 특별한 사정으로 인해(wegen ganz besonderer Umstände) 선량한 풍속에 반하는 가혹한 것(Härte)이 되는 경우에는, 채무자의 신청에 따라 집행법원은 강제집행조치의 전부 또는 일부를 취소(aufheben), 금지(untersagen) 또는 일시적으로 정지(einstweilen einstellen)할 수 있다. 집행법원은 제732조 제2항에서 규정하고 있는 명령을 내릴 권한이 있다. 집행조치가 동물에 관계되는 경우, 집행법원은 이익교량을 함에 있어 동물에 대한 인간의 책임을 고려하여야 한다.

(2) 집행관에게 제1항 제1문의 요건이 소명되고 집행법원이 적시에 채무자를 소환할 수 없는 경우, 집행관은 집행법원의 재판이 있을 때까지 1주일의 기간 내에서 물건의 인도집행을 연기할 수 있다.

(3) 명도사건에서 제1항의 신청은 늦어도 확정된 명도기일 2주 전까지는 제기되어야 한다. 다만 신청에 근거가 되는 이유가 이 시점 이후에나 발생하거나 또는 채무자가 자신의 책임 없이 적시에 신청할 수 없었던 경우에는 그러하지 아니하다.

(4) 집행법원은 사정의 변경에 따라 필요한 경우에는 신청에 의하여 그 결정을 취소하거나 변경한다.

(5) 제1항 제1문과 제4항의 경우에 있어서 강제집행조치의 취소(Aufhebung)는 결정의 확정 후에야 비로소 이루어진다.

용되는데, 이때 강제집행행위는 그것이 재판의 형태로 이루어지든 강제집행처분의 형태로 이루어지든 상관없이 모든 구체적인 강제집행행위를 의미한다. 따라서 제765a조에 따른 집행보호신청은 모든 종류의 집행에서 허용된다. 즉 금전채권에 기한 유체동산에 대한 집행·채권 및 권리에 대한 집행·부동산에 대한 집행뿐만 아니라 물건의 인도집행(예를 들면 명도집행), 작위·감수·부작위의 집행을 가리지 않는다. 나아가 법 제765a조에 따른 집행보호는 채무자의 신청이 있는 경우에만 주어지며 제3자는 집행에 관련이 된다고 하더라도 이를 할 수 없다. 다만 채무자는 신청서에 법조문을 명시할 필요는 없다.[17]

신청은 집행에 관한 이의와 마찬가지로 엄격한 요건을 요구하지 않는다. 즉 신청은 채무자가 그에게 행해지는 강제집행이 현저히 불공평하거나(wegen grober Ungerechtigkeit), 받아들일 수 없는 정도로 가혹하여(unzumutbarer Härte), 또는 선량한 풍속에 위반하여(Sittenwidrigkeit) 부적법하다고 주장하는 것으로 충분하다. 다만 신청서는 서면이나 법원의 사무과의 조서에 구술로 제기되어야만 한다. 채무자는 집행절차의 개시부터 그 종료에 이르기 까지 절차의 모든 단계에서 법 제765a조에 따른 집행보호신청을 할 수 있다.[18] 다만 법 제765a조 제3항에 따르면 명도사건에서는 원칙적으로 늦어도 명도기일 2주 전까지는 이러한 신청을 제기하여야 한다. 이러한 규정을 둔 이유는 법원이 정한 명도기일의 경과 후에는 집헝이 될 수 있다는 채권자의 신뢰를 보호해야하기 때문이다. 왜냐하면 명도가 계획된 경우에 채권자는 그 가옥을 이미 다시 임대하거나, 자신의 주택임차계약을 해지하거나 리모델링을 맡길 수도 있기 때문이다. 더군다나 법 제765a조 제3항 제2문에 따르면 집행보호사유가 명도기일 2주 전보다 뒤에 발생하거나 채무자가 그 책임 없이 기간을 해태한 경우에는 위 2주의 기간제한을 받지 않도록 하고 있기 때문에 2주의 기간제한이 명도채무자에게 부당하게 불리하다고 할 수도 없다.[19]

2) 관할

이는 집행법원의 전속관할에 속한다. 다만 실제 재판은 사법보좌관이 행한다(§ 20 Nr. 17 RPflG). 채무자는 절차의 모든 단계에서, 즉 강제집행이 아직 개시되지 아니한 경우에도 그것이 충분히 예상되는 경우[20]에는 언제나 집행보호신청을 할 수

17) Brox/Walker, a.a.O., Rdnr. 1474.
18) Baumbach/Lauterbach/Albers/Hartmann, Zivilprozessordnung, 75. Aufl., 2017, § 755a, Rdnr. 7.
19) Brox/Walker, a.a.O., Rdnr. 1474, 1475.
20) 집행권원이 있으면 이미 강제집행이 예상된다고 한다(Brox/Walker, a.a.O., Rdnr. 1477).

있다. 다만 채무자의 권리를 침해하는 이러한 집행이 완전히 종료된 경우에는 채무자는 집행보호신청을 할 권리보호의 이익이 없다고 할 것이다.[21)]

다. 가혹한 집행금지 보호신청의 근거(요건)

법 제765a조 제1항은 이 규정에 의한 집행보호신청을 위해 법원의 강제집행조치가 채권자보호의 필요성에 관해 충분히 고려하면서, 극히 특별한 사정으로 인해(wegen ganz besonderer Umstände), 선량한 풍속에 반하는 가혹한 것(Härte)이 되는 경우를 신청의 근거로 명시하고 있다. 이하에서는 이들 3가지 신청근거에 관해 개별적으로 살펴보고자 한다.

1) 극히 특별한 사정(ganz besondere Umstände)

법 제765a조 제1항은 집행보호의 신청을 위해 '극히 특별한 사정'을 신청요건으로 규정함으로써 이 규정이 특별히 예외적인 경우에 한정하여 적용될 수 있음을 선언하고 있다. 따라서 이 규정에 의한 채무자보호는 독일 민사소송법상 인정이 되는 특별한 집행보호규정의 범위에는 속하지 않으며, 오직 개별적 사건의 예외적 상황에서만 적용될 수 있는 것으로 좁게 해석하는 것이 일반적이다.[22)]

따라서 강제집행이 있으면 항상 나타날 수 있는 사정은 이 규정의 적용에 있어서 고려될 수 없다. 그러므로 채무자가 강제집행을 통해 사회보장급여(Sozialhilfe)의 신청을 해야만 하는 경우라고 하더라도 '실업의 염려'나 일반적인 '경제적 어려움'에 대해 주장하는 것은 이 규정의 적용을 위해서는 충분하지 못하게 된다. 마찬가지로 은행계좌의 압류로 추가되는 은행비용의 발생이나 계좌해지의 염려, 채무자에 대한 명시선서집행을 통해 채무자의 회생을 위한 노력이 수포로 돌아갈 위험, 집행을 통해 채무자의 삶이 과거보다 더 불편해진다는 사실(가족의 여유분 자동차의 압류)등은 모두 이 규정에서 말하는 극히 특별한 사정이 될 수 없다.[23)] 그 밖에도 특별한 권리구제영역에서 주장될 수 있는 사정, 예를 들면 압류금지물건이나 압류금지채권에 관한 규정을 위반하여 압류가 된 경우는 법 제765a조 제1항에서 말하는 '극히 특별한 사정'에 해당하지 않는다. 이러한 경우는 집행이의나 즉시항고를 통해 다툴 수 있는 전형적인 집행의 하자인 것이다.[24)]

---

21) Lackmann, a.a.O., Rdnr. 77.
22) BGHZ 44, 138, 143; Zöller, Zivilprozessordnung, 31. Aufl., 2016, § 765a, Rdnr. 5.
23) Brox/Walker, a.a.O., Rdnr. 1479.
24) Brox/Walker, a.a.O., Rdnr. 1480.

독일의 실무에 따르면 특별한 사정[25)]은 채무자에 대한 구체적인 강제집행을 통해, 즉 관련되는 집행행위(예를 들면 가옥의 명도)와 개별적인 사정에 따라 정해지는 것이다. 특별한 사정은 채무자의 사정(예를 들면, 구체적인 자살위험, 높은 연령, 질병, 육체적 또는 정신적 결함, 임신 등)에 의해 또는 채무자가 부양의무를 지는 주거를 같이하는 사람에게 있을 수도 있고, 채권자의 사정(단지 채무자를 괴롭히려는 명백한 의도나 강제집행에 실체적인 고유의 이익이 없음에도 집행을 하는 경우)에 의해서도 인정될 수 있다.[26)]

2) 선량한 풍속에 반하는 가혹함

법 제765a조 제1항의 집행보호를 받기 위해서는 법원의 집행조치가 극히 특별한 사정으로 인해 '선량한 풍속에 반하는 가혹한 것(sittenwidrige Härte)'이 되어야 한다. 동 규정은 앞에서 살펴본 '극히 특별한 사정'이라는 요건에 '선량한 풍속에 반하는 가혹함'이라는 요건을 덧붙여 그 적용범위를 더욱 좁히고 있다.[27)]

이는 집행이 단순히 적절하지 못한 것으로는 부족하며, 구체적인 경우에 있어서 양측의 이익을 고려하여 강제집행이 견딜 수 없는 결과를 초래하는 경우에 인정될 수 있다. 특히 선량한 풍속의 위반에 관해서는 기본법상의 가치판단과 이러한 가치판단을 실현시키는 개별 법률의 관련조항(압류가 금지되는 물건, 압류금지채권에 관한 규정 등)이 고려되어야만 한다.[28)]

채무자가 소송능력이 있는지 여부는 묻지 아니한다. 채권자가 도덕적으로 비난받을 필요는 없다. 채무자는 강제집행에 스스로 책임이 있을 수 있지만, 이는 법원의 이익형량에서 고려되는 것으로 족하다. 집행이 이루어지는 법원의 재판에 오류가 있거나 오류가 있다고 보여지거나 또는 채무자에게 실체법상의 항변이 귀속되는지 여부는 중요하지 않다.[29)]

독일의 실무는 채권자가 명도채무자가 새로운 주거를 얻지 못하는데 원인을 제공했거나,[30)] 4명의 의무교육대상 아이가 있는 가족에 대해 학교의 학년이 끝나기 직전

---

25) 특별한 사정은 채권자의 집행이 견딜 수 없는 결과를 수반하는지와 관련한 이익형량이 필요하다. 그러므로 항상 강제집행을 정지시키는 것과는 다른 방법으로 채무자를 위해 그러한 위험을 극복할 수 있는지 여부가 조사되어야 한다.

26) Thomas/Putzo, Zivilprozessordnung, 38. Aufl., 2017, § 765a, Rdnr. 8a.

27) Brox/Walker, a.a.O., Rdnr. 1482.

28) Brox/Walker, a.a.O., Rdnr. 1482.

29) Thomas/Putzo, a.a.O., § 765a, Rdnr. 8a.

30) OLG Köln, NJW-RR 1995, 1039.

에 명도집행을 하는 경우[31]에는 선량한 풍속에 반하는 가혹함을 인정한 바 있다.[32]

선량한 풍속에 반하는 가혹함과 관련하여 특히 고려되어야 할 것은 채무자나 가까운 친족의 생명과 건강에 대한 구체적인 위험이다. 이는 예를 들어 얼마 남지 않거나 방금 이루어진 출산,[33] 채무자나 가까운 친족의 심각하게 커지는 구체적인 자살 가능성,[34] 채무자의 자해가 의심되는 심각한 정신적 고통이 있는 경우에는 인정될 수 있는데,[35] 이러한 건강상태의 악화가 다른 사정에 의해서도 발생될 수 있었다고 해도 마찬가지이다.[36]

생명이나 건강의 악화와 관련하여 독일 실무에서 가장 흔한 사건은 자살의 위험이다. 이에 대해 보다 구체적으로 살펴보면,[37] (i) 우선 구체적인 자살위험이 확인되어야 한다. 건강상의 침해의 위험이 커진다는 것으로는 충분하지 않다.[38] 채무자 또는 가까운 가족의 생명과 건강에 대한 직접적인 위험, 특히 자살의 위험에 대해 충분한 개연성이 있어야만 한다. 강제집행의 속행이 현재 앓고 있는 암치료에 부정적으로 작용할 것이라는 주장으로는 충분하지 않다.[39] (ii) 자살의 위험은 바로 눈앞에 다가온 집행행위가 원인이어야만 한다.[40] 이때 이러한 자살의 위험이 강제집행의 일시적 정지 이외의 다른 방법에 의해서는 해결될 수 없는 것인지 조사가 이루어져야 한다.[41] 채무자에 대한 일시적인 보호가 자살위험을 줄일 수 없다면, 즉 오직 장기간의 정신치료가 필요하고 채무자의 질병에 대한 정보의 부족으로 자살방지의 성공여부를 알 수 없는 경우에는, 경매절차에서 매각은 불허되고 강제집행은 조건 없이 기간을 정해 정지되어야만 한다.[42] (iii) 자살의 위험에 관한 사항은 최소한 즉시 해명될 수 있어야 한다.[43] 이러한 해명의 요건은 상당히 까다로우며 경우에 따라서는 감정증거

31) OLG Köln, JurBüro, 1996, 158.
32) Brox/Walker, a.a.O., Rdnr. 1482a.
33) LG Bonn, DGVZ 1994, 75.
34) BVerfG NJW 2007, 2910; BGH NJW 2005, 1859.
35) Brox/Walker, a.a.O., Rdnr. 1482.
36) BGH WM 17, 44.
37) 자살과 관련된 이하의 내용은 Thomas/Putzo, a.a.O., § 765a, Rdnr. 9를 참조하여 정리한 것이다.
38) BGH NJW 04, 3635.
39) BGH NJW-RR 11, 419.
40) BVerf WM 11, 2233; NJW 91, 3207.
41) BVerf NJW 7, 2910; BGH DGVZ 10, 149.
42) BGH NJW-RR15, 393.
43) BVerfG WM 11, 2233.

가 필요하다. 왜냐하면 집행기관은 전문지식의 부족으로 일반적으로 그 심각성의 문제에 대해 감정인 증거가 필요하기 때문이다. 채무자를 입원시키는 것을 통해 자살의 위험을 장기간 배제할 수 있는지 여부에 관해 의사의 입장에서 대답할 수 없다고 하는 보건소의사의 진술은 더 나아간 해명이 필요하다.[44] 정신적 질병 없는 자살의 위험에서도 집행보호는 인정될 수 있는데, 다만 구체적으로 사실심 법관이 공감할 수 있는 이유가 제시되어야 한다.[45] (iv) 비례의 원칙은 존중되어야만 한다. 강제집행에 대한 채권자의 이익과 비교하여 생명의 위험을 회피하고자 하는 채무자의 이익이 평가되어야만 한다. 익숙한 주변 환경의 변화로 인한 심각한 건강상의 위험에 대한 우려가 있는 경우라면 생명에 대한 긴급한 위험이 있을 필요는 없다.[46] 경매의 대상이 되는 대지를 스스로 사용하지도 장래 사용하지도 않을 것이라면 자살위험이 있더라도 이 규정은 적용되지 아니한다. 강제집행의 정지를 불허하는 경우에는 자살의 위험을 회피하기 위한 법원의 적절한 예방조치가 있어야만 한다.[47] 정신병원의 입원이 문제가 된다면, 입원이 관계기관을 통해 명령되어지고 실행되어질 때까지 강제집행이 이루어져서는 안된다. 이때 위험의 제거를 위해 외래 치료로 충분한지 여부는 미리 조사되어야 한다. 강제집행은 예를 들어 채무자가 의사의 치료를 받는 것을 조건으로 하여 행해질 수도 있다.[48]

3) 채권자의 보호필요성에 대한 존중

법 제765a조 제1항을 적용하기 위해 법원의 집행조치가 '극히 특별한 사정'으로 인해 '선량한 풍속에 반하는 가혹한 것'인지 여부를 조사함에 있어 '채권자의 보호필요성'을 최대한 존중하여야 한다. 즉 법 제765a조와 같이 채무자를 보호하기 위한 규정의 영역에서도 집행의 목적에 비추어 이미 앞선 판결절차에서 사회적으로 정당한 것이 증명된 채권자의 권리가 우선적으로 고려되어야 하는 것이다.[49] 채권자에게 사회보장기관의 책무까지 떠맡게 할 수는 없는 것이다.

강제집행이 채무자에게 견딜 수 없는 가혹한 것임에도 불구하고 이러한 가혹함(Härte)이 강제집행의 거부가 아닌 다른 방법에 의해 제거될 수 있다면 또는 만약

44) BGH NJW-RR, 16, 336.
45) BGH FamRZ 11, 33.
46) BGH NJW-RR 10, 157.
47) BVerfG WM 07, 2297.
48) BGH NJW 09, 78.
49) Rosenberg/Gaul/Schilken, Zwangsvollstreckungsrecht, 11. Aufl., 1997, S. 712.

집행의 연기가 채권자에게도 같은 정도의 고통이 된다면 법 제765a조 제1항에 따른 집행보호는 고려될 수 없다. 앞에서 언급한 바와 같이 이 규정에 따른 집행보호신청이 있으면 집행에 관한 채무자의 기본권(예를 들면 인간존엄, 일반적 인격권, 생명권과 신체를 훼손당하지 않을 권리, 주거의 불가침, 재산권)과 집행의 거절과 관련된 채권자의 기본권(예를 들면 재산권, 공권력에 의한 권리침해에 대항하는 소권의 보장) 사이에 이익형량이 필요하다. 이러한 이익형량에 반하는 강제집행은 헌법상의 비례의 원칙과 채무자의 일반적 인격권에 대한 침해가 된다는 것이 독일 헌법재판소의 판례이다.[50]

라. 물건의 인도집행의 연기

법 제765a조 제2항에 따르면 집행관에게 위에서 설명한 동조 제1항 제1문의 요건이 소명되고 집행법원이 적시에 채무자를 소환할 수 없는 경우에는 집행관은 집행법원의 재판이 있을 때까지 1주일의 기간 내에서 물건의 인도집행을 연기할 수 있다. 이에 관한 독일 집행관 업무지침 제65조의 내용은 다음과 같다. (i) 집행관은 물건의 인도를 위한 집행(제127조 내지 제132조)을 법 제765a조 제2항에 따라 연기할 수 있다. (ii) 집행관이 강제집행을 연기하면, 집행관은 채무자에게 그가 1주일이 경과하기 전에 집행법원으로부터 집행정지결정을 얻지 못한다면 집행이 실시된다는 것을 지적하여야 한다. 동시에 집행관은 채무자에게 집행면탈의 형사법적 책임에 관해서도 알려야 한다(§ 288 StGB).

Ⅱ. 일본

버블붕괴 후 민사집행사건 증가에 따른 대책의 일환으로 2004년 법률 제134호 '담보물건 및 민사집행제도의 개선을 위한 민법 등의 일부를 개정하는 법률'을 통하여 부동산 등의 인도(명도) 강제집행 절차에 관하여도 중요한 개정이 있었다. 그 첫 번째가 명도의 최고(부동산의 인도 또는 명도의 최고)의 법정화(당사자항정 효력부)이고, 두 번째가 목적 외 부동산 즉시 매각제도의 도입이며, 세 번째가 집행관의 조사권한의 명시적인 규정이고, 네 번째가 점유자 등에 대한 진술거절죄의 신설이다. 그 밖에 2005년의 집행관의 원조청구제도 개선도 있다.[51] 집행의 균질화, 신속한 집행,

50) BVerfGE 52, 220; BVerfG NJW 1994, 1272.

51) 일본에서의 집행방해 대책과 최근의 집행관련법 개정의 개요에 관하여는 今井和男, "最近の執行妨害をめぐって", 新民事執行實務 No.6, 民事法研究會(2009), 20-21 참조.

집행비용의 저렴화, 집행방해자의 배제 등을 목적으로 법을 정비함으로써 명도집행의 실효성 확보를 꾀한 것이다.

이는 저렴하고 신속한 집행을 먼저 염두에 둔 것이라고 할 수 있지만, 집행과정에서의 불필요한 마찰방지와 당사자들 사이의 이해관계 조정 등 또한 함께 염두에 둔 것이므로, 아래에서는 위 내용들을 중심으로 일본 현행법체재 하에서의 부동산인도(명도) 절차를 개괄적으로 살펴본다.

1. 부동산 명도(인도)집행절차[52)]

가. 부동산의 명도집행절차에 있어서 명도의 최고

집행관은, 부동산의 명도집행 신청이 있는 경우 당해 강제집행의 개시요건이 갖추어졌다고 판단한 때에는 당해 부동산의 인도 기한을 정한 뒤 명도의 최고를 할 수 있다(일 민집 제168조의2 제1항).

종래의 집행관 실무에 있어서 채무자에 대하여 임의 명도를 촉구하기 위해 행해지던 최고를 법정화하고, 최고가 이루어진 경우에는 그 후 점유자의 변동이 있다고 하더라도, 일정 기한(인도 기한) 내에 한하여, 채권자는 새로운 절차를 거칠 필요 없이 당해 점유자에 대하여 명도의 강제집행을 할 수 있는(당사자 항정효) 것으로 하였다.

명도 최고는 반드시 거쳐야 하는 것은 아니고, 강제집행을 할 수 있는 상황 하에서 임의의 이행이 기대된다고 판단되는 경우에 행할 수 있다. 당해 부동산에 찾아가 채무자를 만날 수 있었던 경우, 부재의 경우라도 당해 부동산의 이용 정도 등에 비추어 명도를 최고하는 것이 상당하다고 판단되는 경우 등에 행하게 된다.

1) 명도의 최고

명도의 최고는 불가피한 사유가 있는 경우를 제외하고는, 부동산 등의 인도 또는 명도의 강제집행 신청이 있은 날로부터 2주간 이내에 실시한다(일 민집규 제154조의3). 불가피한 사유로는 예컨대 명도집행을 위하여 현장에 찾아갔으나, 열쇠를 열기가 어려워 건물 안에 들어갈 수 없었던 경우 등을 생각할 수 있으나, 규정의 취지에 비추어 불가피한 사유를 넓게 해석하지는 않는다.[53)]

---

52) 執行官實務研究會 編, 執行官實務の手引[第2版], 民事法研究會(2016), 129-168을 토대로 정리하였다. 그 밖의 관련 절차에 관해서는 執行官提要(第5版), 最高裁判所 事務總局(2009); 執行官事務に関する協議要錄(第4版), 最高裁判所 事務總局(2012)가 자세하다.

53) 執行官實務研究會 編, 執行官實務の手引[第2版], 民事法研究會(2016), 131.

명도의 최고는 필수적 요건이 아니고, 집행관은 어디까지나 강제집행을 개시할 목적으로 현장에 찾아가 채무자의 점유인정을 한 후에, 현장의 상황에 따라 비로소 최고의 절차를 선택할 수 있는 것이므로[처음부터 당연히 최고인 것은 아니다(일 민집 제168조의2 제1항)]. 집행관으로서는, 첫 방문 자체를 명도 최고의 강제집행 신청이 있었던 날부터 가능한 한 조속히 실시하여야 하고, 첫 방문 일시도 '최고일시'가 아닌 '강제집행 개시일'로서 실시한다.

2) 인도 기한

명도의 최고 시에는 인도 기한을 정하여 행하지 않으면 안 된다(일 민집 제168조의2 제1항). 그리고 이 인도 기한이 경과할 때까지의 기간 동안에는 당사자항정효가 부여되어, 명도의 최고 후, 인도 기한이 경과할 때까지의 사이에 점유자 변동이 있었다고 하더라도, 채권자는 승계집행문을 받을 필요 없이, 당해 점유자에 대하여 강제집행을 실시할 수 있다(동조 제6항). 인도 기한의 창설은, 명도의 최고의 법적 효과의 중핵이라고 할 수 있다.

종래, 임의이행 최고가 운영의 묘를 발휘하여 원활한 집행에 기여하여 왔지만, 한편으로 최고에 어떠한 법적근거, 법적효과가 없었기 때문에, 최고를 기회로 채무자가 점유를 이전해 버린 경우, 새로운 점유자를 채무자의 점유보조자로 인정할 수 있지 않는 한, 단행 실시일에 집행불능이 되는 경우가 적지 않게 발생하여 왔는데, 인도 기한을 정함에 따라 이러한 폐해가 해소되었다.

가) 원칙으로서 인도 기한

인도 기한은, 원칙적으로 최고가 있었던 날로부터 1월이 경과한 날로 한다(일 민집 제168조의2 제2항). 명도 최고가 실시된 시점에 인도 기한은 자연스럽게 그 날부터 1월이 경과한 날로 정해지게 되는 것이다.

여기서 규정하는 '인도 기한'은 그 용어에서 채무자에 대한 인도 유예기간으로 파악되기 쉬우나, 입법취지에 비추어 볼 때 당사자항정효가 미치는 기한으로 해석된다.[54] 명도 최고에 있어서 채무자에게 부여되는 당해 부동산에 관한 채권자에 대한 명도까지의 유예기간은 명도 최고가 있었던 날로부터 단행 실시예정일(일 민집규 제154조의2 제2항 참조)까지의 사이이다. 종래 실무에서는 채무자의 점유는 인정되지만 실제 생활하고 있는지 의심스러우나, 임의이행 최고에 의해 임의이행 가능성을 부

54) 執行官實務研究會 編, 執行官實務の手引[第2版], 民事法研究會(2016), 132.

정할 수 없는 경우 등에는 최고 후 2~3주 사이에 강제집행을 실시하는 예가 있었는데, 그러한 경우를 개정법이 부정하는 것은 아니다. 예컨대, 3월 1일에 건물 명도의 강제집행을 위해 당해 건물에 방문하여, 현장의 상황 등에 비추어 명도 최고를 하기에 적당하다고 생각되는 경우이지만, 3주 후에는 단행을 실시할 수 있다고 판단하여 명도의 최고를 행한 경우, 인도기한을 4월 1일로 정한 뒤, 단행 실시예정일로 채무자에 대한 명도 최고일로부터 3주가 경과된 날의 다음 날인 3월 16일로 고지하게 된다. 채무자에게 부여된 명도까지의 유예기간은 어디까지나 단행 실시예정일의 전날인 3월 15일까지이고, 인도 기한으로 정해진 4월 1일까지가 아니다.

나) 인도 기한이 일요일 등에 해당하는 경우

인도 기한을 정함에 있어서, 명도 최고가 있었던 날로부터 1월을 경과하는 날이 일요일 등에 해당하는 때에, 인도 기한을 그 다음 날로 정해야 하는지 아니면 해당일로 정해야 하는지에 관해서는 운영상 통일되어 있지 않다. 예를 들어, 3월 2일(수)에 명도 최고를 실시한 경우에, 인도 기한을 4월 4일(월)로 정하는지, 아니면 4월 2일(토)로 정해야 하는가의 문제이다.

인도 기한은 당사자 항정효가 미치는 기간이고, 당사자의 이익에만 관련된 것이 아니라는 점을 고려하면, 반드시 일본 민사소송법 제93조 이하의 규정을 준용하지 않으면 안 되는 것은 아니라고도 생각할 수 있을 것이다. 일요일 등의 강제집행도 가능하다는 점을 감안하여 생각하면, 인도 기한을 일요일 등의 다음 날로 정하지 않는 실무운용도 가능하다.

3) 1월을 넘는 인도 기한의 설정(인도 기한의 신장)

위에서 본 것처럼, 인도 기한은 원칙적으로 명도 최고가 있었던 날부터 1월을 경과한 날이지만, 집행관은 집행재판소의 허가를 얻어 당해일 이후의 날을 인도 기한으로 정할 수 있다(일 민집 제168조의2 제2항 단서).

당사자 항정효가 부여된 '명도 최고가 있었던 날부터 1월을 경과한 날'은 공시의 존속 가능성을 함께 고려한 후, 실효성을 갖는 명도 집행의 필요성과 최고 후 물건의 점유를 취득할지도 모르는 선의의 제3자의 이익과의 조정을 꾀하기 위해 정해진 것이라고 해석된다는 점에서, 쉽게 1월을 넘는 날을 인도 기한으로 정하는 것은 그 취지에 반하는 것이 된다. 종전에는, 강제집행은 채권자에 이익이 되는 것이므로, 채권자가 신장을 신청하면 연장하지 않을 수 없는 것으로 운용되어 왔으나, 당사자 항정효의 도입에 따라 인도 기한은 반드시 채권자의 이익만을 위한 것이 아니게 되었으므로, 채권자의 신청이 있다는 이유로 바로 1월을 넘는 날을 인도 기한으로서 정하는 것은 상당하지 않다.

통상과 달리, 명도 최고일로부터 1월을 경과한 날을 인도 기한으로 하는 것이 곤란한 사안에 있어서는, 집행관은 집행재판소의 허가를 얻어서 1월을 넘는 날을 인도 기한으로 정하게 된다. 집행관의 판단만으로 정할 수는 없고, 집행재판소의 허가를 얻도록 한 것은, 인도 기한이 당사자항정효가 미치는 기간으로서, 선의의 제3자에게도 영향을 미치기 때문이다. 예외사례로서는, ① 필요한 노무자의 확보, 원조요청 등의 준비에 1월 이상을 요하는 대형건물인 경우, ② 목적물건이 입원환자가 있는 병원, 거주자가 있는 노인주택 등의 시설로, 그들을 받아줄 곳을 확보하는데 상당한 시간을 요하는 경우, ③ 목적물건 안에 시설수용 대상인 거동이 어려운 노인, 정신장애자 등이 있으나, 시설로 수용하는 데까지 상당한 시간을 요하는 경우, ④ 목적물건 안에 독극물 등 처리를 요하는 산업폐기물이 존재하고, 그 처리에 복잡한 절차가 필요한 경우, ⑤ 채무자에 대하여 1월을 조금 넘는 기간을 부여하면 임의이행을 하는 것이 확실하다고 생각되고, 채권자도 이를 이해하고 있는 경우 등을 상정할 수 있을 것이다. ①, ②의 예는 당초부터 집행재판소의 허가를 얻어 1월을 넘는 날을 인도 기한으로서 정하게 되는 경우이고, ③, ④, ⑤는 그 예외사유의 존재가 현장 방문 후 판명되는 경우가 많으며, 현장에서 집행재판소의 허가를 얻어 1월을 넘는 날을 인도 기한으로 정하게 되는 경우이다(다만, 현장에서 전화에 의하여 집행재판소의 허가를 구하는 방법이 상당하다고 보기 어렵다는 점은 후술하는 바와 같고, 그러한 사례에 관한 대응방안 마련이 필요하다). 하지만 ③, ④의 경우라고 하더라도 집행장소에 직접 방문하기 전에 채권자로부터의 정보수집 활동에 노력을 기울이는 것으로써(일 민집규 제154조의2 제5항 참조) 예측을 하는 것이 가능하므로, 이 경우에도 ①, ②의 경우와 마찬가지로 현장 방문 전 사전에 집행재판소의 허가를 얻는 것이 가능할 것이다.

어떠한 범위에서 기간을 신장할 것인지는 구체적인 사안에 따르게 된다. 채권자와 면밀히 협의하는 한편, 수용기관에 대한 조회결과 등에 기하여, 합리적인 기간을 집행재판소에 신청하고 정해야 한다. 또한 집행재판소에 대한 허가신청은 사안에 따라 그 개별 사안별로 구하여야 한다. 허가를 얻기 위한 대략적인 기준을 미리 집행재판소와 협의하여 두는 것은 원활한 집행을 추진하기 위해 유용할 것이다.

4) 인도 기한의 연장

당초, 명도 최고가 있었던 날부터 1월을 경과한 날을 인도 기한으로 정하였으나, 최고 후 단행 실시예정일까지의 사이나 단행 실시예정일에 사정이 변하여 단행실시를 방해하는 사유 또는 단행실시를 연기하는 것이 상당하다고 생각되는 사유가 발생함에 따라 당초 인도 기한 내에 단행을 실시하는 것이 불가능해진 경우에는, 인도 기한이 경과하기까지의 기간 동안에 한하여 집행재판소의 허가를 얻어 인도 기한을 연장할 수 있다(일 민집 제168조2 제4항). 단행 실시예정일까지의 사이에 채권자로부터 얻은 정보에 의해 연장사유가 판명된 경우와 단행 실시예정일에 현장에 방문하여 판명된 경우 등을 생각할 수 있다. 어느 경우든지 당초 인도 기한 안에 집행재판소의 허가를 얻어 새로운 인도 기한을 정하고, 인도 기한을 연장하는 내용을 기재한 공시서를 새로 게시하며, 채무자에게 변경 후의 단행 실시예정일 전날까지 임의로 목적부동산을 채권자에게 인도하도록 다시 한 번 최고하고, 새로운 공시서를 붙인다.

5) 집행재판소의 허가

가) 인도 기한 신장(伸長)의 경우

(1) 사전에 인도 기한 신장의 허가를 얻는 경우

채권자에게, 신장의 필요성 및 신장한 기한에 집행될 가능성이 있다는 점을 기재한 '인도 기한 신장 신청서' 등의 서면을 기한을 신장하는 것이 상당한지 여부의 판단에 사용될 자료를 첨부하여 제출하게 한다. 그 첨부서류를 통하여 집행관이 인도 기한을 신장하는 것이 상당하다고 인정한 경우, 집행관이 인도 기한 신장 허가신청서를 작성하여 최고의 전날까지 집행재판소의 허가를 얻는다.

인도 기한 신장 허가신청서는 ① 최고의 예정일, ② 신장을 구하는 기한, ③ 신장의 필요성, ④ 신장한 기한에 집행될 가능성 등이 빠지지 않고 기재될 수 있도록 하는 것이 바람직하다(서식례 2-28).

(2) 목적 부동산 현장 방문 후, 명도 최고 시에 1월 이내의 단행이 곤란한 상황이 판명된 경우

목적 부동산에의 현장 방문 후, 명도 최고를 실시할 때에 비로소 1월 이내에 단행하는 것이 곤란한 사정이 판명된 경우에는, 그 자리에서 신장허가를 집행재판소에 대하여 구하는 것이 아니라, 원칙적으로 법정의 1월 인도 기한과 1월 이내에 단행 실시예정일을 정해두는 것이 상당하다. 왜냐하면, 최고 현장에서 전화로 집행재판소에 인도 기한 신장의 허가를 구하는 것은 신장의 필요성 및 신장한 기한 안의 집행

가능성 등에 관하여 집행재판소에 충분한 자료를 제시하는 것이 곤란하고, 무엇보다도 집행재판소와의 사이에서 원활한 연락을 취할 태세를 갖출 수 있는지가 의문이기 때문이다.

일단 원칙적으로 처리를 한 후, 명도 최고의 현장에서 채권자에게 인도 기한 및 단행일의 연장 신청이 가능하다는 취지를 설명해 두고, 나중에 채권자로부터 연장의 필요성 및 연장한 기한 안의 집행 가능성을 기재한 인도 기한 신장 신청서를 제출받아 집행관이 인도 기한을 연장하는 것이 상당하다고 인정하는 경우 집행관이 인도 기한 연장 허가신청서를 작성하여 집행재판소의 허가를 얻는다.

인도 기한 연장 허가신청서에는 (1)항의 인도 기한 신장신청서와 마찬가지로 ① 인도 기한, ② 연장을 구하는 기한, ③ 연장의 필요성 및, ④ 연장한 기한에 집행될 수 있는 가능성 등을 기재해 둔다(서식례 2-28).

나) 인도 기한 연장의 경우

(1) 인도 기한을 정한 후, 당해 기한까지 사이에 연장을 요하는 사유가 발생한 경우

인도 기한을 정한 후, 사정이 변하여 인도 기한 내의 단행이 곤란해진 경우 또는 인도 기한 내의 단행이 상당하지 않은 것으로 보이는 경우에는, 집행관은 집행재판소의 허가를 얻어 인도 기한을 연장할 수 있다(일 민집 제168조의2 제4항).

연장 허가를 구하는 방법은 전술한 가)의 (2)항과 마찬가지이다.

연장의 허가를 얻은 경우, 집행관은 현장에 방문하여 연장 후의 인도 기한을 정하고, 재최고를 행하며, 단행 실시예정일을 정하고, 변경 후 인도 기한을 공시한다.

(2) 단행일 현장 방문시, 인도 기한까지 단행이 곤란한 상황임이 판명된 경우

명도 최고 시에는 판명되지 않았으나, 단행일에 현장에 가서 비로소 인도기한 내에 단행하는 것이 곤란한 상황이 생겼음이 판명된 경우에도 원칙적으로 채권자로부터 인도 기한 연장 신청서를 제출받아 집행관이 집행재판소에 연장 허가신청서를 제출하여 인도 기한 연장 허가를 구한다.

하지만, 예컨대 단행일의 다음 날이 인도 기한이기 때문에 서면에 의한 인도 기한의 연장신청을 구하여서는 재최고, 재공시를 행하는 것이 불가능한 경우로서, 연장의 필요성 및 연장한 기한 안에 집행될 가능성이 명확한 경우에는 불가피하게 현장에서 인도 기한 연장 허가를 구할 수밖에 없을 것이다. 이러한 예외사유에도 대비하여, 미리 현장에 있는 집행관과 집행재판소 사이의 연락망을 구축해 둘 필요가 있다(위에

서 본 바와 같이, 이러한 사태가 발생하지 않도록 단행 실시예정일을 지정함에 있어 인도 기한의 수일 전으로 지정하는 것이 적절하다).

6) 인도 기한과 단행실시일

가) 단행 실시예정일의 지정

인도 기한은 2004년 개정 법률에서 새롭게 창설된 개념으로, 당사자 항정효가 있는 기간으로서, 단행 실시예정일과는 다르다.[55] 인도 기한이 경과한 후의 날을 단행 실시예정일로 정하고, 당해일에 단행을 하였더라도 채무자가 점유하고 있는 한 그 명도 집행이 위법하게 되지 않는 것은 물론이다. 그렇다고 해서 단행 실시예정일을 정함에 있어서 인도 기한을 감안하지 않아도 되는 것은 아니다.

통상적인 사안에서, 명도 최고일로부터 1월 이내에 단행이 이루어지지 않는 것은 신속한 집행의 요청상 적절하지 않다. 따라서 인도 기한과 단행 예정일의 개념이 다른 것에 대해 특별한 의미를 두어야 할 것은 아니다. 집행관으로서는 가령 불가피하게 단행실시가 인도 기한 후가 될 수밖에 없는 경우에는 집행재판소의 허가를 얻어 (물론 신장 또는 연장을 할 합리적 이유가 있는 것을 전제로 하여), 인도 기한을 신장 또는 연장한 뒤에 인도 기한이 경과할 때까지의 사이의 날을 단행 실시예정일로 정하여야 한다. 점유자가 바뀌는 위험을 고려해서라도 인도 기한을 무시하고 단행 실시예정일을 정하는 일이 있어서는 안 된다.

나) 인도 기한 경과 후의 단행실시

위 가)에서 본 바와 같이, 인도 기한 경과 후의 단행은 당사자 항정효가 미치지는 않지만, 그렇다고 위법한 것은 아니다. 명도 최고는 한 사건 당 1번에 한정된다고 해석함이 상당하며, 인도 기한의 신장 또는 연장의 허가사유가 없고, 인도 기한 내에 단행하지 못하여 불가피하게 인도 기한 경과 후로 단행 실시예정일을 정한 경우에는 당해일은 이미 당사자 항정의 효력이 상실되어 있다는 점에 주의할 필요가 있다. 새롭게 점유인정을 해야 하고, 채무자가 계속하여 점유하고 있는 것을 인정한 후에, 단행하지 않으면 안 된다. 강제집행조서 상으로도 점유인정을 한 취지의 기재가 필요하다.

7) 최고 등의 공시

명도 최고의 당사자 항정효는 당연히 당해 최고의 내용을 공시하는 것에 의하여 발생한다(일 민집 제168조의2 제3항, 제4항).

---

55) 執行官實務硏究會 編, 執行官實務の手引[第2版], 民事法硏究會(2016), 138.

가) 공시의 내용

공시의 내용은, ① 명도 최고를 한 것, ② 인도 기한, ③ 채무자가 채권자 이외의 자에게 부동산 등의 점유를 이전하는 것을 금지한다는 것 세 가지이고, 이들을 공시서에 기재하는 것이 필요하다(동조 제3항).

인도 기한을 연장하는 경우에는 ① 인도 기한의 변경이 있었다는 것, ② 변경 후의 인도 기한을 공시하여야 한다(동조 제4항).

또 공시서에는 위 내용 외에 공시서의 손괴에 대해 법률상의 제재 기타 집행관이 필요하다고 인정하는 사항을 기재할 수 있다(일 민집규 제154조의3 제2항, 제27조의3 제2항). 이 규정은 종래의 공시서도 '주의'라고 모두에 기재한 다음, 이어서, 예컨대 "아래 가처분 물건의 처분, 공시서의 손괴 등의 경우 형벌에 처해진다.", "상기 부동산을 침입 또는 점유하거나, 공시서를 손괴한 자는 형벌에 처해진다." 등의 주의사항을 기재하고 있었으나, 이들 기재가 가능한 법적 근거를 확인적으로 명확히 한 것이다.[56] 이와 관련하여 "공시서를 손괴하거나 한 자는, 형벌에 처해진다."는 것을 기재하는 것으로 충분하지만, 예컨대 인도 기한보다 전에 단행 실시예정일을 설정하는 경우에는 당해 단행 실시예정일을 주의적으로 기재해 두는 것이 단행실시일의 혼란을 피하는 데에도 유용할 것이다. 하지만 '인도 기한'의 용어가 채무자에게 부여된 명도 이행의 유예기간으로 이해되는 경우가 많고, 채무자에 대하여 '주의서(서식 2-27)' 등을 교부하여 충분한 설명을 하더라도, 오해가 발생하기 쉽다는 점에서 공시서에 기재하는 '인도 기한'에 관해서는 민사집행법 제168조의2 제2항에 '인도 기한(명도 최고에 기초하여 제6항의 규정에 의한 강제집행을 행할 수 있는 기한)'이라고 정하고 있는 것에 착안하여, "금일 이후, 아래 물건의 점유의 이전이 있는 때에는, 평성 년 월 일이 경과할 때까지의 사이에는 채무자 이외의 점유자에 대하여 본건 강제집행을 할 수 있다(민집 제168조의2 제3항, 제2항, 제6항)."라는 문구를 사용하는 곳도 있다.[57]

공시서는 성질상 넓게 제3자를 상대로 하고 있다는 점에서 자연스러운 말투를 사용한다. 이에 대하여 단행 실시예정일의 지정은 채권자 및 채무자에 대하여 행해지는 것이기 때문에, 채무자에게는 '최고서'에 필요한 사항을 기재한 후(서식 2-29) 이를 교부하거나(유치하는 경우), 조서에 기재하여 채무자에 송부하는 방법으로 고지한

56) 最高裁判所 事務總局 監修, 條解 民事執行規則(第3版), 司法協會(2008), 125.
57) 執行官實務硏究會 編, 執行官實務の手引[第2版], 民事法硏究會(2016), 140.

다. 채권자에게는 구두로 고지한다.

공시서에는, 명도 최고를 한 취지, 인도 기한(명도 최고에 기초하여 강제집행을 행할 수 있는 기한), 채무자가 채권자 이외의 자에게 부동산 등의 점유를 이전하는 것을 금지한다는 내용을 공시하여야 한다(민집 제168조의2 제3항). 공시서에는 집행관이 필요하다고 인정하는 사항도 기재할 수 있다(민집규 제154조의3 제2항, 제27조의3 제2항).

나) 공시의 방법

공시는, 당해 부동산 등이 소재하는 장소에 공시서 기타 표지를 멸실되거나 파손되지 않는 방법으로 게시하는 방법에 의한다(민집규 제154조의3 제2항, 제27조의3 제1항).

명도 최고에 당사자 항정효를 부여하는 전제로서, 당해 부동산에 관하여 명도 최고를 하고, 인도 기한이 정해졌다는 내용을 공시하는 것은 불가결하다. 공시를 당사자 항정효의 종기까지 계속 유지시켜 그 기능의 실효성 확보를 꾀하는 것이 필요하다는 점은 공시 보전처분 집행의 경우와 다르지 않으므로, 명도 최고의 공시방법에 관하여 공시 보전처분 집행 시의 그것이 준용되고 있다(민집규 제154조의3 제2항, 제27조의3).

(1) 건물의 경우

건물의 경우는, 공시서를 라미네이트 필름 또는 그와 유사한 비닐 봉투 등에 담아 그 주변을 테이프로 붙이는 등으로 공시서가 파손되지 않도록 하고, 건물 안의 적합한 장소에 양면테이프로 멸실되지 않도록 부착한다. 인도 기한의 신장 등의 여지가 없는 경우라면, 미리 인도 기한을 기재하여 라미네이트 처리 후 현장 방문도 생각할 수 있다.

(2) 토지의 경우

토지의 경우에는, 마찬가지로 공시서를 베니어판 등에 양면테이프로 훼손되지 않도록 부착하여 이를 입간판 등에 붙이는 등 입찰의 경우에 준하는 방법으로 공시한다.

8) 명도 최고와 관련된 문제점

가) 강제집행정지와 인도 기한

부동산명도의 최고 후, 채무자로부터 강제집행정지문서가 제출된 경우, 당해 부동산에 관하여 이미 정해진 인도 기한이 영향을 받는지 아닌지 문제된다.

집행정지결정은 인도 기한에 영향을 미치지 않는다고 해석된다.[58] 즉, 인도 기한 내에 집행정지사유가 해제되고 집행절차의 속행이 가능하다면, 당사자 항정효는 유지되고, 인도 기한 내에 집행정지가 해제되는 일 없이 그 기간이 경과한 경우에는 인도 기한은 실효하게 된다. 집행정지결정이 있는 것을 이유로 인도 기한이 연장되는 것은 모순(인도 기한은 강제집행을 개시할 수 있는 요건이 구비되어 있는 것을 전제로 하는 것이다)이고, 결국 인도 기한은 연장되는 일 없이 경과될 수밖에 없기 때문이다.

따라서 인도 기한 경과 후에 집행정지사유가 해제된 경우는 당초의 당사자 항정효가 실효되어 있고, 인도 기한 경과 후의 단행 실시와 마찬가지의 상황이기 때문에, 채무자가 계속 점유하고 있는 것을 인정한 뒤 바로 단행하게 된다.

그런데 명도의 최고는 동일 사건에 관하여 1회에 한정된다고 해석하여야 하는 바, 집행정지결정에 기한 인도 기한의 도과는 채권자의 의도에 기인하는 일 없이 당연히 발생하는 것이고, 신속한 집행의 실현을 고의로 방해하는 것은 아니라는 점에서, 집행정지가 해제된 시점에 다시 집행개시 가능한 상황 하에 놓인다고 간주되며, 다시 통상의 부동산 인도 집행절차를 개시하게 된다는 견해도 있다. 이 경우(인도 기한 경과 후에 집행정지사유가 해제된 경우)에는 당초의 당사자 항정효가 실효되어 있다는 점에서 새롭게 점유인정이 필요하고, 그에 더하여 다시 인도 기한을 정하여 최고한 뒤에, 바로 단행하게 된다.

나) 명도 최고와 집행신청의 취하

부동산 명도 최고를 실시하고, 공시한 후에 부동산 명도집행신청이 취하된 경우, 공시서 자체는 인도 기한이 경과하는 것으로 의미 없게 된다는 점에서(신청의 취하에 의해 반드시 실효된다) 취하가 이루어진 이상 채무자에게 손해가 발생하는 일은 없다. 하지만 명도 최고에 집행법상의 효과가 부여된 이상, 그것이 강제집행의 개시에는 이르지 않더라도, 그 행위에 의해 집행법상의 절차가 개시되는 것은 틀림없다. 엄격하게 말하면 일본 민사집행규칙 제154조의 요청인지는 의문이지만, 그에 준하여 채무자에게 취하가 되었음을 통지한다(서식례 2-40). 채무자는 그 통지에 의하여 비로소 공시서를 제거해도 된다는 것을 알게 된다.

58) 執行官實務研究會 編, 執行官實務の手引[第2版], 民事法研究會(2016), 141-142.

다) 건물철거 토지명도 집행사건과 당사자 항정효

건물철거 토지명도 집행사건은, 토지명도 집행사건의 전형적인 사례라고 할 수 있으나, 그 집행에 있어서 ① 일본 민사집행법 제168조의2의 최고를 하여야 하는가, ② 최고를 한다면 그 효과는 어느 범위에까지 미치는가가 문제된다.

건물철거 토지명도의 채무명의는 건물을 철거한다는 '하는 채무'와 토지를 명도한다는 '주는 채무'가 통합되어 있다고 볼 수 있으나, 민사집행법 제168조의2에 의해 당사자 항정효가 부여되는 '최고'는 '부동산의 인도 또는 명도'의 최고이다. 따라서 토지명도집행에 관하여 명도의 최고를 하는 것이 된다. 건물철거 토지명도의 집행을 위해 당해 부동산 현장에 방문하여, 채무자에 대하여 건물을 철거하고 토지를 채권자에게 명도하여야 한다고 최고하더라도, 건물철거에 관한 최고는 사실상 임의의 이행을 촉구하는 데에 그치고, 당사자 항정효가 미치는 것은 토지명도의 최고에 관해서이다. 공시서에도 토지명도에 관한 인도 기한이 정해져야 하고, 점유이전금지의 효과가 미치는 범위도 자연스럽게 토지에 한정하는 것이 된다. 또한 토지명도의 최고라고 하더라도, 사실행위로서는 건물의 철거를 하는 것이 주된 것이고 건물철거가 행해지는 것이 바로 토지 명도라는 것을 생각한다면, 공시서는 당해 건물(토지의 점유자는 건물의 소유자이다)에 게시하여 두는 것이 상당하다.

토지명도집행에 관하여, 당사자 항정효가 작동하여, 실제로 건물철거 토지명도 집행을 하는 경우에 그 효력은 어떻게 미치는지가 위 ②의 문제이다.

건물의 존재가 토지의 점유라는 것은 명확하고, 건물의 소유자가 토지의 점유자라는 것에 관해서는 의문이 없으며, 그에 대하여 토지명도 최고의 효과가 미치는 것이 되지만, 그것은 그가 건물 소유권을 이전하는 것에 대한 제약은 아니고, 어디까지나 토지의 점유이전에 관한 제약이다. 바꿔 말하면, 건물을 소유하고 그 건물을 현재 이용하고 있는 건물소유자는 건물을 소유하는 것으로 토지를 점유하고 있는 것과 마찬가지로, 건물을 이용하는 것으로 토지를 점유하고 있다고 해석하는 것이 가능하나, 토지명도의 최고 효과가 미치는 것은 후자의 점유 이전에 관해서이다. 건물을 스스로 이용하고 있는 건물소유자에 대한 토지 명도 최고의 효력은 건물의 이용을 이전하는 것을 금지하는 것에 한하여 미친다고 해석된다. 즉, 그는 소유권을 이전하는 방법 이외의 방법에 의한 건물의 점유이전을 금지당한다. 건물철거 토지명도 집행에 있어서 토지명도 최고의 효과는 그 최고 후에 건물 소유권을 취득하여 그 건물에서 거주하고 있는 점유자, 그 최고 후에 건물소유자로부터 그 건물의 이용권을 얻어 이용하고 있는 점유자에 대한 건물퇴거집행의 범위에서 미치게 된다. 건물철거의 부분에 관해서는 토지명도 최고는 어떠한 효력도 미칠 수 없다. 건물철거에 관해서는 집행재판소가 집행기관이 되고, 수권결정에 의해 집행은 완료하게 된다. 집행관은 대체집행을 실시하는 것으로 된다.

하지만 건물철거 토지명도 집행에 있어서 수권결정 후에 채무자가 건물 소유권을 제3자에게 이전한 경우에는 최고 후에 소유권을 이전한 경우도 포함하여 종전대로 건물철거 토지명도의 채무명의에 관하여 승계집행문을 얻어 그에 대하여 수권결정을 얻은 후, 집행하게 된다.

라) 건물퇴거 토지명도 집행사건과 당사자 항정효

건물퇴거 토지명도의 채무명의는, 건물을 이용하고 있는 자는 건물을 통해 토지 자체를 점유하고 있다는 견해에 기하여 토지소유자로부터의 건물이용자(건물소유자가 아니고 직접적으로는 토지를 점유하는 자가 아니다)에 대한 토지명도청구를 인정하게 되는 것이 된다. 그렇다면, 건물퇴거 토지명도 채무명의의 채무자가 부담하는 채무는 현상태에서 건물을 명도하는 것에 다름 아니지만, 법적으로는 토지를 명도하는 것이 된다. 그리고 토지명도 최고의 효력은 건물을 이용하는 방법에 의한 토지의 점유이전에 미치는 것이므로, 결국 건물 점유이전 금지의 범위에서 효력이 미치게 된다. 건물퇴거 토지명도의 채무명의의 채무자가 토지의 명도 최고를 받은 후, 인도 기한까지의 사이에 그 건물을 전대한 경우 그 전차인에 대해서는 인도 기한 안인 한 당초의 채무명의에 기하여 강제집행을 할 수 있다.

마) 건물철거 토지명도 집행과 건물퇴거 토지명도 집행

건물철거 토지명도를 구하는 토지소유자는, 동시에 당해 건물이용자에 대하여 건물퇴거 토지명도를 구하는 것이 된다. 건물이용자의 건물퇴거의무는 건물소유자가 건물철거의무를 부담하게 된 것에 따른 수인의무에서 발생하는 것이고, 바로 토지소유자에 대하여 부담하는 것이 아니라는 것을 이유로, 건물철거집행과 동시에 이루어진 것이 아니라면 단독으로 건물퇴거 토지명도 집행을 행하는 것이 불가능하다는 견해가 유력하고, 실무의 대세도 그 견해에 따라 운용되고 있다.

애초에, 건물철거 집행과 동시에 이루어지는 것이 아니라면 퇴거집행이 불가능하다고 하는 것은 건물점유자에 대한 퇴거 판결은 건물철거의 수인의무에 기하여 인정된 것이고, 건물철거가 행해지지 않는다면 건물에서 퇴거할 의무는 존재하지 않는다는 전제 없이는 성립하지 않는다는 것이나, 실제로 퇴거집행에서는 건물의 점유 해방

만이 가능하여 무주물 점유상태를 작출한 채로 하는 것은 불가능하기 때문이다.

다만, 건물철거 집행이 현실적으로 담보되면 충분한 것으로, 퇴거집행 후에 이어서 건물철거를 실시하는 것이 명확한 경우(철거공사의 발주서나 견적서 등, 건물소유자의 인감증명서가 첨부된 '철거에 관한 동의서' 등의 제출 등이 있었던 경우) 등은 예외적으로 퇴거집행만의 신청을 인정하게 되고, 그 이외의 퇴거집행만의 신청의 경우는 철거집행의 신청도 촉구한다.

바) 명도 최고 후에 부동산을 점유한 자에 대한 강제집행

최초 현장 방문 시에, 인도 기한을 정하여 명도의 최고절차(공시서의 부착 등)를 행한 후, 단행 실시예정일에 방문한 결과, 채무자 이외의 제3자가 점유하고 있는 경우, 그 점유자에 대해서는 민사집행법 제168조의2 제8항에 의한 추정이 인정되고, 동조 제6항에 따라 점유자를 채무자로 하여 강제집행을 실시한다.

9) 최고와 조서

명도 최고가 이루어진 경우는, 그 취지를 조서에 기재하여 둔다. 또한 인도 기한이 연장되어 다시 최고가 이루어진 경우도 그 취지를 조서에 기재한다(서식례 2-32).

나. 목적 외 동산의 즉시 매각 등

인도 또는 명도의 강제집행을 할 때에 목적물이 아닌 동산을 채무자, 그 대리인 또는 동거 친족 혹은 사용인 기타 종업원으로 상당한 자에게 인도하는 것이 불가능한 경우 그 동산의 매각방법에 관하여, 종전의 매각방법 외에 새롭게 최고재판소 규칙에서 정하는 방법을 추가하도록 하였다(일 민집 제168조 제5항 참조).

종전의 실무에서는, 목적 외 동산에 관하여 무가치물이라고 인정되는 것을 제외하고는 원칙적으로 창고 등을 확보하여 이들을 포장, 반출, 반입하여, 일정 기간 보관하지 않으면 매각하는 것이 불가능하였으나, 그 비용이 사실상 채권자에의 부담이 된다는 점에서 채권자의 부담이 컸다. 그 실정을 개선하고 목적 외 동산의 보관매각의 기본적인 절차 외에 즉시매각 등의 규정이 신설되어 집행비용의 저렴화를 꾀하였다.

1) 즉시매각 결정(단행실시일에 매각하는 취지의 결정) (일 민집규 제154조의2 제2항)

명도 최고를 실시한 때에, 단행 실시예정일의 목적 외 동산으로서 채무자 등에게 인도하는 것이 불가능한 것이 발생한 때에는 당해 실시예정일에 이들을 단행현장

에서 매각한다는 취지로 결정하고, 당해 실시일에 이들을 매각하는 방법이 인정되었다.

집행관이 명도 최고를 할 때에 당해 건물 내에 있는 목적 외 동산의 개요를 파악하고, 단행 실시예정일에 매각하는 것이 적합한지 여부를 판단한다. 이 결정은 조서 상에 기재하면 충분하고(서식례 2-32), 공고도 종전의 공고와 마찬가지의 방법으로 행하면 충분하다. 또한 공고에 표시하여야 할 '매각하여야 할 동산'에는 '민사집행법 제168조 제5항에 의한 인도가 불가능한 동산' 등으로 표시한다.

다만 목적 외 동산이 단행실시일에 바로 매각된다는 것은 채무자에게 그 취지를 이해시키지 않은 경우 채무자가 사실상 목적 외 동산을 반출할 기회 없이 소유권을 상실하는 결과가 된다는 점에 유의할 필요가 있다. 명도 최고 시에 채무자가 집에 있다면 충분히 그 취지를 설명하고, 집에 없는 경우에는 임의이행 최고서에 이해하기 쉽고 명료한 설명문을 포함하여 채무자에게 현실적으로 그 취지를 알릴 방안을 강구하여야 한다.

명도 최고 시에 이 같은 결정을 하는 판단기준을 획일적으로 정하는 것은 곤란하고, 채무자의 생활실태, 목적 외 동산의 질과 양, 채무자 등에 의한 인수 가능성의 유무, 원활한 집행의 확보 등 여러 요소를 종합적으로 감안하여 판단한다.

이 제도의 도입에 의해 집행비용의 경감화에 중대한 관심이 있는 채권자는 모든 경우에 이 방법으로 처리하기를 기대하지만, 집행관은 어디까지나 이 방법으로의 매각이 적절한 사안인지 여부를 객관적으로 판단하여야만 한다.

2) 단행기일 즉시매각(일 민집규 제154조의2 제3항)

명도 최고 시에는 단행 실시예정일에 있어서 목적 외 동산의 매각을 결정하지 않았으나, 단행실시일에 목적 외 동산을 그 날에 그 장소에서 매각하는 것이 적당하다고 집행관이 인정한 경우에는, 공고를 요하지 않고 당일 매각을 할 수 있다. 즉, 명도집행을 실시하는 날에 있어서 채무자 등에게 인도하는 것이 불가능한 목적 외 동산이 발생하고, 상당한 기간 내에 이들이 당해 동산을 인수할 가능성이 없다고 판단되는 때에는, 당일 당해 동산을 매각할 수 있다. 그리고 그 경우, 경쟁 매각 공고도 필요없다(일 민집규 제154조의2 제3항 후단).

이 경우로서 상정 가능한 것은, 명도 최고의 단계에서는 단행 실시예정일 매각 결정을 하지 않았으나, 단행실시일에 확인하여 보니 대량의 목적 외 동산이 반출되어 잔여 목적 외 동산에 관해서는 그 종류, 내용에 비추어 채무자 등이 다시 이를 가지러 올 가능성도 거의 없고, 또한 인도를 위하여 통지를 하는 데에도 채무자의 소재가 불분명하는 등으로 인수할 가능성이 없다는 개연성이 상당한 정도로 높은 경우로서, 잔존하는 물건의 질, 양에 비추어 당일 매각실시에 적합하다고 판단되고 매수 희망자가 현장에 존재하는(통상적으로는 채권자가 될 것이다) 경우이다.

또한 강제집행을 위해 최초 목적 건물에 현장 방문한 결과, 빈 집과 마찬가지의 상태로, 채무자의 점유는 인정되지만 실 생활실태가 인정되지 않고, 장기간 아무도 출입하지 않은 것으로 보이는(채무명의도 공시송달에 의하는 등) 경우에는, 명도 최고를 요하지 않고 당일 단행하는 것도 가능하다고 해석되나, 이 경우에도 채무자 등이 목적 외 동산을 수령할 의사를 표할 것이라고는 인정하기 어렵다는 점에서 목적 외 동산의 매각에 관하여 이 특칙을 이용할 수 있을 것이다.

다만 고가의 동산에 관해서는 이 방법에 의한 매각은 불가능하다는 점에 주의를 요한다(민집규 제154조의2 제4항). 이는 고가의 동산을 매각할 때에는 평가인을 선임하여 당해 동산의 가치를 평가하도록 하고, 적정한 가격으로 매각할 것을 요청하고 있는 일본 민사집행규칙 제111조 제1항과 같은 취지에 의한 것으로, 유류품이라고는 하더라도 고가의 동산에 관해서는 적정한 가격에 의한 매각을 실현하는 절차가 보장되어야만 하고, 채무자의 이익을 배려할 필요도 있다는 생각에 따른 것이다. 따라서 목적 외 동산의 대부분에 관해서는 당일 매각에 적합한 동산이지만 그 중에 일부 고가의 동산이 존재하는 경우, 고가의 동산을 제외한 뒤 당일 매각하고 고가의 동산에 관해서는 원칙으로 돌아가 동산 집행의 예에 의하여 매각한다(민집규 제154조의2 제1항). 즉, 고가의 동산을 집행관 보관으로 한 후에 불가피한 사유가 있는 경우를 제외하고는 보관한 날로부터 1주일 이상 1개월 이내의 날을 매각기일로 지정하여, 매각의 공고 등을 하고, 그 사이에 평가인을 선임하여 그 동산을 평가하도록 하여야 한다(일 민집규 제114조 제1항 후단, 제115조, 제111조 제1항).

3) 단행실시일부터 1주일 미만의 날을 매각기일로 하는 매각(민집규 제154조의2 제3항)

명도 최고의 경우에, 단행 실시예정일에 있어서 목적 외 동산의 매각은 결정하지 않았으나, 단행실시일의 목적 외 동산의 잔여상태 등에 비추어 채무자 등에 의한 수거도 예상되지 않지만 즉시매각의 조건은 갖추어져 있지 않고(매수신청인의 부재), 그렇다고 하여 목적 외 동산을 다른 장소에 있는 창고까지 포장, 반출, 운반하여 일정 기간 보관 후 매각할 정도의 것은 아니라고 인정되는 경우에는 1주일 미만의 날을 매각실시일로서 정할 수 있다.

명도 최고를 할 정도도 아닌 사안인 점에 비추어 당일 단행을 실시하는 경우에 목적 외 동산에 관하여 당일 매각을 하기에 적합하나, 매수신청인의 부재 등으로 당일 매각이 불가능한 경우에도 이 방법에 의한 매각이 가능하다. 이 경우, 사무처리상으로는 먼저 정한 매각기일의 매각을 중지하고, 새롭게 매각기일을 지정한다.

이 방법에 의한 경우에는, 목적 외 동산의 보관은 입법취지에 비추어 특별한 사정이 없는 한 집행장소에 보관(현장보관)하여도 문제없지만, 이 보관방법(현장보관)도 어디까지나 집행절차에 의하여 목적 부동산을 채권자에게 인도한 뒤 목적 부동산을 목적 외 동산의 보관을 위해 창고로서 사용하는 것이 되므로, 채권자의 신청 또는 승낙이 필요하고, 또한 목적 외 동산을 한 장소에 모아 목적 외 동산목록을 작성하는 등의 절차를 거칠 필요가 있다.

이 방법에 의한 매각은, 공고를 요한다는 점은 말할 필요도 없고, 또한 매각동산의 표시도 '○○○ 외 ○점'과 같이 당연히 어느 정도의 특정을 할 필요도 있다.

고가의 동산에 관해서는 이 방법에 의한 매각은 불가능하다. 그 취지는 위 2)항과 같다.

4) 동산집행의 예에 따른 매각(민집규 제154조의2 제1항, 제4항)

위 1) 내지 3)의 방법에 의한 매각이 불가능한 경우에는, 원칙대로 보관기간 중에 수거되지 않는 경우, 보관장소에서 동산집행절차상의 매각절차에 따라 매각한다.

목적 외 동산 중에 고가의 것이 포함되어 있는 경우에 그 동산에 관해서는 위 2), 3)항에 의한 매각이 적용되지 않으므로, 이 방법에 의하게 된다.

5) 경쟁 매각 조서의 기재사항(민집규 제119조)

위 4)항에 의한 매각은, 단행 후의 목적 외 동산의 매각이고 통상의 동산집행의 예에 따른다는 점에서, 통상의 경쟁 매각 조서를 작성하여야 한다는 점은 물론이나, 위 1) 내지 3)의 방법(즉시매각, 당일매각, 근접일매각)에 의한 매각이 행해진 경우에도 단행 후의 목적 외 동산의 매각(근접하여 행해지게 되나, 집행과 동시는 아니다)에 다름 아니므로, 경쟁 매각 조서를 작성하여야 한다. 목적 외 동산목록의 기재에 관하여 예외는 없다.

경쟁 매각 조서의 기재사항에 종전에 '매수인의 표시'라고 있는 부분이 '매수인의 성명 또는 명칭 및 주소'로 되었으나, 이는 2004년 개정규칙 전체에서 신청서나 조서의 기재사항에 관하여 '표시'라는 추상적인 표현을 '성명 및 주소'와 같이 표시의 방법을 명확하게 한 것이다.

6) 매수인의 조건

위 1), 2), 3)항의 방법에 의한 매각을 실시하려고 하는 경우, 매수희망자가 채권자 자신이라면 아무런 문제가 없지만, 가령 제3자[위 1)항의 경우로서 채무자로부터 매각의 실시를 들은 채무자의 지인 등]가 매수희망자로서 참가한 경우, 목적 외 동산을 매수하는 것과 동시에 반출할 수 있는 준비가 되어 있는지가 문제가 될 수 있다. 목적 외 동산을 매수한 후에도 계속 집행현장에 당해 목적 외 동산을 둔 채의 상태가 존속하게 되는 것은 채권자로서는 참기 어려운 일이다. 매수를 허가한 후에 이를 취소하는 것은 어렵기 때문에 채권자 이외의 자가 매수희망자 중에 있는 경우에는 사전에 그 사람에게 바로 당해 동산을 반출할 수 있는 준비가 되어 있는지를 확인해 둘 필요가 있다.

다. 집행관의 질문권 등(일 민집 제168조 제2항, 제205조 제1항 제3호)

종전부터 행해져 왔던 집행관의 점유자 등에 대한 질문이나 자료의 제출 요구에 관하여, 법적근거를 마련한 것이다. 점유인정의 원활화, 더욱 정확한 점유인정의 확보에 필요한 조치가 이루어진 것이라고 할 수 있다.

특히, 건물의 명도집행에 있어서는 점유인정을 방해하는 시도가 이루어지는 경우가 적지 않으나, 이 경우에도 목적 건물에 재택자가 있는 경우에는 그 사람에 대하여 점유인정에 필요한 사항에 관하여 질문을 하여 진술을 얻고, 계약서나 영수서(공공요금 공급계약의 명의) 등의 자료를 제출시키는 것으로, 진정한 점유자를 인정하는 것이 가능하다. 이 질문이나 자료제시의 요구는 종전에도 행해져 왔으나, 질문 등을 받은 측에게 대답하거나 응할 의무 등이 없었다는 점에서, 반드시 명확한 대답을 얻을 수 있는 경우가 많았다고는 할 수 없었다.

그러나 2004년의 법 개정에 따라 근거규정이 마련되었고, 게다가 질문 등을 받은 자가 채무자이거나 당해 건물을 점유하는 제3자인 경우에 그 자가 정당한 이유 없이 집행관의 질문에 답하지 않거나 허위의 진술을 하거나 문서의 제시를 거부하거나 허위의 기재를 한 문서를 제시한 때에는, 형벌에 처할 수 있도록 되었으므로, 더욱 정확한 자료를 구하기 쉽게 되었다고 할 수 있다.

라. 채권자의 협력의무(민집규 제154조의2 제5항)

부동산의 인도 등의 강제집행의 실효성을 향상시키고, 그 절차의 원활한 수행을 피하기 위해서는 채권자의 협력은 불가결하다. 2004년 개정 민사집행규칙은 집행관이 채권자에 대하여 명도 최고의 실시 또는 강제집행 개시의 전후를 불문하고, 채무자의 점유 상황, 인도 또는 명도 실현의 전망 등에 관한 정보의 제공 기타 절차의 원활한 수행을 위해 필요한 협력을 구할 수 있도록 규정하였다.[59]

1) 채권자로부터의 정보 수집

당해 부동산의 점유 상황, 채무자의 태도, 점유보조자의 구성 등의 정보에 관하여 채권자로부터 사전에 정보 제공을 받음으로써, 집행관은 다른 집행관이나 경찰 등에 대한 원조청구의 요부, 잠금장치 해제의 가능성, 입회인의 필요성 등을 판단하고 무리하지 않으면서 신속, 원활한 집행절차를 수행할 수 있다.

또한 명도 최고 후에 채권자로부터 얻고 싶은 정보로는 당초에 정한 단행 실시 예정일의 수일 전의 현장 상황 등을 생각할 수 있다. 당해 실시예정일 전 현장의 상황의 보고를 받는 것으로, 가령 그것이 당해 실시예정일에 단행하는 것이 곤란한 상황이 발생하였다는 보고라면 인도 기한의 연장의 요부를 검토하고, 인도 기한 연장 허가신청의 절차 등도 여유를 가지고 원활하게 행할 수 있다.

2) 채권자와의 사전 협의

정보의 제공을 받는 경우 문서에 의한 제공도 생각할 수 있으나, 예컨대 목적 건물 내에 거동이 어려운 노인이 거주하고 있는 경우, 채무자가 폭력행위에 나아갈 가능성이 있는 경우, 건물의 구조 등 내부의 상황 등을 알아두고 싶은 경우 등에는 직접 채권자와 면담하여, 상세한 설명을 구두로 듣고, 집행관도 필요한 사항에 관하여 채권자에게 질문할 수 있는 것이 바람직하다. 또한 목적 외 동산의 반출, 보관 등을 위한 인원 또는 창고의 확보, 목적 건물에 잠금장치가 되어 있는 경우에 대비한 전문기술자의 수배 등이 이루어져 있는지 등의 확인도 직접 면담하여 착오가 없도록 해 두어야 할 부분이다. 채권자와의 사전 협의 기회를 가지는 것도 원활한 절차에 불가결하다고 말할 수 있다.

59) 最高裁判所 事務總局, 條解 民事執行規則(第3版), 司法協會(2008), 595-596.

【書式例２－27】　注意書

注　意　書

本件建物に公示されている公示書の中に記載されている「引渡し期限」は，本日以降仮に本件建物の居住者（利用者）が貴殿（貴社）から他の者へ移転したとしても，その期限までの間であれば，貴殿（貴社）に対する債務名義（執行文が付された判決書等）に基づき，その者に対して強制執行を行うことになる期限であり，貴殿（貴社）が債権者に対して本件建物の明渡しを猶予されている期限ではありません。貴殿（貴社）が本件建物の明渡しを猶予されている期限は，催告書に，任意退去を求める期限として記載されている平成　　年　　月　　日までですから呉々も誤解のないようにしてください。仮にその日までに貴殿（貴社）が任意退去しなかったときは，平成　　年　　月　　日　　時　　分に強制執行を実施することになります。

【書式例２－28】　引渡し期限伸長・延長許可申請書

許・否	裁判官　　印

平成　　年　　月　　日

東京地方裁判所民事第21部　御中

東京地方裁判所執行官　　　　　　　㊞

引渡し期限　□伸長 □延長　許可申請書

債　権　者
債　務　者

上記当事者間の当庁平成　　年(執ロ)第　　号（□建物明渡（引渡）し□建物収去土地明渡し□　　　　　）執行事件につき，下記の事由により，本件の不動産の引渡し期限を，

平成　　年　　月　　日

とすることについて許可してください（催告実施日平成　　年　　月　　日)。

記

債権者から別紙のとおり引渡し期限の（□伸長□延長）申請が出された。

(1)　1月を超えて引渡し期限伸（延）長を必要とする事由は次のとおりである。

(2)　伸（延）長した期限内に執行を見込める事由は次のとおりである。

【書式例２－29】 催告書（不動産明(引)渡し）

平成　　年(執ロ)　　　号
平成　　年　　月　　日

催　告　書

＿＿＿＿＿＿＿＿＿＿＿＿＿＿殿

東京地方裁判所　　執行官　　　　　　　　　㊞
電　話
内　線

1　債権者（申立人）　　　　　　　　　　から，あなたが占有する本件建物（土地）について，明（引）渡しの強制執行の申立てがあったので，来る　　月　　日までに，すべての動産類を搬出して本件建物（土地）から任意に退去するよう催告します。

2　上記期日までに任意に退去しないときは，
平成　　年　　月　　日　午前・午後　　時　　分
から，本件建物（土地）の明（引）渡しの強制執行を実施します。

3　強制執行実施の際には，あなたや家族の方が不在の場合でも，建物等の鍵を開けて立ち入りをし，そこにある動産類をすべて搬出します。
　その際，あなたや家族の方がその遺留品を引き取らない場合，その場で売却するか，または倉庫に一定期間保管した後に売却することになります。
（倉庫保管費用は，あなたの負担となります。）

4　上記強制執行実施の前には，特に貴重品，身のまわり品（生活に必要な衣類など）を必ず持ち出すようにしてください。

（注意）
　任意退去の際，搬出する動産類（家財道具など）の中に，差押えを受けている物件がある場合は，前もって当職に連絡してください。

債権者（申立人）の連絡先　　氏名　　　　　　　電話

【書式例２－30】　公示書（通常用）（不動産明(引)渡し）

公　示　書

事件番号　平成　　年(執ロ)第　　　　号
債 権 者 ＿＿＿＿＿＿＿＿＿＿＿＿＿＿＿＿
債 務 者 ＿＿＿＿＿＿＿＿＿＿＿＿＿＿＿＿
債 務 者 ＿＿＿＿＿＿＿＿＿＿＿＿＿＿＿＿
債 務 者 ＿＿＿＿＿＿＿＿＿＿＿＿＿＿＿＿

標記の（□ 建物明（引）渡し　□ 土地明渡し　□ 建物収去土地明渡し
□ 建物退去土地明渡し）執行事件について次のとおり公示する。

1　本日，当職は，債務者　に対し，
　下記物件を，債権者に明け（引き）渡すよう催告した。
2　債務者　が下記物件を明け（引き）渡さない場合，
　平成　　年　　月　　日（強制執行実施予定日）に
　強制執行を実施する。
3　債務者　は，債権者以外の者に，下記物件の占有を移転してはならない。
4　本日以降，下記物件の占有の移転があったときは，
　平成　　年　　月　　日が経過するまでの間においては，債務者　以外の占有者に対し，本件の強制執行をすることができる（民事執行法第 168 条の２第３項，第２項，第６項）。

（注意）
この公示書を損壊した者は，１年以下の懲役又は 100 万円以下の罰金に処せられる。

平成　　年　　月　　日
東京地方裁判所　　　執行官　　　　　㊞

記

物件の表示
□ 裏面記載のとおり　□ 別紙物件目録のとおり

【書式例２－31】　公示書（延長用）（不動産明(引)渡し）

公　示　書

事件番号　平成　　　年(執ロ)第　　　　号
債 権 者 ______________________
債 務 者 ______________________
債 務 者 ______________________
債 務 者 ______________________

標記の（□ 建物明（引）渡し　□ 土地明渡し　□ 建物収去土地明渡し
□ 建物退去土地明渡し）執行事件について次のとおり公示する。

1　本日，当職は，債務者　に対し，
　下記物件を，債権者に明け（引き）渡すよう改めて催告した。
2　前回定めた強制執行実施予定日を延期し，改めて
　平成　　　年　　　月　　　日（強制執行実施予定日）に
　強制執行を実施する。
3　債務者　は，債権者以外の者に，下記物件の占有を移転してはならない。
4　下記物件の占有の移転があったときは，
　平成　　年　　月　　日（先の催告時に定めた期限を左のとおり変更した。）
　が経過するまでの間においては，債務者　以外の占有者に対し，本件の強制執行をすることができる（民事執行法第168条の２第３項，第２項，第６項）。

（注意）
この公示書を損壊した者は，１年以下の懲役又は100万円以下の罰金に処せられる。
　平成　　年　　月　　日
　　　東京地方裁判所　　　　執行官　　　　　　　　　印

記

物件の表示
　□ 裏面記載のとおり　　□ 別紙物件目録のとおり

【書式例２－32】　強制執行調書（冒頭）

平成　　年（執ロ）第　　　号

強　制　執　行　調　書

執行に着手した日時	平成　　年　　月　　日	午前・午後　　時　　分
執行を終了した日時		午前・午後　　時　　分
執行の場所	東京都　　　　区	
執行の目的物	別紙目録記載のとおり	
執行に立ち会った者	□債権者（□代理人） □債務者　□在室者 □立会人	

執　行　の　内　容

1　執行の目的

別紙目録記載の物件に対する

□不動産明渡執行　□不動産引渡執行　□建物収去・土地明渡執行

□動産引渡執行　□自動車引渡執行　□

□欄は，該当事項の□欄に「■」または「レ」印を付したものに限る。

【書式例２－33】　強制執行調書（催告の場合）

2　執行の内容

(1)　目的物件の同一性，占有状況を調査した。
その結果は，別紙占有関係等調査表に記載のとおりである。

(2)　執行を妨げる事由がないものと認め，債務者　に対し，　　月　　日までに，債権者に目的物件を明け渡すよう（□口頭により，□催告書を差し置くことにより）催告した。

(3)　本調書に添付の公示書写しと同文の公示書を目的物件の

に掲示した。

(4)　強制執行実施予定日を　　月　　日　午前/後　　　時　　分と指定し告知した。

告知方法　債権者　　口頭
債務者　□口頭　□本調書謄本を送付

3　特記事項

(1)　□　債務者方は施錠されていたので，立会人を立ち会わせ，技術者に解錠させて執行した。

□　債務者方は施錠されていたので，立会人を立ち会わせ，債権者側が用意した鍵を用いて解錠し執行した。

□　債務者方は不在で施錠されていることが予測されたので，解錠技術者及び立会人を同行した。

□　債務者方は不在かつ無施錠であったので，立会人を立ち会わせて執行した。

□

(2)　□　上記強制執行実施予定日に債務者等に引き渡すことができない目的外動産が存するときは，これを当該実施予定日に強制執行の場所において売却する旨を決定し，上記２の(4)の方法により告知した。

□

【書式２－34】 強制執行調書（延長の場合）

２ 執行の内容

(1) 前回の催告日時に定めた強制執行実施予定日を延期し，債務者に対し，改めて　　月　　日までに，債権者に目的物件を引き渡すよう（□口頭により，□催告書を差し置くことにより，）催告した。

(2) 本調書に添付の公示書写しと同文の公示書を目的物件の

に掲示した。

(3) 強制執行実施予定日を　　　月　　日午前/後　　時　　分と指定し告知した。

告知方法　債権者　口頭

債務者　□口頭　□本調書謄本を送付

３ 特記事項

(1)□ 債務者方は施錠されていたので，立会人を立ち会わせ，技術者に解錠させて執行した。

□ 債務者方は施錠されていたので，立会人を立ち会わせ，債権者側が用意した鍵を用いて解錠し執行した。

□ 債務者方は不在で施錠されていることが予測されたので，解錠技術者及び立会人を同行した。

□

(2)□ 上記強制執行実施予定日に債務者等に引き渡すことができない目的外動産が存するときは，これを当該実施予定日に強制執行の場所において売却する旨を決定し，上記２の(3)の方法により告知した。

□

【書式例２－35】　強制執行調書（断行の場合①）

２　執行の内容

(1)　目的物件に存在する目的外動産を除去し，債務者の目的物件に対する占有を解いて，これを債権者に引き渡した。

(2) □　搬出した目的外動産は債務者に引き渡した。

□　別紙目的外動産目録記載の目的外動産は，

□債務者が不在の　□債務者が受領を拒んだ

ため引き渡すことができず，

□　執行官保管とし，別紙遺留物件保管受託書のとおり保管を託した。

□　かつ，相当期間内に債務者等に引き渡すことができる見込みがないので，本日売却した。

(3)　イ　保管した上記目的外動産につき，債務者に対し，　　月　　日までに引き取ること，同日までに引き取らないときは，売却することを次の方法により告知した。　　□口頭　□本調書謄本送付

ロ　上記売却期日を　　月　　日午　　　時　　分と指定し，告知した。

告知方法　債権者　　口頭

債務者　□口頭　□本調書謄本を送付

売却場所　〔□執行場所
□東京都　　区　〕

３　特記事項

(1)　□　債務者方は施錠されていたので，立会人を立ち会わせ，技術者に解錠させて執行した。

□　債務者方は施錠されていたので，立会人を立ち会わせ，債権者側が用意した鍵を用いて解錠し執行した。

□　債務者方は不在で施錠されていることが予測されたので，解錠技術者及び立会人を同行した。

□　債務者方は不在かつ無施錠であったので，立会人を立ち会わせ執行した。

□

(2)　□　別紙目的外動産目録記載番号　　の動産は，売却に適さないので売却しないこととし，債務者が上記期間内に引き取らないときは廃棄するよう債権者（代理人）に指示した。

□

【書式例２－36】　強制執行調書（断行の場合②）

２　執行の内容

(1)　□　目的外動産は存在しない。

□　目的外動産は存在するが，

□　債務者が，所有権を放棄し，廃棄して差し支えない旨を陳述

□　債務者が，所有権放棄書を提出

□　無価値物と認定

した。

(2)　債権者は，債務者から目的物件引渡しを受けていないので，本件執行手続により引渡しを受けたい旨を述べた。

(3)　よって，債務者の目的物件に対する占有を解いて，これを債権者に引き渡した。

□　なお，(1)の目的外動産は，債権者（代理人）にその廃棄を託した。

３　特記事項

(1)　□　債務者方は施錠されていたので，立会人を立ち会わせ，技術者に解錠させて執行した。

□　債務者方は施錠されていたので，立会人を立ち会わせ，債権者側が用意した鍵を用いて解錠し執行した。

□　債務者方は不在で施錠されていることが予測されたので，解錠技術者及び立会人を同行した。

□　債務者方は不在かつ無施錠であったので，立会人を立ち会わせ執行した。

(2)　□

【書式例２－37】 強制執行調書（末尾用紙）

<table>
<tr><td colspan="2">当事者の表示等　　別紙のとおり</td></tr>
<tr><td>執行に立ち会った者
等 の 署 名 押 印</td><td></td></tr>
<tr><td colspan="2">平成　　年　　月　　日
東 京 地 方 裁 判 所
執 行 官</td></tr>
</table>

【書式例２－38】 占有関係等調査表

占有関係等調査表

物件番号	債　務　者	調査の結果		
		物件の状況	占有範囲	占有者
		□　居　宅 □　事務所 □	□　全　部 □	□　左記債務者 □
		□　居　宅 □　事務所 □	□　全　部 □	□　左記債務者 □

（参考事項）

□　郵便受け表示，　　□　表札の表示，

□　債務者宛の郵便物（□　　　　　　　　　　　　　　　　　）の存在

□　債務者宛の公共料金関係書類（□電気，□ガス，□水道）の存在

□　債務者（□　方在室者，□会社代表者，□会社従業員，□　　　）の陳述

要旨……………………………………………………………………

……………………………………………………………………

……………………………………………………………………

……………………………………………………………………

□　債権者（代理）の陳述，　　□　債務名義の存在

□　一件記録の資料

□

□

□

及び現場の状況等を総合勘案して上記のとおり認定した。

【書式例２－39】 目的外動産目録

目的外動産目録（遺留品）

番号	品名（数量）	評価額（円）	備考
	（ ）		
	（ ）		
	（ ）		
	（ ）		
	（ ）		
	（ ）		
	（ ）		
	（ ）		
	（ ）		
	（ ）		

【書式例２－40】　取下通知書

平成　　年　　月　　日

債務者　殿

東京地方裁判所　執行官室
執行官

通　知　書

債権者

債務者

上記当事者間の当庁平成　　年(執ロ)第　　号建物明渡（引渡）執行事件について，平成　　年　　月　　日，債権者より申立ての取下げがされました。
建物に掲示してある公示書は効力を失いましたから，除去してください。

2. 저항의 배제[60)]

가. 강제력 행사가 가능한 사무

민사집행에 관한 집행관의 사무 중 사실행위를 중심으로 집행관이 행위의 목적물에 대하여 채무자의 지배영역에 직접 개입하여, 그 의사에 반하여 집행할 수 있는 권한을 부여받은 것에 관하여는 그 직무 집행 시에 채무자 등의 적극적·소극적 저항을 받는 것이 일반적으로 예상되기 때문에, 그 저항을 배제하기 위하여 집행관에게 위력의 행사 등을 인정할 필요가 있다. 따라서 집행관은 직무 집행 시에 저항을 받은 때에는 그 저항을 배제하기 위하여 위력을 행사하거나 경찰상의 원조를 구할 수 있다고 되어 있다(일 민집 제6조 제1항 본문, 이하 2.항에서 '법'은 일본 민사집행법을 말한다).

동조 본문은, 그 적용대상에 관하여 넓게 '직무 집행 시에'라고 정하고 있으나, 당해 직무의 집행이 채무자 등의 임의의 행동을 기대하는 데에 그치고, 강제적인 목적의 실현을 예정하지 않는 경우에까지 위력의 행사 등을 인정하는 것은 법이 달성하려고 하는 목적을 넘어서는 것이므로, 그 적용대상은 집행관의 직무권한이 강제력의 행사를 허용하는 경우에 한정된다고 해석된다.[61)]

1) 집행관이 강제력을 행사할 수 있다고 개별적으로 규정한 사무

민사집행법, 민사보전법이 각각 강제집행, 보전집행의 각칙에서 집행관이 폐쇄한 문을 열기 위해 필요한 처분 기타 강제권한을 행사할 수 있다는 취지를 개별적으로 규정하고 있는 사무에 관해서는, 법에 의하여 집행관이 목적물에 대하여 채무자의 지배영역에 직접 개입하여 집행할 권한을 부여받았음이 명확하므로, 당연히 민사집행법 제6조 제1항의 적용대상이 되고, 개별적으로 규정된 국면에 있어서 강제권한의 행사뿐만 아니라 당해 사무의 실시 전반에 관하여 정형적으로 예상되는 채무자 등의 저항을 배제하기 위하여 필요한 위력의 행사 등을 하는 것이 가능하다고 해석된다.[62)] 여기에는 일본 집행관법 제1조 제1호의 사무와 동조 제2호의 사무가 있고, 이들을 열거하면 다음과 같다.

---

60) 執行官提要(第5版), 最高裁判所 事務總局(2009), 60-68 참조.
61) 執行官提要(第5版), 最高裁判所 事務總局(2009), 60.
62) 執行官提要(第5版), 最高裁判所 事務總局(2009), 61.

가) 일본 집행관법 제1조 제1호의 사무

(1) 동산의 압류(법 제123조 제1항, 제2항)

(2) 부동산 인도 등의 강제집행(법 제168조 제1항, 제4항)

부동산의 인도명령(법 제83조, 제188조)의 집행을 포함한다.

(3) 부동산 및 선박의 현황조사(법 제57조 제1항, 제3항, 제121조, 제188조, 제189조)

(4) 동산 인도의 강제집행(법 제169조 제1항, 제2항, 제123조 제2항)

압류물 등의 인도명령(법 제127조)의 집행을 포함한다.

(5) 동산경매(법 제190조 제1항)

단, 채권자가 집행관에 대하여, 동산경매개시허가결정서의 등본을 제출하고, 또한 법 제123조 제2항의 규정에 의한 수색이 선행되거나 이와 동시에 동 결정이 채무자에게 송달된 것에 의하여 개시되는 경우(법 제190조 제1항 제3호, 제192조, 제123조 제2항)에 한한다.

(6) 선박국적증서 등의 확보를 명하는 방법에 의한 가압류의 집행(민보법 제48조 제3항, 법 제116조, 제96조 제3항, 제57조 제3항)

(7) 동산에 대한 가압류 또는 가처분의 집행(민보법 제49조 제4항, 법 제123조 제2항, 민보법 제52조 제1항)

나) 일본 집행관법 제1조 제2호의 사무

(1) 집행관이, 강제집행 또는 담보부동산 수익집행 또는 가압류에 의한 강제관리에 있어서 관리인이 선임된 경우의 관리인에 의한 부동산의 점유취득(법 제96조 제2항, 제3항, 제188조, 민보법 제47조 제5항)

(2) 집행관이 선박의 관리인으로 선임된 경우에 있어서 보관인에 의한 부동산의 점유취득(법 제116조 제1항, 제4항, 제96조, 제189조, 민보법 제48조 제3항)

2) 집행관의 직무권한의 근거규정의 해석에 따라 그 직무권한이 강제력의 행사를 허용하는 것으로 해석되는 경우

법 제6조 제1항 본문의 적용대상은 전술한 1)항의 사무에 한정되는 것은 아니어서, 집행관의 직무권한 근거규정의 해석에 따라, 그 직무권한이 강제력의 행사를 허용하는 것이라고 해석되는 사무에 관해서는 폐쇄된 문을 열기 위하여 필요한 처분 기타 강제권한의 행사가 가능하다는 취지의 명문 규정이 없더라도, 위 1)항의 사무와 마찬가지로 동항 본문의 적용대상에 포함된다고 해석되는 것이 있다.[63] 여기에도 집행관법 제1조 제1호의 사무와 동조 제2호의 사무가 있고, 이들을 열거하면 다음과 같다.

가) 집행관법 제1조 제1호의 사무

(1) 부동산의 집행 및 경매에 있어서 매각을 위한 보전처분 등의 집행(법 제55조 제1항, 제188조)

(2) 매수를 신고한 압류채권자를 위한 보전처분 등의 집행(법 제68조의2 제1항, 제188조)

(3) 최고가 매수신고인 또는 매수인을 위한 보전처분 등의 집행(법 제77조 제1항, 제188조)

(4) 담보부동산경매의 개시결정 전 보전처분 등의 집행(법 제187조 제1항)

(5) 압류부동산의 매각(법 제64조 제3항)

(6) 동산집행에 있어서 사건의 병합(법 제125조 제2항), 압류물의 점검(규칙 제108조), 보관을 명한 채무자, 채권자 또는 압류 시에 제출을 거부하지 않은 제3자로부터의 압류물의 회수(법 제123조 제5항[64]), 채권자 또는 압류 시에 제출을 거부하지 않은 제3자로부터의 압류물의 회수(법 제124조, 제123조 제5항, 규칙 제109조), 압류물의 매각 실시(법 제134조, 규칙 제116조, 제120조, 217쪽 이하 참조), 매수인에게 인도하기 위한 매각한 동산의 회수(규칙 제126조 제1항, 법 제123조 제5항, 제124조)

동산집행에 있어서 준용되는 경우(법 제190조, 제192조, 규칙 제178조 제3항)를 포함한다.

(7) 경쟁매각 또는 입찰의 방법에 의하여 매각할 때에 있어서 매각장소의 질서유지(법 제135조, 제65조)

단, 집행관이 그 소속한 지방재판소 내에서 경쟁매각 또는 입찰을 실시할 경우에 직접 경찰상의 원조를 구할 수 있는 것은 극히 예외적인 경우에 한한다(규칙 제

63) 執行官提要(第5版), 最高裁判所 事務總局(2009), 62.

64) 압류를 행할 때에는 강제입회권 및 수색권이 인정되어 있는 점(법 제123조 제2항), 압류물을 제3자가 점유하게 된 때에는 집행재판소가 발하는 인도명령에 의하여 집행관이 압류물을 회수할 수 있고(법 제127조), 그 집행은 동산 인도 시의 강제집행에 준하는 것으로서, 강제입회권 및 수색권을 수반한다고 해석되는 점(법 제169조, 동조 제2항, 제123조 제2항)을 고려하면, 집행관은 채무자에게 보관시킨 압류물을 스스로 보관할 때에 압류의 경우와 마찬가지로 강제입회권 및 수색권을 행사하는 것이 가능하다고 해석된다.

116조 제3항, 제120조 제3항, 제43조 참조).

(8) 선박국적증서 등의 확보명령의 집행(법 제114조 제1항)

(9) 선박집행 신청 전 선박국적증서 등의 인도명령의 집행(법 제115조 제1항)

(10) 선박집행(법 제2장 제2절 제2관), 항공기집행, 자동차집행, 건설기계집행 및 소형선박집행(규칙 제2장 제2절 제3관부터 제5관까지)

경매에 있어서 준용되는 경우(법 제189조, 규칙 제174조부터 제177조의2까지)를 포함한다.

(11) 농업용 동산 저당권 시행령에 의한 집행

나) 집행관법 제1조 제2호의 사무

(1) 집행관이 강제관리 또는 담보부동산수익집행 또는 가압류에 의한 강제관리의 관리인으로 선임된 경우에 있어서 관리인의 수익 수취(법 제95조 제1항, 제188조, 민보법 제47조 제5항)

(2) 집행관이 수권결정에 기초하여 행위의 실시(이른바 대체집행)에 해당하는 자로 선임된 경우에 있어서 그 실시(법 제171조 제1항, 제6항, 제6조 제2항)

3) 강제력을 행사할 수 없는 사무

다음에 드는 직무에 관해서는, 강제적인 목적의 실현이 예정되어 있지 않다는 직무의 성질상, 전술한 법 제6조 제1항 본문의 규정 취지에 비추어, 그 적용대상이 되지 않는다고 해석된다.

가) 송달(민소법 제99조, 규칙 제20조 제1항 등)

나) 소송 제기 전에 있어서 증거수집의 처분으로서 현황조사(민소법 제132조의4 제1항 제4호)

다) 내람의 실시에 관하여 법 제64조의2 제5항의 규정에 기초한 직무집행(법 제6조 제1항 단서)

라) 민사집행을 개시하는 일시(규칙 제11조)로서 규정된 일시(이른바 단행기일)와 별도의 기회에 명도의 최고(법 제168조의2 제1항)만을 실시하는 경우(규칙 제154조의3 제1항 참조)

마) 채무자에게 보관시킨 압류물을 제3자가 점유하도록 된 경우에 있어서 그 회수

집행관은 압류물을 반환하도록 제3자를 설득하는 것이 가능하나, 집행관이 자력으로 압류물을 회수할 수 있는 권한을 정한 규정은 없고, 압류물의 인도명령을 집행

할 때와는 별도로, 법 제6조 제1항 본문의 적용대상이 되지 않는다고 해석된다. 집행관이 압류물을 압류 시에 점유하지 않은 압류 채권자 또는 제3자에게 보관시킨 경우에 관해서도, 집행관이 압류물을 강제적으로 회수하여 스스로 보관하는 권한의 근거 규정이 없기 때문에 같다.

바) 경쟁매각의 방법에 의하여 매각하여야 하는 동산의 검사(규칙 제117조)

보관자의 승낙을 얻지 않는 한 실시할 수 없기 때문에 법 제6조 제1항 본문의 적용대상이 되지 않는다고 해석된다. 집행관은 보관자가 사전 검사를 거절한 때에는 보관장소를 변경하는 것으로 대처하여야 한다(법 제123조 제5항, 216쪽 참조).

사) 압류 취소에 의한 동산의 인도(규칙 제127조)

아) 동산의 인도청구 압류명령의 집행(법 제136조 제1항)

이 경우 집행관의 직무권한은 제3채무자가 그 동산의 임의 인도에 응하는 경우에 그 인도를 받을 수 있다는 것이고, 강제력의 행사를 허용하는 것이 아니기 때문에, 집행관이 제3채무자에 대하여 목적물의 인도를 구할 때에 그가 저항에 해당하는 행위에 이르렀더라도 집행관이 위력을 이용하여 또는 경찰상의 원조를 구하여 목적물의 점유를 취득하는 것은 불가능하다. 이 경우에 공무집행방해죄(형법 제95조 제1항)가 성립한다는 것은 별론으로 하고, 집행관은 일반 사인과 마찬가지 정도의 행위를 할 수 있는 데에 그친다.

자) 동산경매(법 제190조 제1항)

단, 채권자가 집행관에 대하여, 동산을 제출하거나(법 제190조 제1항 제1호) 동산의 점유자가 압류를 승낙하는 것을 입증하는 문서를 제출한 것(동항 제2호)에 의하여 개시된 경우에 한한다. 이들 경우에는 절차의 성질상 압류에 있어서 동산집행의 경우와 같이 목적물을 수색하고, 폐쇄된 문 및 금고 기타 용기를 열기 위해 필요한 처분을 할 필요성이 상정되지 않기 때문에, 법 제192조는 법 제123조 제2항을 준용하고 있지 않다.

나. 저항의 태양[65]

저항이란, 집행관의 직무집행에 대한 방해를 말하며, 원칙적으로 집행관의 직무집행을 방해할 의사에 기초할 것을 요한다. 적극적인 저항뿐만 아니라, 소극적인 것도 포함하고, 집행관에 대한 폭행, 협박행위, 바리케이트의 설치, 대문을 잠궈 폐쇄하

65) 執行官提要(第5版), 最高裁判所 事務總局(2009), 65-66.

는 것, 들어앉는 것 등은 모두 저항에 해당한다. 채무자 등이 병에 걸렸다고 주장하는 경우에는 의사의 진단에 기초하여 꾀병에 의한 소극적 저항인지 아닌지를 판단한다. 의사의 진단을 거부한 경우에도 그 사람의 병상에 관한 의사의 외견상의 소견, 인근 주민으로부터의 사정청취 또는 집행관의 현장에서의 관찰 등에 의하여 명확하게 병을 가장한 소극적 저항이라고 인정될 수도 있을 것이다.

집행관이 직무집행에 착수하기 직전의 방해행위도 여기서 말하는 저항에 포함된다. 집행관이 직무집행을 완료하기 전 방해행위도 저항에 해당하므로, 건물의 명도 집행으로서 채무자의 가재도구 등을 반출하고 있는 도중에 채무자가 반출한 물건을 다시 건물 내에 반입하면 저항이 된다. 다만, 건물의 일부분이 사회통념상 물리적, 효용적 독립성을 갖는 경우에, 그 부분에 관하여 채무자의 점유를 해제하고 채권자에게 그 점유를 취득시킨 경우는, 나머지 부분의 명도 집행 도중에 채무자가 전에 완료한 부분에 짐을 반입하더라도 집행의 부분적 완료 후에 채무자가 새로운 점유를 취득한 것에 불과하므로, 법 제6조 제1항 본문의 저항이라고 평가하는 것은 불가능하다. 또한 집행관이 동산을 압류하여 채무자에게 보관시키기로 하고, 집행의 현장에서 떠나려고 하였을 때 채무자 등이 그 압류물을 반출하려고 하는 것을 발견한 경우에는 집행관은 압류물을 스스로 보관할 수 있으므로, 그 반출을 막을 수 있고, 채무자 등이 이에 따르지 않으면서 반출하려고 하는 경우에는 이는 집행관의 집행에 대한 저항이 된다.

직무집행의 방해행위는 집행관 자신에게 향해진 것인지 보조자 또는 입회인에 대하여 가해진 것인지와 관계없이 저항이 된다. 채무자뿐만 아니라 제3자가 한 방해행위도 저항이 된다.

채무자가 주거를 잠근 채 행방불명이 된 경우(야반도주 같은 것이 전형적인 예)와 같이 채무자가 그 주거에 장기간 부재하여 그와 연락하는 것이 불가능한 경우에는 설령 집행관이 직무집행에 착수하기 전부터 그러한 상태였다고 하더라도, 채무자의 이러한 행위는 객관적으로 집행관의 직무집행을 방해하는 것이므로 이러한 상황도 법 제6조 제1항 본문에서 말하는 저항이라고 해석하여, 실력으로 문을 여는 것이 가능하다고 해석하여도 좋다.[66)]

66) 민사집행법이 당해 사무에 관하여 폐쇄한 문을 열기 위해 필요한 처분을 하는 것이 가능하다는 취지를 별도로 규정하고 있는 경우에는 문의 폐쇄를 저항이라고 해석할 수 있는지가 특별히 문제될 것도 없고, 이를 열기 위하여 필요한 처분을 할 수 있음은 당연하다. 여기서 말하는 법 제6조 제1항 본문의 저항배제의 한 태양으로서 개문이 가능한지 어떤지는 전술한 것처럼 개별 규정이 없는 사무에 관하여 문제가 된다.

다. 위력의 행사

위력의 행사가 가능한 것은 적법하게 직무를 집행하는 경우에는 한정된다. 당연히 무효의 직무집행 또는 위법한 직무집행 시에 법 제6조 제1항 본문에 의한 집행관의 처분이 행해진 경우에는 그 처분도 위법이 된다.

위력을 행사한다는 것은 자기의 완력 등 실력을 행사하는 것이고 이를 위해서 보조자를 사용하는 것도 가능하다고 해석된다. 설치된 바리케이트의 철거, 폐쇄한 문을 열기 위해 필요한 처분의 실시, 저항하는 자의 신체에 접촉하여 밀어내는 행위 등은 모두 위력의 행사에 포함된다. 하지만 집행관이 행사하는 위력은 저항의 태양, 정도에 따라 이를 배제하는 데에 충분한 필요최소한의 것이어야만 하그로, 보조자를 사용하여 실력을 행사할 때에는 보조자가 그 정도를 넘지 않도록 충분히 지휘 감독을 할 필요가 있고, 또한 저항하는 자의 신체에 대해 위력을 행사할 때에도 상대방에 대한 영향이 크기 때문에 특히 신중한 배려가 요구된다.

라. 경찰상의 원조 청구

집행관은 직무집행 시에 저항을 받아 경찰상의 원조를 구할 필요가 있을 우려가 있을 때에는 사전에 그 사유를 직무집행 장소를 관할하는 경찰서장에게 통지한다. 직무집행 시에 저항을 받은 경우 경찰상 원조의 청구는 직무집행 장소를 관할하는 경찰서장에게 한다. 다만, 급속을 요하는 경우에는 직접 가장 가까운 경찰관에게 원조를 청구할 수 있다.

해상에서 직무를 집행할 경우 경찰상의 원조 통지 또는 청구는 가장 가까운 관할 해상보안본부(제11관구 해상보안본부에 한한다), 해상보안감구, 해상보안부 또는 해상보안서의 장에 대하여 한다. 단, 원조가 급속을 요하는 경우에는 직접 가장 가까운 해상보안서에 대하여 행할 수 있다.

○上申書

平成○○年○月○日

○○地方裁判所
執行官 殿

債権者代理人
弁 護 士 甲 野 太 郎 ㊞

上 申 書

債 権 者 ○○株式会社
債 務 者 △△株式会社

上記当事者間の○○地方裁判所平成○○年（執ロ）第○○○○号建物明渡執行事件につき、上記債務者会社に出入りしている従業員等は暴力団員風であり、執行妨害をなすおそれが大きいため、上記執行の際には警察官の援助が必要と思料されますのでこの旨上申します。

なお、上記執行に際しては、執行官も複数名必要だと思料しますので、併せて上申します。

以 上

平成〇〇年〇〇月〇〇日

警視庁 □□警察署長　殿

東京地方裁判所
執行官　□ □ □ □

債権者
　　　　別紙当事者目録記載のとおり
債務者

上記当事者間の平成〇〇年（執ロ）第〇〇〇〇号建物明渡執行事件ついて，下記事由により警察上の援助を求める必要がありますので，民事執行法第６条１項により申請します。

記

1　事務の内容
　債務者に対する建物明渡執行事件の断行手続き（債務者宅内に存在する目的外動産を除去し，債務者の占有を解いて，これを債権者に引き渡す手続き）

2　援助を必要とする事由

3　執行日時
　平成〇〇年〇〇月〇〇日（〇）午前〇時〇〇分～午前〇時〇〇分
（終了時刻は予定）

4　執行の場所
　□□区□□１丁目１番１号

위의 양식은 채권자가 집행관에게 경찰원조요청을 구하는 양식이고, 아래쪽은 동경지방재판소 집행관실에서 현재 사용하는 경찰원조요청서 양식이다.

그리고 아래 표는 동경지방재판소 집행관실의 과거 10년간 경찰원조요청 건수로서 (イ)항은 동산집행, (ロ)항은 부동산명도, (ハ)항은 보전처분으로, 2017년은 2017. 7. 31.까지의 통계이다.

[동경지방재판소 집행관실의 경찰원조요청건수]

	総　数	（イ）	（ロ）	（ハ）
平成２０年（2008）	１１	0	7	4
平成２１年（2009）	１５	0	１３	2
平成２２年（2010）	１５	0	１０	5
平成２３年（2011）	１６	0	9	7
平成２４年（2012）	１８	0	１５	3
平成２５年（2013）	１７	0	１０	7
平成２６年（2014）	１６	0	１５	1
平成２７年（2015）	２５	0	１０	１５
平成２８年（2016）	１５	0	１１	4
平成２９年（2017）	4	0	2	2

마. 저항배제실시사정서의 작성

집행관은 직무집행 시에 저항을 받은 경우에 있어서, 그 저항을 배제하기 위하여 위력을 행사하거나 경찰상의 원조를 구한 때에는, 당해 직무집행에 관하여 작성한 조서를 기재하는 경우를 제외하고는 그 사정을 명확히 한 서면을 작성하여야 한다.

3. 원조청구[67)]

가. 집행관이 행하는 원조요청의 태양

집행관이 직무집행 시에 채무자로부터 저항을 받는 경우 등 경찰상의 원조를 구할 필요가 있다고 판단한 때에는 직무를 집행하는 장소를 관할하는 경찰서장에 대하여 원조의 요청을 할 수 있다(일 민집 제6조 제1항).

또한 채무자가 고령자이거나 환자인 경우에는 관청 등의 복지관계기관에 대하여 원조를 구할 수 있으나(일 민집 제18조 제1항), 그 원조청구는 구체적 사안에 따라 다양한 모습이 있을 수 있다.

나아가 집행관은 그 직무를 행함에 있어서 특히 필요가 있는 때에는 소속 지방재판소의 허가를 얻어 다른 집행관의 원조를 구하는 것도 가능하다(집행관법 제19조 제1항).

나. 채무자로부터 저항을 받는 경우 : 경찰상의 원조청구

1) 집행관의 직무는 채무자의 주거 등에서 집행하는 경우가 많고, 그렇기 때문에 직무 집행 시에 채무자 등으로부터 저항을 받는 경우가 있다. 이러한 저항을 받은 때에는 경찰상의 원조를 구할 수 있다(일 민집 제6조 제1항).

집행현장에서 채무자 등으로부터 실제로 저항을 받은 때에 비로소 경찰에 연락하여 원조를 구하는 경우도 없지 않지만, 저항을 받을 것이 사전에 구체적으로 예측되는 경우에는 소관 경찰서장 등에 대하여 사전에 문서로 요청하여 경찰상의 원조를 구한다. 이 같이 사전에 문서로 요청하는 것은 집행관으로부터의 원조요청을 받은 소관 경찰서가 집행현장의 상황, 주거자 등의 실태를 파악하고, 필요한 경찰관의 배치 등의 준비를 하기 위한 시간적 여유가 필요하기 때문이다.

---

67) 大阪地裁執行實務硏究會 編, 不動産明渡·引渡事件の實務, 新日本法規(2010), 378-383; 綾部弘, "執行官の官廳等への援助請求に關して", 新民事執行實務 No. 4. 民事法硏究會(2006), 96-100 참조.

사전에 원조청구를 하여야 하는지 여부 즉 직무집행 시에 채무자 등으로부터 저항을 받을 구체적인 우려가 있는지 여부는 채무자 등으로부터의 사전 정보나 최고를 위해 현장에 방문하였을 때의 상황 등에 기초하여 판단한다. 이러한 정보수집을 위하여 집행관은 인도, 명도 강제집행의 신청을 한 채권자에게 수시로 채무자의 점유 상황, 인도, 명도의 실현 전망 등에 관한 정보의 제공 기타 절차의 원활한 진행을 위해 필요한 협력을 구할 수 있다(일 민집규 154의2 제5항). 채권자가 명도, 인도의 실현에 지장이 되는 것에 관한 정보를 가지고 있다면, 수시로 집행관에게 이를 제공하는 것이 원활한 집행을 위하여 필요하다.

후술하는 서식은 집행관의 직무집행 시에 채무자 등이 저항을 할 우려가 있고, 경찰상의 원조신청이 필요하다고 생각되는 경우에 채권자가 집행관에게 제출하는 신청서의 한 예로, 상술한 규칙에 기초하여 채권자로부터의 정보제공의 일환에 해당하는 것입니다.

2) 원조청구의 형태로서는, 소관 경찰서장 등에 대하여 사전에 문서로 요청하는 것 외에 집행의 현장에서 하는 경우도 있다. 이는 110번에 통보하는 것에 의하는 경우와 가장 가까운 파출소 등의 경찰관에게 구두로 요청하는 경우가 있다.

3) 집행관이 경찰상의 원조를 받은 경우, 증인으로서 상당하다고 인정되는 자를 입회시키지 않으면 안 된다(민집 제7조 후단). 그 경우 경찰관 이외의 자를 증인으로 입회시키는 것이 상당하다.

4) 또한 집행관의 요청에 기초하여 현장에 온 경찰관이 행하는 원조는 집행관의 직무집행에 대한 것이므로, 집행관의 직무집행 범위에 한정되고, 경찰관의 행동도 원칙적으로 집행관의 지시에 따르게 된다. 다만, 범죄가 행해진 때 또는 범죄가 막 행해지려 한다고 인정되는 때에는 경찰관은 독자적인 권한으로 필요한 조치를 취하게 되고, 그 권한행사에 관한 한 집행관의 지시에 따라야 하는 것은 아니다.[68]

다. 채무자가 고령자이거나 환자인 경우 : 관청 등에 대한 원조청구

1) 채무자가 의지할 곳 없는 고령자이거나 거동이 어려운 환자, 집행을 단행하면 채무자의 신체, 생명에 대하여 현실적, 구체적인 악영향이 미칠 것이 예측되는 경우에 이사할 곳의 확보나 보호 등에 관하여 조치를 강구하지 않은 채 집행을 단행하면

68) 注釋 民事執行法(1), 金融財政事情研究會(1983), 198; 大阪地裁執行實務研究會 編, 不動産明渡·引渡事件の實務, 新日本法規(2010), 380.

가혹한 집행으로써 위법하다고 평가될 경우가 있다. 이러한 경우에는 채무자가 이사할 곳의 확보나 보호 등에 관하여 관공서에 대하여 원조를 구할 필요가 있다. 이 원조 요청은 종전에는 '집행재판소'의 권한으로 여겨져 왔고(일 구 민집 제18조 제1항), 이는 원활, 신속한 집행의 요청에는 맞지 않는 것이었다. 집행관으로서는 사실상 지방공공단체나 민생위원에게 협력을 구하고 있었지만, 이들의 협력을 얻을 수 없는 경우에는 사건의 취하 권고 또는 집행불능으로서 처리하는 경우가 있었다.[69]

2) 그 후 '민사관계절차의 개선을 위한 민사소송법 등의 일부를 개정하는 법률(2005년 법률 제152호, 시행 2006. 4. 1.)'에 의해 민사집행법 제18조 제1항의 '집행재판소는'이 '집행재판소 또는 집행관은'으로 개정되어, 집행관도 독자적으로 관청 등에 대한 원조요청을 할 수 있도록 되었다. 이에 의하여, 사안에 따른 적절한 대처와 신속한 대응이 가능하게 되어 더욱 원활한 집행을 실현할 수 있는 제도가 마련되었다. 이로써 집행관의 권한은 강화되었으나, 그 책임 또한 커지게 되었다.

3) 이 개정에 의해, 집행관은 본문과 같은 경우에 한정하지 않고 예컨대, 토지 또는 건물의 명도집행에서 집행의 대상물건 내에 가연물이나 약품 등의 위험물이 있는 경우 그 제거 등을 행하는 경우에 방화에 관한 협력을 소방서 등에 구하는 것도 가능하게 되었고, 또한 집행의 대상물건 내에 방치된 자동차가 존재하는 경우 지방운송당국의 각 운송지국에 자동차등록사항에 관한 조회를 하는 것 등도 가능하게 되었다.

라. 다른 집행관에 대한 원조요청

1) 집행관이 받을 수 있는 원조로서 기타 다른 집행관으로부터의 원조도 있다. 집행관은 그 직무를 행함에 있어서 특히 필요한 경우에는 소속 지방재판소의 허가를 받아서 다른 집행관의 원조를 구할 수 있다(집행관법 제19조 제1항). '특히 필요한 경우'란 집행관이 단독으로 직무집행을 하는 것이 특히 곤란한 경우나 현저하게 비능률적인 경우 등이다. 원조의 필요성을 판단하는 것은 담당 집행관이지만, 당사자가 원조집행관의 수수료 등을 부담하게 되므로, 집행재판소의 허가가 필요하다.

2) 원조를 구하는 사무의 종류에는 제한이 없다. 재판에 의하여 집행관이 취급하게 되는 사무나 재판소가 직접 집행관에게 취급시킨 사무라도 무방하다.[70] 이 제도가 비교적 많이 이용되는 사례로는 집행관이 경찰서 등에 원조를 요청한 경우 등으로 집행사무

---

69) 大阪地裁執行實務研究會 編, 不動産明渡·引渡事件の實務, 新日本法規(2010), 381.
70) 大阪地裁執行實務研究會 編, 不動産明渡·引渡事件の實務, 新日本法規(2010), 382.

를 지휘하는 집행관과 집행현장의 질서유지를 담당하는 집행관이 필요한 경우 등이다.

4. 집행관제도의 개혁[71)]

가. 수수료제도의 개정

전국 집행관의 상호 합의에 기초하여, 매각 수수료의 전국 배분제를 실시하기 위해, 부동산 집행에 있어서 매각실시의 수수료 50%를 전국의 집행관에게 합동으로 배분하는 것으로 하여, 2000. 7.부터 시행하였다. 이에 따라, 집행관의 경제적 기반은 경기의 변동에 따른 취급 사건수의 변동이나 도시부, 지방부 간의 매각액과 매각률의 격차에 영향을 받지 않게 되었고, 그 결과, 전국에서 편차 없이 우수한 집행관의 임명이 가능해져 전국적으로 균질적인 사무 처리를 위한 전제조건이 갖추어 졌다.

나. 임명자격 및 시험제도 등의 개선

집행관의 임명자격 및 시험제도 등을 개선하여, 집행관의 공급원을 확대하고, 임기응변으로 필요한 인재를 확보하는 것을 용이하게 한다는 취지에서, 집행관규칙이 개정되어, 2000. 10.부터 시행되었다. 집행관의 임명자격을 ① 공무원에 관해서는 행(1) 7급 이상 또는 이에 상당하는 이력을 가진 자, ② 공무원 이외에 관해서는 법률실무 통산 15년 이상의 경험연수를 가진 자로 하고, 연령제한은 철폐하였다. 또한 시험제도에 관하여, 일반 공모를 실시하고, 필기 및 면접시험에 의해 선발하도록 하였다. 새로운 제도 하에서 지금까지 공무원 이외의 자(사법서사, 부동산감정사, 은행원, 법률사무소의 직원, 정리회수기구의 직원 등)도 집행관으로서 채용되어 활약하고 있고, 그 수는 매년 증가하고 있다.

다. 일본집행관연맹의 기구 개혁

2002년 5월에, 전국의 집행관의 단순한 친목단체였던 일본집행관연맹이라는 조직에 관하여, 집행관의 집무에 관한 연구단체로서 그 기구 개혁을 실시하여 조직운영부회, 현황조사부회, 집행(동산압류, 명도집행) 부회, 수수료부회, OA부회를 설립하

---

71) 森田浩美, “執行官事務の實情と改革の方向性”, 金融法務事情 No. 1628, 金融財政事情研究所(2001), 16-18; 執行官實務研究會 編, 執行官實務の手引[第2版], 民事法研究會(2016), 3-5; 林道晴, “平成10年以降の不動産執行手續の運營改善について”, 判例タイムズ 52巻 26號, 判例タイムズ社(2001), 11-13.
일본 집행관제도 개혁의 성과에 관하여는 林道晴, “執行官制度改革の10年とこれから”, 新民事執行實務 No. 8. 民事法研究會(2013), 2-8 참조.

였다. 이들 각 부회는 적정, 신속한 집행사무를 전국적으로 실현하기 위해 다양한 연구를 행하고, 실천하고 있다. 이들 성과는 일본집행관연맹이 편집하여 연 1회 출판하고 있는 '신민사집행실무(발행 민사법연구회)'라는 잡지에 기재되고 있다. 또한 전국 집행관실의 IT화를 목표로, 전국 공통사무처리 시스템의 개발, 도입을 진행하고 있다.

라. 총괄집행관제도의 창설

집행관규칙이 개정되어, 총괄집행관제도가 창설되었고, 2003년 4월에 시행되었다. 각 집행재판소에 집행관의 리더로서 다른 집행관에 대하여 지휘감독권을 갖는 총괄집행관 1인을 배치하였다. 총괄집행관은, 사건처리가 신속하고 적정하게 행해질 수 있도록 사무전반을 파악하고, 집행관 전체의 활동을 조정하며, 그 집행을 일상적으로 지휘 감독하는 외에, 집행관실의 책임자로서 합리적인 조직운영을 도모하도록 하고 있다. 이에 따라, 총괄집행관의 주도 하에 조직적인 집행관 직무의 내용을 이용자의 요구에 부합하는 다양한 대응이 가능한 태세가 마련되었고, 실제로도 실시되고 있다. 절차의 적정, 신속화를 철저하게 도모함과 동시에, 대규모나 복잡한 사안이나 집행방해사안에 대해서도 집행재판소와 긴밀하게 연계하여 조직적이고 강력한 태세를 취하고, 적정한 집행을 실천하기 위함이다.

Ⅲ. 프랑스[72)]

1. 개관

프랑스법상 부동산의 인도청구 또는 강제퇴거와 관련한 절차에 대해서는 '민사집행의 개정에 관한 1991년 7월 9일 법'[73)] 제61조 내지 제66조 및 '동법의 시행을 위한 1992년 7월 31일의 데크레[74)] 제92-755호'[75)] 제194조 내지 제209조에서 특별

72) 이 부분은 경희대학교 법학전문대학원 박수곤 교수로부터 도움을 받았다.

73) Loi n° 91-650 du 9 juillet 1991 portant réforme des procédures civiles d'exécution.

74) 프랑스법상 '데크레'(Décret)를 우리나라에서는 법규명령, 명령, 시행령 등으로 번역하여 소개하기도 하나, 법 체계적인 면에서는 우리 법상 시행령과 유사한 것들이 다수이다. 다만, 프랑스에서는 데크레의 주된 제정자가 국사원이며, 우리 식의 시행령에 해당하지 않는 것도 있으므로, 여기서는 단순히 '데크레'라고만 표시한다.

75) Décret n° 92-755 du 31 juillet 1992 instituant de nouvelles règles relatives aux procédures civiles d'exécution pour l'application de la loi 91-650 du 9 juillet 1991 portant réforme des procédures civiles d'exécution.

히 이를 규율하고 있다.[76] 부동산 인도청구 또는 강제퇴거(expulsion)[77]는 채무자나 점유자로 하여금 집행의 대상이 된 부동산 및 장소를 인도하거나 퇴거하도록 강제력을 사용할 수 있게 한다는 점에서 사람과 재산 모두에 대한 집행조치라고 할 수 있다. 따라서 이러한 인도청구 또는 강제퇴거 조치가 가지는 사회적·윤리적 영향력으로 인하여 프랑스 입법자들은 집행의 요건을 엄격히 하였으며 또한 채무자나 점유자의 주거 재확보를 위한 수단으로서 강제퇴거를 대체할 수 있는 수단 및 부수적 수단을 강구하도록 하였다.[78] 그리고 이를 위하여 오늘날의 주거 관련 규정들은 채무자 및 그 가족의 주거를 유지할 수 있게 하는 다양한 방법을 상정하고 있다.[79] 한편, 강제퇴거가 불가피한 경우를 대비하여 프랑스 입법자들은 채무자의 재정착을 돕기 위한 조치로서 진정한 의미에서의 '사회보장계획'(plan d'action sociale)을 수립하였는데, 이는 집행관(hussier de justice)으로 하여금 도지사에게 강제퇴거 사실을 통지하게 하고 이후 도지사는 채무자 등의 수요에 부응하기 위하여 강제퇴거의 각 단계에 따라 도(道)내의 사회보장국에 일정한 조치를 취하게 한다는 것이다. 아무튼, 강제퇴거의 집행은 다양한 어려움을 수반하며, 종종 상당히(compréhensible) 긴장된 분위기에서 이루어진다. 또한, 집행관은 관련 법령을 엄격히 준수하여야 하며, 때때로 공권력의 조력을 받거나 또는 열쇠공(serrurier)이나 이사짐센터(déménageur)와 같은 특수한 업무를 수행하는 자의 조력을 받기도 한다. 다만, 프랑스 법에서도 강제퇴거는 목적물의 용도(주거, 차고, 상가점포, 창고 등)나 퇴거명령의 이유(임대차의 해지, 목적물에 대한 불법점유, 주거침입)는 불문한다. 아무튼, 강제퇴거의 원인은 권원 없는 점유를 전제로 한다는 점에서는 공통점이 인정된다고 할 수 있다. 아울러, 위에서 언급한 바와 같이, 강제퇴거에 있어서는 퇴거대상자가 보다 덜 곤란한 조건에서 문제 상황을

---

76) 동법이 제정되기 이전에는 부동산의 인도청구의 절차와 관련하여 특별한 논의가 없었으며, 구체적인 방법에 대해서는 대체로 법원의 판단에 위임되어 실무상 다양한 방안이 인정되기도 하였다고 한다. 이와 같은 설명에 대해서는, A. Leborgne, Voies d'exécution et procédures de distribution, 1re éd., Dalloz, 2009, p. 841.

77) 프랑스의 대표적인 법률용어사전에 의하면, 강제퇴거란 "권리 없이 어느 장소에 존재하는 사람을 강제력을 동원하여 그곳에서 나가게 하는 행위"라고 정의하고 있다(G. Cornu, Vocabulaire juridique, 7e éd., P.u.f., V° 'expulsion'). 그러나 프랑스법에서도 'expulsion'의 절차상으로는 집행대상인 부동산으로부터의 재산반출의 개념을 포섭하는 개념이므로, 따라서 본고에서는 프랑스법상 강제퇴거명령을 우리 법에서의 부동산인도명령과 유사한 개념임을 전제로 하여 논의를 전개하고자 한다.

78) 대표적으로 1989년 7월 6일 법에 의한 주거보호법, 1998년 7월 29일 법에 의해 확인된 축출(exclusion) 금지조치는 주된 거주지로부터의 축출을 방지하는 것을 목적으로 한다.

79) 유예기간의 허여, 주거보조금의 지급 또는 중재위원회(commissions de conciliation)에의 회부 등.

벗어날 수 있게 하는 것과 집행대상인 목적물의 소유자 또는 채권자의 권리가 함께 존중되어야 한다는 두 이익이 조화될 필요가 있다는 것이 프랑스 입법자들의 정서라고 할 수 있다.

2. 부동산 인도집행 또는 강제퇴거의 요건

1991년 법 제61조에 의하면, 부동산의 인도 또는 강제퇴거를 위해서는 법원의 결정이나 집행조서의 존재를 전제로 하며, 퇴거대상자를 상대로 퇴거명령에 대한 통지도 이루어져야 한다. 다만, 주거용 부동산에 대해서는 동법 제62조에 의하여 점유자의 이익보호가 강화되며, 강제퇴거 절차를 집행하는 자의 의무는 가중된다.

가. 법원의 결정과 목적물 인도명령

1) 집행결정

법상 특별한 규정이 없는 한, 부동산 또는 주거지로부터의 강제퇴거(expulsion, évacuation)는 법원의 결정(décision de justice)이나 집헝에 관한 조서(procès-verbal de conciliation exécutoire)에 의해서만 이루어질 수 있다. 따라서 공정증서나 프랑스 민사소송법(N.C.P.C.) 제1441-4조에 의한 화해조서(transaction homologuée)에 근거해서는 강제퇴거가 이루어질 수 없으며,[80] 반드시 집행법원이 결정을 통하여 명시적으로 강제퇴거를 명하였어야 한다.[81]

2) 인도명령의 통지

부동산 '인도명령의 통지'(signification d'un commandement)는 반드시 채무자를 상대로 이루어져야 하며, 만약 채무자가 혼인한 경우라면 법원의 명령에서 채무자에 대한 지시가 분명하여야 하고, 따라서 명령의 대상이 아닌 채무자의 배우자에 대한 통지는 허용되지 않는다.[82] 만약, 성명불상자를 상대로 하는 경우에는, 그 목적이 무엇이건 검찰(parquet)에 계고장(acte)이 제출된다.[83] 아무튼, 퇴거대상자에 대한

---

80) 이와 같은 취지의 프랑스 파기원의 의견으로는, Cass. avis, 20 oct. 2000, Bull. civ., avis, n° 9.

81) 이와 같은 취지의 프랑스 파기원 민사2부의 판단으로는, Cass. civ. 2e, 7 mars 2002, Bull. civ. II, n° 247.; Dr. et procéd., 2003, p. 379. 한편, 입찰(adjudication)에 관한 판결이 있는 경우에 대해서는 프랑스민법 제2210조(동조에서는 입찰에 관한 판결이 있는 경우, 압류채무자에 대한 집행권원이 될 수 있다는 취지로 규정하고 있다.) 참조.

82) 같은 취지의 파리 항소법원 판결로는, C.A. de Paris, 19 juin 2003, Dr. et procéd., 2003, p. 389.

83) 1991년 법 제61조.

인도명령의 통지는 법정요건으로서 동 요건의 불비는 집행절차의 무효를 초래하게 된다.[84] 그리고 퇴거명령은 집행관의 계고장(acte)의 형식으로 퇴거대상자에게 통지되어야 한다.[85] 다만, 선서를 한 서기(clerc assermenté)라고 하더라도 이러한 방식의 통지를 행할 수 없다.[86]

한편, 계고장에는 다음과 같은 내용이 표시되어야 하며, 그렇지 않은 경우에는 계고장으로서의 효력이 인정되지 않는다. 우선, 강제퇴거의 근거가 되는 집행권원을 표시하여야 한다. 다음으로, 강제퇴거 절차의 이행과 관련한 이의의 제기 또는 유예기간의 허가신청을 할 수 있는 법원을 표시하여야 한다. 또한, 목적 부동산으로부터 퇴거하여야 하는 일자를 표시하여야 한다. 뿐만 아니라, 동 일자로부터 채무자 또는 점유자가 강제퇴거 될 수 있다는 취지의 경고(avertissement)를 담고 있어야 한다.[87] 아무튼, 이러한 내용의 명령은 법원의 결정문에 대한 통지를 통하여서도 가능하나, 채무자 등의 가주소(domicile élu)로 통지하여서는 안 된다.[88] 다만, 무효에 대한 판단의 가부는 법일반원칙에 따른 시효의 대상이 되며, 형식의 불비를 이유로 한 무효사유에 대해서는 그 상소이유에 대해 증명(preuve d'un grief)하여야 한다.[89]

다른 한편, 퇴거의 목적물이 퇴거대상인 채무자 또는 점유자의 주된 거주지에 해당하는 경우, 퇴거명령(또는 집행관의 계고장)은 이상에서 언급한 내용 이외에도 1991년 7월 9일 법 제62조에서 규정하는 사항과 '건축 및 주거에 관한 법' 제L.613-1조 내지 제L.613-5조에서 정하는 사항을 포함하여야 하며,[90] 그렇지 않은 경우에는 퇴거명령으로서의 효력이 인정되지 않는다.[91] 그리고 이는 퇴거대상자로 하

84) 이와 같은 취지의 프랑스법원의 판단으로는, C.A. de Toulouse, 15 avr. 1993, Rev. huiss., 1994, p. 839.; C.A. de Paris, 8e ch. sect. B, 19 mars 1998, Juris-Data., n° 1998-020620.

85) 1992년 데크레 제194조.

86) 이와 관련한 페르피냥 지방법원의 판단으로는, T.G.I. de Perpignan, JEX, 24 fév. 2003, Dr. et procéd., 2003, p. 303.

87) 1992년 데크레 제194조.

88) 1992년 데크레 제196조. 다만, 인도명령의 통지와 관련하여 상대방이 반드시 채무자 또는 점유자여야 하는 것을 의미하는 것은 아니며, 프랑스 민사소송법 제654조에 따라 채무자 등의 대리인에 대한 통지도 허용된다.

89) 이와 관련한 프랑스 파기원 민사2부의 판단으로는, Cass. civ. 2e, 13 juil. 2006, Dr. et procéd., 2006, p. 369.; Cass. civ. 2e, 8 fév. 2008, Dr. et procéd., 2007, p. 225.

90) 1992년 데크레 제195조.

91) 목적부동산의 일부에 대해서만 주거용으로 사용하는 경우라 하더라도 마찬가지라고 한다. 이와 관련한 프랑스 법원의 판단으로는, C.A de Riom, 19 nov. 1998, Juris-Data., n° 1998-049791.

여금 이사 및 재정착을 준비할 수 있는 시간을 허락하기 위함이라는 점에 대해서는 특별한 설명이 필요 없다. 아무튼, 퇴거명령이 통지된 이후, 퇴거명령에 대하여 이의가 있는 경우에는 목적물 소재지의 집행법원에 이를 제기하여야 한다.[92]

나. 부동산 인도집행 또는 강제퇴거의 시기

1) 절차상의 유예기간

퇴거명령이 퇴거대상자의 주된 거주지에 관한 것인 경우에는 퇴거명령이 도달한 날로부터 2개월이 경과한 이후에만 인도집행 또는 강제퇴거가 이루어질 수 있다.[93] 그러나 법원은 특별한 사정이 있는 경우에는 이유를 붙인 별도의 결정을 통하여 동 기간을 단축하거나 전혀 인정하지 않을 수 있다. 구체적으로는 퇴거 대상인 자의 목적 부동산에 대한 점유가 불법행위에 의하여 개시되거나 또는 '건축 및 주거에 관한 법' 제L.442-4-1조가 적용되어 재정착 절차가 진행된 경우가 이에 해당할 것이며, 법원이 유예기간의 단축 또는 이를 불허하는 경우에는 제반 사정 특히 채무자의 악의에 대해서도 고려하여야 한다.[94]

한편, 강제퇴거의 대상인 자가 특히 그 장소의 이용기간이나 제반 사정을 고려할 때 당해 목적물에서 이례적인 강도의 관련성을 가진 자인 경우,[95] 법원은 위 유예기간을 연장할 수 있으나 그렇다고 하더라도 그 기간은 3개월을 초과하지는 못한다.[96]

퇴거를 명령하거나 또는 퇴거명령을 내리기 전에 '건축 및 주거에 관한 법' 제L.613-1조 내지 제L.613-2조에 근거하여 이루어진 퇴거대상자의 유예기간 신청에 대해 판단하는 법원은, 직권으로, 명령 또는 결정이 서기(greffe)를 통하여 국가의 대리인(즉, 도지사)에게 전달되도록 명할 수 있다. 그리고 이는 주거권에 관한 1990년 5월 31일 법 제90-449조에서 상정하는 사회적 약자의 주거를 위한 지방자치단체 차원의(특히, 도(道)차원의) 조치에 관한 퇴거대상자 또는 퇴거될 운명에 있는 점유자의

92) 1992년 데크레 제209조.

93) 다만, 이 경우에도 '건축 및 주거에 관한 법' 제L.613-1조 내지 제L.613-5조의 적용가능성이 있음은 전술한 바와 같다.

94) 1991년 법 제62조.

95) 한편, 다른 특별한 사정에 대한 구체적인 언급 없이, 단순히 가족과 생계를 유지하여야 한다는 이유만을 적시한 경우가 기간유예를 허여할 수 있는 특별한 사정에 해당하는지가 문제된 사안에서, 부정적인 태도를 취한 프랑스 하급심법원의 판단으로는, T.I. de Metz, 26 mars 1993, B.I.C.C., 1993, n° 714.

96) N. Fricero, Droit des voies d'éxecution, Gualino éditeur, 2008, p. 203.

재정착에 대한 요구를 고려하기 위한 것이라고 평가할 수 있다.[97] 주의할 점은, 이 경우에 있어서의 도지사에 대한 통지는 집행관이 부동산의 인도집행시에 조우할 어려움을 회피하기 위한 수단으로서 공권력의 조력을 받기 위한 도지사에의 통지와는 구별되어야 한다는 점이다. 아무튼, 도지사에 대한 통지는 부동산 인도명령 또는 퇴거명령이 있은 날로부터 곧바로 이루어져야 하며, 그 통지가 이루어지지 않는 동안에는 위에서 언급한 절차상의 유예기간이 정지된다. 따라서 실무상으로는 집행관이 부동산 인도명령에 대한 등본을 도지사에게 송부한다고 한다.[98]

2) 집행의 유예

가) 법정유예(동절기 : trêve hivernale)

'건축 및 주거에 관한 법' 제L.613-3조에서는, "법원의 판결에 의한 퇴거명령에도 불구하고 또한 전조의 규정에 따른 유예기간이 만료하였음에도 불구하고, 매년 11월 1일부터 다음 해 3월 15일 까지의 기간 동안에는 그 동안 집행되지 않은 강제퇴거에 대하여 이를 유예하여야 한다. 다만, 이해관계인의 재정착이 가족의 단위나 수요를 존중하는 충분한 요건을 보장하는 경우에는 그러하지 아니하다. 본조의 규정은 퇴거대상자의 목적부동산에 대한 점유가 불법행위에 의하여 개시되거나 또는 목적부동산이 철거대상(arrêté de péril)인 건물에 위치하고 있는 경우에는 적용되지 않는다."고 규정하고 있다. 즉, 동조의 규정에 의한 집행절차의 중단(trêve)은 강제퇴거의 진행에 장애가 되며, 따라서 해당 기간이 도래한 경우에는 진행되던 절차가 중단된다. 다만, 이 경우에도 예외는 인정될 수 있는데, 그 중 하나는 점유자의 점유가 불법으로 개시된 경우이며, 다른 하나는 목적부동산이 철거대상인 건물에 해당하는 경우가 그러하다.[99]

한편, 동조의 규정에 의한 기간의 유예는 부동산의 인도집행 자체의 유예기간이며, 그렇다고 하여 채권자가 공권력의 조력을 요청할 수도 없는 것은 아니라고 한다. 즉, 동절기에 해당하는 3월 15일 이전이라도 도지사에게 인도집행과 관련한 조력을 요구할 수 있으며, 그와 같은 청구(requête)가 있게 되면, 그 날로부터 위에서 언급

97) 즉, 프랑스에서는 퇴거명령에 의해 부동산의 인도집행이 이루어졌으나, 주거지를 상실하게 되는 기존의 점유자 등에 대해서는, OPHLM, DDASS, 각종의 주거지원단체(associations d'aide au logement) 등에 의한 지원이 이루어지게 되는데, 이와 관련한 행정작용은 대체로 도 단위로 이루어지고 있기 때문이다.
98) A. Leborgne, Voies d'exécution et procédures de distribution, op. cit., p. 854.
99) Ibid., p. 857.

한 2개월의 유예기간이 기산되게 된다는 것이다.[100] 따라서 채권자의 입장에서는 동절기를 2개월의 유예기간의 경과기간으로 활용할 수 있게 된다는 것이다. 그러므로 유예기간에 해당하는 기간에 대해서도 그 기간에 상응하여 채무불이행을 이유로 한 이행강제금의 부과가 가능하다고 한다.[101]

나) 재판상 유예

퇴거명령이 내려진 경우, 퇴거명령의 대상자는 그 통지가 있은 날로부터 유예기간의 허여를 신청할 수 있다. 다만, 이러한 유예기간의 신청은 그 방식에 있어서 1991년 7월 9일의 법 제62조 제2항 및 '건축 및 주거에 관한 법' 제L.613-1조 내지 제L.613-5조에서 정한 내용에 부합하여야 하며, 또한 해당 부동산 소재지 관할의 집행법원에 이를 신청하여야 한다.

한편, 급속심리 담당법원 또는 경우에 따라서는 해당 부동산 소재지 관할의 집행법원은 프랑스민법 제1244-1조 내지 제1244-3조의 규정[102]에 대한 예외로서 강제퇴거명령의 대상인 주거용이나 영업용 건물부분의 점유자로 하여금 1년을 초과하는 기간의 갱신가능한 유예기간을 허여할 수 있다.[103] 다만, 이러한 유예기간이 인정되기 위해서는 이해관계인의 재정착이 정상적인 상황 또는 조건 하에서 이루어질 수 없는 경우여야 하는 반면, 점유자의 점유가 최초 불법점유에 의하여 개시되지 않았음이 증명되어야 한다. 강제퇴거를 명하는 법원은 직권으로 동일한 요건 하에서 동일한 내용의 유예기간을 허여할 수 있다.[104] 다만, 이상과 같은 규정내용은 다음과 같은 경우들에는 적용되지 않는다. 우선, 주거용·영업용·산업용 부동산의 임대인과 임차인 또

100) 국사원은 종래 3월 15일 이전에 인도집행과 관련한 행정적 차원에서의 조력이 요청되었다고 하더라도 3월 15일 이전에는 그와 같은 요청을 수리하거나 심사할 수 없을 뿐만 아니라 3월 16일부터 유예기간이 경과한 뒤에야 그 효력이 인정되는 것으로 이해한 경우도 있으나(C.E., 16 déc. 1966, Rec. C.E., 1966, p. 666.; C.E., 10 avr. 1990, Rec. C.E., 1990, p. 914.), 이후의 국사원 판결에서는 3월 15일 이전에도 공권력의 조력을 요청할 수 있는 것으로 판단하게 되었다(C.E., 27 avr. 2007, Dr. et procéd., 2007, p. 355.).

101) 이와 같은 취지의 프랑스 파기원 민사2부의 판단으로는, Cass. civ. 2e, 4 juil. 2007, Procédures., 2007, comm., n° 249. 사안에서는 부동산매매가 재판상 해제된 경우로서, 법원은 부동산 인도명령과 함께 11월 20일부터 아스트렌트(이행강제금)를 부과하였다. 매수인은 다음해 2월 28일에 목적부동산을 인도하였는데, 파기원은 그 기간 동안에 상응하는 이행강제금을 지급하여야 한다고 하였다.

102) 프랑스 민법 상 동 규정들은 법원에 의한 채무변제 기한의 유예 및 이로 인한 집행절차의 정지에 관하여 규정하고 있다.

103) 예컨대, 신청자의 건강상태가 위중함을 이유로 유예기간의 갱신을 허용한 프랑스 하급심의 판단으로는, JEX Aix-en Provence, 24 avr. 2008, Procédures, 2008, p. 284.

104) '건축 및 주거에 관한 법' 제L.613-1조 참조.

는 점유자의 관계에 관한 입법의 수정 및 법전편입에 관한 1948년 9월 1일의 법 제48-1360호 제19조에서 정한 요건에 따라 부동산의 소유자가 부동산에 대한 '회수권'(droit de reprise)을 행사한 경우를 들 수 있다. 다음으로, '건축 및 주거에 관한 법' 제L.442-4-1조의 적용에 따른 재정착 절차가 임차인의 사정으로 인하여 유효하게 진행되지 않은 경우에도 마찬가지이다. 아울러, 동 규정들은 특히 학생들을 위한 주거 목적의 건물을 점유하는 자들이 그 주거용 건물의 제공목적에 부합하지 않는 용도로 목적물을 사용하는 경우에 있어서도 적용되지 않는다.[105] 뿐만 아니라, 승인된 관광호텔에 위치하지 않은 건물부분으로서 가구가 비치된 장소의 점유자가 "특정한 호텔고객 유지를 위한 1949년 8월 2일의 법 제49-458호를 개정한 1958년 10월 24일의 오르도낭스 제58-1008호" 제1조에서 정한 요건에 해당하는 경우에도 마찬가지로 기간의 유예에 관한 위 규정들은 적용되지 않는다.

다른 한편, 일단 유예기간이 허여되는 때에는 어떠한 경우에도 그 기간이 3개월 이하일 수 없으며 또한 3년 이상이어서도 아니 된다. 유예기간의 확정과 관련하여서는 점유자가 자신의 의무 이행에 있어서 선의 또는 악의가 있었는지의 여부, 소유자와 점유자 각각의 상황, 특히 연령이나 건강상태, 또는 재난의 정도, 각 당사자의 가족상황이나 재산상황, 환경적 상황(circonstances atmosphériques)을 고려하여야 하며, 점유자가 자신의 재정착을 위하여 노력을 하였는지의 여부 또한 고려하여야 한다.[106] 또 다른 한편, 퇴거를 명령하는 법원 또는 (민사집행법 개정에 관한 1991년 7월 9일 법 제91-650호 제61조에서 상정하는 건물부분의 퇴거명령이 도달하기 전에 '건축 및 주거에 관한 법' 제L.613-1조 및 제L.613-2조에 근거하여 제기된 퇴거대상자의) 유예신청에 대해 판단을 내리는 법원은, 직권으로, 그러한 명령 또는 결정이 서기(greffe)를 통하여 국가의 대리인(즉, 도지사)에게 전달되도록 명할 수 있다. 그리고 절차상의 유예기간에 관한 위의 설명에서도 이미 언급한 바와 같이, 이러한 조치는 사회적 약자의 주거를 위한 지방자치단체 차원의(특히, 도(道)차원의) 조치에 관한 점유자의 재정착에 대한 요구를 고려하기 위한 것이다.[107]

---

105) '건축 및 주거에 관한 법' 제L.613-4조 참조.
106) '건축 및 주거에 관한 법' 제L.613-2조 참조.
107) '건축 및 주거에 관한 법' 제L.613-2-1조 참조.

3. 부동산 인도집행의 절차

가. 절차상의 제약 및 한계

1) 집행절차 개시에 대한 통지

법원의 퇴거명령이 있게 되면 퇴거조치의 집행을 맡은 집행관(huissier de justice)은 곧바로 해당 도에서의 국가의 대리인(즉, 도지사)에게 이를 통지하여야 한다.[108] 다만, 동 규정은 주된 주거지에 대한 퇴거의 경우에만 해당하며, 영업용 건물 부분에 대해서는 적용되지 않는다.[109] 비록 도지사의 훈령(circulaire du préfet)에서 관련 규정을 두고 있더라도, 집행관은 주거가 없는 자를 도우기 위한 기관인 DDASS의 주거국에 직접 명령을 송달해서는 안 된다.[110] 그리고 이를 위하여 집행관은 퇴거대상인 부동산 소재지의 도지사에게 '수신확인부 등기우편'(lettre recommandée avec demande d'avis de réception)을 통하여 퇴거명령의 등본을 송부하여야 한다.[111] 또한 집행관은 모든 수단을 동원하여 퇴거대상자 및 그와 일상적인 생활을 하는 자에 관한 모든 정보를 제공하여야 한다.

한편, 집행관은 '퇴거절차에 관한 조서'(procès-verbal des opérations d'expulsion)를 작성하여야 하며, 이러한 퇴거절차조서에서는 구체적인 퇴거절차에 대한 묘사 이외에도 퇴거절차에서 협력이 필요하였던 사람들의 신원,[112] 그리고 퇴거절차에 관한 이의에 대해 판단할 수 있는 관할법원(부동산 소재지 관할 집행법원)을 표시하여야 하며,[113] 이상의 요건이 충족되지 않은 경우에는 그와 같은 조서의 효력은 인정되지 않는다.[114] 그리고 위 조서에는 협력이 필요한 모든 사람의 서명이 부

108) 1991년 법 제62조 참조(그리고 이 또한 지방자치단체 차원의(특히, 도(道)차원의) 조치에 관한 점유자의 재정착에 대한 요구를 고려하기 위한 것이다).

109) 이와 관련한 프랑스 파기원 민사2부의 판단으로는, Cass. civ. 2e, 20 jan. 2005, Procédures, 2005, n° 174.

110) 이에 관한 리옹 항소법원의 판단으로는, C.A. de Lyon, 6 jan. 2005, Dr. et procéd., 2005, p. 350.

111) 1992년 데크레 제197조.

112) 대표적으로는 경찰의 원조를 예로 들 수 있을 것이며, 필요에 따라서는 열쇠공이나 이사짐센터 등도 포함될 수 있을 것이다.

113) 1992년 데크레 제209조.

114) 1992년 데크레 제199조. 다만, 법문상으로 퇴거조서의 효력이 인정되지 않는다고는 하나, 그 의미는 일반적인 무효와는 차이가 있다. 즉, 퇴거조서가 무효인 경우에 강제퇴거를 당한 사람이 다시 집행부동산에 재정착할 수 있다는 의미가 아니라, 단지 그에게 손해배상청구권만이 인정된다는 의미라는 것이다. 이와 같은 취지의 파리 항소법원 판결로는, C.A. de Paris, 23 avr. 1998, Rev. huiss., 1999, p. 791.

기되어야 하며, 서명을 거부한 사람이 있는 경우에는 이러한 사항을 기록하여야 한다. 그리고 이상과 같은 내용을 포함한 퇴거조서(procès-verbal d'expulsion)는 퇴거대상자에게 교부 또는 통지된다.[115] 퇴거대상자가 집행대상인 목적부동산을 점유하고 있는 경우에는 문제가 되지 않으나, 만약 그가 부재중인 경우에는 프랑스 민사소송법 제659조에서 정한 절차에 따라 퇴거조서를 전달하여야 할 것이다.

2) 인도집행을 위한 부동산에의 진입가능성과 공권력의 원조요청

가) 부동산에의 진입가능성

집행관이 집행대상인 부동산에 진입하고자 하는 경우 점유자는 인도집행절차에 순응하거나 아니면 격렬히 저항할 수 있다. 그러나 원칙적으로 집행관이 소지하고 있는 집행권원은 이들 어느 경우에나 집행조치를 실행할 수 있게 하는 근거가 된다. 다만, 문제가 되는 것은, 집행관이 단독으로 목적부동산에 진입하여야 하는지 아니면 집행절차의 조력자와 함께 진입할 수 있는지의 여부이다. 이와 관련하여 1991년 법 제21조의 규정에 의하면, 집행부동산의 점유자가 집행관의 진입을 막는다고 하더라도 집행관은 2명 이상의 증인 또는 일정한 사람들의 면전에서 목적부동산에 진입할 수 있는 것으로 해석할 수 있게 한다. 반면, 1998년 7월 29일의 법 제1998-657호에 의해 추가된 제21-1조에 의하면 부동산 인도집행의 경우에는 1991년 법 제21조의 적용이 배제되는 것으로 이해할 수 있다.[116] 따라서, 부동산 인도집행 또는 강제퇴거에 있어서는 점유자의 반대가 있는 경우, 집행관은 1991년 법 제21조에 근거하여 인도집행을 실행할 수는 없다는 결론에 도달하게 된다.[117]

요컨대, 우선, 집행부동산의 점유자가 집행절차에 협조적인 경우, 집행관은 퇴거대상자가 출석한 상태에서 퇴거대상자가 목적부동산에 진입하여도 좋다는 동의(assentiment)를 받아 적법하게 인도집행을 실행할 수 있다. 반면, 집행부동산의 점유자가 집행관의 진입을 거부하거나 또는 목적부동산에 부재중인 경우, 집행관은 원칙적으로 1991년 법 제17조에서 규정하는 바와 같이 공권력의 조력을 요청하여야 한다.

---

115) 1992년 데크레 제202조.

116) 다만, 목적부동산에서 이미 점유자가 자발적으로 퇴거하여 목적부동산에 점유자가 없는 경우에는 1991년 법 제21조가 여전히 적용될 수 있다.

117) 이상과 같은 설명에 대해서는, A. Leborgne, Voies d'exécution et procédures de distribution, op. cit., p. 858.

나) 공권력에 의한 원조의 요청

(1) 서설

채권자의 요청에 따라 집행절차가 개시되어 집행관이 채무자의 점유지에 진입하였으나 채무자측의 저항으로 집행절차의 진행이 곤란한 경우라고 하여 채권자의 공취권이 침해를 받아서는 안 되며, 따라서 이러한 경우에는 공권력의 조력이 필연적이다. 그러므로 프랑스에서의 강제집행 절차에서는 검찰과 경찰의 역할을 분명히 하고 있다. 즉, 검찰은 판결의 집행에 주의를 기울이며, 경찰은 적법한 요청이 있는 경우 판결의 집행을 도우는 역할을 하여야 한다는 것이다. 그리고 어쩌면 너무나도 당연한 이러한 요구는 1991년 개정 집행법 제16조에 반영되어 국가로 하여금 판결의 집행에 조력할 의무가 있음을 명문화하게 되는데,[118] 동조의 규정은 1923년의 국사원판결을 답습한 것이라고 한다.[119] 그리고 법상으로는 판결의 집행에 대한 조력의무를 부담하는 자로서 국가를 상정하고 있으나, 현실적으로는 물리력을 독점하는 행정청인 도지사가 경찰이나 헌병과 같은 공권력을 동원할 수 있는 권한을 가지므로 도지사를 상대로 공권력의 원조를 요청하도록 규정하고 있는 1992년 데크레 제50조 제1항의 규정은 이러한 사정을 반영한 것으로 평가할 수 있다. 한편, 국가에게 판결의 집행에 조력할 의무가 부과된다고 하여, 국가가 합법적으로 공권력에 의한 조력을 거부할 수 있는 가능성이 배제되는 것은 아니다. 즉, 위에서 언급한 1923년의 국사원판결에서도 도지사는 강제집행의 조건이나 상황을 평가하여 강제력을 동원하는 것이 질서유지나 안전에 위해를 가할 수 있다고 평가하는 때에는 강제력의 동원을 거부할 수 있다고 한다.[120] 다만, 이와 같이 도지사가 강제력의 동원을 거부한 대에는 국가의 책임이 문제될 수 있으며, 1991년 법 제16조 제2문에서는 "국가가 조력제공을 거부하는 경우에는 손해배상책임이 문제된다"고 규정하고 있다. 그리고 국가의 이러한 책임은 무과실책임으로서 공역무에 대하여 시민이 평등하게 대우받을 권리를 침해한 것에 대한 책임으로 이해함이 일반적이다.[121] 다만, 이와 같은 국가의 책임을 추궁하기 위해

118) 즉, 동법 제16조 제1문에서는 "국가는 판결이나 기타의 집행권원의 실행에 조력할 의무가 있다."고 규정하고 있다.

119) C.A. 30 nov. 1923, D.P., 1923, 3, p. 59. 사안에서는 수천 명에 달하는 토지의 불법점유자를 강제퇴거시키키기 위해서는 군대를 조직하여 파견하여야 할 정도인데, 그와 같은 군대를 조직하여 파견하는 것이 현실적으로 어렵다는 것을 이유로 법원이 내린 부동산 인도명령의 실행을 국가가 거부하였는데, 이에 대해 국사원은 "적법하게 작성된 집행권원을 가진 자는 그 집행권원을 실행할 공권력을 신뢰할 권리가 있다"고 판단하였다.

120) 전게 C.A. 30 nov. 1923, D.P., 1923, 3, p. 59.

121) A. Leborgne, Voies d'exécution et procédures de distribution, op. cit., p. 121.

서는 집행권원을 가진 채권자가 공권력의 조력이 없다는 것을 원용할 수 있는 권리를 포기하지 않았어야 한다.[122)]

(2) 원조요청의 요건

1991년의 법 개정 이전에는 집행권원을 가진 자는 곧 바로 도지사에게 원조를 요청할 수 있다고 한 행정법원의 판결이 있었으나, 1991년 법에서는 이러한 판결을 번복하여 제17조에서는 "집행을 담당하는 집행관은 공권력의 조력을 요청할 수 있다"고 규정하게 되었다. 따라서 현재에는 집행관만이 공권력의 원조를 요청할 수 있으며, 그 원조요청의 요건과 관련하여서도 "집행관이 권원의 실행에 있어서 어려움에 직면한 경우"라고 규정하고 있다.[123)] [124)] 구체적으로 어떤 경우가 집행관의 집행이 곤란한 경우인지에 대해서는 구체적인 사실관계에 따라 다를 것이나, 대체로 집행관이 스스로 문제를 해결할 수 없는 다양한 경우의 수를 모두 상정할 수 있을 것이다. 다만, 프랑스에서 판례상으로 이와 같은 사례가 다투어진 경우는 드물다고 평가할 수 있다.[125)] 아무튼, '집행에 있어서의 어려움'에 대해서는 1992년 데크레 제34조 내지 제37조에서 특별히 규정을 두고 있다. 즉, 동 데크레 제34조 제1항에서는 "집행관이 집행과정에서 어려움에 직면한 때에는 자신이 주도하여 집행법원에 사건을 접수할 수 있다"[126)]고 규정한 다음, 제35조에서는 "집행관이 집행권원 및 집행을 방해하는 사

---

122) 부동산 인도명령이 내려진 상황에서 임대인과 임차인이 화해절차를 통하여 연체차임의 감액을 약정한 경우에는 더 이상 공권력의 조력부재를 이유로 국가의 책임을 물을 수 없다고 한 국사원의 판단으로는, C.A. 19 sep. 2003, Dr. et proc., 2004, 3, p. 99.

123) 1992년 데크레 제50조(① 집행관이 공권력의 조력을 필요로 하는 경우에는 도지사에게 이를 요청하여야 한다. ② 공권력의 조력신청에는 집행권원의 사본을 첨부한다. 공권력의 조력신청에는 청구이유서를 첨부하여 집행관이 집행을 실행하였으며, 집행상 어려움이 있었다는 사실이 있었다는 것이 기재되어야 한다. ③ 관할청이 (조력)거부를 결정하는 경우 이유를 붙여야 한다. 2개월간 (관할청의) 답변이 없는 경우에는 (조력을) 거부한 것으로 본다. ④ 이와 같은 (관할청의 조력)거부에 관한 사실은 집행관이 검찰청과 채권자에게 통지한다.) 참조.

124) 다만, 집행관이 겪는 어려움이 단순한 물리적인 것인 경우에는 스스로 이를 극복할 수 있다고 할 것인데, 예컨대 집행대상인 부동산의 출입문이 잠겨 있는 경우 1991년 법 제21조에서 정한 방식에 따라 채무자의 점유부동산에 진입할 수 있다는 것이다.

125) A. Leborgne, Voies d'exécution et procédures de distribution, op. cit., p. 360. 사실적인 측면에서 강제퇴거의 어려움이 문제된 사안에 대한 판단으로서, C.A. d'Anger, 4 mars 2002, Juris-Data., n° 2002-187473(사안에서는 강제퇴거 대상자가 질병을 이유로 부동산인도명령의 실행을 거부하였는데, 집행법원은 종국적으로 강제퇴거를 할 수 있다고 판단하는 한편, 환자의 이송을 위하여 전문의의 조력 및 전문의의 처방을 충족할 수 있는 수단을 강구할 것을 명하였다).

126) 1992년 데크레 제34조 제1항(Art. 34. ① Lorsque l'huissier de justice chargé de l'exécution d'une décision de justice ou d'un autre titre exécutoire se heurte à une difficulté qui entrave le cours de ses opérations, il peut, à son initiative, saisir le juge de l'exécution.) 참조.

유 등을 법원서기에 신고하는 때에 법원은 사건을 접수한 것으로 한다"[127]고 규정하고 있다. 아울러, 동 데크레 제36조에서는 "① 집행관은 자신이 직면한 어려움 및 이와 같은 어려움을 검토할 변론장소, 일자 및 시간을 이해관계인에게 통지하는 한편, 즉시 이해관계인을 제소한다. ② 이러한 정보의 통지는 구술조서에 의한 구두신고의 방식 또는 수신확인부 등기우편에 의하여 이루어질 수 있다. 통지는 법정에의 출석을 소환하는 가치가 있다. ③ 당사자에게는 동 데크레 제11조 내지 제14조의 규정(절차진행과 관련한 공격방어방법의 제출방식)과 궐석시에도 법원의 판결이 있을 수 있다는 사실이 안내되어야 한다."[128]고 규정하고 있다. 즉, 집행법원은 채권자와 채무자 그리고 필요한 경우에는 제3자를 소환하여 집행관의 집행에 방해가 되는 요인이 무엇이며 어떻게 그와 같은 문제를 해결할 것인지에 관한 의견을 청취한 뒤 판단을 내린다. 다만, 집행대상이 아닌 물건에 대한 집행이거나 절차의 위법이 있는 경우에는 집행절차의 중단을 명하게 될 것이다.[129] 요컨대, 프랑스에서는 강제집행 과정에서 문제가 발생하는 경우, 집행관의 신고에 의해 집행법원이 이해관계인을 소환하여 의견을 청취한 후, 강제집헝을 지속할 것인지의 여부를 또 다시 결정한다고 평가할 수 있다. 이러한 점에서 1992년 데크레 제34조 내지 제37조의 규정은 집행절차로부터 채무자를 보호하는 기능을 한다고 평가할 수도 있을 것이다.

한편, 강제력의 동원이 필요한 경우라고 판단되는 경우에는 경찰력 또는 헌병이 동원된다. 즉, 공권력의 원조는 예외적인 상황으로서 폭력행위와 같은 중대한 위험이 있는 경우에만 허용된다고 해석함이 일반적이다.[130] 그리고 이와 같은 해석의 근거로

---

127) 1992년 데크레 제35조(Art. 35. Le juge est saisi par déclaration écrite de l'huissier de justice au greffe accompagnée de la présentation du titre et d'un exposé de la difficulté qui a entravé l'opération d'exécution, ainsi que, s'il y a lieu, des pièces qui lui ont été communiquées.) 참조.

128) 1992년 데크레 제36조(Art. 36. ① L'huissier de justice met immédiatement en cause les parties intéressées en les informant de la difficulté rencontrée, des lieu, jour et heure de l'audience au cours de laquelle cette difficulté sera examinée. ② Ces informations sont données, soit par déclaration verbale consignée au procès-verbal, soit par lettre recommandée avec demande d'avis de réception. Elles valent assignation à comparaître. ③ Il doit être donné connaissance aux parties des dispositions des articles 11 à 14 et du fait qu'une décision pourra être rendue en leur absence.) 참조.

129) 1992년 데크레 제37조에서는 "결정에는 기판력이 인정되지 않는다"(Art. 37. La décision n'a pas autorité de chose jugée au principal.)고 규정하고 있으므로, 이와 같은 법원의 판단은 민사소송법에서 정한 일반적인 절차에 따라 상소의 대상이 될 수 있다고 한다.

130) A. Leborgne, Voies d'exécution et procédures de distribution, op. cit., p. 122.

는 1992년 데크레 제50조의 규정을 들 수 있다고 한다. 즉, 동조에서는 명문으로 이와 같이 규정하고 있지는 않지만, "집행관이 공권력의 원조를 요청하여야 할 상황에 직면한 때에는 도지사에게 이를 요청한다. … 공권력의 조력신청에는 청구이유서를 첨부하여 집행관이 집행을 실행하였으며, 집행상 어려움이 있었다는 사실이 기재되어야 한다."[131]고 규정하고 있기 때문이다. 한편, 집행관의 요청을 받은 도지사는 그와 같은 집행관의 요청을 받은 날로부터 2개월 이내에 답변을 하면 된다. 집행관의 요청을 거부하는 경우에는 이유를 적시하여야 하며, 2개월 내에 답변을 하지 않은 경우에는 원조를 거부한 것으로 간주된다.[132] 이와 같이 도지사가 공권력에 의한 원조를 거부한 경우에는 채권자는 행정법원을 통하여 손해배상을 청구할 수 있을 뿐이다. 다른 한편, 채권자는 비록 공권력에 의한 조력이 있었다고 하더라도 조력의 제공이 적시에 이루어지지 않았거나 또는 공권력의 행사과정에서의 잘못이 있은 경우에도 마찬가지로 국가를 상대로 손해배상을 청구할 수 있다.[133]

나. 부동산 인도집행의 실행

1) 사람에 대한 강제퇴거

부동산의 인도집행 또는 강제퇴거는 채무자 이외의 다른 모든 점유자에 대하여도 영향을 미친다. 즉, 채무자가 퇴거대상인 장소에서 퇴거하여야 함은 물론이며, 채무자의 명시적 또는 묵시적인 승낙이나 채무자에 대한 권리에 의해 당해 건물부분을 점유하는 자(예컨대, 부모, 자녀, 친구 또는 동거인)도 마찬가지이다. 일반적으로 퇴거명령은 이러한 점유자들 또한 그 대상으로 상정한다고 할 것이나, 그렇지 않은 경우라 하더라도, 퇴거명령은 그들을 상대로 하여서도 집행될 수 있다.[134] 문제가 되는 것은 이러한 유형의 점유자들과는 구별하여야 하는 자로서 채권자에게 대항할 수 있는 권리를 가진 사람을 어떻게 준별할 것인지의 여부이다. 대표적으로는 공동임차인에 해당하는 배우자를 예로 들 수 있다.[135] 따라서 퇴거명령은 부부를 모두 대상으

131) 1992년 데크레 제50조 제1항(Si l'huissier de justice est dans l'obligation de requérir le concours de la force publique, il s'adresse au préfet).
132) 1992년 데크레 제50조 제3항(Toute décision de refus de l'autorité compétente doit être motivée. Le défaut de réponse dans un délai de deux mois équivaut à un refus.) 참조.
133) 관련된 국사원의 판단으로는, C.A. 10 fév. 1950, Cts Prrin, D., 1950, jur., p. 457.; C.A. 16 oct. 1987, Dame Tribier, Rec. CE., 1987, p. 316.
134) 이와 같은 취지의 프랑스 파기원 민사2부의 판단으로는, Cass. civ. 2e, 4 déc. 2004, Bull. civ. II, n° 366.
135) 프랑스 민법 제1751조 참조.

로 하여야 하며, 부부 중 일방을 대상으로 하여 퇴거명령이 내려진 경우에는 타방 배우자는 퇴거의 대상이 되지 않는다.[136] 아무튼, 강제퇴거된 자가 정당한 권원 없이 퇴거된 장소에 재정착하는 경우에는 불법행위에 해당한다. 따라서 종전에 내려진 퇴거명령은 이 경우에도 여전히 그 효력을 발생한다.[137] 따라서 1992년 데크레 제197조가 적용되지 않게 되는데, 이는 집행관이 도지사에게 집행명령에 대한 통지를 할 필요가 없다는 것을 말한다. 다만, 이 경우에도 집행관은 절차에 관한 제반 규정을 준수하여야 하며, 특히 불법적인 압박수단을 사용하여서는 안 된다.[138]

2) 동산의 반출

가) 목적부동산에 존재하는 동산

목적부동산에 존재하는 동산에 대해서는 퇴거대상자의 비용으로 퇴거대상자가 지정하는 장소에서 보관한다. 그 밖의 경우에는 그 장소에 그대로 두거나, 또는 집행관이 적절하다고 판단하여 구체적으로 지시한 장소에 보관하며, 이 경우 집행관은 퇴거대상자에게 퇴거조서가 통지된 날로부터 1개월 이내에 대상 동산을 반출할 것을 최고하였어야 한다.[139]

한편, 동산을 현재의 장소에 그대로 두거나, 아니면 집행관이 적절하다고 판단한 장소에서 반출된 동산을 보관하는 경우, 퇴거조서는 다음과 같은 사항을 포함하고 있어야 하며, 그렇지 않은 경우 그 퇴거조서는 효력을 상실한다. ① 재산목록을 작성하여야 하며, 각 재산이 상품가치가 있는지의 여부를 적시하여야 한다. ② 동산이 보관된 장소 및 접근방법에 대해서도 언급하여야 한다. ③ 퇴거대상자에게 통지를 받은 날로부터 1개월 이내에 동산을 반출할 것을 최고하여야 한다. 이와 같은 내용의 최고를 함에 있어서는 고딕체와 같은 분명한 활자체로 표시하여야 하며, 1개월의 기간 또한 갱신이 불가능하다는 취지를 분명히 하여야 한다. 반출되지 않은 재산에 대해서는 법원의 결정으로 경매절차를 진행할 수 있다. 그리고 이러한 동산반출의무의 이행을 보장하기 위하여 채권자가 채무자로 하여금 목적부동산에 접근하지 못하도록 방해하는 것은 금지된다.[140] ④ 퇴거대상자가 특정일에 목적부동산 소재지 집행법원에 출두

---

136) Cass. civ. 2e, 21 sept. 2000, Bull. civ. II, n° 132.

137) 1992년 데크레 제208조 참조.

138) N. Fricero, Droit des voies d'éxecution, op. cip., p. 206.

139) 그리고 이 기간은 갱신할 수 없다고 한다. 이에 대해서는 1991년 법 제65조 및 1992년 데크레 제203조.

140) 이와 같은 취지의 프랑스 파기원 민사3부의 판단으로는, Cass. civ. 3e. 9 juil. 2003, Dr. et procéd., 2004, p. 33.

(convocation)하여야 하나, 그 날짜는 유예기간 이후의 날이어야 한다.[141]

나) 채무자가 반출하지 않은 재산의 처리

강제퇴거된 자의 재산이 그 보관된 장소로부터 반출되지 않은 경우에 열리게 될 변론(audience)을 위하여, 법원은 퇴거조서의 등본제출에 의해 사건을 담당하게 된다. 그리고 이 변론에서 집행관에게 의견을 진술하게 할 수 있다.[142] 반면, 변론이 열리는 날 이전에 모든 재산이 반출된 경우에는, 목적부동산의 소유자는 법원서기에 대한 신고를 통하여 서면에 의한 방법으로 법원에 그에 관한 정보를 제공하여야 한다. 그리고 이는 불필요한 변론을 피하기 위함이다.[143]

아무튼, 법원은 재산의 상품가치를 고려하여 구체적인 처분의 방법을 결정한다. 만약 현장에 그대로 둔 재산이나 적절한 장소에 보관 중인 재산의 상품가치가 인정되는 경우, 법원은 재산의 성질상 압류가 불가능한 물건이라 하더라도 그 재산에 대한 경매를 진행할 수 있다. 즉, 재산목록이 작성된 이후에는, 일정한 유예기간의 경과 후, 목적 동산 소재지를 관할하는 집행법원의 허가를 얻어 경매절차가 개시된다. 이 경우, 관할 집행법원은 경매절차에 대한 허가를 내리기 전에 당사자의 의견을 청취하거나 소환하였어야 한다.[144] 경매절차가 종료된 후에는 경매비용을 공제한 잔액을 강제퇴거자를 위하여 보관하여야 하며, 경매절차를 담당한 법원부속리(officier ministériel)는 '수신확인부 등기우편'을 강제퇴거자의 현주소(또는 그의 현주소를 모를 경우에는 최후의 주소지)에 송부하는 방식으로 강제퇴거자에게 이러한 사정에 대한 정보를 제공하여야 한다.[145] 매각대금은 매각비용 및 채권자의 채권액을 공제한 후에도 잔액이 있는 경우, 종국적으로 강제퇴거자에게 반환된다.

한편, 재산이 아무런 상품가치가 없거나 매각의 대상이 될 수 없는 경우에는, 집행법원은 그에 대한 포기를 명할 수 있다.[146] 개인적인 성격의 문서들에 대해서는 조금 특별한 방식으로 처리하는데, 봉투에 넣어 봉인한 후 집행관이 2년 간 보관한다. 그리고 이러한 사정은 강제퇴거자에게 통지되며,[147] 2년이 경과한 후에는 집행관

141) 이는 퇴거대상자가 법원에 출두하기 전에 반출된 동산의 처분에 대해 결정하기 위함이라고 한다.
142) 1992년 데크레 제204조.
143) 1992년 데크레 제205조.
144) 1991년 법 제66조 참조.
145) 1992년 데크레 제206조.
146) 1991년 법 제66조 참조.
147) 1992년 데크레 제206조 참조.

이 보관된 문서를 파기한 다음 이에 관한 내용을 언급한 조서를 작성한다.[148)]

3) 압류물의 처리

목적부동산에 위치한 재산이 다른 채권자에 의한 선행의 압류(saisie)조치에 의하여 처분이 불가능한 경우, 그와 같은 재산은 강제퇴거자가 이전장소를 지정하지 않는 한, 압류의 대상으로 된다(remis à un séquestre). 퇴거조서에서는 목록이 함께 작성되며, 재산이 보관된 장소를 기재한다. 그리고 퇴거조서는 압류채권자에게도 고지된다. 만약 목적부동산의 소유자가 압류절차에 참가하고자 하는 경우에는 조서를 통지함으로써 압류채권자는 이에 반대할 수 있게 된다.[149)]

4. 정리

프랑스에서는 부동산의 인도 또는 철거에 관한 강제집행과 관련하여 1991년 법 및 1992년 데크레가 근거규정으로 작용하고 있음을 알 수 있다. 주요 내용은 다음과 같이 요약할 수 있다.

우선, 부동산 인도집행을 단행하기 전에 인도명령 또는 퇴거명령을 통지하여야 한다. 퇴거명령은 집행관이 작성하는 계고장의 형식으로 통지된다. 1992년 데크레 제194조에 의하면, 동 퇴거명령에는 "1. 강제퇴거의 근거가 되는 집행권원의 표시; 2. 강제퇴거 절차의 이행과 관련한 이의의 제기 또는 유예기간의 허가신청을 할 수 있는 법원의 표시; 3. 목적 부동산으로부터 퇴거하여야 하는 일자의 표시; 4. 동 일자로부터 채무자 또는 점유자가 강제퇴거 될 수 있다는 취지의 경고."가 표시되어야 한다. 그리고 이는 부동산 인도집행에 대하여 이의가 있거나 유예기간의 허여를 원하는 채무자의 이익을 보호하기 위한 조치로 평가될 수 있다.

한편, 프랑스에서는 강제집행 과정에서 집행관이 공권력의 원조를 통한 강제력 의 사용과 관련하여서도 신중하게 접근하는 것으로 평가할 수 있다. 즉, 집행관이 강제집행을 실행하는 과정에서 채무자의 반발과 같은 문제가 발생하는 경우, 집행관에게는 두 가지의 선택지가 인정되는 것으로 평가된다. 먼저, 1991년 법 제19조 및 1992년 데크레 제34조 내지 제37조의 규정에 따르면, 집행관은 집행법원으로 하여금 이해관계인을 소환하여 문제를 해결할 수 있도록 요청할 수 있다. 다만, 집행과정에서의 어려움이 있다고 하여, 반드시 이를 집행법원에 신고하여야 하는

148) 1992년 데크레 제207조 참조.
149) 1992년 데크레 제200조 참조.

것은 아니라고 할 것인데, 그 이유는 법문상으로도(1992년 데크레 제34조 제1항) “집행관은 자신이 주도하여 집행법원에 사건을 접수할 수 있다.”고 규정하고 있기 때문이다. 아무튼, 1992년 데크레 제34조 이하의 규정내용은, 집행절차에서 채무자나 제3자의 반발 등으로 인하여 집행의 실행이 곤란한 경우에도 다시 한 번 집행법원의 개입 하에 문제를 해결할 수 있는 근거를 마련하고 있다는 점에서 의미가 있는 것으로 평가할 수 있다. 다음으로, 1991년 법 제17조에 의하면, 집행관은 공권력의 원조를 요청할 수 있는데, 1992년 데크레 제50조에 의하면, 공권력의 원조에 대한 요청은 도지사를 상대로 하여야 하며, 집행과정에서 어려움이 있었다는 사실이 전제되어야 한다. 그리고 공권력의 원조를 요청하였다고 하여 도지사가 공권력을 투입하여야 하는 것은 아니며, 공권력의 투입으로 인하여 공중질서가 파괴되거나 공중의 안전에 위해가 가해질 위험이 있는 경우에는 공권력의 원조를 거부할 수 있는 것으로 하고 있다. 즉, 1992년 데크레 제50조의 규정 내용은 강제집행을 위하여 공권력의 원조가 있을 수 있으나, 공권력의 원조는 예외적인 상황으로서 폭력행위와 같은 중대한 위험이 있는 경우에만 허용된다고 해석할 수 있을 것이다. 그리고 이러한 관련 법령의 내용은 채권자의 집행권도 보호되어야 하나, 채무자의 권리 또한 조화롭게 보호되어야 한다는 정서를 반영한 태도라고 평가할 수 있을 것이다.

Ⅳ. 미국[150)]

미국의 경우에는 집행관이 총기를 휴대하여 건물명도 집행을 하고, 하루에 5건 정도의 명도집행을 실시한다고 하는 데에서 알 수 있듯이 건물인도 등 집행과정에 특별히 저항을 받는 경우가 없다고 하여 부동산인도, 철거 집행과정에서의 물리적 충돌이 사회적으로 크게 문제되지 않는 것으로 보여 진다. 이것이 사회문화적인 차이인지, 강제력을 사용한 공권력 행사의 결과인지 분명하지 않으나, 이하에서는 캘리포니아주와 뉴욕주의 퇴거절차에 관하여 개괄적으로 살펴본다.

150) 이 부분 자료수집에는 법무법인 바른 자문팀의 김병일, 최지훈, 김경훈 변호사로부터 도움을 받았다.

1. 캘리포니아 주법상 퇴거 절차

가. 관련 법률

캘리포니아 민사소송법 제715.020조(California Code, Code of Civil Procedure – CCP § 715.020

부동산에 대한 점유명령(writ of possession)을 집행은 다음의 절차에 의한다.

(a) 집행관(levying officer)은 집행대상 목적물을 점유하고 있는 자에 대하여 점유명령 부본을 송달하여야 한다. 송달은 점유자에 대하여 직접 점유명령 부본을 전달하거나 점유자가 부재중인 경우에는 집행대상 목적물 내의 분별력을 갖춘 적절한 연령의 고용인, 점유자의 대리인, 점유자의 가족 구성원에게 전달하는 방식으로 이루어져야 한다.

(b) 점유자에게 제(a)항에 따라 송달할 수 없는 경우, 집행관은 점유명령 부본을 집행대상 목적물 상에 눈에 잘 띄는 곳에 게시하는 방식으로 집행하여야 하고, 채무자에게 점유명령 부본을 송달하여야 한다. 송달은 교부송달의 방식 또는 우편송달의 방식으로 한다. 채무자의 주소를 알 수 없는 경우, 점유명령 부본은 집행대상 목적물의 소재지로 송달할 수 있다.

(c) 채무자, 채무자의 가족, 또는 채무자에 의하여 점유하고 있는 제3자가 제(a), (b)항에 따른 송달을 받은 날로부터 5일 이내에 집행대상 목적물에서 퇴거하지 않는 경우, 집행관은 점유자를 집행대상목적물로부터 퇴거시키고 채권자에게 점유를 이전할 수 있다. 제684.120조 기한의 연장 조항은 이 항에 규정된 5일의 기간에는 적용되지 않는다.

(d) 제(c)항에도 불구하고, 점유명령에 이름이 기재된 자가 아닌 이상 집행관은 불법점유자에 대한 퇴거청구 소송이 개시되기 이전 또는 위 소송이 제기된 날에 집행대상 목적물에 대하여 점유할 권리를 획득하였을 주장하는 자를 퇴거시킬 수 없다. 다만, 제415.46조에 따른 출석통지서(summons), 소장(complaint), 판결 전 소유권 주장(prejudgment claim of right to possession)이 송달된 경우에는 그 점유자가 판결문에 이름이 기재되어 있는지 여부를 불문하고 모든 점유자는 제1174.3조에서 설명하는 강제집행의 대상이 될 수 있다.

나. 퇴거 절차 개관[151]

임대인이 임차인에게 적법하게 퇴거 요청을 하였음에도 불구하고 임차인이 자발적으로 임대목적물에서 퇴거하지 않는 경우, 임대인은 임차인을 퇴거시킬 수 있다. 임대인이 임차인을 퇴거시키기 위하여는 불법점유자에 대한 퇴거소송(unlawful detainer lawsuit)을 상급법원(superior court)에 제기하여야 한다. 퇴거 소송에서 임대인이 원고이고 임차인은 피고가 된다.

마약 거래와 무기 및 탄약의 불법적인 사용, 제조, 소지를 경감시키기 위한 최신 법률은 임대인이 시(市)에 30일 전에 통지한 후에 임차인을 퇴거시키는 데에 실패한 경우, 변호사 또는 검사가 정해진 관할구역 내의 체포 전력(또는 다른 법 집행이나 통제 기관의 처분에 위반한 행위를 한 전력)이 있는 임차인에 대한 퇴거소송을 제기하는 것을 허용하고 있다. 임차인에게 퇴거소송에 따른 행위나 가능한 방어 방법에 대한 통지를 하여야 한다.

불법점유자에 대한 퇴거소송은 약식절차(summary)에 의한다. 따라서 법원의 절차가 매우 빠르게 진행되므로 임차인이 위 소송절차에서 대응할 수 있는 시간도 촉박하다. 예를 들어 대부분의 경우에 임차인에게는 임대인의 소장이 송달된 날로부터 5일 이내에 답변서를 제출하여야 한다. 일반적으로 재판장은 임차인 또는 임대인이 재판 절차로 진행하여 달라는 요청을 받은 날로부터 20일 이내에 심문을 하고 결정을 내린다.

법원이 집행하는 퇴거 절차는 임차인이, 임대인이 퇴거를 청구할 권리가 없다고 믿을 경우에 재판장에게 심문을 요청할 권리를 보장한다. 임대인은 임차인을 퇴거시키기 위하여 반드시 법원의 소송절차를 거쳐야 하고 자력으로 임차인을 퇴거시킬 수 없다. 예를 들어, 임대인은 임의로 임차인을 물리적으로 퇴거시키고 임대목적물을 폐쇄하거나 수도 또는 전기의 공급을 차단할 수 없으며, 창문이나 문을 제거하거나 퇴거 절차를 집행하기 위하여 임차인의 소유물을 반출할 수 없다.

임대인이 임차인을 퇴거시키기 위하여 불법적인 방법을 동원하는 경우, 임대인은 임차인의 손해를 배상할 책임이 있으며, 불법적인 방법을 동원한 날로부터 일 100달러로 계산한 돈을 벌금으로 지급하여야 한다.

---

151) 이하의 내용은 캘리포니아 소비자생활부(California Department of Consumer Affairs) 홈페이지상 퇴거절차 설명 참조
(http://www.dca.ca.gov/publications/landlordbook/evictions.shtml)

불법점유자에 대한 퇴거소송에서 법원은 양 당사자가 증거를 제출하고 주장할 수 있는 심문기일을 연다. 임차인의 항변이 타당하다고 인정되는 경우, 법원은 임차인을 퇴거시키지 않고, 임차인 스스로도 퇴거할 의무가 없으며 임대인은 소송비용을 부담하여야 한다. 임대인은 임대차 계약상 변호사 비용의 부담에 관한 조항이 있는 경우, 임차인의 변호사 비용까지 부담하여야 한다.

법원이 임대인의 청구를 인용하는 경우, 법원은 점유명령(writ of possession)을 발령한다. 점유명령은 집행관(sheriff)에게 임차인을 임대목적물에서 퇴거시키도록 명령하나, 임차인은 점유명령이 부여된 날로부터 5일 이내에 자발적으로 퇴거할 수 있다. 임차인이 위 5일 이내에 퇴거하지 않는 경우, 집행명령은 집행관에게 임차인을 강제로 퇴거시키고 임차목적물을 폐쇄하며 임차인이 임대목적물 내에 남겨 둔 임차인의 소유물을 반출할 수 있는 권한을 부여한다. 다만, 임대인은 집행관이 임차인을 퇴거시키기 이전에 임대목적물에 대한 소유권을 확보하는 것은 아니다.

법원은 임대인이 임차인의 임료 연체로 인하여 퇴거를 청구하는 경우, 임차인이 임대인에게 연체한 임료를 지급하도록 명할 수 있고, 임대인이 입은 손해, 소송비용, 변호사비용(임대인이 변호사를 선임하였고 임대차계약상 변호사 비용에 대한 부담 조항이 있는 경우)를 배상하도록 명할 수 있다. 임차인이 악의적으로 임대목적물에서 퇴거하지 않는 경우, 법원은 임차인에게 최대 600만 원의 벌금을 임대인에게 지급하도록 명할 수 있다. 임차인에 대한 판결은 임차인의 전과기록에 7년 간 등재된다.

다. 불법점유자에 대한 퇴거소송에 대한 임차인의 대응방법

불법점유자에 대한 퇴거청구를 당한 경우, 임차인은 임차인 기구(Tenant organizations), 임차인-임대인 프로그램(tenant-landlord programs), 하우징 클리닉(housing clinics), 법률구조기관(legal aid organizations), 또는 개인 변호사를 통하여 도움을 받을 수 있다.

일반적으로 임차인은 임대인의 퇴거청구에 대하여 5일 이내에 소가 제기된 법원의 직원에게 적법한 답변서를 제출하여야 하고, 위 5일째 되는 날이 주말이나 공휴일인 경우에는 그 다음 월요일 또는 공휴일이 아닌 날까지 아래와 같은 내용을 포함한 답변서를 제출하여야 한다.

1) 임대인은 3일 전 통지에서 실제 임료보다 더 많은 임료를 요구하였다.

2) 임대목적물은 주거보증규칙(implied warranty of habitability)[152]을 위반하였다.

3) 임대인은 임차인이 임차인으로서의 적법한 권리를 행사하거나 건물 조사관에게 임대목적물의 조건에 대하여 불만을 제기한 것에 대한 보복으로 퇴거청구를 하였다.

임차인은 경우에 따라 임대인의 퇴거청구에 답변을 하는 대신 다른 법적 절차를 청구할 수 있다. 예를 들어, 임대인이 부적법하게 소를 제기하거나 소환한 경우, 소환 절차의 중단(Motion to Quash Service of Summons)을 청구할 수 있다. 임대인의 소장에 기술적 결함이 있거나 임대인이 임차인에게 퇴거를 청구할 권리에 대한 적절한 증명이 없는 경우, 이의신청(Demurrer)을 할 수 있다.

임차인이 5일 이내에 임대인의 소장에 대한 답변을 하지 않는 경우, 법원은 임대인의 청구를 인용하는 기본 결정(default judgement)을 하게 된다. 이 기본 결정은 임대인에게 점유명령을 부여하고 임차인으로부터 연체된 차임, 손해, 소송비용을 지급받을 수 있는 권리를 부여한다.

임차인은 답변서를 제출할 때에 법원 직원에게 일반적으로 180 달러의 소송비용을 지불한다. 그러나 소송비용을 지불할 수 없는 경우, 임차인은 직원에게 소송비용을 지급하지 않고 답변서를 제출할 수 있도록 요청할 수 있다.

임차인이 답변서를 제출하면, 법원의 직원은 임대인과 임차인에게 심문기일의 일정과 장소를 통지한다. 임차인이 심문기일에 출석하지 않는 경우, 법원은 임대인의 청구를 인용하는 결정을 한다.

라. 제3자(unnamed occupants)에 대한 퇴거청구

불법점유자에 대한 퇴거청구를 하기 이전에, 임대차계약의 당사자가 아닌 제3자가 임차인과 함께 또는 임차인이 퇴거하고 난 이후에 임대목적물을 점유하는 경우가 있다. 위 제3자가 임대목적물을 점유할 권리를 주장할 것이라고 예상되는 경우, 임대인은 위 제3자가 누구인지 모른다고 하더라도 임차인에 대한 퇴거소송에 위 제3자를 피고로 추가할 수 있다. 이 경우, 임대인은 송달을 담당하는 직원에게, 임차인에게 퇴거소송의 출석통지와 소장을 발송함과 동시에 위 제3자에 대하여 판결 전 소유권

152) 임대인에게 임대목적물을 사람이 거주할 수 있는 조건으로 유지할 의무를 부과하는 법규를 말한다. 임대목적물은 기본적으로 임차인의 건강과 안전에 중대한 영향을 미치는 건물 및 주택의 코드 표준을 준수하여야 한다.

주장(Prejudgment Claim of Right to Possession) 문서를 발송할 것을 요청할 수 있다.

마. 법원의 결정 후의 절차

임차인의 항변이 타당하다고 인정하는 경우, 법원은 임차인을 퇴거시키지 않고, 임차인 스스로도 퇴거할 의무가 없으며 임대인은 소송비용을 부담하여야 한다. 임대인은 임대차 계약상 변호사 비용의 부담에 관한 조항이 있는 경우, 임차인의 변호사 비용까지 부담하여야 한다. 다만, 임차인은 법원이 명하는 차임을 지급할 의무가 있다.

법원이 임대인의 청구를 인용하는 경우, 임차인은 퇴거하여야 한다. 법원은 임차인에게 임대인의 소송비용, 변호사비용을 부담하고 연체된 차임과 임차인의 행위로 인한 임대목적물의 손해를 배상하도록 명할 수 있다.

법원은 패소한 임차인이 임대목적물에 계속하여 거주하도록 허용할 수 있는데, 이를 '임차권 상실의 구제(relief from forfeiture of the tenancy)'라고 한다. 임차인은 임차권 상실의 구제를 받기 위하여 법원에게 ① 퇴거로 인하여 임차인이 심각한 어려움을 겪게 된다는 사실과 ② 임차인이 예정된 차임을 지급할 수 있거나 임대차계약을 준수할 수 있다는 사실을 납득시켜야 한다.

임차인은 임대차가 만료된 때에도 임대인에게 임대목적물을 반환하기 이전에 임대차계약 상실로부터 구제를 받을 수 있다. 임차인은 임대인에게 임차목적물을 반환하기 이전이라면 언제든지 구제를 신청할 수 있으나, 법원이 불법점유자에 대한 퇴거청구의 결정을 발송한 때로부터 가능한 한 빠른 시일 내에 신청하여야 한다.

퇴거소송에서 패소한 임차인은 판사의 법적 판단이 잘못 되었다고 생각하는 경우 법원의 판결에 대하여 항소할 수 있다. 그러나 임차인은 항소심 절차 이전에라도 임차권 상실의 구제를 받거나 집행정지를 받지 못한 이상 임대목적물에서 퇴거하여야 한다. 법원은 임대인이 회복할 수 없는 손해를 입지 않지만 임차인과 임차인의 가족이 심한 어려움을 겪게 되는 경우가 아닌 이상 임차인의 집행정지신청을 기각한다. 법원이 집행정지신청을 받아들이는 경우, 법원은 임차인에게 법원이 명한 금액의 차임을 법원에게 납부하도록 명하거나 다른 조건을 부과할 수 있다.

퇴거소송에서 패소한 임대인 역시 법원의 판결에 대하여 항소할 수 있다.

바. 점유명령(writ of possession)

법원의 판결이 확정되었으나 임차인이 퇴거하지 않는 경우, 법원은 임대인에게 점유명령을 부여한다. 임대인은 집행관에게 점유명령을 전달할 수 있고, 집행관은 임차인을 임대목적물로부터 강제로 퇴거시킬 수 있다.

임차인을 강제로 퇴거시키기 이전에 집행관은 임차인에게 점유명령 부본을 송달하여야 한다. 점유명령에는 임차인이 점유명령을 송달받은 날로부터 5일 이내에 퇴거하여야 할 의무가 있고, 임차인이 퇴거하지 않는 경우 집행관이 임차인을 퇴거시키고 점유를 해제하여 임대인에게 이전할 수 있다는 사실이 기재되어 있다. 점유명령을 송달하는 비용은 소송비용에 포함되고 임차인은 임대인에게 위 송달료를 소송비용과 함께 지급하여야 한다.

점유명령을 송달받은 경우, 임차인은 5일 이내에 퇴거하여야 한다. 임차인이 5일 이내에 자발적으로 퇴거하지 않는 경우, 집행관은 강제로 임차인을 퇴거시킬 수 있다. 임차인의 소유물이 임대목적물 내에 잔존하는 경우, 집행관은 위 소유물을 반출하거나 임대인에게 보관하도록 명할 수 있고, 임대인은 임차인에게 보관비용을 청구할 수 있다. 임차인이 18일 이내에 위 소유물을 찾아가지 않는 경우, 임대인은 임차인에게 통지 후 이를 매각하거나 경매에 붙일 수 있고, 위 소유물의 가격이 300달러 이하인 경우에는 이를 직접 가질 수 있다. 집행관이 임차인을 강제로 퇴거시키는 경우, 그 집행비용 역시 소송비용에 포함된다.

사. 기본 판결의 파기 절차

만일 임차인이 임대인의 소 제기에 대하여 정해진 기간 내에 답변을 하지 않은 경우, 임대인은 법원에 대하여 기본 판결을 하여줄 것을 신청할 수 있다. 이 경우 법원은 임차인에게 판결과 점유명령을 송달한다.

임차인이 출석통지 및 소장을 송달받지 못한 경우 또는 임대인의 소 제기에 답변을 할 수 없었던 정당한 사유가 있는 경우, 임차인은 법원에 대하여 기본 판결을 파기하여 줄 것을 신청할 수 있다.

기본 판결을 파기하는 절차는 복잡한 법적 절차를 요하며, 일반적인 파기 사유로는 임차인(또는 임차인의 소송대리인)의 실수, 부주의, 용서될 수 있는 태만 등이 있다. 임차인은 법원에 즉시 기본 판결의 파기를 신청하여야 하며, 임차인은 법원에 대하여 정당한 사유가 있다는 점, 즉시 파기를 신청하였다는 점, 판결에서 승소할 가능성이 있다는 점을 소명하여야 한다.

아. 임대인의 집행관에 대한 고지(letter of instruction)

캘리포니아 주의 San Diego, Orange, Fresno County에서는 퇴거를 강제집행하는 과정에서 임차인이 폭력 및 무력을 사용하는 경우가 증가함에 따라, 임대인에게 임차인의 인적사항 등 정보를 기입하도록 하여 고지할 의무를 부과하고 있으며, 집행관이 퇴거집행 시 위 정보를 참고하도록 운영하고 있다. 임대인은 단순히 임차인의 성별, 생년월일 등의 간단한 정보만이 아니라, 집행 시 발생할 수 있는 무력 충돌을 방지하기 위하여, 1) 임차인이 약물과 관련한 문제가 있는지, 2) 정신병이 있는지, 3) 전과가 있는지, 4) 갱단 소속이거나 가석방 또는 보호관찰 기간 중에 있는지, 5) 총, 칼, 또는 다른 종류의 무기를 보유하고 있는지, 6) 사나운 애완동물을 기르고 있는지 등을 구체적으로 기재하여야 한다. 임대인은 위와 같은 사항을 구체적으로 기재하도록 한 공식적인 통지서를 작성하여 제출하여야 하고, 위 통지서를 집행관에게 제출하지 않는 경우에는 강제집행 절차가 지연되거나 추가적인 비용이 발생할 수 있다.[153]

153) San Diego, Orange, Fresno County letter of instruction 참조.

San Diego County
SHERIFF'S DEPARTMENT

EVICTION INSTRUCTIONS TO THE SHERIFF OF SAN DIEGO COUNTY

THIS EVICTION INSTRUCTION IS MANDATORY AND NO OTHER FORM OF INSTRUCTION WILL BE ACCEPTED.

Failure to complete these instructions completely may result in a delay in processing the eviction

(The Sheriff must have original, signed instructions by the attorney or party without attorney in accordance with CCP 262 and 687.010)

THIS INSTRUCTION IS 2-SIDED

________________ vs ________________

Plaintiff Defendant

________________ ________________

Court Case Number Levying Officer File Number

To the Sheriff: You are hereby instructed to restore possession of the real property described in the accompanying Writ of Possession (Real Property) to the judgment creditor or their authorized agent.

1. **Property Address:** ________________

City: ________________, CA Zip Code: ________

Gate Code: ________ ☐ No Gate Code

2. **PERFORM EVICTION:** ☐ As soon as possible, or ☐ No lockout before (date): ________

3. **Creditor's Agent** (to contact with eviction time):

Name: ________________ Daytime Phone: ( ) Ext: ________

4. **OFFICER SAFETY QUESTIONS:** Are you aware of any of the following officer safety concerns in regards to the tenants?

A. Drugs or Alcohol?	☐ Yes	☐ No	☐ Unknown	Specify: ☐ Drugs ☐ Alcohol ☐ Both
B. Mental Health?	☐ Yes	☐ No	☐ Unknown	
C. Criminal History?	☐ Yes	☐ No	☐ Unknown	
D. Gang Member/Parole/Probation?	☐ Yes	☐ No	☐ Unknown	Specify: ☐ Gang Member ☐ On Parole/Probation
E. Weapons?	☐ Yes	☐ No	☐ Unknown	Specify: ☐ Guns ☐ Knives ☐ Other
F. Violent?	☐ Yes	☐ No	☐ Unknown	
G. Military or Security Experience?	☐ Yes	☐ No	☐ Unknown	Specify: ☐ Military ☐ Security
H. Dogs?	☐ Yes	☐ No	☐ Unknown	Specify:
I. Security Cameras or Alarms?	☐ Yes	☐ No	☐ Unknown	Specify: ☐ Cameras ☐ Alarms
J. Elderly or Disabled Tenant?	☐ Yes	☐ No	☐ Unknown	Specify: ☐ Elderly ☐ Disabled
K. Other:				

CONTINUED ON REVERSE SIDE

C-1UD (Rev. 4/16)

EVICTION INSTRUCTIONS TO THE SHERIFF OF SAN DIEGO COUNTY – PAGE 2

5. **TENANT INFORMATION:** Complete for all tenants named on the writ. (Attach an additional page if necessary) It is not necessary to list "All Unknown Occupants".
Not providing a DOB may result in a delay in the eviction process.

Tenant's Name:	Tenant's Date of Birth (DOB) **A date of birth MUST be provided, or if the DOB is unknown; you must provide the approximate age and race of the tenant**
A.	
B.	
C.	
D.	
E.	
F.	

6. Is this eviction resulting from a foreclosure sale of a rental housing unit? ☐Yes ☐No
Note: *Pursuant to California Code of Civil Procedure Section 415.46, a tenant of property that was the subject of a foreclosure action may have additional remedies in eviction proceedings. Falsely misrepresenting whether this eviction is resulting from a foreclosure may subject you to civil and/or criminal liability for fraud.*

7. Is the real property that is the subject of this eviction (Unlawful Detainer) non-residential real property? ☐Yes ☐No
If Yes, answer question A.
If No, skip to question 8
A. Was the lease terminated after the expiration of the stated term of the non-residential real property lease? ☐Yes ☐No
Skip to question 9 after answering.

8. Does this eviction (Unlawful Detainer) involve a foreclosure of a lien on residential real property? ☐Yes ☐No
If Yes, answer question A.
If No, skip to question 9.
A. Is the former owner of the residential real property occupying the property that is the subject of this eviction (Unlawful Detainer)? ☐Yes ☐No

9. Is the debtor residing on the real property under a lease or rental agreement (either verbal or written)? ☐Yes ☐No
If Yes, please attach evidence of the rental agreement. Such evidence may include, but is not limited to, a copy of a written rental agreement, receipts or cancelled checks indicating payment, or a rental application completed by the debtor. If you do not have any evidence to substantiate the existence of a rental agreement, you may submit an affidavit, signed under penalty of perjury, setting forth the details of the rental agreement.

The Sheriff's Department DOES NOT guarantee service.
The Sheriff's Department is entitled to its fees whether the service is completed or not. (California Government Code 26738)
All communications and refunds will be made to the name and address listed below.

Party without attorney (or attorney) requesting service:

Address: City:

State: Zip Code: Telephone: ( )

Fax: ( ) Email:

Signature: ______________________ Date: ______________________

C-1UD (Rev. 4/16)

2. 뉴욕 주법상 퇴거 절차

가. 퇴거 절차 개관[154)]

퇴거 영장(warrant of eviction)의 부여로 임대인과 임차인 사이에 임차인이 임대목적물을 점유하기로 하는 계약이 종료된다. 퇴거 영장은 집행관에게 퇴거집행 절차를 진행할 권한을 부여한다. 퇴거집행은 임대목적물로부터 임차인과 그 소유의 물건들을 몰아내는 절차이다. 집행관은 퇴거절차를 집행하기 이전에 퇴거 집행 통지(the notice of eviction)를 발송하여야 한다.

나. 퇴거 집행 통지

집행관은 점유명령을 집행하기 이전에 퇴거집행의 대상이 되는 사람에게 통지를 하여야 한다. 집행관은 적법한 점유를 확보하기 위하여 공휴일을 제외한 월요일부터 금요일 사이의 일과 시간(일출부터 일몰 사이)에 집행을 하여야 한다.

임차인이 언제 퇴거 집행 통지를 송달받았는지 여부에 따라 집행관의 집행일이 달라진다. 퇴거 집행 통지는 이의신청 통지를 송달한 방법과 동일한 방법으로 송달하여야 한다.

퇴거 집행 통지가 교부송달된 경우, 집행관은 다른 통지 절차 없이 퇴거 집행 통지가 송달된 날로부터 4 영업일 이후부터 퇴거 집행을 할 수 있다. 영업일은 법정 공휴일을 제외한 월요일부터 금요일 사이를 말한다.

교부송달된 경우	집행절차 시작 72시간 전 통지	가장 빠른 퇴거집행일
월요일	화요일	금요일
화요일	수요일	월요일
수요일	목요일	화요일
목요일	금요일	수요일
금요일	월요일	목요일
토요일	월요일	목요일
※ 예외(공휴일) : 통지가 교부송달된 날 또는 그 전날인 월요일부터 금요일 사이에 공휴일이 있는 경우 그리고 각 행의 날 또는 그 이전에 송달된 경우, 가장 빠른 퇴거집행일은 그 행에 있는 날의 다음 영업일임.		

154) 뉴욕주 민사법원 홈페이지상 부동산에 대한 강제집행 절차 소개 내용 참조 (http://nycourts.gov/courts/nyc/housing/eviction.shtml#reservice)

만일 퇴거 집행 통지가 교부송달 외의 다른 방법으로 송달되어 우편으로 송달이 요구되는 경우, 집행관은 다른 통지 절차 없이 퇴거 집행 통지가 송달된 날로부터 6 영업일 이후부터 퇴거 집행을 할 수 있다. 퇴거 집행 통지의 부본이 송달된 경우, 집행관은 총 5일이 되도록 72시간 전 통지에 토요일, 일요일과 공휴일을 제외한 2 영업일을 더한다. 영업일은 법정 공휴일을 제외한 월요일부터 금요일 사이를 말한다.

우편송달된 날	가장 빠른 퇴거집행일(6 영업일)
월요일	두 번째 화요일
화요일	두 번째 수요일
수요일	두 번째 목요일
목요일	두 번째 금요일
금요일	두 번째 월요일
토요일	두 번째 월요일
※ 예외(공휴일) : 통지가 송달된 날 또는 그 전날인 월요일부터 금요일 사이에 공휴일이 있는 경우 그리고 각 행의 날 또는 그 이전에 송달된 경우, 가장 빠른 퇴거집행일은 그 행에 있는 날의 다음 영업일임.	

퇴거 집행 통지에는 날짜를 기입하여야 한다. 그 날짜는 수령인에게 퇴거 집행 통지의 교부송달일 또는 우편송달의 경우 발송일보다 빨라서는 안 된다. 일반적으로 퇴거 집행 통지에는 수령인에 기하여 집행대상목적물을 점유할 권리를 획득하여 집행대상 목적물을 점유하고 있는 모든 사람의 이름을 기재하여야 한다.

다. 퇴거 집행 통지서

퇴거 집행 통지서는 교부송달의 경우에 사용하는 통지서와 우편송달 등 대체적인 송달방법에 사용하는 통지서, 두 가지 종류의 통지서가 있다. 집행관은 각 송달방법에 적합한 통지서를 사용하여야 한다. 집행관이 교부송달임에도 불구하고 우편송달 등 대체적인 송달방법에 사용하는 통지서를 사용한 경우, 집행관은 그 통지서의 사본에 발송일을 기재하여 송달하여야 하고 통지일로부터 6 영업일 이전에 집행할 수 없다.

라. 퇴거 집행 통지의 내용

점유명령에는 아래의 정보를 기재하여야 한다.

- 집행관의 이름, 즈소, 전화번호, 배지 넘버(badge number)
- 집행법원
- 사건번호를 포함한 사건의 제목

- 집행대상목적물의 현황과 설명을 포함한 집행대상목적물의 주소
- 굵은 글씨로 퇴거 집행을 통지하는 문구
- 교부송달일 또는 그 다음날인 통지일. 우편송달 등의 경우에는 발송일 이후인 통지일
- 교부송달인지 여부에 따라 정하여진 수령인에 대한 퇴거집행일; 퇴거 집행이 정지 조항과 그에 대한 이유가 기재된 명령으로만 정지될 수 있다는 점과 어떻게 그 명령을 받을 수 있는지에 관한 내용; 법원이 집행정지를 명한 경우, 수령인은 수령인이 법원이 지정한 날짜에 맞추어 비용을 지급하지 못한 경우를 제외하고는 퇴거집행을 당하지 않으며, 집행이 정지되지 않은 경우에는 추가적인 통지 없이 퇴거집행을 할 수 있다.
- 퇴거 집행 통지에는 수령인이 군복무 중인 경우, 자신의 권리를 보호하기 위하여 직원에게 즉시 협력을 요청하여야 한다는 점을 명시하여야 하고, 법적 조력이 필요한 경우, 법률구조회(Legal Aid Society)가 조력을 제공할 수 있고 또는 수령인이 노인인 경우에는 311에 전화하여 도움을 구할 수 있음을 명시하여야 하며, 인적자원부(Human Resources Administration)에서 조력을 실제로 받았는지 여부와 관계없이 후불금을 지급할 수 있으므로, 사회복지사에게 공공의 조력을 받은 사실을 알려야 한다.

마. 퇴거 집행 통지의 재송달

퇴거 집행 통지는 수령인에게 사전에 적절한 퇴거 집행의 경고를 하기 위한 것이다. 통지가 오래된 경우에는 더 이상 사용될 수 없다.

집행관은 아래의 두 경우에는 추가적인 퇴거 집행 통지를 발송하여야 한다.

1) 기존의 퇴거 집행 통지에 명시된 가장 빠른 퇴거집행일로부터 30일이 경과하였음에도 불구하고 집행이 이루어지지 않은 경우

2) 법원이 특별히 신청인에게 새로운 퇴거 집행 통지를 송달하지 않고 수령인에 대한 퇴거를 집행할 수 있도록 허가하지 않은 이상, 법원이 퇴거 집행 통지의 송달일 이후에 집행정지를 명하였으나 그 집행정지가 취소된 경우. 이 경우 신청인은 법원이 허가한 가장 빠른 퇴거집행일로부터 3 영업일 이내에 점유명령을 집행하는 경우에는 퇴거 집행 통지를 재송달할 필요 없이 수령인에 대한 퇴거를 집행할 수 있다.

법원이 다른 명령을 하지 않는 이상, 추가적인 퇴거 집행 통지는 일반 우편에

의하여 송달하여야 하고 72시간의 기간에 추가적으로 2 영업일이 부여되어야 한다. 통지 기간은 통지 발송일 다음날부터 5 영업일 동안이다.

추가적인 퇴거 집행 통지는 교부송달하여야 한다. 통지일 당일 또는 그 이전에 퇴거 집행 통지를 수령인에게 교부송달하는 경우, 퇴거집행은 "통지일"란에 기재된 날짜로부터 4 영업일 이후에 이루어져야 한다.

바. 아동, 정신질환자, 장애인, 노인 등에 대한 특별규칙

집행관은 사전에 스스로를 보호할 능력이 없는 사람이 집행대상목적물을 점유하고 있는지 여부를 조사하여야 하며, 그러한 경우에는 퇴거집행일을 정하기 이전에 조사부(Department of Investigation)에게 그러한 사실을 고지하여야 한다. 집행관은 보호자가 없는 아이들을 집행대상목적물에서 발견한 경우에는 지역 경찰관에게 고지하여야 한다. 집행관이 집행대상목적물에 도착하여 집행대상목적물의 임차인 또는 점유자가 정신질환자, 장애인, 노인 그밖에 자신을 스스로 보호할 수 없는 사람임을 확인한 경우, 집행관은 조사부(Department of Investigation)와 적절한 복지시설에 고지하여야 한다. 퇴거집행은 사회복지기관이 그 점유자에 대한 적절한 도움을 제공할 수 있도록 약 2주간 연기하여야 한다.

사. 소유물과 동물의 반출

임대인은 집행관이 퇴거를 집행하는 것과 집행관이 법적 점유를 확보하는 것 중에 선택할 수 있다. 어느 쪽이거나 집행관은 임대인에게 집행대상목적물에 대한 통제권을 반환하여야 한다. 퇴거집행을 위하여, 집행관은 뉴욕 주의 운송부(New York State Department of Transportation)에서 보증한 이삿짐센터를 고용하여야 하고, 이삿짐센터에게 집행대상목적물에서 반출한 물건들을 소비생활부(Department of Consumer Affairs)가 보증한 창고로 운반할 것을 지시하여야 한다. 법적 점유 절차에서는, 임차인의 소유물은 임차인이 다른 장소로 소유물을 운반할 수 있을 때까지 임대인의 통제 및 관리 하에 보관된다.

집행관이 살아있는 동물을 발견한 경우, 집행관은 동물구조대(Animal Rescue)에 그 동물을 내보내도록 고지하여야 한다.

집행관은 퇴거집행의 대상인 임차인 소유의 모든 물건의 목록을 작성하여야 한다.

임차인이 퇴거집행 시 존재하는 경우, 임차인은 소유물이나 귀중품을 반출할 권리가 있다. 집행관이 임차인의 친척, 친구, 이웃에게 그 소유물을 가져갈 권한이 있다고 인정하는 경우, 그들에게 소유물을 넘겨줄 수 있다.

집행관이 현금을 발견하는 경우 지역 경찰서에 보관하여야 하며, 지역 경찰서에 전달하는 것이 불가능한 경우에는 집행관의 사무실에 보관하여야 한다.

점유명령이 집행된 후 집행관은 퇴거집행을 당한 임차인에게 그 소유물이 있는 장소를 통지하여야 한다.

아. 반출되지 않은 소유물

음식, 식재료, 음식이 담긴 접시, 부동산에 부합되어 있어서 제거할 경우 부동산에 손상을 가하는 고정된 물체들, 깔개, 벽과 벽 사이에 단단히 고정되어 있는 카페트, 리놀륨 또는 타일은 집행대상목적물에서 반출하여서는 안 된다.

제4장 강제집행에 있어서의 갈등조정, 충돌완화 및 집행당사자들의 권리보호를 위한 개선방안

제4장 강제집행에 있어서의 갈등조정, 충돌완화 및 집행당사자들의 권리보호를 위한 개선방안

Ⅰ. 제도(법령)상의 개선방안

1. 인도의 최고제도의 명문화

가. 신설의 필요성과 실익

1) 개정 전 일본의 부동산인도 집행 실무현황 등[1)]

부동산인도 집행은 즉시 단행하여야 할 특별한 사정이 있는 경우를 제외하고, 통상 최고기일과 단행기일 2회로 나누어 실시되었다.

집행장소에 최초로 나가는 최고기일에는 채무자가 목적부동산을 점유하고 있는지 확인한 다음, 단행에 필요한 노무자수와 비용 등을 견적하게 된다. 그 다음 단행기일을 정하므로, 채무자가 입회한 경우에는 단행 전에 임의로 인도할 것을 촉구한다. 그럼에도 채무자가 임의로 인도하지 않을 경우 그 후 단행기일을 정하여 인도집행을 실시함이 실무였다.

집행관이 바로 단행을 하지 않고 임의이행을 최고하는 것은 다음과 같은 이유 때문이었다. 먼저, 제1회 기일부터 단행에 필요한 노무자나 트럭 등을 준비하여 집행현장에 나가더라도 점유자가 채무자와 다른 경우도 있고, 채무자가 이미 목적 부동산으로부터 퇴거한 경우도 있을 수 있어, 점유자와 점유상태를 확인하는 기일을 가짐으로써 시간과 비용의 낭비를 피함과 아울러, 단행을 원활하게 실시할 준비를 하는 것이 가능하다.

두 번째는 집행관이 최고기일에 채무자에게 집행의 취지와 내용을 설명함으로써 채무자가 임의로 퇴거하여 원활하게 인도가 끝나는 경우가 많고, 이 경우 채권자에게 있어서도 다액의 비용 지출을 피할 수 있다는 장점이 있다.[2)]

이처럼 제1회 기일을 최고기일로 운용하는 실무는 채권자의 권리를 원활하고 신

---

1) 入倉俊輔, "不動産引渡執行事務の實情等について", 金融法務事情 No. 1628, 金融財政事情研究所 (2001), 22-23 참조.

2) 森田浩美, "執行官事務の實情と改革の方向性", 金融法務事情 No. 1628, 金融財政事情研究所 (2001), 17.

속하게 그리고 경제적으로 실현할 수 있다는 이점이 있다.

그런데 인도 집행방법에 관하여는 일본 민사집행법 제168조(우리 법 제258조에 해당) 이외에 다른 규정은 없고, 최고기일에서의 위와 같은 최고에 대하여 어떠한 법적근거나 효과가 부여되는 바가 없었다. 이 때문에 최고기일에서의 최고를 기화로 악질적인 점유자가 목적 부동산의 점유를 제3자에게 이전하게 되면, 단행기일은 채무자가 목적부동산을 점유하고 있지 않은 것이 되어, 현실적으로 집행이 불가능하게 되는 문제가 생긴다.

여기에서 위와 같은 실무의 장점을 살리고 그로 인한 문제점을 차단하기 위해서는, 채무자의 점유인정, 최고, 인도의 단행이라는 부동산 인도 집행에 있어서의 일련의 절차의 요건, 효과 등을 법문 상으로 명확하게 할 필요가 있으므로, 구체적으로는 최고기일에서의 집행관의 점유인정에 대하여 부동산 인도 집행의 개시로서의 효력을 부여하여 그 후 점유가 제3자에게 이전되더라도, 최고기일에서의 점유자로 인정된 자를 집행채무자로 한 상태에서 단행이 가능하도록 법을 정비할 필요가 있다는 입법개선의견이 제기되었다.[3)]

2) 우리 실무의 현황 등

우리 현재의 실무 역시 개정 전 일본의 경우와 크게 다르지 않다.

즉, 부동산 인도, 철거 강제집행에 있어서 실무는 현재 명확한 법적인 근거는 없지만, 강제집행개시 전 상당기간 집행예고를 실시하고 있고, 집행과 관련한 사전협의 절차를 거치고 있다. 결과가 극단적인 부동산철거 강제집행은 더더욱 그렇다. 강제집행에 나아가면 결국 그 비용이 채무자에게 전가되는 점, 민원 예방, 집행관에 대한 국가배상책임 추궁 등의 염려 등 여러 가지 요소가 반영되어 형성된 오랜 실무관행이다. 그 결과 서울중앙지방법원의 경우 접수된 사건의 20% 내외만이 실제로 강제집행으로 나아간다고 함은 제1장 Ⅰ.의 1. 나.항에서 본바와 같다. 명문의 규정은 없지만, 실무상으로는 용인되는 관행이다. 법원실무제요[4)]나 집행관실무편람[5)] 모두 "집행관은 명문의 규정은 없지만, 집행현장에 임하여 집행 전에 임의의 이행을 촉구할 것이며, 집행개시를 하였다 하여 임의이행을 거절할 수 없다"고 하여 유사한 취지로 기술하고 있다. 제3자로의 점유이전에 의한 집행면탈의 부작용이 없는 것은 아니지만,

3) 入倉俊輔, "不動産引渡執行事務の實情等について", 金融法務事情 No. 1628, 金融財政事情研究所(2001), 23.

4) 법원실무제요 민사집행[I], 법원행정처(2014), 32.

5) 집행관 실무편람, 법원행정처(2004), 68.

집행예고를 하지 않은 경우 채무자의 저항이 강하기 때문에 전체적으로 보아서는 집행예고제의 부작용보다는 순기능이 크다고 평가 받고 있다. 다만 최고로 강제집행이 예고됨에 따른 점유의 이전으로 인도집행이 불가능해짐에도, 승계집행문을 부여받아 인도절차를 계속할 수 없는 문제점이 있고, 부수적이지만, 집행예고에 관한 명문의 근거 규정이 없는 관계로 주거침입죄로 의율되어 집행관이 형사적으로 처벌 받는 사례도 있다.

이에 이 같은 최고절차가 채무자의 이익(즉시 집행에 따른 타격의 회피 등) 뿐만 아니라 채권자의 이익(단행에 소요되는 비용의 절감 등)이나 강제집행제도의 취지에도 반하지 않는 합리적인 것인 점을 반영하여 법에 명문의 근거규정을 둠과 동시에 당사자항정효를 부여하여 최고 후 점유가 이전되는 경우에도 승계집행문을 부여받지 않더라도 인도집행이 가능하도록 함으로써 쌍방 간에 이해관계를 조정하고 불필요한 충돌을 막을 필요가 있다. 일본에서 2004년 위 조항이 신설되게 된 직접적인 계기는 버블 붕괴로 인하여 부동산집행사건이 폭증하는 상황에서 보다 신속하고 저렴한 비용에 의한 집행을 염두에 둔 담보, 집행제도 개혁의 일환이었지만,[6] 인도이행최고 제도가 단순히 채권자의 이익만을 염두에 둔 것은 아니고, 강제집행제도 전반에 걸친 문제 즉 당사자 간의 이해관계의 충돌과 조정의 문제를 해결하는 것인 점 또한 무시할 수 없다.

3) 국회 현안보고도 "명도소송을 통한 강제퇴거에 있어서는 계고장 발부 등 사전에 강제퇴거 집행날짜를 고지할 의무가 부여되어 있지 않기 때문에, 집행관에 의한 갑작스러운 강제철거 집행시 거주민과 집행관 또는 경찰 사이의 물리적 충돌이 발생할 가능성이 상존한다"고 지적하고 있고, 국가인권위원회의 "강제철거 시 거주민 인권개선 권고" 강제철거 시 준수되어야 할 기본원칙 ②항으로 "퇴거를 당하는 이들에 대한 충분한 협상기회와 적절한 보상 제공 및 퇴거 예정 시기에 대한 적절한 사전고지 시행"을 들고 있다. 정동영 의원안과 정청래 의원안 제6조도 아래에서 보는 바와 같이 같은 취지이다.

4) 참고로 당사자항정효 도입 자체에 대하여 찬성하는 의견이 지배적인데,[7] 신

6) 上原敏夫, "改正擔保·執行法の解說", 新民事執行實務 No. 2, 民事法研究會(2005), 17-18; 畑一郎, "擔保·執行法制の見直しと執行官事務", 判例タイムズ 54卷 19號,判例タイムズ社 (2003), 11; 山本和彦 外 編, 新基本法コンメンタール 民事執行法, 日本評論社(2014), 422.

7) 부동산점유이전금지 가처분에서 채무자를 특정하기가 곤란한 특별한 사정이 있는 때에는, 그 신청서나 가처분명령에 채무자를 특정하지 아니하고, 가처분명령 집행단계에서 채무자를 특정하도록 하는 일본 민사보전법 제62조 도입에 관한 찬성의견으로 김광년, "민사보전 처분에 관한 몇 가지 의견", 민사집행법연구 1권, 한국사법행정학회(2005), 254.

설조항을 통하여 도입하려는 당사자항정효는 그 중에서도 가장 완화된 형태로서 제도 도입으로 인한 이질감과 충격은 거의 없을 것으로 생각된다.

나. 신설조항(안)

민사집행법 제258조의2(인도의 최고)

① 집행관은 부동산 등 인도의 강제집행신청이 있는 경우로서 당해 강제집행을 개시하는 것이 가능한 때에는 다음 항에서 규정하는 인도의 기한을 정하여 인도의 최고(부동산 등의 인도의 최고를 말한다. 이하 이 조에서는 같다)를 할 수 있다. 다만 채무자가 당해 부동산을 점유하고 있지 아니하는 경우에는 그러하지 아니하다.

② 인도의 기한(인도의 최고에 기하여 제6항의 규정에 의한 강제집행을 하는 것이 가능한 기한을 말한다. 이하 이 조에서는 같다)은 인도의 최고가 있는 날부터 1개월을 경과한 날로 한다. 다만 집행관은 집행재판소의 허가를 얻어 당해일 이후의 날을 인도의 기한으로 할 수 있다.

③ 집행관은 인도의 최고를 하는 때에는 그 취지, 인도의 기한 및 제5항의 규정에 의하여 채무자가 부동산 등의 점유를 이전하는 것이 금지되었다는 취지를 당해 부동산 등이 소재하는 장소에 공시서 그 밖의 표지를 게시하는 방법에 의하여 공시하여야 한다.

④ 집행관은 인도의 기한이 경과하기까지 사이에는 집행법원의 허가를 얻어 인도의 기한을 연장할 수 있다. 이 경우 집행관은 인도의 기한이 변경되었다는 취지 및 변경 후의 기한을 당해 부동산 등이 소재하는 장소에 공시서 그 밖의 표지를 게시하는 방법에 의하여 공시하여야 한다.

⑤ 인도의 최고가 있는 때에는 채무자는 부동산 등의 점유를 이전할 수 없다. 다만 채권자에게 부동산 등을 인도하는 경우에는 그러하지 아니하다.

⑥ 인도의 최고 후에 부동산 등의 점유가 이전된 경우에는 인도의 기한이 경과하기까지 사이에는 점유자(제1항의 부동산 등을 점유하는 자로서 채무자 이외의 자를 말한다. 이하 이 조에서는 같다)에 대하여 제1항의 신청에 기하여 강제집행을 할 수 있다. 이 경우 제53조 및 전조의 규정을 적용함에 있어 당해 점유자를 채무자로 본다.

⑦ 인도의 최고 후에 부동산 등의 점유가 이전된 때에는 점유자는 인도의 최고가 있는 사실을 몰랐고 채무자의 점유의 승계인이 아니라는 것을 이유로 채

권자에 대하여 강제집행의 불허를 구하는 소를 제기할 수 있다. 이 경우 제46조, 제47조 및 제48조의 제2항의 규정을 준용한다.

⑧ 인도의 최고 후에 부동산 등을 점유한 점유자는 인도 최고가 있다는 사실을 알면서 점유한 것으로 추정한다.

⑨ 제6항의 규정에 의하여 점유자에 대하여 강제집행을 하는 때에는 당해 점유자는 집행에 관한 이의 신청에 있어 채권자에 대항할 수 있는 권원에 의하여 목적물을 점유하고 있다는 것 또는 인도의 최고가 있은 사실을 알지 못하였고 채무자의 점유의 승계인이 아니라는 것을 이유로 할 수 있다.

⑩ 인도의 최고에 소요되는 비용은 집행비용으로 한다.

민사집행규칙 제187조의2(인도의 최고 등)

① 법 제258조의2 제1항에 규정한 인도의 최고는, 어쩔 수 없는 사유가 있는 경우를 제외하고, 부동산 등의 인도의 강제집행 신청이 있는 날부터 2주 이내에 실시하여야 한다.

② 집행관은 제1항의 인도의 최고를 함에 있어 공시서 그 밖의 표지에 표지의 손괴에 대한 법률상의 제재와 그 밖에 집행관이 필요하다고 인정하는 사항을 기재할 수 있다.

다. 해설

1) 입법의 취지

부동산등의 인도청구권의 집행에 관한 민사집행법 제258조의 특칙이다. 종래 민사집행법 제258조 부동산 등의 인도청구권에 대한 강제집행 실무는 집행관이 임의의 이행을 최고하는 것이 관행이었으며, 이 같은 실무가 주효하는 경우가 많았다. 다만 최고 후에 점유가 이전됨으로 인하여 인도집행이 불가능해지고, 승계집행문을 부여받아 인도절차를 계속할 수 없는 문제점이 있었다. 본 신설조항은 이 같은 최고절차가 채무자의 이익(즉시 집행에 따른 타격의 회피 등) 뿐만 아니라 채권자의 이익(단행에 소요되는 비용의 절감 등)에도 부합하는 합리적인 것인 점을 반영하여 법에 근거규정을 둠과 동시에 당사자항정효를 부여하여 최고 후에 점유가 이전되는 경우에도 승계집행문을 부여받지 않더라도 인도집행이 가능하도록 했다.[8)]

---

8) 山本和彦 外 編, 新基本法コンメンタール 民事執行法, 日本評論社(2014), 421; 道垣内弘人, 新しい 擔保·執行制度[補訂版], 有斐閣(2004), 114 이하.

2) 인도의 최고

인도의 최고는 집행관이 채무자에 대하여 임의로 부동산 등을 인도할 것을 촉구하는 처분이다. 구체적으로는 집행관이 목적물에 대한 채무자의 점유를 인정하고, 인도의 기한 안에 단행예정일을 정하여 채무자에 대하여 그 날까지 임의로 인도할 것을 최고하고, 공시서를 게시하게 된다. 그 실시를 위해서는 바로 인도집행의 착수가 가능한 상태에 있을 것을 필요로 하며, 강제집행일반의 개시요건(민집 제39조, 제40조, 제41조)을 충족할 것(신설조항 제1항 본문)과 채무자가 당해 부동산을 점유하고 있을 것(신설조항 제1항 단서)을 요한다. 그렇지만 인도의 최고는 인도집행의 착수는 아니고, 준비적인 행위이다.[9] 실시할지 말지는 집행관의 합리적인 판단에 달려있다(종전의 실무대로 하는 것도 가능하고 즉시 단행도 가능하다).[10] 실시할 경우에는 원칙적으로 신청일부터 2주 이내에 하여야 한다(신설 민사집행규칙 제187조의2 제1항). 인도의 최고에 소요되는 비용은 집행비용으로 한다(신설조항 제10항).

3) 인도의 기한

집행관은 인도의 최고시 인도의 기한을 정해야 한다(신설조항 제1항 본문). 인도의 기한은 인도의 최고에 기하여 그 후의 점유자에 대하여 승계집행문을 요하지 아니하고 집행하는 것이 가능한 기한(당사자항정효가 미치는 기한)이다(신설조항 제2항 본문). 원칙적으로 인도의 최고를 한 날부터 1개월을 경과한 날이다(신설조항 제2항 본문). 1개월의 기간은 임의의 인도나 단행의 준비에 소요되는 기간, 최고 후의 선의의 점유자의 이익, 신속한 집행의 요청 등을 고려한 것이다.[11] 그 이후의 날로 정하는 것도 가능하고(인도기한의 신장. 신설조항 제2항 단서), 일단 정한 인도의 기한을 연장하는 것도 가능하지만(신설조항 제4항 전단), 모두 집행법원의 허가를 요한다(신설조항 제2항 단서, 제4항 전단). 신장(伸長)이 필요한 경우로서는 대규모 건물의 경우, 점유자가 갈 곳이 없는 고령자 등으로서 기거갈 곳을 찾는데 시간이 필요한 경우 등을 들 수 있다. 연장이 필요한 경우도 이에 준하여 생각하면 된다.[12] 연장은 인도

---

9) 山本和彦 外 編, 新基本法コンメンタール 民事執行法, 日本評論社(2014), 421.

10) 일본의 실무는 모든 경우에 명도의 최고절차를 밟는 것이 아니라, 집행관이 채무자의 점유를 인정하고, 또 채무자의 임의의 이행이 가능하다고 판단하는 경우에 한하여 명도최고를 한다고 한다(座談會, "土地明渡·引渡執行事件の實務上の諸問題", 新民事執行実務 No. 10, 民事法研究會(2013), 43).

11) 畑一郎, "擔保·執行法制の見直しと執行官事務", 判例タイムズ 54卷 19號, 判例タイムズ社(2003), 11.

12) 大阪地裁執行實務研究會 編, 不動産明渡·引渡事件の實務, 新日本法規(2009), 372 이하.

의 기한이 경과되기 전까지 가능하기 때문에(신설조항 제4항 전단), 단행일 당일에 연장의 필요가 판명되는 경우를 고려하여 단행예정일을 인도 기한 내의 수일 전으로 정하는 것이 바람직하다.[13] 인도최고 후에 집행정지문서(민집 제49조 제2호, 제4호)가 제출된 경우에도 인도의 기한에는 영향이 없다.[14]

다만 인도의 기한을 얼마 후로 정할 것인지는 집행실무 현황과 집행관 공급실태 등을 종합적으로 고려하여 별도로 검토할 필요가 있다. 실무상 인도집행 완료까지에 소요되는 기간을 감안하면 1월의 기간은 다소 짧은 느낌이지만, 당자자항정효가 미치는 점을 고려해서 일본의 입법례를 참조하여 위와 같이 일단 정한 것이다.

4) 공시

집행관은 인도의 최고를 한 때에는 그 취지, 인도의 기한 및 채무자가 부동산 등의 점유의 이전을 금지당하였다는 취지를 공시하여야 한다(신설조항 제3항). 인도의 기한을 연장하는 경우에도 인도기한이 연장되었다는 취지와 변경 후의 인도의 기한을 공시하여야 한다(신설조항 제4조 후단). 공시는 당해 부동산 등이 소재하는 장소에 공시서 그 밖의 표지를 게시하는 방법에 의한다(신설조항 제3항, 제4항 후단, 신설 규칙 제187조의2 제2항). 공시서 등의 훼손은 공무상 봉인등표시무효죄(형법 제140조 제1항)에 해당한다.

5) 인도 최고의 효과

인도의 최고는 채무자의 임의의 인도를 제외하고, 부동산 등의 점유이전을 금지하는 효력(신설조항 제5항. 점유이전금지효), 이에 위반하여 최고 후에 부동산 등의 점유가 이전된 경우 인도의 기한이 경과하기 전이라면 승계집행문(민집 제31조)이 필요 없이 인도집행이 가능한 효력(신설조항 제6항 전단, 당사자항정효)이 있다. 이 당사자 항정효는 집행권원의 집행력이 미치는 것을 전제로 한다. 집행력이 미치는 경우는 채무자의 점유의 승계인(민집 제31조 제1항 본문)과 인도의 최고에 관한 악의의 비승계인이다(집행력 확장의 근거는 공시에서 구하여 진다[15]). 최고 후의 점유자는 악의로 추정된다(신설조항 제8항). 민사집행법 제258조, 제53조(집행비용)의 적용에 관하여는 명도집행시의 점유자를 채무자로 본다(신설조항 제6조 후단). 다만 인도의

13) 執行官提要(第5版), 最高裁判所 事務總局(2009), 275.

14) 大阪地裁執行實務研究會 編, 不動産明渡·引渡事件の實務, 新日本法規(2009), 402 이하; 綾部弘, "强制執行停止と引渡し期限", 新民事執行實務 No. 9, 民事法研究會(2011), 92.

15) 山本和彦 外 編, 新基本法コンメンタール 民事執行法, 日本評論社(2014), 422; 森田浩美, "執行官事務の實情と改革の方向性", 金融法務事情 No. 1628, 金融財政事情研究所(2001), 17 등.

최고에 소요되는 비용은(신설조항 제10항)은 집행권원상의 채무자가 부담한다.[16)]

건물철거토지인도의 강제집행에 있어서 최고의 효과가 문제인바, 점유이전금지효, 당사자항정효가 인정되는 것은 토지 인도의 최고에 관하여만 그렇다. ① 건물의 점유가 이전된 경우에는 그에 의하여 토지의 점유가 이전된 것으로 간주되므로 당사자항정효가 미치지만, ② 토지인도의 최고에는 건물의 소유권이전을 금지하는 효력이 없으므로, 건물 소유권이 이전된 경우에는 당사자항정효가 미치지 않는다.[17)]

6) 불복신청

인도 최고 후의 부동산 등의 점유자 가운데 최고에 관하여 선의이며, 채무자의 점유를 승계하지 않은 자(선의의 비승계인)에게는 집행권원의 집행력이 미치지 않으므로, 승계집행문 부여에 대한 이의의 소(민집 제45조)나 제3자이의의 소(민집 제48조)에 대신하여, 강제집행의 불허를 구하는 특별한 형태의 소가 허용된다(신설조항 제7항 전단).[18)] 또한 인도 최고 후의 부동산 등의 점유자에 대하여 인도집행이 이루어진 경우에는, 집행문 부여에 대한 이의신청(민집 제34조)에 대신하여 간이한 불복수단으로서 선의의 비승계인인 사실 혹은 채권자에게 대항할 수 있는 권원에 의하여 목적물을 점유하고 있음을 이유로 집행에 관한 이의를 신청하는 것이 가능하다(신설조항 제9항)[19)]

라. 입법례

1) 행정대집행법(2015. 5. 18. 법률 제13295호로 일부개정된 것)

제3조(대집행의 절차)

① 전조의 규정에 의한 처분(이하 대집행이라 한다)을 하려함에 있어서는 상당한 이행기한을 정하여 그 기한까지 이행되지 아니할 때에는 대집행을 한다는 뜻을 미리 문서로써 계고하여야 한다. 이 경우 행정청은 상당한 이행기한을 정함에 있어 의무의 성질·내용 등을 고려하여 사회통념상 해당 의무를 이행하는 데 필요한 기간이 확보되도록 하여야 한다. (개정 2015. 5. 18.)

---

16) 山本和彦 外 編, 新基本法コンメンタール 民事執行法, 日本評論社(2014), 422 등.

17) 石橋俊一, "建物收去明渡しの催告による當事者恒定效について", 新民事執行實務 No. 9, 民事法研究會(2008), 131 이하; 執行官實務硏究會 編, 執行官實務の手引[第2版], 民事法研究會(2016), 143-144 등.

18) 山本和彦 外 編, 新基本法コンメンタール 民事執行法, 日本評論社(2014), 422.

19) 山本和彦 外 編, 新基本法コンメンタール 民事執行法, 日本評論社(2014), 422.

② 의무자가 전항의 계고를 받고 지정기한까지 그 의무를 이행하지 아니할 때에는 당해 행정청은 대집행영장으로써 대집행을 할 시기, 대집행을 시키기 위하여 파견하는 집행책임자의 성명과 대집행에 요하는 비용의 개산에 의한 견적액을 의무자에게 통지하여야 한다.

③ 비상시 또는 위험이 절박한 경우에 있어서 당해 행위의 급속한 실시를 요하여 전 제2항에 규정한 수속을 취할 여유가 없을 때에는 그 수속을 거치지 아니하고 대집행을 할 수 있다.

2) 정동영 의원안, 정청래 의원안

제6조(퇴거의 고지 등)

① 퇴거의 고지는 건축물 인도청구소송의 확정판결, 그 밖에 이에 준하는 집행권원에 의하여만 할 수 있다.

② 제1항 본문에 따라 퇴거를 고지할 때에는 퇴거 일시로부터 90일 이전에 미리 퇴거하는 사람에게 서면으로 하여야 하고, 이러한 퇴거 고지 사실을 관할 시장, 군수, 구청장에게 신고하여야 한다.

③ 누구든지 제2항에 따르지 아니하고 모욕, 폭행, 협박, 손괴, 성적 괴롭힘, 위력을 행세하거나 불안감을 조성하는 등의 방법으로 퇴거를 고지하거나 종용하여서는 아니 된다. 제3자로 하여금 같은 방법으로 퇴거를 고지하거나 종용하게 하여서도 아니 된다.

④ 제2항에 따라 관할 시장, 군수, 구청장에게 신고하는 구체적인 절차와 방법은 대통령령으로 정한다.

3) 일본

일본 민사집행법 제168조의2(명도의 최고)

① 집행관은 부동산 등의 인도 또는 명도의 강제집행신청이 있는 경우로서 당해 강제집행을 개시하는 것이 가능한 때에는 다음 항에서 규정하는 인도의 기한을 정하여 명도의 최고(부동산 등의 인도 또는 명도의 최고를 말한다. 이하 이 조에서는 같다)를 할 수 있다. 다만 채무자가 당해 부동산을 점유하고 있지 아니하는 경우에는 그러하지 아니하다.

② 인도의 기한(명도의 최고에 기하여 제6항의 규정에 의한 강제집행을 하는 것이 가능한 기한을 말한다. 이하 이 조에서는 같다)은 명도의 최고가 있는 날

부터 1개월을 경과한 날로 한다. 다만 집행관은 집행재판소의 허가를 얻어 당해일 이후의 날을 인도의 기한으로 할 수 있다.

③ 집행관은 명도의 최고를 하는 때에는 그 취지, 인도의 기한 및 제5항의 규정에 의하여 채무자가 부동산 등의 점유를 이전하는 것이 금지되었다는 취지를 당해 부동산 등이 소재하는 장소에 공시서 그 밖의 표지를 게시하는 방법에 의하여 공시하여야 한다.

④ 집행관은 인도의 기한이 경과하기까지 사이에는 집행재판소의 허가를 얻어 인도의 기한을 연장할 수 있다. 이 경우 집행관은 인도의 기한이 변경되었다는 취지 및 변경 후의 기한을 당해 부동산 등이 소재하는 장소에 공시서 그 밖의 표지를 게시하는 방법에 의하여 공시하여야 한다.

⑤ 명도의 최고가 있는 때에는 채무자는 부동산 등의 점유를 이전할 수 없다. 다만 채권자에게 부동산 등을 인도 혹은 명도를 하는 경우에는 그러하지 아니하다.

⑥ 명도의 최고 후에 부동산 등의 점유가 이전된 경우에는 인도의 기한이 경과하기까지 사이에는 점유자(제1항의 부동산 등을 점유하는 자로서 채무자 이외의 자를 말한다. 이하 이 조에서는 같다)에 대하여 제1항의 신청에 기하여 강제집행을 할 수 있다. 이 경우 제42조 및 전조의 규정을 적용함에 있어 당해 점유자를 채무자로 본다.

⑦ 명도의 최고 후에 부동산 등의 점유가 이전된 때에는 점유자는 명도의 최고가 있는 사실을 몰랐으며 채무자의 점유의 승계인이 아니라는 것을 이유로 하여 채권자에 대하여 강제집행의 불허를 구하는 소를 제기할 수 있다. 이 경우 제36조, 제37조 및 제38조의 제3항의 규정을 준용한다.

⑧ 명도의 최고 후에 부동산 등을 점유한 점유자는 명도 최고가 있다는 사실을 알면서 점유한 것으로 추정한다.

⑨ 제6항의 규정에 의하여 점유자에 대하여 강제집행을 하는 때에는 당해 점유자는 집행이의 신청에 있어 채권자에 대항할 수 있는 권원에 의하여 목적물을 점유하고 있다는 것 또는 명도의 최고가 있은 사실을 알지 못하였고 채무자의 점유의 승계인이 아니라는 것을 이유로 할 수 있다.

⑩ 명도의 최고에 소요되는 비용은 집행비용으로 한다.

일본 민사집행규칙 제154조의3(명도의 최고 등)

① 법 제168조의2 제1항에 규정한 명도의 최고는 어쩔 수 없는 사유가 있는 경우를 제외하고 부동산 등의 인도 또는 명도의 강제집행 신청이 있는 날부터 2주간 이내의 날에 실시한다.

② 제27조의3의 규정은 법 제168조의2 제3항의 규정에 의하여 공시하는 경우에 관하여도 준용한다.

4) 프랑스

1992년 데크레 제9권 : 강제퇴거(부동산 인도집행) 조치(Les mesures d'expulsion)

제194조 : (집행대상인) 장소를 비우라는 퇴거명령은 퇴거대상자에게 통지되어야 하며 집행관이 작성한 증서의 형식을 취하여야 하고, 다음과 같은 사항을 내용으로 하지 않으면 그 효력이 없다. 1. 강제퇴거의 근거가 되는 집행권원의 표시; 2. 강제퇴거 절차의 이행과 관련한 이의의 제기 또는 유예기간의 허가신청을 할 수 있는 법원의 표시; 3. 목적 부동산으로부터 퇴거하여야 하는 일자의 표시; 4. 동 일자로부터 채무자 또는 점유자가 강제퇴거 될 수 있다는 취지의 경고.

2. 목적외 동산의 처리절차 개선

가. 개정의 필요성과 실익

채무자나 점유자가 인도대상 부동산 안에 다량의 동산을 쌓아 놓아 집행방해를 꾀하는 경우도 실무상 적지 않다.

집행의 목적물이 아닌 동산 즉, 목적 외 동산은 집행관이 제거하여 채무자에게 이를 인도하여야 한다(민집 제258조 제3항). 채무자가 없거나 수령거절로 인도하지 못하는 경우에는 보관하였다가 매각하여야 한다(민집 제258조 제4항, 제5항, 제6항). 목적 외 동산은 실제 무가치한 것이 많고, 보관에 비용이 소요될 뿐 아니라, 결국에는 채권자가 이를 매수하여 폐기하게 되는 경우가 많은데, 그 보관비용조차도 회수하지 못하는 경우가 많다(민집 제258조 제6항). 일본은 2004년 법률 및 규칙을 개정하여 목적 외 동산을 반출하거나 보관하지 않고 매각할 수 있도록 하였다. 즉 ① 명도의 최고를 한 경우 그와 동시에 단행(집행의 실시) 예정일에 매각한다는 취지의 결정을 하고 단행일에 즉시 매각하는 방법(즉시매각, 일 민집규 제154조의2 제2항), ② 단행일에 상당한 기간 내에 목적 외 동산에 인도될 가능성이 없다고 판단되는 경우 즉일 매각하는 방법(즉일매각, 일 민집규 제154조의2 제3항), ③ ②의 경우에 단행일부터 1주일 이내에 매각하는 방법(근접

일매각, 일 민집규 제154조의2 제3항)으로 매각할 수 있도록 한 것이다.[20]

일본이 위와 같이 목적 외 동산 매각제도를 변경하게 만든 상황은 우리에게도 동일하다. 목적 외 동산이 무가치한 것이어서 그냥 둔 경우가 많은데, 바로 처리하지 못하고 채권자의 비용으로 3개월여를 보관하였다가 채권자가 이를 매수하여 폐기하는 무의미한 요식절차가 반복되고 있는 것이다. 위와 같은 집행실무 현실에다가 일본의 경우 반드시 위에서 본 바와 같이 목적 외 동산을 즉시매각, 즉일매각, 근접일매각으로 처리하도록 규정한 것이 아니라 집행관의 판단에 따라 종전과 같이 보관할 수도 있으므로, 일본과 같이 개정하여 불필요한 절차를 피하고, 집행의 실효성을 높이는 것도 바람직하다고 생각된다. 다만 실무상 채무자가 목적 외 동산을 찾아가는 경우가 절반 정도 된다고 하고, 종래 목적 외 동산에 귀중품 등이 있는 경우에 민원제기가 적지 않아 왔던 실무상의 문제점 등을 고려하여 법원으로서도 목적 외 동산의 보관 등에 주의를 기울여 오고 있는 점 등은 이 부분 개선안 마련에 있어 함께 검토되어야 할 부분이다.

나. 개정(신설)조항(안)

(1) 민사집행법 제258조 개정(안)

현행	개정안
제258조(부동산 등의 인도청구의 집행) ①항 및 ②항 생략 ③ 강제집행의 목적물이 아닌 동산은 집행관이 제거하여 채무자에게 인도하여야 한다. ④ 제3항의 경우 채무자가 없는 때에는 집행관은 채무자와 같이 사는 사리를 분별할 지능이 있는 친족 또는 채무자의 대리인이나 고용인에게 그 동산을 인도하여야 한다. ⑤ 채무자와 제4항에 적은 사람이 없는 때에는 집행관은 그 동산을 채무자의 비용으로 보관하여야 한다. ⑥ 채무자가 그 동산의 수취를 게을리 한 때에는 집행관은 집행법원의 허가를 받아 동산에 대한 강제집행의 매각절차에 관한 규정에 따라 그 동산을 매각하고 비용을 뺀 뒤에 나머지 대금을 공탁하여야 한다.	제258조(부동산 등의 인도청구의 집행) ①항 및 ②항 생략 ③ 집행관은 제1항의 강제집행의 목적물이 아닌 동산을 제거하여 채무자, 채무자와 같이 사는 사리를 분별할 지능이 있는 친족 또는 채무자의 대리인이나 고용인에게 그 동산을 인도하여야 한다. 목적물이 아닌 동산을 인도하는 것이 불가능한 경우 집행관은 대법원규칙이 정하는 바에 의하여 이를 매각할 수 있다. ④ 집행관은 전항의 동산 중 같은 항의 규정에 의한 인도 또는 매각을 하지 않은 것은 보관하여야 한다. 이 경우에는 전항 후단의 규정을 준용한다. ⑤항, ⑥항 삭제

20) 山本和彦 外 編, 新基本法コンメンタール 民事執行法, 日本評論社(2014), 419-420.

(2) 민사집행규칙 제187조의2 신설조항(안)

민사집행규칙 제187조의2(강제집행의 목적이 아닌 동산의 매각절차 등)

① 법 제258조 제3항 후단(같은 조 제4항 후단에서 준용하는 경우를 포함한다)의 규정에 의한 매각절차에 관하여는 이 조에서 정하는 이의에는 동산집행의 예에 의한다.

② 집행관은 부동산인도의 강제집행 신청이 있는 경우, 법 제258조의2 제1항이 규정하는 인도의 최고를 실시한 때에는 그와 동시에 당해 신청에 기한 강제집행 실시예정일을 정한 다음, 당해 실시예정일에 강제집행의 목적물이 아닌 동산에 관하여 법 제258조 제3항의 규정에 의한 인도가 불가능하면 당해 실시예정일에 이를 같은 조항 후단의 규정에 의하여 집행의 장소에서 매각하는 취지의 결정을 할 수 있다. 이 경우 집행관은 매각하여야 할 동산의 표시의 공고에 대신하여 당해 실시예정일에 법 제258조 제3항의 규정에 의하여 인도하는 것이 불가능한 동산을 매각한다는 취지의 공고를 하면 된다.

③ 집행관은 부동산인도의 강제집행을 하는 날(이하 이항에서는 '단행일'이라 한다)에 강제집행의 목적물이 아닌 동산으로서 법 제258조 제3항의 규정에 의한 인도가 불가능하고, 상당한 기일 안에 당해 동산이 같은 조 전문에 규정하는 자에게 인도될 가능성이 없는 때에는 즉일 당해 동산을 매각하거나 단행일로부터 1주일 미만의 날을 당해 동산의 매각 실시일로 지정할 수 있다. 이 경우 즉일 당해 동산을 매각한 때에는 법 제203조 제2항 후문(법 제272조에 의하여 준용하는 경우를 포함한다)에 의한 공고를 하지 않을 수 있다.

④ 제2항, 제3항의 규정은 고가의 동산에 관하여는 적용하지 아니한다.

⑤ 집행관은 부동산 등의 인도 강제집행을 신청한 채권자에 대하여 인도의 최고 실시 또는 강제집행의 개시 전후를 불문하고, 채무자의 점유상황, 인도 실현의 가능성 등에 관한 정보의 제공이나 그 밖에 절차의 원활한 진행을 위하여 필요한 협력을 구할 수 있다.

다. 해설[21)]

(1) 입법의 취지

부동산인도의 강제집행시 목적물이 아닌 동산을 채무자, 동거 친족, 그 대리인이

21) 執行官實務研究會 編, 執行官實務の手引[第2版], 民事法研究會(2016), 147-150.

나 고용인으로서 상당한 변별력을 갖춘 사람에게 인도하는 것이 불가능한 경우 그 동산의 매각방법에 관하여 종전의 매각방법 이외에 새로이 대법원규칙에서 정하는 방법에 의한 매각을 가능하도록 하려는 것이다.

종전의 실무는 목적외 동산의 경우 무가치한 것을 제외하고는 원칙적으로 창고 등을 확보한 다음 이를 포장, 반출, 운반, 반입하여 일정기간 보관하지 않는 한 매각할 수 없었지만, 그 비용의 회수가 어려워 사실상 채권자에게 귀착되기 때문에 채권자로서는 부담이 되는 것이었다. 이러한 사정을 반영하여 목적외 동산의 보관매각이라는 기본적인 절차 이외에 즉시매각 등의 규정을 신설하여 집행비용을 저감하고 신속한 집행을 도모하려는 것이다.

(2) 즉시매각의 결정(단행실시일 매각 결정) (민사집행규칙 제187조의2 제2항)

인도최고 시 단행실시예정일에 목적외 동산으로서 채무자 등에게 인도가 불가능하게 되면 당해 실시예정일에 이를 단행 현장에서 매각하는 취지의 결정을 한 다음, 단행 실시일에 이를 매각하는 방법을 인정한 것이다.

이 방법은 집행관이 인도최고를 하면서 당해 건물 안에 있는 목적외 동산의 개요를 파악한 다음 단행실시예정일에 매각하기에 적합한지 여부를 판단하도록 한 것이다. 매각가능하다고 판단한 경우에는 단행실시예정일에 매각한다는 취지의 결정을 하고 그 취지를 공고한다. 이 결정은 조서에 기재하는 것으로 충분하며, 공고 역시 종전의 공고와 같은 방법으로 실시하면 충분하다. 공고에 표시하는 '매각할 동산'에는 '민사집행법 제258조 제3항에 의한 인도가 불가능한 동산' 등이라고 표시하면 된다.

목적외 동산이 단행실시일에 바로 매각하면서도 채무자에게 그 취지를 알리지 않은 경우 채무자에게 사실상 목적외 동산을 반출할 기회를 부여하지 않은 채 소유권을 상실시키는 결과가 되는 점에 유의할 필요가 있다. 따라서 인도최고시에 채무자가 자리한 경우에는 그 취지를 충분히 설명하고, 부재한 경우에는 임의이행 최고서에 알기 쉬운 설명문구를 추가로 기재하는 등으로 채무자가 현실적으로 그 취지를 이해할 수 있도록 노력하여야 한다.

인도최고시 이 같은 결정에 필요한 판단기준을 일률적으로 제시하는 것은 곤란하며, 채무자의 생활실태, 목적외 동산의 질과 양, 채무자 등에 의한 인수가능성의 유무, 원활한 집행의 확보 등 제반사정을 종합적으로 감안하여 판단할 수밖에 없다.

이 제도의 도입에 따라 집행비용을 경감하려는 채권자들은 하나같이 이 방법에 의한 처리를 희망할 가능성이 크지만, 집행관으로서는 이 방법에 의한 매각에 적합한 사안인지 여부를 객관적인 입장에서 판단하여야 할 것이다.

(3) 단행실시일 즉일매각(민사집행규칙 제187조의2 제3항)

인도최고시 단행실시예정일에 목적외 동산의 매각을 결정하지 않았지만, 단행실시일에 목적외 동산을 해당일에 집행장소에서 매각하는 것이 적당하다고 집행관이 판단한 경우에는 공고없이 즉일매각하는 것이 가능하다. 즉, 인도집행실시일에 채무자 등에게 인도하는 것이 불가능한 목적외 동산이 있고, 상당한 기간 안에 이들에게 당해 동산을 인도하는 것이 불가능하다고 판단되는 경우에는 즉일 당해 동산을 매각하는 것이 가능하다. 이 경우 경매의 공고를 하지 않아도 무방하다(민사집행규칙 제187조의2 제3항 후단).

이러한 방법이 이용되는 경우를 상정하여 보면, 인도최고 단계에서는 단행실시예정일 매각 결정을 하지 않았는데, 단행실시일에 보니 대부분의 목적외 동산이 반출되었고, 남은 목적외 동산의 종류나 내용물 등에 비추어 채무자 등이 인수하여 갈 가능성을 거의 기대할 수 없으며, 인수통지를 하더라도 채무자의 소재가 불명하여 인수의 가능성이 없을 개연성이 상당히 높은 경우로서 잔존물의 질이나 양에 비추어 즉일매각에 적합하다고 판단이 되고, 매수희망자가 현장에 존재하는 경우(통상은 채권자일 것이다)이다. 또한, 강제집행을 위하여 최초로 목적 건물에 도착하였을 때 거의 빈집과 같고, 채무자의 점유는 인정되지만 실제 생활하고 있지는 않으며 장기간 누구도 출입한 흔적이 없는 경우(집행권원도 공시송달에 의하여 만들어진 경우 등), 인도최고를 실시하지 않고 즉일 단행을 실시하되, 이 경우 채무자 등이 목적외 동산을 수령할 의사를 표명하는 것이 어렵기 때문에 목적외 동산에 관하여 이 특칙을 이용할 수 있을 것이다.

다만, 고가의 동산에 관하여는 이 방법에 의한 매각이 허용되지 않음에 주의를 요한다(민사집행규칙 제187조의2 제4항). 이는 고가의 동산을 매각하는 경우에는 감정인을 선임하여 당해 동산의 가치를 평가하게 하고, 적정한 가격에 의한 매각을 요청하고 있는 민사집행법 제200조와 같은 취지의 것으로서 유류품이라고 하더라도 고가의 동산에 관하여는 적정한 가격에 의한 매각을 실현하는 절차가 보장되어야 하며, 채무자의 이익 또한 고려되어야 하기 때문이다. 여기에서 목적외 동산 대부분은 즉일매각에 적합한 동산인데 반하여 그 중 일부 고가인 동산이 존재하는 경우 고가의 동산을 제외하고 즉일 매각을 실시하고, 고가의 동산에 관하여는 원칙으로 돌아가 동산집행의 예에 의하여 매각한다(민사집행규칙 제187조의2 제1항). 즉, 고가의 동산은 집행관이 보관한 다음 불가피한 경우가 아닌 한 보관일로부터 1주일이상 1개월 이내의 일을 매각기일로 지정하여 매각공고 등을 하고, 그 사이에 감정인을 선임하여 그 동산을 평가하게 하여야 한다.

(4) 단행실시일로부터 1주일 미만의 날을 매각기일로 하는 매각(민사집행규칙 제187조의2 제3항)

인도최고시 단행실시예정일에 목적외 동산 매각결정을 하지 않았고, 단행실시일의 목적외 동산의 존치상태 등에 비추어 채무자 등에 의한 인수의 가능성이 없으나, 즉일매각의 조건이 갖추어지지 않았을 경우(매수신청인 부재)로서 목적외 동산을 다른 곳에 있는 창고까지 포장, 반출, 운반하여 일정기간 보관한 다음 매각할 정도는 아니라고 판단되는 경우에는 1주 미만의 날을 매각실시일로 정하는 것이 가능하다. 인도최고를 하지 않고 즉일단행을 한 경우로서 목적외 동산을 즉일매각하는 것이 적절한데, 매수신청인의 부재 등으로 즉일매각이 불가능한 경우도 이 방법에 의할 수 있을 것이다.

인도최고시 단행실시예정일 매각 결정을 하였지만, 매수신청인 부존재 등으로 매각이 불가능한 경우에도 이 방법에 의한 매각이 가능하다. 이 경우 사무처리상으로는 먼저 정한 매각기일 매각을 중지하고 새로 매각기일을 정한다.

이 방법에 의하는 경우 목적외 동산의 보관은 입법취지상 특별한 사정이 없는 한 집행장소에 보관(현장보관)하여도 무방하다고 생각되지만, 이 보관방법 역시 어디까지나 집행절차에 의하여야 하는바, 목적부동산을 채권자에게 인도한 다음 목적부동산을 목적외 동산 보관을 위한 창고로서 사용하는 셈이 되므로, 채권자의 신청이나 승낙이 필요하며, 목적외 동산을 1개소에 모아두고 목적외 동산목록을 작성하는 등의 절차가 필요하다. 이 방법에 의한 매각은 공고를 필요로 하지 않으며, 매각동산의 표시도 '○○○외 △점'과 같은 정도로 특정하여도 무방하다.

고가의 동산의 경우에는 이 방법에 의한 매각이 불가능하며, 그 취지에 관하여는 앞의 (3)항에서 서술한 바와 같다.

라. 입법례

(1) 일본 민사집행법 제168조(부동산 인도 등의 강제집행)

① 부동산 등(부동산 또는 사람이 거주하는 선박 등을 말한다. 이하 이 조항 및 다음 조항에서는 같다)의 인도 또는 명도의 강제집행은 집행관이 채무자의 부동산에 대한 점유를 해제하여 체권자에게 그 점유를 취득시키는 방법에 의한다.

② 집행관은 전항의 강제집행을 실시하기 위하여 동항의 부동산 등의 점유자를 특정할 필요가 있는 때에는 당해 부동산 등에 있는 자에 대하여 당해 부동산 등 또는 이에 근접한 장소에서 질문을 하거나 문서의 제시를 요구할 수 있다.
③ 제1항의 강제집행은 채권자 또는 그 대리인이 집행장소에 출석한 때에 한하여 실시할 수 있다.
④ 집행관은 제1항의 강제집행을 함에 있어 채무자가 점유하는 부동산 등에 들어가거나 필요한 때에는 폐쇄한 문을 열기 위하여 필요한 처분을 할 수 있다.
⑤ 집행관은 제1항의 강제집행시 그 목적물이 아닌 동산을 제거하여 채무자, 그 대리인 또는 동거 친족 또는 사용인 그 밖의 종업원으로서 상당한 변별력이 있는 자에게 인도하여야 한다. 이 경우 그 동산을 이들에게 인도하는 것이 불가능한 때에는 집행관은 최고재판소규칙이 정하는 바에 의하여 이를 매각할 수 있다.
⑥ 집행관은 전항의 동산 중 같은 항의 규정에 의한 인도 또는 매각을 하지 않은 때에는 이를 보관하여야 한다. 이 경우는 전항 후단의 규정을 준용한다.

(2) 일본 민사집행규칙 제154조의2(강제집행의 목적물이 아닌 동산의 매각)

민사집행규칙 제154조의2(강제집행의 목적이 아닌 동산의 매각절차 등)
① 법 제168조 제5항 후단(동조 제6항 후단에서 준용하는 경우를 포함한다)의 규정에 의한 매각절차에 관하여는 이 조에서 정하는 이외에는 동산집행의 예에 의한다.
② 집행관은 부동산인도의 강제집행 신청이 있는 경우, 법 제168조의2 제1항이 규정하는 인도의 최고를 실시한 때에는 그와 동시에 당해 신청에 기한 강제집행 실시예정일을 정한 다음, 당해 실시예정일에 강제집행의 목적물이 아닌 동산에 관하여 법 제168조 제5항의 규정에 의한 인도가 불가능하면 당해 실시예정일에 이를 같은 조항 후단의 규정에 의하여 집행의 장소에서 매각하는 취지의 결정을 할 수 있다. 이 경우 집행관은 매각하여야 할 동산의 표시의 공고에 대신하여 당해 실시예정일에 법 제168조 제5항의 규정에 의하여 인도하는 것이 불가능한 동산을 매각한다는 취지의 공고를 하면 충분하다.
③ 집행관은 부동산인도의 강제집행을 하는 날(이하 이항에서는 '단행일'이라 한다)에 강제집행의 목적물이 아닌 동산으로서 법 제168조 제5항의 규정에 의한 인도가 불가능하고, 상당한 기일 안에 당해 동산이 같은 조 전문에 규정

하는 자에게 인도될 가능성이 없는 때에는 즉일 당해 동산을 매각하거나 단행일부터 1주일 미만의 날을 당해 동산의 매각 실시일로 지정할 수 있다. 이 경우 즉일 당해 동산을 매각한 때에는 법 제115조(법 제120조 제3항에 의하여 준용하는 경우를 포함한다) 각호에 열거한 사항을 공고하지 않을 수 있다.

④ 전항의 규정은 고가의 동산에 관하여는 적용하지 아니한다.

⑤ 집행관은 부동산 등의 인도 강제집행을 신청한 채권자에 대하여 인도의 최고 실시 또는 강제집행의 개시 전후를 불문하고, 채무자의 점유상황, 인도 실현의 가능성 등에 관한 정보의 제공이나 그 밖에 절차의 원활한 진행을 위하여 필요한 협력을 구할 수 있다.

3. 집행보호 조항의 도입

가. 신설의 필요성과 실익

신설조항이 모범으로 하는 §765a ZPO는 2차 대전이전부터 있던 것으로서 오래된 역사를 가지고 있는 규정이며,[22] 실무에서도 적극적으로 이용되는 규정으로 그 적용영역이 확대되는 양상이다.[23] 재산권 보장에 관한 헌법 제23조도 그 제2항에서 재산권의 행사는 공공복리에 적합하도록 하여야 한다고 규정하고 있고, 헌법 제37조 제2항 전단도 국민의 모든 자유와 권리는 국가안전보장·질서유지 또는 공공복리를 위하여 필요한 경우에 한하여 법률로써 제한할 수 있다고 규정하고 있다.[24] 혹한기에 중환자가 있거나 출산이 임박한 임신부가 있는 경우 등에 종래 실무는 그에 관한 명문의 규정이 있지 않음에도 집행이 가혹하다는 이유로 집행불능을 선언하며 채권자의 집행신청을 거절하여 왔고, 집행관의 그와 같은 처분에 대하여 이의가 있는 경우, 신청채권자들이 집행관의 그와 같은 처분이 위법하다는 이유로 집행법원에 대하여 민사집행법 제16조에 따라 집행에 관한 이의를 제기하여 그 당부에 대한 판단을 받아 왔다. 일본의 경우도 민사집행법 제정시 §765a ZPO와 같은 가혹집행금지 규정을 두어야 한다는 논의가 일부 있었지만,[25] 주의를 끌지는 못하여 입법화되지 못하였고, 실무는 우리와 마찬가지로 상황에 따라 집행관이 집행불능을 선언하며 집행거절을 하면

---

22) 石川明, "苛酷執行について", ドイツ强制執行法研究, 成文堂(1977), 18 이하.

23) 石川明, ドイツ强制執行法と基本法, 信山社(2003), 47. 같은 책, 125의 각주들도 참조.

24) 집행보호조항은 강제집행과정에서의 비례의 원칙의 발로라고 할 수 있는데, 행정상의 비례원칙의 헌법적인 근거가 위 조항에서 찾아진다.

25) 石川明, "苛酷執行について", ドイツ强制執行法研究, 成文堂(1977), 18 참조.

그에 대하여 신청채권자가 집행에 관한 이의신청을 통하여 그 당부를 판단 받고 있다고 한다.

민사소송법 제1조 제1항이 법원은 소송절차가 공정하고 신속하며 경제적으로 진행되도록 노력하여야 한다고 규정하고, 그 제2항이 당사자와 소송관계인은 신의에 따라 성실하게 소송을 수행하여야 한다고 규정하여 민사소송의 이상과 신의성실의 원칙에 관하여 규정하고 있으며, 민사집행법 제23조가 이 법에 특별한 규정이 있는 경우를 제외하고는 민사집행 및 보전처분의 절차에 관하여 민사소송법의 규정을 준용하고 있으므로, 가혹집행과 집행보호의 문제를 민사집행법 제23조가 준용하는 민사소송법 제1조를 통해서 해결하는 것이 불가능한 것은 아니고, 실제 일부의 실무가 그렇게 이루어지고는 있지만,[26] 이는 법리적으로 지나치게 나아간 측면이 있다. 그렇지만 무엇보다도 문제는 절차적으로는 민사집행법 제16조의 집행에 관한 이의절차를 준용하고, 실체적으로는 민사소송법 제1조에 의하더라도, 채권자가 강제집행 신청을 하여 오기 전에 채무자 입장에서 먼저 집행보호를 구할 수 있는 근거규정이 전혀 없다는 점이다. 뿐만 아니라 종래의 전통적인 불복방법인 즉시항고나 집행에 관한 이의가 절차적인 위법에 대한 구제수단인데 반하여 집행보호조항은 적법한 집행에 대하여 집행의 일시정지를 구하는데 지나지 않는다는 점에 차이가 있어 기존의 집행에 관한 이의 조항에 의하는 데에는 일정한 이론적인 한계가 있다. 집행실무상 집행관이 집행불능을 선언하며 집행을 거절하는 것이 이웃 일본을 포함한 오래 된 실무관행이므로, 그 같은 실무에 대하여 법적인 근거를 마련해 줄 필요도 있고, 무엇보다도 채무자 입장에서 능동적으로 집행보호를 구할 수 있도록 하는 것이 집행과정상의 불필요한 마찰을 줄일 수 있을 뿐 아니라(집행에 관한 이의 등의 절차를 통한 집행법원의 결정이 있는 경우 채무자가 크게 저항하지 않고 집행에 응한다는 점은 실무상 널리 알려진 바로서, 이런 점을 염두에 두고 집행관이 불필요한 마찰을 피하기 위하여 신청채권자 등으로 하여금 집행에 관한 이의신청을 하도록 유도하는 경우도 종종 있다) 인도적인 측면에서도 바람직하다. 이는 채권자 입장에서 보아도 반드시 불리한 것만은 아니다.

---

26) 가령 서울중앙지방법원 2013. 10. 22.자 2013타기4103 결정은 중풍으로 인한 중환자가 누워있는 건물에 대한 인도명령의 집행에 관하여 §765a ZPO를 민사집행법 제23조에 의하여 준용되는 민사소송법 제1조의 내용으로 포섭하여 강제집행의 조치가 채권자 보호의 필요성을 충분히 고려하더라도 특별한 제반사정을 참작하면 채무자에게 가혹하여 선량한 풍속에 반하는 때에는 집행법원은 그 집행을 거절하거나 채무자의 신청에 의하여 압류의 전부 또는 일부를 취소할 수 있다고 보아야 한다고 하여 집행불능을 선언하고 집행을 거절한 집행관의 처분이 적법하다고 판단하였다.

비용을 들여 강제집행에 나아갔다가 중간에 집행불능으로 불발이 되어 집행비용만 지출하게 되는 경우를 피할 수 있는 이점이 있고, 집행보호가 부여되는 경우 집행관으로서도 집행을 거절하였을 경우이기 때문이다.

기존에 실무상 관행적으로 이루어져 왔던 것이어서 제도 도입으로 인한 충격이 크지 않을 것이라는 점, 인도적인 측면에서 충분이 공감을 이끌어 낼 수 있는 점, 기존 제도의 틀 안에서는 집행관이 그 책임 하에 가혹한 집행인지 판단하여야 했던 부담을 덜 수 있게 된다고 하는 실무상의 이점, 집행현장에서의 즉흥적인 판단에 따른 결정이 아니라 법적인 공간에서 시간적인 여유를 가지고 집행보호의 필요성 여부를 따질 수 있는 점, 채권자의 입장에 서서 신속하고 저렴하도록 강제집행제도를 정비해 가는 것과의 형평성 등을 고려하여 볼 때, 도입으로 인한 폐해나 문제는 거의 없을 것이라고 생각된다.

§765a ZPO가 주로 부동산명도 집행을 염두에 둔 조항으로서, 독일 민사소송법의 경우 부동산 등의 청구권의 집행 바로 직후에 자리하고 있지만, 그 적용범위가 부동산 인도집행에 한정되지 않는 총칙규정이이서 다른 종류의 집행에 관하여도 적용된다는 점에서 총칙규정으로 하여 민사집행법 제16조의2로 위치를 정한 것이다. §765a ZPO의 편제에 따라 제258조의2로 하는 것도 크게 문제가 없을 것이라고 여겨지지만, 이는 총칙 규정으로서의 성격이 다소 퇴색된다는 문제가 있다.

나. 신설조항(안)

민사집행법 제16조의2 (집행에 대한 보호신청)

① 강제집행의 처분이 채권자 보호의 필요성을 충분히 존중하더라도 전적으로 특수한 사정으로 인하여 선량한 풍속에 합치되지 아니하는 가혹한 것인 경우, 집행법원은 채무자의 신청에 의하여 그 처분의 전부 또는 일부를 취소·금지 또는 일시정지 할 수 있다. 이 경우에 법원은 제16조 제2항에 준하는 결정을 할 수 있다.

② 제1항 전단의 요건이 소명되고 채무자가 적시에 집행법원에 신청을 할 수 없는 경우, 집행관은 집행법원의 재판이 있을 때까지 부동산 등의 인도를 1주일을 넘지 않는 범위 내에서 연기할 수 있다.

③ 집행법원은 그 이유가 소멸되거나 사정이 바뀐 때에는 신청에 의하여 그 결정을 취소하거나 변경할 수 있다.

④ 제1항의 전단과 제3항의 집행처분 취소결정은 확정되어야 효력이 있다.

다. 해설

1) 개설

민사소송법은 원칙적으로 집행권원에 의해서 집행대상이 되는 채무자의 모든 재산에 대해서 강제집행을 할 수 있도록 규정하고 있으며, 강제집행에 있어 채무자의 보호는 오직 예외적으로 그리고 인간존엄적, 사회적, 경제적 또는 그 밖의 다른 이유들에 의해서 가능한 한 구체적인 규정에 의해서만 허용이 되고 있다. §765a ZPO는 이러한 강제집행 단계에 있어서의 채무자보호를 위한 독일 민사소송법상의 여러 규정들 중의 하나이다. 즉 §765a ZPO는, 강제집행절차에 형식적 하자나 채권자의 집행청구권에 대한 실체법상의 이의가 없더라도, 강제집행처분이 특별한 사정으로 선량한 풍속에 합치하지 아니하는 가혹한 것일 때에는 집행법원은(채권자에 대한 보호의 필요성을 충분히 고려하여) 채무자의 보호를 위하여 강제집행의 전부 또는 일부를, 지속적으로 또는 일시적으로 취소하거나 금지하거나 또는 정지시킬 수 있도록 규정하고 있다. 이는 집행권원의 효력을 전면적으로 무효화하려는 것은 아니고, 단지 사회적인 이유에서 그리고 일반적인 법 감정에 위배되고 부적당할 정도로 '특히 가혹한 경우' 채권자의 청구권의 실행을 제한(주로 일시적으로)하는 것이다.

신설조항이 모범으로 삼은 §765a ZPO는 채무자보호를 위한 집행법상의 일반조항이다. 따라서 이 규정은 독일민사소송법상의 채무자보호를 위한 특별규정들, 예컨대 §811ff.(유체동산에 대한 압류제한), §850ff.(급여채권에 대한 압류제한), §817a(최저경매가액), §721(주거의 명도기간), §794a ZPO(명도화해에 기한 강제집행) 등이 적용되지 않는 경우에만 적용이 되어 강제집행절차에서 채무자의 기본권 보장을 가능하게 한다.

§765a ZPO는 "선량한 풍속에 위배되는 가혹함(mit den guten Sitten nicht vereinbare Harte)"이라는 법문을 통하여 부적법한 권리실현(unzulassige Rechtsausubung)의 내용이 구체화 된다. 이 규정에 의해서 집행법원이 어떠한 기준에서 권리실현이 적법한 것인지에 대해 판단해야만 하는 경우에는 헌법적인 가치판단, 특히 강제집행에서도 채무자에게 보장되어야만 하는 기본권을 고려해야만 한다. 다만 §765a ZPO는 그 법문 자체와 생성역사에서도 알 수 있듯이 채무자에게만 유리하게 해석이 되어서는 안 된다. 즉 §765a ZPO의 적용에 있어서는 채권자의 보호필

요성이 그 근간을 이루어야 한다. 다시 말하면 §765a ZPO를 위에서 예로 들은 §§811ff., 850ff., 817a, 813a, 721, 794a ZPO 등과 같은 독일 민사소송법상의 특별한 채무자보호규정들의 보호영역을 확대시키는 규정으로 취급해서는 안 된다. 왜냐하면 이 규정의 적용을 통한 채무자보호는 집행권원의 집행력을 약화시키고, 이를 통해 헌법에 의하여 보장되는 채권자의 사유재산권(Art. 14 GG)을 과도하게 침해할 염려가 있기 때문이다. 즉 채권자가 자신의 판결에 의해 확인된 청구권의 실현을 장기간 아무런 보상도 없이 기다려야만 하는 상황은 오직 특별한 요건이 존재하는 경우에만 인정되어야 한다는 것이다. 그렇지 않으면 §765a ZPO의 적용은 법치국가원리에 합치하지 않는 사법의 정지 상태를 초래할 것이기 때문이다.

신설조항이 민사집행법 제16조 제2항을 준용하므로, 집행법원은 신설조항 제1항 전문의 집행보호 신청에 대한 재판에 앞서, 채무자에게 담보를 제공하게 하거나 제공하게 하지 아니하고 집행을 일시정지 하도록 명하거나, 채권자에게 담보를 제공하게 하고 그 집행을 계속하도록 명하는 등 잠정처분을 할 수 있다. 이는 집행법원이 직권으로 하는 것이고, 집행보호신청인에게 잠정처분을 구할 신청권이 인정되지 않으므로, 집행법원의 직권발동을 촉구하는 의미에서 신청이 가능하다고 하더라도, 집행법원이 반드시 이에 응할 필요가 없다.

신설조항 제3항은 압류금지물건 범위변경 신청에 관한 민사집행법 제196조 제2항이나 압류금지채권 범위변경 신청에 관한 민사집행법 제246조 제4항과 같은 취지이다. 그 이유가 소멸되거나 사정이 바뀐 때에는 집행보호의 필요가 없기 때문이다. 취소결정의 효력에 관한 민사집행법 제17조 제2항이 적용되므로, 집행처분의 취소결정에 대하여는 즉시항고가 가능하고, 기각결정에 대하여는 그러하지 않으므로, 불복방법이 없는 경우의 불복수단인 대법원에 대한 특별항고만이 가능하다.

2) 채무자 보호의 요건

가) 집행보호신청의 적법성

신설조항 제16조의2에 따른 채무자보호는 집행법원이 직권에 의할 수는 없고, 집행에 관한 이의와 유사한 취지의 채무자의 신청이 필요하다. 집행법원은 원칙적으로 이러한 채무자의 신청을 통해서 비로소 채무자에게 집행보호 규정을 적용할 것인지 여부를 결정한다. 채무자는 절차의 모든 단계에서 즉 강제집행의 위협이 있는 때부터 그 절차가 종료할 때까지 이러한 신청을 할 수 있으며, 이 때 채무자는 강제집행이 선량한 풍속에 위배된다거나, 현저히 불공평하다거나 또는 견딜 수 없을 정도로 가혹하여 부적법하다고 주장하는 것으로 충분하다. 이러한 보호신청은 서면에 의하여야 한다(민집 제4조). 이는 집행에 관한 이의신청과 함께 하거나 드는 경우에 따라서는 집행에 관한 이의신청의 해석을 통해서도 인정될 수 있다.

다만 이러한 집행보호신청은 개별적이고 구체적인 강제집행 항위(예를 들어 가옥명도)에 대하여 하여야 하는 것이지 청구이의의 소와 같이 일반적인 강제집행절차의 수행 자체에 대하여 하여서는 안 된다. 왜냐하면 법은 판결절차와 마찬가지로 강제집행절차도 채권자의 청구권의 실행을 위해서 국민일반에 제공하고 있기 때문이다. 나아가 이러한 집행보호신청에 헌법불합치의 문제는 없다. 재산권 보장에 관한 헌법 제23조도 그 제2항에서 재산권의 행사는 공공의 복리에 적합하여야 한다고 규정하고 있을 뿐만 아니라, 헌법 제37조 제2항 전단은 국민의 모든 자유와 권리는 국가안전보장·질서유지 또는 공공복리를 위하여 제한할 수 있다고 규정하고 있는데, 이는 헌법 제37조 제2항 전단에서 발현하는 비례의 원칙의 발로이기 때문이다.

집행보호신청에 대한 재판은 집행법원의 전속관할에 속하며, 집행법원 내에서는 집행단독 판사의 업무범위에 속한다(사보규 제3조 제3호). 집행보호신청이 '집행에 관한 이의(민집 제16조)'와 함께 제기된 경우에는 법관이 집행에 관한 이의뿐만 아니라 집행보호 신청에 대해서도 재판하여야 한다.

물건의 인도 등과 관련하여 채무자가 자신의 귀책사유 없이 민사집행법 제16조의2에 기한 보호신청을 하지 못한 경우 어떻게 처리할 것인가에 관한 문제가 있다. 이러한 경우를 위해서 신설조항 제16조의2 제2항은 예외규정을 두어, 동산이나 부동산의 인도를 목적으로 하는 경우로서 만약 채무자에게 적시에 집헝법원에 집행에 대한 보호신청을 하는 것이 불가능한 사정이 있고 또 채무자가 집행관에게 신설조항 제1항 전단에 따른 강제집행 보호의 요건을 소명한 때에는, 집행법원의 재판이 있을 때까지 강제집행을 최장 1주일까지 연기할 수 있도록 하였다.

나) 집행보호신청의 이유구비성

(1) 극히 특별한 사정

신설조항 제16조의2의 집행보호는 '극히 특별한 사정(gnaz besondere Umstande)'이라는 법문상의 요건 때문에 극단적인 예외의 경우에 한정하여 인정이 된다. 그러므로 개정 규정은 민사집행법상의 특별한 집행보호규정의 보호범위에 속하지는 않지만, 개별적으로 문제가 되는 특별한 경우를 위한 예외규정으로서 협의로 해석되어야 하고 지극히 신중하게 적용하여야만 한다.

(2) 채무자에 대한 선량한 풍속에 반하는 가혹함

신설조항의 적용범위는 '선량한 풍속에 반하는 가혹함(Sittenwidrige Harte fur den Schuldner)'이라는 또 하나의 법문상의 요건으로 인하여 더욱 좁아지게 된다. 강제집행행위가 선량한 풍속에 반하는지 여부에 대한 판단에서는 이해관계인의 주관적인 느낌이 문제가 되는 것이 아니고 객관적인 관점이 필요하다. 그러므로 외부적인 기준, 예를 들어 강제집행의 종류와 방법, 장소, 시기 또는 기간 등이 결정적인 기준이 될 수 있을 것이다. 그 밖에도 채무자와 채권자의 개별적인 사정이 중요한 역할을 할 수 있다. 이 때 채권자는 도덕적으로 비난받을 만한 행동을 할 필요는 없다. 이러한 판단에서 결정적인 사항은 강제집행행위가 객관적으로 '극히 견딜 수 없는 결과(ganz untragbaren Ergebnis)', 즉 선량한 풍속위반을 초래하느냐의 여부에 달려있다고 할 수 있다. 다만 강제집행의 수행에 일반적으로 동반되는 가혹함, 예를 들어 강제집행의 실행으로 인한 실직의 가능성, 이사로 인한 경제적인 비용의 지출, 물건의 재구입 등의 사유로는 신설조항의 보호를 주장할 수 없다.

(3) 채권자 보호의 필요성

위에서 말한 '극히 특별한 사정'과 '선량한 풍속에 반하는 가혹함'이라는 두 가지 요건이 충족되었다고 해서 채무자에 대한 강제집행이 바로 부적법하게 되는 것은 아니다. 강제집행에 있어서는 보통 채무자의 이익과 채권자의 이익이 서로 상충하기 때문이다. 즉 채무자와 그 가족의 생명과 건강의 유지라는 반드시 보호되어야만 하는 이익과 채무자의 모든 재산에 대한 신속하고 효과적인 강제집행에 대한 채권자의 헌법상(헌법 제23조 제1항) 보호되는 이익(채권자의 보호필요성)이 서로 대립하고 있는 것이다. 신설조항은 양 당사자의 이러한 이해의 상충을 구체적 사안에서의 이익형량을 통해서 해결하고 있다. 이러한 경우 '채권자의 보호필요성(Wurdigung des Schutzbedurfnisses des Glaubigers)'이 무엇보다도 먼저 고려되어야 한다. 즉 확정판결에 의하여 이미 사회적으로 그 정당성이 확인된 채권자의 주관적 권리에 근거하여 채권자는 채무자보호를 위한 신설조항의 적용을 위한 요건심사에서 원칙적으로 채무자보다 유리한 출발점에 선다고 할 수 있다. 그러므로 신설조항을 통한 강제집행의 제한은 양 당사자의 이익의 심각한 불균형의 경우에만, 즉 이익형량에서 명확히 채무자 쪽으로 기우는 경우에만 부여될 수 있다. 독일연방헌법재판소의 판례에 따르면 이러한 이익형량에 반하여 행해진 강제집행은 헌법상의 비례성의 원칙(das Prinzip der Verhaltnismassigkeit)과 Art. 2 Abs. 2 S.1 GG로부터 인정이 되는

채무자의 기본권(인격의 자유로운 발현에 관한 권리)을 침해하는 것이 된다고 한다.[27)]

이와 관련하여 예를 들어 뇌졸중, 자살, 중한 건강상의 위험 등이 신설조항의 적용을 위한 중요한 근거가 될 수 있으나, 그렇다고 해서 무조건적인 채무자보호의 근거가 되는 것은 아니다. 왜냐하면 강제집행을 당하는 채무자에게서 이러한 종류의 위험이 현실적으로 나타날지 여부는 누구도 확실히 예측할 수 없기 때문이다. 그러므로 이러한 이익형량에서는 집행권원을 통하여 정형화된 집행당사자의 권리관계가 그 기초를 이루어야만 한다.

3) 신설조항과 민사집행법상의 다른 채무자보호규정과의 관계

신설조항은 '채무자보호를 위한 특별규정'을 보충하는 강제집행법상의 일반조항이다. 이는 모든 종류의 강제집행에 대해서 적용될 수 있다. 즉 금전채권에 의한 동산에 대한 강제집행, 채권과 다른 재산권에 대한 강제집행, 부동산에 대한 강제집행 그리고 물건의 인도, 작위 또는 부작위 및 재산명시절차 등에서 모두 적용이 가능하다.

다만 각각의 강제집행의 종류에 직접적으로 관련이 되는 '집행보호에 대한 특별규정'들은 신설조항상의 보호에 우선하여 적용이 된다. 왜냐하면 신설조항이 적용되기 위하여 고려될 수 있는 요소들이 강제집행보호를 규정하고 있는 다른 특별규정들의 적용을 통하여 이미 고려되기 때문에 신설조항은 오직 보충적으로만 적용이 될 수 있고, 그럼으로써 신설조항은 강제집행보호의 '최후의 가능성(ultima ratio)'이 되기 때문이다.

나아가 신설조항의 적용을 통하여서는 '집행보호를 위한 다른 특별규정'의 적용을 통해서 주어지는 보호의 범위를 넘어서 채무자보호를 할 수 없다. 다시 말해 특별한 채무자보호규정이 이미 적용되었다면 채무자는 원칙적으로 더 이상 신설조항에 의한 보호를 받을 수 없게 된다는 것이다. 이는 다음의 이유 때문이다. 즉 유체동산에 대한 강제집행에 있어서 채무자는 예를 들어 민사집행법 제195조(압류가 금지되는 물건)에 의해서 충분히 보호된다는 것이다. 또 채권압류의 영역에서는 이를 위한 특별보호규정들인 예를 들어 민사집행법 제246조 제1항이 폭넓은 이익형량(Interessenabwagung)을 반영하고 있으며, 특히 제246조 제3항을 통해서 개별적

---

27) BVerfGE 52, S.220; BVerfG NJW 1994, S.1272; BVerfG NJW 1994, S.1719; Brox/Walker, Zwangsvollstreckungsrecht, Rdn. 1471; D tz, DB 1980, S.1071; Scherer, DGVZ 1995, S.36.

경우의 특수한 사정까지도 충분히 고려되고 있다는 것이다. 그리고 또 채권자가 민사집행법 제195조나 제246조 제1항에 의하여 인정되고 있는 채무자보호의 범위를 넘어서 사회보장기관이 수행해야 할 과제를 대신 수행해야 할 필요가 없다는 것도 하나의 논거가 될 수 있을 것이다.

그러나 이러한 설명이 채무자에 대한 특별보호규정의 적용 후에는 신설조항의 적용이 전혀 불가능하다는 의미는 아니다. 예를 들어 가옥명도와 관련하여, 현재 살고 있는 가옥의 명도기한보다 조금 뒤에 새로운 가옥의 이사날짜가 잡힘으로써 불가피하게 중간에 임시적인 이사를 할 수밖에 없는 경우,[28] 심각한 신체상의 장애(와 병),[29] 급작스러운 건강이나 생명에 대한 위험,[30] 특히 자살의 위험[31] 또는 단기간 내의 출산가능성이나 출산[32] 등의 경우에는 특별보호규정의 적용 후에도 신설조항에 의한 보호가 채무자에게 중복적으로 부여될 수 있을 것이다. 왜냐하면 채무자보호를 위한 특별규정들은 원칙적으로 채무자의 생존을 위한 최소한을 보장하기 위하여 인정되는 것임에 반해, 신설조항은 이와는 달리 강제집행절차 진행 중에 나타날 수 있는, 즉시집행(sofortige Vollstreckung)이 선량한 풍속에 위반될 정도로 가혹한 경우와 같은 채무자의 특별한 보호필요성을 보장하는 것을 목적으로 하기 때문이다.

독일의 실무에서 보면 가옥명도에 대한 집행이 §765a ZPO의 주요 적용영역이 된다.[33] 즉 가옥명도에 관한 특별규정인 §721 Abs. 5 ZPO에 의한 명도기한이 구체적인 경우에 있어서 충분하지 못한 경우 채무자에게 §765a ZPO에 따른 명도에 대한

---

28) LG Stuttgart, Rpfleger 1985, S.71 m. Anm. Rupp/Fleischmann.

29) BVerfGE 52, S.214=NJW 1979, S.2607; LG Braunschweig, DGVZ 1991, S.187.

30) OLG Koln NJW-RR 1990, S.590; OLG Frankfurt Rpfleger 1994, S.174; BVerfG NJW 1992, S.1155.

31) BVerG NJW 1994, S.1719=Rpfleger 1994, S.470; KG NJW-RR 1995, S.848; BVerfG NJW 1991, S.3207 Nr. 1; LG Amsberg, DGVZ 1986, S.170; 긴박한 자살위험에도 불구하고 내려진 가옥명도집행; BVerfG NJW 1994, S.1272.

32) OLG Frankfurt Rpfleger 1981, S.24; AG Waldbrol und LG Bonn DGVZ 1994, S.75: 이에 따르면 원칙적으로 출산 전 6주, 출산 후 8주간은 채무자에게 가옥명도에 대한 집행보호가 부여되어야한다; LG Wuppertal DGVZ 1995, S.41: 어떠한 경우에도 출산 후 5일간은 가옥명도에 대한 연기가 있어야 한다; 그 밖에도 Arnold, in: MunchKommZPO, §765a, Rdn. 30; Munzberg, in: Stein/Jonas, ZPO, §765a, Rdn. 6; Thomas/Putzo, ZPO, §765a, Rdn. 8.

33) Walker/Gruss, NJW 1996, S.352; Brox/Walker, Zwangsvollstreckungsrecht, Rdn. 1471; Bindokat, NJW 1992, S.2874: 가옥의 상실이 가지는 부정적인 사회적 영향의 관점에서 §765a ZPO는 가옥명도에 대한 강제집행에서 중요한 의미를 가진다. 즉 가옥은 급여와 마찬가지로 삶의 가장 중요한 구성요소라고 할 수 있다; Scholz, ZMR 1986, S.227; 石川明, ドイツ强制執行法と基本法, 信山社(2003), 111 이하도 참조.

보호가 다시 주어질 수 있다.[34] 그러므로 §721 ZPO에 따른 가옥의 명도에 대한 보호는 §765a ZPO에 의해서 확장되고 완전해졌다고 할 수 있다.[35]

4) 불복

신설조항 제4항이 민사집행법 제17조 제2항과 마찬가지로 제1항 전단과 제3항의 집행처분 취소결정은 확정되어야 효력을 가진다고 규정하고 있으므로, 이에 해당하는 경우에는 민사집행법 제17조 제1항에 따라 즉시항고를 제기할 수 있지만, 집행보호신청을 기각하는 경우나 각하하는 경우와 같은 그 밖의 경우에는 집행보호신청에 관한 재판에 대하여 즉시항고를 제기할 수 없다.

라. 입법례

독일 민사소송법(ZPO) 제765조a[36]

① 강제집행의 처분이 채권자 보호의 필요성을 충분히 존중하더라도 전적으로 특수한 사정으로 인하여 선량한 풍속에 합치되지 아니하는 가혹한 것인 경우, 집행법원은 채무자의 신청에 의하여 그 처분의 전부 또는 일부를 취소·금지 또는 일시정지 할 수 있다. 이 경우 집행법원은 제732조 제2항에 규정한 명령을 발령하는 것이 가능하다. 처분이 동물에 관한 것인 경우에는 집행법원은 동물에 대한 인간의 책임을 고려하여야 한다.

② 집행법원에 제1항 전단의 요건이 소명되고 채무자가 집행법원에 적시에 신청을 할 수 없는 경우, 집행관은 물건의 인도를 위한 처분을 집행법원의 재판이 있기까지 1주일을 넘지 않는 범위 내에서 연기할 수 있다.

③ 명도사건에 있어 제1항의 신청은 늦어도 확정명도기한의 2주전까지 이루어져야 한다. 다만 신청의 기초가 된 이유가 그 시점 이후에 생긴 것이거나 채무자가 적시 신청을 방해받은 경우에는 그러하지 아니하다.

④ 집행법원은 사실상태의 변경을 고려하여 필요하다고 인정할 때에는 신청에 의하여 그 결정을 취소하거나 변경할 수 있다.

⑤ 제1항 제1문과 제4항의 경우에 있어서 집행처분의 취소 결정은 확정되어야 효력을 가진다.

---

34) Schuschke, ZPO, §721, Rdn. 4.

35) Kruger, in: MunchKommZPO, §721, Rdn. 1.

36) 번역은 강대성, 집행계약에 관한 연구, 부산대학교 대학원 법학과 박사학위논문(1989. 8.), 122-123; 石川明, ドイツ强制執行法と基本法, 信山社(2003), 42-43을 참조하였다.

4. 집행관에 대한 공공기관 원조청구 권한 부여

가. 개정의 필요성 및 실익

1) 현행 공공기관 원조청구제도

종전부터 민사집행을 위하여 필요한 경우에는 관공서에 대하여 원조를 요청할 수 있다고 여겨져 왔으나, 그 청구의 주체는 집행법원으로 한정되어 있다(민집 제20조). 한편, 같은 관청 등에 대한 청구이기는 하지만, 직무집행에의 저항을 배제하기 위해서 집행관이 독자적으로 경찰상의 원조청구를 하도록 되어 있다(민집 제5조 제2항). 즉, 채무자 등의 주거 등에 있어서 행하는 것이 많은 집행관의 직무에 대해서는 여러 가지 형태의 저항을 받는 것이 전형적으로 예상되므로, 그러한 경우에 저항 배제를 위한 원조청구의 필요성은 긴급을 요하기 때문에, 특히 집행관의 판단에 의한 청구가 인정되고 있지만, 그 밖의 사유에 의한 원조청구의 필요성 유무에 관해서는 추가로 집행법원의 판단을 받도록 되어 있다. 이는 원조를 요청해야 할 사안인지, 어디에 원조를 요청할 것인지 하는 판단은 집행관이 하도록 하는 것은 상당하지 않다는 것을 전제로 하고 있다.[37]

그러나, 집행관 직무의 원활한 집행을 방해하는 사정은 위에서 본 바와 같은 집행행위에 대한 저항에 한정되는 것이 아니고, 또한 그 중에는 공공기관 등에 의한 원조를 구하여야 할 사항이 적지 않으며, 긴급성을 무시하기 어려운 것들도 적지 않다. 원조를 요청하기 위해서는 민사집행법 제20조에 기하여야 하지만, 원조를 요청할 필요성이 존재하는 사정을 설명하고, 집행법원의 판단을 얻도록 하는 것은 시간적 여유가 없다고 느끼는 집행관에게는 과중한 부담이다. 또한 저항 이외에 집행관의 직무의 집행을 방해하는 사항은 다양하고 이를 제거하기 위하여 구체적으로 어떤 공공기관에게 원조를 요청하는 것이 적확한지 알기 어려운 사안도 많다는 등의 사정에서, 이 절차를 취하는 경우는 적고, 결과적으로 경찰관 이외의 공공기관에 대한 원조요청은 거의 행하여지지 않고 있다. 심지어는 대규모 명도집행이나 철거집행 현장에의 소방차나 구급차의 출동도 경찰관서의 요청에 의한 것이지, 집행관이 요청한 것이 아닌 것이 지금의 현실이다.

---

37) 제4판 주석 민사집행법(I), 한국사법행정학회(2018), 312; 注釋 民事執行法(1), きんざい(1995), 455.

2) 일본이 개정에 이른 경위

일본도 원래 우리 민사집행법 제20조와 같이 공공기관에 대한 원조청구권자를 집행법원으로 한정하고, 집행관을 그 청구권자로 인정하지 않았다가, '민사 관계 절차의 개선을 위한 민사소송법 등의 일부를 개정하는 법률(2005년 법률 제152호, 시행 2006년 4월 1일)'에 의하여 일본 민사집행법 제18조 제1항을 개정하였다. 건물의 명도집행에 있어 만약 복지담당 공공기관 등 행정기관의 원조를 얻을 수 있다면 더욱 원활하고 신속하게 집항을 할 수 있을 것이라는 집행관들의 호소가 법 개정으로 이어진 것이다.[38)]

집행관의 직무의 원활한 집행을 방해하는 사정은 집행에 대한 저항에 한정되는 것이 아니고, 대표적인 사례로 돌볼 사람이 없이 누워 생활하는 노인이 채무자인 건물명도집행을 들 수 있다. 이러한 경우, 집행관이 채무자를 집밖으로 끌어내서 방치하는 것은 사실상 곤란하고, 무엇보다도 집행절차라고는 하지만 사회통념상 용인될 수 없다. 이러한 경우 지방자치단체 등에게 원조를 구하여, 그 협력과 권한의 행사 등의 도움을 얻어 적절하게 대처할 필요가 있다. 그것이 안 되면 집행불능으로서 건물명도집행을 단념하지 않으면 안 되고, 결국 채권자의 이익을 충족시키지 못하는 결과로 끝나게 된다. 이러한 경우로서 집행불능이 된 사례가 적지 않게 존재하여 왔다.

우리나라의 경우도 일본의 경우와 마찬가지로 특히 고령사회의 도래라는 사회사정을 반영하였을 때, 이러한 경우가 반드시 특이한 사례라고 단정하기 어려운 상황이 되었고, 앞으로 이러한 경우가 더욱 증가할 것이 예상된다. 그래서 이러한 경우 집행의 실현성을 높이기 위해서는 공공기관 등의 원조가 필수불가결하다. 집행관에 의한 공공기관에 대한 원조요청은 절실한 것이 된 것이다.

지금까지 집행법원에 대해서만 관청 등에 대한 원조요청을 인정해 왔던 것은 집행관에게 그 원조요청의 필요성이나 청구의 내용 등에 관하여 판단하도록 하는 것은 그 능력 등의 면에서 상당하지 않다는 생각에 기초한 것이다(경찰상의 원조요청은, 현실적으로 방해행위가 존재하거나 또는 방해행위를 예측할 만한 사정이 존재할 때에 요청되는 것이므로, 필요성의 판단이 들어갈 여지가 상대적으로 적다).

그러나 현실적으로 직무를 집행하는 집행관이 그 집행의 경우에 필요한 원조사항에 관하여 관계된 공공기관에 직접 구체적으로 전달하는 것이 사안에 맞는 적절한

38) 綾部弘, "執行官の官廳等への援助請求に關して", 新民事執行実務 No.4, 民事法研究會(2006), 96.

대처, 신속한 대응에 부합하고, 원활한 집행절차의 실현을 가능하게 한다는 점, 공공기관에 대한 원조청구권자로서 집행법원만을 인정함에 따라 필요가 있음에도 집행관이 집행법원의 허가절차 때문에 이를 이용하지 않아 제도가 사장되고 있는 점 등에 비추어, 일본과 같이 공공기관에 대한 원조청구권자에 집행관을 포함하는 것이 적절하다고 생각된다. 원조요청권자로서 집행관을 배제한 것은 관청간의 공조작용에 관한 것이라고 하더라도 집행절차상 어떠한 원조를 요청하는 것이 적절한지의 판단은 집행법원에서 하는 것이 상당하다는 것이었는데,[39] 이로 인하여 오히려 제도가 전혀 이용되지 못하고 사장되어 버린 것이다.

나. 민사집행법 제20조 개정안[40]

현행	개정안
제20조(공공기관의 원조) 법원은 집행을 하기 위하여 필요하면 공공기관에 원조를 요청할 수 있다.	제20조(공공기관의 원조) 법원 또는 집행관은 집행을 하기 위하여 필요하면 공공기관에 원조를 요청할 수 있다.

다. 해설

1) 원조요청의 상대방과 그 기관이 부담하는 의무

이에 관하여는 아무런 제한이 없으므로, 공공기관인 이상 어디라도 원조요청을 할 수 있다. 여기서의 공공기관이란 국가, 지방자치단체의 각 기관, 공공단체를 말한다.

원조요청을 받은 공공기관은 위 조항에 의하여 집행법원과 집행관에 대한 원조의무를 부담하므로, 정당한 이유 없이 이를 거부할 수 없다.[41] 공공기관에 대한 원조요청은 일반적으로는 명문의 규정이 없더라도 가능한 것이지만, 민사집행법에서는 민사집행절차의 적정화, 신속화를 도모하기 위하여 명문의 규정을 두어 원조요청 할 수 있음을 인정한 것이므로, 공공기관의 협조의무는 보다 강한 것이라고 할 수 있

39) 제4판 주석 민사집행법(I), 한국사법행정학회(2018), 312.
40) 일본 민사집행법 제18조 제2항과 제3항은 제도상 우리와는 관련성이 거의 없다(山本和彦 外 編, 新基本法コンメンタール 民事執行法, 日本評論社(2014), 45 참조).
41) 제4판 주석 민사집행법(I), 한국사법행정학회(2018), 312; 注釋 民事執行法(1), きんざい(1995), 458; 注解 民事執行法(1), 第一法規(1986), 229.

다.[42] 원조를 요청받은 공공기관이 이를 거부한 경우에 불복하는 방법에 관하여는 아무런 규정이 없다. 그러나 원조요청에 협조하는 것은 법률이 정한 공법상의 의무이므로, 정당한 사유 없이 거부할 수 없으므로, 정당한 사유 없이 거부한 경우에는 사정에 따라서는 협조 거부에 따라 강제집행을 실행하지 못한 채권자가 국가배상법에 의한 구제를 구할 수 있을 것이다.[43]

2) 원조대상 사항 등

집행행위에 대한 저항, 방해 이외에 집행관의 직무의 원활한 집행을 방해하는 사정에 조우하는 것은 압도적으로 일반적인 주거로서 사용되는 건물의 명도집행 사건에서 발생한다. 즉, 채무자(때로는 채무자의 가족 등 동거자) 측에게 자력으로 이사할 곳을 확보하는 것이 객관적으로도 곤란하다고 생각되는 사정이 존재하는 경우로, 그를 강제적으로 내쫓는 것이 인도적으로도 용인될 수 없다고 평가되고, 또한 비난을 피할 수 없는 경우 강제집행이라고는 하더라도 집행관이 그를 집에서 끌어내서 방치하는 것은 허용되지 않는다고 하여야 하며, 집행관은 그들이 이사할 곳(일단 안정할 수 있는 곳)을 확보하지 않으면 안 된다. 이를 위한 여러 방안이 연구되고 있긴 하지만, 이는 쉬운 일이 아니어서 집행은 암초에 걸리게 될 수밖에 없으며, 경우에 따라서는 집행불능으로서 또는 채권자에게 집행의 현실적인 어려움을 설명해서 집행을 단념시키고 있는 실정이다. 공공기관 등에 대한 원조를 기다리는 경우는 대부분 이러한 종류의 집행이라고 하여도 과언이 아니다. 공공기관 등에 대한 원조요청이 행해지는 대표적인 것으로서, 우선 ① 복지관계기관에 대한 것을 들 수 있고, 그 외에 ② 소방기관에 대한 원조요청, ③ 육상운송 등 관계기관에의 원조요청, ④ 동물의 관리 등 관련기관에 대한 원조요청 등을 생각해 볼 수 있다.[44]

원조를 구하는 것이 가능한 대상에 관하여 좁게 생각할 필요는 없고, 집행관이 행하는 직무에 관하여 집행관이 자력으로는 원활한 집행, 원활한 조사의 수행이 곤란하지만, 공공기관 등의 원조를 얻어서 이를 완화시킬 수 있다고 생각되는 사항에 관해서는, 폭넓게 원조를 구할 수 있다. 또한 원조의 태양에 관해서도 단순한 정보의

---

42) 제4판 주석 민사집행법(I), 한국사법행정학회(2018), 312; 注釋 民事執行法(1), きんざい(1995), 456.

43) 제4판 주석 민사집행법(I), 한국사법행정학회(2018), 312; 注解 民事執行法(1), 第一法規(1986), 228.

44) 綾部弘, "執行官の官廳等への援助請求に關して", 新民事執行実務 No.4, 民事法研究會(2006), 98.

제공에서 부터, 서비스의 알선, 시설에의 입소조치 등까지 포함된다고 생각되지만, 원조요청을 받은 측에게 새로운 의무가 발생하는 것은 아니며, 어디까지나 집행관이 그 직무의 집행에 있어서 관계 관청에의 원조를 구할 사안에 조우하였을 때, 독자적으로 당해 공공기관 등에 민사집행에 관하여 협력을 구할 법적 근거가 정비되었다는 정도에 머문 것이라는 점에 유념해야 한다.[45)]

가) 복지관련 기관 등에 대한 원조요청

주거로 사용되는 건물의 명도집행에 있어서 많은 사례를 볼 수 있다.

① 채무자가 고령으로, 또한 그 외의 사항이 부가된 경우

② 채무자에게 정신질환이 인정되는 경우

③ 채무자가 무수입에 가까운 생활곤궁자라고 인정되는 경우

④ 채무자에게 유아가 있고, 또한 생활곤궁자라고 인정되는 경우

⑤ 채무자 자신은 아니지만 동거자로 요양이 필요한 노인이 있는 경우

등으로, 원조의 내용으로서는 이용가능한 보건의료, 복지 서비스에 관한 정보의 제공, 당해 서비스의 알선, 시설에의 입소조치, 이사할 곳(수용지)의 알선, 시설의 소개, 정보의 제공 등 폭넓게 생각할 수 있다.

나) 소방관서에 대한 원조요청

이와 관련된 것으로서는, 경찰상의 원조요청과 비슷한 점이 있고, 사실상 소방서 등에 대한 원조요청은 집행관의 원조요청을 받은 경찰관서에 의하여 이루어져 왔으나, 개정이 되면 경찰서를 통하지 않고 직접적으로 원조요청을 하는 것이 가능하게 된다.

① 대상물건에 가연물이나 약품 등 위험물이 존재하는 경우

② 채무자가 건물에 방화한다는 취지 예고전화를 채권자나 집행관에게 한 경우

③ 채무자의 거동으로 보아 투신자살 등을 할 위험성이 인정되는 경우

등 많이 있고, 원조의 내용으로서는 응급의료요원이 탑승한 구급차를 포함한 현장에의 소방차, 소방대원의 출동 등을 생각할 수 있다.

다) 자동차, 선박 등록관리 기관에 대한 원조요청

명도집행에 한하지 않고 현황조사 등의 경우에도 이용할 수 있을 것이다.

① 대상건물에 폐차를 포함하는 자동차가 방치되어 있어서, 당해 자동차의 소유

45) 綾部弘, “執行官の官廳等への援助請求に關して”, 新民事執行実務 No.4, 民事法研究會(2006), 98.

자 및 사용자가 불명인 경우

② 대상물건상에 소형 선박선이 방치되어 있어서, 당해 소형선박의 소유자 또는 사용자가 불명인 경우 등이 전형적인 예이다. 원조의 내용으로서는 등록내용의 개시 등을 생각할 수 있다.

라) 동물관리 등 기관에 대한 원조요청

① 목적 토지 안에 사육되는 대형견이 존재하는 경우

② 현관부근에 묶인 대형견 때문에 건물 출입조사가 불가능한 경우

③ 채무자가 목적 가옥 안에 다수의 개나 고양이를 방치한 채로 떠난 경우

등을 들 수 있다. 원조의 내용으로서는 소방서, 보건소 또는 동물관리부서에 의한 개, 고양이의 포획, 처분 등을 생각할 수 있다.

3) 원조요청의 내용, 불복방법

어떠한 경우에 어떠한 내용의 원조를 요청할 것인지의 판단은 집행관의 전권에 속한다.[46] 원조요청을 할 수 있는 것은 집행을 위하여 필요한 경우이다. 그 의미는 협의의 집행행위에 한정되는 것이 아니라, 넓게 민사집행절차에 있어서 필요한 모든 경우를 포함한다고 보아야 한다.[47]

집행신청채권자 등 당사자에게는 원조요청 신청권이 없으므로, 집행관이 원조요청을 하거나 하지 않는 것에 관하여 집행관의 처분에 대한 이의로써 집행에 관한 이의신청(민집 제16조)으로 불복하면 될 것이다.[48]

라. 입법례

1) 행정대집행법(2015. 5. 18. 법률 제13295호로 일부 개정된 것)

제4조(대집행의 실행 등)

② 행정청은 대집행을 할 때 대집행 과정에서의 안전 확보를 위하여 필요하다고 인정하는 경우 현장에 긴급 의료장비나 시설을 갖추는 등 필요한 조치를 하여야 한다. 〈신설 2015. 5. 18.〉

---

46) 제4판 주석 민사집행법(I), 한국사법행정학회(2018), 313; 注釈 民事執行法(1), きんざい(1995), 456.

47) 제4판 주석 민사집행법(I), 한국사법행정학회(2018), 313; 注釈 民事執行法(1), きんざい(1995), 457; 注解 民事執行法(1), 第一法規(1986), 227.

48) 山本和彦 外 編, 新基本法コンメンタール 民事執行法, 日本評論社(2014), 45은 불가능하다는 입장이다.

2) 일본

일본 민사집행법 제18조(관청 등에 대한 원조청구 등)

① 민사집행을 위하여 필요한 경우에는 집행재판소 또는 집행관은 관청이나 공서에 대하여 원조를 요청할 수 있다.

② 전항에 규정하는 경우에는 집행재판소 또는 집행관은 민사집행의 목적인 재산(재산이 토지인 경우에는 그 위에 있는 건물을, 재산이 건물인 경우에는 그 부지를 포함한다)에 대하여 부과되는 조세나 그 밖의 공과에 관하여 소관 관청이나 공서에 대하여 필요한 증명서의 교부를 청구할 수 있다.

③ 전항의 규정은 민사집행을 신청하려는 자가 그 신청을 위하여 동항의 증명서를 필요로 하는 경우에 관하여도 준용한다.

3) 프랑스

민사집행의 개정에 관한 1991년 7월 9일 법 제2장

제2절 : 공권력의 원조(Le concours de la force publique)

제16조 : 국가는 판결과 다른 집행권원의 실행에 조력을 제공할 의무가 있다. 국가가 조력의 제공을 거부하는 경우 손해배상책임이 문제된다.

제17조 : 집행관은 공권력의 원조를 신청할 수 있다.

동법의 시행을 위한 1992년 7월 31일의 데크레 제1권 제2장

제3절 : 집행상의 어려움(Les difficultés d'exécution)

제34조 : ① 법원의 결정 또는 다른 집행권원의 집행하는 집행관이 절차의 진행에 방해를 주는 어려움에 직면하는 경우, 집행관은 자신이 주도하여 집행법원에 사건을 접수할 수 있다. ② 이 경우, 이하의 규정들을 제외하고는, 통상적인 절차법상의 원칙이 적용된다.

제35조 : 집행관이 집행권원 및 집행절차의 진행을 방해하는 사유, 그리고 자신에게 전달된 서류 등을 법원서기에게 서면으로 신고하는 때에 법원은 사건을 접수한다.

제36조 : ① 집행관은 자신이 직면한 어려움에 관한 정보 및 이와 같은 어려움을 검토할 변론장소, 일자 및 시간을 이해관계인에게 통지하는 한편, 즉시 이해관계인을 제소한다. ② 이러한 정보의 통지는 조서에 의한 신고의 방식 또는 수신확인부 등기우편에 의하여 이루어질 수 있다. 이러한 통지는 법정에의 출석을 소환하는 가치

가 있다. ③ 당사자에게는 동 데크레 제11조 내지 제14조의 규정[49]과 궐석시에도 법원의 판결이 있을 수 있다는 사실이 안내되어야 한다.

제37조 : (법원의) 결정에는 기판력이 인정되지 않는다.

1992년 데크레 제2권 제2장 : 공권력의 원조(Le concours de la force publique)

제50조 : ① 집행관이 공권력의 조력을 필요로 하는 경우에는 도지사에게 이를 요청하여야 한다. ② 공권력의 조력신청에는 집행권원의 사본을 첨부한다. 공권력의 조력신청에는 청구이유서를 첨부하여 집행관이 집행을 실행하였으며, 집행상 어려움이 있었다는 사실이 있었다는 것이 기재되어야 한다. ③ 관할청이 (조력)거부를 결정하는 경우 이유를 붙여야 한다. 2개월간 (관할청의) 답변이 없는 경우에는 (조력을) 거부한 것으로 본다. ④ 이와 같은 (관할청의 조력) 거부에 관한 사실은 집행관이 검찰청과 채권자에게 통지한다.

5. 다른 집행관에 대한 원조요청 조항 신설

가. 신설의 필요성

대규모 건물명도나 철거집행 현장은 한 사람의 집행관만으로는 집행이 쉽지 않으므로, 다른 집행관의 도움을 받지 않을 수 없는 경우가 적지 않고, 실무 역시 그와 같이 이루어지고 있다. 잘못된 것이면 못하도록 막으면 될 일이지만, 그렇지가 않다. 그런데 현행법상 집행관은 독립된 단독제의 사법기관인 관계 등의 이유로(법원조직법 제55조 제2항, 집행관법 제2조),[50] 다른 집행관에 원조를 하더라도, 집행업무에 관하여는 원조를 요청한 집행관 혼자서 처리한 것으로 될 뿐 원조한 집행관의 관여는 사실상의 것으로서 비공식적으로 이루어지고 있으며, 원조를 한 집행관이 별도로 수수료 등 보수를 받지도 못하고 있다. 이는 다른 집행관이 관여한 경우 그 관여가 과연 적법한지 시비 거리가 될 수 있을 뿐만 아니라, 원조를 한 집형관의 입장에서도 정당한 노력에 대한 대가를 받지 못한다는 문제가 있다.

문제는 경제적인 이유로 집행관들이 이를 남용할 위험이 있고, 결국 집행신청채권자의 부담증가로 귀결된다는 것인데, 이는 사전에 집행법원의 허가를 받도록 함으

49) 절차진행과 관련한 공격방어방법의 제출방식에 관한 규정이다.

50) 제4판 주석 민사집행법(I), 한국사법행정학회(2018), 94; 법원실무제요 민사집행[I], 법원행정처(2014), 23. 명령 또는 위임을 한자의 승낙이 있는 경우를 제외하고는 재위임이 금지된다(집행관규칙 제16조).

로써 충분히 예방할 수 있는 것이다. 대규모 집행현장 등에서 집행사무를 지위하는 집행관과 집행장소의 질서유지를 담당하는 집행관으로 서로 역할을 적절히 분담하면 보다 효율적이고 실효적으로 집행을 실시할 수 있을 뿐만 아니라, 도발변수가 많은 강제집행 현장에서 판단과 결정이 필요한 사항에 관하여 상호 간의 의견교환을 할 수 있는 이점도 무시할 수 없다.

나. 신설조항안

집행관법 제19조의2(다른 집행관의 원조)

① 집행관은 그 직무를 수행함에 있어 특별히 필요하다고 인정하는 때에는 소속 지방법원장의 허가를 얻어 다른 집행관의 원조에게 원조를 요청할 수 있다.

② 전항의 경우에는 각 집행관은 각각 수수료를 받으며, 직무집행에 소요되는 비용에 관하여 각자 지급받거나 상환을 받는다.

집행관규칙 제26조의2(원조허가의 신청)

① 집행관은 집행관법 제19조의2 제1항의 허가를 신청하는 때에는 원조를 구하는 사무의 내용과 원조를 필요로 하는 사유를 명확하게 하여야 한다.

② 사안이 급박하여 미리 전항의 신청을 할 수 없을 때에는 집행관은 원조를 구한 후 신속하게 동항의 신청을 하여야 한다.

다. 해설[51)]

1) 원조의 사유

원조를 구할 수 있는 경우는, 사안의 내용에 따라 단독으로 직무의 수행에 임하는 것이 특히 곤란한 경우, 비능률적인 경우 등이다.

원조를 구할 수 있는 사무의 종류에는 제한이 없고, 재판에 의하여 집행관이 취급하여야 하는 사무라도, 법원이 직접 취급하게 한 사무라도 좋다.

원조의 필요성 유무(허가의 신청할 것인지 어떤지)는, 담당 집행관이 판단하는 것으로 당사자의 의사에 의할 것은 아니나, 원조를 하는 집행관에 대해서도 수수료 및 비용을 부담하게 되므로, 가능한 한 신청인 또는 사무를 취급하게 한 법원의 양해를 얻어 두는 것이 바람직하다. 원조에 관하여 집행법원의 허가를 받도록 한 것은 당사자에게 부당한 비용을 부담시키지 않기 위한 취지이다.

---

51) 執行官提要(第5版), 最高裁判所 事務總局(2009), 40-42 참조.

집행관은 다른 집행관의 원조를 청구할 때에는 사전에 신청인에게, 원조에 따라 발생할하는 비용의 견적을 통지하고, 이를 예납시켜야 한다.

2) 원조 허가의 신청

집행관은, 원조허가 신청을 할 때에는 원조를 구하는 사무의 내용과 원조를 필요로 하는 이유를 명확하게 하여야 한다(집행관규칙 개정안 제26조의1 제1항). 원조를 구하는 사무의 내용이란 사무의 종류(동산의 압류, 부동산의 명도, 가처분 등), 당사자, 집행의 대상 등의 사무의 구체적인 내용을 말한다. 원조를 필요로 하는 이유로서 생각할 수 있는 것은 상당한 정도의 집행방해가 예상된다든지, 집행의 대상이 현저하게 대규모라든지 등이다. 이 신청은 구두 또는 서면 어느 방법에 의하더라도 무방하다.

사건이 급박하여 사전에 허가 신청을 할 수 없을 때에는, 집행관은 원조를 구한 후 바로 허가 신청을 하여야 한다(동조 제2항). 이 사후의 허가는 긴급을 요하는 경우의 조치이므로 가능한 한 사전에 허가를 얻도록 노력하여야 한다.

3) 원조를 하는 집행관

어느 집행관이 원조를 행하는지는 소속 지방법원의 사무분담에 의하여 결정된다(법원은, 원조하는 사람의 순서를 사전에 정해둘 수 있고, 필요에 따라 매번 지정할 수도 있다). 다만, 근무 법원을 달리하는 집행관에게 원조를 하도록 하는 것은 불가피한 경우(다른 같은 지방법원에 근무하는 집행관이 없는 경우 등)에 한한다. 사건이 특히 신속을 요하여 사전에 원조 허가 및 원조 집행관을 지정 받을 여유가 없는 경우에는 임의의 집행관에게 원조를 구할 수밖에 없다(다만, 사무분담의 정함에 따라 원조의 순서가 정해져 있는 경우에는 그 집행관에게 원조를 구하여야 한다). 다른 집행관의 원조를 구할 때에는 구두, 서면 등 상당한 방법에 의하여 할 수 있다. 원조를 요청받은 집행관은 이에 응하여야 한다. 집행의 일시는 원조를 구한 집행관과 원조를 요청받은 집행관이 상호 일정을 조정하여야 한다.

4) 원조 사무처리 방법

원조를 하는 집행관과 원조를 받는 집행관은 사무의 실시에 관하여 협의하고 상호 간에 협력하여 사무를 처리한다. 사무처리의 방법 등에 관하여 의견이 나뉠 때에는 원조를 요청한 집행관의 의견에 따른다. 절차법상 집행기관이 되는 것은 원조를 요청한 집행관이다. 다만, 원조를 하는 집행관은 원조를 요청한 집행관의 의견에 반하지 않는 한 스스로 판단행위가 수반하는 집행행위의 실시에 나아갈 수 있으므로,

단순한 보조자와는 다르다.

사무의 실시에 관하여 집행조서 등의 기록은 원조를 요청한 집행관이 작성하되, 원조를 한 집행관의 관직, 서명을 명기한다. 원조를 한 집행관이 단독으로 집행을 한 경우에는 조서를 작성할 수 있으나, 편의적 기재사항으로서 집행의 내용 란에 “본 건은 ○○지방법원 집행관 ○○○의 원조 요청에 따라 집행하였다.” 등으로 기재하고, 원조요청이 있었던 사실을 조서상 명확하게 해둠이 상당하다. 이 경우에 있어서 지방법원 관내의 다른 법원의 집행관의 원조를 받아 사무를 실시한 경우 조서에는 자기가 근무하는 법원 명을 기재하나, 사건이 속한 법원과 집행을 실시한 집행관의 근무 법원이 달라 조서상 사건의 특정에 어려움이 있으므로 ‘사건번호’란의 상단 또는 좌측 여백에 사건이 소속된 법원 명을 기재한다.

5) 원조를 한 집행관의 수수료 등

원조를 한 집행관은, 원조를 요청한 집행관과는 독립하여 각 단독으로 사무를 처리한 경우와 마찬가지의 계산방법에 의해 수수료 및 비용을 받을 수 있다. 이들은 각 집행관이 각자 지불 또는 상환을 받는다(신설조항안 제19조의2 제2항). 수수료 및 비용의 견적액의 예납은 원조를 한 집행관이 원조를 요청한 집행관과 소속 법원이 다른 경우에도 원조를 한 집행관의 분도 포함하여 원조를 요청한 집행관이 명한다.

라. 입법례

일본 집행관법 제19조(원조)

① 집행관은 그 직무를 수행함에 있어 특별히 필요하다고 인정하는 때에는 소속 지방법원의 허가를 얻어 다른 집행관의 원조에게 원조를 요청할 수 있다.

② 전항의 경우에는 각 집행관은 각각 수수료를 받으며, 직무집행에 소요되는 비용에 관하여 각별로 지급받거나 상환을 받는다.

일본 집행관규칙 제13조 (원조 허가의 신청)

① 집행관은 집행관법 제19조 제1항의 허가를 신청하는 때에는 원조를 구하는 사무의 내용과 원조를 필요로 하는 사유를 명확하게 하여야 한다.

② 사안이 급박하여 미리 전항의 신청을 할 수 없을 때에는 집행관은 원조를 구한 후 신속하게 동항의 신청을 하여야 한다.

6. 집행관의 채무자에 대한 질문권, 채권자의 협력의무 조항의 신설

가. 신설의 필요성

채무자의 저항을 비롯한 불필요한 마찰을 줄이면서 보다 신속하고 경제적으로 강제집행을 실시하는데 있어서 가장 중요한 것이 집행대상 목적물과 채무자의 점유상황에 관하여 정확한 정보를 얻는 것이다. 당해 부동산의 점유 상황, 채무자의 태도, 점유보조자의 구성 등에 관하여 사전에 충분한 정보를 제공받으면, 집행관은 다른 집행관이나 경찰 등에 대한 원조청구의 요부, 잠금장치 해제의 가능성, 입회인의 필요성 등을 판단하고 무리하지 않으면서 신속하고 원활하게 집행절차를 수행할 수 있다. 그런데 당장 집행관으로서는 집행채무자보다는 물론이고 신청채권자보다도 집행대상물이나 채무자의 상황에 관하여 아는 것이 적기 마련이다. 이를 확보하는 방법이 하나는 집행채무자로부터의 정보수집이고, 다른 하나는 신청한 집행채권자로부터이다.

이는 현재 실무상으로도 행해지고 있는 것에 대하여 법적인 근거를 마련하자는 의도도 있지만, 집행채권자의 협력의무 조항을 민사집행법 제258조에 함께 포함한 것은 집행의 시기나 방법 등에 관하여 집행관이 집행채권자 등과 협의할 수 있다는 규정을 둔 적절한 입법례를 발견하지 못하여 법체계상 이를 두는 것에 관한 확신이 없는 관계로, 일단 실무운용을 통하여 이것이 가능하도록 하려는 의도도 일부 있다. 장기적으로는 일본과 같이 집행관의 질문권 등에 대한 형사처벌 규정을 두는 것을 입법적으로 도입하는 길을 모색하여 볼 의도 역시 없지 않다. 신청채권자로서는 신청만 하면 그로써 끝이고 나머지는 집행관이 알아서 하는 것이 아니라, 집행절차는 채권자와 집행관이 서로 원활하게 협력하여야 비로소 가능한 절차임을 주지시키는 의미도 함께 포함한 것이다.[52] 집행관에 대한 채권자의 지나친 집행개시 압박에 대한 일종의 완화장치로서의 성격도 고려하였음은 물론이다.

---

52) 最高裁判所 事務總局, 條解 民事執行規則(第3版), 司法協會(2008), 596.

나. 민사집행법 개정안

현행	개정안
第258조(부동산 등의 인도청구의 집행)	第258조(부동산 등의 인도청구의 집행)
① 채무자가 부동산이나 선박을 인도하여야 할 때에는 집행관은 채무자로부터 점유를 빼앗아 채권자에게 인도하여야 한다.	① (현행과 같음)
(신설)	② 집행관은 제1항의 강제집행을 실시하기 위하여 그 부동산 등의 점유자를 특정할 필요가 있을 때에는 당해 부동산에 소재하는 자에 대하여 당해 부동산 등이나 그에 근접하는 장소에서 질문을 하거나 문서를 제시할 것을 요구할 수 있다.
(신설)	③ 집행관은 부동산 등의 인도청구의 강제집행을 신청한 채권자에 대하여 인도최고의 실시 또는 강제집행의 개시 전후를 불문하고, 채무자의 점유상태, 인도의 실현 가능성 등에 관하여 정보의 제공 그 밖의 절차의 원활한 진행을 위하여 필요한 협력을 구할 수 있다.
② 제1항의 강제집행은 채권자나 그 대리인이 인도받기 위하여 출석한 때에만 한다.	④ 현행법 ②항과 같음
③ 강제집행의 목적물이 아닌 동산은 집행관이 제거하여 채무자에게 인도하여야 한다.	⑤ 현행법 ③항과 같음, 이하 같음.

다. 해설

1) 집행관의 채무자 등에 질문권

종전부터 행해져 왔던 집행관의 점유자 등에 대한 질문이나 자료의 제출 요구에 관하여, 법적근거를 마련한 것이다. 점유인정의 원활화, 더욱 정확한 점유인정의 확보를 위한 것임과 동시에 채무자 등에 대한 질문권 행사와 관련한 집행관에 대한 민원을 원천적으로 차단하려는 것이다.

특히, 건물의 명도집행에 있어서는 점유인정을 방해하는 시도가 이루어지는 경우가 적지 않으나, 이 경우에도 목적 건물에 재택자가 있는 경우에는 그 사람에 대하여 점유인정에 필요한 사항에 관하여 질문을 하여 진술을 얻고, 계약서나 영수증(공공요금 공급계약의 명의) 등의 자료를 제출시키는 것으로, 진정한 점유자를 인정하는 것이 가능하도록 하려는 의도에서 이다. 이러한 질문이나 자료제시의 요구는 종전에도 행해져 왔으나, 질문 등을 받은 측에게 대답하거나 응할 의무 등이 없었다는 점에서, 반드시 명확한 대답을 얻을 수 있는 경우가 많았다고는 할 수 없다.

우선은 법 개정을 통하여 근거규정을 마련하려는 것으로, 당장에는 형벌과잉의 염려 때문에 고려하지 않았지만, 장기적으로는 일본과 같이 질문 등을 받은 자가 채무자이거나 당해 건물을 점유하는 제3자인 경우에 그 자가 정당한 이유 없이 집행관의 질문에 답하지 않거나 허위의 진술을 하거나 문서의 제시를 거부하거나 허위의 기재를 한 문서를 제시한 경우, 형벌에 처할 수 있도록 하는 규정을 두는 것을 함께 염두에 두었다.

2) 채권자의 절차 협력의무

가) 채권자로부터의 정보 수집

당해 부동산의 점유 상황, 채무자의 태도, 점유보조자의 구성 등의 정보에 관하여 채권자로부터 사전에 정보 제공을 받음으로써, 집행관은 다른 집행관이나 경찰 등에 대한 원조청구의 요부, 잠금장치 해제의 가능성, 입회인의 필요성 등을 판단하고 무리하지 않으면서 신속, 원활한 집행절차를 수행할 수 있다.

또한 인도 최고 후에 채권자로부터 얻고 싶은 정보로는 당초에 정한 단행 실시예정일의 수일 전의 현장 상황 등을 생각할 수 있다. 당해 실시예정일 전 현장의 상황을 보고받는 것으로, 가령 그것이 당해 실시예정일에 단행하는 것이 곤란한 상황이 발생하였다는 보고라면 인도 기한의 연장의 요부를 검토하고, 인도 기한 연장 허가신청 절차 등도 여유를 가지고 원활하게 행할 수 있다.

나) 채권자와의 사전 협의

정보를 제공받는 경우 문서에 의한 제공도 생각할 수 있으나, 예컨대 목적 건물 내에 거동이 어려운 노인이 거주하고 있는 경우, 채무자가 폭력행위에 나아갈 가능성이 있는 경우, 건물의 구조 등 내부의 상황 등을 알아두고 싶은 경우 등에는 직접 채권자와 면담하여, 상세한 설명을 구두로 듣고, 집행관도 필요한 사항에 관하여 채권자에게 질문할 수 있는 것이 바람직하다. 또한 목적 외 동산의 반출, 보관 등을 위한 인원 또는 창고의 확보, 목적 건물에 잠금장치가 되어 있는 경우에 대비한 전문기술자의 수배 등이 이루어져 있는지 등의 확인도 직접 면담하여 착오가 없도록 해 두어야 할 부분이다. 이를 근거로 채권자와 사전협의의 기회를 가지는 것도 원활한 절차에 불가결하다고 할 수 있다. 즉 사전에 파악된 집행현장 상황과 채무자의 점유상황 등을 염두에 두고 단행일시, 단행방법 등에 관하여도 채권자와 사전협의를 할 수 있을 것이다.

라. 입법례

1) 집행관의 질문권 등

일본 민사집행법 제168조(부동산의 인도 등의 강제집행)

① 우리 민사집행법 제258조 제1항과 같은 내용이다.

② 집행관은 전항의 강제집행을 실시하기 위하여 동항의 부동산 등의 점유자를 특정할 필요가 있을 때에는 당해 부동산에 소재하는 자에 대하여 당해 부동산 등 또는 그에 근접하는 장소에서 질문을 하거나 문서를 제시할 것을 요구할 수 있다.

② 우리 민사집행법 제258조 제2항과 같은 내용이다.

일본 민사집행법 제250조(진술거부의 죄)

① 다음의 각호의 하나에 해당하는 자는 6월 이하의 징역 또는 500만엔 이하의 벌금에 처한다.

3. 제168조 제2항의 규정에 의한 집행관의 질문 또는 문서의 제출 요구에 대하여 정당한 이유 없이 진술을 거부하거나 문서의 제시를 거절, 혹은 허위의 진술을 하거나 허위의 기재를 한 문서를 제시한 채무자 또는 동항에 규정한 부동산 등을 점유하는 제3자

2) 채권자의 협력의무

일본 민사집행규칙 제154조의2(강제집행의 목적물이 아닌 동산의 매각절차 등)

⑤ 집행관은 부동산의 인도 또는 명도 강제집행을 신청한 채권자에 대하여 명도최고의 실시 또는 강제집행의 개시 전후를 불문하고, 채무자의 점유상태, 인도 또는 명도의 실현 가능성 등에 관하여 정보의 제공 그 밖의 절차의 원활한 진행을 위하여 필요한 협력을 구할 수 있다.

7. 경비노무자 관련 규정의 정비

가. 정비의 필요성

현행 실무상 경비용역이 등장하는 경우는, ① 채무자들이 경비용역을 자체적으로 고용하여 집단적으로 대항함에 따라 채권자들이 이에 맞대응하여 경비용역을 고용하는 경우, ② 대규모 집행현장에서 집행완료 후 채무자들이 다시 건물을 점거함으로써 집행이 사실상 불발이 되는 것을 막기 위해 채권자들이 집행결과를 확보하고 유지하기 위하여 자체적으로 경비용역을 고용하여 집행현장과 외부를 차단하는 역할만을 수행하는 경우, ③ 집행관이 저항배제를 위하여 경비용역이 필요하다고 보아 경비용역을 경비노무자로서 고용하는 경우, ④ 집행관이 채권자에게 부탁하거나 하여 순전히 집행관여자들의 신변보호 목적으로 5-10명 정도의 경비용역을 고용하는 경우 등이 있다. ②의 경우로서 끝까지 위와 같은 상황이 유지되면 문제가 없지만, ①이나 ③의 경우로서 집행관의 미온적인 대처 등으로 집행현장이 집행관에 의하여 장악되지 못하게 되면, 쌍방 간의 물리적인 충돌은 물론 집행행위의 적법성 논란으로까지 이어질 가능성이 있다.

단순노무자들은 어디까지나 부동산인도 집행과정상의 노무업무만을 담당하는 것이기 때문에 그 이상 채무자들의 저항을 배제하거나 일부 인도집행 완료 후 채권자에게 점유를 인도하기 전 부분을 채무자가 재차 점유하는 것을 막는 업무 등에 종사시키기 적절하지 않다. 단순노무자만으로 대규모 집행이 가능하다면 좋지만, 그렇지 못하고 경비용역이 불가피하게 필요한 부분이 있고(현실적으로 아주 드문 경우이기는 할 것이다. 서울중앙지방법원 집행관 사무소의 경우 2016년 한 해 동안 집행관이 경비용역을 고용한 경우가 한 건도 없다고 한다), 또 이를 사용하는 것이 집행의 현실이라면 이에 관한 논란의 소지를 없애도록 명확한 근거 규정을 두는 것이 바람직하다.

또한 위와 같이 해두지 않으면 집행관이 "집단민원현장에 경비원을 배치하면서 제7조의2 제1항을 위반하여 제4조 제1항에 따른 허가를 받지 아니한 자에게 경비업무를 도급한 자"나 "제7조의2 제2항을 위반하여 집단민원현장에 20명 이상의 경비인력을 배치하면서 그 경비인력을 직접 고용한 자" 에 해당하여 경비업법 제28조 제2항 제4호 또는 같은 항 제5호 위반이 되어 경비업법위반으로 3년 이하의 징역 또는 3천만원 이하의 벌금에 처해질 가능성도 없지 않다.

나. 관련 규정

1) 집행관규칙 제26조

집행관규칙 제26조(기술자 또는 노무자의 사용)

집행관은 직무집행을 위하여 필요한 때에는 기술자 또는 노무자를 보조자로 사용할 수 있다.

노무자에 관하여 집행관법에는 관련 규정이 없고, 집행관규칙 제26조(기술자 또는 노무자의 사용)가 "집행관은 직무집행을 위하여 필요한 때에는 기술자 또는 노무자를 보조자로 사용할 수 있다"고 한 것이 유일한 근거 규정이다. 문언상 경비용역이 여기서 말하는 노무자에 포함될 수 있는 것이냐는 논란이 있을 수도 있으므로, 이를 의식한다면 제26조의 "기술자 또는 노무자를 보조자로 사용할 수 있다"는 문언을 "기술자 또는 노무자 등 보조자를 사용할 수 있다"라는 등으로 더 포괄적으로 개정하는 것도 고려해 볼 수 있겠지만, 집행관규칙 제26조의 취지가 집행관이 직무집행을 위하여 필요한 경우 기술자나 노무자를 보조자로서 사용할 수 있도록 한 근거규정이므로, 경비용역을 여기서 말하는 노무자에 포한된다고 해석해도 크게 문제는 없을 것으로 생각된다.

실무도 같은 입장이다. 즉 전국법원집행관연합회 업무처리기준안 중 하나인 "집행에 사용할 노무자 등의 수와 수당기준" 제3조(수당 등) 제4호도 "경비업법에 의한 경비노무자에 대한 수당은 경찰이나 국군의 원조에도 불구하고 부득이하게 별도의 경비가 필요하다고 인정되어 소속 법원장으로부터 등록외 노무자 사용허가를 받은 경우에 한하여 1인당 130,000원으로 한다"고 하여 경비용역을 집행관규칙 제26조의 노무자임을 전제로 규정하고 있다. 현행 실무는 아래에서 보는 노무자등을 보조자로 사용하는 집행사건에 있어서의 노무자등의 관리지침 제3조 제2항의 등록외 노무자 사용승인 절차를 밟으면 경비용역을 경비노무자로 사용하는 것이 가능하다는 입장이다.

2) 노무자등을 보조자로 사용하는 집행사건에 있어서의 노무자등의 관리지침

노무자등을 보조자로 사용하는 집행사건에 있어서의 노무자등의 관리지침
[행정예규 제1112호] 제3조(노무자의 선정)

① 집행관은 그 직무집행에 필요한 노무자 등을 다음 각호의 자 중에서 직접 선정하여야 한다.

1. 직업안정법에 의하여 근로자 공급 사업을 허가받아 집행관 사무소에 등록한 자
2. 관할구역 내에서 거주하는 자로서 집행관사무소에 등록한 개인

② 위 제1항의 규정에 의하여 노무자등의 선정이 불가능한 경우는 관할 지방법원장의 승인을 받아 그 외의 자를 노무자등으로 선정할 수 있다.

③ 각 집행관 사무소는 매년 12월말일까지 그 다음해에 선정할 노무자등의 명부를 별지 제1호 양식에 의하여 작성·비치하여야 한다.

④ 제1항의 제1호에 해당하는 자를 선정하여 노무공급을 받을 경우에는 집행착수 전까지 위 자는 집행에 사용될 노무자등의 인적사항이 기재된 명단을 작성하여 집행관 사무소에 제출하여야 한다.

⑤ 노무자등을 사용하여 집행에 착수한 경우 집행의 종료여부에 관계없이 집행관은 사용한 노무자등의 인적사항을 집행일시 및 사건번호를 특정하여 별지 제2호 사용노무자등 관리부에 기재하고, 대표집행관에게 확인을 받아야 한다.

제4조(사용할 노무자등의 수)

각 집행관 사무소는 집행에 사용할 노무자등의 수를 구체적으로 정한 기준표를 작성하여 관할 지방법원장의 승인을 얻어야 한다.

그렇다면 문제는 경비용역을 경비노무자로 사용하는 것을 염두에 두고 노무자등을 보조자로 사용하는 집행사건에 있어서 현행대로 노무자 등을 보조자로 사용하는 집행사건에 있어서의 위 노무자 등의 관리지침[행정예규 제1112호] 제3조 제2항의 등록 외 노무자 사용승인 절차를 거치면 충분하다고 할지, 아니면 이를 개정할지 여부인데, 강제집행 현장의 경비용역에 대한 거부감에다가 경비용역을 집행관규칙 제26조의 노무자에 해당한다고 할 수 있느냐는 법해석상의 불분명함 등을 종합하여 보면, 현행 실무의 운용을 그대로 용인하는 것은 적절치 않다고 생각된다.

개정한다면 그 방법으로 우선 제3조 제1항에 제3호 등으로 "경비업법에 의하여 경비용역사업 허가를 받아 집행관 사무소에 등록한 자"를 두는 것을 생각해 볼 수 있다. 그런데 그렇게 되면 경비용역을 경비노무자로 사용하는 것에 관하여 집행법원의 통제를 받지 않는 문제가 생긴다. 물론 동 지침 제8조(보고) "① 집행관은 30인 이상의 노무자등을 사용하거나 사회적 이목을 끄는 집행사건의 경우 사전에 지방법원장 또는 지원장에게 보고하여야 한다. ② 제1항에 의한 집행의 경우 집행관은 집행의 결

과 등을 지방법원장 또는 지원장에게 서면으로 보고하여야 한다."에 보고하도록 하는 규정이 있지만, 이것은 30인 이상의 노무자를 사용하거나 사회적 이목을 끄는 집행사건이어야 하는 한계가 있고, 그 성격도 어디까지나 서면보고에 그친다.

따라서 동 지침 제3조 제2항에 단서를 두어 관할 지방법원장의 승인을 받도록 하는 것이 일응 타당하다고 생각된다. 다만 경비용역 사용에 관한 논란이 심한 점 등에 비추어, 관리지침 수준에서라도 "경비업법에 의하여 경비용역사업 허가를 받은 자를 경비노무자로 선정하는 경우도 같다"고 추가로 규정하여 경비노무자 사용근거를 명확하게 밝혀두는 것이 바람직할 것이다. 이로써 경비업법에 따른 경비용역사업 허가를 받지 않은 업체를 경비노무자로 사용할 수 없게 되는 것은 물론이다.

다. 노무자등을 보조자로 사용하는 집행사건에 있어서의 노무자 등의 관리지침 개정안

현행	개정안
제3조(노무자의 선정) ① 집행관은 그 직무집행에 필요한 노무자등을 다음 각호의 자 중에서 직접 선정하여야 한다. 1. 직업안정법에 의하여 근로자 공급사업을 허가받아 집행관 사무소에 등록한 자 2. 관할구역내에서 거주하는 자로서 집행관 사무소에 등록한 개인	제3조(노무자의 선정) ① 현행과 같음
② 위 제1항의 규정에 의하여 노무자등의 선정이 불가능한 경우는 관할 지방법원장의 승인을 받아 그 외의 자를 노무자등으로 선정할 수 있다.	② 위 제1항의 규정에 의하여 노무자등의 선정이 불가능한 경우는 관할 지방법원장의 승인을 받아 그 외의 자를 노무자등으로 선정할 수 있다. 경비업법에 의하여 경비용역사업 허가를 받은 자를 경비노무자로 선정하는 경우도 같다.

라. 해설

종래 집행관 사무소에 등록한 업체나 개인 등 단순노무자의 경우 같은 일을 오랜 기간 해 오는 등으로 집행관이 업체나 그 구성원들의 개개의 면목을 일일이 파악하고 있는 반면, 경비용역의 경우는 등록대상 밖에서 선정하는 관계 등으로 제대로 된 정보가 없는데다가 경비업법 자체도 미흡해서 폭력전과자들이 대규모 집행 현장에 등장하는 것이 가능했고, 이것이 집행의 적법성에 대하여 시비거리가 되어 왔으나, 그 사이에 제1장 Ⅰ. 2. 라.항에서 본 바와 같이 경비업법이 대폭적으로 개정이 되었다.

따라서 노무자등을 보조자로 사용하는 집행사건에 있어서의 노무자 등의 관리지침을 위와 같이 개정하면 경비업법상 허가를 받은 자가 경비노무자로 선정될 것이므로, 당연히 개정된 경비업법상의 요건을 갖춘 경비업체 소속 직원이 경비노무자가 될 것이다. 그런데 위에서 본 것처럼 집단민원현장에서 발생한 노조원과 경비원 간의 무력충돌이나 무자격의 경비원 동원으로 인한 폭력사태 등으로 국민생활에 불안감을 주고 있어 경비업자 및 경비원에 대한 규제를 강화하여야 한다는 사회적 요구가 큰 사정을 반영하여 2013. 6. 17. 경비업법이 개정되었는바, 거기에 그 동안 민사집행 현장에서의 문제로 여겨져 왔던 것들이 거의 반영되었으므로, 이로써 경비용역의 폭력행위 등 시비나 단순노무자와의 구분 곤란문제 등 그동안 경비용역을 경비노무자로 사용함에 따른 문제점들이 대부분 해소될 것으로 생각된다.

부동산인도 강제집행의 경우 경비업법 제2조 제5호 마목의 "집단민원현장"인 "건물·토지 등 부동산 및 동산에 대한 소유권·운영권·관리권·점유권 등 법적 권리에 대한 이해대립이 있어 다툼이 있는 장소"등에 해당하여 경비업법의 적용을 받게 될 것인데, 개정된 경비업법상, 경비업자가 집단민원현장에 경비원을 배치하는 때에는 배치현장에 경비지도사를 선임·배치하여 안전행정부령으로 정하는 바에 따라 경비원을 지도·감독하게 하도록 되었고(경비업법 제7조 제6항, 제12조 제4호), 경비지도사 및 경비원의 결격사유의 범위에 범죄단체의 조직 및 구성·활동 전과자, 경비업법 위반 전과자, 형법상 강도·절도 및 성범죄 전과자 등을 추가되었으며(경비업법 제10조 제1항 제5호 내지 제8호, 제10조 제2항 제2호), 경비업자는 경찰 또는 군인과 명확히 구별되는 경비원의 복장을 정하여 주사무소를 관할하는 지방경찰청장에게 사진을 첨부하여 신고하여야 하고, 경비원에게 소속 경비업체를 표시한 이름표를 부착하여 신고된 동일한 복장을 착용하게 하여야 하며(경비업법 제16조), 경비원의 휴대장비의 종류는 경적·단봉·분사기 등 안전행정부령으로 정하고, 경비원은 경비업무를 위하여 필요하다고 인정되는 상당한 이유가 있을 때에 한해 필요 최소한도에서 장비를 사용할 수 있도록 하며, 출동차량 등에 대해서는 도색 및 표지를 경찰차량 및 군차량과 명확히 구별될 수 있도록 이를 확인할 수 있는 사진을 첨부하여 주된 사무소를 관할하는 지방경찰청장에게 신고하도록 하고(경비업법 제16조의2, 제16조의3), 경비업자가 집단민원현장에 경비원을 배치할 경우에는 경비원의 명부를 배치현장에도 작성·비치하도록 하고, 경비원을 배치하기 48시간 전까지 배치장소의 관할 경찰관서장에게 배치허가를 신청하도록 하며(경비업법 제18조), 상해·폭행·체포 및 감금의 죄를 범한 경력이 있는 사람을 집단민원현장에 배치하지 못하도록 하고, 경비원 명부에 없는 사람을 경비업무에 종사하게 하여서는 아니 되며, 경비원 신임교육 이수 후 경비원을 배치하고(경비업법 제18조 제4항, 제6항, 제7항), 경비원이 제16조의2 제1항에서 정한 장비 외의 흉기 또는 그 밖의 위험한 물건을 휴대하고 형법 제257조 제1항 등의 죄를 범한 때에는 그 죄에 정한 형의 2분의 1까지 가중처벌하도록 하는(경비업법 제29조 제2항) 등의 다양한 조치가 취해졌기 때문이다.

마. 입법례

일본 집행관규칙 제12조(기술자 또는 노무자의 사용)

집행관은 민사집행법(昭和 54년법 제4호), 민사보전법(平成 원년법 제91호) 그 밖의 법령에서 집행관이 취급하도록 된 사무를 행하는데 필요할 때에는 기술자 또는 노무자를 사용할 수 있다.

8. 집행관제도의 개혁

가. 개혁의 필요성

집행관은 일반 경찰권까지는 없으나 미국의 보안관(sheriff)과 비슷한 존재로 살아있는 집행동력이요 원칙적인 집행기관이다. 그럼에도 집행관법 제3조에 의하면 집행관은 10년이상 법원주사보, 등기주사보, 검찰주사보 또는 마약주사보이상의 직에 있었던 자 중에서 지방법원장이 임명하도록 되어 있다. 선거직이 아니고 임기직임에도 그 임기는 4년의 단임제이고, 연임은 할 수 없다. 4년마다 교대되어 소명의식을 갖기 어렵게 함은 물론, 전문적인 집행법지식의 연구축적을 어렵게 하고 있다. 경력임명제로 한 것은 시험제에 의한 기회균등·문호개방을 막는 것이다. 일본만 하여도 법률실무경험자에게 시험응시자격을 부여하여 필기·구술고사로 선발하되, 법원의 서기관직의 경력자에게는 단지 필기시험의 전부 또는 일부를 면제시킬 뿐이다. 집행관이 '열린 직', '전문 기술직(technocrat)'이 되는 제도정비는 반드시 사법개혁의 차원에서 개선되어야 할 대목이라는 점은 널리 공유되어 온 바이다.[53)]

---

53) 이시윤, "민사집행에 있어서의 주요과제와 ISD", 민사집행법연구 8권, 한국사법행정학회(2012), 16-17.

그럼에도 집행관 제도가 오랜 기간 위와 같이 운영되어 온 것은 법원 일반직 공무원들의 승진제도와 연계하여 이를 운용하여 왔기 때문이다. 그 동안 상당한 정도의 수익이 보장되어 왔기 때문에 법원 고위직부터 순차적으로 집행관직을 맡아 왔다.[54] 이 때문에 현행 집행관 제도는 오랜 기간 법원 안팎으로부터 비난을 받아 오고 있다.

이는 거꾸로 집행관으로 하여금 사전에 집행법원의 엄격한 통제를 받도록 하는 것으로 이어진다. 경력임명제이다 보니 그 역량과 자질에 대한 의심을 거둘 수 없고, 이 때문에 공공기관에 대한 원조요청 조차 집행법원의 허가를 받도록 되어 있다(민집 제20조). 때문에 소방관서나 119구급대에 대한 원조요청조차 집행관이 독자적으로 할 수 없어, 원조요청을 받은 경찰관서의 손을 빌리거나 집행신청채권자 등의 민원차원에서 문제를 해결할 수밖에 없다. 제도를 폐쇄적으로 운영하다보니 역량에 의심이 들고, 그래서 집행법원의 엄격한 관리감독을 받도록 하지 않을 수 없다.

문호를 개방하여 자질과 역량을 갖춘 사람들이 집행관이 될 수 있도록 하여, 그들에게 그에 걸 맞는 권한을 부여한 다음, 그에 따른 응당한 책임을 묻는 구조가 되어야 한다. 자질과 상관없이 보수가 많은 지역을 우선 선호하게 만드는 폐쇄적이며 전근대적인 수수료 제도 역시 함께 검토가 되어야 한다. 실무역량의 축적과 전문화를 막는 4년 단임제 역시 같은 맥락에서 제고되어야 한다.

아울러 4년 단임제 폐지로 장기간 안정적인 수입기반이 구축되는 것과 연계하여 집행관의 수익원 보장 차원이 아니라 국민에 대한 사법서비스 차원에서 집행관을 적절히 증원하는 것도 함께 고려되어야 할 것이다. 일본의 경우 집행관 제도 개혁 이후 이용자의 기대수준에 맞추어 배치계획을 책정하여 순차로 증원을 실시하였다.[55]

집행관은 기본적으로 단독으로 집행현장에 임하여 직무를 집행하는 단독제 공무원이기 때문에, 상호 간에 제휴에 문제가 있고, 직무집행에 있어 개인차가 있어 집행관 사무를 적정하고 신속하게 처리하게 위해서는 전국적으로 균질적인 처리태세를 갖추는 것이 필요하다는 점도 아울러 고려하였음은 물론이다.[56]

---

54) 서울중앙지방법원의 경우 집행관 임명에 관한 예규[행정예규 제597호] 제1항 제3호 사항에 대한 배점이 압도적인데, 집행관 임용실태를 보면 다른 지방법원도 다르지 않은 것 같다.

55) 森田浩美, "執行官事務の實情と改革の方向性", 金融法務事情 No. 1628, 金融財政事情研究所 (2001), 17.

56) 森田浩美, "執行官事務の實情と改革の方向性", 金融法務事情 No. 1628, 金融財政事情研究所 (2001), 17.

나. 임명자격 및 시험제도 등의 개선

1) 개설

집행관이 열린 직, 전문 기술직이 되도록 하기 위하여 집행관의 임명자격 및 시험제도 등을 개선하여, 집행관의 공급원을 확대하고, 임기응변으로 필요한 인재를 확보하는 것을 용이하게 하는 한편, 업무의 연속성과 실무역량의 축적을 도모하기 위하여 4년 단임제 조항을 삭제하는 것이 적절할 것으로 생각된다. 다만 실제 제도개혁에 나설 경우에는 여러 가지 요소가 복합된 문제이므로, 다각적인 추가 심층검토가 필요할 것이다.

2) 집행관법 개정안

현행	개정안
제3조(임명) 집행관은 10년 이상 법원주사보, 등기주사보, 검찰주사보 또는 마약주사보 이상의 직급으로 근무하였던 사람 중에서 지방법원장이 임명한다.	제3조(임명) ① 집행관은 다년간 법률에 관한 사무에 종사한 자로서 대법원규칙이 정한 기준에 해당한 자 중 필기 및 면접시험에 의하여 집행관으로서 필요한 법률지식과 자질을 갖춘 자를 선발하여 임명한다. ② 10년 이상 법원주사보, 등기주사보 이상의 직급으로 근무하였던 자에 대하여는 전항의 필기시험의 전부 또는 일부를 면제할 수 있다.
(신설)	제3조의 2(시험) 전조 제1항의 시험은 대법원규칙이 정하는 바에 의하여 지방법원장이 실시한다.
제4조(정원 등) ① 집행관의 정원은 대법원규칙으로 정한다. ② 집행관의 임기는 4년으로 하며, 연임할 수 없다.	제4조(정원 등) ① (현행과 같음) ② (삭제)

3) 입법례

일본 집행관규칙

제1조(임명)

① 집행관은 다년간 법률에 관한 사무에 종사한 자로서 최고재판소가 정한 기준에 해당한 자 중 필기 및 면접시험에 의하여 집행관으로서 필요한 법률지식과 자질을 갖춘 자를 선발하여 임명한다.

② 재판소 서기관이었던 자 또는 재판에 관한 사무를 행하기 위하여 필요한 국가시험에 합격한 자에 대하여는 전항의 필기시험의 전부 또는 일부를 면제할 수 있다.

제2조(시험) 전조 제1항의 시험은 최고재판소가 정하는 바에 의하여 지방재판소가 실시한다.

다. 수수료제도의 개정

1) 매각수수료와 그 밖의 수수료 간의 기형적 구조개선

현행 집행관 수수료는 부동산매각수수료는 상대적으로 굉장히 높게 책정되어 있는 반면, 그밖의 수수료는 실비에도 크게 미칠 정도로 지나치게 낮게 책정되어 있는 기형적인 구조이다. 가령 부동산경매 매각수수료율을 보면, 매각금액 3억 원 초과 5억 원 이하인 때에는 (매각금액 − 3억 원) × 0.003 + 2,303,000원, 매각금액 5억 원 초과 10억 원 이하인 때에는 (매각금액 − 5억 원) × 0.002 + 2,903,000원, 매각금액 10억 초과의 경우 3,903,000원으로 되어 있다(집행관수수료규칙 제16조 제2항).[57] 반면 서류송달의 경우 1건에 1,000원으로 하되, 휴일 또는 야간에는 1,500원으로 되어 있고(같은 규칙 제2조), 부동산 등의 인도의 경우에는 15,000원으로 하되 집무시간이 2시간을 초과할 때에는 초과하는 1시간마다 1,500원을 가산하고, 집행관이 현장에 임하였으나 부동산 등이 없는 때에는 그 반액으로 하도록 되어 있다(같은 규칙 제12조). 전자의 경우 대부분의 매각 관련 업무를 집행법원에서 수행하기 때문에 집행관의 노력에 비하여 보수가 지나치게 많은 반면(매각과 관련되어 실제 업무를 대부분 수행하는 경매계장들과 그로 인한 수익을 거둬들이는 집행관 사이의 갈등의 근원이다), 후자의 경우는 그 정반대인 상황인 것이다.[58]

---

57) 민원안내매뉴얼2016, 서울중앙지방법원(2016), 203도 참조.

58) 손흥수, “집행관 제도의 문제점과 해결방안”, 인권과 정의 통권 제475호, 대한변호사협회(2018), 42.

2) 매각수수료의 전국 배분제 도입

현행 집행관 수수료는 서울의 경우에는 서울중앙지방법원과 동, 서, 남, 북지방법원이 수수료 전부를 합동으로 배분하고 있고, 수원지방법원 관내의 경우 성남, 여주지원은 각기 따로 배분하지만, 수원지방법원 본원, 안산지원, 안양지원, 평택지원은 함께 배분한다(다만 유체동산 수수료의 경우 평택지원은 별도로 배분한다). 그 밖의 법원이나 지원들은 각각의 상황에 맞추어 제각각 수수료를 배분하고 있는 것으로 보인다. 현행 집행수수료 체계상 집행사건수의 다소에 따라 필연적으로 각 법원들 간 집행관의 보수에 격차가 생기게 하기 마련이고,[59] 그로 인하여 경합이 생기면 지원자들 간에 내부적으로 조정을 하거나 법원 근무경력에 따라 고참 순으로 임명이 이루어지고 있다.

일본의 경우 2000년 전국 집행관의 상호 합의에 기초하여, 매각 수수료의 전국 배분제를 실시하기 위해, 우선 부동산 집행에 있어서 매각실시의 수수료 50%를 전국의 집행관에게 합동으로 배분하는 것으로 하여, 2000. 7.부터 시행하고 있다. 이로써 집행관의 경제적 기반이 경기의 변동에 따른 취급 사건수의 변동이나 도시, 지방간의 매각액과 매각률의 격차에 영향을 받지 않게 되었고, 그 결과, 전국에서 편차 없이 우수한 집행관의 임명이 가능해져 전국적으로 균질적인 사무 처리를 위한 전제조건이 갖추어 졌다고 평가받고 있다.[60]

라. 총괄집행관제도의 신설

1) 신설의 필요성

일본의 경우 집행관규칙 개정에 따라 총괄집행관제도가 창설되어 2003. 4.부터 시행 중이다. 각 집행재판소에 집행관의 리더로서 다른 집행관에 대하여 지휘감독권을 갖는 총괄집행관 1인을 배치한 것이다. 총괄집행관은, 사건처리가 신속하고 적정하게 행해질 수 있도록 사무전반을 파악하고, 집행관 전체의 활동을 조정하며, 그 집행을 일상적으로 지휘 감독하는 외에, 집행관실의 책임자로서 합리적인 조직운영을 도모하도록 하고 있다. 절차의 적정, 신속화를 철저하게 도모함과 동시에, 대규모나 복잡한 사안이나 집행방해사안에 대해서도 집행재판소와 긴밀하게 연계하여 조직적이고 강력한 태세를 취하고, 적정한 집행을 실천하기 위함이다.

---

59) 김종호, "현행 집행관자격 부여제도의 적정성에 관한 고찰", 중앙법학 15집 3호, 중앙법학회(2013), 23 참조.

60) 執行官實務研究會 編, 執行官實務の手引[第2版], 民事法研究會(2016), 3.

우리의 경우 집행관법 제8조 제2항과 제3항에 따라 대표집행관을 두도록 되어 있으나, 대표집행관은 집행관 사무소를 두는 각 본원 및 지원별로 두도록 되어 있고, 대표집행관은 "집행관 사무소에 소속된 집행관을 대표하며 집행관 사무소의 운영에 관한 업무를 총괄"할 뿐이다. 이는 사무소운영을 위한 규약상의 지위로서(집행관규칙 제20조 제3항 제3호), 집행관들 간에 호선에 의하여 주로 고참 집행관이 맡게 되는 일종의 명예직 유사의 것으로서 사무소 운영에 관한 것 이외에 집행업무에 관한 한 특별한 권한이 있는 것은 아니다.

기존의 각 본원 및 지원별로 선임되어 의전상 당해 사무소를 대표하면서 사무소 운영에 관하여만 권한이 있는 대표집행관이 아니라, 각 본원 단위로 총괄집행관을 두어 그로 하여금 사무소 운영에 관하여가 아니라 소속 지방법원 집행관의 집행사무에 관하여 지도·감독함으로써, 집행관이 단독제 사법기관이기에 가지는 문제점을 극복하고, 집행절차의 적정, 신속화를 도모함과 동시에, 대규모나 복잡한 사안이나 집행방해 사안에 대해서도 집행법원과 긴밀하게 연계하여 조직적이고 강력한 태세를 취하고, 적정한 집행이 이루어지도록 해 보자는 것이다.

총괄집행관 제도가 신설되는 본원 단위의 경우 기존의 대표집행관과 총괄집행관이 중첩되는 문제가 있다. 전자가 집행관 내부의 규약상의 지위로서 집행관 사무소 운영에 관한 권한만을 가지는 반면, 후자는 관할 지방법원장에 의하여 임명되고, 집행사무에 관한 총괄권한을 가지는 점에서 엄격히 말하면 중첩된다고 하기는 어려우나, 굳이 이중으로 둘 것까지는 아니라고 생각되지만, 대표집행관은 법원이 임명하는 지위는 아니고 자율적으로 내부적으로 선임하는 것이어서, 관여에 한계가 있다. 총괄집행관으로 하여금 대표집행관의 지위를 겸하도록 사실상 지도함이 적절하지 않을까 생각된다.

2) 집행관법 신설조항안

집행관법 제7조의2(총괄집행관)

① 지방법원에 총괄집행관 1인을 둔다.

② 총괄집행관은 소속 지방법원의 집행관으로서 대법원규칙이 정한 기준에 해당하는 자 중에 소속 지방법원장이 임명한다.

③ 총괄집행관은 소속 지방법원 집행관의 집행사무에 관하여 지도·감독한다.

3) 입법례

일본 집행관규칙 제5조의2

① 지방재판소에 총괄집행관 1인을 둔다.

② 총괄집행관은 당해 지방재판소의 집행관으로서 최고재판소가 정한 기준에 해당하는 자 중에 당해 지방재판소가 임명한다.

③ 총괄집행관은 당해 지방재판소의 집행관의 일반집무에 관하여 지도·감독한다.

라. 전국법원집행관연합회의 기구 개혁

일본은 2002. 5. 전국의 집행관의 단순한 친목단체였던 일본집행관연맹이라는 조직에 관하여, 집행관의 집무에 관한 연구단체로서 그 기구 개혁을 실시하여 조직운영부회, 현황조사부회, 집행(동산압류, 명도집행) 부회, 수수료부회, OA부회를 설립하였다. 이들 각 부회는 적정, 신속한 집행사무를 전국적으로 실현하기 위해 다양한 연구를 행하고, 실천하면서 이들 성과를 일본집행관연맹이 편집하여 연 1회 출판하고 있는 '신민사집행실무(발행 민사법연구회)'라는 잡지를 통하여 발표하고 있다.[61] 또한 전국 집행관실의 IT화를 목표로, 전국 공통사무처리 시스템의 개발, 도입을 진행하고 있다.[62]

우리도 전국법원집행관연합회를 단순한 친목단체를 넘어서 전국 단위로 보다 체계화할 필요가 있다. 스스로의 연구역량을 갖추고 이를 널리 전파하는 것도 중요하고, 무엇보다도 민사집행사건 전자화에 발맞추어 법원 코트넷과 같은 전국 공통사무처리 시스템을 개발·도입하여, 내부적인 정보교류를 활성화하고 사무처리 기준을 전국화 하는 것 등도 시급하다. 일본의 경우 사법전산화가 우리에 비하여 많이 늦었다고 하는데, 집행관 사무소 전산화는 우리 보다 앞서 있는 것으로 보여 진다.

Ⅱ. 실무상의 개선방안

1. 강제력 행사의 주체, 대상, 범위 등에 관한 기준의 명확한 정립

가. 민사집행법 제5조의 입법취지

민사집행에 관한 집행관의 사무 중 사실행위를 중심으로 집행관이 집행의 목적물에 대하여 채무자의 지배영역에 직접 개입하여 그 의사에 반하여도 집행할 수 있도

61) 森田浩美, "執行官事務の實情と改革の方向性", 金融法務事情 No. 1628, 金融財政事情研究所(2001), 18.
62) 執行官實務研究會 編, 執行官實務の手引[第2版], 民事法研究會(2016), 4.

록 권한을 부여한 사므에 관하여는, 그 직무집행시 채무자 등으로부터 적극적, 혹은 소극적으로 저항을 받을 것이 정형적으로 예상되기 때문에 그 저항을 배제하기 위하여 집행관에게 위력 등을 행사할 권한을 부여할 필요가 있기 때문이다.

나. 강제력 행사가 가능한 사무

미완성건물에 대한 현황조사에 관한 민사집행법 제82조, 현황조사에 관한 민사집행법 제85조 제2항, 강제관리에 관한 민사집행법 제166조 제2항, 부동산 등 인도청구권의 집행에 관한 민사집행법 제258조 제1항 등은 집행관이 집행의 목적물에 대하여 채무자의 지배영역에 직접 개입하여 집행할 권한을 부여하고 있음이 명백하므로, 당연히 민사집행법 제5조 제1항의 적용대상이 된다. 그렇지만 위 조항의 적용범위는 위에서 든 경우에 한정되는 것은 아니어서, 부동산강제경매에 있어서 압류채권자의 매각을 위한 보전처분으로서의 집행관 보관명령의 집행(민집 제88조 제3항, 민집규 44, 민집 제136조 제2항), 최고가매수인을 위한 보전처분으로서의 집행관 보관명령의 집행(민집 제88조 제3항, 민집규 44), 매수인을 위한 보전처분으로서의 집행관 보관명령의 집행(민집 제136조 제2항, 제1항) 등과 같이 집행관의 직무권한의 근거규정의 해석에 의하여 그 직무권한이 강제력의 사용을 허용하고 있다고 해석되는 경우, 당해 사무도 민사집행법 제5조 제1항 적용대상이라고 봄이 타당하다.[63]

송달은 민사집행과는 별개의 사무로서 거기에 민사집행법 제5조를 준용한다는 규정이 없으므로, 집행관은 송달 시에 저항에 직면하더라도, 민사집행법 제5조 제1항의 권한을 행사할 수 없다.[64]

다. 저항의 대상

민사집행법 제5조에서 말하는 저항이란 집행관의 구체적인 직무집행에 대한 방해 행위를 말한다. 따라서 방해자에게 방해의 대상인 행위가 집행관의 직무집행인 것의 인식이 필요하다.

직무집행에 대한 방해 행위에는 집행관 자신에 대한 것뿐만 아니라 보조자나 입회인에 대한 것도 여기서의 저항에 해당한다.[65]

---

63) 執行官實務研究會 編, 執行官實務の手引[第2版], 民事法研究會(2016), 19-20.
64) 執行官實務研究會 編, 執行官實務の手引[第2版], 民事法研究會(2016), 20.
65) 법원실무제요 민사집행[I], 법원행정처(2014), 35; 집행관 실무편람, 법원행정처(2004), 71; 注解 民事執行法(1), 第一法規(1986), 98; 山本和彦 外 編, 新基本法コンメンタール 民事執行法, 日本評論社(2014), 22면; 執行官實務研究會 編, 執行官實務の手引[第2版], 民事法研究會(2016), 21.

라. 저항의 태양

저항은 적극적 저항뿐만 아니라 소극적 저항 또는 언어에 의한 저항, 예를 들어 협박도 포함한다. 그러나 가령 채무자 또는 그의 가족이 와병 중이어서 퇴거로 인하여 현저히 병세가 악화시킬 우려가 있는 등 사정이 있는 경우에는 집행에 대하여 저항한다고 볼 수 없을 것이므로, 집행관은 위력행사를 피해야 한다.[66] 다만 채무자가 병이 있다는 이유를 대는 경우에는 의사의 진단서 제출요구 등을 통하여 소극적 저항인지 여부를 판단한다. 이때 채무자 등이 진단서 제출을 거부할 때에는 질병을 가장한 저항으로 보아 이후의 절차를 진행하여도 무방한 경우가 많을 것이다.[67] 의사의 진단을 거부하는 경우 그 사람의 증상에 관한 의사의 외견상의 소견, 인근 거주자들로부터의 사정 청취, 집행관의 현장에서의 관찰 결과 등에 의하여 소극적 저항인지 판단한다.

마. 저항배제가 가능한 시적 범위

민사집행법 제5조 제1항이 널리 “집행을 하기 위하여”라고 규정하고 있으나, 이것이 직무집행을 개시한 때부터 직무집행을 종료한 때까지로 한정하는 취지는 아니고, 그 개시 직전 및 종료 직후에 근접한 시점을 포함한다.[68] 저항은 구체적인 집행행위에 대한 것에 한하며, 일단 집행행위를 완전히 종료하여 그 효력이나 상태가 계속 중에 채무자 또는 제3자가 그 집행의 효과를 배제하려고 실력을 행사하는 등의 경우는 포함되지 아니한다.[69] 건물인도의 강제집행에 있어서 집행관이 이를 실시하기 위하여 목적 건물에 들어가거나 들어가려고 한 때에는 비록 현실로 인도 집행의 내용을 이루는 사실행위, 예를 들어 동산의 반출, 채무자의 배제 등에 착수하지 않았다 하더라도 이에 포함되며, 또 집행관이 채무자의 목적 건물에 대한 점유를 풀고 채권자에게 그 점유를 넘겨 준 직후에 채무자가 다시 목적 건물에 들어가 그 점유를 침탈하려고 실력을 행사하는 경우에도 그 저항을 배제할 수 있다.[70]

---

66) 채무자 등의 질병의 유무가 불분명한 경우 약봉지 등을 확인하는 것에서 더 나아가 의사의 진단서 등의 제출을 요구할 수도 있다(민집 제5조 제1항). 질병을 가장한 것으로 의심이 되어 채무자 등에게 진단서 제출을 요구하였음에도 부당하게 거부할 때에는 상황을 보아 질병을 가장한 저항으로 간주하여 이후의 절차를 밟더라도 무방하다 할 것이다.

67) 법원실무제요 민사집행[I], 법원행정처(2014), 35.

68) 執行官實務硏究會 編, 執行官實務の手引[第2版], 民事法硏究會(2016), 20.

69) 법원실무제요 민사집행[I], 법원행정처(2014), 34; 집행관 실무편람, 법원행정처(2004), 71.

70) 법원실무제요 민사집행[I], 법원행정처(2014), 34; 집행관 실무편람, 법원행정처(2004), 71.

그 적용대상이 집행관의 직무권한이 강제력의 행사를 허용하고 있는 경우에 한한다는 점은 물론이다. 가령 동산인도청구권 압류명령 집행에 있어 제3채무자에 대하여 목적물의 인도를 구할 때에는, 당해 직무의 집행이 채무자 등의 임의의 이행을 기대하는 것에 그치는 것이어서, 강제적인 목적 실현을 예정하고 있지 않은 경우이므로, 위력의 행사 등을 인정하는 것은 법이 달성하려는 목적을 넘어서는 것이어서 허용되지 않는다.

바. 저항의 주체

채무자의 저항은 물론 제3자의 저항도 포함된다.[71] 그러나 집행관 스스로 어느 정도의 위력을 사용하여 그 저항을 간단히 배제할 수 있는 경우라면 경찰 또는 국군의 원조를 요청할 필요는 없을 것이다. 집행행위의 종료 후에 압류 등의 효과를 배제하려고 하는 경우, 예를 들어 압류물의 양도, 반출 등은 여기서 말하는 저항이 아니다.[72]

사. 직무집행의 적법성

민사집행법 제5조 제1항에 의하여 위력을 사용할 수 있는 것은 적법하게 직무를 집행하는 경우에 한한다. 당연무효인 직무집행이나 위법한 직무집행에 관하여 민사집행법 제5조 제1항에 따른 집행배제 조치가 취해진 경우 그 처분 역시도 위법하게 된다.[73]

아. 강제력 행사의 주체

강제력을 사용함에 있어서는 집행관 자신이 행사하는 것뿐만 아니라, 사무원을 시키거나 보조자를 사용하는 것도 가능하다.[74] 원조요청을 온 경찰관을 사용하는 것도 물론 가능하다(민집 제5조 제2항). 경비용역을 시켜 강제력을 사용할 수 있는지 문제될 수 있으나, 경비용역을 집행보조자로 활용하는 경우 사실행위의 대행에 해당할 것이므로, 이를 통하여 강제력을 행사하는 것 역시 가능하다 할 것이다. 집행관의 지시에 따른 이상 그 행사에 따른 효과나 책임 역시 집행관에게 귀속함은 당연하다.

---

71) 법원실무제요 민사집행[I], 법원행정처(2014), 35; 집행관 실무편람, 법원행정처(2004), 71.

72) 법원실무제요 민사집행[I], 법원행정처(2014), 35; 집행관 실무편람, 법원행정처(2004), 72.

73) 執行官實務研究會 編, 執行官實務の手引[第2版], 民事法研究會(2016), 20.

74) 山本和彦 外 編, 新基本法コンメンタール 民事執行法, 日本評論社(2014). 22; 執行官提要(第5版), 最高裁判所 事務總局(2009), 67; 執行官實務研究會 編, 執行官實務の手引[第2版], 民事法研究會(2016), 21.

집행관이 경찰에 대한 원조요청을 할 필요가 있다고 판단되는 때에는 사전에 그 집행에 관한 직무의 수행 장소를 관할하는 경찰서장에게 경찰원조요청서(전산양식 A3101)에 의하여 원조를 요청할 수 있다. 다만 사전에 경찰의 원조를 요청할 수 있는 시간적 여유가 없을 정도로 긴급을 요하는 경우에는 집행 장소에서 가장 가까운 곳에 있는 파출소 등의 경찰관에게 구두로 직접 원조를 요청할 수 있다. 집행관이 해상에서 집행에 관한 직무를 수행함에 있어 경찰 원조요청을 할 필요가 있다고 판단되는 때에는 가장 가까운 곳에 있는 해양경찰서장에게 위와 같은 통지 및 원조요청을 할 수 있다. 원고요청을 받은 경찰서장이나 경찰관은 원조의 필요성이 있다고 인정하는 때에는 신속히 원조를 하여야 한다.[75]

자. 강제력 행사의 내용 및 한계

저항을 배제하는 행위는 바리케이트의 철거 등 대물적인 행위뿐만 아니라 저항하는 사람을 직접 밀어내는 등의 대인적인 행위도 허용된다.[76] 집행관의 원조요청에 의한 경우 경찰관은 집행계속 중 수갑을 채우는 등으로 저항을 배제하는 강제력을 행사할 수 있다.[77] 집행관이 직접 행사하는지 보조자를 통하여 행사하는지에 따라 강제력 행사의 내용, 범위 및 한계 등이 달라질 것은 없다. 다만 강제력 행사와 관련하여서는 현실적으로 어디까지 가능한지에 관하여 미묘한 부분이 없지 않다. 채무자의 신체에 접촉하여 끌어내는 것은 허용되겠지만, 상해를 입을 정도의 유형력의 행사는 원칙적으로 허용되지 않을 것이다.[78] 채무자가 와병 중인 관계로 집행에 의하여 그 생명에 위협을 느낄 경우에는 강제력을 사용하는 것은 삼가야 할 것이다.[79]

그렇지만 집행관이 사용하는 강제력은, 경찰상의 비례의 원칙의 경우와 마찬가지로, 저항의 태양이나 정도에 비추어, 그것을 배제하기에 필요한 최소한의 것이어야 한다.[80] 따라서 보조자를 사용하는 경우에는 보조자에게 강제력을 사용함에 있어 한계를 넘지 않도록 충분히 지휘, 감독을 하여야 한다.

75) 山本和彦 外 編, 新基本法コンメンタール 民事執行法, 日本評論社(2014), 23.
76) 법원실무제요 민사집행[I], 법원행정처(2014), 36; 집행관 실무편람, 법원행정처(2004), 72.
77) 이시윤, "민사집행에 있어서의 주요과제와 ISD", 민사집행법연구 8권, 한국사법행정학회(2012), 18; Gaul/Schilken/Becker-Eberhard, Zwangsvollstreckungsrecht, 12. Auflage, § 26 Rdnr. 74.
78) 浦野雄幸 編, 基本法コンメンタール民事執行法(第6版), 日本評論社(2009), 394-395.
79) 東京高決 昭和 42(1967). 6. 27. (判時 492号 58頁).
80) 執行官實務硏究會 編, 執行官實務の手引[第2版], 民事法硏究會(2016), 21.

2. 강제집행현장에서의 집행관의 역할 범위 및 집행관의 집행현장 관리·감독 방안

가. 집행현장에서의 집행관의 역할 범위

집행관은 부동산인도, 철거 강제집행 현장의 지휘자로서 최종적인 책임의 귀속자이다. 부동산인도, 철거 집행업무 자체뿐만 아니라, 집행현장의 지휘권도 집행관에게 있다. 집행관 사무실의 사무원을 비롯하여 보조자로서 고용된 노무자, 경비용역은 물론이고, 경찰원조 요청에 따라 원조요청을 하는 경찰관 역시 집행업무에 관한 한 집행관의 명령에 따라야 할 의무가 있다.[81] 따라서 보조자가 되었건, 경찰관이 되었던 저항배제를 위한 강제력 행사 지시에 따를 의무가 있다.

나. 집행관의 집행현장 관리·감독 방안

그러나 현실을 보면 경찰원조 요청에 따라 집행현장에 출동한 경찰관들은 집행관의 지휘를 받으려 하지 않는다. 집행관이 고용하지 않고 채권자가 직접 고용한 경비용역 역시 통제가 쉽지 않다.

원조요청을 하는 경찰이 스크럼을 짜서 집행현장을 외부와 철저히 분리한 다음, 집행관의 지시에 따라 경찰관이 나서서 강제력을 행사하여 채무자의 저항을 배제하고 부동산인도나 철거 등 집행을 실시하는 것이 본래적이고 법이 예정한 집행현장의 모습인데, 이는 근원적으로 경찰의 민사집행에 관한 깊은 이해와 협조가 없이는 불가능하다.

집행관이 경비용역을 고용하는 경우도 대규모 집행현장으로 채무자의 반발이 거세고 할 때 주로 집행관을 비롯한 집행관여자들의 신변 안전을 지키고자 할 경우에 한하고, 나머지는 집형불능 선언을 하지 무리해가면서 적극적으로 저항배제 등을 염두에 두고 경비용역을 고용하지는 않는 것으로 보인다. 그리고는 점유자가 달라 채권자가 승계집행문을 발부받아야 하는 경우가 아닌 한, 집행가능성이 있는 이상, 몇 번이고 집행을 시도함이 현재의 실무이다.

이와 같은 실무는 몇 번의 합의를 시도하여 보다가 잘 안되어서 강제집행을 신청하였을 채권자의 입장에서만 보면 일견 문제가 크다고 할 수 있지만, 강제집행권 행사도 채무자의 권리 등과의 관계에서 규범조화적으로 실현되어야 할 것이고, 여기에 공공복리적인 측면을 더하여 보면, 일본과 다르다고 하여 우리의 실무에 큰 문제

81) 박두환, 민사집행법, 법률서원(2003), 41.

가 있다고 단정하기는 어렵다. 현실적인 제도의 사회적 토양이 다른 것으로, 이는 사회전반적인 견지에서 바라보아야 할 것이지, 강제집행 하나만을 떼어 놓고 생각할 수는 없기 때문이다.

3. 강제집행현장에서의 절차 개선방안

가. 사전의 충분한 정보의 파악

일본이 최근 집행관의 채무자에 대한 질문권, 채권자의 협력의무 조항을 신설한 데서 확인할 수 있듯이 부동산인도, 철거 강제집행에 있어서는 집행목적물과 채무자에 대하여 사전에 충분한 정보를 파악하는 것이 무엇보다 중요하다. 당해 부동산의 점유 상황, 채무자의 태도, 점유보조자의 구성 등에 관하여 사전에 충분한 정보를 제공받으면, 집행관은 경찰 등에 대한 원조청구의 요부, 잠금장치 해제의 가능성, 입회인의 필요성 등을 판단하고 무리하지 않으면서 신속하고 원활하게 집행절차를 수행할 수 있다. 그런데 당장 집행관으로서는 집행채무자보다는 물론이고 신청채권자보다도 집행대상물이나 채무자의 상황에 관하여 아는 것이 적기 마련이다.

집행관의 입장에서 가장 접근하기 쉬운 상대가 채권자이고, 또 이는 채권자 입장에서 집행비용의 문제와도 직결되는 것이므로, 평소 서면이나 구두로 채권자를 통하여 집행목적물과 채무자의 태도에 대한 정보를 제때에 수집하여야 할 것이고, 특히 단행기일 직전에는 반드시 채무자를 통하거나 집행현장을 방문하여 집행에 근접할 당시의 현장상황을 파악하여야 할 것이다.

나. 단행기일 정보의 철저한 비밀유지

단행기일 정보가 미리 세어나가 채무자 측에서 미리 저항태세를 갖추면, 집행이 성공하기도 어렵지만, 불필요한 마찰로 문제가 발생할 수도 있으므로, 단행기일 정보의 비밀 유지에 대해서는 한층 유의할 필요가 있다.

다. 무리한 집행의 금지

경비용역이 필요할 상황이면 채무자의 저항 때문에 집행이 안 될 것이라고 보고, 경비용역을 미리 고용하지 않고 집행현장에 나가 집행불능 처리를 하는 것이 일견 강제집행을 회피하는 면피용의 행태라고 비난할 여지도 충분하지만, 이는 반대로 무리한 집행에서 오는 문제를 피하는 현명한 방법이라고 할 수도 있다. 집행 현장이나 채무자의 상황에 대한 사전정보에 따라 충분한 준비를 하여 불상사가 생길 염려가 없을 정도로 대비하지 않았으면, 채무자를 최대한 설득하게 무리하게 강제력을 행사하는 방법으로 강제집행에 나가는 것은 가급적 삼가는 것이 바람직할 것이다. 재차 집행을 시도할 수 있는 것이며, 그 사이에 채무자를 설득할 수도 있고, 채권자와 협의를 통하여 충돌을 완화할 수 있는 다른 집행방법을 찾아 볼 수도 있을 것이기 때문이다.

라. 절차적으로 명확한 집행불능 처리

경찰 등의 원조를 받아 집행을 시도하였으나 집행이 여의치 않아 집행불능 처리를 하게 되는 경우, 집행관이 아무 말 없이 사실상 집행현장을 떠남으로써 집행불능 처리를 해서는 곤란하고, 민사집행에 관하여 집행불능 처리를 하였음을 절차적으로 분명하게 하여야 한다. 채권자나 채무자 등 집행의 당사자 뿐 아니라 원조요청을 받고 출동한 경찰에게도 집행불능 처리함을 분명히 선언하고(집행불능 선언 시점을 포함함은 물론이다), 이후 상황은 민사집행과 상관없는 것임을 분명하게 밝혀야 한다. 다수가 운집한 집행현장의 경우 스피커폰 등 다중이 들을 수 있는 도구를 사용하는 것이 바람직할 것이다. 그래야 사후에 벌어진 사태에 대하여 한꺼번에 비난받는 일이 없을 것이다.

마. 집행조서의 즉시 작성

집행관은 민사집행을 한 때에는 집행조서를 작성하도록 되어 있다(민집 제10조 제1항). 조서에 의하여 집행행위의 내용을 기록에 남겨 집행관의 집행절차의 적법성을 명백히 하고 직무집행의 공정성을 담보하기 위함이다.[82] 민사집행법 제10조 제2항에서는 주로 형식적인 기재사항을 규정하면서 실질적인 기재사항에 대해서는 같은 법 제10조 제2호에서 "집행의 목적물과 그 중요한 사정의 개요"라고 추상적으로 규정한 다음, 민사집행규칙 제6조가 이를 구체적으로 규정하고 있다.

조서를 작성하여야 할 집행행위는 직접적인 강제행위뿐 아니라 그에 부수된 행위도 포함한다. 집행의 취소(압류해제 등) 같이 강제력의 행사를 그만두는 행위도 현실적으로 집행현장에서 취소를 위한 사실적 행위를 한 이상 조서를 작성할 집행행위에 속한다.[83] 압류를 한 때에는 압류조서를, 매각기일을 진행한 때에는 매각기일조서를 작성하여야 하며(민집 제116조), 가압류·가처분의 집행에 관하여서도 조서를 작성하여야 한다. 대체집행의 결정에 기초한 집행(민집 제260조 제1항), 저항배제를 위한

82) 제4판 주석 민사집행법(I), 한국사법행정학회(2018), 135.
83) 注解 民事執行法(1), 第一法規(1986), 360.

참여(민집 제166조 제2항), 매각부동산에 대한 인도명령의 집행(민집 제136조 제6항), 그 밖에 집행관이 직무집행을 함에 있어 강제력을 행사할 수 있는 사무는 모두 집행행위에 해당하므로 조서를 작성하여야 한다. 판례는 부동산경매절차에서의 절차가 적법하게 행하여졌느냐의 여부는 매각기일조서의 기재만이 유일한 증명자료가 된다는 입장이다.[84]

집행조서는 집행 당일 현장에서 작성하고, 집행행위마다 작성하여야 한다. 부득이한 사정이 있는 경우에는 집행관사무소나 그 밖의 장소에서 작성할 수 있지만,[85] 집단민원현장과 같은 경우 마찰이 생겼을 경우 집행조서가 가장 중요한 객관적인 자료가 될 것이므로, 집행현장에서 바로 바로 작성하고, 집행참여자들의 서명날인 등도 바로 받아두는 것이 바람직하다.

집행당일부터 한참 후에 작성되는 집행조서는 그 자체로 의심을 살 뿐만 아니라 민원의 소지도 적지 않으므로, 개선함이 마땅하다.

이와 관련하여 심한 충돌 등으로 민원제기가 예상되는 경우, 경찰서에 부탁하거나 혹은 채권자와 협의 하에 자체적으로라도 비디오 촬영 등으로 증거를 확보하는 것을 고려해 볼 필요가 있다고 생각된다.

4. 집행보조자 채용 및 운영실무 개선방안

가. 집행관의 경비용역 직접 고용 여부

현재 단순노무자 채용절차 등과 관련하여서는 실무상 특별히 문제되는 부분은 없다고 보여 진다. 문제는 경비용역이다.

집단민원현장으로 채무자들의 집단적인 저항이 예상될 경우 집행실무는 집행관 등 집행관여자의 신변보호 목적으로 5 내지 10명 내외의 경비원을 고용하는 이외에는, 채권자들이 자신들의 필요에 따라 경비업체를 고용하고 집행관이 이를 용인하는 것에서 더 나아가, 집행관이 경비용역을 직접 고용하는 경우는 거의 없는 것으로 보이고(서울중앙지방법원 집행관 사무소의 경우 2016년 한 해 동안 집행관이 경비용역을 고용한 사건이 전혀 없었다고 한다), 채권자 입장에서는 불만이 많겠지만 강제집행을 둘러싼 여러 가지 요소를 고려하여 보았을 때, 이와 같은 실무에 특별히 무슨 문제가 있다고 생각되지는 않는다.

---

84) 대법원 1994. 8. 22.자 94마1121 결정.
85) 제4판 주석 민사집행법(I), 한국사법행정학회(2018), 136.

다만 집행관이 처음부터 아주 예외적으로 채무자들의 저항을 제압하고 강제집행을 강행하기 위하여 경비원들로 하여금 채무자의 저항을 제압할 목적의 강제력을 행사하게 할 목적이라고 한다면, 자신이 경비업체를 고용하지 않은 채 채권자가 고용한 경비업체를 이용하는 것은, 경비업체의 경비원이 강제집행에 관여한 것이 적법하냐는 적법성 시비를 불러올 수 있는 것이어서 적절치 않다고 생각된다. 직접 고용하는 경우에는 '노무자 등을 보조자로 사용하는 집행사건에 있어서의 노무자 등의 관리지침 [행정예규 제1112호]' 제3조(보고) 제1항에 따라 사전에 지방법원장 또는 지원장에게 보고하고, 고용절차를 밟는 것이 바람직하다. 실제 강제집행에 나아감에 있어서는 위 관리지침 제7조(노무자등의 감독 등)에 따라 집행관은 집행 착수 전 또는 집행과정에서 노무자등에게 집행의 개요, 작업요령, 집행방해시의 대처방법, 작업 중의 언동 등에 대한 충분한 지도와 감독을 실시하여야 하고(제1항), 집행업무 수행 중 경비원이 위 지시사항을 위반한 경우 즉시 집행현장에서 퇴거를 명하는 등 적절한 조치를 취하여야 할 것이다(제2항).

나. 집행관의 경비용역 고용절차

그렇다면 예외적으로 집행관이 경비업체를 고용하는 경우 어떤 절차에 의하는 것이 적절할 것인가.

노무자에 관하여 집행관법에는 관련 규정이 없고, 집행관규칙 제26조(기술자 또는 노무자의 사용)가 "집행관은 직무집행을 위하여 필요한 때에는 기술자 또는 노무자를 보조자로 사용할 수 있다"고 한 것이 유일한 근거 규정이다. 문언상 경비용역이 여기서 말하는 노무자에 포함될 수 있는 것이냐는 논란이 있을 수도 있는데, 전국법원집행관연합회 업무처리기준안의 하나인 "집행에 사용할 노무자 등의 수와 수당기준" 제3조(수당 등) 제4호는 "경비업법에 의한 경비노무자에 대한 수당은 경찰이나 국군의 원조에도 불구하고 부득이하게 별도의 경비가 필요하다고 인정되어 소속 법원장으로부터 등록 외 노무자 사용허가를 받은 경우에 한하여 1인당 130,000원으로 한다"고 하여 경비용역을 집행관규칙 제26조의 노무자임을 전제로 규정하고 있다. 즉 현행 실무는 노무자 등을 보조자로 사용하는 집행사건에 있어서의 노무자 등의 관리지침 제3조 제2항의 등록 외 노무자 사용승인 절차를 밟으면 경비용역을 경비노무자로 사용하는 것이 가능하다는 입장이고, 거기에 특별히 법률적으로 문제될 것은 없다고 생각된다.

한편 경비업법 제7조의2(경비업무 도급인 등의 의무) 제1항이 "누구든지 제4조

제1항에 따른 허가를 받지 아니한 자에게 경비업무를 도급하여서는 아니 된다"고 규정하고, 제2항이 "누구든지 집단민원현장에 경비인력을 20명 이상 배치하려고 할 때에는 그 경비인력을 직접 고용하여서는 아니 되고, 경비업자에게 경비업무를 도급하여야 한다"고 규정하고 있으며, 그에 대한 벌칙으로 경비업법 제28조 제2항 제5호가 "제7조의 2 제2항을 위반하여 집단민원현장에 20명 이상의 경비인력을 배치하면서 그 경비인력을 직접 고용한 자"를 3년 이하의 징역 또는 3천만원 이하의 벌금에 처한다고 규정하고 있고, 한편 부동산인도, 철거 등 강제집행현장이 경비업법 제2조 제5호 마목의 "건물·토지 등 부동산 및 동산에 대한 소유권·운영권·관리권·점유권 등 법적 권리에 대한 이해대립이 있어 다툼이 있는 장소"에 해당할 것이므로, 집행관으로서는 경비용역을 고용하려 할 경우 경비인력을 직접 고용하여서는 안 되고, 경비업법상 허가를 받은 경비업자에게 경비업무를 도급하여야 할 것이다.

경비업법상 허가를 받은 경비업자에게 경비업무를 도급 주게 되면 경비업법 제16조(경비원의 복장 등) 제1항이 "경비업자는 경찰공무원 또는 군인의 제복과 색상 및 디자인 등이 명확히 구별되는 소속 경비원의 복장을 정하고 이를 확인할 수 있는 사진을 첨부하여 주된 사무소를 관할하는 지방경찰청장에게 행정안전부령으로 정하는 바에 따라 신고하여야 한다"고 규정하고, 같은 조 제2항이 "경비업자는 경비업무 수행 시 경비원에게 소속 경비업체를 표시한 이름표를 부착하도록 하고, 제1항에 따라 신고된 동일한 복장을 착용하게 하여야 하며, 복장에 소속 회사를 오인할 수 있는 표시를 하거나 다른 회사의 복장을 착용하게 하여서는 아니 된다"고 규정하고 있으며, 한편 노무자등을 보조자로 사용하는 집행사건에 있어서의 노무자등의 관리지침[행정예규 제1112호] 제7조 제3항이 "집행관은 집행 착수 전 노무자등으로부터 신분증을 제출받고 별지 제3호 양식에 의한 상의(조끼)를 착용하도록 하여야 하며, 착용한 상의(조끼) 번호를 별지 제2호 사용노무자등 관리부에 기재하여야 한다"고 규정하고 있어 경비업체 직원과 단순 노무자 구분의 어려움도 대개의 경우 자연스럽게 해소될 것이다.

다. 채권자가 경비용역을 직접 채용하는 경우

채권자가 20인 미만의 경비용역을 직접 고용하는 경우, 경비업법 제7조의2 제1항, 제2항의 적용을 받지 않는 것으로 보여 지지만, 민사집행 현장의 경우 집단민원현장이어서 경비업법 제28조 제2항 제4호 처벌규정의 적용대상이 될 가능성이 있고, 무엇보다도 문제가 생겼을 경우 집행관이 법적인 책임은 물론 사회적인 비난으로부터

도 자유롭기 어려우므로, 채권자로 하여금 무허가 경비용역을 직접 고용하지 말도록 지도하고, 만약 채권자가 20인 미만의 무허가 경비용역을 자체적으로 고용하였다는 사실을 집행현장에서 비로소 알게 된 경우, 당해 집행을 연기함이 타당하다 할 것이나, 불가피하게 집행을 실시하여야 하는 경우라면, 집행현장에서 분리하여 철저하게 현장과 외부를 분리하는 역할 이상의 업무를 수행하도록 허용하여서는 안 될 것이다.

5. 집행방해 행위에 대한 형사처벌의 강화

가. 집행관의 직무집행방해에 대한 엄정한 대처의 필요성

1) 집행관은 그 직무의 성질상 집행현장 등에서 폭행을 당하기도 하고, 부당하게 집행을 면하기 위하여 봉인 등을 손괴하는 등으로 집행목적물을 은닉, 침탈하는 경우를 목격하기도 하며, 점유공작 등의 직무집행방해 행위를 조우하기도 한다.

직무집행방해는 적정하고 신속한 집행을 현저하게 저해하는 것이므로 그 예방을 위하여 힘써야 하겠지단, 그에 직면하게 되면 의연하게 대처할 필요가 있다. 집행관은 직무현장 등에서 폭력행위 등에 의한 방해 행위가 예상되는 경우, 신청인이나 그 밖에 사건 관계자 혹은 경찰 등으로부터 예상되는 사태에 관한 정보를 수집함과 동시에, 경찰원조 등을 요청하는 등으로(민집 제5조 제2항) 집행방해 행위에 대한 만반의 대책을 강구한 후 집행에 임하는 것이 바람직하다.

2) 만약 집행 현장에서 집행방해 행위를 직면할 경우 형사적으로도 엄정하게 대처할 필요가 있다. 집행을 비롯한 사법절차에 관하여 당사자들에게 절차적으로 충분한 기회를 보장하는 것에 비례하여 적법하게 형성된 집행권원에 의한 강제집행에 대한 각종의 방해 행위에 대하여는 엄정하게 대처하여야 한다. 판결 등의 강제집행의 실효성이 담보되지 않으면 판결절차를 비롯한 사법제도의 근간이 서지 않는다는 점을 특히 유념하여야 할 것이다.

다만 여기에는 사회적·국가적 법익이 아니라 강제집행면탈죄와 같이 강제집행을 신청하는 채권자의 개인적인 법익을 보호법익으로 하는 경우도 있으므로, 그 이해관계를 함께 고려하는 것이 필요한 경우가 있을 수도 있을 것이다.

3) 집행관은 그 직무를 행함에 있어 범죄가 있다고 생각하는 때에는 고발하여야 한다(형사소송법 제234조 제2항). 직무를 행함에 있어서란 범죄의 발견이 직무내용에 포함되는 경우를 말하고 직무집행과 관계없이 우연히 범죄를 발견한 경우는 여기에

포함되지 않는다.[86] 고발은 서면 또는 구술로써 검사 또는 사법경찰관에게 하여야 한다(같은 법 제237조 제1항). 고발을 취소하는 경우에도 마찬가지이다(같은 법 제239조).

집행관 자신이 피해자인 경우에는 고소할 수 있다(같은 법 제223조). 그 절차는 고발의 경우와 같다.

4) 그럼에도 현재 실무는 고소, 고발에 대하여 지극히 소극적이다. 우선은 강제집행을 당한 채무자에 대하여 형사적으로까지 문제 삼는 것이 인간적으로 지나치다는 생각 때문이고, 집행관 개인의 입장에서 더 현실적인 것은 고소, 고발에 따른 번거로움 때문이다. 우선 고소, 고발장을 작성하는 것도 부담이려니와 추후에 고소, 고발인으로서 경찰서 등에 출석해야 하는 것이 부담이 아닐 수 없어서이다. 고소를 할 경우 맞고소 당할 위험이 있고, 과거와 달리 요즘 경찰관들이 경위서 등 서면제출만으로 사건을 종결하지 않는다는 점도 부담이다. 그러나 경우에 따라서는 대승적인 견지에서 적극적으로 대처하는 것이 요청된다.

6. 경찰원조요청 제도의 정비

국회현안보고에서 "민사집행법은 집행관의 강제력 사용시 경찰 또는 국군의 원조를 요청할 수 있도록 규정하면서, 국군의 원조는 법원에 신청하도록 규정하였지만 경찰의 원조에 대한 규정은 유보하고 있기 때문에 집행관이 저항을 받는다고 판단하는 때에는 언제든지 경찰의 원조를 요청할 수 있는 구조로 되어 있다"고 지적하고 있는 것에서 보듯이 경찰원조의 요청시기, 기준에 관한 문제가 제기되고 있다. 즉 저항을 받는다고 판단하는 경우 언제든지 집행관은 경찰원조를 요청할 수 있지만, 규정의 불명확으로 인하여 집행관마다 그 기준이 달라 업무상 혼선이 있으므로, 요청시기 및 기준의 명확한 설정 등을 명확히 정하여야 하는 것이 아니냐는 지적이 있는 것이다.

결론부터 말하자면 경찰원조 요청의 시기 및 기준을 명확하게 규정하는 것은 가능하지도 않을뿐더러, 적절한 것도 결코 아니다. 일본 역시 그런 제도를 시행하고 있지 않다. 민사집행법 제5조 제2항의 해석론 상으로도 관할 경찰서장에게 사유를 통지하면서 경찰의 원조를 요청할 수 있는 시간적 여유가 없을 정도로 긴급을 요하는 때에는 가장 가까이에 있는 경찰관에게 구두로 원조요청을 할 수 있다고 해석되기 때문에,[87] 집행관의 경찰원조 요청의 요건을 강화하면 그 쪽으로 우회하는 것이 가능하

86) 이재상, 형사소송법(제9판), 박영사(2014), 219.

87) 법원실무제요 민사집행[I], 법원행정처(2014), 35; 제4판 주석 민사집행법(I), 한국사법행정학회(2018), 123.

여, 사전통지를 하도록 하여 경찰서로 하여금 미리 대비하게 하려는 입법취지는 오히려 몰각되고, 사전통지절차 등을 엄격하게 하려는 것이 오히려 반대의 결과를 낳을 수도 있을 뿐만 아니라, 집행관으로서는 본인이 나서서 경찰원조요청을 하지 않고 채권자로 하여금 민원으로 경찰서에 도움을 요청하게 하는 길이 있고 이 경우는 통제를 아예 할 수 없기 때문이다.

이와 관련하여 민사집행법 제5조는 "제1항의 경우에 저항을 받으면 집행관은 경찰의 원조를 요청할 수 있다"고 규정하고 있으므로, 이를 엄격하게 해석하면 현실적인 저항행위가 없는 이상 예상되는 저항에 대비하여 미리 경찰원조를 요청하는 것은 허용되지 않는다고 해석될 여지가 없는 것은 아니다. 그러나 민사집행법 제5조 제2항에 의한 집행관의 경찰에 대한 원조요청시 업무처리요령(재민 99-1)은 "집행관이 집행에 관한 직무를 수행함에 있어 그 직무수행을 방해하는 채무자 또는 제3자의 저항을 받을 우려가 있다고 예상할 만한 상당한 사유가 존재하여 그 저항을 배제하고 직무집행의 목적을 달성하기 위하여 민사집행법 제5조 제2항의 규정에 의하여 경찰에 대한 원조요청을 할 필요가 있다고 판단되는 때에는 사전에 그 집행에 관한 직무의 수행장소를 관할하는 경찰서장에게 [전산양식 A3101]에 의하여 집행시 경찰의 원조가 필요한 사유를 통지하면서 원조를 요청할 수 있다"고 규정하고 있다. "집행관은 직무집행에 있어 저항을 받은 때에는 그 저항을 배제하기 위하여 위력을 사용하거나 경찰상의 원조를 요청할 수 있다"고 하여(일 민집 제6조 제1항 본문) 우리와 비슷한 규정을 두고 있는 일본의 경우도, 이를 집행관은 직무의 집행에 있어 저항을 받음으로 인하여 경찰상의 원조를 받을 필요가 생길 염려가 있는 경우에는 미리 그 사유를 직무 집행장소를 관할하는 경찰서장에게 통지한다고 하여 같은 의미로 이해하고 있다.[88)]

다만 규정의 불명확함으로 인하여 집행관마다 그 기준이 달라 업무상 혼선이 있고, 요청시기 및 기준의 명확한 설정 등을 명확히 정하여야 하는 것이 아니냐는 지적 자체는 타당한 것이므로, 경찰원조요청서 양식에 일본의 경우처럼 "사무의 내용"과 "원조를 필요로 하는 사유"란을 만들거나 하는 등으로 경찰원조를 요청하는 사유를 보다 구체적으로 적시하도록 하는 노력은 필요하다고 생각되고, 집행관들로 하여금 내부적인 논의 등을 통하여 일응의 기준을 정립하여 실무를 통일적으로 운용하도록 지도하는 것도 바람직할 것이다.

---

88) 執行官提要(第5版), 最高裁判所 事務總局(2009), 67.

이 같은 견지에서 집행관이 사전에 경찰원조요청을 하지 않고, 채권자의 경찰서에 대한 민원절차를 이용하거나 집행현장에서의 112신고로 경찰의 원조를 구하는 현재 실무의 주류적인 것으로 보이는 관행은 바람직하지 않다고 생각된다.

7. 담당공무원 등의 적극적인 활용

격렬한 충돌이 예상되는 집단민원현장의 경우 서울시 인권팀을 통하거나 하는 방법으로 서울시가 서울지방변호사회의 도움을 받아 구성한 '철거현장 인권지킴이단'을 이용하는 것도 적극적으로 고려할 만한 방법이다. 2016. 12. 서울시와 서울지방변호사회가 용산참사 후속 대책의 일환으로서 강제철거 집행과정에서의 폭력 등 물리력에 의한 인권침해로부터 거주민을 보호하기 위한 업무협약을 체결하였다가, 2017. 4. 20. 서울지방변호사회 소속 20명의 변호사들로 '서울시-서울지방변호사회 철거현장 인권지킴이단'을 구성하여 활동하고 있기 때문이다.

인권지킴이단은 타인에 대한 위력 과시 및 물리력 행사 금지 준수여부, 집행관의 강제력 사용 여부, 구급차 및 소방차 현장 대기 여부, 폭행 피해 사례 발생 확인 및 피해자·가해자 현황 확인 등이 포함된 체크리스트를 중심으로 폭력사태 및 인권침해 발생 여부 등을 감시하고 있는데, 철거현장에서도 이들 변호사들의 참여로 폭력성을 띠던 강제집행 관행이 개선되고 있다는 평가가 나오고 있으므로, 집행관으로서도 충돌이 예상되는 집단민원현장의 경우 사전에 이들의 집행현장 참여를 요청하여 객관적인 제3자에 의한 감시를 요청하는 것도 고려할 만한 방법이라고 생각된다. 다만 이는 서울시에 한정된 것이지만, 다른 지방의 경우도 집행관이 노력하기에 따라서는 지방변호사회에 취지를 설명하면 도움을 받을 수 있을 수도 있다고 생각된다.

인권지킴이단 등의 참여가 어려운 경우 가능하면 객관성을 담보할 수 있는 지위에 있는 담당공무원 등에게 민사집행법 제6조의 참여자로서 현장참여를 요청하는 것이 바람직할 것이다.

8. 경찰과의 소통강화

모든 경우에 있어서 경찰의 적극적인 개입이 적절한 것은 아니지만, 적어도 폭력을 행사하며 강렬하게 대응하는 경우나 집행방해 행위를 적극적으로 행하는 경우에는 경찰이 적극적으로 개입할 필요가 있다.[89]

---

89) 古賀政治, "執行妨害の實情と執行法の改正", 判例タイムズ 52巻 26號, 判例タイムズ社(2001), 49.

여기에는 집행관이 단독제 사법기관으로서 법원 소속이기는 하지만 엄밀하게는 법원 소속이라고 하기도 어려운 집행관의 애매한 위치의 문제가 있는 것으로 보인다. 반관반민에다가 국가로부터 월급을 받는 것이 아니라 당사자로부터 수수료를 받는 위치에 있어 법원 휘하에서 법원의 지휘를 받는다고도 하기 어렵고, 개개인별로 지위가 부여되며, 업무를 수행하는 관계로 경찰과의 관계에서 조직적인 대응이 쉽지 않은 것이다. 이런 문제는 다른 나라에도 비슷할 것으로 생각된다. 집행 업무 자체도 국가에서 하는 것이 맞는지, 민간 영역에 넘기는 것이 맞는지 논란이 되기 때문이다. 아무튼 경찰원조 요청에 대하여는 집행관들 자신이 나서서 노력하는 것이 급선무이고,[90] 당연히 그래야 하겠지만, 조직적인 대응에는 한계가 있으므로, 집행관의 감독기관인 소속 지방법원장도 이 문제의 해결을 위해 나서야 한다(집행관법 제7조).

민사집행법 제5조 제2항의 경찰원조요청제도의 취지, 집행관법 제17조 제2항에서 부여한 경찰의 원조의무 등에 대하여 법원 차원에서 이해와 협조를 구하는 상당한 노력이 경주되어야 한다. 경찰 내부적으로 집행관의 경찰원조요청에 관한 사무처리 준칙 등이 제정되도록 협력을 구하는 것도, 경찰원조요청제도 자체에 대한 이해를 높이고, 또 구체적으로 가능한 업무가 어디까지 인지 등을 알 수 있을 것이어서, 아주 좋은 방안이라고 생각된다.

9. 집행에 관한 이의신청 절차의 적절한 활용

중환자가 있어 집행을 하면 생명에 위험이 있거나 할 것이 뻔한 상황에서 채권자가 다시 강제집행 강행을 요구하여 올 때처럼 집행관 혼자의 판단만으로 강제집행 실시 여부에 관하여 자신이 없거나 혹은 채권자나 채무자에게 집행법원의 집행명령과 같은 판결을 제시하는 것이 집행당사자들의 반말을 무마한 상태에서 집행을 하거나 혹은 중단하는데 적절하다고 판단될 경우가 적지 않다.

이 같은 경우 집행관으로서는 본인의 판단에 꼭 자신이 없어서라기보다는 집행당사자들 설득을 위해서라도 집행에 관한 이의절차를 통하도록 당사자들을 설득하는

90) 다른 관청에 대한 원조청구권한을 집행관에게 부여하는 민사집행법 개정어 즈음하여 후생노동성이 그 관할 관계부서에 일본 민사집행법 제18조 제1항의 개정취지를 설명하고, 집행관으로부터 원조청구가 올 경우 일층 적절히 대응하여 줄 것을 요청하는 등의 조처를 하였고, 동경지방재판소에서는 민사집행담당 재판관, 민사차석서기관, 총괄집행관 및 총괄집행관 보좌가 동경도 복지보건국을 방문하여 담당자를 만나 부동산집행절차의 흐름과 원조청구에 관한 문헌 등을 제시하면서 법 개정의 취지와 원조청구의 필요성에 관한 설명을 하고, 서로 실무적인 의견을 교환하는 자리를 갖었다고 한다[綾部弘, “執行官の官廳等への援助請求に關して”, 新民事執行実務 No.4, 民事法研究會(2006), 99].

것을 적극적으로 활용할 필요가 있다. 집행법원의 판결절차를 거치게 되면 아무래도 집행당사자들도 승복하는 경향이 강할 뿐 아니라 집행에 관한 이의신청절차에서 당사자들도 본인들의 하소연이나 주장을 할 기회를 가질 수 있기 때문이다. 가령 중환자가 있는 경우 일단 가혹집행을 이유로 집행거절을 한 다음 채권자로 하여금 집행관의 집행거절 처분에 대하여 집행에 관한 이의 신청을 하도록 하여 그 결정에 따라 집행을 속행하거나 혹은 중단하거나 하면 당사자들의 반발도 훨씬 줄어들 뿐 아니라, 무리한 집행으로 인하여 국가배상책임을 지거나 민원을 사는 일을 피할 수도 있어 좋다. 사전에 집행판사들과 연락체계를 갖추어 집행에 관한 이의에 이르게 된 경위나 민원의 내용 등을 부전지 등을 통해 적절히 전달할 수 있다면 실무적으로 더 원만하게 일처리가 이루어질 수 있을 것이다.

Ⅲ. 그 밖에 입법개선 대상으로 논의되는 사항들에 대한 검토

1. 혹서기, 혹한기, 야간, 새벽시간대 강제집행금지의 문제

가. 개설

용산참사 이후의 국회 현안보고는, 부동산 등의 인도청구의 집행시기와 관련하여서는 물리적 충돌로 인한 인사사고가 발생할 수 있는 취약한 시간대에는 집행을 제한하는 규정의 시설을 검토할 필요가 있으므로, 유엔사회권규약위원회 일반논평 7에서와 같이 퇴거를 당하는 사람들이 동의하지 않는 한 악천후나 야간 등 취약시간대에는 철거를 제한하는 방안도 고려할 만하다는 의견을 제시하고 있다.[91] 국가인권위원회의 "강제철거 시 거주민 인권개선 권고"상의 강제철거 시 준수되어야 할 기본원칙도 ④항으로 "겨울철과 야간 등 부적절한 시기의 강제퇴거 금지"를 들고 있다.

정동영 의원안과 정청래 의원안도, 제10조(퇴거시 금지사항) 제3항에서 "퇴거는 일출 전과 일몰 후, 공휴일, 겨울철, 악천후에 행하여서는 아니 된다. 다만, 퇴거되는 사람의 동의가 있는 경우에는 그러하지 아니하다"고 규정하고, 제5항에서 "제3항에 따라 퇴거가 금지되는 시기의 구체적인 사항에 대하여는 대통령령으로 정한다"고 한 다음, 제21조(벌칙) 제2호에서 제10조 제3항을 위반한 사람은 3년 이하의 징역 또는 3천만원 이하의 벌금에 처한다고 규정하고 있다.

---

91) 조규범, "강제철거에서의 주거권 보호를 위한 입법적 개선방안", 국회입법조사처(2009), 22-25.

나. 입법례

프랑스 '건축 및 주거에 관한 법' 제L.613-3조가, "법원의 판결에 의한 퇴거명령에도 불구하고 또한 전조의 규정에 따른 유예기간이 만료하였음에도 불구하고, 매년 11월 1일부터 다음 해 3월 15일까지의 기간 동안에는 그 동안 집행되지 않은 강제퇴거에 대하여 이를 유예하여야 한다. 다만, 이해관계인의 재정착이 가족의 단위나 수요를 존중하는 충분한 요건을 보장하는 경우에는 그러하지 아니하다. 본조의 규정은 퇴거대상자의 목적부동산에 대한 점유가 불법행위에 의하여 개시되거나 또는 목적부동산이 철거대상(arrêté de péril)인 건물에 위치하고 있는 경우에는 적용되지 않는다."고 규정하고 있다.

다. 검토

1) 위의 문제와 관련하여 민사집행법 제8조는 제1항에서 "공휴일과 야간에는 법원의 허가가 있어야 집행행위를 할 수 있다"고 규정하고, 제2항에서 "제1항의 허가명령은 민사집행을 실시할 때에 내보여야 한다."고 규정하고 있다. 집행관의 집행행위는 채무자의 생활에 직접적으로 영향을 미치므로 공휴일이나 야간과 같이 일반국민이 휴식하는 시간에까지 집행행위를 하는 것은 채무자의 생활의 안온을 해치는 것이지만, 한편 집행을 서두르지 않으면 채권자에게 손해가 클 염려가 있는 경우가 있고, 채무자가 언제나 아침 일찍 외출하여 저녁 늦게 돌아오는 경우도 있으므로, 공휴일이나 야간에는 원칙적으로 집행행위를 금지하되, 부득이 집행을 하여야 할 경우에는 집행법원의 허가를 받아 하도록 민사집행법 제8조가 규정하고 있는 것이다.[92]

다만 민사집행법은 혹서기나 혹한기의 집행금지에 관하여는 규정하고 있지 않다. 따라서 실무상 중환자 등이 있어 집행관의 개인적인 판단에 따라 혹서기나 혹한기의 집행을 사실상 피하는 경우를 제외하고는 집행이 이루어지고 있다. 이는 혹서기나 혹한기를 일정한 기간으로 정하는 것도 적절하지 않은 면이 있는데다가, 무엇보다도 혹한기만 하더라도 3개월이 넘기 때문에, 집행신청 채권자의 이해관계를 고려한 입법이라고 할 수 있다.

일본 민사집행법 제8조(휴일 또는 야간의 집행) 제1항도 "집행관은 일요일 그 밖의 일반의 휴일 또는 오후 7시부터 다음날 7시 사이에 다른 사람의 주거에 들어가

---

92) 제4판 주석 민사집행법(I), 한국사법행정학회(2018), 129 참조.

직무를 집행하려면 집행재판소의 허가를 받아야 한다"고 같은 취지로 규정하여 우리 민사집행법 제8조 제1항과 거의 같은 내용으로 규정하고 있을 뿐, 혹서기나 혹한기 집행금지에 관하여는 규정하고 있는 바가 없다. 독일 민사소송법도 야간[93] 및 휴일에 행하는 집행과 관련하여 그 집행이 채무자와 공동점유자에게 부당하게 가혹하거나 또는 집행으로 기대되는 성과가 그로 인한 권리침해와 균형이 맞지 않는 경우에는 집행관이 야간과 일요일 및 공휴일에는 집행을 실시하지 못하도록 하면서(동조 제4항 제1문), 채무자의 주거에서는 구법원 법관의 특별 명령이 있는 경우에만 야간 및 휴일 집행이 가능하도록 하고 있다.

행정대집행법 제4조(대집행의 실행 등) 제1항도 "1. 의무자가 동의한 경우, 2. 해가 지기 전에 대집행을 착수한 경우, 3. 해가 뜬 후부터 해가 지기 전까지 대집행을 하는 경우에는 대집행의 목적 달성이 불가능한 경우, 4. 그 밖에 비상시 또는 위험이 절박한 경우"를 제외하고는 해가 뜨기 전이나 해가 진후에는 대집행을 하여서는 아니 된다고 하여 같은 야간집행금지에 관하여만 규정하고 있을 뿐이다.

그리고 새벽시간대의 집행은 사전에 집행법원의 허가를 받은 것으로서, 대규모 집행현장에서 새벽시간대 집행을 선호하는 것은 수면 등으로 인하여 통상 새벽시간대가 저항하는 인원이 적어 그나마 충돌이 적기 때문이다. 이는 부정적으로 보면, 굳이 새벽시간대에 집행을 하는 것을 보면, 뭔가 문제가 있어서 그런 것이 아닌가 하는 인상을 가질 수 있는 측면이 없지 않지만, 실무는 위와 같은 고려 때문이다. 민사집행 실무는 행정대집행보다도 더 엄격한 절차를 통하여 야간이나 공휴일에 집행을 한다고 보아도 좋다. 실무는 민사집행법 제8조 제1항을 근거로 명절 전후의 집행도 가능하면 피하고 있다.

2) 행정대집행법과의 법체계적 위치나 일본 민사집행법 및 독일 민사소송법 등의 입법태도와 민사집행법 제8조 제1항의 입법취지 등에 비추어 볼 때, 혹서기, 혹한기 강제집행금지 규정을 두는 것은, 특히 신청채권자의 이해관계에 비추어, 비례의 원칙을 넘어선 과잉입법에 해당하여 적절치 않다고 판단된다.

93) 이때 야간시간이란 21시부터 9시까지를 의미한다(법 제758a조 제4항 제2문).

2. 퇴거가 완료되지 않은 건물의 철거금지 조항 신설의 문제

가. 개설

국가인권위원회의 "강제철거 시 거주민 인권개선 권고"상의 강제철거 시 준수되어야 할 기본원칙도 ①항으로 "사람이 살고 있는 주택에 대하여는 퇴거 절차 완료 이후에만 강제철거가 가능하다는 원칙 확립"를 들고 있다.

정동영 의원안, 정청래 의원안 제11조(철거시 금지사항) 제1항은 "누구든지 퇴거가 완료되지 아니하여 사람이 거주하거나 일하는 건축물 또는 시설물을 철거하거나 철거예비행위를 하여서는 아니 된다", 제2항은 "개발사업 시행으로 인한 퇴거의 경우 개발사업 시행주체는 개발사업구역 전체에서 모든 거주민이 퇴거하기 전에는 개발사업구역 내의 개별 건물을 철거하거나 철거예비행위를 하여서는 아니 된다"고 규정하면서, 제21조(벌칙)에서 제11조 제1항 및 제2항을 위반한 사람에 대하여 3년 이하의 징역 또는 3천만원 이하의 벌금에 처한다는 형사처벌 규정을 두고 있다.

나. 검토

퇴거가 완료되지 아니하여 사람이 거주하거나 일하는 건축물 또는 시설물을 철거하거나 철거예비행위를 하는 것은 사람의 신체가 피해를 입을 가능성이 큰 위험한 행위이기 때문에 그 불법성이 클 뿐 아니라 도덕적인 비난 가능성 또한 적지 않아 엄벌에 처하는 것이 마땅하다.

그러나 이는 집행관에 의하여 실시되는 부동산 철거집행에서는 상상할 수 없는 일이다. 또한 형법 등 현행 법률상으로도 충분히 형사적으로 처벌할 수 있을 것이다. 따라서 민사집행법이나 관련 법률에서 처벌규정을 두거나 하는 것은 적절치 않다고 판단된다.

3. 파견 공무원이 참관하지 않은 상태에서 퇴거실행 금지의 문제

가. 개설

국가인권위원회의 "강제철거 시 거주민 인권개선 권고"상의 강제철거 시 준수되어야 할 기본원칙도 ③항으로 "공무원(또는 그 대표자)의 입회 및 그들의 강제철거 상황에 대한 철저한 관리"를 들고 있다.

정동영 의원안, 정청래 의원안 제8조(공무원 등 준수사항) 제1항은 "국가 및 지방자치단체는 퇴거가 실행되는 경우 퇴거가 적법하게 이루어지는지 감독하기 위하여 담당 공무원을 현장에 파견하여야 한다"고 규정하고, 제10조(퇴거시 금지사항) 제4항에서 "제8조 제1항에 따른 파견 공무원이 참관하지 않은 상태에서 퇴거를 실행하여서는 아니 된다"고 규정한 다음, 제21조(벌칙) 제2호에서 제10조 제4항을 위반한 사람은 3년 이하의 징역 또는 3천만원 이하의 벌금에 처한다고 규정하고 있다.

나. 검토

민사집행법 제6조(참여자)는 "집행관은 집행하는 데 저항을 받거나 채무자의 주거에서 집행을 실시하려는데 채무자나 사리를 분별할 지능이 있는 그 친족·고용인을 만나지 못한 때에는 성년 두 사람이나 특별시·광역시의 구 또는 동 직원, 시·읍·면 직원(도농복합형태의 시의 경우 동지역에서는 시 직원, 읍·면지역에서는 읍·면 직원) 또는 경찰공무원 중 한 사람을 증인으로 참여하게 하여야 한다"고 규정하고 있다. 따라서 집행을 실시하는 데 저항을 받거나, 또는 채무자의 주거에서 집행을 실시하려는데 채무자나 사리를 분별할 만한 그 친족·고용인을 만나지 못한 때에는 성년 2명이나, 구·동 또는 시·읍·면의 지방공무원 1명, 아니면 경찰관 1명 을 증인으로 참여하게 하여야 한다. 이는 집행의 공정성을 감시하고 또 후일의 증거로 남기기 위한 것이다.[94)]

일본 민사집행법 제7조(입회인)은 "집행관 또는 집행재판소의 명령에 따라 민사집행에 관한 직무를 행하는 자(이하 '집행관 등'이라 한다)는, 타인의 주거에 들어가 직무를 수행함에 있어 거주자, 그 대리인 또는 동거 친족 혹은 사용인, 그 밖에 종업원으로서 상당한 변별력이 있는 자를 만나지 못한 때에는, 시정촌의 직원, 경찰관 그 밖의 증인으로서 상당하다고 인정되는 자를 증인으로서 입회시켜야 한다. 집행관이 전조 제1항의 규정에 의하여 위력을 행사하거나 경찰상의 원조를 받은 때에도 같다"고 규정하여 우리 민사집행법 제6조와 동일한 내용이다.

독일 집행관 업무지침(GVGA) 제62조 제2항도, 집행관은 "저항을 받거나, 채무자의 주거에서 집행을 실시하려는데 채무자나 성년인 가족구성원 또는 그 가족에 고용된 성년인 사람이 참석하지 않은 경우에는, 강제집행행위를 할 때 성년 두 사람이나 자치단체공무원 또는 경찰관 1명을 증인으로 참여하게 하여야 한다. 증인으로는 가능한 한 강제집행 장소에 또는 그 곳과 가까이 살고 있는 중립적이고 적절해 보이는 사람이 선정되어야 한다. 증인은 집행조서에 함께 서명하여야 한다."고 규정하고

94) 제4판 주석 민사집행법(I), 한국사법행정학회(2018), 125.

있다.

정동영 의원안, 정청래 의원안은 결국 퇴거가 적법하게 이루어지는지 감독하기 위하여 담당 공무원을 현장에 파견하도록 하여야 한다는 것인데, 퇴거 집행이 모두 대규모 집행현장이 아니고 통상은 단독 주거지에 대한 퇴거집행이 대부분일 것이라는 점, 일본이나 독일의 입법태도나 현행 참여자 입회 실태, 담당 공무원의 업무부담 등을 고려하여 볼 때 적절한 것인지 의문이다.

4. 강제집행과정에서의 폭력행위 등에 대한 처벌규정 신설의 문제

가. 개설

제18대 국회에서 정동영 의원이 대표발의한 강제퇴거금지에 관한 법률안에 의하면, 고질적으로 반복되는 불법적인 철거, 퇴거 현장에서의 폭력행위 금지 규정을 두고, 위반 시 형사처벌 조항 신설하는 것으로 되어 있고(안 제10조 및 제11조, 제19조 및 제20조), 이는 19대 국회에서 정청래 의원이 대표발의한 같은 이름의 법률안에도 그대로 이어지고 있으므로, 18대 국회에서 발의된 내용을 기준으로 본다.

나. 강제퇴거금지에 관한 법률안의 내용

제10조(퇴거시 금지사항)

① 누구든지 퇴거 과정에서 타인의 생명의 안전과 존엄성을 침해하는 행위를 하여서는 아니 된다.

② 퇴거를 실행하는 사람은 퇴거 현장에서 폭언, 폭행, 협박, 손괴 등 폭력행위를 하여서는 아니 된다.

제11조(철거시 금지사항)

① 누구든지 퇴거가 완료되지 아니하여 사람이 거주하거나 일하는 건축물 또는 시설물을 철거하거나 철거예비행위를 하여서는 아니 된다.

② 개발사업 시행으로 인한 퇴거의 경우 개발사업 시행주체는 개발사업구역 전체에서 모든 거주민이 퇴거하기 전에는 개발사업구역 내의 개별 건물을 철거하거나 철거예비행위를 하여서는 아니 된다.

③ 제10조 제1항 내지 제3항은 철거의 경우에 준용한다.

제20조(벌칙)

① 퇴거 및 철거를 실행하는 자가 제10조 제2항(제11조 제3항에 의하여 제10조

제2항이 준용되는 경우를 포함한다)을 위반하여 퇴거 및 철거 현장에서 형법 제257조 제1항(상해), 제260조 제1항(폭행), 제283조 제1항(협박), 제366조(재물손괴 등), 제276조 제1항(체포, 감금)의 죄를 범한 자는 각 형법 본조에 정한 형의 2분의 1까지 가중하여 처벌한다.

② 퇴거 및 철거를 실행하는 자가 제10조 제2항(제11조 제3항에 의하여 제10조 제2항이 준용되는 경우를 포함한다)을 위반하여 퇴거 및 철거 현장에서 다음 각 호의 어느 하나에 해당하는 행위를 한 사람은 3년 이하의 징역 또는 1천만원 이하의 벌금에 처한다.

1. 형법 제311조(모욕)의 죄
2. 성적 언동 등으로 성적 굴욕감 또는 혐오감을 느끼게 하는 행위

다. 검토

1) 퇴거나 철거과정에서의 폭력행위 등에 대한 가중처벌 부분

정동영 의원안, 정청래 의원안의 주된 내용은 퇴거 및 철거를 실행하는 자가 퇴거시 금지사항을 위반하여 퇴거 및 철거 현장에서 형법 제257조 제1항(상해), 제260조 제1항(폭행), 제283조 제1항(협박), 제366조(재물손괴 등), 제276조 제1항(체포, 감금)의 죄를 범한 경우 불법성을 무겁게 평가하여 형법 본조에 정한 각 형의 2분의 1까지 가중하여 처벌한다는 것이다. 각 의안 제20조의 경우도 같은 취지이다.

그런데 각 의안 제20조에서 가중처벌하고자 하는 행위들은 그 각 의안에서도 확인되듯이 형법 제257조 제1항(상해), 제260조 제1항(폭행), 제283조 제1항(협박), 제366조(재물손괴 등), 제276조 제1항(체포, 감금)의 죄, 혹은 형법 제311조(모욕)의 죄에 해당한다. 퇴거 및 철거 현장의 경우 2인 이상이 관여하게 되는 것이 거의 대부분일 것이어서, 2분의 1 가중 처벌부분도 의안 제20조 제1항에서 규정하고 있는 형법 제257조 제1항(상해), 제260조 제1항(폭행), 제283조 제1항(협박), 제366조(재물손괴 등), 제276조 제1항(체포, 감금)의 죄에 관한 한 폭력행위 등 처벌에 관한 법률 제2조 제2항으로 2분의 1 가중처벌이 되는 부분이기 때문에 폭력행위 등 처벌에 관한 법률과 중복되는 측면이 강하다. 각 의안 제2항의 경우 퇴거 및 철거 현장에서 모욕죄를 범한 경우 가중처벌하는 것인데, 형법과 사실상 동일한 구성요건을 가지고 형만 가중하였다는 이유로 법체계적인 문제가 있다고 위헌선언 될 여지도 없지 않다.[95)]

---

95) 헌법재판소 2015. 9. 24. 선고 2014헌바154 결정 등 참조.

2) 퇴거 금지 시기나 퇴거 전 철거 행위에 대한 처벌 부분

각 의안 제11조 제1항 "누구든지 퇴거가 완료되지 아니하여 사람이 거주하거나 일하는 건축물 또는 시설물을 철거하거나 철거예비행위를 하여서는 아니 된다"는 의무와 그 제2항 "개발사업 시행으로 인한 퇴거의 경우 개발사업 시행주체는 개발사업 구역 전체에서 모든 거주민이 퇴거하기 전에는 개발사업구역 내의 개별 건물을 철거하거나 철거예비행위를 하여서는 아니 된다"는 의무를 위반한 데 대한 처벌규정을 두는 것은 그 위험의 정도나 인도적인 견지 등에 비추어 바람직하다고 여겨지기는 한다.

다만 각 의안 제10조 제3항 본문 "퇴거는 일출 전과 일몰 후, 공휴일, 겨울철, 악천후에 행하여서는 아니 된다"는 의무와 그 제4항 "제8조 제1항에 따른 파견 공무원이 참관하지 않은 상태에서 퇴거를 실행하여서는 아니 된다"는 부분은 민사집행법의 관련규정과 민사집행실무와의 관계에서 문제가 없지 않다. 민사집행실무에서 위와 같은 사례를 상정하기 어려울 뿐만 아니라, 민사집행법 제8조나 제5조와의 관계를 고려하여야 하기 때문이다.

즉 민사집행법 제8조(공휴일·야간의 집행)가 "① 공휴일과 야간에는 법원의 허가가 있어야 집행행위를 할 수 있다. ② 제1항의 허가명령은 민사집행을 실시할 때에 내보여야 한다"고 규정하고 있어 공휴일과 야간의 집행을 원칙적으로 금하되, 특별한 사정이 있으면, 법원의 허가를 받아서 그것이 가능하도록 규정하고 있고, 민사집행법 제6조(참여자)가 "집행관은 집행하는 데 저항을 받거나 채무자의 주거에서 집행을 실시하려는데 채무자나 사리를 분별할 지능이 있는 그 친족·고용인을 만나지 못한 때에는 성년 두 사람이나 특별시·광역시의 구 또는 동 직원, 시·읍·면 직원(도농복합형태의 시의 경우 동지역에서는 시 직원, 읍·면지역에서는 읍·면 직원) 또는 경찰공무원 중 한 사람을 증인으로 참여하게 하여야 한다"고 규정하여 집행과정에 저항이 있으면 입회인을 반드시 두도록 되어 있고, 민사집행실무가 위 두 규정을 무시하고 이루어지는 것은 상정하기 어렵다.

결론적으로 위와 같은 처벌규정은 민사집행에 관한 한 필요가 없는 것으로 보이므로, 민사집행 관련 규정에 이를 반영하는 것은 적절치 않은 것으로 생각된다. 둔다고 하더라도 의원입법으로 제안된 강제퇴거금지에 관한 법률안과 같은 특별법의 틀 안에서, 민사집행실무에서의 위와 같은 상황을 염두에 두고, 논의되어야 할 것이다.

3) 경비업법 개정에 따른 가중처벌 규정 일부 도입

그렇지 않더라도 경비업법 강제집행과정에서의 폭력행위 등에 관한 가중처벌 규정이 신설되어 대부분의 위반행위가 그에 포섭되므로, 별도로 가중처벌 규정을 둘 필요도 거의 없어졌다. 즉 경비업법 제29조(형의 가중처벌) 제2항이 경비원이 경비업무 수행 중에 제16조의2 제1항에서 정한 장비 외에 흉기 또는 그 밖의 위험한 물건을 휴대하고 형법 제258조의2 제1항(제257조 제1항의 죄로 한정한다), 제2항(제258조 제1항·제2항의 죄로 한정한다) 각 특수상해, 제259조 제1항 상해치사, 제261조 폭행, 제262조 폭행치사상, 제268조 업무상과실·중과실치사상, 제276조 제1항 체포, 감금, 제277조 제1항 중체포, 중감금, 제281조 제1항 체포·감금 등 치사상, 제283조 제1항 협박, 제324조 제2항 특수강요, 제350조의2 특수공갈 및 제366조 재물손괴의 죄를 범한 때에는 그 죄에 정한 형의 2분의 1까지 가중처벌 한다고 규정한 것이다.

그 밖에도 경비업법이 무허가 업체를 경비용역으로 사용함으로 인한 폐해를 막기 위하여 제28조에 아래와 같이 벌칙규정을 두는 한편, 법인에 대한 양벌규정까지 규정하였으므로(제30조), 그 동안 집단민원현장에서 빈발한 경비용역에 의한 폭력행위 문제는 대부분 해소될 것으로 생각된다.

경비업법 제28조(벌칙)

② 다음 각 호의 어느 하나에 해당하는 자는 3년 이하의 징역 또는 3천만원 이하의 벌금에 처한다.

4. 집단민원현장에 경비원을 배치하면서 제7조의2 제1항을 위반하여 제4조 제1항에 따른 허가를 받지 아니한 자에게 경비업무를 도급한 자
5. 제7조의2 제2항을 위반하여 집단민원현장에 20명 이상의 경비인력을 배치하면서 그 경비인력을 직접 고용한 자
9. 제15조의2 제2항의 규정을 위반하여 경비원에게 경비업무의 범위를 벗어난 행위를 하게 한 자

④ 다음 각 호의 어느 하나에 해당하는 자는 1년 이하의 징역 또는 1천만원 이하의 벌금에 처한다.

3. 제15조의2 제1항을 위반하여 경비업무의 범위를 벗어난 행위를 한 경비원
4. 제16조의2 제1항에서 정한 장비 외에 흉기 또는 그 밖의 위험한 물건을 휴대하고 경비업무를 수행한 경비원 또는 경비원에게 이를 휴대하고 경비업무를 수행하게 한 자

5. 제18조 제8항을 위반하여 경찰관서장의 배치폐지 명령을 따르지 아니한 자
6. 제24조 제3항에 따른 지방경찰청장 또는 관할 경찰관서장의 중지명령에 따르지 아니한 자

제30조(양벌규정) 법인의 대표자나 법인 또는 개인의 대리인, 사용인, 그 밖의 종업원이 그 법인 또는 개인의 업무에 관하여 제28조의 위반행위를 하면 그 행위자를 벌하는 외에 그 법인 또는 개인에게도 해당 조문의 벌금형을 과(科)한다. 다만, 법인 또는 개인이 그 위반행위를 방지하기 위하여 해당 업무에 관하여 상당한 주의와 감독을 게을리하지 아니한 경우에는 그러하지 아니하다.

5. 경찰원조 요청의 국군원조 요청절차 준용의 문제

가. 개설

국회 현안보고에 의하면, 민사집행법은 집행관의 강제력 사용시 경찰 또는 국군의 원조를 요청할 수 있도록 규정하면서, 국군의 원조는 법원에 신청하도록 규정하였지만 경찰의 원조에 대한 규정은 유보하고 있기 때문에 집행관이 저항을 받는다고 판단하는 때에는 언제든지 경찰의 원조를 요청할 수 있는 구조로 되어 있으므로,[96] 민사집행법 제5조에 따라 집행관이 강제력 사용을 위하여 경찰원조를 요청할 때 제5조 제3항의 국군의 원조에서의 법원 신청 요건과 같이 일정한 요건과 절차를 추가하는 방안을 고려할 수 있다[97]는 의견이 제시되고 있다.

나. 검토

실제 민사집행법 규정을 살펴보면, 민사집행법 제5조(집행관의 강제력 사용) 제1항이 "집행관은 집행을 하기 위하여 필요한 경우에는 채무자의 주거·창고 그 밖의 장소를 수색하고, 잠근 문과 기구를 여는 등 적절한 조치를 할 수 있다"고 규정하고, 제2항이 "제1항의 경우에 저항을 받으면 집행관은 경찰 또는 국군의 원조를 요청할 수 있다"고 규정하고 있음에도, 민사집행규칙 제4조는 아래와 같이 국군원조요청 절차에 관하여만 일정한 요건과 절차를 거치도록 규정하고 있다.

96) 조규범, "강제철거에서의 주거권 보호를 위한 입법적 개선방안", 국회입법조사처(2009), 6-11.
97) 조규범, "강제철거에서의 주거권 보호를 위한 입법적 개선방안", 국회입법조사처(2009), 6-11.

민사집행규칙 제4조(국군원조요청의 절차)

① 법 제5조 제3항의 규정에 따라 법원이 하는 국군원조의 요청은 다음 각호의 사항을 적은 서면으로 하여야 한다.

1. 사건의 표시
2. 채권자·채무자와 그 대리인의 표시
3. 원조를 요청한 집행관의 표시
4. 집행할 일시와 장소
5. 원조가 필요한 사유와 원조의 내용

② 제1항의 규정에 따라 작성한 서면은 법원장 또는 지원장과 법원행정처장을 거쳐 국방부장관에게 보내야 한다.

민사집행법 제5조 제2항의 규정에 따라 집행관이 경찰에 대하여 원조를 요청하는 절차는 대법원 재판예규에 자세히 규정되어 있다.[98] 이 예규에 따르면, 집행관이 경찰의 원조를 요청하는 때에는 위에서 본 바와 같이 일정한 양식에 의한 경찰원조요청서를 작성하여 그 집행에 관한 직무의 수행장소를 관할하는 경찰서장에게 원조를 요청하여야 하고, 다만 긴급을 요하는 때에는 집행장소에서 가장 가까운 곳에 있는 파출소 등의 경찰관에게 구두로 직접 원조를 요청할 수 있으며, 해상에서 집행에 관한 직무를 수행함에 있어서는 해양경찰서장에게 원조요청을 할 수 있도록 하고 있다.[99]

반면, 집행관이 국군의 원조를 요청하는 경우에는 집행법원에 신청하여 집행법원이 그 요청여부를 결정하게 되는데(민집 제5조 제2항, 제3항), 민사집행을 위하여 국군의 원조를 요청하게 되는 사례는 극히 드물 것으로 생각되고 실제 유사 이래 원조요청을 한 적이 없는 것으로 보이지만, 만일 이와 같은 사태가 현실적으로 발생하게 된다면 이는 사회적으로도 매우 중대한 문제로서 신중한 절차로 처리하는 것이 상당하므로, 민사집행법 제5조 제3항 후단이 대법원규칙으로 국군의 원조절차를 정하도록 하고 있는 것이고, 민사집행규칙 제4조(국군원조요청의 절차)는 위와 같은 법의 위임에 따른 규정인 것이다. 그리고 실질에 있어서 보면 경찰원조요청서 양식[전산양식 A3101]상 집행의 일시, 집행의 장소 및 목적물, 예상되는 채무자 등의 저항의 정도,

98) 민사집행법 제5조 제2항에 의한 집행관의 경찰에 대한 원조요청시 업무처리요령(재민 99-1) [재판예규 제943-39호]
99) 민사집행규칙해설, 법원행정처(2002), 11.

내용을 기재하게 되어 있고(제2장 Ⅰ.의 8.항 참조), 기본적으로 사건번호와 채권자, 채무자를 기재하도록 되어 있어 그 정도의 차이가 크지도 않다. 게다가 경찰원조 요청의 경우 그 성격상 사전에 요청함이 원칙이지만, 긴급을 요하는 경우에는 사전에 서면에 의하여 요청하는 것이 불가능하고, 그렇게 하는 것도 부적절하기 때문에, '민사집행법 제5조 제2항에 의한 집행관의 경찰에 대한 원조요청시 업무처리요령(재민 99-1)'도 긴급을 요하는 때에는 집행장소에서 가장 가까운 곳에 있는 파출소 등의 경찰관에게 구두로 직접 원조를 요청할 수 있도록 하고 있어서 그 실효성에도 의문이 있다.

더욱이 민사집행법 제5조 제2항은 국군원조요청 절차에 관하여 제5조 제3항 후단의 규정을 둔 것 이외에는 아래에서 보는 종전의 구 민사소송법 제496조(집행관의 강제력 사용)의 내용을 그대로 이어받은 것이다.

구 민사소송법 제496조(집행관의 강제력 사용)

① 집행관은 집행하기 위하여 필요한 경우에는 채무자의 주거, 창고와 기타 장소를 수색하고 잠근 문과 기구를 여는 등 적절한 조치를 할 수 있다.

② 제1항의 경우에 저항을 받을 때에는 집행관은 경찰 또는 국군의 원조를 청구할 수 있다. 다만, 국군의 원조는 이를 법원에 신청하여야 한다.

일본 민사집행법 제6조 제1항은 전문은 "집행관은 직무의 집행에 있어 저항을 받은 때에는 그 저항을 배제하기 위하여 위력을 사용하거나 경찰상의 원조를 구하는 것이 가능하다"고 규정하고 있을 뿐이고, 경찰의 원조를 요청할 때 민사집행법 제5조 제3항의 국군의 원조에서의 법원 신청 요건과 같이 일정한 요건과 절차를 추가하는 규정을 민사집행규칙 등에 두고 있지 않다. 일본의 경찰원조신청서 양식은 제4장 Ⅱ.의 2. 라.항에서 본 바와 같다. 참고로 일본은 군대에 대한 원조청구 조항은 두고 있지 않다.

6. 집행협의 제도의 명문화 문제

가. 개설

국가인권위원회의 "강제철거 시 거주민 인권개선 권고" 강제철거 시 준수되어야 할 기본원칙 ②항으로 "퇴거를 당하는 이들에 대한 충분한 협상기회와 적절한 보상 제공 및 퇴거 예정 시기에 대한 적절한 사전고지 시행"을 들고 있고, 서울특별시 도시 및 주거환경 정비조례 제42조의5 제2항도 현금청산대상자·세입자와 사업시행자

간의 이주대책·현금청산·손실보상 등 분쟁을 조정하기 위하여 구청장이 협의체를 구성·운영하도록 규정하고 있다.

나. 검토

실무상 집행관이 강제집행의 시기나 집행방법에 관하여 집행채권자와 긴밀히 협의하고 있다. 이는 집행비용의 문제와 연결된 것이기도 하지만, 채권자나 채무자로부터의 민원을 방지하기 위한 실무운용상의 문제이기도 하다. 현업에 종사하는 집행관들도 이와 같은 실무를 반영하여 집행과정에 채권자나 채무자와 집행의 시기나 방법들에 관하여 협의할 수 있도록 하는 명시적인 규정을 두는 것이 좋겠다는 의견이 제법 있었다. 그래서 연구 초기에는 집행협의가 가능하도록 하는 규정을 명시적으로 두는 것을 적극적으로 검토하였지만,[100] 유사한 입법 선례를 찾지 못하여 명시적인 규정을 두는 것은 일단 보류하였다. 강제집행절차가 집행권원 실현절차로서 화해나 조정에 적합하지 않은 것이고, 채권자의 이해관계상 집행절차에 이 같은 규정을 두는 것이 법체계상 부적절하다는 이유에서 입법 선례가 없는 것일 수 있다는 생각이 들기도 하였다.

다만 입법 선례가 있는 것으로서 그와 연계되거나 실질적으로 근접한 인도최고제도나 채권자의 협력의무 조항을 두었는바, 실무운용에 따라서는 이들 조항이 간접적으로나마 집행협의의 근거조항으로 해석되기를 기대하였다.[101]

아무튼 신설하는 경우 그 신설조항의 위치 및 문언은 다음과 같이 하면 될 것으로 생각된다.

다. 신설조항안

민사집행법 제258조의3(집행협의) 집행관은 제258조의2에 따른 인도의 최고를 함에 있어 채권자, 채무자와 강제집행의 시기, 방법 등에 관하여 협의할 수 있다.

입법례

서울특별시 도시 및 주거환경 정비조례 제42조의5(협의체 구성 및 운영) ① 구청장은 법 제47조에 따른 현금청산 대상자 또는 법 제30조 제4호에 따른 세입자와

---

100) 西川佳代, “關係調整の場としての民事執行 : 執行官の役割を中心に”, 民事訴訟雜紙 51, 法律文化社(2005), 179 참조.

101) 古賀政治, “執行妨害の實情と執行法の改正”, 判例タイムズ 52卷 26號, 判例タイムズ社(2001), 47은 채권자 대리인인 변호사가 집행관과 사전에 충분한 협의를 거쳐 집행에 들어갈 필요성에 관하여 얘기하고 있다.

사업시행자 간의 이주대책, 현금 청산 및 손실보상 협의 등으로 인한 분쟁을 조정하기 위하여 협의체를 구성·운영할 수 있다.

7. 실력행사의 요건과 절차 규정 문언의 명확화의 문제

가. 개설

민사집행법 제5조(집행관의 강제력 사용) 제1항은 "집행관은 집행을 하기 위하여 필요한 경우에는 채무자의 주거·창고 그 밖의 장소를 수색하고, 잠근 문과 기구를 여는 등 적절한 조치를 할 수 있다"고 하여 법률요건 및 효과에 관하여 불분명한 문언으로 지나치게 포괄적으로 규정하고 있다. 이는 같은 조 제2항이 "제1항의 경우에 저항을 받으면 집행관은 경찰 또는 국군의 원조를 요청할 수 있다"고 규정하고 있어 경찰이나 국군원조의 전제가 되는 규정이기 때문에 더욱 그렇다.

국회 현안보고도 민사집행법 제5조 제1항에 따라 집행관은 필요한 경우에는 채무자의 주거·창고, 그 밖의 장소를 수색하고 잠근 문과 기구를 여는 등 적절한 조치를 취할 수 있는데, 같은 조 제1항에서의 '잠근 문과 기구를 여는 등 적절한 조치'의 범위는 집행관에 따라 판단의 기준을 달리 할 수 있는 여지가 있기 때문에,[102] 강제력 사용을 위한 요건과 절차를 보다 구체적으로 적시할 필요가 있고, 강제철거는 주거권에 대한 심각한 침해를 초래할 수 있기 때문에, 강제철거 시 필요한 '적절한 조치'에 대한 구체적인 기준을 마련할 필요가 있다[103]고 지적하고 있다.

나. 검토

집행관이 담당하는 집행행위는 집행대상물에 대한 채무자의 사실적 지배에 직접적으로 그리고 권력적으로 개입하지 않으면 목적을 달성할 수 없는 경우가 대부분이므로, 그 소재의 발견과 집행행위에 대한 방해를 배제할 권한이 부여되지 않으면 안 된다.[104] 이와 같은 견지에서 민사집행법 제5조 제1항은 집행관에게 수색의 권한을 부여하면서 그 과정에 부수하여 일정한 강제처분을 할 수 있도록 하는 근거규정이다. 이에 기하여 집행관은 채무자의 주거에 들어가기 위하여 그것이 채무자의 주거인가를 제반 사정에 의하여 판단할 권한이 있고, 또 직무상의 재량에 의하여 일단 채무자의 주거라고 판단한 경우에는 채무자 이외의 사람이 채무자의 주거가 아니라고 주장한

---

102) 조규범, "강제철거에서의 주거권 보호를 위한 입법적 개선방안", 국회입법조사처(2009), 6-11.
103) 조규범, "강제철거에서의 주거권 보호를 위한 입법적 개선방안", 국회입법조사처(2009), 6-11.
104) 박두환, 민사집행법, 법률서원(2003), 40.

때라도 그것을 확인하기 위하여 그 주거에 들어가 채무자의 소유물건이 있는가 여부를 조사할 수 있다. 만약 창고, 금고 또는 상자 등의 문이 잠겨 있는 때에는 우선 채무자에게 이를 열도록 할 것이고 이에 불응한 때에는 집행관 스스로 또는 제3자에게 명하여 실력으로 열어서 수색할 수 있다. 이때 자물쇠를 파손하지 않고서는 이를 열 수 없는 경우에는 필요한 한도에서 파손이 있더라도 불가피하다고 해석되고 있다.[105)]

다만 위 조항에 의하여 채무자의 신체를 어느 정도 수색할 수 있는지에 관하여 논란의 여지가 있고,[106)] 국회 현안보고가 집행관에 따라 판단의 기준을 달리 할 수 있는 여지가 있기 때문에, 강제력 사용을 위한 요건과 절차를 보다 구체적으로 적시할 필요가 있다고 하는 지적은 일응 타당한 면이 있다. 그러나 집행의 대상이 다양하고, 채무자의 저항의 태양 역시 다양하기 때문에 적절한 조치에 관하여 구체적으로 규율하는 것 역시 적절하지 않은 면이 있을 뿐 아니라, 이를 구체적으로 규율하는 것 역시도 기술적으로 쉬운 일이 아니다. 집행관이 위 조항에 기하여 수색 등 강제처분을 실시하더라도 채무자에게 손해가 가장 적게 생기도록 하는 적절한 방법을 선택하여야 함은 강제처분의 내재적인 성격상 당연하다.[107)] 뿐만 아니라 집행관이 민사집행을 실시하는 경우 채무자 등이 집행목적물을 숨기는 경우가 있고, 적극·소극의 각종 저항을 받을 염려도 있기 때문에, 집행을 신속·강력하게 실시하기 위하여 본조의 규정을 둔 것이지만, 그렇다고 채무자의 권리를 지나치게 경시하면 안 되므로 집행관은 민사집행법 제5조 제1항의 강제권을 적절하게 행사하여야 할 것이어서, 집행관이 그 권한을 무분별하게 남용할 경우에는 채무자 및 이해관계인은 집행에 관한 이의(제16조)를 신청할 수 있고, 반대로 그 권한행사가 요구됨에도 이를 행사하지 않는 경우에는 채권자가 집행에 관한 이의를 할 수 있다. 채무자 및 채권자에 의한 집행에 관한 이의신청에 의한 견제와 종국적으로는 국가배상법에 의한 집행관의 손해배상책임에 의하여 법률적으로 규제가 될 것이므로, 개개의 집행에 관하여 어떠한 강제처분을 어느 정도로 실시할 것인지는 집행관의 개별적인 판단에 맡길 수밖에 없는 문제라고 생각된다. 요컨대 제5조 제1항의 문언을 보다 구체화하거나 실무상 기준을 만드는 것은 적절하지 않거나 기술적으로 쉽지 않으므로, 집행관의 건강한 재량에 맡겨 실무의 사

105) 법원실무제요 민사집행[I], 법원행정처(2014), 34.
106) 제4판 주석 민사집행법(I), 한국사법행정학회(2018), 121; 박두환, 민사집행법, 법률서원(2003), 41.
107) 법원실무제요 민사집행[I], 법원행정처(2014), 34; 제4판 주석 민사집행법(I), 한국사법행정학회(2018), 121.

례가 축척되기를 기다리는 것이 바람직하다.

민사집행법 제5조 제1항은 구 민사소송법(1960. 4. 4. 법률 제547호로 제정된 것) 제496조(집달리의 강력사용권) 제1항이 "집달리는 집행하기 위하여 필요한 경우에는 채무자의 주거, 창고와 기타 기구를 수색하여 폐쇄한 호비와 기구를 열 수 있다"고 규정한 것에서 시작하여, 1990. 1. 13. 법률 제4201호로 일부 개정되어 "집달관은 집행하기 위하여 필요한 경우에는 채무자의 주거, 창고와 기타 장소를 수색하고 잠근 문과 기구를 여는 등 적절한 조치를 할 수 있다"고 하여 보다 포괄적인 내용으로 개정된 이후 개정 없이 그대로 유지되어 온 조항이다.

일본 민사집행법은 우리 민사집행법 제5조 제1항과 같은 규정은 없고, 개별 집행사무와 관련하여 강제처분에 관한 규정을 두고 있는 것으로 보이는데, 가령 부동산 인도 강제집행과 관련하여 일본 민사집행법 제168조 제4항은 "집행관은 제1항의 강제집행을 함에 있어 채무자가 점유하는 부동산 등에 들어가거나 필요한 때에는 폐쇄된 문을 여는데 필요한 처분을 할 수 있다"고 규정하고 있다.

Ⅳ. 강제집행현장에서의 저항행위 등에 대한 실무상 처리요령

1. 집행관의 강제력 사용 등에 관하여

가. 집행관에 대하여 원조를 요구하는 경우 증명하여야 할 사항

민사집행법 제7조 제1항의 규정에 기하여 원조를 요구하는 경우[예컨대, 경매부동산의 감정인(법 제97조), 강제관리의 관리인(법 제166조), 부동산인도청구권의 압류에 있어서의 보관인(법 제244조) 등을 들 수 있다], 집행관에 대하여 증명하여야 할 사항은 ① 자신이 집행법원의 명령에 따라 민사집행에 관한 직무를 행하는 자라는 점, ② 직무집행에 있어 저항을 받을 개연성이 있다는 점을 증명하여야 한다.[108)]

가령 감정인이 집행관의 원조를 요구하는 경우에는 집행법원의 평가명령(법 제97조 제1항)의 정본을 제출하면 충분할 것이다. 집행관 이외의 자가 민사집행법 제260조 제1항의 수권결정을 집행하는 경우에는 수권결정의 정본과 채권자가 그 사람에게 그 행위를 위임하였음을 증명할 서류를 제출하면 된다. 두 번째 요건과 관련하여서는 대부분의 경우 원조를 요구하는 사람 본인이 작성한 보고서 등에 의하여야 하

---

108) 執行官事務に関する協議要録(第4版), 最高裁判所 事務總局(2012), 1-2.

는 경우가 많을 것이다.

원조를 요구하는 사람의 직무집행이 적법한지 여부를 집행관이 판단할 필요는 없다.

나. 원조요청을 받아 출동한 경찰관 등이 입회인 적격이 있는지 여부

민사집행법 제5조 제2항의 규정에 의한 원조 요청에 기하여 원조를 하는 경찰관 등은 민사집행법 제6조 규정에 의한 입회인으로서 자격이 없다.

민사집행법 제6조는 집행의 절차적인 적정성을 확보하기 위하여 둔 규정이기 때문에 그 참여자는 이를 담보하기 충분한 제3자이어야만 한다. 그런데 민사집행법 제5조 제2항에 의하여 원조를 요청받은 경찰관 등은 집행관을 보조하는 입장에 있으므로, 민사집행법 제6조의 참여자로서 적격성을 인정하기 어렵다.[109] 따라서 경찰관 등과 별도의 참여자를 두어야 하지만, 원조를 요청받은 경찰관 등과 다른 경찰관 등이 참여자가 되는 것은 상관없다.

다. 원조요청을 받은 경찰관이 퇴거당한 건물로 다시 들어가 앉는 채무자를 강제적으로 배제할 수 있는지 여부

건물명도사건에서 채무자 등으로부터 폭력을 당할 염려가 있다고 하여 경찰관의 원조를 요청한 상황에서 집밖으로 끌려나온 채무자가 다시 집안으로 들어가 앉는 경우, 경찰관은 집행관에 대한 직접적인 폭력행위에 의한 집행방해가 없어 체포를 하는 등의 행위는 어렵다고 하더라도, 채무자가 다시 실내로 들어가지 못하도록 실력을 행사하는 것은 가능하다 할 것이다.[110] 민사집행법 제5조 제1항이 집행관은 집행을 하기 위하여 필요한 경우에는 채무자의 주거·창고 그 밖의 장소를 수색하고, 잠근 문과 기구를 여는 등 적절한 조치를 할 수 있다고 규정하고, 제2항이 제1항의 경우에 저항을 받으면 집행관은 경찰 또는 국군의 원조를 요청할 수 있다고 규정하고 있어 집행관에 대한 직접적인 폭력행사만을 강제력 행사가 가능한 집행저항 행위로 규정하고 있지 않기 때문이다.

라. 저항배제를 위한 위력행사의 한계

민사집행법 제5조 제1항에 의하여 채무자의 저항을 배제하기 위하여 행사할 수

---

109) 민사집행규칙해설, 법원행정처(2002), 14; 제4판 주석 민사집행법(I), 한국사법행정학회(2018), 126.

110) 執行官事務に関する協議要錄(第4版), 最高裁判所 事務總局(2012), 3.

있는 위력의 한계는, 일반적으로 말하면 헌법 제37조 제2항에서 도출되는 비례의 원칙(과잉금지의 원칙)상 그 집행목적을 달성하기 위한 수단은 목적달성에 유효·적절하고 또한 가능한 한 최소 침해를 가져오는 것이어야 할 것이므로,[111] 강제집행의 목적을 실현하는데 필요한 한도 내라고 하여야 할 것이다. 가령 건물명도 집행시 열쇠가 잠겨있어 내부의 동산을 꺼내지 못하는 경우 그 열쇠를 파손하는 것, 채무자가 집안에 앉아 퇴거하지 않을 때 끌어내는 것 모두 가능하다. 다만 채무자가 병중인 경우에는 인도적인 견지에서 집행을 보류할 수밖에 없을 것이다.

마. 채무자의 처가 병중이라며 누워있는 경우 건물철거 집행방법

건물철거사건에서 채무자와 동거하는 내연의 처가 병이라고 하면서 누워 있으면서 의사의 진단을 받기를 거부하고 있는 경우, 집행관의 권한으로 진단을 받게 할 수 있는가. 의사를 집행현장에 동행하는 경우 진찰 등에 따른 비용은 누가 부담하여야 하는가.

의사로부터 진찰받기를 거부하는 경우라도 그 증상에 관한 의사의 외견상의 소견, 인근거주자들로부터의 사정청취 혹은 집행관의 현장에서의 관찰결과 등에 의하여 꾀병을 칭하는 소극적 저항의 경우라고 인정된다면 집행을 실시할 수 있을 것이다.[112] 그러나 증상에 관하여 정확한 진단을 내리기 어려운 때에는 현실적으로 집행불능으로 처리할 수밖에 없는 경우도 있을 수 있을 것이다.

한편 진찰받기를 거부하는 사람에 대하여 진료받기를 강제할 수는 없다.[113] 의사를 동행하는 데 소요되는 비용, 소견 수수료 및 의사의 진찰에 응한 경우의 비용 등은 채권자에게 예납을 시켜야 하겠지만, 집행절차에 필요한 비용으로서 최종적으로는 채무자가 부담한다(민집 제53조 제1항).

바. 채무자의 소극적인 저항을 배제하는 방법

동산집행을 위하여 채무자의 집에 임장하였는데, 그 가족이라는 사람이 채무자가 부재중이라며 안에서 문을 걸어 잠그고 집행관이 집안으로 들어오는 것을 거부하는 경우, 집행관의 실력행사의 방법과 그 정도는 어떤가.

---

111) 비례의 원칙은 행정법 영역이나 경찰권 행사의 한계로서 주로 논의되는 것이기는 하지만[최정일, "독일과 한국에서의 비례원칙에 의한 행정작용의 통제", 공법연구 37집 4호, 한국공법학회(2009), 54-56 참조], 그 적용범위가 확대일로에 있을 뿐 아니라, 저항배제를 위한 실력행사는 경찰권 행사와도 유사한 성격을 가지기 때문에 부당하지는 않을 것으로 생각된다.

112) 執行官事務に関する協議要錄(第4版), 最高裁判所 事務總局(2012), 4.

113) 執行官事務に関する協議要錄(第4版), 最高裁判所 事務總局(2012), 4.

사안은 저항을 받는 것으로 보아도 무방한 경우이므로 참여자 입회하에 집행을 하면 될 것이다. 실력행사의 방법이나 정도에 관하여는 구체적 사안에 따라 적절한 수단을 택하여야 하겠지만, 부당한 방법으로 집행을 면하려고 하는 채무자에게 여지를 주어서는 안 된다는 점과 채무자에게 가능한 한 손해를 주어서는 안 된다는 점을 아울러 고려하여야 할 것이다.[114]

사. 여성 1인 거주 주택에서의 강제집행방법

여성 혼자 거주하는 주거지에서의 집행에서 여자 혼자 있다는 이유로 출입을 거부하는 경우 이것을 저항으로 간주해도 좋은가.

현관에 들어섰음에도 문을 잠그고 열어 주지 않는 등의 행위를 하는 것은 저항이라고 간주하여도 좋지만, 단순히 말만으로 들어오지 말라고 하는 경우는 저항이라고 단정하기 어렵다. 집행관으로서는 현장에 온 목적, 집행절차의 내용, 집행관의 권한 등에 대하여 충분히 설명을 하여 원활한 집행이 이루어질 수 있도록 노력을 하여야 할 것이다.

그럼에도 저항을 받을 경우에는 참여자의 입회하에 위력을 사용하여 저항을 배제하면 된다(민집 제5조 제1항, 제6조). 이 때 저항의 태양에 따라서는 성추행 등 불필요한 논란을 피하기 위하여 여성 보조자를 사용하거나 여성경찰관의 원조를 구하는 것이 필요한 경우들이 적지 않을 것이다.[115]

아. 집행현장에서의 보도취재의 허부

집행현장에 보도취재를 위한 기자나 카메라맨 등이 다수 도착하여 있는 경우가 있을 수 있으나, 민사집행법상 집행관이 처리하는 사무는 비공개가 원칙이며, 집행관은 국가공무원으로서 국가공무원법상 비밀유지의무가 있으므로, 보도관계자로부터 사전에 취재요청이 있더라도 응하지 않는 것이 적절하며, 집행현장에 있어서도 마찬가지이다. 또한 사진취재의 경우는 설령 채무자가 동의하더라도 응하지 않는 것이 맞다. 여러 측면에서 볼 때 집행 현장이라는 것이 채무자의 입장에서 보아 공개되어 좋을 것이 전혀 없기 때문이다. 다만 집행현장 부근의 공로상에서 집행을 방해하지 않으면서 취재를 하는데 대하여는 이를 인정하여도 무방하지 않을까 생각된다.[116]

114) 執行官事務に関する協議要録(第4版), 最高裁判所 事務總局(2012), 4-5.
115) 執行官事務に関する協議要録(第4版), 最高裁判所 事務總局(2012), 5.
116) 執行官事務に関する協議要録(第4版), 最高裁判所 事務總局(2012), 5-6.

자. 맹견이 있는 경우의 대책

집행이나 현황조사를 위하여 현장에 나갔는데, 묶여 있지 않거나 놓아먹이는 맹견 때문에 주거에 들어가는 것이 곤란한 경우, 집행채무자에 대하여 맹견을 불러들이거나 묶어서 출입에 문제가 없도록 촉구하고, 그에 응하지 않은 경우에는 부작위에 의한 저항이 있다고 보아도 좋을 것이기 때문에 이를 배제하기 위하여 기술자 또는 노무자를 사용할 수 있으므로(집행관규칙 제12조), 맹견 관리 전문가로 하여금 이를 처리하게 하면 될 것이지만, 집행법원을 통하여 공공기관의 원조를 받는 것도 가능하므로, 규모가 큰 경우에는 관할 소방서 등에 원조요청(민집 제20조)을 하는 것도 고려할만 하다.[117)]

차. 채무자가 부재중이거나 개문을 거부하는 경우 강제개문의 시기

채무자가 부재중이거나, 집행을 거부하며 문을 열어 주지 않을 경우 실무상 집행기일 1회에 즉시 강제개문에 의한 집행을 원칙으로 하여야 한다는 견해와 집행관은 보충적으로 강제력을 사용해야 하므로 특별한 사정이 있는 경우에만 1회 기일에 강제개문하고 통상적으로는 2회 기일 이후부터 강제개문 하여야 한다는 견해가 있다. 실무의 다수는 1회 기일부터 강제개문을 실행하면 ① 채무자 등이 부재중일 때 점유자가 누구인지 확인할 수 없는 경우도 있어 착오집행의 가능성도 있고, ② 채무자 등의 만남이 없이 즉시 강제집행을 하게 되면 당사자 간 최종적인 합의로 해결될 기회가 상실되며, ③ 강제개문 집행을 당한 채무자의 정신적인 고통, 수치심, 사생활 침해 등 심각한 인권침해 소지가 있으므로, 1회 기일에 강제개문 집행을 하지 않으면 집행의 목적을 달성할 수 없음을 소명하는 경우, 채권자 주소와 집행목적지 거리가 원거리이고 채권자가 채무자 등이 거주하고 있음을 소명하는 주민등록표 등·초본을 소지한 경우, 집행 목적지가 집행관사무소와 멀리 떨어진 것으로서 도서 벽지이거나 원거리로 아무도 거주하고 있지 않음이 인정되는 경우, 기타 특별한 사정상 1회 기일에 강제개문 집행의 필요성이 있다고 집행관이 판단한 경우 등 특별한 사정이 있는 경우에 한하여 1회 집행기일에 강제집행을 하는 것이 적절하다는 입장을 따르고 있다.[118)] 민원해소 차원에서 채권자의 동의를 얻어 2회 집행기일에 강제개문을 하는 것은 무방하지만, 법리적으로는 1회 집행기일에 강제개문 하는 것에 무슨 문제가 있

117) 執行官事務に関する協議要録(第4版), 最高裁判所 事務總局(2012), 6.
118) 집행관 업무자료집, 전국법원 집행관연합회(2010), 46-47.

는 것은 아니므로, 구체적인 사정을 감안하여 강제개문의 시기를 결정할 것이되, 채권자의 강한 반발을 사면서까지 무리하게 기계적으로 2회 집행기일의 강제개문을 고집할 필요는 없다고 본다.

구체적인 강제개문의 절차와 방식은 아래와 같이 하면 크게 무리가 없을 것으로 생각된다.[119)]

① 집행관은 채무자 부재 시 강제개문 집행을 하기 위해서는 사전 또는 당일까지 집행목적물 소재지 장소에 채무자가 거주하고 있음을 소명할 주민등록등초본을 제출케 하여 확인절차를 거친다.

② 강제개문 시 출입문이 디지털 도어록이나 지문 인식기 등이 부착되어 개문에 실패한 경우에는 야간집행허가를 받아오도록 하여 집행하거나, 자물쇠 파손의 방법에 따라 개문할 수 있다.

③ 자물쇠 파손의 방법에 따라 집행을 한 경우에는 채권자, 아파트관리인, 또는 열쇠공 등 적당한 사람에게 열쇠의 보관을 맡기거나 직접 보관하는 등 적절한 보관방법을 취하고 집행내용과 집행관 연락처를 기재한 안내문을 부착하여 채무자 등에게 불편을 가하거나 불이익을 주어서는 아니 된다.

④ 강제개문 방식에 의한 집행의 경우 채권자가 영수증을 첨부하여 개문비용을 청구한 경우 집행비용에 포함한다.

⑤ 집행관이 열쇠기술자를 선정함에 있어 집행관사무소에 등록된 열쇠기술자를 안내할 수 있으나 직접 누구를 추천하거나 선정에 개입하여서는 안 된다.

2. 부동산인도 등의 강제집행에 관하여

가. 사람의 거주 범위[120)]

주택의 현관 앞 부지에 놓여있는 물건을 압류집행 하려는데, 채무자가 부재인 경우 민사집행법 제6조에 따라 참여자를 입회하여야 하는가.

집행관이 사람의 주거에 출입하여 직무를 행함에 있어 건물주 등을 만나지 못한 경우에는 증인으로 적당하다고 인정되는 자의 입회를 요하는데(민집 제6조), 이는 사람의 생활근거지인 주거의 평온을 보호하는 것을 목적의 하나로 하는 것이다. 대상으로 되는 주거는, 현재 주거로 이용되고 있는 것임을 요하고, 빈집, 창고, 사무소등은

119) 집행관 업무자료집, 전국법원 집행관연합회(2010), 46-47.
120) 執行官事務に関する協議要録(第4版), 最高裁判所 事務總局(2012), 10.

포함되지 않는다. 그러나 주거의 일체로 이용되고 있는 정원 등은 포함된다. 따라서 현관 앞은 주거에 포함 된다고 할 것이므로 민사집행법 제6조가 정한 참여자의 입회가 필요하다.

나. 가옥명도 집행에서 점유주체의 인정 실무[121]

처를 채무자로 하는 가옥명도 집행에 착수하였는데 전원부재여서 개문하여 들어가 내부를 조사한 결과 남편 명의의 공과금영수증, 차임청구서 등 만이 존재한 경우 처에 대한 집행권원으로 남편을 점유보조자로 하여 집행하여도 좋은가.

여기서 문제되는 것은 세대주와 그 가족이 주거로 사용하고 있는 일반주택에서의 점유주체 인정의 문제인바, 여기에서는 "주택의 소유자와 함께 그 주택에 거주하는 가족은 그 소유자의 점유보조자에 지나지 않고 그 주택에 관하여 독립된 점유를 하는 것은 아니다."라는 점[122]이 참고가 될 것이다. 사안에서는 집행대상인 주택의 내부에 남편 명의의 차임영수증이 존재하기 때문에 남편이 당해 가옥의 임차인이라는 것을 추측하게 하는 징표가 있는 것이므로, 이와 같은 상황에서는 남편을 점유보조자로 인정하는 것은 곤란할 것이다. 따라서 일단 당일의 집행을 중지한 다음에 채권자로부터 임차인이 집행권원상의 처인 것을 인정할 만한 확실한 증거가 제출되는 등, 사안과 같은 상황에도 처가 점유주체인 것을 인정함에 충분한 증거가 제출된 경우에 비로소 남편을 점유보조자로서 인정하고 집행을 할 수 있을 것이다.

다. 건물명도 집행에서 그 건물의 부지에 있는 채무자 소유 동산의 처리

건물만의 명도집행에서 그 부지에 있는 채무자 소유의 동산을 목적 외 동산으로 취급하여 처리해도 좋은가. 건물 점유권을 가진 자는 통상 건물 주변의 일정 범위의 부지에 관해서도 이용권을 가지므로, 건물명도 집행권원을 근거로 한 집행에서는 그 이용권이 미치는 범위 내의 부지 상에 있는 동산도 제거할 수 있다고 해석된다.[123] 이에 반하여 그 이용권이 미치지 않는 부지 상의 동산에 관하여는 별도의 집행권원이 필요할 것이다.

121) 執行官事務に関する協議要録(第4版), 最高裁判所 事務總局(2012), 209.
122) 最判 昭和 28(65). 4. 24. (民集 7巻 4号 414頁).
123) 執行官事務に関する協議要録(第4版), 最高裁判所 事務總局(2012), 231-232.

라. 부동산 등 인도 집행 시 집행목적물이 아닌 동산의 사전처리[124)]

건물의 인도 대상 사건에 있어서 사전에 인도 계고장을 전달하려 현장에 임한바, 인도대상 건물 지상에 견사(犬舍) 5동이 더 존재하고 그 내부에 애완견 500여 마리를 사육하며 분만실에는 출산 후 며칠이 안 된 강아지들이 수십 마리가 존재하고 있어, 인도 집행을 하게 되면 "집행목적물이 아닌 채무자 소유 동산"으로 채무자가 집행현장에 부재하거나 수취(收取)를 게을리 할 경우 이전장소의 문제, 보관문제, 사육문제, 질병 등으로 말미암은 폐사의 문제 등으로 말미암은 손해배상 발생 문제가 우려되는 경우 그 지상에 애완견들을 어떻게 처리하고 인도할 것인가.

민사집행법 제258조의 규정상 채무자가 집행목적물이 아닌 동산의 수취를 게을리 한때에는 집행법원의 허가를 받아 매각절차에 관한 규정에 따라 그 동산을 매각할 수 있으나, 위 규정은 부동산의 인도나 명도 후에 취할 수 있는 절차이고 인도집행 전에 매각절차를 선행하고 인도집행에 임할 수 있다는 취지의 규정이 아닌 것은 분명하다. 그렇기는 하지만, 이전장소의 문제, 보관문제, 사육문제, 질병 등으로 말미암은 폐사의 문제점 등 특별한 사정을 고려하여, 민사집행법 제258조 제3항, 제6항을 준용하여 집행법원의 사전 매각허가결정을 받아 위 결정에 따라 사전에 매각하여 매각대금을 공탁한 후 인도집행을 하여도 크게 무리한 것은 아니라고 생각된다.

3. 휴일, 야간집행에 관하여

가. 평일 주간에 집행을 시작하여 야간이나 휴일에 이른 경우 휴일, 야간집행 허가 필요 여부

평일의 주간에 집행행위를 시작하여 계속 진행하다가 야간이나 공휴일에 이르게 되면 역시 집행법원의 허가를 받아서 속행하여야 한다.[125)] 다만, 서울지방법원 북부지원 1998. 5. 14. 선고 97가합8308 판결은, 호텔의 낙찰자가 집행법원으로부터 부동산 인도명령을 받아 집행관에게 그 인도집행을 위임하였으나 인도 목적물의 점유자가 변경되어 수차 인도집행이 불능상태에 이르렀다가 집행관이 주간에 인도집행에 착수하여 집행법원으로부터 야간집행의 허가를 받지 아니하고 야간까지 그 집행을 계속한 사안에서 그 야간집행이 위법하지 않다고 판시한 바 있으나, 이는 사안의 독특한 구체적인 사정에 따른 것이므로, 함부로 일반화할 것은 아닌 것으로 보인다.

---

124) 집행관연찬집, 법원공무원교육원(2014), 138.
125) 제4판 주석 민사집행법(I), 한국사법행정학회(2018), 130.

위 판결 이유를 보면, "야간의 강제집행을 위하여는 집행법원의 허가가 있어야 하고, 이 사건 집행이 일몰 전에 시작되었으나 집행법원으로부터 야간집행의 허가를 받지 아니한 채 야간까지 계속되었음은 앞서 본 바와 같으나, 한편 피고의 위임을 받은 집행관이 1997. 3. 11. 15:30경 및 1997. 4. 30. 10:15경 인도집행을 위하여 이 사건 호텔에 임하였으나, 새로운 점유자가 등장함으로 인하여 2회에 걸쳐 이 사건 호텔의 인도집행이 불가능하였고, 위와 같이 두 번째 인도집행이 불가능해지자 피고가 그 즉시 원고에 대한 승계집행문을 부여받아 집행관이 세번째로 1997. 4. 30. 18:00경 이 사건 호텔의 인도집행을 시도하였음은 앞서 본 바와 같고 …… 집행관이 이 사건 호텔에 이르러 위 승계집행문에 기하여 인도집행을 하려 하자 이 사건 호텔의 임차인들이 덤프트럭 7대를 동원하여 호텔 앞과 뒤에 바리케이트를 치고, 200여 명의 사람들이 맥주병을 던지거나 소방호스로 물을 뿌리는 등으로 위 인도집행을 방해하였고, 그 과정에서 위 집행에 동원된 인부들이 부상당하여 입원하기까지 한 사실이 인정되는바, 이 사건 집행이 야간이 아닌 주간에 착수되어 야간에 이른 점, 위 2회에 걸친 집행불능의 사유와 위 호텔 점유자들의 완강한 저항에 비추어 집행을 중단할 경우 새로운 점유자가 또다시 나타날 가능성을 배제할 수 없어 집행을 계속할 필요성이 컸던 점, 야간집행의 경우 집행법원의 허가를 받도록 한 것은 야간의 평온을 보호하기 위한 취지라고 볼 것인데 위와 같은 집행방해 행위에 비추어 그 보호의 필요성이 적다는 점 등에 비추어 보면, 위 인도집행이 위법하다고 보기 어렵다"고 판단하고 있기 때문이다.

나. 휴일, 야간집행 시 '허가를 받았음을 증명하는 문서'의 범위

일본의 실무는 허가결정의 원본 이외에 그 정본이나 등본 혹은 허가가 있었다는 취지의 재판소 서기관의 증명서, 집행관이 집행현장에서 스스로 작성한 허가를 받았다는 취지의 전화청취서도 이에 포함되나, 다만 전화에 의한 허가는 어쩔 수 없는 경우에 한한다는 입장에 서있는 것으로 보인다.[126]

그러나 법원의 허가결정서는 강제집행을 실시할 때에 집행관이 제시하여야 하는 것이고, 그 허부의 결정은 신청인에게 고지하고, 허가결정의 정본을 집행관에게 교부하도록 되어 있으므로,[127] 통상은 집행관에게 교부된 정본이 제시되어야 할 것이다. 채무자에게 불이익한 침해행위이므로 다른 방법으로 허가명령을 제시하는 것은 적절

---

126) 執行官事務に関する協議要録(第4版), 最高裁判所 事務總局(2012), 13.
127) 제4판 주석 민사집행법(I), 한국사법행정학회(2018), 131.

하지 않다고 본다.

다. 휴일, 야간의 현황조사에도 집행법원의 허가가 필요한지 여부

휴일이나 야간에 목적물건의 점유관계 등을 조사하기 위하여 채무자의 현관입구에서 면담하는 경우에도 민사집행법 제8조 제1항의 법원의 허가가 필요하다 할 것이다.[128] 민사집행법 제8조 제1항의 집행행위에 집행을 위한 예비행위도 포함된다고 보는 것이 그 입법취지에 부합하기 때문이다.

라. 휴일집행허가만으로 휴일의 야간집행이 가능한지 여부

통상 휴일이나 야간집행의 허가는 일시를 한정하여 부여되고 있는데, 휴일 낮 동안 혹은 단순히 휴일 집행을 허가한다는 취지와 같이 야간집행을 허가하는 취지가 명확하지 않다면, 휴일 낮 동안에 대해서만 집행법원이 허가하였다고 보는 것이 입법취지에 비추어 타당하므로, 휴일 야간집행 허가 결정이 추가로 필요하다 할 것이다.[129]

마. 포괄적인 휴일, 야간집행 허가 가능 여부

민사집행법 제8조의 휴일, 야간집행허가제도는 휴일, 야간집행이 사람의 주거의 평온을 해하는 것이어서, 집행법원으로 하여금 그 필요성을 심사한 후 허부를 결정하는 것이 상당하다는 취지의 규정이다. 휴일, 야간집행은 그 입법취지에 비추어 볼 때, 집행의 장소와 특정함이 타당하다. 그렇지만 허가를 구하는 시점에 집행의 일시를 특정하기 어려운 경우도 있고, 설령 특정하였다고 하더라도 그대로 실행하기 어려운 경우도 있기 때문에 집행의 일시에 관하여는 어느 정도의 폭을 두어 포괄적으로 허가를 하는 것도 가능할 것이다.[130]

우선 날짜에 관하여는 현황조사 등의 사무에 대하여는 3, 4일 정도의 폭을 두는 허가가 가능 할 것이다. 그러나 동산집행압류나 매각처럼 미리 집행일시가 구체적으로 지정되는 것에 관하여는 그 특정일 이외에 집행을 하는 것은 허용되지 않으므로, 허가 일에 폭을 둘 필요는 없을 것이다. 시간에 관하여는 동일한 이유에서 폭을 두는 것이 좋지만, 한밤중의 집행을 허용하는 것과 같이 예외적인 경우를 제외하고는, 구

---

128) 執行官事務に関する協議要錄(第4版), 最高裁判所 事務總局(2012), 13.

129) 執行官事務に関する協議要錄(第4版), 最高裁判所 事務總局(2012), 15.

130) 注解 民事執行法(1), 第一法規(1986), 115; 山本和彦 外 編, 新基本法コンメンタール 民事執行法, 日本評論社(2014), 25; 執行官事務に関する協議要錄(第4版), 最高裁判所 事務總局(2012), 16.

체적으로 시간을 지정하는 것이 바람직하다(가령 오후 7시부터 오후 9시까지 등).

위에서 본 바와 같이 휴일, 야간집행 허가는 일정한 범위 내에서 포괄적으로 허가하는 것이 가능하기는 하지만, 위와 같은 한도를 넘는 포괄적 허가는 허가제도를 유명무실하게 하는 것이므로, 허용되지 않는다 할 것이다.[131)]

131) 執行官事務に関する協議要録(第4版), 最高裁判所 事務總局(2012), 16.

제5장 결론 및 제언

제5장 결론 및 제언

Ⅰ. 결론

지금까지 현행 부동산인도, 철거 집행의 운영실태와 위법행위 유형 및 그에 대한 실무의 대응, 실무상의 문제점 등을 구체적으로 파악하고, 각국의 부동산 인도, 철거 강제집행과정에서의 충돌 완화를 위한 법제도와 실무운용 방안을 참고하여 우리나라에서 시행 가능한 개선방안을 살펴보았다. 외국의 입법례와 실무례는 일본, 독일, 프랑스, 미국을 대상으로 하였고, 특히 우리가 강제집행제도를 계수한 일본에 관하여 관계자들과의 면담 등을 비롯한 심층적인 비교법적인 연구를 수행하였다. 실무를 담당하고 있는 일선의 집행관들과의 면담, '정비사업 강제철거예방 종합대책'을 마련한 서울시 도시재생본부와의 접촉 등을 통하여 실태와 문제점 등을 파악하였고, 기존에 발간된 문헌에 대한 분석작업을 시작으로, 각국의 실무운영상의 문제점과 그 대응방안을 파악하고, 관련 법제도 등으로는 무엇이 있는지, 그러한 법제도와 실무로부터 우리가 참고할 점은 무엇인지 등을 파악하고자 하였다. 그와 동시에 각국의 판례와 인터넷을 통한 보조자료의 수집도 병행하여 이론적인 측면에서 뿐만 아니라 실무상의 문제점도 같이 도출하고 그 해결방안을 마련해 보고자 하였다.

민사집행법이 제정된 2001. 1. 26.을 기준으로 볼 때 그 사이에 민사집행사건이 전체 민사사건에서 차지하는 비중이 거의 3배 이상 증가하였다. 2015년을 기준으로 한 건물명도, 철거사건 1심 접수건수가 33,674건으로, 그 중 20,000여건 내외가 강제집행 신청으로 이어지는 것으로 보이지만, 실제 강제집행 실행으로 이어지는 것은 그 20% 가량이다. 집행과정에서 설득과 합의 등에 따른 임의이행의 결과이다.

강제집행은 채무자에 대하여 강제력을 행사하여 목적을 달성하는 과정이기 때문에 그 중간에 채무자의 저항을 초래하기 쉬운 과정이다. 저항행위의 유형은 다양하지만, 특히 실무에서는 채무자가 칼이나 흉기를 휘두르는 경우나 용역직원을 동원하는 등으로 집단적으로 저항하는 경우 등이 문제가 된다. 채무자가 이와 같이 저항하는 경우 민사집행법 제5조 제2항은 경찰의 원조를 받아 저항을 배제하고 집행에 나아갈 것을 예정하고 있는데, 원조를 받은 경찰이 현장에 출동하더라도 민사불개입의 원칙을 이유로 저항배제에 나서지 않는 것이 보통이어서, 채권자들로서는 자구행위로 경찰에 대신하여 경비용역을 동원하려는 유인이 있고, 이 경우 채무자 측의 경비용역과 충돌하게 되면, 집행이 여의치 않을 뿐 아니라, 중간에 사람이 다치고 하는 불상사가 벌어지게 된다.

즉 현재 강제집행에 있어서의 가장 큰 문제점은 집행현장에서의 빈번할 물리적인 충돌이다. 집단민원현장 이외에도 채무자가 개별적으로 흉기를 휘둘러 채권자나 집행관이 다치고 사망하거나, 저항하는 채무자를 끌어내거나 하는 과정에 채무자가 상해를 입는 경우도 드물지 않다.

경비용역이 강제집행에 참여하는 것이 경비업법상 경비업무의 범위에 속하는지와 관련하여서도 문제가 되지만, 경비용역이 집행관규칙 제26조가 규정하는 직무보조자인 노무자로서 고용되는 것이라면, 집행관이 자신을 대신하여 일종의 사실행위의 대행으로서 강제력을 행사하도록 하는 것이므로, 규범조화적인 해석의 원칙에 비추어 보면, 경비용역이 집행관의 지시에 따라 강제력을 행사하는 것이 경비업법 위반 등으로 문제될 것은 없다고 생각된다. 다만 채권자나 집행관에 의하여 경비용역이 집행과정에 동원되는 경우, 집행 중간에 채무자의 저항행위에 대하여 채권자 측에서 강제력 행사에 나서게 되면 현장 통제가 쉽지 않게 되고, 이렇게 되면 보통 쌍방의 경비용역 인력뿐만 아니라 단순 노무자와도 뒤섞이게 되고, 서로 엉켜 폭력행위 등을 행사하게 되기 때문에 나중에 누가 폭력행위를 하였는지 책임소재를 가리기가 불가능해지기 쉬운 문제가 있다.

위와 같이 민사집행 현장에 경비용역이 등장하게 되는 것은, 집행이 완료된 현장에 대한 점유를 채무자의 침탈로부터 지키기 위한 채권자의 자구책의 일환의 측면도 있지만, 근원적으로는 채무자의 저항배제 목적으로 원조를 요청 받은 경찰관이 '민사불개입원칙'에 따라 저항배제를 위한 강제력 행사를 꺼리기 때문이다.

이는 자력구제를 금하는 대신에 생긴 국가구제인 강제집행제도 및 법치주의에 부정적인 영향을 미친다. 집행관의 감독기관인 소속 지방법원장도 이 문제의 해결에 적극적이지 않다.

이 같은 현실은 채권자 입장에서 보면, 자력구제를 금하는 대신에 생긴 국가구제인 강제집행제도를 두고 있음에도, 판결이 집행되지 못함에 따라, 우선 강제집행 지연으로 인하여 부동산을 제때에 사용하지 못하는 손해를 피할 수 없다. 반대로 채무자 입장에서 보면, 혹한기에 중환자가 있거나 출산이 임박한 임신부가 있는 경우 등과 같이 강제집행 자체가 부적법한 것은 아니지만, 그것이 집행을 당하는 채무자 입장에서 감내하기 어려울 만치 가혹한 것일 경우, 강제집행을 신청해 들어올 때 비로소 집행에 관한 이의신청으로써 다툴 수 있을 뿐, 채무자가 적극적으로 나서서 집행절차로부터 보호받을 방어책이 현행법상으로는 전혀 없는 문제가 있다.

비교법적으로 크게 보면, 어느 나라나 채무자의 저항에 직면하는 경우 집행관으로 하여금 공권력의 원조를 받도록 하거나 그 과정에 집행법원이 간여하도록 하는 점, 가혹한 집행에 대하여 사회적인 약자를 배려하는 제도를 두고 있는 점 등에서는 공통된다. 다만 차이가 있는 점은 각 사회의 사회적인 토양이나 역사의 발전상, 국민들의 인식에 따라, 채무자에 대한 배려를 조금 더 하는지, 아니면 집행채권자의 이해관계를 더 존중하는지 비중을 두는 무게중심이 조금씩 다를 뿐이다.

Ⅱ. 제언(입법론 및 실무)

현행 실무상의 가장 큰 문제점인 집행현장에서의 빈번한 물리적인 충돌의 문제는 경찰원조 제도가 법이 예정한바와 같이 작동되지 않은 데에 그 근원이 있다. 집행관 자신들이나 감독기관인 소속 지방법원장 등이 적극적으로 나서야 할 것이고, 제도적으로도 개선이 되어야 하겠지만, 하루아침에 상황이 개선될 것으로 보여 지지는 않는다. 가능하면 경비용역을 집행현장에 동원하지 못하도록 하되, 불가피하다면 경비업법상 허가를 받은 업체에 대해서만 경비용역을 도급하도록 실무를 운용할 수밖에 없다.

이와 같은 상황을 염두에 두고 강제집행에 있어서의 갈등조정, 충돌완화 및 채권자, 채무자의 권리보호를 위한 제도(법령)상, 실무상의 개선방안을 제안하여 본다.

인도의 최고제도는 실무상 강제집행 실행 전 상당기간 집행예고를 실시하고 있고, 집행과 관련한 사전협의 절차를 거침으로써 집행사건의 80% 가량이 강제집행이 아닌 임의이행으로 종국되고 있는 것이 현실이고, 이것이 채무자의 이익뿐만 아니라 채권자의 이익 등에도 부합하는 점을 반영하여 법에 명문의 근거구정을 둠과 동시에, 당사자항정효를 부여하여 최고 후 점유가 이전되는 경우에도 승계집행문을 부여받지 않더라도 인도집행이 가능하도록 함으로써 쌍방 간에 이해관계를 조정하고 불필요한 충돌을 막고자 하는 것이다.

목적외 동산의 처리절차 개선안은 채무자가 중요한 물건들은 미리 챙겨갈 것이기 때문에 목적외 동산이 현실적으로는 무가치한 경우가 많고, 보관에 비용이 소요될 뿐만 아니라, 결국에는 채권자가 이를 매수하여 폐기하는 경우가 대부분이며, 그 보관비용조차 회수하지 못하는 경우가 많음에도, 예외 없이 보관하였다가 3개월이 경과한 후 매각하고 있는 현실을 개선하기 위하여 즉시매각, 즉일매각, 근접기일매각 등의 방법으로 반출하거나 보관하지 않고 바로 매각할 수 있도록 하려는 것이다.

집행보호조항은 강제집행 자체가 부적법한 것은 아니지만, 그것이 집행을 당하는 채무자 입장에서 감내하기 어려울 만치 가혹한 것일 경우, 채무자가 적극적으로 나서서 집행절차로부터 보호받을 방어책을 마련해 주고자 하는 것이다.

집행관에 대한 공공기관 원조청구 제도는 집행관으로 하여금 법원을 거치지 않고 바로 복지기관이나 소방서 등 공공기관에 원조를 청구할 수 있도록 하려는 것이고, 다른 집행관에 대한 원조요청 조항은 실무의 애로 등을 반영하여 대규모 건물명도나 철거집행 현장의 경우 한 사람의 집행관만으로는 집행이 쉽지 않은 점을 고려, 소속 법원장의 허가를 얻어 다른 집행관의 도움을 받도록 하려는 것이다.

집행관의 채무자에 대한 질문권, 채권자의 협력의무 조항은 당해 부동산의 점유상황, 채무자의 태도, 점유보조자의 구성 등에 관하여 사전에 충분한 정보를 제공받으면, 집행관은 다른 집행관이나 경찰 등에 대한 원조청구의 요부, 잠금장치 해제의 가능성, 입회인의 필요성 등을 판단하고 무리하지 않으면서 신속하고 원활하게 집행절차를 수행할 수 있는 점을 염두에 둔 것이다.

노무자 등을 보조자로 사용하는 집행사건에 있어서의 노무자 등의 관리지침을 개정하려는 것은 단순 노무자만으로 대규모 집행이 가능하다면 좋지만, 그렇지 못하고 경비용역이 불가피하게 필요한 부분이 있고, 또 이를 사용하는 것이 집행의 현실이라면, 이에 관한 논란의 소지를 없애도록 명확한 근거 규정을 두는 것이 바람직하기 때문이다.

집행관 제도를 개혁하자는 것은 집행관이 열린 직, 전문 기술직이 되도록 하기 위하여, 승진제도의 일환으로 보는 법원공무원의 입장이 아닌 사법서비스 이용자의 입장에 서서, 집행관의 임명자격 및 시험제도 등을 개선하여, 집행관의 공급원을 확대하고, 임기응변으로 필요한 인재를 확보하는 것을 용이하게 하는 한편, 업무의 연속성과 실무역량의 축적을 도모하기 위하여 4년 단임제 조항을 삭제하는 것을 주된 내용으로 한다.

실무적으로는 강제력 행사의 주체, 대상, 범위 등에 관한 기준을 명확히 정립하는 것을 전제로, 강제집행현장에서의 집행관의 역할 범위 및 집행관의 집행현장 관리·감독 방안을 마련하여야 할 것이며, 집행목적물에 대하여 사전에 충분한 정보를 파악한 상태에서 채무자의 저항을 제압하기에 충분한 준비가 갖추어지지 않은 상태라면 무리하게 집행에 나아가지 않고, 집행불능의 경우 명확하게 절차를 마무리 하는 등 강제집행 현장에서의 절차 등도 개선할 필요가 있다.

실무상 문제가 가장 많은 경비용역과 관련하여서는, 집행관 자신이 경비업체를 고용하지 않고 채권자가 고용한 경비용역을 이용하는 것은, 경비업체의 경비원이 강제집행에 관여한 것이 적법하냐는 시비를 불러올 수 있는 것이어서 적절치 않다. 집행관이 경비업체를 사용하려는 경우 '노무자 등을 보조자로 사용하는 집행사건에 있어서의 노무자 등의 관리지침' 제3조 제2항의 등록 외 노무자 사용승인 절차를 밟되, 경비인력을 직접 고용하여서는 안 되고, 경비업법상 허가를 받은 경비업자에게 경비업무를 도급주어야 한다. 채권자가 20인 미만의 경비용역을 직접 채용하는 경우, 무허가 경비업자를 채용하지 못하도록 지도하여야 하고, 이를 집행현장에서 비로소 알게 된 경우 집행을 연기하되, 불가피하게 집행을 실시하여야 하는 경우라면, 경비용역이 집행현장에 접근하지 못하도록 철저하게 분리하여야 할 것이다.

집행방해 행위에 대하여는 경우에 따라서는 대국적인 견지에서 적극적으로 대처하는 것이 요청된다.

법규화 하는 것이 기술적으로 곤란하더라도, 규정의 불명확함으로 인하여 집행관마다 그 기준이 달라 업무상 혼선이 있으므로, 경찰원조의 요청시기 및 기준의 명확화를 위한 노력을 경주하여야 할 것이고, 집단민원현장의 경우 특히 담당공무원 등을 참여자로 지정하는 방안을 적극적으로 활용할 필요가 있다.

민사집행법 제5조 제2항의 경찰원조요청제도의 취지, 집행관법 제17조 제2항에서 부여한 경찰의 원조의무 등에 대하여 법원 차원에서 이해와 협조를 구하는 상당한 조직적인 노력이 경주되어야 한다.

집행관 혼자의 판단만으로 강제집행 실시 여부에 관하여 자신이 없거나 혹은 채권자나 채무자에게 집행법원의 집행명령을 제시하는 것이 집행당사자들의 반발을 무마한 상태에서 집행을 하거나 혹은 중단하는데 적절하다고 판단될 경우, 집행에 관한 이의 절차를 거치도록 하면, 당사자들의 반발도 훨씬 줄어들 뿐 아니라, 무리한 집행으로 인하여 국가배상책임을 지거나 민원을 사는 일을 피할 수도 있어 좋다.

혹서기, 혹한기 등 강제집행금지의 문제, 퇴거가 완료되지 않은 건물의 철거금지 조항 신설의 문제 등 개선입법 대상으로 거론되는 의제들 중 상당부분은 민사집행법의 관련 조항들과의 관계에서 적절하지 않거나 불필요하게 되었거나 혹은 아직 시기상조의 것들이다. 집행협의 제도를 명문화 하는 것은 전체 법체계에 비추어 적절한지 추가 검토가 필요하다.

찾아보기

사항색인

(ㄱ)

(ㅁ)

(ㅂ)

(ㅇ)

(ㅈ)

(ㅊ)

판례색인

■ 약력

○ 장흥관산고등학교 졸업(1984)
○ 서울대학교 인문대학 동양사학과 졸업(1990)
○ 서강대학교 대학원 법학과 수료(1997)
○ University of North Carolina at Chapel Hill 객원연구원(2007)
○ 근로복지공사(1990), 대한주택공사(1990-1997)
○ 제38회 사법시험 합격(사법연수원 28기 수료)
○ 서울지방법원 남부지원 예비판사(1999)
○ 서울지방법원 판사(2001)
○ 전주지방법원 정읍지원 판사(2003), 부안군법원·고창군법원 판사(2004)
○ 의정부지방법원 판사(2007)
○ 서울고등법원 판사(2010)
○ 서울중앙지방법원 판사(민사집행 전담) (2012)
○ 대전지방법원 천안지원 부장판사(영장, 형사합의, 신청합의) (2014)
○ 아산시 선거관리위원회 위원장(2015)
○ 법무법인(유) 바른 파트너 변호사(2016)
○ 고려대학교 법무대학원 겸임교수(2016)
○ 중앙대(2017), 서울대(2018), 고려대(2019) 법학전문대학원 시간강사

■ 저서

기타집행 재판실무편람(타기사건), 기타집행재판실무편람발간위원회(2007), 공동집필
제3판 주석 민사집행법(Ⅳ), (Ⅴ), 한국사법행정학회(2012), 공동집필
민사집행법연구Ⅰ, 진원사(2012)/ 민사집행법연구Ⅱ, 유로(2018)
개정증보 민사집행(부동산경매)의 실무, 육법사(2013), 공동집필
동산채권 담보 집행절차 해설, 법원행정처(2013), 공동집필
법원실무제요 민사집행(Ⅱ), 법원행정처(2014), 공동집필
부동산경매(1), (2), 한국사법행정학회(2017), 공동집필
채권집행, 한국사법행정학회(2017)

■ 논문

'주민투표에 관한 몇 가지 법률적 쟁점', '설계도면의 저작물성', '불법행위로 영업용 물건이 전손된 경우 휴업손해의 산정기준과 그 배상기간의 범위', '정신질환자의 자살과 의료과오책임', '음란물 규제와 언론, 출판의 자유', '미국에서의 건축저작권', '정신질환자의 타해사고와 의료과오책임', '흑자를 기록한 적이 없거나 신규의 사업자 등의 일실 영업손실에 대한 손해배상', '진료기록 개작, 부실기재 등과 의료과오소송', '유언능력의 판단기준과 그 판단요소', '민사집행법 10년, 그 회고와 전망', '(가)압류의 개별상대효의 정립과 그 대안의 모색','한국에서의 민사집행법의 발전과 전개'외 다수

부동산명도철거집행실무

2020년 7월 15일 제1판 1쇄 인쇄
2020년 7월 30일 제1판 1쇄 발행

저　　자 손 흥 수
발 행 인 이 종 균
발 행 처 韓國司法行政學會

서울특별시 서대문구 경기대로 57 석당빌딩 5층
전 화 (02) 362-2045~8
팩 스 (02) 312-2070
등 록 1965년 8월 27일 9-94

정가 60,000원

ISBN 978-89-8109-813-1

※ 낙장·파본은 교환하여 드립니다.

www.law.or.kr(홈페이지)　　www.lexcom.co.kr (도서쇼핑몰)